新 수학의 바이블

연산

중학 **3-1**

STRUCTURE

본책 구성

- 일일 학습에 적당하게 개념을 분류하여 부담 없는 학습이 가능하도록 구성하였습니다.

- 연산 문제를 해결 방법에 따라 유형을 세분화하여 반복적인 훈련을 통해 개념을 익힐 수 있도록 구성하였습니다.

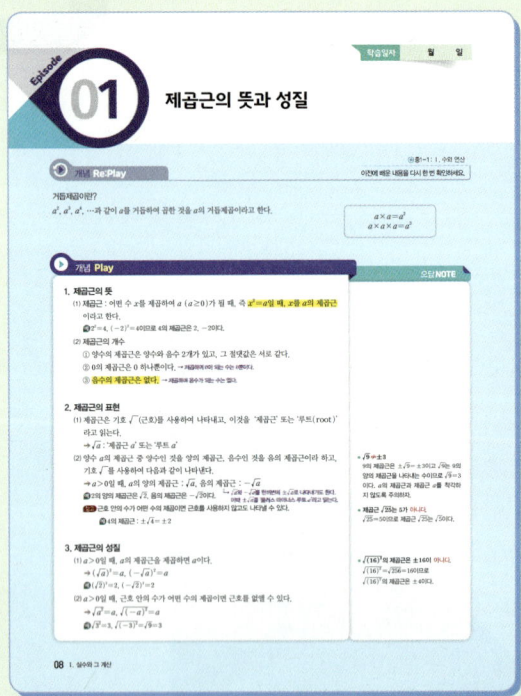

▶ 개념 **Re:Play** 이전에 배운 내용 중에서 본 학습 내용과 연계된 개념으로 구성하여 본 학습 내용을 좀 더 쉽게 이해하고, 수학의 연결 흐름을 한 눈에 볼 수 있도록 하였습니다.

▶ 개념 **Play** 바이블만의 체계적이고 자세한 설명으로 개념의 원리와 공식을 완벽하게 이해할 수 있도록 하였습니다.

오답 **NOTE** 개념의 원리와 공식을 이용하기 위해 주의해야 할 내용을 예시를 통해 이해할 수 있도록 구성하였습니다.

유형 **Up** 교과서에 수록된 문제를 해결하기 위한 필수 유형을 통해 개념을 정복할 수 있도록 하였습니다.

2015
개정
교육과정

新 수학의
바이블

개념을 쉽게! **연산**을 빠르게! 수학을 우월하게!

연산

중학 **3-1**

본 교 재

이투스북

STAFF

발행인 정선욱

퍼블리싱 총괄 남형주

개발 김태원 김한길 이유미 이수현

기획·디자인·마케팅 조비호 김정인 퓨리티디자인

유통·제작 서준성 신성철

저자

김동영 김석훈 김승기 민동건 우하람 유현수 이성용 이수동 / 이투스 중학 수학 연구회

검토에 도움을 주신 분들

新 수학의 바이블 연산 중학 수학 3-1 | 201910 초판 1쇄　202311 초판 8쇄
펴낸곳 이투스에듀㈜ 서울시 서초구 남부순환로 2547
고객센터 1599-3225　**등록번호** 제2007-000035호　**ISBN** 979-11-6442-460-3 [53410]

新 수학의 바이블 연산만의 **특장점**

일일
학습량에 맞춘
개념 학습

유형
세분화를 통한
문제 풀이

교과서
문제로 구성한
문장제

자기주도
학습이 가능한
Plus Book

Plus Book 구성

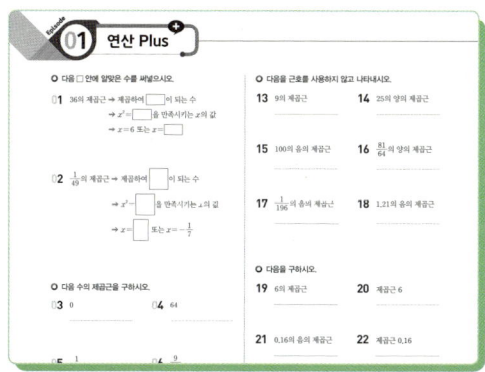

연산 Plus 본책의 **Episode**별로 본책과 동일
유형의 문제를 반복하여 풀어 보며 보충학습을 할
수 있도록 구성하였습니다.

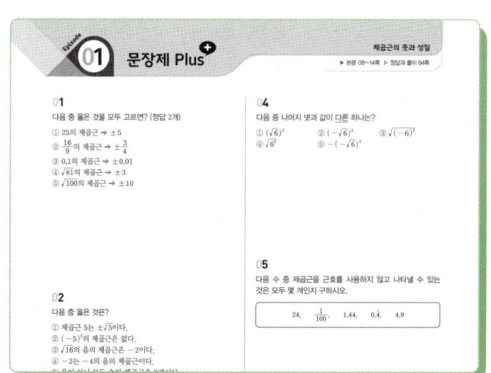

문장제 Plus 본책의 **Episode**별로 교과서에 수록
된 유형의 문장제를 연습할 수 있도록 구성하였습
니다. 개념과 공식을 적용할 수 있는 문제 해결력
을 기를 수 있습니다.

교과서 미리보기 **Episode**마다 교과서의 핵심 문장제
로 구성하였습니다. 앞에서 학습한 연산 문제가 문
장제로 어떻게 출제되는지 ✦🔗 를 통해 확인할 수
있도록 하였습니다.

실수와 그 계산

1. 제곱근과 실수

Ep.01

제곱근의 뜻과 성질

① 제곱근 : 어떤 수 x를 제곱하여 $a(a \geq 0)$가 될 때, 즉 $x^2 = a$일 때, x를 a의 제곱근이라고 한다.

② 제곱근의 개수

양수	0	음수
2개	1개	없다.

③ 제곱근의 표현 : 제곱근은 기호 $\sqrt{}$를 사용하여 나타내고 $\sqrt{a}$를 '제곱근 a' 또는 '루트 a'라고 읽는다.

④ 제곱근의 성질
- $(\sqrt{a})^2 = a$, $(-\sqrt{a})^2 = a$
- $\sqrt{a^2} = a$, $\sqrt{(-a)^2} = a$

Ep.02

제곱근의 계산

① $\sqrt{A^2}$의 성질
$$\rightarrow \sqrt{A^2} = |A| = \begin{cases} A \geq 0 일 \ 때, \ A \\ A < 0 일 \ 때, \ -A \end{cases}$$

② 근호 안의 수가 제곱수이면 근호를 사용하지 않고 자연수로 나타낼 수 있다.
$$\rightarrow \sqrt{(제곱수)} = \sqrt{(자연수)^2} = (자연수)$$

③ 제곱근의 대소 관계
$a > 0$, $b > 0$일 때
- $a < b$이면 $\sqrt{a} < \sqrt{b}$
- $\sqrt{a} < \sqrt{b}$이면 $a < b$

Ep.05

근호를 포함한 식의 덧셈과 뺄셈

① 제곱근의 덧셈과 뺄셈
m, n이 유리수이고 $\sqrt{a}$가 무리수일 때,
- $m\sqrt{a} + n\sqrt{a} = (m+n)\sqrt{a}$
- $m\sqrt{a} - n\sqrt{a} = (m-n)\sqrt{a}$

② 근호를 포함한 식의 혼합 계산
$a > 0$, $b > 0$, $c > 0$일 때,
- $\sqrt{a}(\sqrt{b} + \sqrt{c}) = \sqrt{ab} + \sqrt{ac}$
- $\sqrt{a}(\sqrt{b} - \sqrt{c}) = \sqrt{ab} - \sqrt{ac}$

③ 분배법칙을 이용한 분모의 유리화
$a > 0$, $b > 0$, $c > 0$일 때,
$$\frac{\sqrt{a} + \sqrt{b}}{\sqrt{c}} = \frac{(\sqrt{a} + \sqrt{b}) \times \sqrt{c}}{\sqrt{c} \times \sqrt{c}}$$
$$= \frac{\sqrt{ac} + \sqrt{bc}}{c}$$

❶ 단원 이야기

아주 옛날에는 사람이나 가축의 수를 세기 위해서 끈에 매듭을 짓거나 나무에 금을 그어 표시했지만 문명이 발달하면서 여러 가지 수가 등장하게 되었다. 예를 들어 영하와 영상의 기온과 같은 상대적인 상황은 $-3\,℃$, $+18\,℃$처럼 정수를 사용하여 나타낼 수 있고, 비율이나 무게, 길이는 각각 $6.52\,\%$, $\dfrac{3}{4}\,\text{kg}$, $1.248\,\text{km}$와 같이 유리수로 나타낼 수 있다. 그런데 이들 수만으로는 정확히 나타낼 수 없는 경우가 있다. 가령 한 변의 길이가 $10\,\text{cm}$인 정사각형의 대각선의 길이는 어떻게 나타내면 좋을까? 이 길이를 정확히 나타내기 위해서는 무리수를 알아야 한다.

Ep.03

무리수와 실수

① 무리수 : 유리수가 아닌 수
　　　　　즉, 순환소수가 아닌 무한소수
② 실수의 분류

$$
\text{실수}
\begin{cases}
\text{유리수}
\begin{cases}
\text{정수}
\begin{cases}
\text{양의 정수(자연수)}\\
0\\
\text{음의 정수}
\end{cases}\\
\text{정수가 아닌 유리수}
\end{cases}\\
\text{무리수(순환소수가 아닌 무한소수)}
\end{cases}
$$

2. 근호를 포함한 식의 계산

Ep.04

근호를 포함한 식의 곱셈과 나눗셈

① 제곱근의 곱셈과 나눗셈
　$a>0$, $b>0$이고 m, n이 유리수일 때,
　• $\sqrt{a}\times\sqrt{b}=\sqrt{ab}$
　• $m\sqrt{a}\times n\sqrt{b}=mn\sqrt{ab}$
　• $\sqrt{a}\div\sqrt{b}=\sqrt{\dfrac{a}{b}}$
　• $m\sqrt{a}\div n\sqrt{b}=\dfrac{m}{n}\sqrt{\dfrac{a}{b}}$ (단, $n\neq0$)

② 근호가 있는 식의 변형
　$a>0$, $b>0$일 때,
　• $\sqrt{a^2b}=a\sqrt{b}$　　• $\sqrt{\dfrac{a}{b^2}}=\dfrac{\sqrt{a}}{b}$
　• $a\sqrt{b}=\sqrt{a^2b}$　　• $\dfrac{\sqrt{a}}{b}=\sqrt{\dfrac{a}{b^2}}$

③ 분모의 유리화 : 분모를 유리수로 고치는 것
　$\dfrac{b}{\sqrt{a}}=\dfrac{b\times\sqrt{a}}{\sqrt{a}\times\sqrt{a}}=\dfrac{b\sqrt{a}}{a}$ (단, $a>0$)

01 제곱근의 뜻과 성질

◉ 중1-1 : I. 수와 연산

개념 Re:Play

이전에 배운 내용을 다시 한 번 확인하세요.

거듭제곱이란?

a^2, a^3, a^4, …과 같이 a를 거듭하여 곱한 것을 a의 거듭제곱이라고 한다.

$$a \times a = a^2$$
$$a \times a \times a = a^3$$

개념 Play

오답 NOTE

1. 제곱근의 뜻

(1) 제곱근 : 어떤 수 x를 제곱하여 a $(a \geq 0)$가 될 때, 즉 $x^2 = a$일 때, x를 a의 제곱근 이라고 한다.

예 $2^2 = 4$, $(-2)^2 = 4$이므로 4의 제곱근은 2, −2이다.

(2) 제곱근의 개수

① 양수의 제곱근은 양수와 음수 2개가 있고, 그 절댓값은 서로 같다.

② 0의 제곱근은 0 하나뿐이다. → 제곱하여 0이 되는 수는 0뿐이다.

③ 음수의 제곱근은 없다. → 제곱하여 음수가 되는 수는 없다.

2. 제곱근의 표현

(1) 제곱근은 기호 $\sqrt{}$ (근호)를 사용하여 나타내고, 이것을 '제곱근' 또는 '루트(root)' 라고 읽는다.

→ $\sqrt{a}$: '제곱근 a' 또는 '루트 a'

(2) 양수 a의 제곱근 중 양수인 것을 양의 제곱근, 음수인 것을 음의 제곱근이라 하고, 기호 $\sqrt{}$를 사용하여 다음과 같이 나타낸다.

→ $a > 0$일 때, a의 양의 제곱근 : $\sqrt{a}$, 음의 제곱근 : $-\sqrt{a}$

예 2의 양의 제곱근은 $\sqrt{2}$, 음의 제곱근은 $-\sqrt{2}$이다. └→ $\sqrt{a}$와 $-\sqrt{a}$를 한꺼번에 $\pm\sqrt{a}$로 나타내기도 한다. 이때 $\pm\sqrt{a}$를 '플러스 마이너스 루트 a'라고 읽는다.

참고 근호 안의 수가 어떤 수의 제곱이면 근호를 사용하지 않고도 나타낼 수 있다.

예 4의 제곱근 : $\pm\sqrt{4} = \pm 2$

3. 제곱근의 성질

(1) $a > 0$일 때, a의 제곱근을 제곱하면 a이다.

→ $(\sqrt{a})^2 = a$, $(-\sqrt{a})^2 = a$

예 $(\sqrt{2})^2 = 2$, $(-\sqrt{2})^2 = 2$

(2) $a > 0$일 때, 근호 안의 수가 어떤 수의 제곱이면 근호를 없앨 수 있다.

→ $\sqrt{a^2} = a$, $\sqrt{(-a)^2} = a$

예 $\sqrt{3^2} = 3$, $\sqrt{(-3)^2} = \sqrt{9} = 3$

• $\sqrt{9} \neq \pm 3$

9의 제곱근은 $\pm\sqrt{9} = \pm 3$이고 $\sqrt{9}$는 9의 양의 제곱근을 나타내는 수이므로 $\sqrt{9} = 3$ 이다. a의 제곱근과 제곱근 a를 착각하지 않도록 주의하자.

• 제곱근 $\sqrt{25}$는 5가 아니다.

$\sqrt{25} = 5$이므로 제곱근 $\sqrt{25}$는 $\sqrt{5}$이다.

• $\sqrt{(16)^2}$의 제곱근은 ± 16이 아니다.

$\sqrt{(16)^2} = \sqrt{256} = 16$이므로

$\sqrt{(16)^2}$의 제곱근은 ± 4이다.

01 양수 a의 제곱근은 제곱하여 a가 되는 수를 말해~

제곱하여 a가 되는 수 (단, $a > 0$)

➔ a의 $\boxed{}$

➔ $x^2 = a$를 만족시키는 x의 값

답 | 제곱근

○ 다음 □ 안에 알맞은 수를 써넣으시오.

001 제곱하여 9가 되는 수 : 3, $\boxed{}$

➔ 9의 제곱근 : 3, $\boxed{}$

002 제곱하여 $\dfrac{1}{4}$이 되는 수 : $\dfrac{1}{2}$, $\boxed{}$

➔ $\dfrac{1}{4}$의 제곱근 : $\dfrac{1}{2}$, $\boxed{}$

003 제곱하여 0.01이 되는 수 : 0.1, $\boxed{}$

➔ 0.01의 제곱근 : 0.1, $\boxed{}$

○ 다음 □ 안에 알맞은 수를 써넣으시오.

004 25의 제곱근 ➔ 제곱하여 $\boxed{}$가 되는 수

➔ $x^2 = \boxed{}$를 만족시키는 x의 값

➔ $x = 5$, $x = \boxed{}$

005 $\dfrac{1}{16}$의 제곱근 ➔ 제곱하여 $\boxed{}$이 되는 수

➔ $x^2 = \boxed{}$을 만족시키는 x의 값

➔ $x = \boxed{}$, $x = -\dfrac{1}{4}$

006 0.81의 제곱근 ➔ 제곱하여 $\boxed{}$이 되는 수

➔ $x^2 = \boxed{}$을 만족시키는 x의 값

➔ $x = \boxed{}$, $x = -0.9$

02 양수 a의 제곱근은 $\sqrt{a}$, $-\sqrt{a}$로 2개를 구해야 해! 0의 제곱근은 0 하나뿐이고, 음수의 제곱근은 없어~

수	제곱근	제곱근의 개수 (개)
3	$\sqrt{3}$, $\boxed{}$	2
0	0	$\boxed{}$
-3	없다.	$\boxed{}$

답 | $-\sqrt{3}$, 1, 0

○ 다음 식을 만족시키는 x의 값을 모두 구하시오.

007 $x^2 = 49$

008 $x^2 = 0$

009 $x^2 = 64$

010 $x^2 = 1$

○ 다음 수의 제곱근을 구하시오. (단, 제곱근이 없으면 '×'로 답하시오.)

011 -16

012 36

013 $\dfrac{1}{9}$

014 $\dfrac{25}{4}$

015 0.04

016 -0.81

03 제곱근은 $\sqrt{}$(근호)를 사용하여 나타내기로 약속했어~

$x^2 = a$를 만족시키는 x의 값 (단, $a > 0$)

→ $x = \pm \boxed{}$

답 | $\sqrt{a}$

○ 다음을 근호를 사용하여 나타내시오.

017 3의 양의 제곱근

018 3의 음의 제곱근

019 3의 제곱근

○ 다음 수의 제곱근을 근호를 사용하여 나타내시오.

020 7

021 15

022 $\dfrac{2}{5}$

023 0.1

○ 다음 식을 만족시키는 x의 값을 모두 구하시오.

024 $x^2 = 6$

025 $x^2 = \dfrac{1}{5}$

026 $x^2 = 0.19$

04 근호 안의 수가 어떤 수의 제곱이면 근호를 사용하지 않고도 나타낼 수 있어~

· 100의 제곱근은 ± 10이다.

· $\dfrac{1}{100}$의 제곱근은 $\pm\dfrac{1}{10}$이다. → 정수가 아니어도 어떤 수의 제곱일 수 있다.

○ 다음을 근호를 사용하지 않고 나타내시오.

027 1의 제곱근

028 36의 음의 제곱근

029 16의 양의 제곱근

030 25의 음의 제곱근

031 9의 양의 제곱근

032 4의 제곱근

033 $\dfrac{16}{49}$의 양의 제곱근

034 $\dfrac{81}{25}$의 제곱근

035 0.0001의 음의 제곱근

036 0.25의 제곱근

05	$a>0$일 때, a의 제곱근은 제곱하여 a가 되는 수를 말하는 것이고, 제곱근 a는 $\sqrt{a}$를 읽은 거야~

	3의 제곱근	제곱근 3
뜻	제곱하여 3이 되는 수	a의 $\boxed{}$의 제곱근
표현	$\sqrt{3}$, $-\sqrt{3}$	$\boxed{}$

답 | 양, $\sqrt{3}$

○ 다음을 구하시오.

037 7의 제곱근　.........................

038 제곱근 7　.........................

039 81의 음의 제곱근　.........................

040 제곱근 81　.........................

041 $\dfrac{1}{3}$의 양의 제곱근　.........................

042 제곱근 $\dfrac{1}{3}$　.........................

043 $\dfrac{1}{64}$의 음의 제곱근　.........................

044 제곱근 $\dfrac{1}{64}$　.........................

045 0.09의 양의 제곱근　.........................

046 제곱근 0.09　.........................

06	$a>0$일 때, $(\sqrt{a})^2=a$, $(-\sqrt{a})^2=a$

- $\sqrt{3}$은 3의 양의 제곱근이므로 $(\sqrt{3})^2=3$
- $-\sqrt{3}$은 3의 음의 제곱근이므로 $(-\sqrt{3})^2=3$

양수도, 음수도
→ 제곱하면
　양수가 된다.

○ 다음 수를 근호를 사용하지 않고 나타내시오.

047 $(\sqrt{15})^2$　.........................

048 $(-\sqrt{10})^2$　.........................

049 $-(\sqrt{8})^2$　.........................

050 $-(-\sqrt{5})^2$　.........................

051 $(-\sqrt{21})^2$　.........................

052 $-(\sqrt{23})^2$　.........................

053 $\left(\sqrt{\dfrac{1}{5}}\right)^2$　.........................

054 $\left(-\sqrt{\dfrac{2}{7}}\right)^2$　.........................

055 $-(\sqrt{0.03})^2$　.........................

056 $-(-\sqrt{2.5})^2$　.........................

07 $a>0$일 때, $\sqrt{a^2}=a$, $\sqrt{(-a)^2}=a$

- $\sqrt{3^2}=\sqrt{3\times3}=\sqrt{9}=3$
- $\sqrt{(-3)^2}=\sqrt{(-3)\times(-3)}=\sqrt{9}=3$
  └→ 근호로 나타낼 수 있는 수는 양수이다.

○ 다음 수를 근호를 사용하지 않고 나타내시오.

057 $\sqrt{17^2}$

058 $\sqrt{(-13)^2}$

059 $-\sqrt{7^2}$

060 $-\sqrt{(-5)^2}$

061 $\sqrt{(-41)^2}$

062 $-\sqrt{19^2}$

063 $-\sqrt{\left(-\dfrac{5}{4}\right)^2}$

064 $\sqrt{\left(\dfrac{2}{5}\right)^2}$

065 $\sqrt{(-2.9)^2}$

066 $-\sqrt{(0.07)^2}$

---

08   근호 안의 수가 어떤 수의 제곱이면 근호를 없앨 수 있어.

- $\sqrt{4}=\sqrt{2^2}=2$
- $-\sqrt{\dfrac{1}{4}}=-\sqrt{\left(\dfrac{1}{2}\right)^2}=-\dfrac{1}{2}$

○ 다음 수를 근호를 사용하지 않고 나타내시오.

067 $\sqrt{9}$

068 $-\sqrt{16}$

069 $\sqrt{25}$

070 $-\sqrt{81}$

071 $\sqrt{49}$

072 $-\sqrt{64}$

073 $\sqrt{\dfrac{1}{9}}$

074 $-\sqrt{\dfrac{4}{25}}$

075 $\sqrt{0.01}$

076 $-\sqrt{0.36}$

09 $a>0$일 때, 'a의 제곱근'과 '제곱근 a'를 표현할 때에는 주의해야 해~

$a>0$일 때,

· a의 제곱근 : $\sqrt{a}$, $\boxed{}$

· 제곱근 a : $\boxed{}$

답 | $-\sqrt{a}$, $\sqrt{a}$

○ 다음 설명이 옳으면 ○표, 옳지 않으면 ×표를 ( ) 안에 써넣으시오.

077 4의 제곱근은 2이다. ( )

078 제곱근 0은 없다. ( )

079 -3의 제곱근은 $-\sqrt{3}$이다. ( )

080 제곱근 6은 $\sqrt{6}$이다. ( )

081 $(\sqrt{2})^2$의 제곱근은 ±2이다. ( )

082 $\sqrt{25}$의 음의 제곱근은 $-\sqrt{5}$이다. ( )

083 $(-4)^2$의 제곱근은 -4이다. ( )

084 $\sqrt{3^2}$의 제곱근은 $\sqrt{3}$이다. ( )

085 $\sqrt{81}$의 양의 제곱근은 9이다. ( )

086 $(-\sqrt{7})^2$의 제곱근은 $\pm\sqrt{7}$이다. ( )

10 $(\sqrt{a})^2$, $(-\sqrt{a})^2$, $\sqrt{a^2}$, $\sqrt{(-a)^2}$과 같이 근호가 포함된 식은 먼저 근호를 없앤 후 계산해~

· $(\sqrt{3})^2+\sqrt{2^2}=3+2=5$

· $(-\sqrt{5})^2+\sqrt{(-7)^2}=5+7=12$

○ 다음을 계산하시오.

087 $\sqrt{5^2}+(-\sqrt{13})^2$

088 $(-\sqrt{3})^2-\sqrt{(-7)^2}$

089 $\sqrt{2^2}\times\sqrt{(-3)^2}$

090 $-(\sqrt{12})^2\div\sqrt{3^2}$

091 $(-\sqrt{6})^2\times\sqrt{\left(\dfrac{1}{3}\right)^2}$

092 $\left(-\sqrt{\dfrac{1}{2}}\right)^2\div\sqrt{\left(-\dfrac{1}{4}\right)^2}$

해 $\left(-\sqrt{\dfrac{1}{2}}\right)^2\div\sqrt{\left(-\dfrac{1}{4}\right)^2}=\dfrac{1}{2}\div\boxed{}=\dfrac{1}{2}\times\boxed{}=\boxed{}$

093 $(-\sqrt{6})^2\times\sqrt{4^2}-\sqrt{(-8)^2}$

094 $\sqrt{3^2}+\sqrt{(-26)^2}\div(\sqrt{13})^2$

TIP 덧셈과 나눗셈의 혼합 계산에서는 계산 순서에 주의하여 계산해~

11 제곱근을 포함한 식을 간단히 할 때, 근호 안의 수가 어떤 수의 제곱이 되는지 확인해 봐~

- $\sqrt{2^2}+\sqrt{16}=\sqrt{2^2}+\sqrt{4^2}=2+4=6$
- $\sqrt{9}+\sqrt{9^2}=\sqrt{3^2}+\sqrt{9^2}=3+9=12$

○ 다음을 계산하시오.

095 $\sqrt{9}-\sqrt{(-3)^2}$

096 $(-\sqrt{2})^2+\sqrt{(-6)^2}+\sqrt{25}$

097 $\sqrt{(-5)^2}\times\sqrt{36}-(\sqrt{11})^2$

098 $-\sqrt{25}\times\left(-\sqrt{\dfrac{2}{5}}\right)^2$

099 $\left(-\sqrt{\dfrac{3}{7}}\right)^2\div(-\sqrt{36})$

100 $\sqrt{16}\div\sqrt{\left(-\dfrac{1}{2}\right)^2-(-\sqrt{3})^2}$

101 $-\sqrt{1.44}-\sqrt{(-0.01)^2}$

102 $\sqrt{1.69}-\sqrt{(-14)^2}\times(-\sqrt{0.1})^2$

교과서 미리보기 풀었던 연산은 교과서에 이렇게 나온다!

103 02 05

다음 중 옳은 것은?

① 7의 제곱근은 $\sqrt{7}$이다.
② -16의 제곱근은 2개이다.
③ 제곱근 11은 $\pm\sqrt{11}$이다.
④ $\left(-\dfrac{1}{8}\right)^2$의 음의 제곱근은 $-\dfrac{1}{8}$이다.
⑤ 0의 제곱근은 없다.

104 06 07

다음 중 그 값이 나머지 넷과 <u>다른</u> 하나는?

① $(-\sqrt{5})^2$ ② $-(-\sqrt{5})^2$ ③ $-\sqrt{(-5)^2}$
④ $-(\sqrt{5})^2$ ⑤ $-\sqrt{5^2}$

105 08

다음 수 중 제곱근을 근호를 사용하지 않고 나타낼 수 있는 것은?

① 23 ② 0.1 ③ 1.6
④ $\dfrac{4}{25}$ ⑤ $\dfrac{3}{7}$

Episode

02 제곱근의 계산

◉ 중1-1 : Ⅰ. 수와 연산

개념 Re:Play

이전에 배운 내용을 다시 한 번 확인하세요.

소인수분해란?
1 보다 큰 자연수를 그 수의 소인수들만의 곱으로 나타낸 것을 소인수분해라고 한다.

$$12=2^2 \times 3$$
$$91=7 \times 13$$

개념 Play

오답 NOTE

1. $\sqrt{A^2}$의 성질

$\sqrt{A^2}$은 A^2의 양의 제곱근이므로 A의 부호에 관계없이 항상 음이 아닌 값을 갖는다.

$$\rightarrow \sqrt{A^2}=|A|=\begin{cases} A \geq 0 일 때, \ A \\ A < 0 일 때, \ -A \end{cases} \rightarrow 0 또는 양수$$

- $a>0$일 때, $\sqrt{(-a)^2} \neq -a$
  $\sqrt{(-a)^2}$은 $(-a)^2$의 양의 제곱근이므로 그 값은 양수인 것을 기억하자.
  $a>0$일 때, $\sqrt{(-a)^2}=a$

- $a<0$일 때, $\sqrt{a^2} \neq a$
  $\sqrt{a^2}$은 a^2의 양의 제곱근이므로 그 값은 양수인 것을 기억하자.
  $a<0$일 때, $\sqrt{a^2}=-a$

2. 제곱수를 이용하여 근호 없애기

(1) 제곱수: 1, 4, 9, 16, …과 같이 자연수의 제곱인 수

참고 $11^2=121$, $12^2=144$, $13^2=169$, $14^2=196$, $15^2=225$, $16^2=256$

$\rightarrow \sqrt{(제곱수)}=\sqrt{(자연수)^2}=(자연수)$

(2) 근호 안의 수가 제곱수이면 근호를 사용하지 않고 자연수로 나타낼 수 있다.

예 $\sqrt{9}=\sqrt{3^2}=3$

(3) 제곱수의 성질: 제곱수를 소인수분해하면 각 소인수의 지수가 모두 짝수이다.

예 $36=2^2 \times 3^2$ └→ 인수 중에서 소수인 것

3. 제곱근의 대소 관계

$a>0$, $b>0$일 때,

(1) $a<b$이면 $\sqrt{a}<\sqrt{b}$

예 $2<7$이므로 $\sqrt{2}<\sqrt{7}$

(2) $\sqrt{a}<\sqrt{b}$이면 $a<b$

예 $\sqrt{2}<\sqrt{7}$이므로 $2<7$

(3) a와 $\sqrt{b}$의 대소 비교 (단, $a>0$, $b>0$)

근호가 없는 수를 근호가 있는 수로 나타낸 후 대소를 비교한다.

$\rightarrow \sqrt{a^2}$과 $\sqrt{b}$의 대소 비교

참고 정사각형의 넓이를 이용한 제곱근의 대소 관계의 이해
❶ 정사각형의 넓이가 넓을수록 한 변의 길이도 길다.
$\rightarrow a<b$이면 $\sqrt{a}<\sqrt{b}$
❷ 정사각형의 한 변의 길이가 길수록 넓이도 넓다.
$\rightarrow \sqrt{a}<\sqrt{b}$이면 $a<b$

- $\sqrt{a}<\sqrt{b}$이면 $-\sqrt{a}>-\sqrt{b}$
  양변에 음수를 곱하면 부등호의 방향이 바뀌는 것에 주의하자.

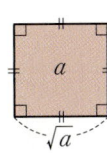
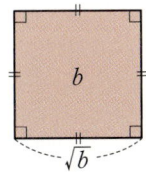

12 모든 수 a에 대하여 $\sqrt{a^2}=|a|=\begin{cases} a & (a \geq 0) \\ -a & (a < 0) \end{cases}$

- $\sqrt{2^2}=2$
  부호 그대로
- $\sqrt{(-2)^2}=\ominus(-2)=2$
  부호 반대로

○ $a>0$일 때, 다음 ● 안에는 > 또는 <를, □ 안에는 알맞은 식을 근호를 사용하지 않고 써넣으시오.

106 $3a$ ● 0이므로

$\sqrt{(3a)^2}=\boxed{}$

107 $-3a$ ● 0이므로

$\sqrt{(-3a)^2}=-(\boxed{})=\boxed{}$

108 $3a$ ● 0이므로

$-\sqrt{(3a)^2}=\boxed{}$

109 $-3a$ ● 0이므로

$-\sqrt{(-3a)^2}=-\{-(\boxed{})\}=\boxed{}$

○ $a>0$일 때, 다음 식을 간단히 하시오.

110 $\sqrt{(4a)^2}$

111 $\sqrt{(-7a)^2}$

112 $-\sqrt{(8a)^2}$

113 $-\sqrt{(-6a)^2}$

○ $a<0$일 때, 다음 식을 간단히 하시오.

114 $\sqrt{(5a)^2}$

해 $5a$ $\boxed{}$ 0이므로 $\sqrt{(5a)^2}=\boxed{}$

115 $\sqrt{(-5a)^2}$

해 $-5a$ $\boxed{}$ 0이므로 $\sqrt{(-5a)^2}=\boxed{}$

116 $-\sqrt{(5a)^2}$

해 $5a$ $\boxed{}$ 0이므로 $-\sqrt{(5a)^2}=-(\boxed{})=\boxed{}$

117 $-\sqrt{(-5a)^2}$

해 $-5a$ $\boxed{}$ 0이므로 $-\sqrt{(-5a)^2}=-(\boxed{})=\boxed{}$

118 $\sqrt{(6a)^2}$

119 $\sqrt{(-9a)^2}$

120 $-\sqrt{(11a)^2}$

121 $-\sqrt{(-10a)^2}$

13 $\sqrt{A^2}$을 간단히 할 때에는 먼저 A가 양수인지 음수인지를 확인해 봐~

- $a>0$이면 $-5a<0$이고 $7a>0$이므로
$\sqrt{(-5a)^2}+\sqrt{(7a)^2}=-(-5a)+7a=5a+7a=12a$
- $a<0$이면 $-5a>0$이고 $7a<0$이므로
$\sqrt{(-5a)^2}+\sqrt{(7a)^2}=-5a+(-7a)=-12a$

14 $\sqrt{(일차식)^2}$을 간단히 할 때에는 먼저 (일차식)의 부호를 확인해 봐~

- $a>-1$일 때, $a+1>0$이므로
$\sqrt{(a+1)^2}=a+1$
- $a<-3$일 때, $a+3<0$이므로
$-\sqrt{(a+3)^2}=-\{-(a+3)\}=a+3$

> 부등식의 양변에 같은 수를 더하거나 빼어도 부등호의 방향은 바뀌지 않는다.

○ $a>0$일 때, 다음 식을 간단히 하시오.

122 $\sqrt{(-a)^2}+\sqrt{(2a)^2}$ ....

해 $-a<0$이므로 $\sqrt{(-a)^2}=-(\boxed{})=\boxed{}$

$2a>0$이므로 $\sqrt{(2a)^2}=\boxed{}$

∴ $\sqrt{(-a)^2}+\sqrt{(2a)^2}=\boxed{}+\boxed{}=\boxed{}$

123 $\sqrt{(3a)^2}+\sqrt{(-4a)^2}$ ....

124 $\sqrt{(8a)^2}-\sqrt{(5a)^2}$ ....

125 $\sqrt{(-6a)^2}-\sqrt{(10a)^2}$ ....

○ $a<0$일 때, 다음 식을 간단히 하시오.

126 $\sqrt{a^2}+\sqrt{(-3a)^2}$ ....

해 $a<0$이므로 $\sqrt{a^2}=\boxed{}$

$-3a>0$이므로 $\sqrt{(-3a)^2}=\boxed{}$

∴ $\sqrt{a^2}+\sqrt{(-3a)^2}=\boxed{}+(\boxed{})=\boxed{}$

127 $\sqrt{(-2a)^2}+\sqrt{(6a)^2}$ ....

128 $\sqrt{(3a)^2}-\sqrt{(8a)^2}$ ....

129 $\sqrt{(7a)^2}-\sqrt{(-5a)^2}$ ....

○ 다음 식을 간단히 하시오.

130 $a>1$일 때, $\sqrt{(a-1)^2}$ ....

해 $a-1\boxed{}0$이므로 $\sqrt{(a-1)^2}=\boxed{}$

131 $a>2$일 때, $\sqrt{(2-a)^2}$ ....

해 $2-a\boxed{}0$이므로 $\sqrt{(2-a)^2}=-(\boxed{})=\boxed{}$

132 $a<3$일 때, $\sqrt{(a-3)^2}$ ....

해 $a-3\boxed{}0$이므로 $\sqrt{(a-3)^2}=-(\boxed{})=\boxed{}$

133 $a<4$일 때, $\sqrt{(4-a)^2}$ ....

해 $4-a\boxed{}0$이므로 $\sqrt{(4-a)^2}=\boxed{}$

134 $a>-4$일 때, $\sqrt{(a+4)^2}$ ....

135 $a<-2$일 때, $-\sqrt{(a+2)^2}$ ....

136 $a>5$일 때, $\sqrt{(5-a)^2}$ ....

137 $a<3$일 때, $-\sqrt{(3-a)^2}$ ....

15 두 정수 a, b에 대하여 $a<x<b$가 주어지면 $a<x$인 경우와 $x<b$인 경우로 나누어 생각해 봐~

$1<x<4$일 때

$x-1>0$이고 $x-4<0$이므로

$\sqrt{(x-1)^2}+\sqrt{(x-4)^2}=(x-1)+\{-(x-4)\}$

$=x-1-x+4=3$

○ $0<x<2$일 때, 다음 식을 간단히 하시오.

138 $\sqrt{x^2}+\sqrt{(x-2)^2}$

[해] $x>0$이고 $x-2<0$이므로

$\sqrt{x^2}+\sqrt{(x-2)^2}=\boxed{}+\{-(x-2)\}$

$=x-x+\boxed{}=\boxed{}$

139 $\sqrt{(2-x)^2}+\sqrt{(-x)^2}$

140 $\sqrt{(-x)^2}+\sqrt{(x+2)^2}$

141 $\sqrt{(x-2)^2}+\sqrt{(2-x)^2}$

○ 다음 식을 간단히 하시오.

142 $-2<x<3$일 때, $\sqrt{(x-3)^2}-\sqrt{(x+2)^2}$

143 $-1<x<1$일 때, $\sqrt{(x+1)^2}-\sqrt{(1-x)^2}$

16 $\sqrt{A+x}$가 자연수가 되도록 하는 x의 값은 $A+x$가 제곱수가 되게 하는 값이야~

· A, x가 자연수일 때, $\sqrt{A+x}$를 자연수로 만들기

→ $A+x>A$이므로 A보다 $\boxed{}$ 제곱수를 찾는다.

· A, x가 자연수일 때, $\sqrt{A-x}$를 자연수로 만들기

→ $A-x<A$이므로 A보다 $\boxed{}$ 제곱수를 찾는다.

답 | 큰, 작은

○ 다음 수가 자연수가 되도록 하는 가장 작은 자연수 x의 값을 구하시오.

144 $\sqrt{3+x}$

[해] $\sqrt{3+x}$가 자연수가 되려면 $3+x$는 $\boxed{}$보다 $\boxed{}$ 제곱수이어야 한다. $\boxed{}$보다 $\boxed{}$ 제곱수는 4, 9, $\boxed{}$, $\boxed{}$, …이고, x는 가장 작은 자연수이므로 $3+x=\boxed{}$

$\therefore x=\boxed{}$

145 $\sqrt{10+x}$

○ 다음 수가 자연수가 되도록 하는 자연수 x의 값을 모두 구하시오.

146 $\sqrt{6-x}$

[해] $\sqrt{6-x}$가 자연수가 되려면 $6-x$는 $\boxed{}$보다 $\boxed{}$ 제곱수인 $\boxed{}$, $\boxed{}$이어야 하므로

$6-x=\boxed{}$, $\boxed{}$ $\therefore x=\boxed{}$, $\boxed{}$

147 $\sqrt{11-x}$

○ 다음 수가 정수가 되도록 하는 자연수 x의 개수를 구하시오.

148 $\sqrt{15-x}$ _____ 개

[해] $\sqrt{15-x}$가 정수가 되려면 $15-x$는 $\boxed{}$보다 $\boxed{}$ 제곱수이거나 $\boxed{}$이어야 하므로

$15-x=\boxed{}$, $\boxed{}$, $\boxed{}$, $\boxed{}$ $\therefore x=15, 14, 11, \boxed{}$

따라서 자연수 x의 개수는 $\boxed{}$개이다.

149 $\sqrt{23-x}$ _____ 개

17 $\sqrt{Ax}$ 가 자연수가 되려면 Ax를 소인수분해했을 때 소인수의 지수가 모두 짝수가 되어야 해~

$\sqrt{3x}$ 에서

• $x=3$이면 $\sqrt{3x}=\sqrt{3\times 3}=\sqrt{3^2}=3$
  $\quad\quad 3=3^1$

• $x=3\times 2^2$이면 $\sqrt{3x}=\sqrt{3\times 3\times 2^2}=\sqrt{(3\times 2)^2}=6$

• $x=3\times 3^2$이면 $\sqrt{3x}=\sqrt{3\times 3\times 3^2}=\sqrt{(3\times 3)^2}=9$

○ 다음 수가 자연수가 되도록 하는 가장 작은 자연수 x의 값을 구하시오.

150 $\sqrt{2\times 3^2\times x}$

151 $\sqrt{2^3\times 7\times x}$

152 $\sqrt{2^3\times 3^2\times 5\times x}$

153 $\sqrt{12x}$

TIP 먼저 12를 소인수분해하고 소인수의 지수를 살펴보자!

154 $\sqrt{24x}$

155 $\sqrt{44x}$

156 $\sqrt{60x}$ 가 자연수가 되도록 하는 가장 큰 두 자리 자연수 x의 값을 구하시오.

유형 Up

18 $\sqrt{\dfrac{A}{x}}$ 가 자연수가 되도록 하는 x의 값은 A를 소인수분해했을 때 지수가 홀수인 소인수를 나누어 주는 값이야.

$\sqrt{\dfrac{20}{x}}$ 에서 $20=2^2\times 5$이므로

• $x=5$이면 $\sqrt{\dfrac{20}{x}}=\sqrt{\dfrac{2^2\times 5}{5}}=\sqrt{2^2}=2$

• $x=5\times 2^2$이면 $\sqrt{\dfrac{20}{x}}=\sqrt{\dfrac{2^2\times 5}{5\times 2^2}}=\sqrt{1^2}=1$

○ 다음 수가 자연수가 되도록 하는 가장 작은 자연수 x의 값을 구하시오.

157 $\sqrt{\dfrac{2^2\times 3}{x}}$

158 $\sqrt{\dfrac{2^3\times 5^2}{x}}$

159 $\sqrt{\dfrac{2^3\times 3^2\times 5}{x}}$

160 $\sqrt{\dfrac{18}{x}}$

TIP 먼저 18을 소인수분해하고 소인수의 지수를 살펴보자!

161 $\sqrt{\dfrac{45}{x}}$

162 $\sqrt{\dfrac{28}{x}}$

163 $\sqrt{\dfrac{40}{x}}$ 이 자연수가 되도록 하는 자연수 x의 값을 모두 구하시오.

19 양의 제곱근은 √ 안의 수가 클수록 큰 수야~

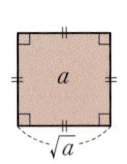 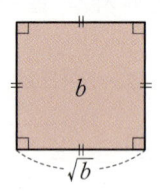

- 정사각형의 넓이가 넓을수록 한 변의 길이도 길다.

  → $a<b$이면 $\sqrt{a}$ ☐ $\sqrt{b}$

- 정사각형의 한 변의 길이가 길수록 넓이도 넓다.

  → $\sqrt{a}<\sqrt{b}$이면 a ☐ b

답 | <, <

 다음 ● 안에 >, < 중 알맞은 것을 써넣으시오.

164 $\sqrt{2}$ ● $\sqrt{3}$

해 2<3이므로 $\sqrt{}$ < $\sqrt{}$

165 $\sqrt{11}$ ● $\sqrt{8}$

166 $\sqrt{\dfrac{2}{5}}$ ● $\sqrt{\dfrac{1}{5}}$

167 $\sqrt{\dfrac{2}{3}}$ ● $\sqrt{\dfrac{3}{4}}$

168 $\sqrt{2}$ ● $\sqrt{\dfrac{3}{2}}$

169 $\sqrt{0.1}$ ● $\sqrt{0.2}$

170 $\sqrt{0.7}$ ● $\sqrt{0.5}$

171 $\sqrt{3.1}$ ● $\sqrt{3}$

20 두 양수 a, b에 대해 $\sqrt{a}<\sqrt{b}$일 때 $-\sqrt{a}>-\sqrt{b}$임을 이용해 봐~

- 2<3이므로 $\sqrt{2}<\sqrt{3}$ ∴ $-\sqrt{2}>-\sqrt{3}$

- $\dfrac{1}{2}>\dfrac{1}{3}$이므로 $\sqrt{\dfrac{1}{2}}>\sqrt{\dfrac{1}{3}}$ ∴ $-\sqrt{\dfrac{1}{2}}<-\sqrt{\dfrac{1}{3}}$

○ 다음 ● 안에 >, < 중 알맞은 것을 써넣으시오.

172 $-\sqrt{5}$ ● $-\sqrt{6}$

해 $\sqrt{5}<\sqrt{6}$이므로 $-\sqrt{}$ > $-\sqrt{}$

173 $-\sqrt{8}$ ● $-\sqrt{3}$

174 $-\sqrt{\dfrac{2}{3}}$ ● $-\sqrt{\dfrac{1}{3}}$

175 $-\sqrt{\dfrac{5}{4}}$ ● $-\sqrt{\dfrac{6}{5}}$

176 $-\sqrt{\dfrac{5}{3}}$ ● $-\sqrt{3}$

177 $-\sqrt{0.4}$ ● $-\sqrt{0.3}$

178 $-\sqrt{2.6}$ ● $-\sqrt{5.2}$

179 $-\sqrt{2}$ ● $-\sqrt{2.2}$

21 두 수의 대소를 비교할 때에는 근호가 없는 수는 근호가 있는 수로 나타낸 후 비교해 봐~

2와 $\sqrt{3}$의 대소 비교

➔ $2=\sqrt{2^2}=\sqrt{4}$이고 $\sqrt{4}>\sqrt{3}$이므로 $2>\sqrt{3}$

표현을 통일하여 근호 안의 수의 대소를 비교한다.

○ 다음 ● 안에 $>$, $<$ 중 알맞은 것을 써넣으시오.

180 $3 \bigcirc \sqrt{5}$

 $3=\sqrt{\boxed{}}$이므로 $\sqrt{\boxed{}}>\sqrt{5}$ $\therefore \boxed{}>\sqrt{5}$

181 $\sqrt{15} \bigcirc 4$

182 $\dfrac{1}{3} \bigcirc \sqrt{\dfrac{1}{3}}$

183 $\sqrt{0.1} \bigcirc 0.1$

184 $-2 \bigcirc -\sqrt{5}$

 $2=\sqrt{\boxed{}}$이므로 $\boxed{}<\sqrt{5}$ $\therefore -\boxed{}>-\sqrt{5}$

185 $-\sqrt{10} \bigcirc -3$

186 $-\dfrac{2}{5} \bigcirc -\sqrt{\dfrac{2}{5}}$

187 $-0.3 \bigcirc -\sqrt{0.3}$

22 세 수의 대소를 비교할 때에는 근호가 없는 수는 근호가 있는 수로 나타낸 후 비교해 봐~

2, $\sqrt{2}$, $\sqrt{\dfrac{19}{4}}$의 대소 비교

➔ $2=\sqrt{4}$이므로 $\sqrt{2}<\sqrt{4}<\sqrt{\dfrac{19}{4}}$ $\therefore \sqrt{2}<2<\sqrt{\dfrac{19}{4}}$

○ 다음 세 수를 작은 것부터 차례로 나열하시오.

188 $4, \sqrt{10}, \sqrt{15}$ _____

 $4=\sqrt{\boxed{}}$이므로 $\sqrt{\boxed{}}<\sqrt{15}<\sqrt{\boxed{}}$

$\therefore \sqrt{10}<\sqrt{15}<\boxed{}$

189 $\sqrt{11}, \sqrt{8}, 3$ _____

190 $-\sqrt{5}, -\sqrt{\dfrac{10}{3}}, -\sqrt{(-3)^2}$ _____

191 $\sqrt{0.6}, \sqrt{(-4)^2}, \sqrt{\dfrac{16}{5}}$ _____

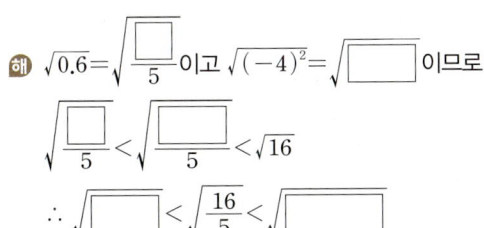

192 $\sqrt{\dfrac{1}{5}}, \dfrac{1}{4}, 0.1$ _____

193 $\sqrt{0.4}, 0.4, \sqrt{\dfrac{4}{5}}$ _____

23

$x>0$, $a>0$, $b>0$일 때, $a<\sqrt{x}<b$를 만족시키는 x의 값의 범위는 각 변을 제곱하여 구한다.

$1<\sqrt{x}<2$의 각 변을 제곱하면

$1<x<4$ ← 부등식의 각 변이 양수이면 각 변을 제곱하여도 부등호의 방향은 바뀌지 않는다.

→ 부등식을 만족시키는 자연수 x의 값은 2, 3

○ 다음 부등식을 만족시키는 자연수 x의 개수를 구하시오.

194 $\sqrt{x}<6$ _____ 개

195 $-\sqrt{x}\geq-7$ _____ 개

○ 다음 부등식을 만족시키는 자연수 x의 값을 모두 구하시오.

196 $2<\sqrt{x}<3$ _____

해 각 변을 제곱하면 $4<x<\boxed{}$

따라서 부등식을 만족시키는 자연수 x의 값은

$\boxed{}$, $\boxed{}$, $\boxed{}$, $\boxed{}$이다.

197 $\sqrt{14}\leq\sqrt{x}\leq4$ _____

198 $-2\leq-\sqrt{x}<-1$ _____

해 각 변에 -1을 곱하면 $1<\boxed{}\leq2$

각 변을 제곱하면 $\boxed{}<x\leq\boxed{}$

따라서 부등식을 만족시키는 자연수 x의 값은

$\boxed{}$, $\boxed{}$, $\boxed{}$이다.

199 $1<\sqrt{x-2}\leq2$ _____

교과서 미리보기 풀었던 연산은 교과서에 이렇게 나온다!

200 ⑫

$a<0$일 때, 다음 중 옳지 않은 것은?

① $\sqrt{(-9a)^2}=-9a$ ② $-\sqrt{(11a)^2}=11a$

③ $\sqrt{\left(-\dfrac{5}{2}a\right)^2}=-\dfrac{5}{2}a$ ④ $-\sqrt{9a^2}=3a$

⑤ $-\sqrt{(-10a)^2}=-10a$

201 ⑰

다음 중 $\sqrt{2^2\times3\times x}$가 자연수가 되도록 하는 자연수 x의 값이 될 수 없는 것은?

① 9 ② 12 ③ 27

④ 48 ⑤ 75

202 ㉓

부등식 $3<\dfrac{\sqrt{n}}{2}\leq4$를 만족시키는 자연수 n의 값이 아닌 것은?

① 36 ② 43 ③ 50

④ 57 ⑤ 64

Episode **03**

무리수와 실수

⊕ 중2-1 : Ⅰ. 수와 식의 계산

 개념 **Re:Play**

이전에 배운 내용을 다시 한 번 확인하세요.

유리수란?
a, $b(b \neq 0)$가 정수인 분수 $\dfrac{a}{b}$ 꼴로 나타낼 수 있는 수이다.

유한소수, 무한소수란 무엇일까?
유한소수는 소수점 아래에 0이 아닌 숫자가 유한개인 소수이고, 무한소수는 소수점 아래에 0이 아닌 숫자가 무한히 많은 소수이다.

▶ 개념 **Play**

오답 **NOTE**

1. 무리수와 실수

(1) 무리수 : 유리수가 아닌 수, 즉 ==순환소수가 아닌 무한소수==

　예 $\sqrt{2} = 1.414\cdots$, $-\sqrt{3} = -1.732\cdots$, $\pi = 3.141592\cdots$
　┗→ 소수점 아래에 0이 아닌 숫자가 한없이 계속되는 소수

(2) 실수
　① 실수 : 유리수와 무리수를 통틀어 실수라고 한다.
　② 실수의 분류

$$\text{실수}\begin{cases}\text{유리수}\begin{cases}\text{정수}\begin{cases}\text{양의 정수(자연수) : }1, 2, 3, \cdots\\0\\\text{음의 정수 : }-1, -2, -3, \cdots\end{cases}\\\text{정수가 아닌 유리수 : }\dfrac{1}{2}, -\dfrac{3}{4}, 1.3, 1.\dot{6}, \cdots\end{cases}\\\text{무리수(순환소수가 아닌 무한소수) : }\sqrt{2}, -\sqrt{3}, \pi, \cdots\end{cases}$$

2. 실수와 수직선

(1) 무리수를 수직선 위에 나타내기
　❶ 피타고라스 정리를 이용하여 직각삼각형의 빗변의 길이 $\sqrt{a}$를 구한다.
　❷ 기준점을 찾아서 대응하는 점이
　　기준점의 오른쪽에 있으면 ➡ (기준점의 좌표)$+\sqrt{a}$
　　기준점의 왼쪽에 있으면 ➡ (기준점의 좌표)$-\sqrt{a}$

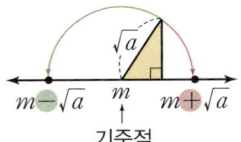

(2) 실수와 수직선
　① ==모든 실수는 각각 수직선 위의 한 점에 대응한다.==
　② 서로 다른 두 실수 사이에는 무수히 많은 실수가 있다.
　③ 수직선은 실수에 대응하는 점으로 완전히 메울 수 있다. →유리수에 대응하는 점만으로 또는 무리수에 대응하는 점만으로는 수직선을 완전히 메울 수 없다.

3. 실수의 대소 관계

두 실수 a, b의 대소 관계는 $a-b$의 값의 부호에 따라 다음과 같이 판단할 수 있다.
(1) $a-b>0$이면 $a>b$　(2) $a-b=0$이면 $a=b$　(3) $a-b<0$이면 $a<b$
예 $\sqrt{3}+3$과 5의 대소 비교 ➡ $(\sqrt{3}+3)-5=\sqrt{3}-2=\sqrt{3}-\sqrt{4}<0$이므로 $\sqrt{3}+3<5$

● $\sqrt{4}$는 무리수가 아니다.
$\sqrt{4}=\sqrt{2^2}=2$이므로 $\sqrt{4}$는 유리수이다. 근호가 있다고 해서 모두 무리수인 것은 아님에 주의하자.

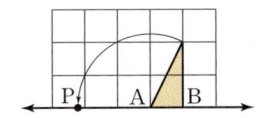

점 P의 좌표를 구할 때 기준점은 점 B가 아니다.
중심을 A로 하고 직각삼각형의 빗변의 길이를 반지름으로 하는 원을 그리므로 기준점은 점 A인 것에 주의하자.

24 무리수는 유리수가 아닌 수, 즉 순환소수가 아닌 무한소수야~

- $0.\dot{5} = \dfrac{5}{9}$ 는 분자, 분모($\neq 0$)가 정수인 분수로 나타낼 수 있으므로 <u>유리수</u>이다.

- $\sqrt{5}$ 는 분자, 분모($\neq 0$)가 정수인 분수로 나타낼 수 없으므로 <u>무리수</u>이다.

○ 다음 수가 유리수이면 '유', 무리수이면 '무'를 (　) 안에 써넣으시오.

203　-2　　　　　　　　　　(　　　)

204　π　　　　　　　　　　(　　　)

205　$0.1\dot{5}$　　　　　　　　　(　　　)

206　$0.1234567\cdots$　　　　(　　　)

207　$\sqrt{\dfrac{1}{7}}$　　　　　　　　(　　　)

208　$-\sqrt{4}$　　　　　　　　(　　　)

TIP 　$\sqrt{\ }$ 가 있다고 해서 항상 무리수인 것은 아니야. 근호를 없앨 수 있으면 유리수야~

209　$\sqrt{0.49}$　　　　　　　(　　　)

210　$\sqrt{\dfrac{2}{25}}$　　　　　　　(　　　)

25 유리수와 무리수의 특징을 잘 기억하면 무리수를 고를 때 어렵지 않겠지?

유리수	무리수
① 분자, 분모($\neq 0$)가 정수인 분수로 나타낼 수 있는 수	① 분자, 분모($\neq 0$)가 정수인 분수로 나타낼 수 없는 수
② 정수, 유한소수,	② 순환소수가 아닌

답 | 순환소수, 무한소수

○ 다음 수 중 아래에 해당하는 수를 모두 고르시오.

$$0.123\cdots,\ -\sqrt{12},\ -\dfrac{1}{36},\ \sqrt{0.09},\ 7,\ \sqrt{\dfrac{2}{3}}$$

211　유리수　　————————————

212　무리수　　————————————

○ 다음 수 중 무리수를 모두 고르시오.

213
$$\sqrt{\dfrac{1}{9}},\ -\sqrt{3},\ 0.4\dot{3},\ -\sqrt{(-7)^2},\ \pi-3,\ \sqrt{25}$$

————————————

214
$$\sqrt{\dfrac{7}{16}},\ \dfrac{13}{2},\ \sqrt{5},\ -\sqrt{0.4},\ -11,\ \sqrt{9},\ -\sqrt{\dfrac{4}{9}}$$

————————————

○ 다음 수 중 무리수의 개수를 구하시오.

215
$$-\sqrt{8},\ 3.14,\ \sqrt{\dfrac{4}{49}},\ 0,\ \sqrt{17},\ 1.44587\cdots,\ \sqrt{20}$$

————————————개

26 무한소수 중에서 순환소수가 아닌 무한소수는 분모가 0이 아닌 분수로 나타낼 수 없어!

소수 { 유한소수 —————— ┐
       무한소수 { [   ] ┘ → 유리수
                  [   ] 가 아닌 무한소수 → 무리수

답 | 순환소수, 순환소수

◉ 다음 설명이 옳으면 ○표, 옳지 않으면 ×표를 (   ) 안에 써넣으시오.

216 $\sqrt{2}$는 실수이다.   (   )

217 $\sqrt{9}$는 무리수이다.   (   )

218 $\sqrt{5}$는 유리수이다.   (   )

219 유리수는 모두 유한소수이다.   (   )

220 무한소수는 모두 무리수이다.   (   )

221 무리수는 모두 실수이다.   (   )

222 순환소수가 아닌 무한소수는 유리수이다.
                                                                (   )

223 근호를 사용하여 나타낸 수는 모두 무리수이다.
                                                                (   )

224 유한소수는 모두 유리수이다.   (   )

27 정수, 유리수, 무리수, 실수의 관계를 잘 알아 두자!

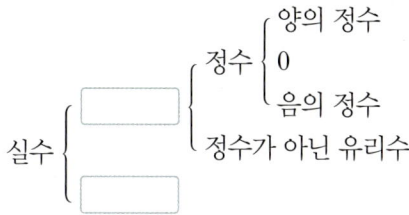

실수 { [   ] { 정수 { 양의 정수(자연수)
                              0
                              음의 정수
                         정수가 아닌 유리수
       [   ] (순환소수가 아닌 무한소수)

답 | 유리수, 무리수

225 다음 □ 안에 알맞은 것을 써넣으시오.

실수 { [   ] { 정수 { 양의 정수
                              0
                              음의 정수
                         정수가 아닌 유리수
       [   ]

226 다음 수 중 □에 해당하는 것을 모두 고르시오.

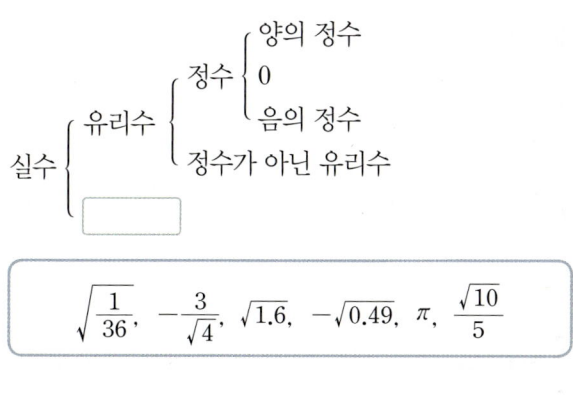

실수 { 유리수 { 정수 { 양의 정수
                        0
                        음의 정수
                   정수가 아닌 유리수
       [   ]

$$\sqrt{\dfrac{1}{36}}, \quad -\dfrac{3}{\sqrt{4}}, \quad \sqrt{1.6}, \quad -\sqrt{0.49}, \quad \pi, \quad \dfrac{\sqrt{10}}{5}$$

28 유리수와 무리수를 통틀어 실수라고 해. 실수의 성질을 잘 기억해 두자~

• 서로 다른 두 유리수 사이에는 무수히 많은 유리수가 있다.
• 서로 다른 두 무리수 사이에는 무수히 많은 무리수가 있다.
• 수직선은 ☐ 에 대응하는 점으로 완전히 메울 수 있다.

답 | 실수

○ 다음 설명이 옳으면 ○표, 옳지 않으면 ×표를 ( ) 안에 써넣으시오.

227 4와 6 사이에는 무수히 많은 무리수가 있다.
( )

228 $\sqrt{2}$와 $\sqrt{3}$ 사이에는 무수히 많은 무리수가 있다.
( )

229 $\sqrt{10}$과 $\sqrt{11}$ 사이에는 유리수가 없다. ( )

230 수직선 위에 $\sqrt{7}$에 대응하는 점은 나타낼 수 없다.
( )

231 서로 다른 두 정수 사이에는 무수히 많은 정수가 있다.
( )

232 서로 다른 두 유리수 사이에는 무수히 많은 유리수가 있다.
( )

233 서로 다른 두 실수 사이에는 무수히 많은 실수가 있다.
( )

234 서로 다른 두 정수 사이에는 무수히 많은 유리수가 있다.
( )

235 수직선은 무리수에 대응하는 점들로 완전히 메울 수 있다.
( )

29 피타고라스 정리에서 직각삼각형의 빗변의 길이를 이용하면 무리수를 수직선 위에 나타낼 수 있어~

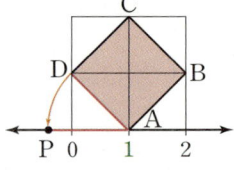

정사각형 ABCD에 대하여 $\overline{AD}=\overline{AP}$일 때,
❶ 피타고라스 정리에 의하여
$$\overline{AD}=\sqrt{1^2+1^2}$$
$$=\sqrt{2}$$
$$\overline{AP}=\overline{AD}=\sqrt{2}$$
❷ 점 P는 점 A에서 왼쪽으로 $\sqrt{2}$만큼 떨어져 있으므로 점 P에 대응하는 수는 $1-\sqrt{2}$

○ 다음 그림과 같은 수직선에서 점 P 또는 점 Q에 대응하는 수를 구하시오.
(단, 모눈 한 칸의 가로와 세로의 길이는 1이다.)

236

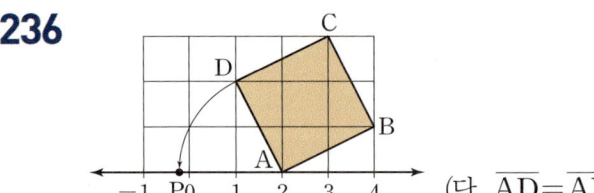

(단, $\overline{AD}=\overline{AP}$)

해 피타고라스 정리에 의하여
$$\overline{AD}=\sqrt{1^2+\boxed{}^2}=\boxed{}$$
$$\overline{AP}=\overline{AD}=\boxed{}$$ 이므로 점 P에 대응하는 수는 $\boxed{}$

237

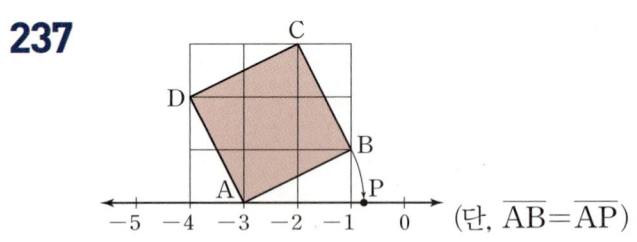

(단, $\overline{AB}=\overline{AP}$)

238

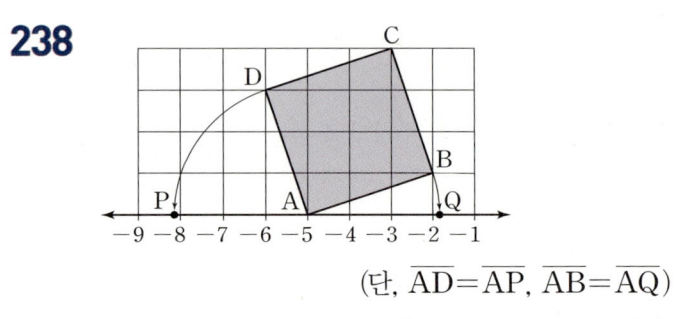

(단, $\overline{AD}=\overline{AP}$, $\overline{AB}=\overline{AQ}$)

P : ＿＿＿＿＿＿, Q : ＿＿＿＿＿＿

30 직각삼각형의 한 꼭짓점을 중심으로 하고 빗변을 반지름으로 하는 원을 그려 수직선과 만나는 점을 찾아 봐~

직각이등변삼각형 OAB에 대하여
❶ 피타고라스 정리에 의하여
$\overline{OB}=\sqrt{1^2+1^2}$
$\quad\quad=\sqrt{2}$
❷ $\overline{OQ}=\overline{OP}=\overline{OB}=\sqrt{2}$이므로
점 P에 대응하는 수는 $\sqrt{2}$
점 Q에 대응하는 수는 $-\sqrt{2}$

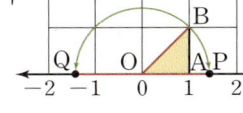

○ 다음 그림에서 점 P 또는 점 Q에 대응하는 수를 구하시오. (단, 모눈 한 칸의 가로와 세로의 길이는 1이다.)

239

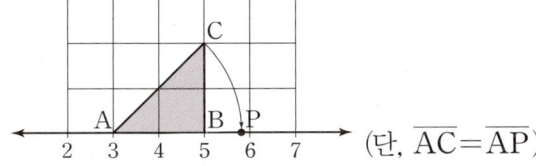

(단, $\overline{AC}=\overline{AP}$)

 $\overline{AC}=\sqrt{2^2+\boxed{}}=\boxed{}$

$\overline{AP}=\overline{AC}=\boxed{}$이므로 점 P에 대응하는 수는 $\boxed{}$

240

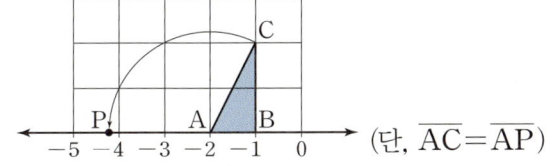

(단, $\overline{AC}=\overline{AP}$)

241

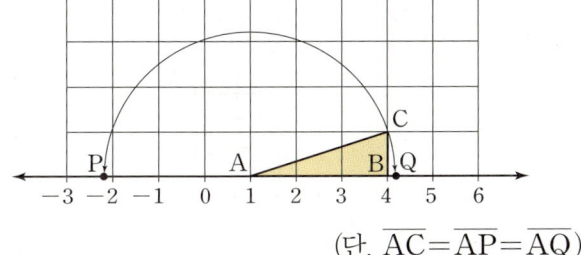

(단, $\overline{AC}=\overline{AP}=\overline{AQ}$)

P : _____ , Q : _____

---

31 부등식의 양변에 같은 수를 더하거나 양변에서 같은 수를 빼어도 부등호의 방향은 바뀌지 않아~

• $\sqrt{3}<\sqrt{5}$이므로 $\sqrt{3}+2<\sqrt{5}+2$
• $-7<-6$이므로 $-7-\sqrt{5}<-6-\sqrt{5}$

○ 다음 ● 안에 >, < 중 알맞은 것을 써넣으시오.

242 $\sqrt{5}+1 \, \bigcirc \, \sqrt{3}+1$

243 $2-\sqrt{6} \, \bigcirc \, 1-\sqrt{6}$

244 $\sqrt{7}-2 \, \bigcirc \, \sqrt{8}-2$

245 $3+\sqrt{2} \, \bigcirc \, \sqrt{5}+\sqrt{2}$

246 $-\sqrt{5}-2 \, \bigcirc \, -\sqrt{5}-\sqrt{3}$

해 $2\boxed{}\sqrt{3}$이므로 $-2\boxed{}-\sqrt{3}$

∴ $-\sqrt{5}-2\boxed{}-\sqrt{5}-\sqrt{3}$

247 $\sqrt{7}-2 \, \bigcirc \, \sqrt{7}-3$

248 $-2-\sqrt{12} \, \bigcirc \, -\sqrt{5}-\sqrt{12}$

249 $-\dfrac{1}{3}-\sqrt{2} \, \bigcirc \, -\dfrac{2}{3}-\sqrt{2}$

32 두 수의 대소를 직접 비교하기 어려운 경우에는 두 수의 차의 부호를 이용해 봐~

$\sqrt{3}+2$와 4의 대소 비교

→ $(\sqrt{3}+2)-4=\sqrt{3}-2=\sqrt{3}-\sqrt{4}<0$

이므로 $\sqrt{3}+2<4$ → (작은 수)−(큰 수)<0

○ 다음 ● 안에 >, < 중 알맞은 것을 써넣으시오.

250 $\sqrt{3}-1$ ● 2

해 $(\sqrt{3}-1)-2=\sqrt{3}-3=\sqrt{3}-\boxed{}<0$

∴ $\sqrt{3}-1 \boxed{} 2$

251 1 ● $3-\sqrt{2}$

252 -2 ● $-\dfrac{2}{3}-\sqrt{2}$

253 $-\sqrt{7}-2$ ● -4

254 $\sqrt{5}+1$ ● $\sqrt{9}$

TIP $\sqrt{9}=\sqrt{3^2}=3$으로 고쳐서 계산해!

255 $\sqrt{10}+2$ ● $\sqrt{25}$

256 $\sqrt{16}$ ● $\sqrt{7}+3$

257 $3-\sqrt{4}$ ● $-2+\sqrt{6}$

유형 Up 33 세 수의 대소를 비교할 때는 적당히 짝을 지어 두 수의 대소를 먼저 비교해 봐~

$\sqrt{5}+2$, 3, $\sqrt{7}+2$의 대소 비교

→ $(\sqrt{5}+2)-3=\sqrt{5}-1=\sqrt{5}-\sqrt{1}>0$이므로

$\sqrt{5}+2>3$

$(\sqrt{5}+2)-(\sqrt{7}+2)=\sqrt{5}-\sqrt{7}<0$이므로

$\sqrt{5}+2<\sqrt{7}+2$

∴ $3<\sqrt{5}+2<\sqrt{7}+2$

○ 다음 세 수의 대소를 비교하시오.

258 $\sqrt{11}$, $2+\sqrt{6}$, 4

해 $\sqrt{11}-4=\sqrt{11}-\sqrt{16}\boxed{}0$이므로 $\sqrt{11}\boxed{}4$

$(2+\sqrt{6})-4=\sqrt{6}-2=\sqrt{6}-\sqrt{4}\boxed{}0$이므로 $2+\sqrt{6}\boxed{}4$

∴ $\boxed{}<4<\boxed{}$

259 $5-\sqrt{11}$, 1, $5-\sqrt{10}$

260 1, $-\sqrt{2}+2$, $3-\sqrt{2}$

261 $\sqrt{6}+\sqrt{3}$, $\sqrt{3}+3$, $\sqrt{6}+1$

262 $4+\sqrt{11}$, $\sqrt{11}+\sqrt{13}$, $\sqrt{11}-1$

263 $\sqrt{5}+3$, $1+\sqrt{7}$, $\sqrt{5}+\sqrt{7}$

34 주어진 수보다 크고, 작은 연속하는 두 정수를 찾으면 수직선 위에서 주어진 수의 위치를 대략 알 수 있어.

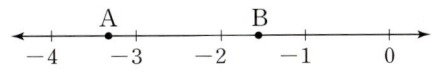

- $\sqrt{9}<\sqrt{11}<\sqrt{16}$이므로 $3<\sqrt{11}<4$
  $\therefore -4<-\sqrt{11}<-3$
  따라서 $-\sqrt{11}$에 대응하는 점은 A이다.
- $\sqrt{1}<\sqrt{2}<\sqrt{4}$이므로 $1<\sqrt{2}<2$
  $\therefore -2<-3+\sqrt{2}<-1$
  따라서 $-3+\sqrt{2}$에 대응하는 점은 B이다.

○ 다음 수직선 위의 점 중 주어진 수에 대응하는 점을 찾으시오.

264 $\sqrt{10}$ ....

265 $\sqrt{27}$ ....

266 $\sqrt{17}$ ....

○ 다음 수직선 위의 점 중 주어진 수에 대응하는 점을 찾으시오.

267 $\sqrt{31}$ ....

268 $\sqrt{\dfrac{9}{7}}$ ....

269 $3+\sqrt{11}$ ....

270 $\sqrt{14}-3$ ....

271 $\sqrt{\dfrac{10}{3}}+1$ ....

272 $\sqrt{\dfrac{8}{13}}-1$ ....

 교과서 미리보기 풀었던 연산은 교과서에 이렇게 나온다!

273 [24] [25] [27]

다음 중 무리수가 <u>아닌</u> 것은?

① $\sqrt{5}$ ② $\pi-3$ ③ $-\dfrac{3}{\sqrt{4}}$

④ $0.1234567\cdots$ ⑤ $-\sqrt{0.4}$

274 [28]

다음 중 옳은 것은?

① $\sqrt{10}$과 $\sqrt{11}$ 사이에는 유리수가 없다.
② $\sqrt{2}$와 $\sqrt{3}$ 사이에는 무수히 많은 무리수가 있다.
③ 수직선 위에 $\sqrt{7}$에 대응하는 점은 나타낼 수 없다.
④ 서로 다른 두 정수 사이에는 무수히 많은 정수가 있다.
⑤ 수직선은 유리수에 대응하는 점들로 완전히 메울 수 있다.

275 [31] [32] [33]

다음 중 대소 관계가 옳지 <u>않은</u> 것은?

① $5-\sqrt{11}>1$ ② $-2>-\dfrac{2}{3}-\sqrt{2}$
③ $3-\sqrt{4}<-2+\sqrt{6}$ ④ $3+\sqrt{2}>\sqrt{5}+\sqrt{2}$
⑤ $1+\sqrt{7}<\sqrt{5}+\sqrt{7}$

04 근호를 포함한 식의 곱셈과 나눗셈

▶ 개념 Play

오답 NOTE

1. 제곱근의 곱셈과 나눗셈

(1) 제곱근의 곱셈 : $a>0$, $b>0$이고 m, n이 유리수일 때,

① $\sqrt{a}\times\sqrt{b}=\sqrt{a}\sqrt{b}=\sqrt{ab}$ ② $m\sqrt{a}\times n\sqrt{b}=mn\sqrt{ab}$

(2) 제곱근의 나눗셈 : $a>0$, $b>0$이고 m, n이 유리수일 때,

① $\sqrt{a}\div\sqrt{b}=\dfrac{\sqrt{a}}{\sqrt{b}}=\sqrt{\dfrac{a}{b}}$ ② $m\sqrt{a}\div n\sqrt{b}=\dfrac{m}{n}\sqrt{\dfrac{a}{b}}$ (단, $n\neq0$)

2. 근호가 있는 식의 변형

(1) 근호 안의 수에 제곱인 인수가 있으면 근호 밖으로 꺼낼 수 있다. $a>0$, $b>0$일 때,

① $\sqrt{a^2b}=a\sqrt{b}$ ② $\sqrt{\dfrac{a}{b^2}}=\dfrac{\sqrt{a}}{b}$

(2) 근호 밖의 양수를 제곱하여 근호 안으로 넣을 수 있다. $a>0$, $b>0$일 때,

① $a\sqrt{b}=\sqrt{a^2b}$ ② $\dfrac{\sqrt{a}}{b}=\sqrt{\dfrac{a}{b^2}}$

3. 분모의 유리화

(1) 분모의 유리화 : 분수의 분모가 근호를 포함한 무리수일 때, 분모와 분자에 0이 아닌 같은 수를 곱하여 분모를 유리수로 고치는 것

(2) 분모를 유리화하는 방법

① $\dfrac{b}{\sqrt{a}}=\dfrac{b\times\sqrt{a}}{\sqrt{a}\times\sqrt{a}}=\dfrac{b\sqrt{a}}{a}$ (단, $a>0$) ② $\dfrac{\sqrt{b}}{\sqrt{a}}=\dfrac{\sqrt{b}\times\sqrt{a}}{\sqrt{a}\times\sqrt{a}}=\dfrac{\sqrt{ab}}{a}$ (단, $a>0$, $b>0$)

③ $\dfrac{c}{b\sqrt{a}}=\dfrac{c\times\sqrt{a}}{b\sqrt{a}\times\sqrt{a}}=\dfrac{c\sqrt{a}}{ab}$ (단, $a>0$, $b\neq0$)

4. 제곱근표 → 1.00부터 99.9까지의 수에 대한 양의 제곱근의 값을 반올림하여 소수점 아래 셋째 자리까지 나타낸 표

(1) 제곱근표에 있는 수의 제곱근의 값

처음 두 자리 수의 가로줄과 끝자리 수의 세로줄이 만나는 곳에 있는 수를 읽는다.

예 $\sqrt{2.01}=1.418$, $\sqrt{2.23}=1.493$

수	0	1	2	3
⋮	⋮	⋮	⋮	⋮
2.0	1.414	1.418	1.421	1.425
2.1	1.449	1.453	1.456	1.459
2.2	1.483	1.487	1.490	1.493

(2) 제곱근표에 없는 수의 제곱근의 값

제곱근표에 없는 수의 제곱근의 값은 제곱근의 성질을 이용하여 제곱근표에 있는 수로 바꾸어 구한다.

① 100보다 큰 수 : $\sqrt{100a}=10\sqrt{a}$, $\sqrt{10000a}=100\sqrt{a}$, ⋯ (단, $1\leq a\leq99.9$)

② 0과 1 사이의 수 : $\sqrt{\dfrac{a}{100}}=\dfrac{\sqrt{a}}{10}$, $\sqrt{\dfrac{a}{10000}}=\dfrac{\sqrt{a}}{100}$, ⋯ (단, $1\leq a\leq99.9$)

• $\dfrac{\sqrt{2}}{4}\neq\dfrac{1}{2}$

근호 밖의 수와 근호 안의 수를 약분하지 않는다. 즉, 제곱근의 나눗셈을 할 때는 근호 안의 수끼리, 근호 밖의 수끼리 계산한다.

• $2\sqrt{3}\neq\sqrt{2\times3}$

근호 밖의 수를 근호 안으로 넣을 때는 제곱해서 근호 안으로 넣어 $2\sqrt{3}=\sqrt{2^2\times3}=\sqrt{12}$로 나타내야 함을 기억하자.

• $-2\sqrt{3}\neq\sqrt{(-2)^2\times3}$

근호 밖의 수를 근호 안으로 넣을 때는 부호는 그대로 두고 양수만 제곱해서 근호 안으로 넣어 $-2\sqrt{3}=-\sqrt{2^2\times3}=-\sqrt{12}$로 나타내야 함을 기억하자.

• $\dfrac{\sqrt{3}}{\sqrt{2}}\neq\dfrac{\sqrt{3}\times\sqrt{3}}{\sqrt{2}\times\sqrt{2}}$

분모를 유리화할 때는 분모, 분자에 동일한 수를 곱해 $\dfrac{\sqrt{3}}{\sqrt{2}}=\dfrac{\sqrt{3}\times\sqrt{2}}{\sqrt{2}\times\sqrt{2}}=\dfrac{\sqrt{6}}{2}$으로 나타내야 함을 기억하자.

35	두 수의 제곱근의 곱은 두 수의 곱의 제곱근과 같아!

$a > 0$, $b > 0$일 때,

$$\sqrt{a} \times \sqrt{b} = \sqrt{a}\sqrt{b} = \sqrt{\boxed{}}$$

답 | ab

○ 다음을 계산하시오.

276 $\sqrt{2} \times \sqrt{5}$

277 $\sqrt{2}\sqrt{7}$

278 $\sqrt{3} \times (-\sqrt{5})$

279 $(-\sqrt{6}) \times (-\sqrt{7})$

280 $\sqrt{\dfrac{2}{3}}\sqrt{\dfrac{3}{4}}$

281 $\left(-\sqrt{\dfrac{5}{4}}\right) \times \left(-\sqrt{\dfrac{16}{5}}\right)$

282 $\sqrt{2}\sqrt{3}\sqrt{5}$

TIP $a > 0$, $b > 0$, $c > 0$일 때, $\sqrt{a}\sqrt{b}\sqrt{c} = \sqrt{abc}$가 성립해.

283 $\sqrt{\dfrac{5}{6}} \times (-\sqrt{2}) \times \sqrt{3}$

36	제곱근의 곱셈을 할 때에는 근호 밖의 수끼리, 근호 안의 수끼리 곱하면 돼!

$a > 0$, $b > 0$이고 m, n이 유리수일 때,

$$m\sqrt{a} \times n\sqrt{b} = \boxed{}\sqrt{ab}$$

답 | mn

○ 다음을 계산하시오.

284 $3\sqrt{2} \times 2\sqrt{5}$

285 $2\sqrt{3} \times 2\sqrt{5}$

286 $2\sqrt{2} \times (-\sqrt{3})$

287 $(-3\sqrt{3}) \times (-2\sqrt{7})$

288 $2\sqrt{3} \times 3\sqrt{3}$

289 $\dfrac{2}{3}\sqrt{\dfrac{1}{2}} \times 3\sqrt{2}$

290 $2\sqrt{\dfrac{6}{7}} \times 3\sqrt{\dfrac{14}{3}}$

291 $\left(-\dfrac{3}{2}\sqrt{\dfrac{4}{3}}\right) \times \left(-\dfrac{2}{3}\sqrt{\dfrac{1}{2}}\right)$

37 제곱근의 나눗셈을 할 때에는 근호 밖의 수끼리, 근호 안의 수끼리 나누면 돼!

$a>0$, $b>0$이고 m, n이 유리수일 때,

· $\sqrt{a}\div\sqrt{b}=\dfrac{\sqrt{a}}{\sqrt{b}}=\sqrt{\boxed{}}$

· $m\sqrt{a}\div n\sqrt{b}=\boxed{}\sqrt{\dfrac{a}{b}}$ (단, $n\neq0$)

답 | $\dfrac{a}{b}$, $\dfrac{m}{n}$

38 분수의 나눗셈처럼 무리수의 나눗셈도 역수의 곱셈으로 고치자!

$\dfrac{\sqrt{b}}{\sqrt{a}}\div\dfrac{\sqrt{d}}{\sqrt{c}}$ 꼴의 나눗셈은 나눗셈을 역수의 곱셈으로 고쳐서 계산한다.

→ $\dfrac{\sqrt{b}}{\sqrt{a}}\div\dfrac{\sqrt{d}}{\sqrt{c}}=\dfrac{\sqrt{b}}{\sqrt{a}}\times\boxed{}=\sqrt{\dfrac{b}{a}\times\boxed{}}=\sqrt{\dfrac{bc}{ad}}$

답 | $\dfrac{\sqrt{c}}{\sqrt{d}}$, $\dfrac{c}{d}$

◯ 다음을 계산하시오.

292 $\dfrac{\sqrt{6}}{\sqrt{3}}$

해 $\dfrac{\sqrt{6}}{\sqrt{3}}=\sqrt{\dfrac{\boxed{}}{3}}=\sqrt{\boxed{}}$

293 $-\dfrac{\sqrt{8}}{\sqrt{10}}$

294 $\sqrt{10}\div\sqrt{5}$

295 $(-\sqrt{28})\div\sqrt{7}$

296 $\dfrac{12\sqrt{6}}{3\sqrt{2}}$

297 $6\sqrt{12}\div3\sqrt{3}$

298 $(-4\sqrt{15})\div2\sqrt{5}$

299 $(-3\sqrt{18})\div(-3\sqrt{3})$

◯ 다음을 계산하시오.

300 $\dfrac{\sqrt{5}}{\sqrt{3}}\div\dfrac{\sqrt{5}}{\sqrt{6}}$

해 $\dfrac{\sqrt{5}}{\sqrt{3}}\div\dfrac{\sqrt{5}}{\sqrt{6}}=\dfrac{\sqrt{5}}{\sqrt{3}}\times\dfrac{\sqrt{\boxed{}}}{\sqrt{5}}=\sqrt{\dfrac{5}{3}\times\boxed{}}=\sqrt{\boxed{}}$

301 $\sqrt{5}\div\dfrac{\sqrt{3}}{\sqrt{2}}$

302 $\dfrac{\sqrt{5}}{\sqrt{6}}\div\dfrac{\sqrt{5}}{\sqrt{3}}$

303 $\dfrac{\sqrt{10}}{\sqrt{2}}\div\dfrac{\sqrt{5}}{\sqrt{8}}$

304 $\sqrt{12}\div\sqrt{\dfrac{2}{5}}$

305 $\dfrac{\sqrt{15}}{\sqrt{7}}\div\sqrt{\dfrac{3}{14}}$

306 $\sqrt{\dfrac{13}{5}}\div\dfrac{\sqrt{13}}{\sqrt{11}}$

307 $\sqrt{\dfrac{10}{3}}\div\sqrt{\dfrac{5}{12}}$

39 근호 안의 수를 소인수분해했을 때 제곱인 인수가 있으면 근호 밖으로 꺼낼 수 있어!

$a>0$, $b>0$일 때,

· $\sqrt{a^2 b}=\boxed{}\sqrt{b}$

· $\sqrt{\dfrac{a}{b^2}}=\dfrac{\sqrt{a}}{\boxed{}}$

답 | a, b

40 근호 밖의 수를 근호 안으로 넣을 때는 제곱을 해야 해!

$a>0$, $b>0$일 때,

· $a\sqrt{b}=\sqrt{\boxed{}b}$

· $\dfrac{\sqrt{a}}{b}=\sqrt{\dfrac{a}{\boxed{}}}$

답 | a^2, b^2

○ 다음 수를 $a\sqrt{b}$ 또는 $\dfrac{\sqrt{b}}{a}$의 꼴로 나타내시오.

(단, b는 가장 작은 자연수)

308 $\sqrt{8}$ ....

해 $\sqrt{8}=\sqrt{\boxed{}\times 2}=\sqrt{\boxed{}}\sqrt{2}=\boxed{}\sqrt{2}$

309 $\sqrt{12}$ ....

310 $\sqrt{\dfrac{2}{9}}$ ....

해 $\sqrt{\dfrac{2}{9}}=\dfrac{\sqrt{2}}{\sqrt{\boxed{}}}=\dfrac{\sqrt{2}}{\sqrt{\boxed{}^2}}=\dfrac{\sqrt{2}}{\boxed{}}$

311 $\sqrt{\dfrac{5}{16}}$ ....

312 $\sqrt{0.02}$ ....

TIP 근호 안의 수가 소수일 때는 분수로 고쳐서 계산하는 것이 편리해!

313 $\sqrt{0.13}$ ....

○ 다음 수를 $\sqrt{a}$ 또는 $-\sqrt{a}$의 꼴로 나타내시오. (단, $a>0$)

314 $3\sqrt{2}$ ....

해 $3\sqrt{2}=\sqrt{\boxed{}\times 2}=\sqrt{\boxed{}}$

315 $2\sqrt{5}$ ....

316 $-2\sqrt{7}$ ....

TIP 근호 밖의 수가 음수인 경우는 '−' 부호는 그대로 두고 절댓값을 제곱하여 근호 안으로 넣어야 해!

317 $-3\sqrt{5}$ ....

318 $\dfrac{\sqrt{3}}{2}$ ....

해 $\dfrac{\sqrt{3}}{2}=\dfrac{\sqrt{3}}{\sqrt{\boxed{}^2}}=\dfrac{\sqrt{3}}{\sqrt{\boxed{}}}=\sqrt{\boxed{}}$

319 $-\dfrac{\sqrt{6}}{5}$ ....

<table>
<tr><td>**41**</td><td>분모를 유리화할 때에는 분모의 무리수를 분모, 분자에 각각 곱해야 해~</td></tr>
</table>

$$\frac{1}{\sqrt{2}}=\frac{1\times\sqrt{2}}{\sqrt{2}\times\sqrt{2}}=\frac{\sqrt{2}}{2}$$

↳ 분모의 $\sqrt{2}$를 분모, 분자에 각각 곱한다.

○ 다음 수의 분모를 유리화하시오.

320 $\dfrac{1}{\sqrt{3}}$

321 $-\dfrac{1}{\sqrt{5}}$

322 $\dfrac{3}{\sqrt{5}}$

323 $\dfrac{4}{\sqrt{7}}$

324 $\dfrac{4}{\sqrt{2}}$

TIP 분모를 유리화한 후 약분이 되는 것은 약분하여 간단히 해!

325 $-\dfrac{2}{\sqrt{6}}$

326 $\dfrac{12}{\sqrt{3}}$

327 $\dfrac{15}{\sqrt{5}}$

<table>
<tr><td>**42**</td><td>분모를 유리화할 때 분자에 근호가 있으면 근호 안의 수끼리 곱하면 되겠지?</td></tr>
</table>

❷ 분자의 두 제곱근을 곱한다.

$$\frac{\sqrt{2}}{\sqrt{3}}=\frac{\sqrt{2}\times\sqrt{3}}{\sqrt{3}\times\sqrt{3}}=\frac{\sqrt{6}}{3}$$

↳ ❶ 분모의 $\sqrt{3}$을 분모, 분자에 각각 곱한다.

○ 다음 수의 분모를 유리화하시오.

328 $\dfrac{\sqrt{3}}{\sqrt{2}}$

329 $\dfrac{\sqrt{5}}{\sqrt{3}}$

330 $\dfrac{\sqrt{7}}{\sqrt{5}}$

331 $\dfrac{\sqrt{2}}{\sqrt{7}}$

332 $\sqrt{\dfrac{5}{2}}$

해 $\sqrt{\dfrac{5}{2}}=\dfrac{\sqrt{5}}{\sqrt{\boxed{}}}=\dfrac{\sqrt{5}\times\sqrt{\boxed{}}}{\sqrt{2}\times\sqrt{2}}=\dfrac{\sqrt{\boxed{}}}{2}$

333 $\sqrt{\dfrac{3}{5}}$

334 $\sqrt{\dfrac{2}{11}}$

43 분모를 유리화할 때 분모의 근호 밖에 수가 있더라도 근호에만 주목하자!

$$\frac{1}{3\sqrt{5}} = \frac{1 \times \sqrt{5}}{3\sqrt{5} \times \sqrt{5}} = \frac{\sqrt{5}}{15}$$

↳ 분모의 $\sqrt{5}$만 분모, 분자에 각각 곱한다.

○ 다음 수의 분모를 유리화하시오.

335 $\dfrac{1}{4\sqrt{3}}$

해 $\dfrac{1}{4\sqrt{3}} = \dfrac{1 \times \sqrt{\boxed{}}}{4\sqrt{3} \times \sqrt{3}} = \dfrac{\sqrt{3}}{\boxed{}}$

336 $\dfrac{3}{2\sqrt{5}}$

337 $\dfrac{\sqrt{3}}{3\sqrt{7}}$

338 $\dfrac{2\sqrt{5}}{3\sqrt{3}}$

339 $\dfrac{\sqrt{3}\sqrt{5}}{\sqrt{21}}$

TIP 제곱근의 나눗셈을 먼저 한 후, 분모를 유리화해.

340 $\dfrac{\sqrt{2}}{\sqrt{3}\sqrt{5}}$

TIP 제곱근의 곱셈을 먼저 한 후, 분모를 유리화해.

341 $\dfrac{\sqrt{8}}{\sqrt{45}}$

TIP 근호 안에 있는 제곱수인 인수를 근호 밖으로 꺼낸 후, 분모를 유리화해.

342 $\sqrt{\dfrac{27}{32}}$

---

44 제곱근의 곱셈과 나눗셈을 계산한 후 근호 안에 제곱수인 인수가 있으면 근호 밖으로 꺼내어 간단히 해~

• $\sqrt{5} \times \sqrt{15} = \sqrt{75} = 5\sqrt{3}$ ↱ $\sqrt{5^2 \times 3}$ ↰

• $\sqrt{5} \div \sqrt{60} = \dfrac{\sqrt{5}}{\sqrt{60}} = \dfrac{1}{\sqrt{12}} = \dfrac{1 \times \sqrt{3}}{2\sqrt{3} \times \sqrt{3}} = \dfrac{\sqrt{3}}{6}$

↳ $\sqrt{2^2 \times 3}$ ↰

○ 다음 식을 계산하시오.

343 $\sqrt{6} \times \sqrt{10}$

344 $\sqrt{\dfrac{3}{2}} \times \sqrt{15}$

해 $\sqrt{\dfrac{3}{2}} \times \sqrt{15} = \sqrt{\dfrac{\boxed{}}{2}} = \dfrac{\boxed{}\sqrt{5} \times \sqrt{2}}{\sqrt{2} \times \sqrt{2}} = \dfrac{\boxed{}}{2}$

345 $\sqrt{\dfrac{5}{2}} \times \sqrt{\dfrac{20}{3}}$

346 $\sqrt{22} \div \dfrac{1}{\sqrt{33}}$

347 $(-\sqrt{45}) \div \sqrt{10}$

해 $(-\sqrt{45}) \div \sqrt{10} = -\sqrt{45} \times \dfrac{1}{\sqrt{10}} = -\dfrac{\sqrt{9}}{\boxed{}}$

$= -\dfrac{3 \times \boxed{}}{\boxed{} \times \boxed{}} = -\dfrac{3\sqrt{\boxed{}}}{2}$

348 $\sqrt{\dfrac{7}{10}} \div \sqrt{14}$

349 $\sqrt{15} \times \sqrt{6} \div \sqrt{7}$

350 $\dfrac{\sqrt{10}}{\sqrt{3}} \div \dfrac{\sqrt{15}}{\sqrt{2}} \div \dfrac{\sqrt{2}}{2}$

45 근호 안에 제곱인 인수가 있으면 제곱근의 곱셈과 나눗셈 계산 전에 먼저 식을 간단히 하자!

- $\sqrt{3}\times\sqrt{45}=\sqrt{3}\times3\sqrt{5}=3\sqrt{15}$ $\overset{\sqrt{3^2\times5}}{\longrightarrow}$
- $\sqrt{3}\div\sqrt{20}=\sqrt{3}\div2\sqrt{5}=\dfrac{\sqrt{3}}{2\sqrt{5}}=\dfrac{\sqrt{3}\times\sqrt{5}}{2\sqrt{5}\times\sqrt{5}}=\dfrac{\sqrt{15}}{10}$ $\underset{\sqrt{2^2\times5}}{\longrightarrow}$

⚪ 다음 식을 계산하시오.

351 $\sqrt{12}\times\sqrt{2}$

🔲 $\sqrt{12}\times\sqrt{2}=2\sqrt{}\times\sqrt{2}=2\sqrt{}$

352 $\sqrt{\dfrac{3}{5}}\times\sqrt{125}$

353 $\sqrt{18}\times\sqrt{20}$

354 $\sqrt{\dfrac{2}{3}}\times\sqrt{8}$

355 $\sqrt{72}\div3\sqrt{3}$

🔲 $\sqrt{72}\div3\sqrt{3}=\sqrt{72}\times\dfrac{1}{3\sqrt{3}}=\boxed{}\sqrt{2}\times\dfrac{1}{3\sqrt{3}}$

$=\dfrac{\boxed{}\sqrt{2}}{\sqrt{3}}=\dfrac{\boxed{}\sqrt{2}\times\sqrt{3}}{\sqrt{3}\times\sqrt{3}}=\dfrac{\boxed{}\sqrt{6}}{3}$

356 $\dfrac{\sqrt{2}}{2}\div\sqrt{\dfrac{5}{18}}$

357 $3\sqrt{6}\div\sqrt{12}\times\sqrt{3}$

358 $\dfrac{4}{\sqrt{20}}\times\sqrt{50}\div\sqrt{12}$

46 1.00부터 99.9까지의 수의 양의 제곱근의 값은 제곱근표를 이용하면 쉽게 찾을 수 있어~

- 제곱근표 : 1.00부터 99.9까지의 수에 대한 양의 제곱근의 값을 반올림하여 소수점 아래 셋째 자리까지 나타낸 표
- 제곱근표를 읽는 방법 : 처음 두 자리 수의 $\boxed{}$과 끝자리 수의 $\boxed{}$이 만나는 곳에 있는 수를 읽는다.

답 | 가로줄, 세로줄

⚪ 제곱근표를 이용하여 다음 제곱근의 값을 구하시오.

수	0	1	2	3	4
4.3	2.074	2.076	2.078	2.081	2.083
4.4	2.098	2.100	2.102	2.105	2.107
4.5	2.121	2.124	2.126	2.128	2.131

359 $\sqrt{4.42}$

🔲 4.4의 가로줄과 $\boxed{}$의 세로줄이 만나는 곳에 있는 수는 $\boxed{}$

360 $\sqrt{4.31}$

361 $\sqrt{4.50}$

⚪ 제곱근표를 이용하여 다음을 만족시키는 x의 값을 구하시오.

수	5	6	7	8	9
2.3	1.533	1.536	1.539	1.543	1.546
2.4	1.565	1.568	1.572	1.575	1.578
2.5	1.597	1.600	1.603	1.606	1.609

362 $\sqrt{x}=1.575$

🔲 1.575가 있는 칸의 가로줄에 있는 수는 $\boxed{}$, 세로줄에 있는 수는 $\boxed{}$이므로 $x=\boxed{}$

363 $\sqrt{x}=1.536$

364 $\sqrt{x}=1.603$

유형 Up 47 근호가 있는 수를 적당히 변형하면 제곱근표에 없는 수의 제곱근의 값도 구할 수 있어~

제곱근표에 없는 수의 양의 제곱근의 값은 제곱근의 성질을 이용하여 제곱근표에 있는 수로 바꾸어 구한다.

- 100보다 큰 수 : $\sqrt{100a}=10\sqrt{a}$,

  $\sqrt{10000a}=\boxed{}\sqrt{a}$, ⋯ (단, $1\le a\le 99.9$)

- 0과 1 사이의 수 : $\sqrt{\dfrac{a}{100}}=\dfrac{\sqrt{a}}{\boxed{}}$

  $\sqrt{\dfrac{a}{10000}}=\dfrac{\sqrt{a}}{100}$, ⋯ (단, $1\le a\le 99.9$)

답 | 100, 10

○ $\sqrt{2}=1.414$, $\sqrt{20}=4.472$일 때, 다음 제곱근의 값을 구하시오.

365 $\sqrt{200}$

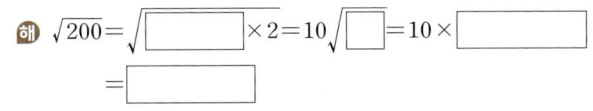 해 $\sqrt{200}=\sqrt{\boxed{}\times 2}=10\sqrt{\boxed{}}=10\times\boxed{}$

$=\boxed{}$

366 $\sqrt{2000}$

367 $\sqrt{20000}$

368 $\sqrt{0.2}$

해 $\sqrt{0.2}=\sqrt{\dfrac{1}{\boxed{}}\times 20}=\dfrac{1}{10}\sqrt{\boxed{}}$

$=\dfrac{1}{10}\times\boxed{}=\boxed{}$

369 $\sqrt{0.02}$

370 $\sqrt{0.002}$

---

371 `39` `40`

다음 중 옳지 <u>않은</u> 것은?

① $\sqrt{0.02}=\dfrac{\sqrt{2}}{10}$

② $-\dfrac{\sqrt{6}}{5}=-\sqrt{\dfrac{6}{25}}$

③ $-3\sqrt{5}=\sqrt{45}$

④ $\sqrt{\dfrac{2}{9}}=\dfrac{\sqrt{2}}{3}$

⑤ $2\sqrt{5}=\sqrt{20}$

372 `43`

$\sqrt{\dfrac{27}{32}}=\dfrac{3\sqrt{a}}{8}$일 때, 유리수 a의 값은? (단, $a>0$)

① 2   ② 3   ③ 4

④ 5   ⑤ 6

373 `47`

$\sqrt{2}=1.414$, $\sqrt{20}=4.472$일 때, 다음 중 옳지 <u>않은</u> 것은?

① $\sqrt{0.2}=0.4472$

② $\sqrt{2000}=14.14$

③ $\sqrt{0.02}=0.1414$

④ $\sqrt{20000}=141.4$

⑤ $\sqrt{0.002}=0.04472$

05 근호를 포함한 식의 덧셈과 뺄셈

 개념 Re:Play

◉ 중1-1 : Ⅰ. 수와 연산
이전에 배운 내용을 다시 한 번 확인하세요.

분배법칙이란?

$a(b+c)=ab+ac,\ (a+b)c=ac+bc$

$a(b+c+d)=ab+ac+ad,\ (a+b+c)d=ad+bd+cd$

▶ **개념 Play**

오답 **NOTE**

1. 제곱근의 덧셈과 뺄셈

제곱근의 덧셈과 뺄셈은 근호 안의 수가 같은 것끼리 모아서 계산한다.

m, n이 유리수이고 $\sqrt{a}$가 무리수일 때,

(1) $m\sqrt{a}+n\sqrt{a}=(m+n)\sqrt{a}$

(2) $m\sqrt{a}-n\sqrt{a}=(m-n)\sqrt{a}$

2. 근호를 포함한 식의 혼합 계산

(1) 근호를 포함한 식의 분배법칙

$a>0$, $b>0$, $c>0$일 때,

① $\sqrt{a}(\sqrt{b}+\sqrt{c})=\sqrt{a}\sqrt{b}+\sqrt{a}\sqrt{c}=\sqrt{ab}+\sqrt{ac}$

$\sqrt{a}(\sqrt{b}-\sqrt{c})=\sqrt{a}\sqrt{b}-\sqrt{a}\sqrt{c}=\sqrt{ab}-\sqrt{ac}$

② $(\sqrt{a}+\sqrt{b})\sqrt{c}=\sqrt{a}\sqrt{c}+\sqrt{b}\sqrt{c}=\sqrt{ac}+\sqrt{bc}$

$(\sqrt{a}-\sqrt{b})\sqrt{c}=\sqrt{a}\sqrt{c}-\sqrt{b}\sqrt{c}=\sqrt{ac}-\sqrt{bc}$

(2) 분배법칙을 이용한 분모의 유리화

$a>0$, $b>0$, $c>0$일 때,

$$\frac{\sqrt{a}+\sqrt{b}}{\sqrt{c}}=\frac{(\sqrt{a}+\sqrt{b})\times\sqrt{c}}{\sqrt{c}\times\sqrt{c}}=\frac{\sqrt{ac}+\sqrt{bc}}{c}$$

(3) 근호를 포함한 식의 혼합 계산

❶ 괄호가 있으면 분배법칙을 이용하여 괄호를 푼다.

❷ 근호 안의 수에 제곱인 인수가 있으면 근호 밖으로 꺼낸다.

❸ 분모에 무리수가 있으면 분모를 유리화한다.

❹ 곱셈, 나눗셈을 먼저 계산한 후 덧셈, 뺄셈을 계산한다.

3. 무리수의 정수 부분과 소수 부분

(1) 무리수는 순환소수가 아닌 무한소수이므로 정수 부분과 소수 부분으로 나눌 수 있다.

(2) 소수 부분은 무리수에서 정수 부분을 뺀 값이다.
              └▶ $0 \le$ (소수 부분) < 1

➡ (소수 부분)=(무리수)−(정수 부분)

• $5\sqrt{2}-\sqrt{2}\neq 4$

$3\sqrt{2}+2\sqrt{2}\neq 5$

다항식의 덧셈과 뺄셈에서 문자와 차수가 같은 동류항끼리 모아서 계산하듯이 제곱근의 덧셈과 뺄셈에서도 근호 안의 수가 같은 것끼리 동류항으로 생각하여 계산한다.

$5\sqrt{2}-\sqrt{2}=(5-1)\sqrt{2}=4\sqrt{2}$

$3\sqrt{2}+2\sqrt{2}=(3+2)\sqrt{2}=5\sqrt{2}$

• $\sqrt{7}+\sqrt{5}\neq\sqrt{7+5}$

$\sqrt{7}-\sqrt{5}\neq\sqrt{7-5}$

제곱근의 덧셈과 뺄셈은 근호 안의 수가 같지 않으면 더 이상 간단히 할 수 없는 것에 주의하자.

• $-\sqrt{2}$의 소수 부분은 $-\sqrt{2}+1$이 **아니다.**

$-\sqrt{2}=-1.414\cdots$이므로 $-\sqrt{2}$의 소수 부분을 $-\sqrt{2}-(-1)=-\sqrt{2}+1$이라고 착각할 수 있다. 그러나 소수 부분은 양수이어야 하는데 $-1<-\sqrt{2}+1<0$으로 음수이다. $-\sqrt{2}$의 소수 부분은 $1<\sqrt{2}<2$에서 $-2<-\sqrt{2}<-1$이므로 $-\sqrt{2}-(-2)=-\sqrt{2}+2$인 것에 주의하자.

48 문자를 포함한 식의 계산에서 동류항끼리 계산하는 것과 같이 근호 안의 수가 같은 부분을 하나의 문자로 생각해 봐~

m, n이 유리수이고 $\sqrt{a}$가 무리수일 때,

• $m\sqrt{a}+n\sqrt{a}=(\boxed{})\sqrt{a}$

• $m\sqrt{a}-n\sqrt{a}=(\boxed{})\sqrt{a}$

답 | $m+n$, $m-n$

○ 다음을 계산하시오.

374 $2\sqrt{2}+2\sqrt{2}$

375 $3\sqrt{3}+4\sqrt{3}$

376 $5\sqrt{5}+2\sqrt{5}$

377 $3\sqrt{2}-6\sqrt{2}$

378 $5\sqrt{5}-3\sqrt{5}$

379 $-2\sqrt{6}-3\sqrt{6}$

380 $\dfrac{\sqrt{6}}{2}+\sqrt{6}$

381 $\dfrac{2\sqrt{7}}{3}-\dfrac{\sqrt{7}}{4}$

49 m, n, l이 유리수이고 $\sqrt{a}$가 무리수일 때, $m\sqrt{a}+n\sqrt{a}+l\sqrt{a}=(m+n+l)\sqrt{a}$

• $2\sqrt{5}+\sqrt{5}-5\sqrt{5}=(2+1-5)\sqrt{5}=-2\sqrt{5}$

• $-3\sqrt{7}+8\sqrt{7}-\sqrt{7}=(-3+8-1)\sqrt{7}=4\sqrt{7}$

○ 다음을 계산하시오.

382 $\sqrt{5}+7\sqrt{5}-2\sqrt{5}$

383 $5\sqrt{2}-3\sqrt{2}-6\sqrt{2}$

384 $3\sqrt{3}+\sqrt{3}-2\sqrt{3}$

385 $-5\sqrt{7}+3\sqrt{7}-4\sqrt{7}$

386 $-3\sqrt{5}-6\sqrt{5}+7\sqrt{5}$

387 $2\sqrt{2}-3\sqrt{2}+2\sqrt{2}$

388 $-\dfrac{\sqrt{3}}{2}+\dfrac{\sqrt{3}}{3}+\dfrac{\sqrt{3}}{6}$

389 $\dfrac{2\sqrt{7}}{5}-\dfrac{4\sqrt{7}}{3}+\dfrac{\sqrt{7}}{15}$

50 제곱근의 덧셈과 뺄셈은 근호 안의 수가 같을 때만 할 수 있어~

$$2\sqrt{3}+3\sqrt{2}-4\sqrt{3}=2\sqrt{3}-4\sqrt{3}+3\sqrt{2}$$
$$=(2-4)\sqrt{3}+3\sqrt{2} \quad \rightarrow \text{교환법칙 } a+b=b+a$$
$$=-2\sqrt{3}+3\sqrt{2}$$

51 4개 이상의 제곱근의 덧셈과 뺄셈도 근호 안의 수가 같은 것끼리 모아서 계산해 봐~

$$\sqrt{2}+\sqrt{3}-2\sqrt{2}+2\sqrt{3}=\sqrt{2}-2\sqrt{2}+\sqrt{3}+2\sqrt{3}$$
$$=(1-2)\sqrt{2}+(1+2)\sqrt{3} \quad \rightarrow \text{교환법칙 적용}$$
$$=-\sqrt{2}+3\sqrt{3}$$

○ 다음을 계산하시오.

390 $\sqrt{2}+5\sqrt{3}-2\sqrt{2}$

391 $-3\sqrt{5}-2\sqrt{5}+2\sqrt{2}$

392 $-4\sqrt{7}-3\sqrt{3}+2\sqrt{3}$

393 $4\sqrt{6}-7\sqrt{5}+8\sqrt{6}$

394 $\dfrac{5\sqrt{3}}{2}+\dfrac{\sqrt{3}}{4}-\dfrac{3\sqrt{7}}{2}$

395 $-\dfrac{5\sqrt{3}}{6}-\dfrac{\sqrt{2}}{4}+\dfrac{3\sqrt{3}}{4}$

396 $\dfrac{5\sqrt{2}}{3}-\dfrac{\sqrt{5}}{2}-\dfrac{3\sqrt{5}}{5}$

○ 다음을 계산하시오.

397 $2\sqrt{2}+\sqrt{3}-5\sqrt{2}+6\sqrt{3}$

해 $2\sqrt{2}+\sqrt{3}-5\sqrt{2}+6\sqrt{3}=2\sqrt{2}-5\sqrt{2}+\sqrt{3}+6\sqrt{3}$
$$=(2-5)\sqrt{\Box}+(1+6)\sqrt{\Box}$$
$$=\Box\sqrt{2}+\Box\sqrt{3}$$

398 $3\sqrt{2}-2\sqrt{5}-3\sqrt{5}+2\sqrt{2}$

399 $-2\sqrt{7}-4\sqrt{3}-2\sqrt{7}+3\sqrt{3}$

400 $4\sqrt{6}+2\sqrt{10}-3\sqrt{6}-4\sqrt{10}$

401 $7\sqrt{13}-4\sqrt{5}-3\sqrt{13}+3\sqrt{5}$

402 $\dfrac{3\sqrt{2}}{2}-\dfrac{5\sqrt{3}}{6}-\dfrac{7\sqrt{2}}{4}-\dfrac{\sqrt{3}}{6}$

403 $\dfrac{3\sqrt{3}}{8}-5\sqrt{7}+\dfrac{5\sqrt{3}}{4}-\dfrac{\sqrt{7}}{2}$

52 $\sqrt{a^2 b}$의 꼴은 $a\sqrt{b}$의 꼴로 고치고, 분모에 무리수가 있으면 분모를 유리화하여 식을 먼저 간단히 해 봐~

- $\sqrt{8}+\sqrt{18}=2\sqrt{2}+3\sqrt{2}=5\sqrt{2}$
- $3\sqrt{5}+\dfrac{10}{\sqrt{5}}=3\sqrt{5}+\dfrac{10\times\sqrt{5}}{\sqrt{5}\times\sqrt{5}}=3\sqrt{5}+2\sqrt{5}=5\sqrt{5}$

○ 다음을 계산하시오.

404 $\sqrt{48}+\sqrt{3}$
　　해 $\sqrt{48}+\sqrt{3}=\boxed{}\sqrt{3}+\sqrt{3}=\boxed{}\sqrt{3}$

405 $\sqrt{125}-4\sqrt{5}$

406 $\sqrt{32}+\sqrt{8}$

407 $\sqrt{63}-\sqrt{28}$

408 $\sqrt{24}+\sqrt{54}$

409 $\sqrt{27}-\sqrt{75}$

410 $\sqrt{2}+\dfrac{2}{\sqrt{2}}$

　　해 $\sqrt{2}+\dfrac{2}{\sqrt{2}}=\sqrt{2}+\dfrac{2\times\boxed{}}{\sqrt{2}\times\boxed{}}=\sqrt{2}+\boxed{}=\boxed{}$

411 $\sqrt{12}-\dfrac{3}{\sqrt{3}}$

412 $\dfrac{15}{\sqrt{45}}+\sqrt{20}$

413 $\dfrac{6}{\sqrt{27}}-\sqrt{3}$

414 $\dfrac{10}{\sqrt{2}}+\dfrac{6}{\sqrt{18}}$

415 $\dfrac{12}{\sqrt{6}}-\dfrac{12}{\sqrt{24}}$

53 3개 이상의 제곱근의 덧셈과 뺄셈도 먼저 근호 안의 수를 간단히 하고, 분모에 무리수가 있으면 유리화 한 후, 근호 안의 수가 같은 것끼리 계산해 봐~

$\sqrt{12}+\sqrt{27}-\sqrt{8}=2\sqrt{3}+3\sqrt{3}-2\sqrt{2}$
$=5\sqrt{3}-2\sqrt{2}$

○ 다음을 계산하시오.

416 $5\sqrt{3}+\sqrt{32}-\sqrt{27}$
　　해 $5\sqrt{3}+\sqrt{32}-\sqrt{27}=5\sqrt{3}+\boxed{}\sqrt{2}-\boxed{}\sqrt{3}$
　　　　　$=(5\sqrt{3}-\boxed{}\sqrt{3})+\boxed{}\sqrt{2}$
　　　　　$=\boxed{}\sqrt{3}+\boxed{}\sqrt{2}$

417 $\sqrt{48}+3\sqrt{12}-3\sqrt{75}$

418 $\sqrt{45}-7\sqrt{5}+\sqrt{20}$

419 $\sqrt{18}-\sqrt{63}-\sqrt{50}+3\sqrt{28}$

420 $-2\sqrt{3}+\sqrt{24}+2\sqrt{27}-10\sqrt{6}$

421 $6\sqrt{5}+\sqrt{8}-\sqrt{45}-\sqrt{32}$

○ 다음을 계산하시오.

422 $3\sqrt{2}-5\sqrt{2}+\dfrac{6}{\sqrt{2}}$

해 $3\sqrt{2}-5\sqrt{2}+\dfrac{6}{\sqrt{2}}=3\sqrt{2}-5\sqrt{2}+\dfrac{6\times\boxed{}}{\sqrt{2}\times\boxed{}}$

$=3\sqrt{2}-5\sqrt{2}+\boxed{}=\boxed{}$

423 $\sqrt{27}+\dfrac{9}{\sqrt{3}}-2\sqrt{12}$

424 $\dfrac{4}{\sqrt{32}}-\dfrac{1}{\sqrt{8}}+\sqrt{2}$

425 $\sqrt{24}-\dfrac{5}{\sqrt{5}}+\sqrt{20}-\sqrt{54}$

426 $\sqrt{75}-\dfrac{\sqrt{18}}{\sqrt{3}}-2\sqrt{3}+\dfrac{12}{\sqrt{6}}$

54 근호를 포함한 식에 괄호가 있을 때에는 분배법칙을 이용하여 계산해 봐~

• $\sqrt{2}(\sqrt{2}+\sqrt{3})=\sqrt{2\times2}+\sqrt{2\times3}=2+\sqrt{6}$
• $(\sqrt{2}+\sqrt{3})\sqrt{3}=\sqrt{2\times3}+\sqrt{3\times3}=\sqrt{6}+3$

○ 다음을 계산하시오.

427 $\sqrt{3}(\sqrt{2}+\sqrt{5})$

428 $-\sqrt{2}(\sqrt{5}+\sqrt{7})$

429 $(\sqrt{3}-\sqrt{2})\sqrt{5}$

430 $\sqrt{6}(\sqrt{3}+\sqrt{2})$

431 $(\sqrt{5}-\sqrt{2})\sqrt{5}$

432 $(\sqrt{8}+\sqrt{10})\div\sqrt{2}$

해 $(\sqrt{8}+\sqrt{10})\div\sqrt{2}=(\sqrt{8}+\sqrt{10})\times\boxed{}$

$=\sqrt{8}\times\boxed{}+\sqrt{10}\times\boxed{}$

$=2+\boxed{}$

433 $(\sqrt{15}-\sqrt{27})\div\sqrt{3}$

434 $(\sqrt{10}+\sqrt{22})\div(-\sqrt{2})$

55 분모를 유리화할 때 분자에 괄호가 있으면 분배법칙을 적용하자!

- $\dfrac{\sqrt{2}+\sqrt{3}}{\sqrt{2}}=\dfrac{(\sqrt{2}+\sqrt{3})\times\sqrt{2}}{\sqrt{2}\times\sqrt{2}}=\dfrac{2+\sqrt{6}}{2}$

- $\dfrac{\sqrt{2}+\sqrt{3}}{\sqrt{3}}=\dfrac{(\sqrt{2}+\sqrt{3})\times\sqrt{3}}{\sqrt{3}\times\sqrt{3}}=\dfrac{\sqrt{6}+3}{3}$

○ 다음 수의 분모를 유리화하시오.

435 $\dfrac{\sqrt{3}+\sqrt{5}}{\sqrt{2}}$

해 $\dfrac{\sqrt{3}+\sqrt{5}}{\sqrt{2}}=\dfrac{(\sqrt{3}+\sqrt{5})\times\boxed{}}{\sqrt{2}\times\boxed{}}=\dfrac{\boxed{}}{2}$

436 $\dfrac{\sqrt{2}-\sqrt{10}}{\sqrt{3}}$

437 $\dfrac{3+2\sqrt{7}}{\sqrt{7}}$

438 $\dfrac{3+2\sqrt{10}}{\sqrt{5}}$

439 $\dfrac{\sqrt{7}+\sqrt{12}}{\sqrt{2}}$

440 $\dfrac{\sqrt{6}+\sqrt{8}}{2\sqrt{2}}$

441 $\dfrac{2\sqrt{5}-3\sqrt{3}}{\sqrt{12}}$

56 괄호 풀기 → $\sqrt{a^2b}$의 꼴은 $a\sqrt{b}$의 꼴로 고치기 → 분모 유리화 → 곱셈, 나눗셈 계산 → 덧셈, 뺄셈 계산

$\sqrt{6}(\sqrt{2}+\sqrt{3})+\dfrac{1}{\sqrt{3}}(15+\sqrt{24})$ 분배법칙을 이용하여 식을 전개한다.

$=\sqrt{12}+\sqrt{18}+\dfrac{15}{\sqrt{3}}+\sqrt{8}$ 근호 안의 수에 제곱인 인수가 있으면 근호 밖으로 꺼낸다.

$=2\sqrt{3}+3\sqrt{2}+\dfrac{15}{\sqrt{3}}+2\sqrt{2}$ 분모를 유리화한다.

$=2\sqrt{3}+3\sqrt{2}+5\sqrt{3}+2\sqrt{2}$ 근호 안의 수가 같은 것끼리 계산한다.

$=7\sqrt{3}+5\sqrt{2}$

○ 다음을 계산하시오.

442 $2\sqrt{6}-\sqrt{2}(2\sqrt{3}+\sqrt{2})$

해 $2\sqrt{6}-\sqrt{2}(2\sqrt{3}+\sqrt{2})=2\sqrt{6}-\boxed{}\sqrt{6}-\boxed{}=\boxed{}$

443 $(3\sqrt{5}+\sqrt{20})\sqrt{2}-7\sqrt{10}$

444 $\sqrt{3}(\sqrt{6}+1)-\sqrt{2}(\sqrt{3}+3)$

445 $\sqrt{2}(4\sqrt{3}+2)+\sqrt{3}(\sqrt{6}-5\sqrt{2})$

446 $\sqrt{2}(\sqrt{6}-1)-3\left(\sqrt{8}-\dfrac{6}{\sqrt{3}}\right)$

447 $\sqrt{2}(\sqrt{8}+6)+3\left(\sqrt{27}-\dfrac{4}{\sqrt{2}}\right)$

448 $\dfrac{\sqrt{6}}{3}(5\sqrt{6}-\sqrt{18})+\sqrt{5}(\sqrt{15}-\sqrt{2})$

449 $\sqrt{18}\left(-\dfrac{2}{\sqrt{2}}+\dfrac{2}{\sqrt{3}}\right)-\sqrt{3}\left(\dfrac{\sqrt{18}}{3}-\dfrac{2}{\sqrt{3}}\right)$

450 $\sqrt{2}(5+3\sqrt{6})+(\sqrt{3}-6)\div\sqrt{3}$

451 $(4\sqrt{3}-2\sqrt{2})\div\sqrt{6}-(\sqrt{18}+\sqrt{27})\div 3$

452 $\sqrt{45}-3\sqrt{15}\div\sqrt{3}+\dfrac{3-2\sqrt{5}}{\sqrt{5}}$

453 $\dfrac{\sqrt{32}-\sqrt{3}}{\sqrt{2}}+\sqrt{24}-3\sqrt{2}\times\sqrt{12}$

454 $\dfrac{\sqrt{6}+2}{\sqrt{2}}+\dfrac{\sqrt{15}+\sqrt{10}}{\sqrt{5}}$

455 $\dfrac{2}{\sqrt{3}}(\sqrt{3}-\sqrt{2})-\dfrac{\sqrt{8}-2\sqrt{3}}{\sqrt{2}}$

유형 **Up**

57 m, n이 유리수이고 $\sqrt{a}$가 무리수일 때 $m+n\sqrt{a}$가 유리수가 되려면 $n=0$이어야 해!

a가 유리수일 때,
$\sqrt{3}(\sqrt{3}-a)+5+2\sqrt{3}=3-a\sqrt{3}+5+2\sqrt{3}$
$=8+(2-a)\sqrt{3}$ → $2-a=0$이면 무리수 부분이 0이 되어 주어진 식이 유리수가 된다.

유리수가 되려면 $2-a=0$이어야 하므로 $a=2$

○ 다음 식의 계산 결과가 유리수가 되도록 하는 유리수 a의 값을 구하시오.

456 $2a+2\sqrt{3}+6+2a\sqrt{3}$

해 $2a+2\sqrt{3}+6+2a\sqrt{3}=2a+6+(\boxed{}+2a)\sqrt{3}$이 유리수가 되려면 무리수 부분이 $\boxed{}$이 되어야 하므로

$\boxed{}+2a=0$ ∴ $a=\boxed{}$

457 $a\sqrt{2}+3a-2-2\sqrt{2}$

458 $5\sqrt{5}-3+a\sqrt{5}-\sqrt{5}$

459 $\sqrt{32}-\dfrac{2}{\sqrt{2}}+a\sqrt{2}+a$

460 $\sqrt{6}(3a+\sqrt{6})+2a+3\sqrt{6}$

461 $2-3\sqrt{2}-\sqrt{2}(3\sqrt{2}+a)$

462 $\sqrt{7}(4+\sqrt{7})+a(2\sqrt{7}-1)$

463 $\sqrt{2}(\sqrt{2}+\sqrt{3})-\sqrt{3}(a\sqrt{2}-\sqrt{3})$

58

근호 안의 수와 가장 가까운 제곱수를 찾으면 무리수의 정수 부분을 알 수 있고, 소수 부분은 (무리수)−(정수 부분)으로 구할 수 있어~

$1<\sqrt{2}<2$이므로 $3<\sqrt{2}+2<4$
$\quad\quad\quad\quad\quad\quad\quad\downarrow 3.\times\times\times\cdots$
따라서 $\sqrt{2}+2$의 정수 부분은 3이고,
소수 부분은 $(\sqrt{2}+2)-3=\sqrt{2}-1$이다.
$\quad\quad\downarrow$ (무리수)=(정수 부분)+(소수 부분)

○ 다음 수의 정수 부분과 소수 부분을 각각 구하시오.

464 $\sqrt{3}$

정수 부분 : _____, 소수 부분 : _____

해 $\sqrt{1}<\sqrt{3}<\sqrt{\boxed{}}$이므로 $1<\sqrt{3}<2$

따라서 정수 부분은 $\boxed{}$, 소수 부분은 $\boxed{}$이다.

465 $\sqrt{10}$

정수 부분 : _____, 소수 부분 : _____

466 $1+\sqrt{7}$

정수 부분 : _____, 소수 부분 : _____

467 $\sqrt{2}-3$

정수 부분 : _____, 소수 부분 : _____

468 $2-\sqrt{5}$

정수 부분 : _____, 소수 부분 : _____

469 $1-2\sqrt{2}$

정수 부분 : _____, 소수 부분 : _____

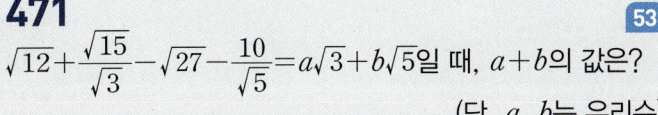

교과서 미리보기 풀었던 연산은 교과서에 이렇게 나온다!

470
[50] [51]

다음 중 옳지 <u>않은</u> 것은?

① $-3\sqrt{5}-2\sqrt{5}+2\sqrt{2}=-5\sqrt{5}+2\sqrt{2}$

② $\dfrac{5\sqrt{3}}{2}+\dfrac{\sqrt{3}}{4}-\dfrac{3\sqrt{7}}{2}=\dfrac{11\sqrt{3}}{4}-\dfrac{3\sqrt{7}}{2}$

③ $\dfrac{5\sqrt{2}}{3}-\dfrac{\sqrt{5}}{2}-\dfrac{3\sqrt{5}}{5}=\dfrac{5\sqrt{2}}{3}-\dfrac{\sqrt{5}}{10}$

④ $-2\sqrt{7}-4\sqrt{3}-2\sqrt{7}+3\sqrt{3}=-4\sqrt{7}-\sqrt{3}$

⑤ $\dfrac{3\sqrt{2}}{2}-\dfrac{5\sqrt{3}}{6}-\dfrac{7\sqrt{2}}{4}-\dfrac{\sqrt{3}}{6}=-\dfrac{\sqrt{2}}{4}-\sqrt{3}$

471
[53]

$\sqrt{12}+\dfrac{\sqrt{15}}{\sqrt{3}}-\sqrt{27}-\dfrac{10}{\sqrt{5}}=a\sqrt{3}+b\sqrt{5}$일 때, $a+b$의 값은?

(단, a, b는 유리수)

① -3　　② -2　　③ -1
④ 1　　⑤ 2

472
[56]

$\sqrt{32}-3\sqrt{14}\div\sqrt{7}+\dfrac{\sqrt{6}-6}{\sqrt{2}}$을 간단히 하면?

① $-3\sqrt{2}-\sqrt{3}$　　② $-2\sqrt{2}+\sqrt{3}$　　③ $2\sqrt{2}+\sqrt{3}$
④ $3\sqrt{2}+2\sqrt{3}$　　⑤ $4\sqrt{2}+3\sqrt{2}$

Ⅱ 이차방정식

II 단원 이야기

월드컵 경기장이나 한강 다리를 안전하게 건설하기 위해서는 설계를 어떻게 해야 할까? 차량용 내비게이션은 우리 차의 현재 위치를 어떻게 나타내는 것일까? 이러한 문제들을 수학을 이용하지 않고 해결할 수 있을까?

문자를 사용하여 수량 사이의 관계를 간결하게 처리하는 방법이 없었더라면 오늘날과 같은 수학의 발전, 과학의 발전은 불가능하였을 것이다. 특히 문자를 사용한 방정식의 풀이는 수학 문제뿐만 아니라 우리 생활 주변의 여러 가지 문제를 해결하는데 많은 도움을 주고 있다.

곱셈 공식의 응용

① 곱셈 공식을 이용한 수의 계산
$(a+b)^2=a^2+2ab+b^2$,
$(a-b)^2=a^2-2ab+b^2$,
$(a+b)(a-b)=a^2-b^2$를 이용한다.

② 곱셈 공식을 이용한 분모의 유리화
$a>0$, $b>0$, $a\neq b$일 때,

$$\frac{c}{\sqrt{a}+\sqrt{b}}=\frac{c(\sqrt{a}-\sqrt{b})}{(\sqrt{a}+\sqrt{b})(\sqrt{a}-\sqrt{b})}$$
$$=\frac{c\sqrt{a}-c\sqrt{b}}{a-b}$$

2. 인수분해

인수분해

① 인수 : 하나의 다항식을 두 개의 다항식의 곱으로 나타낼 때, 각각의 식
② 인수분해 : 하나의 다항식을 두 개 이상의 인수들의 곱으로 나타내는 것
③ 인수분해 공식
  • $a^2+2ab+b^2=(a+b)^2$, $a^2-2ab+b^2=(a-b)^2$
  • $a^2-b^2=(a+b)(a-b)$
  • $x^2+(a+b)x+ab=(x+a)(x+b)$
  • $acx^2+(ad+bc)x+bd=(ax+b)(cx+d)$

복잡한 이차방정식의 풀이

이차방정식의 근의 공식
이차방정식 $ax^2+bx+c=0(a\neq0)$의 근은

$$x=\frac{-b\pm\sqrt{b^2-4ac}}{2a}$$ (단, $b^2-4ac\geq0$)

이차방정식 구하기, 활용

① 두 근이 α, β이고 x^2계수가 a인 이차방정식
  ➡ $a(x-\alpha)(x-\beta)=0$
② 중근이 α이고 x^2계수가 a인 이차방정식
  ➡ $a(x-\alpha)^2=0$

다항식의 곱셈

◉ 중2-1 : Ⅰ. 수와 식의 계산

 개념 Re:Play

이전에 배운 내용을 다시 한 번 확인하세요.

전개식이란?

괄호를 풀어 하나의 다항식으로 나타내는 것을 전개라 하고 전개하여 얻은 다항식을 전개식이라고 한다.

(단항식)×(다항식)의 계산은 어떻게 할까?

분배법칙을 이용하여 단항식을 다항식의 각 항에 곱한다.
$\rightarrow A(B+C)=AB+AC,\ (A+B)C=AC+BC$

▶ 개념 Play

오답 NOTE

1. 다항식과 다항식의 곱셈

다항식과 다항식의 곱셈은 분배법칙을 이용하여 전개하고 동류항이 있으면 간단히 정리한다.
$\rightarrow$ 문자와 차수가 각각 같은 항

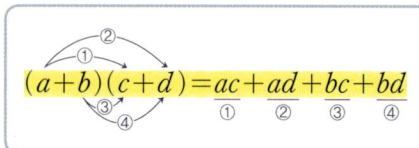

$$(a+b)(c+d)=\underset{①}{ac}+\underset{②}{ad}+\underset{③}{bc}+\underset{④}{bd}$$

2. 곱셈 공식 (1) – 합의 제곱, 차의 제곱

$$(a+b)^2=a^2+2ab+b^2 \qquad (a-b)^2=a^2-2ab+b^2$$
제곱　제곱　곱의 2배　　　제곱　제곱　곱의 2배

참고 $(a+b)^2=(-a-b)^2,\ (a-b)^2=(-a+b)^2$

3. 곱셈 공식 (2) – 합과 차의 곱

$$(a+b)(a-b)=a^2-b^2$$
합　　차　　제곱의 차

4. 곱셈 공식 (3) – x의 계수가 1인 두 일차식의 곱

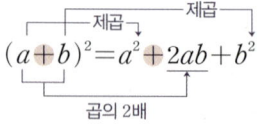

합
$$(x+a)(x+b)=x^2+(a+b)x+ab$$
곱

5. 곱셈 공식 (4) – x의 계수가 1이 아닌 두 일차식의 곱

x의 계수의 곱　　외항의 곱과 내항의 곱의 합
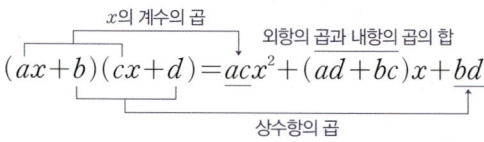
$$(ax+b)(cx+d)=acx^2+(ad+bc)x+bd$$
상수항의 곱

오답 NOTE 내용:

• $(x+2)^2$을 x^2+4로 전개하지 **않는다**.
$(a+b)^2 \neq a^2+b^2,\ (a-b)^2 \neq a^2-b^2$
임에 주의하자.
$$(x+2)^2=x^2+2\times x\times 2+2^2$$
곱의 2배
$$=x^2+4x+4$$

• $(-x+2)^2$을 $-x^2+4x+4$ 또는
$-x^2-4x+4$로 전개하지 **않는다**.
$(-a+b)^2 \neq -a^2+2ab+b^2,$
$(-a+b)^2 \neq -a^2-2ab+b^2$임에 주의하자.
$$(-x+2)^2$$
$$=(-x)^2+2\times(-x)\times 2+2^2$$
$$=x^2-4x+4$$

| 01 | 다항식과 다항식의 곱셈은 분배법칙을 이용하여 전개해 봐~ |

$$(a+1)(b+2) = \underline{ab} + \underline{2a} + \underline{b} + \underline{2}$$

| 02 | 분배법칙을 이용하여 전개한 후 동류항끼리 모아서 간단히 정리해~ |

$$(a+1)(a+2) = \underline{a^2} + \underline{2a} + \underline{a} + \underline{2} = a^2 + 3a + 2$$

○ 다음 식을 전개하시오.

001 $(a-3)(b+6)$

002 $(x+4)(y+1)$

003 $(-x+5)(a+3)$

004 $(5a-6)(b-2)$

005 $(2x+3)(3y-1)$

006 $(-3x+2)(-4y+3)$

007 $(a-b)(x+y)$

008 $(a-7b)(-2c+d)$

○ 다음 식을 전개하시오.

009 $(x-2)(x-4)$

해 $(x-2)(x-4) = x^2 - 4x - \boxed{}x + \boxed{}$
$= x^2 - \boxed{}x + \boxed{}$

010 $(a+7)(a-3)$

011 $(-3a+2)(a+1)$

012 $(4x-5y)(-x+2y)$

013 $(a+b)(3a-2b+1)$

해 $(a+b)(3a-2b+1)$
$= 3a^2 - \boxed{} + a + \boxed{} - 2b^2 + \boxed{}$
$= 3a^2 + \boxed{} - 2b^2 + a + \boxed{}$

014 $(x-1)(4x+y+3)$

015 $(3x-2y+5)(4x-y)$

03 특정 항의 계수를 구할 때 식을 모두 전개해도 되지만 특정 항이 나오는 부분만 전개하는 것이 더 간단해~

$(x-4y)(2x-y)$를 전개하였을 때
$\underline{x\times(-y)+(-4y)\times 2x}=-9xy$
<small>xy항이 나오는 부분만 전개</small>
이므로 xy의 계수는 -9

04 $(\bullet+\blacktriangle)^2=\bullet^2+2\times\bullet\times\blacktriangle+\blacktriangle^2$

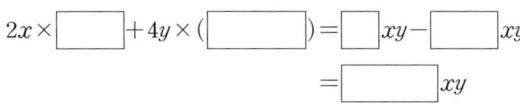

$(x+3)^2=x^2+2\times x\times 3+3^2=x^2+6x+9$

○ 다음 식을 전개하였을 때, xy의 계수를 구하시오.

016 $(2x+4y)(-5x+2y)$

해 xy항이 나오는 부분만 전개하면
$2x\times\boxed{}+4y\times(\boxed{})=\boxed{}xy-\boxed{}xy$
$=\boxed{}xy$

이므로 xy의 계수는 -16

017 $(-x+5y)(2x-3y)$

018 $(3x-y)(x-6y)$

019 $(x+y-3)(4x+7y)$

020 $(5x-4y)(-2x-y+8)$

021 $(x-2y+9)(-x+y-1)$

○ 다음 식을 전개하시오.

022 $(x+1)^2$

해 $(x+1)^2=x^2+2\times x\times\boxed{}+\boxed{}^2=x^2+\boxed{}x+\boxed{}$

023 $(a+2)^2$

024 $(x+5)^2$

025 $(y+8)^2$

026 $(2x+5)^2$

해 $(2x+5)^2=(\boxed{})^2+2\times\boxed{}\times 5+5^2$
$=\boxed{}x^2+\boxed{}x+25$

027 $(9a+1)^2$

028 $(3x+2)^2$

029 $(4a+7)^2$

○ 다음 식을 전개하시오.

030 $(x+6y)^2$

해 $(x+6y)^2 = x^2 + 2 \times x \times \boxed{} + (\boxed{})^2$

$= x^2 + \boxed{} xy + \boxed{} y^2$

031 $(7a+b)^2$

032 $(2x+9y)^2$

033 $(5a+3b)^2$

034 $(-x+4y)^2$

TIP $-x$와 $4y$의 합으로 이루어진 식의 제곱이야. 부호에 주의해!

035 $(-3a+8b)^2$

036 $\left(x+\dfrac{1}{4}y\right)^2$

해 $\left(x+\dfrac{1}{4}y\right)^2 = x^2 + 2 \times x \times \boxed{} y + \left(\boxed{} y\right)^2$

$= x^2 + \boxed{} xy + \boxed{} y^2$

037 $\left(2x+\dfrac{2}{7}y\right)^2$

038 $\left(\dfrac{3}{2}a+5b\right)^2$

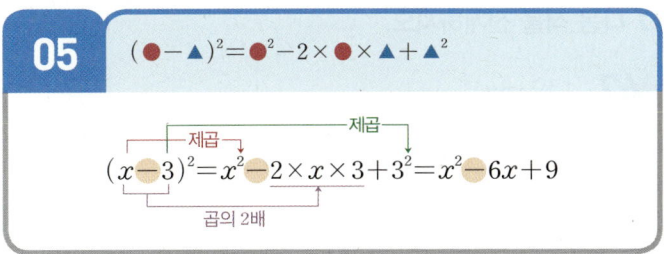

05 $(\bullet - \blacktriangle)^2 = \bullet^2 - 2 \times \bullet \times \blacktriangle + \blacktriangle^2$

제곱   제곱

$(x-3)^2 = x^2 - 2 \times x \times 3 + 3^2 = x^2 - 6x + 9$

곱의 2배

○ 다음 식을 전개하시오.

039 $(x-2)^2$

해 $(x-2)^2 = x^2 - 2 \times x \times \boxed{} + \boxed{}^2 = x^2 - \boxed{} x + \boxed{}$

040 $(a-4)^2$

041 $(x-7)^2$

042 $(y-9)^2$

043 $(3x-2)^2$

해 $(3x-2)^2 = (\boxed{})^2 - 2 \times \boxed{} \times 2 + 2^2$

$= \boxed{} x^2 - \boxed{} x + 4$

044 $(5a-1)^2$

045 $(2x-3)^2$

046 $(6a-4)^2$

○ 다음 식을 전개하시오.

047 $(x-8y)^2$

해 $(x-8y)^2 = x^2 - 2 \times x \times \boxed{} + (\boxed{})^2$

$= x^2 - \boxed{}xy + \boxed{}y^2$

048 $(a-b)^2$

049 $(3x-5y)^2$

050 $(4a-9b)^2$

051 $(-x-3y)^2$

TIP $-x$와 $3y$의 차로 이루어진 식의 제곱이야. 부호에 주의해!

052 $(-2a-7b)^2$

053 $\left(x-\dfrac{1}{6}y\right)^2$

해 $\left(x-\dfrac{1}{6}y\right)^2 = x^2 - 2 \times x \times \boxed{}y + \left(\boxed{}y\right)^2$

$= x^2 - \boxed{}xy + \boxed{}y^2$

054 $\left(3x-\dfrac{2}{3}y\right)^2$

055 $\left(\dfrac{4}{5}a-2b\right)^2$

---

06 $(\bullet + \blacktriangle)(\bullet - \blacktriangle) = \bullet^2 - \blacktriangle^2$

$$\underset{\text{합}}{(x+2)}\underset{\text{차}}{(x-2)} = x^2 - 2^2 = \underset{\text{제곱의 차}}{x^2 - 4}$$

○ 다음 식을 전개하시오.

056 $(x+4)(x-4)$

해 $(x+4)(x-4) = x^2 - \boxed{}^2 = x^2 - \boxed{}$

057 $(a+5)(a-5)$

058 $(9+x)(9-x)$

059 $\left(a+\dfrac{1}{2}\right)\left(a-\dfrac{1}{2}\right)$

060 $(2x+3)(2x-3)$

해 $(2x+3)(2x-3) = (\boxed{})^2 - \boxed{}^2 = \boxed{}x^2 - \boxed{}$

061 $(6a+1)(6a-1)$

062 $(7+8a)(7-8a)$

063 $\left(5x+\dfrac{1}{4}\right)\left(5x-\dfrac{1}{4}\right)$

07 $(ax+by)(ax-by)=a^2x^2-b^2y^2$

$$(x+3y)(x-3y)=x^2-(3y)^2=x^2-9y^2$$
$\underset{\text{합}}{\underbrace{}} \quad \underset{\text{차}}{\underbrace{}} \qquad \underset{\text{제곱의 차}}{\underbrace{}}$

08 $(x+a)(x+b)=x^2+(a+b)x+ab$

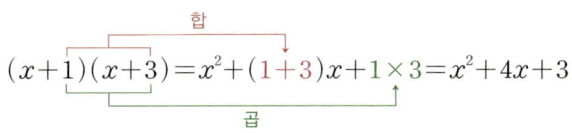

$$(x+1)(x+3)=x^2+(1+3)x+1\times3=x^2+4x+3$$

◐ **다음 식을 전개하시오.**

064 $(x+2y)(x-2y)$ ....

해 $(x+2y)(x-2y)=x^2-(\boxed{})^2=x^2-\boxed{}$

065 $(3a+4b)(3a-4b)$ ....

066 $(-a+7b)(-a-7b)$ ....

TIP $-a$와 $7b$의 합과 차의 곱이야. 부호에 주의해!

067 $(-2x+8y)(-2x-8y)$ ....

068 $\left(x+\dfrac{y}{3}\right)\left(x-\dfrac{y}{3}\right)$ ....

069 $\left(\dfrac{3}{4}a+5b\right)\left(\dfrac{3}{4}a-5b\right)$ ....

070 $(x+9y)(-x+9y)$ ....

TIP 부호가 같은 것과 부호가 다른 것을 찾아서 공식에 맞게 식을 다시 써 봐.
($\bullet+\blacktriangle$)($\bullet-\blacktriangle$)의 꼴이 되도록 위치를 바꿔~

071 $(6a+2b)(-6a+2b)$ ....

◐ **다음 식을 전개하시오.**

072 $(x+2)(x+5)$ ....

해 $(x+2)(x+5)=x^2+(2+\boxed{})x+2\times\boxed{}$

$=x^2+\boxed{}x+\boxed{}$

073 $(a+3)(a+8)$ ....

074 $(x-4)(x-7)$ ....

075 $(a-9)(a-6)$ ....

076 $(x+1)(x-2)$ ....

077 $(a+7)(a-5)$ ....

078 $(x-3)(x+9)$ ....

079 $(a-10)(a+2)$ ....

09 $(x+ay)(x+by)=x^2+(a+b)xy+aby^2$

$$(x+2y)(x-3y)=x^2+\{2y+(-3y)\}x+2y\times(-3y)$$

합 / 곱

$$=x^2-xy-6y^2$$

10 $(ax+b)(cx+d)=acx^2+(ad+bc)x+bd$

$$(2x+1)(3x+2)=(2\times3)x^2+(2\times2+1\times3)x+1\times2$$

x의 계수의 곱 / 상수항의 곱

$$=6x^2+7x+2$$

○ 다음 식을 전개하시오.

080 $(x+y)(x+8y)$

해 $(x+y)(x+8y)=x^2+(y+\boxed{})x+y\times\boxed{}$

$=x^2+\boxed{}xy+\boxed{}y^2$

081 $(a+3b)(a+4b)$

082 $(a-2b)(a-7b)$

083 $(x-5y)(x-8y)$

084 $(x+4y)(x-9y)$

085 $(a-6b)(a+5b)$

086 $\left(x+\dfrac{1}{2}y\right)\left(x-\dfrac{1}{6}y\right)$

087 $\left(x-\dfrac{2}{3}y\right)\left(x+\dfrac{1}{5}y\right)$

○ 다음 식을 전개하시오.

088 $(2x+4)(6x+1)$

해 $(2x+4)(6x+1)$

$=(2\times6)x^2+(2\times\boxed{}+4\times\boxed{})x+4\times1$

$=12x^2+\boxed{}x+4$

089 $(4a+3)(5a+2)$

090 $(3x-2)(9x-1)$

091 $(2a-5)(7a-2)$

092 $(5x+1)(8x-3)$

093 $(3a+4)(4a-2)$

094 $(2x-3)(5x+7)$

095 $(6a-5)(4a+6)$

11 $(ax+by)(cx+dy)=acx^2+(ad+bc)xy+bdy^2$

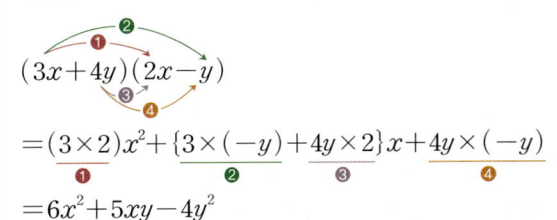

$(3x+4y)(2x-y)$

$=(3\times2)x^2+\{3\times(-y)+4y\times2\}x+4y\times(-y)$

$=6x^2+5xy-4y^2$

◯ 다음 식을 전개하시오.

096 $(4x+y)(2x+3y)$

해 $(4x+y)(2x+3y)$

$=(4\times2)x^2+(4\times\boxed{}+y\times\boxed{})x+y\times3y$

$=8x^2+\boxed{}xy+3y^2$

097 $(2a-6b)(3a-4b)$

098 $(5x+4y)(2x-7y)$

099 $(3a-2b)(5a+6b)$

100 $(-x+y)(4x-5y)$

TIP 계수의 부호에 주의해!

101 $(3a+8b)(-2a+b)$

102 $(-5x-3y)(2x+4y)$

103 $\left(3x+\dfrac{1}{2}y\right)\left(4x-\dfrac{1}{3}y\right)$

 **교과서 미리보기** 풀었던 연산은 교과서에 이렇게 나온다!

104 04 05

$(-x+4y)^2+(3x-5y)^2$을 간단히 한 식에서 xy의 계수를 구하시오.

105 06 08

다음 식을 간단히 하시오.

$(a+5)(a-5)-(a-10)(a+2)$

106 10

$(5x+1)(8x-3)$을 전개하면 ax^2+bx-3일 때, $a+b$의 값을 구하시오. (단, a, b는 상수)

07 곱셈 공식의 응용

▶ 개념 **Play**

오답 **NOTE**

1. 곱셈 공식을 이용한 수의 계산

(1) 수의 제곱의 계산 : 곱셈 공식 $(a+b)^2=a^2+2ab+b^2$ 또는
$(a-b)^2=a^2-2ab+b^2$을 이용한다.

(2) 두 수의 곱의 계산 : 곱셈 공식 $(a+b)(a-b)=a^2-b^2$을 이용한다.

2. 곱셈 공식을 이용한 근호를 포함한 식의 계산

(1) 곱셈 공식을 이용한 제곱근의 계산 : 제곱근을 문자로 생각하고 곱셈 공식을 이용하여 계산한다.

(2) 곱셈 공식을 이용한 분모의 유리화 : 분모가 2개의 항으로 되어 있는 무리수일 때에는 곱셈 공식 $(a+b)(a-b)=a^2-b^2$을 이용하여 분모를 유리화한다.

$a>0$, $b>0$, $a\neq b$일 때,

$$\frac{c}{\sqrt{a}+\sqrt{b}}=\frac{c(\sqrt{a}-\sqrt{b})}{(\sqrt{a}+\sqrt{b})(\sqrt{a}-\sqrt{b})}=\frac{c\sqrt{a}-c\sqrt{b}}{(\sqrt{a})^2-(\sqrt{b})^2}$$

부호 반대

$$=\frac{c\sqrt{a}-c\sqrt{b}}{a-b}$$

분모	분모, 분자에 곱해야 할 수
$a+\sqrt{b}$	$a-\sqrt{b}$
$a-\sqrt{b}$	$a+\sqrt{b}$
$\sqrt{a}+\sqrt{b}$	$\sqrt{a}-\sqrt{b}$
$\sqrt{a}-\sqrt{b}$	$\sqrt{a}+\sqrt{b}$

부호 반대

• $\dfrac{1}{\sqrt{2}+1}$을 유리화할 때,

$$\frac{1}{\sqrt{2}+1}=\frac{1}{(\sqrt{2}+1)(\sqrt{2}-1)}$$

$$=\frac{1}{(\sqrt{2})^2-1^2}=1$$

이 되지 않도록 한다.

분모를 유리화할 때에는 $\sqrt{2}-1$을 분모에만 곱하는 것이 아니라 반드시 분모, 분자에 각각 곱해야 한다.

$$\frac{1}{\sqrt{2}+1}=\frac{\sqrt{2}-1}{(\sqrt{2}+1)(\sqrt{2}-1)}$$

$$=\frac{\sqrt{2}-1}{(\sqrt{2})^2-1^2}=\sqrt{2}-1$$

3. 곱셈 공식의 변형

(1) $a^2+b^2=(a+b)^2-2ab$, $a^2+b^2=(a-b)^2+2ab$

(2) $(a+b)^2=(a-b)^2+4ab$, $(a-b)^2=(a+b)^2-4ab$

4. 곱셈 공식을 이용한 복잡한 식의 전개

공통부분을 하나의 문자로 놓고 곱셈 공식을 이용하여 전개한 후 다시 공통부분을 대입하여 정리한다.

예 $(x+y+1)(x+y-1)=(A+1)(A-1)$ ← $x+y=A$로 놓는다.
$\qquad\qquad\qquad\quad\,=A^2-1$ ← 곱셈 공식을 이용하여 전개한다.
$\qquad\qquad\qquad\quad\,=(x+y)^2-1$ ← A에 $x+y$를 대입한다.
$\qquad\qquad\qquad\quad\,=x^2+2xy+y^2-1$ ← 전개하여 정리한다.

5. 곱셈 공식을 이용한 식의 값

(1) 두 수 x, y가 주어진 경우 : $x+y$, $x-y$, xy의 값을 구하고 곱셈 공식의 변형을 이용하여 식의 값을 구한다.

(2) $x=a+\sqrt{b}$의 꼴인 경우 : $x-a=\sqrt{b}$의 꼴로 변형한 후 양변을 제곱하여 식의 값을 구한다.

12 수의 제곱을 계산할 때 곱셈 공식 $(a+b)^2=a^2+2ab+b^2$
또는 $(a-b)^2=a^2-2ab+b^2$을 이용해 봐~

$$51^2=(50+1)^2$$
$$=50^2+2\times50\times1+1^2$$
$$=2500+100+1$$
$$=2601$$

> 50을 문자 a, 1을 문자 b로 생각하고 곱셈 공식 $(a+b)^2=a^2+2ab+b^2$을 이용한다.

13 두 수의 곱을 계산할 때 곱셈 공식 $(a+b)(a-b)=a^2-b^2$을 이용해 봐~

$$101\times99=(100+1)(100-1)$$
$$=100^2-1^2$$
$$=10000-1$$
$$=9999$$

> 100을 문자 a, 1을 문자 b로 생각하고 곱셈 공식 $(a+b)(a-b)=a^2-b^2$을 이용한다.

○ 곱셈 공식을 이용하여 다음을 계산하시오.

107 62^2

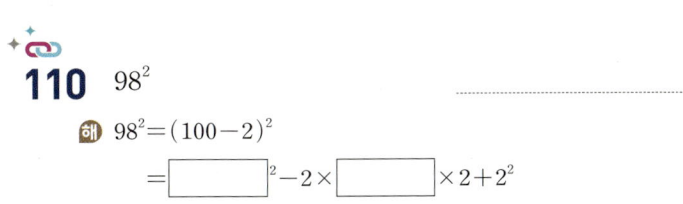

해 $62^2=(60+2)^2$

$$=\boxed{}^2+2\times\boxed{}\times2+2^2$$

$$=\boxed{}+\boxed{}+4$$

$$=\boxed{}$$

108 103^2

109 201^2

110 98^2

해 $98^2=(100-2)^2$

$$=\boxed{}^2-2\times\boxed{}\times2+2^2$$

$$=\boxed{}-\boxed{}+4$$

$$=\boxed{}$$

111 87^2

112 4.9^2

○ 곱셈 공식을 이용하여 다음을 계산하시오.

113 103×97

해 $103\times97=(100+\boxed{})(100-\boxed{})$

$$=100^2-\boxed{}^2$$

$$=10000-\boxed{}$$

$$=\boxed{}$$

114 52×48

115 61×59

116 84×76

117 105×95

118 4.6×3.4

119 20.1×19.9

14 제곱근을 문자로 생각하고 곱셈 공식을 이용하여 계산해 봐~

$(\sqrt{2}+\sqrt{3})^2=(\sqrt{2})^2+2\times\sqrt{2}\times\sqrt{3}+(\sqrt{3})^2$
$\quad=2+2\sqrt{6}+3$
$\quad=5+2\sqrt{6}$

$\sqrt{2}$를 문자 a, $\sqrt{3}$을 문자 b로 생각하고 곱셈 공식 $(a+b)^2=a^2+2ab+b^2$을 이용한다.

○ 곱셈 공식을 이용하여 다음을 계산하시오.

120 $(\sqrt{2}+1)^2$

해 $(\sqrt{2}+1)^2=(\boxed{})^2+2\times\boxed{}\times1+1^2$
$\quad=\boxed{}+\boxed{}+1$
$\quad=\boxed{}+2\sqrt{2}$

121 $(\sqrt{5}+\sqrt{3})^2$

122 $(\sqrt{2}+\sqrt{6})^2$

123 $(2\sqrt{3}+\sqrt{2})^2$

124 $(\sqrt{5}-2)^2$

TIP $\sqrt{5}$를 문자 a, 2를 문자 b로 생각하고 곱셈 공식 $(a-b)^2=a^2-2ab+b^2$을 이용해!

125 $(\sqrt{3}-\sqrt{2})^2$

126 $(\sqrt{6}-\sqrt{3})^2$

127 $(3\sqrt{2}-\sqrt{5})^2$

128 $(\sqrt{3}+1)(\sqrt{3}-1)$

TIP $\sqrt{3}$을 문자 a, 1을 문자 b로 생각하고 곱셈 공식 $(a+b)(a-b)=a^2-b^2$을 이용해!

129 $(\sqrt{5}-\sqrt{2})(\sqrt{5}+\sqrt{2})$

130 $(2\sqrt{2}+\sqrt{3})(2\sqrt{2}-\sqrt{3})$

15 분모를 유리화할 때 곱셈 공식 $(a+b)(a-b)=a^2-b^2$을 이용해 봐~

분모, 분자에 각각 $(\sqrt{3}-\sqrt{2})$를 곱한다.

$\dfrac{1}{\sqrt{3}+\sqrt{2}}=\dfrac{\sqrt{3}-\sqrt{2}}{(\sqrt{3}+\sqrt{2})(\sqrt{3}-\sqrt{2})}=\dfrac{\sqrt{3}-\sqrt{2}}{(\sqrt{3})^2-(\sqrt{2})^2}$
$\quad=\sqrt{3}-\sqrt{2}$

$\sqrt{3}$을 문자 a, $\sqrt{2}$를 문자 b로 생각하고 곱셈 공식 $(a+b)(a-b)=a^2-b^2$을 이용한다.

○ 다음 수의 분모를 유리화하시오.

131 $\dfrac{1}{\sqrt{2}-1}$

해 $\dfrac{1}{\sqrt{2}-1}=\dfrac{\boxed{}}{(\sqrt{2}-1)(\boxed{})}=\dfrac{\boxed{}}{(\sqrt{2})^2-1^2}=\boxed{}$

132 $\dfrac{1}{\sqrt{5}+\sqrt{3}}$

133 $\dfrac{1}{3+2\sqrt{2}}$

134 $\dfrac{2}{4-\sqrt{3}}$

135 $\dfrac{5}{\sqrt{7}+\sqrt{2}}$

136 $\dfrac{\sqrt{2}}{\sqrt{6}-\sqrt{3}}$

137 $\dfrac{\sqrt{3}}{2\sqrt{3}+3}$

138 $\dfrac{\sqrt{6}-\sqrt{5}}{\sqrt{6}+\sqrt{5}}$

TIP 곱셈 공식 $(a+b)(a-b)=a^2-b^2$을 이용하여 분모를 유리화하고 곱셈 공식 $(a-b)^2=a^2-2ab+b^2$을 이용하여 분자를 계산해!

139 $\dfrac{2-\sqrt{2}}{2+\sqrt{2}}$

140 $\dfrac{\sqrt{11}+3}{\sqrt{11}-3}$

141 $\dfrac{\sqrt{2}+\sqrt{3}}{\sqrt{2}-\sqrt{3}}$

유형 Up 16 두 수의 합과 곱 또는 차와 곱을 알 때, 곱셈 공식의 변형을 이용하여 식의 값을 구해보자.

> $a+b=3$, $ab=1$일 때,
> · $a^2+b^2=(a+b)^2-2ab=3^2-2\times1=7$
> · $(a-b)^2=(a+b)^2-4ab=3^2-4\times1=5$

○ $a+b=-4$, $ab=2$일 때, 다음 식의 값을 구하시오.

142 a^2+b^2

해 $a^2+b^2=(a+b)^2-\boxed{}ab=(-4)^2-\boxed{}\times2=\boxed{}$

143 $(a-b)^2$

해 $(a-b)^2=(a+b)^2-\boxed{}ab=(-4)^2-\boxed{}\times2=\boxed{}$

○ $x+y=2\sqrt{3}$, $xy=-1$일 때, 다음 식의 값을 구하시오.

144 x^2+y^2

145 $(x-y)^2$

○ $x-y=6$, $xy=-4$일 때, 다음 식의 값을 구하시오.

146 x^2+y^2

147 $(x+y)^2$

○ $a-b=4\sqrt{2}$, $ab=3$일 때, 다음 식의 값을 구하시오.

148 a^2+b^2

149 $(a+b)^2$

유형 Up

17 곱이 1인 두 수의 합 또는 차가 주어질 때, 곱셈 공식을 변형하여 식의 값을 구해보자.

$a \times \dfrac{1}{a} = 1$

$a + \dfrac{1}{a} = 4$일 때,

- $a^2 + \dfrac{1}{a^2} = \left(a + \dfrac{1}{a}\right)^2 - 2 = 4^2 - 2 = 14$

- $\left(a - \dfrac{1}{a}\right)^2 = \left(a + \dfrac{1}{a}\right)^2 - 4 = 4^2 - 4 = 12$

18 공통부분을 한 문자로 바꾸어 놓고 곱셈 공식을 이용하여 전개해!

$(x - y - 1)^2$

$= (A - 1)^2$ ← $x - y = A$로 놓는다.

$= A^2 - 2A + 1$ ← 곱셈 공식을 이용하여 전개한다.

$= (x - y)^2 - 2(x - y) + 1$ ← A에 $x - y$를 대입한다.

$= x^2 - 2xy + y^2 - 2x + 2y + 1$ ← 전개하여 정리한다.

○ $x + \dfrac{1}{x} = 5$일 때, 다음 식의 값을 구하시오.

150 $x^2 + \dfrac{1}{x^2}$

해 $x^2 + \dfrac{1}{x^2} = \left(x + \dfrac{1}{x}\right)^2 - \boxed{} = 5^2 - \boxed{} = \boxed{}$

151 $\left(x - \dfrac{1}{x}\right)^2$

해 $\left(x - \dfrac{1}{x}\right)^2 = \left(x + \dfrac{1}{x}\right)^2 - \boxed{} = 5^2 - \boxed{} = \boxed{}$

○ $a - \dfrac{1}{a} = 2$일 때, 다음 식의 값을 구하시오.

152 $a^2 + \dfrac{1}{a^2}$

153 $\left(a + \dfrac{1}{a}\right)^2$

○ $x - \dfrac{1}{x} = 2\sqrt{5}$일 때, 다음 식의 값을 구하시오.

154 $x^2 + \dfrac{1}{x^2}$

155 $\left(x + \dfrac{1}{x}\right)^2$

○ 다음 식을 전개하시오.

156 $(x + y + 3)^2$

해 $x + y = A$라고 하면

$(x + y + 3)^2 = (A + \boxed{})^2$

$\qquad = A^2 + \boxed{}A + \boxed{}$

$\qquad = (x + y)^2 + \boxed{}(x + y) + \boxed{}$

$\qquad = x^2 + 2xy + y^2 + \boxed{}x + \boxed{}y + \boxed{}$

157 $(x - 2y + 1)^2$

158 $(a - b + 2)^2$

159 $(3x + y - 4)^2$

160 $(a + b + c)^2$

● 정답과 풀이 34쪽

161 $(a+b+2)(a+b-2)$

해 $a+b=A$라고 하면

$(a+b+2)(a+b-2)=(A+2)(A-\boxed{})$

$\qquad\qquad\qquad\qquad = A^2-\boxed{}$

$\qquad\qquad\qquad\qquad = (a+b)^2-\boxed{}$

$\qquad\qquad\qquad\qquad = a^2+\boxed{}ab+b^2-\boxed{}$

162 $(2x-y+3)(2x-y-3)$

163 $(3x-2y-1)(3x-2y+1)$

164 $(x+y+2)(x+y+3)$

해 $x+y=A$라고 하면

$(x+y+2)(x+y+3)$

$= (A+2)(A+\boxed{})$

$= A^2+\boxed{}A+\boxed{}$

$= (x+y)^2+\boxed{}(x+y)+\boxed{}$

$= x^2+2xy+y^2+\boxed{}x+\boxed{}y+\boxed{}$

165 $(a-5b+1)(a-5b-2)$

166 $(4x-y-3)(4x-y+6)$

19 주어진 두 수를 서로 더하거나 곱했을 때 간단해지면 곱셈 공식의 변형을 이용하여 식의 값을 구해보자.

$a=\sqrt{2}+1$, $b=\sqrt{2}-1$일 때,

• $a+b=(\sqrt{2}+1)+(\sqrt{2}-1)=2\sqrt{2}$

• $ab=(\sqrt{2}+1)(\sqrt{2}-1)=1$

• $a^2+b^2=(a+b)^2-2ab=(2\sqrt{2})^2-2\times1=6$

○ $x=2+\sqrt{3}$, $y=2-\sqrt{3}$일 때, 다음 식의 값을 구하시오.

167 $x+y$

168 xy

169 x^2+y^2

170 $\dfrac{1}{x}+\dfrac{1}{y}$

TIP 분모를 통분해서 식을 변형시켜 봐~

171 $\dfrac{y}{x}+\dfrac{x}{y}$

172 $(x+1)(y+1)-xy$

TIP 식을 먼저 간단히 한 후 수를 대입해~

173 $x(2y-1)-y(2x-1)$

1. 다항식의 곱셈 **61**

정답과 풀이 35쪽

20 $x=a+\sqrt{b}$의 꼴인 경우 $x-a=\sqrt{b}$의 꼴로 변형한 후 양변을 제곱하여 주어진 식의 일부를 만들어 봐~

$x=\sqrt{2}+1$일 때, x^2-2x+5의 값은
$x=\sqrt{2}+1$에서 $x-1=\sqrt{2}$
양변을 제곱하면 $(x-1)^2=2$
$x^2-2x+1=2$ $\therefore x^2-2x=1$
$\therefore x^2-2x+5=1+5=6$

○ 다음 식의 값을 구하시오.

174 $x=\sqrt{2}-2$일 때, x^2+4x+1의 값

해 $x=\sqrt{2}-2$에서 $x+\boxed{}=\sqrt{2}$

양변을 제곱하면 $(x+\boxed{})^2=(\sqrt{2})^2$

$x^2+\boxed{}x+\boxed{}=2$ $\therefore x^2+4x=\boxed{}$

$\therefore x^2+4x+1=\boxed{}+1=\boxed{}$

175 $x=3+\sqrt{5}$일 때, x^2-6x-2의 값

176 $x=1-\sqrt{3}$일 때, x^2-2x+5의 값

177 $x=2\sqrt{3}-4$일 때, x^2+8x-6의 값

178 $x=\dfrac{1}{\sqrt{2}+1}$일 때, x^2+2x+3의 값

TIP 먼저 x의 분모를 유리화한 후 $x-a=\sqrt{b}$의 꼴로 변형해~

179 $x=\dfrac{1}{2-\sqrt{3}}$일 때, x^2-4x-1의 값

 **교과서 미리보기** 풀었던 연산은 교과서에 이렇게 나온다!

180 12 13
다음 수의 계산 중 곱셈 공식 $(a-b)^2=a^2-2ab+b^2$을 이용하면 가장 편리한 것은?

① 62^2 ② 105×95 ③ 103^2
④ 98^2 ⑤ 20.1×19.9

181 18
$(3x-2y+1)(3x-2y-1)$을 전개하면
$9x^2+axy+by^2-1$일 때, $a+b$의 값을 구하시오.
(단, a, b는 상수)

182 20
$x=\dfrac{4}{3-\sqrt{5}}$일 때, $x^2-6x+13$의 값을 구하시오.

08 인수분해

개념 Play

1. 인수분해

(1) 인수 : 하나의 다항식을 두 개 이상의 다항식의 곱으로 나타낼 때, 각각의 식

(2) 인수분해 : 하나의 다항식을 두 개 이상의 인수들의 곱으로 나타내는 것

예 $x^2+3x+2 \xleftarrow[\text{전개}]{\text{인수분해}} (x+1)(x+2)$

(3) 공통인수를 이용한 인수분해 : 다항식에 공통인수가 있을 때에는 분배법칙을 이용하여 공통인수로 묶어 내어 인수분해한다.

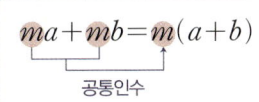

$ma+mb=m(a+b)$

공통인수

다항식의 각 항에 공통으로 들어 있는 인수

2. 인수분해 공식 (1) – $a^2\pm2ab+b^2$의 인수분해

(1) $a^2+2ab+b^2=(a+b)^2$, $a^2-2ab+b^2=(a-b)^2$

(2) 완전제곱식 : 다항식의 제곱으로 된 식 또는 이 식에 상수를 곱한 식

(3) $x^2+ax+b\,(b>0)$가 완전제곱식이 되기 위한 조건 : $a=\pm2\sqrt{b}$, $b=\left(\dfrac{a}{2}\right)^2$

3. 인수분해 공식 (2) – 제곱의 차

$\underbrace{a^2-b^2}_{\text{제곱의 차}}=\underbrace{(a+b)}_{\text{합}}\underbrace{(a-b)}_{\text{차}}$

4. 인수분해 공식 (3) – 이차항의 계수가 1인 이차식의 인수분해

두 수의 곱

$x^2+(a+b)x+ab=(x+a)(x+b)$

두 수의 합

→ 곱하여 상수항이 되는 두 수 중 그 합이 x의 계수가 되는 두 수 a, b를 찾아 $(x+a)(x+b)$의 꼴로 나타낸다.

5. 인수분해 공식 (4) – 이차항의 계수가 1이 아닌 이차식의 인수분해

$acx^2+(ad+bc)x+bd=(ax+b)(cx+d)$

→ 곱하여 x^2이 되는 두 수 a, c와 곱하여 상수항이 되는 두 수 b, d 중 $ad+bc$의 값이 x의 계수가 되는 것을 찾아 $(ax+b)(cx+d)$의 꼴로 나타낸다.

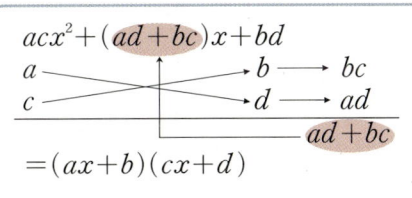

- $(x+1)(x+2)$의 인수를 $x+1$, $x+2$로만 답하지 않는다.

  인수를 구할 때 1과 자기 자신을 빼먹지 않도록 주의하자. 따라서 $(x+1)(x+2)$의 인수는

  1, $x+1$, $x+2$, $(x+1)(x+2)$이다.

- $6a^2-2a$를 인수분해할 때 $a(6a-2)$ 또는 $2(3a^2-a)$로 인수분해하지 않는다.

  공통인수를 이용하여 인수분해할 때에는 괄호 안에 공통인수가 남지 않도록 모두 묶어 내야 한다.

  $6a^2-2a$를 바르게 인수분해하면 $2a(3a-1)$이다.

- x^2+5x+1을 인수분해하면 $x(x+5)+1$이 아니다.

  다항식의 인수분해는 두 개 이상의 다항식의 곱으로 나타내야 한다. 또, 모든 항에 공통으로 들어 있는 인수로 묶어 내야 하는데 세 항 x^2, $5x$, 1에는 공통으로 들어 있는 인수가 없으므로 인수분해할 수 없다.

- $2x^2+4x+b$가 완전제곱식이 되도록 하는 b의 값은 $b=\left(\dfrac{4}{2}\right)^2=4$가 아니다.

  x^2+ax+b가 완전제곱식이 되기 위한 조건은 $b=\left(\dfrac{a}{2}\right)^2$이고 이때 x^2의 계수는 반드시 1이어야 한다. 따라서 구하는 b의 값은 2이다. 주어진 식이 완전제곱식이 되도록 하는 미지수를 구할 때 x^2의 계수가 1인지 먼저 확인하고 공식을 이용하자.

21 인수분해는 전개를 거꾸로 한 과정이니까 인수분해한 식을 전개하면 인수분해하기 전의 식을 알 수 있어~

인수분해 ↗

$$x^2+5x+6=(x+2)(x+3)$$

합의 모양　　　곱의 모양

전개 ↘

22 인수분해된 식에서 인수를 찾을 때 1과 자기 자신을 빼먹지 말자!

인수분해된 식 $x(x-2)$의 인수는

$1,\ x,\ x-2,\ x(x-2)$

1과 자기 자신도 인수이다.

○ 다음은 어떤 다항식을 인수분해한 것인지 구하시오.

183 $x(2x-y)$

해 $x(2x-y)$를 전개하면 ⬚ 이므로

$x(2x-y)$는 ⬚ 를 인수분해한 것이다.

184 $(x+6)^2$

185 $(a-3)^2$

186 $(x+2)(x-2)$

187 $(a-1)(a+7)$

188 $(3x+4)(2x-1)$

189 $(5x+y)(x-2y)$

○ 다음 식의 인수를 보기에서 모두 고르시오.

190 $a(a+2b)$

보기
$1,\ a,\ a+2b,\ a^2,\ 2ab,\ a(a+2b)$

191 $2xy(x+1)$

보기
$2,\ y^2,\ x+1,\ xy(x+1),\ xy+1$

192 $(x+3)(x-4)$

보기
$x+3,\ x(x+3),\ -12,\ (x+3)(x-4)$

193 $(a-1)(a+1)$

보기
$a-1,\ a+1,\ a(a-1),\ a^2+1$

194 $x(5x-y)(x+8y)$

보기
$8y,\ 5x-y,\ x+8y,\ x(5x-y)$

23 인수분해할 때에는 공통인수가 남지 않도록 모두 묶어 내야 해!

$2x^2y+6xy^2$에서 $2x^2y$와 $6xy^2$의 공통인수는 $2xy$이므로
$2x^2y+6xy^2=2xy \times x+2xy \times 3y$
$\qquad\qquad\quad =2xy(\underline{x+3y})$
$\qquad\qquad\qquad\qquad\quad \llcorner$ 공통인수를 제외한 나머지

24 공통으로 들어 있는 다항식도 공통인수가 돼!

$x(x+1)+7(x+1)$에서 $x(x+1)$과 $7(x+1)$의 공통인수는 $x+1$이므로
$x(x+1)+7(x+1)=(x+1)(\underline{x+7})$
$\qquad\qquad\qquad\qquad\qquad\quad \llcorner$ 공통인수를 제외한 나머지

◯ 다음 식에서 공통인수를 찾고 인수분해하시오.

195 a^2-a
→ 공통인수 : ....
→ 인수분해 : ....

196 $ax-bx+cx$
→ 공통인수 : ....
→ 인수분해 : ....

197 $3x^2-12xy$
→ 공통인수 : ....
→ 인수분해 : ....

198 a^2b+ab^2c
→ 공통인수 : ....
→ 인수분해 : ....

199 $x^2y-12xy+xy^2$
→ 공통인수 : ....
→ 인수분해 : ....

200 $4a^2b+2ab-6b^2$
→ 공통인수 : ....
→ 인수분해 : ....

◯ 다음 식에서 공통인수를 찾고 인수분해하시오.

201 $a(a-b)+2b(a-b)$
→ 공통인수 : ....
→ 인수분해 : ....

202 $(x-y)(x+y)+2(x+y)$
→ 공통인수 : ....
→ 인수분해 : ....

203 $(2-a)(x-y)+6(x-y)$
→ 공통인수 : ....
→ 인수분해 : ....

204 $x(y-3)-(3-y)$
→ 공통인수 : ....
→ 인수분해 : ....

TIP 공통인수가 바로 보이지 않을 때는 공통인수가 생기도록 식을 변형해!

205 $a(x-y)+b(y-x)$
→ 공통인수 : ....
→ 인수분해 : ....

206 $3x(x-5y)+2y(5y-x)$
→ 공통인수 : ....
→ 인수분해 : ....

25	$x^2+2ax+a^2=(x+a)^2$, $x^2-2ax+a^2=(x-a)^2$

$$x^2+6x+9=(x+3)^2$$

x^2 3^2

$\boxed{2\times x\times 3}$

26	$a^2+2ab+b^2=(a+b)^2$, $a^2-2ab+b^2=(a-b)^2$

$$4x^2+12x+9=(2x+3)^2$$

$(2x)^2$ 3^2

$\boxed{2\times 2x\times 3}$

○ 다음 식을 인수분해하시오.

207 x^2+2x+1

해 $x^2+2x+1=x^2+\boxed{}\times x\times \boxed{}+\boxed{}^2=(x+\boxed{})^2$

208 $a^2+10a+25$

209 $x^2+12xy+36y^2$

210 $x^2+x+\dfrac{1}{4}$

211 x^2-4x+4

해 $x^2-4x+4=x^2-\boxed{}\times x\times\boxed{}+\boxed{}^2=(x-\boxed{})^2$

212 $x^2-8x+16$

213 $a^2-14ab+49b^2$

214 $x^2-\dfrac{2}{3}x+\dfrac{1}{9}$

○ 다음 식을 인수분해하시오.

215 $4x^2+36x+81$

해 $4x^2+36x+81=(\boxed{}x)^2+2\times\boxed{}x\times\boxed{}+9^2$

$=(\boxed{}x+\boxed{})^2$

216 $9a^2+30a+25$

217 $16x^2+8xy+y^2$

218 $49x^2-14x+1$

해 $49x^2-14x+1=(\boxed{}x)^2-2\times\boxed{}x\times 1+1^2$

$=(\boxed{}x-1)^2$

219 $25x^2-20x+4$

220 $4a^2-12ab+9b^2$

221 $2x^2+16x+32$

TIP 공통인수가 있으면 먼저 공통인수로 묶어 낸 후 인수분해 공식을 이용해~

222 $3x^2-6xy+3y^2$

27 x^2+ax+b가 완전제곱식이 되려면 $b=\left(\dfrac{a}{2}\right)^2$이어야 해!

- x^2+4x+b가 완전제곱식 ➡ $b=\left(\dfrac{4}{2}\right)^2=4$

  x의 계수의 $\dfrac{1}{2}$의 제곱

- $16x^2+40x+b$가 완전제곱식 ➡ $b=5^2=25$

  $(4x)^2$　5^2

  $\boxed{2\times 4x\times 5}$

28 $x^2+ax+b\,(b>0)$가 완전제곱식이 되려면 $a=\pm2\sqrt{b}$이어야 해!

- x^2+ax+9가 완전제곱식

  ➡ $a=\pm2\sqrt{9}=\pm2\times3=\pm6$

- $9x^2+ax+25$가 완전제곱식

  $(3x)^2$　5^2

  $\boxed{2\times 3x\times 5}$

  ➡ $a=\pm2\times3\times5=\pm30$

○ 다음 식이 완전제곱식이 되도록 하는 상수 a의 값을 구하시오.

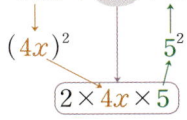

223 x^2+8x+a

해 $a=\left(\dfrac{\Box}{2}\right)^2=\Box^2=\Box$

224 x^2-2x+a

225 $x^2+10xy+ay^2$

226 $x^2-12xy+ay^2$

227 $4x^2+12x+a$

해 $4x^2+12x+a=(2x)^2+2\times2x\times\Box+a$

$\therefore a=\Box^2=\Box$

228 $25x^2-20x+a$

229 $9x^2+30xy+ay^2$

○ 다음 식이 완전제곱식이 되도록 하는 상수 a의 값을 구하시오.

230 x^2+ax+4

해 $a=\pm2\sqrt{\Box}=\pm2\times\Box=\pm\Box$

231 $x^2+ax+49$

232 $x^2+axy+81y^2$

233 $4x^2+ax+25$

해 $4x^2+ax+25=(\Box)^2+ax+\Box^2$

$\therefore a=\pm2\times2\times\Box=\Box$

234 $16x^2+ax+9$

235 $9x^2+axy+4y^2$

236 $25x^2+axy+16y^2$

| 29 | $a^2x^2-b^2=(ax+b)(ax-b)$ |

$$\underset{\text{제곱의 차}}{x^2-9}=x^2-3^2=\underset{\text{두 수의 합}}{(x+3)}\underset{\text{두 수의 차}}{(x-3)}$$

| 30 | $a^2x^2-b^2y^2=(ax+by)(ax-by)$ |

$$\underset{\text{제곱의 차}}{4x^2-9y^2}=(2x)^2-(3y)^2=\underset{\text{두 수의 합}}{(2x+3y)}\underset{\text{두 수의 차}}{(2x-3y)}$$

● 다음 식을 인수분해하시오.

237 a^2-16

해 $a^2-16=a^2-\boxed{}^2=(a+\boxed{})(a-\boxed{})$

238 x^2-1

239 $36-x^2$

TIP $-$ 부호가 붙은 제곱인 항이 $+$, $-$로 인수분해돼~

240 $x^2-\dfrac{1}{4}$

241 $16x^2-25$

242 $49a^2-4$

243 $2x^2-18$

TIP 공통인수가 있으면 먼저 공통인수로 묶어 낸 후 인수분해 공식을 이용해~

244 a^3-81a

● 다음 식을 인수분해하시오.

245 a^2-4b^2

해 $a^2-4b^2=a^2-(\boxed{})^2=(a+\boxed{}b)(a-\boxed{}b)$

246 x^2-64y^2

247 $a^2-\dfrac{9}{25}b^2$

248 $4a^2-25b^2$

249 $49x^2-16y^2$

250 $\dfrac{1}{4}x^2-\dfrac{1}{9}y^2$

251 $4a^2-36b^2$

TIP 공통인수가 있으면 먼저 공통인수로 묶어 낸 후 인수분해 공식을 이용해~

252 $48a^2-3b^2$

31 곱이 m, 합이 n인 두 수를 찾을 때, 곱해서 m이 되는 두 정수를 먼저 찾도록 해!

곱이 2이고 합이 3인 두 정수 찾기
❶ 곱이 2인 두 정수를 찾으면 1, 2 또는 -1, -2이다.
❷ ❶의 두 정수 중 합이 3인 두 정수는 1, 2이다.

곱이 2인 두 정수	합
1, 2	3
-1, -2	-3

○ 다음 조건을 만족시키는 두 정수를 구하시오.

253 곱이 7이고 합이 8인 두 정수 ....
해 곱이 7인 두 정수는 ☐, ☐ 또는 -1, -7이고 이 중에서 합이 8인 두 정수는 ☐, ☐이다.

254 곱이 3이고 합이 -4인 두 정수 ....

255 곱이 5이고 합이 6인 두 정수 ....

256 곱이 6이고 합이 -5인 두 정수 ....

257 곱이 -2이고 합이 1인 두 정수 ....

258 곱이 -8이고 합이 2인 두 정수 ....

259 곱이 -21이고 합이 -4인 두 정수 ....

260 곱이 -10이고 합이 -3인 두 정수 ....

32 $x^2+(a+b)x+ab=(x+a)(x+b)$

x^2+4x+3에서
❶ 곱하여 3이 되는 두 정수를 모두 찾는다.
❷ ❶의 두 정수 중 합이 4인 두 정수를 찾는다.
∴ $x^2+4x+3=(x+1)(x+3)$

곱이 3인 두 정수	합
-1, -3	-4
1, 3	4

○ 다음 식을 인수분해하시오.

261 x^2+5x+4 ....
해 곱이 4인 두 정수는 ☐, ☐ 또는 2, 2 또는 -1, -4 또는 -2, -2이고 이 중에서 합이 5인 두 정수는 ☐, ☐이므로 $x^2+5x+4=(x+☐)(x+☐)$

262 x^2+6x+8 ....

263 a^2-3a+2 ....

264 $x^2-7x+12$ ....

265 $x^2+3x-10$ ....

266 $a^2+2a-35$ ....

267 $x^2-4x-12$ ....

268 $a^2-2a-15$ ....

33 $\quad x^2+(a+b)xy+aby^2=(x+ay)(x+by)$

$x^2+3xy+2y^2$에서

❶ 곱하여 2가 되는 두 정수를
모두 찾는다.
❷ ❶의 두 정수 중 합이 3인
두 정수를 찾는다.

곱이 2인 두 정수	합
1, 2	3
−1, −2	−3

$\therefore x^2+3xy+2y^2=(x+y)(x+2y)$

🔵 다음 식을 인수분해하시오.

269 $\quad x^2+6xy+5y^2$ ....

해 곱이 5인 두 정수는 $\boxed{}$, $\boxed{}$ 또는 −1, −5이고 이 중에서

합이 6인 두 정수는 $\boxed{}$, $\boxed{}$ 이므로

$x^2+6xy+5y^2=(x+\boxed{})(x+\boxed{})$

270 $\quad a^2+11ab+10b^2$ ....

271 $\quad x^2-5xy+4y^2$ ....

272 $\quad x^2-9xy+18y^2$ ....

273 $\quad x^2+2xy-3y^2$ ....

274 $\quad a^2+7ab-8b^2$ ....

275 $\quad x^2-8xy-9y^2$ ....

276 $\quad a^2-ab-12b^2$ ....

34 $\quad acx^2+(ad+bc)x+bd=(ax+b)(cx+d)$

$2x^2+5x+3$에서

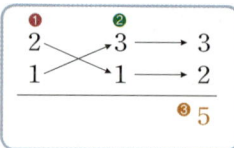

❶ 곱하여 2가 되는 두 정수를 세
로로 나열한다.
❷ 곱하여 3이 되는 두 정수를 세
로로 나열한다.
❸ 대각선 방향으로 곱하여 더한 값
이 5가 되는 것을 찾는다.

$\therefore 2x^2+5x+3$
$= (2x+3)(x+1)$

🔵 다음 식을 인수분해하시오.

277 $\quad 2x^2+7x+3$ ....

해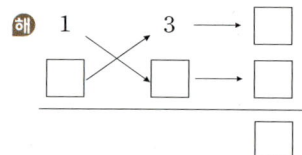

278 $\quad 4x^2-4x-3$ ....

해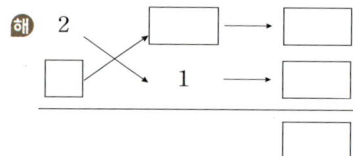

279 $\quad 3x^2+5x+2$ ....

280 $\quad 6x^2-11x+3$ ....

281 $\quad 5a^2+18a-8$ ....

282 $\quad 2x^2-3x-9$ ....

35 $acx^2+(ad+bc)xy+bdy^2=(ax+by)(cx+dy)$

$4x^2-8xy+3y^2$에서

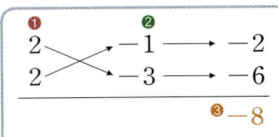

❶ 곱하여 4가 되는 두 정수를 세로로 나열한다.

❷ 곱하여 3이 되는 두 정수를 세로로 나열한다.

❸ 대각선 방향으로 곱하여 더한 값이 -8이 되는 것을 찾는다.

$$\therefore 4x^2-8xy+3y^2 = (2x-y)(2x-3y)$$

○ 다음 식을 인수분해하시오.

283 $3x^2+5xy+2y^2$

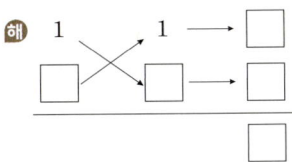

284 $6x^2-17xy+12y^2$

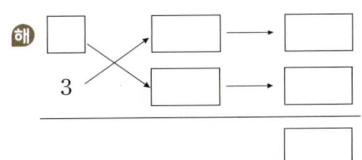

285 $2x^2+7xy+5y^2$

286 $5a^2-16ab+3b^2$

287 $4x^2+5xy-6y^2$

288 $10x^2-9xy-7y^2$

교과서 미리보기   풀었던 연산은 교과서에 이렇게 나온다!

289 22 23

다음 중 $2a^2b-2a^3$의 인수를 모두 고르면? (정답 2개)

① b ② ab ③ a^2
④ $a+b$ ⑤ $b-a$

290 27 28

두 이차식 $x^2-10x+A$와 $x^2+Bx+36$이 완전제곱식이 될 때, $A-B$의 값을 구하시오. (단, A, B는 상수, B는 양수)

291 32 34

다음 두 다항식의 1이 아닌 공통인수를 구하시오.

$$x^2-7x+12, \; 2x^2-3x-9$$

복잡한 식의 인수분해

개념 Play

1. 공통부분이 있는 다항식의 인수분해

공통부분이 있으면 <mark>공통부분을 한 문자로 치환</mark>하고 인수분해한 후 다시 공통부분을 대입하여 정리한다.

예 $(x+y)^2+6(x+y)+9=A^2+6A+9$ ← $x+y=A$로 치환한다.
$\qquad\qquad\qquad\qquad\ =(A+3)^2$ ← 인수분해한다.
$\qquad\qquad\qquad\qquad\ =(x+y+3)^2$ ← A에 $x+y$를 대입한다.

2. 항이 4개인 다항식의 인수분해

(1) 공통인수가 생기도록 (2개의 항)+(2개의 항)으로 묶는다.

예 $\underbrace{xy+x}_{\text{2개의 항}}\underbrace{-y-1}_{\text{2개의 항}}=x(y+1)\underbrace{-(y+1)}_{\text{공통인수}}=(x-1)(y+1)$

(2) A^2-B^2의 꼴이 되도록 (3개의 항)+(1개의 항)으로 묶는다.

예 $x^2+2xy+y^2-1=\underbrace{(x^2+2xy+y^2)}_{\text{3개의 항}}\underbrace{-1}_{\text{1개의 항}}=\underbrace{(x+y)^2-1^2}_{A^2-B^2\text{의 꼴}}=(x+y+1)(x+y-1)$

3. 항이 5개인 다항식의 인수분해

(1) 문자가 여러 개이고 차수가 다른 식 : 차수가 가장 낮은 한 문자에 대하여 내림차순으로 정리한다.
　　　　　　　　　　　어떤 문자에 대하여 차수가 높은 항부터 낮은 항의 순서로 나열하는 것

(2) 문자가 여러 개이고 차수가 같은 식 : 공통부분을 찾아 치환하고 인수분해 공식을 이용한다.

4. 인수분해 공식을 이용한 수의 계산

인수분해 공식을 이용할 수 있도록 수의 모양을 변형하여 계산한다.

(1) 공통인수로 묶어내기 ➡ $ma+mb=m(a+b)$
　　예 $7\times96+7\times4=7\times(96+4)=7\times100=700$

(2) 제곱의 차 이용하기 ➡ $a^2-b^2=(a+b)(a-b)$
　　예 $22^2-18^2=(22+18)(22-18)=40\times4=160$

(3) 완전제곱식 이용하기 ➡ $a^2+2ab+b^2=(a+b)^2$, $a^2-2ab+b^2=(a-b)^2$
　　예 $13^2+2\times13\times7+7^2=(13+7)^2=20^2=400$

5. 인수분해 공식을 이용한 식의 값

주어진 식을 인수분해한 후 주어진 수를 대입하여 식의 값을 구한다.

예 $x=59$일 때, x^2+2x+1의 값을 구하면

$\underbrace{x^2+2x+1=(x+1)^2}_{\text{인수분해한다.}}=\underbrace{(59+1)^2}_{x=59\text{를 대입한다.}}=\underbrace{60^2=3600}_{\text{식의 값}}$

---

36 인수분해 공식을 이용하여 인수분해할 수 있도록 하자!

- $a^2+2ab+b^2=(a+b)^2$, $a^2-2ab+b^2=(a-\boxed{})^2$
- $a^2-b^2=(a+b)(\boxed{})$
- $x^2+(a+b)x+ab=(x+a)(x+\boxed{})$
- $acx^2+(ad+bc)x+bd=(ax+\boxed{})(cx+\boxed{})$

답 | b, $a-b$, b, b, d

○ 다음 중 인수분해가 바르게 된 것은 ○표를 하고, 바르게 되지 않은 것은 바르게 인수분해하시오.

292 $x^2+4x+4=(x-4)^2$

293 $9x^2-6xy+y^2=(3x-y)^2$

294 $a^2-49=(a+7)(a-7)$

295 $4x^2-81y^2=(2x+9)(2x-9)$

296 $x^2+8x+15=(x+3)(x+5)$

297 $x^2-2xy-8y^2=(x+4y)(x-2y)$

298 $2a^2+a-10=(a-2)(2a-5)$

299 $3x^2-5xy-12y^2=(x-3y)(3x+4y)$

37 공통부분을 한 문자로 치환하여 인수분해할 때 원래의 식을 대입하는 것을 잊지마~

$(x+y)^2-4(x+y)+4$
$=A^2-4A+4$ ← $x+y=A$로 치환한다.
$=(A-2)^2$ ← 인수분해 공식을 이용하여 인수분해한다.
$=(x+y-2)^2$ ← A에 $x+y$를 대입한다.

○ 다음 식을 인수분해하시오.

300 $(x+3)^2+2(x+3)+1$

해 $x+3=A$로 치환하면
$(x+3)^2+2(x+3)+1=A^2+2A+1=(A+\boxed{})^2$
$=(x+3+\boxed{})^2=(x+\boxed{})^2$

301 $(x-2y)^2-3(x-2y)+2$

302 $2(3x+1)^2-7(3x+1)-4$

303 $(x+y)(x+y+5)-6$

TIP 공통부분을 한 문자로 치환하고 식을 간단히 정리한 후 인수분해해!

304 $(x-3y)(x-3y-7)-18$

305 $(a-b)^2-(a-b-1)-13$

38 공통부분이 2개이면 서로 다른 두 문자로 치환하고 인수분해 공식을 이용하여 인수분해해!

$(x+1)^2-3(x+1)(x-3)+2(x-3)^2$
$=A^2-3AB+2B^2$ ← $x+1=A$, $x-3=B$로 치환한다.
$=(A-B)(A-2B)$ ← 인수분해 공식을 이용하여 인수분해한다.
$=\{(x+1)-(x-3)\}\{(x+1)-2(x-3)\}$ ← A에 $x+1$, B에 $x-3$을 대입한다.
$=-4(x-7)$ ← 식을 간단히 정리한다.

39 (제곱)−(제곱)의 꼴이면 복잡한 부분을 문자로 치환하고 $a^2-b^2=(a+b)(a-b)$를 이용하여 인수분해해!

$(x-3)^2-y^2$
$=A^2-y^2$ ← $x-3=A$로 치환한다.
$=(A+y)(A-y)$ ← 인수분해 공식을 이용하여 인수분해한다.
$=\{(x-3)+y\}\{(x-3)-y\}$ ← A에 $x-3$을 대입한다.
$=(x+y-3)(x-y-3)$ ← 식을 간단히 정리한다.

○ 다음 식을 인수분해하시오.

306 $(x-3)^2+2(x-3)(2x+5)+(2x+5)^2$

해 $x-3=A$, $2x+5=B$로 치환하면
$(x-3)^2+2(x-3)(2x+5)+(2x+5)^2$
$=A^2+2AB+B^2$
$=(A+\boxed{})^2$
$=\{(x-3)+(\boxed{})\}^2$
$=(\boxed{})^2$

307 $(5x-2y)^2-6(5x-2y)(x+y)+9(x+y)^2$

308 $(x+2)^2+3(x+2)(x+3)-4(x+3)^2$

309 $(x+y)^2-9(x+y)(2x-y)+20(2x-y)^2$

310 $6(x+1)^2+(x+1)(x-4)-(x-4)^2$

○ 다음 식을 인수분해하시오.

311 $(x+y)^2-16$

해 $x+y=A$로 치환하면
$(x+y)^2-16=A^2-16=A^2-\boxed{}^2$
$=(A+4)(A-\boxed{})$
$=\{(x+y)+4\}\{(x+y)-\boxed{}\}$
$=(x+y+4)(x+y-\boxed{})$

312 $x^2-(5x+3y)^2$

313 $(x+2)^2-(y-1)^2$
TIP 복잡한 부분이 2개이면 서로 다른 두 문자로 치환하고 인수분해해~

314 $(3x-2)^2-(x-1)^2$

315 $(x+2y)^2-(x-y)^2$

316 $(x-y)^2-4(x+y)^2$

40 공통인수가 생기도록 (2개의 항)+(2개의 항)으로 묶어 보자.

┌── 항이 4개 ──┐
$ax-ay+7x-7y$
$=(ax-ay)+(7x-7y)$ ← (2개의 항)+(2개의 항)으로 묶는다.
　　2개의 항　　2개의 항
$=a(x-y)+7(x-y)$ ← 공통인수로 묶는다.
$=(a+7)(x-y)$ ← 인수분해한다.

유형 Up

41 완전제곱식을 찾아 (3개의 항)+(1개의 항)으로 묶은 후 A^2-B^2의 꼴이 되도록 바꾸자!

┌── 항이 4개 ──┐
$x^2+8x+16-y^2$
$=(x^2+8x+16)-y^2$ ← (3개의 항)+(1개의 항)으로 묶는다.
　　3개의 항　　1개의 항
$=(x+4)^2-y^2$ ← A^2-B^2의 꼴로 만든다.
$=(x+4+y)(x+4-y)$ ← 인수분해한다.
$=(x+y+4)(x-y+4)$ ← 식을 간단히 정리한다.

○ 다음 식을 인수분해하시오.

317 $xy+x+y+1$

해 $xy+x+y+1=(xy+x)+(y+\boxed{})$
$=x(y+\boxed{})+(y+\boxed{})$
$=(x+\boxed{})(y+\boxed{})$

318 $xy+x+5y+5$

319 $ab-2a+2-b$

320 $ax+2ay-bx-2by$

321 $x^2y-xy^2+3x-3y$

322 x^2-y^2+x-y

323 x^2-4y^2-x-2y

○ 다음 식을 인수분해하시오.

324 $x^2+4x+4-y^2$

해 $x^2+4x+4-y^2=(x^2+4x+4)-y^2$
$=(x+\boxed{})^2-y^2$
$=(x+\boxed{}+y)(x+\boxed{}-y)$
$=(x+y+\boxed{})(x-y+\boxed{})$

325 $a^2-14a+49-b^2$

326 x^2-4y^2-2x+1

327 $4x^2+4xy+y^2-4$

328 x^2-y^2+6y-9

329 $a^2-b^2-10b-25$

330 $x^2-12xy+36y^2-64z^2$

42 문자가 2개 이상이고 차수가 다르면 차수가 가장 낮은 한 문자에 대하여 내림차순으로 정리해 보자.

$x^2+xy+4x-y-5$ ← 문자는 x, y의 2개이고 차수가 다르다.

$=xy-y+x^2+4x-5$ ← y에 대하여 내림차순으로 정리한다.

$=y(x-1)+(x-1)(x+5)$ ← 두 부분으로 나누어 각각 인수분해한다.

$=(x-1)(y+x+5)$ ← 공통인수로 묶는다.

$=(x-1)(x+y+5)$ ← 식을 간단히 정리한다.

43 문자가 2개 이상이고 차수가 같으면 공통부분을 찾아 치환하고 인수분해해!

$x^2-2xy+y^2-3x+3y-4$ ← 문자는 x, y의 2개이고 차수가 같다.

$=(x-y)^2-3(x-y)-4$ ← 공통부분을 찾는다.

$=A^2-3A-4$ ← $x-y=A$로 치환한다.

$=(A-4)(A+1)$ ← 인수분해한다.

$=(x-y-4)(x-y+1)$ ← A에 $x-y$를 대입한다.

◐ 다음 식을 인수분해하시오.

331 $x^2-xy-x+2y-2$ ·····

해 $x^2-xy-x+2y-2$

$=-xy+2y+x^2-x-2$

$=-y(\boxed{})+(\boxed{})(x+1)$

$=(\boxed{})(-y+x+\boxed{})$

$=(\boxed{})(x-y+\boxed{})$

332 $x^2+xy+2x-y-3$ ·····

333 $x^2+xy-x+3y-12$ ·····

334 $x^2-xy+4x-y+3$ ·····

335 $x^2-xy-7x+5y+10$ ·····

336 $x^2+5xy+2x-5y-3$ ·····

◐ 다음 식을 인수분해하시오.

337 $a^2+2ab+b^2-2a-2b-15$ ·····

해 $a^2+2ab+b^2-2a-2b-15$

$=(a+b)^2-\boxed{}(a+b)-15$

$a+b=A$로 치환하면

$A^2-\boxed{}A-15=(A-\boxed{})(A+3)$

$\qquad\qquad\quad =(a+b-\boxed{})(a+b+3)$

338 $x^2-2xy+y^2-5x+5y-6$ ·····

339 $x^2-6xy+9y^2+3x-9y+2$ ·····

340 $x^2+4xy+4y^2-6x-12y+9$ ·····

341 $x^2-4xy+4y^2+4x-8y+4$ ·····

342 $x^2+6xy-6y+9y^2-2x+1$ ·····

44 수를 문자로 생각하고 인수분해 공식을 이용하여 계산해 봐~

$48^2 + 2 \times 48 \times 2 + 2^2$ ⟩ 48을 문자 a, 2를 문자 b로 생각하고 인수분해 공식
$= (48+2)^2$ ⟩ $a^2 + 2ab + b^2 = (a+b)^2$을 이용한다.
$= 50^2 = 2500$

45 식의 값을 구할 때, 주어진 식을 먼저 인수분해한 후에 수를 대입하면 쉽게 계산할 수 있어~

$x = 99$일 때,
$x^2 + 2x + 1 = (x+1)^2$ ❶ 인수분해한다.
$\qquad\qquad = (99+1)^2$ ❷ x에 99를 대입한다.
$\qquad\qquad = 100^2$
$\qquad\qquad = 10000$

○ 다음을 계산하시오.

343 $49 \times 37 + 49 \times 63$

해 $49 \times 37 + 49 \times 63 = 49 \times (37 + \boxed{})$
$\qquad\qquad\qquad\qquad = 49 \times \boxed{} = \boxed{}$

344 $84 \times 128 - 84 \times 28$

345 $124^2 - 76^2$

해 $124^2 - 76^2 = (124 + \boxed{})(124 - \boxed{})$
$\qquad\qquad\quad = \boxed{} \times 48 = \boxed{}$

346 $91^2 - 9^2$

347 $32 \times 65^2 - 32 \times 35^2$

TIP 공통인수가 있으면 먼저 공통인수로 묶어 낸 후 인수분해 공식을 이용해~

348 $47^2 - 2 \times 47 \times 7 + 7^2$

해 $47^2 - 2 \times 47 \times 7 + 7^2 = (\boxed{} - 7)^2 = \boxed{}^2$
$\qquad\qquad\qquad\qquad\qquad = \boxed{}$

349 $58^2 - 2 \times 58 \times 28 + 28^2$

350 $86^2 + 28 \times 86 + 14^2$

○ 다음을 구하시오.

351 $x = 101$일 때, $x^2 - 2x + 1$의 값

해 $x^2 - 2x + 1 = (x - \boxed{})^2 = (101 - \boxed{})^2$
$\qquad\qquad\quad = \boxed{}^2 = \boxed{}$

352 $a = 95$일 때, $a^2 + 10a + 25$의 값

353 $x = 56$일 때, $x^2 - 12x + 36$의 값

354 $x = \sqrt{2} - 3$일 때, $x^2 + 6x + 9$의 값

355 $x = \sqrt{3} + 1$일 때, $x^2 - 4x + 3$의 값

356 $x = 2 - \sqrt{5}$일 때, $x^2 - x - 2$의 값

46 문자가 2개일 때에도 식을 먼저 인수분해한 후 주어진 두 수를 대입하여 계산하면 편리해~

$x=93$, $y=3$일 때, $x^2-2xy+y^2$의 값 구하기
$x^2-2xy+y^2=(x-y)^2$ ❶ 인수분해한다.
$=(93-3)^2$ ❷ x에 93, y에 3을 대입한다.
$=90^2$
$=8100$

◯ 다음을 구하시오.

357 $a=66$, $b=56$일 때, a^2-b^2의 값

해 $a^2-b^2=(a+b)(a-b)=(66+\boxed{})(66-\boxed{})$
$=122\times\boxed{}=\boxed{}$

358 $x=74$, $y=26$일 때, $x^2+2xy+y^2$의 값

359 $x=\sqrt{2}+\sqrt{5}$, $y=\sqrt{2}-\sqrt{5}$일 때, x^2-y^2의 값

360 $a=1+\sqrt{3}$, $b=1-\sqrt{3}$일 때, $a^2-2ab+b^2$의 값

361 $x=\dfrac{1}{\sqrt{3}+\sqrt{2}}$, $y=\dfrac{1}{\sqrt{3}-\sqrt{2}}$일 때, x^2-y^2의 값

362 $x=\dfrac{1}{\sqrt{5}-2}$, $y=\dfrac{1}{\sqrt{5}+2}$일 때, x^3y-xy^3의 값

교과서 미리보기 풀었던 연산은 교과서에 이렇게 나온다!

363 ⟨37⟩

$(x-2)^2-3(x-2)-4$를 인수분해하면 $(x+a)(bx-1)$ 일 때, $a+b$의 값을 구하시오. (단, a, b는 상수)

364 ⟨40⟩

다음 중 $ab+3a-3-b$의 인수는?

① $a-3$　　② $a-1$　　③ $a+3$
④ $b-3$　　⑤ $b-1$

365 ⟨46⟩

$x=\sqrt{3}+2$, $y=\sqrt{3}-2$일 때, $2x^3y-2xy^3$의 값을 구하시오.

Episode **10**

이차방정식과 그 해

◉ 중1-1 : Ⅱ. 문자와 식

 개념 Re:Play

이전에 배운 내용을 다시 한 번 확인하세요.

방정식이란? 문자의 값에 따라 참이 되기도 하고 거짓이 되기도 하는 등식을 방정식이라고 한다.
① 방정식의 해(근) : 방정식이 참이 되게 하는 미지수의 값
② 방정식을 푼다 : 방정식의 해(근)를 구하는 것

일차방정식이란? 방정식에서 우변에 있는 모든 항을 좌변으로 이항하여 정리하였을 때 '(x에 대한 일차식)$=0$'의 꼴이 되는 방정식을 일차방정식이라고 한다.

개념 **Play**

오답 NOTE

1. x에 대한 이차방정식

(1) x에 대한 이차방정식 : 등식의 우변의 모든 항을 좌변으로 이항하여 정리하였을 때, (**x에 대한 이차식)$=0$의 꼴로 나타내어지는 방정식**
$ax^2+bx+c=0\,(a, b, c$는 상수, $a\neq0)$
예 $x^2-2x-1=0,\ 3x^2+5x+2=0,\ 2x^2+3=0$

(2) 이차방정식의 해(근) : **이차방정식 $ax^2+bx+c=0$을 참이 되게 하는 미지수 x의 값**
예 이차방정식 $x^2+2x-3=0$에서
$x=1$을 대입하면 $1^2+2\times1-3=0$이므로 $x=1$은 해이다.
$x=-1$을 대입하면 $(-1)^2+2\times(-1)-3=-4\neq0$이므로 $x=-1$은 해가 아니다.

(3) 이차방정식을 푼다 : 이차방정식의 해를 모두 구하는 것

2. 인수분해를 이용한 이차방정식의 풀이

(1) $AB=0$의 성질 : 두 수 또는 두 식 A, B에 대하여
$AB=0$이면 $A=0$ 또는 $B=0$

참고 $A=0$ 또는 $B=0$은 다음 세 가지 중 어느 하나가 성립한다는 뜻이다.
① $A=0$이고 $B=0$ → A와 B 모두 0이다.
② $A=0$이고 $B\neq0$ ⎤
③ $A\neq0$이고 $B=0$ ⎦→ A와 B 둘 중 하나가 0이다.

(2) 인수분해를 이용한 이차방정식의 풀이
❶ 이차방정식을 $ax^2+bx+c=0$의 꼴로 나타낸다.
❷ 좌변을 인수분해한다.
❸ $AB=0$의 성질을 이용한다.
❹ 해를 구한다.
예 이차방정식 $x^2-14=5x$에서
$x^2-5x-14=0$ ← ❶ $ax^2+bx+c=0$의 꼴로 나타낸다.
$(x+2)(x-7)=0$ ← ❷ 좌변을 인수분해한다.
$x+2=0$ 또는 $x-7=0$ ← ❸ $AB=0$의 성질을 이용한다.
$\therefore x=-2$ 또는 $x=7$ ← ❹ 해를 구한다.

● $2x^2-3x+1=2x^2+5$는 이차방정식이 **아니다.**
이차방정식을 판단할 때에는 모든 항을 좌변으로 이항하여 간단히 한 후에 판단한다.
$2x^2-3x+1=2x^2+5$의 모든 항을 좌변으로 이항하면
$2x^2-3x+1-2x^2-5=0$
식을 정리하면
$-3x-4=0$

47 등호가 있으면 모든 항을 좌변으로 이항하여 정리하고 $ax^2+bx+c=0$의 꼴인지 확인해~

$x^2+2x=-x^2+4x-1$에서 ← 등호가 있는지 확인한다.

$x^2+2x+x^2-4x+1=0$ ← 모든 항을 좌변으로 이항한다.

$\therefore 2x^2-2x+1=0$ ← 식을 정리한다.

(x에 대한 이차식)$=0$

따라서 좌변이 x에 대한 이차식이므로

$x^2+2x=-x^2+4x-1$은 이차방정식이다.

48 $ax^2+bx+c=0$이 이차방정식이 되려면 $a\neq0$이어야 해. b와 c는 0이든 아니든 관계없어~

$(a+5)x^2+3x-4=0$이 이차방정식이 되려면

$\underline{a+5}\neq0 \qquad \therefore a\neq-5$
이차항의 계수

🔵 다음 식이 이차방정식이면 ○표, 이차방정식이 아니면 ×표를 ( ) 안에 써넣으시오.

366 $2x-1=0$ ( )

367 x^2-3x+1 ( )

368 $\dfrac{1}{5}x^2=0$ ( )

369 $3x^2-x+4=0$ ( )

370 $x^3-2x^2+1=0$ ( )

371 $4x^2-x=-x+2$ ( )

TIP 우변의 모든 항을 좌변으로 이항하여 간단히 한 후에 좌변이 x에 대한 이차식인지 확인해야 해~

372 $3x-x^2=1-x^2+x$ ( )

373 $(x+1)^2=-x^2+5x$ ( )

🔵 다음 식이 x에 대한 이차방정식이 되기 위한 상수 a의 조건을 구하시오.

374 $ax^2+2x-7=0$ ....

375 $ax^2+6=-x$ ....

376 $(a-3)x^2+x+2=0$ ....

해 $a-\boxed{}\neq0$이어야 하므로 $a\neq\boxed{}$

377 $(a+4)x^2-5x=0$ ....

378 $(2a-1)x^2+6x-10=0$ ....

379 $ax^2+4x+1=-2x^2+3x$ ....

380 $2ax^2-5x=8x^2+1$ ....

381 $a(x^2+x)=7x^2+2$ ....

49 이차방정식을 전개하고 우변의 모든 항을 좌변으로 이항하여 정리하면 $ax^2+bx+c=0$의 꼴이야~

이차방정식 $x(x+1)=-x^2+3x-4$에서
$x^2+x=-x^2+3x-4$ ← 식을 전개한다.
$2x^2-2x+4=0$ ← 우변의 모든 항을 좌변으로 이항한 후 정리한다.
$ax^2+bx+c=0$
$\therefore a=2, b=-2, c=4$

○ 다음 이차방정식을 $ax^2+bx+c=0(a>0)$의 꼴로 나타낼 때, 상수 a, b, c의 값을 각각 구하시오.

382 $3x^2=-2x$
→ $a=$_____, $b=$_____, $c=$_____

해 $3x^2=-2x$에서 $\boxed{}x^2+\boxed{}x=0$
$\therefore a=\boxed{}, b=\boxed{}, c=\boxed{}$

383 $-4x+5=2x^2-6x+8$
→ $a=$_____, $b=$_____, $c=$_____

384 $(x+3)(x-4)=0$
→ $a=$_____, $b=$_____, $c=$_____

385 $3x^2+7x=(x-2)(x+5)$
→ $a=$_____, $b=$_____, $c=$_____

386 $(x-2)^2-9=0$
→ $a=$_____, $b=$_____, $c=$_____

387 $2(x+1)^2=-x^2+4x+6$
→ $a=$_____, $b=$_____, $c=$_____

50 주어진 수를 이차방정식의 x에 대입하여 계산했을 때 (좌변)=(우변)이면 그 수는 이차방정식의 해야~

이차방정식 $x^2-2x+1=0$에서
• $x=1$일 때, $1^2-2\times1+1=0$이므로 $x=1$은 이차방정식의 해이다.
→(좌변)=(우변)이므로 등식이 성립한다.
• $x=-1$일 때, $(-1)^2-2\times(-1)+1=4\neq0$이므로 $x=-1$은 이차방정식의 해가 아니다.
(좌변)≠(우변)이므로 등식이 성립하지 않는다.

○ 다음 [ ] 안의 수가 주어진 이차방정식의 해이면 ○표, 해가 아니면 ×표를 ( ) 안에 써넣으시오.

388 $x(x-3)=0$ [3]   (   )

해 $x(x-3)=0$에 $x=\boxed{}$을 대입하면
$\boxed{}\times(\boxed{}-3)=0$
따라서 $x=\boxed{}$은 해이다.

389 $(x+1)(x+2)=0$ [2]   (   )

390 $(x-1)^2=0$ [-1]   (   )

391 $x^2-4=0$ [-2]   (   )

392 $3x^2+2x=0$ [-1]   (   )

393 $x^2-5x+6=0$ [3]   (   )

394 $-x^2+8x=-7$ [1]   (   )

395 $(x+3)^2=4$ [-5]   (   )

51 주어진 x의 값을 이차방정식의 x에 각각 대입하여 (좌변)=(우변)이 되도록 하는 x의 값을 모두 찾아봐~

x의 값이 -1, 0, 1일 때, 이차방정식 $x^2-x=0$의 해는

x에 -1, 0, 1을 각각 대입한다.

$x=-1$일 때, $(-1)^2-(-1)=2$

$x=0$일 때, $0^2-0=0$

$x=1$일 때, $1^2-1=0$

따라서 주어진 등식을 만족시키는 x의 값은 0, 1이므로 이차방정식의 해는 $x=0$ 또는 $x=1$이다.

○ **x의 값이 -2, -1, 0, 1, 2일 때, 다음 이차방정식의 해를 모두 구하시오.**

396 $x^2+2x=0$

해 $x=-2$일 때, $(-2)^2+2\times(-2)=\boxed{}$

$x=-1$일 때, $(-1)^2+2\times(-1)=\boxed{}$

$x=0$일 때, $0^2+2\times0=\boxed{}$

$x=1$일 때, $1^2+2\times1=\boxed{}$

$x=2$일 때, $2^2+2\times2=\boxed{}$

따라서 주어진 등식을 만족시키는 x의 값은 $\boxed{}$, $\boxed{}$이므로 이차방정식의 해는 $x=\boxed{}$ 또는 $x=\boxed{}$이다.

397 $x^2-x-2=0$

398 $x^2-4x+4=0$

399 $2x^2+3x-5=0$

400 $-3x^2+x+4=0$

52 주어진 근을 이차방정식에 대입하면 미지수의 값을 구할 수 있어~

이차방정식 $x^2+2x+a=0$의 한 근이 $x=1$일 때, $x^2+2x+a=0$에 $x=1$을 대입하면

$1^2+2\times1+a=0$ $\therefore a=-3$

$x=1$을 이차방정식에 대입하면 (좌변)=(우변)이어야 한다.

○ **다음을 만족시키는 상수 a의 값을 구하시오.**

401 이차방정식 $x^2-2x+a=0$의 한 근이 $x=-1$이다.

해 $x^2-2x+a=0$에 $x=\boxed{}$을 대입하면

$(\boxed{})^2-2\times(\boxed{})+a=0$ $\therefore a=\boxed{}$

402 이차방정식 $x^2-ax+6=0$의 한 근이 $x=3$이다.

403 이차방정식 $ax^2+2x+4=0$의 한 근이 $x=2$이다.

404 이차방정식 $2x^2-3x-a=0$의 한 근이 $x=1$이다.

405 이차방정식 $x^2+3=-ax$의 한 근이 $x=-3$이다.

406 이차방정식 $-4x^2=ax-10$의 한 근이 $x=-2$이다.

407 이차방정식 $(ax-1)(2x+3)=5$의 한 근이 $x=-1$이다.

◐ 정답과 풀이 42쪽

유형 Up

53 한 근 $x=m$을 이차방정식 $ax^2+bx+c=0$에 대입하면 $am^2+bm+c=0$이 성립해~

이차방정식 $x^2-4x+9=0$의 한 근이 $x=m$일 때,
$x^2-4x+9=0$에 $x=m$을 대입하면
$m^2-4m+9=0$　　∴ $m^2-4m=-9$

54 두 수 또는 두 식 A, B에 대하여 $AB=0$이면 $A=0$ 또는 $B=0$이야~

$\underline{(x-3)(x+4)}=0$에서 $\underline{x-3=0 \text{ 또는 } x+4=0}$
　　$A \times B=0$　　　　　　　$A=0$ 또는 $B=0$
∴ $x=3$ 또는 $x=-4$

○ 다음을 구하시오.

408 이차방정식 $x^2+3x+1=0$의 한 근이 $x=m$일 때, m^2+3m의 값

　해 $x^2+3x+1=0$에 $x=m$을 대입하면
　　$\boxed{}^2+3\times\boxed{}+1=0$　　∴ $m^2+3m=\boxed{}$

409 이차방정식 $x^2-5x+2=0$의 한 근이 $x=m$일 때, m^2-5m의 값

410 이차방정식 $x^2+8x-4=0$의 한 근이 $x=m$일 때, m^2+8m+3의 값

411 이차방정식 $2x^2-4x-10=0$의 한 근이 $x=m$일 때, m^2-2m의 값

　해 $2x^2-4x-10=0$에 $x=m$을 대입하면
　　$2m^2-4m-10=0,\ 2m^2-4m=10$
　　$\boxed{}(m^2-2m)=10$　　∴ $m^2-2m=\boxed{}$

412 이차방정식 $3x^2+x+3=0$의 한 근이 $x=m$일 때, $9m^2+3m$의 값

413 이차방정식 $\frac{1}{2}x^2-7x+1=0$의 한 근이 $x=m$일 때, m^2-14m의 값

○ 다음 이차방정식을 푸시오.

414 $(x+2)(x-1)=0$

　해 $(x+2)(x-1)=0$에서
　　$x+2=\boxed{}$ 또는 $x-1=\boxed{}$
　　∴ $x=\boxed{}$ 또는 $x=\boxed{}$

415 $(x-2)(x+3)=0$

416 $x(x-5)=0$

417 $(x+1)(x-1)=0$

418 $\left(x-\frac{3}{4}\right)\left(x-\frac{2}{5}\right)=0$

419 $(3x+1)(x+2)=0$

420 $(2x+7)(4x-5)=0$

55 $ma+mb=m(a+b)$임을 이용하여 이차방정식의 좌변을 인수분해해 봐!

$x^2-x=0$에서

$x(x-1)=0$　←공통인수로 묶어 내어 좌변을 인수분해한다.

$x=0$ 또는 $x-1=0$　←$AB=0$이면 $A=0$ 또는 $B=0$

$\therefore x=0$ 또는 $x=1$　←해를 구한다.

56 인수분해 공식 $a^2-b^2=(a+b)(a-b)$를 이용하여 이차방정식을 풀어봐~

$x^2-81=0$에서

$(x+9)(x-9)=0$　←좌변을 인수분해한다.

$x+9=0$ 또는 $x-9=0$　←$AB=0$이면 $A=0$ 또는 $B=0$

$\therefore x=-9$ 또는 $x=9$　←해를 구한다.

○ 다음 이차방정식을 인수분해를 이용하여 푸시오.

421 $x^2-4x=0$

해 $x^2-4x=0$에서

$x(x-\boxed{})=0$

$x=\boxed{}$ 또는 $x-\boxed{}=0$

$\therefore x=\boxed{}$ 또는 $x=\boxed{}$

422 $x^2+3x=0$

423 $3x^2+12x=0$

424 $2x^2-5x=0$

425 $x^2=-7x$

TIP ▶ 먼저 우변의 모든 항을 좌변으로 이항하여 우변이 0이 되도록 정리해~

426 $4x^2=8x$

427 $5x^2=3x$

○ 다음 이차방정식을 인수분해를 이용하여 푸시오.

428 $x^2-4=0$

해 $x^2-4=0$에서

$(x+\boxed{})(x-\boxed{})=0$

$x+\boxed{}=0$ 또는 $x-\boxed{}=0$

$\therefore x=\boxed{}$ 또는 $x=\boxed{}$

429 $x^2-9=0$

430 $36-x^2=0$

431 $16x^2-1=0$

432 $9x^2-4=0$

433 $x^2=49$

434 $25x^2=64$

57 인수분해 공식 $x^2+(a+b)x+ab=(x+a)(x+b)$ 를 이용하여 이차방정식을 풀어봐~

$x^2+x-2=0$에서
$(x+2)(x-1)=0$ ← 좌변을 인수분해한다.
$x+2=0$ 또는 $x-1=0$ ← $AB=0$이면 $A=0$ 또는 $B=0$
$\therefore x=-2$ 또는 $x=1$ ← 해를 구한다.

○ 다음 이차방정식을 인수분해를 이용하여 푸시오.

435 $x^2-6x+5=0$

해 $x^2-6x+5=0$에서
$(x-1)(x-\boxed{})=0$
$x-1=\boxed{}$ 또는 $x-\boxed{}=0$
$\therefore x=\boxed{}$ 또는 $x=\boxed{}$

436 $x^2+5x+4=0$

437 $x^2-4x-12=0$

438 $x^2+4x-21=0$

439 $x^2+12=7x$

440 $x^2+3x-8=2$

441 $8x+x^2-15=2x^2$

58 인수분해 공식 $acx^2+(ad+bc)x+bd=(ax+b)(cx+d)$를 이용하여 이차방정식을 풀어봐~

$2x^2-5x+3=0$에서
$(2x-3)(x-1)=0$ ← 좌변을 인수분해한다.
$2x-3=0$ 또는 $x-1=0$ ← $AB=0$이면 $A=0$ 또는 $B=0$
$\therefore x=\dfrac{3}{2}$ 또는 $x=1$ ← 해를 구한다.

○ 다음 이차방정식을 인수분해를 이용하여 푸시오.

442 $2x^2+3x+1=0$

해 $2x^2+3x+1=0$에서
$(x+\boxed{})(\boxed{}x+1)=0$
$x+\boxed{}=0$ 또는 $\boxed{}x+1=0$
$\therefore x=\boxed{}$ 또는 $x=\boxed{}$

443 $2x^2-9x-5=0$

444 $3x^2+2x-1=0$

445 $4x^2-8x+3=0$

446 $-3x^2+3=8x$

447 $6x^2-5x-3=2x$

448 $3x^2+7x=-2x^2+6$

59 이차방정식에 $x=p$를 대입하여 미지수의 값을 구하고, 미지수의 값을 이차방정식에 대입한 후 이차방정식을 풀자!

이차방정식 $x^2+2x+a=0$의 한 근이 $x=1$일 때,
$x^2+2x+a=0$에 $x=1$을 대입하면 ← 이차방정식에 $x=1$을 대입하여 a의 값을 구한다.
$1^2+2\times1+a=0$ ∴ $a=-3$
$x^2+2x-3=0$에서 ← a의 값을 이차방정식에 대입한다.
$(x+3)(x-1)=0$
∴ $x=-3$ 또는 $x=1$ ← 이차방정식을 푼다.
따라서 다른 한 근은 $x=-3$이다. ← 다른 한 근을 구한다.

○ 다음 이차방정식의 한 근이 [ ] 안의 수일 때, 다른 한 근을 구하시오. (단, a는 상수)

449 $x^2+ax-15=0$ [3]

해 $x^2+ax-15=0$에 $x=$ $\boxed{}$ 을 대입하면

$\boxed{}^2+a\times\boxed{}-15=0$ ∴ $a=\boxed{}$

$x^2+\boxed{}x-15=0$에서 $(x+\boxed{})(x-3)=0$

∴ $x=\boxed{}$ 또는 $x=3$

따라서 다른 한 근은 $x=\boxed{}$ 이다.

450 $x^2+ax+2=0$ [-1]

451 $x^2-6x+a=0$ [4]

452 $2x^2+5x+a=0$ [-3]

453 $3x^2+ax-4=0$ [2]

교과서 미리보기 풀었던 연산은 교과서에 이렇게 나온다!

454 [50]
다음 이차방정식 중 $x=1$을 해로 갖는 것은?
① $x^2-2=0$ ② $x^2-2x-1=0$
③ $x^2+3x+4=0$ ④ $2x^2+5=0$
⑤ $3x^2-x-2=0$

455 [58]
이차방정식 $2x^2-9x-5=0$의 해가 $x=a$, $x=b$일 때, $2a+b$의 값을 구하시오. (단, $a<b$)

456 [59]
이차방정식 $x^2+3x+a=0$의 한 근이 $x=3$일 때, 다른 한 근을 구하시오. (단, a는 상수)

이차방정식의 풀이

개념 Play

1. 이차방정식의 중근

이차방정식의 두 근이 중복될 때, 이 근을 이차방정식의 중근이라고 한다.

예 이차방정식 $x^2+2x+1=0$에서
$(x+1)^2=0$ ∴ $x=-1$

2. 이차방정식이 중근을 가질 조건

(1) 이차방정식이 (완전제곱식)$=0$의 꼴로 나타내어지면 이 이차방정식은 중근을 갖는다.

(2) 이차방정식 $x^2+ax+b=0$이 중근을 가지려면 $b=\left(\dfrac{a}{2}\right)^2$이어야 한다.

참고 이차방정식이 중근을 가지려면 x^2의 계수가 1일 때 (상수항)$=\left(\dfrac{x의\ 계수}{2}\right)^2$이어야 한다.

3. 제곱근을 이용한 이차방정식의 풀이

(1) 이차방정식 $x^2=q\ (q\geq 0)$의 해 : $x=\pm\sqrt{q}$

예 이차방정식 $x^2=5$에서 $x=\pm\sqrt{5}$

(2) 이차방정식 $(x-p)^2=q\ (q\geq 0)$의 해 : $x=p\pm\sqrt{q}$

예 이차방정식 $(x-2)^2=6$에서
$x-2=\pm\sqrt{6}$ ∴ $x=2\pm\sqrt{6}$

4. 완전제곱식을 이용한 이차방정식의 풀이

이차방정식 $ax^2+bx+c=0$을 $(x-p)^2=q$의 꼴로 바꾸어 제곱근을 이용한다.

❶ x^2의 계수를 1로 만든다.

❷ 상수항을 우변으로 이항한다.

❸ 양변에 $\left(\dfrac{x의\ 계수}{2}\right)^2$을 더한다.

❹ 좌변을 완전제곱식으로 고친다.

❺ 제곱근을 이용하여 해를 구한다.

예 이차방정식 $2x^2-4x-2=0$에서

$x^2-2x-1=0$ ← ❶ 양변을 x^2의 계수 2로 나눈다.

$x^2-2x=1$ ← ❷ 상수항 -1을 우변으로 이항한다.

$x^2-2x+1=1+1$ ← ❸ 양변에 $\left(\dfrac{-2}{2}\right)^2=1$을 더한다.

$(x-1)^2=2$ ← ❹ 좌변을 완전제곱식으로 고친다.

$x-1=\pm\sqrt{2}$

∴ $x=1\pm\sqrt{2}$ ← ❺ 제곱근을 이용하여 해를 구한다.

오답 NOTE

● 이차방정식 $2x^2-4x+k=0$이 중근을 가질 때, $k=\left(\dfrac{-4}{2}\right)^2=4$가 아니다.

주어진 이차방정식이 중근을 가질 때 상수항 k의 값은 x^2의 계수를 1로 만든 후 구해야 한다.

이차방정식 $2x^2-4x+k=0$이 중근을 가질 때, $2x^2-4x+k=0$의 양변을 2로 나누면 $x^2-2x+\dfrac{k}{2}=0$이므로

$\dfrac{k}{2}=\left(\dfrac{-2}{2}\right)^2=1$ ∴ $k=2$

60 중근을 가지는 이차방정식은 (완전제곱식)=0의 꼴로 나타낼 수 있어~

이차방정식 $x^2+1=2x$에서
$x^2-2x+1=0$ $\therefore (x-1)^2=0$
└→ 우변이 0이 되도록 우변의 모든 항을 좌변으로 이항한다.
따라서 이차방정식 $x^2+1=2x$는 (완전제곱식)=0의 꼴로 나타낼 수 있으므로 중근을 갖는다.

61 이차방정식 $(x-p)^2=0$의 해는 $x=p$야~

이차방정식 $x^2+4x+4=0$을 풀면
$(x+2)^2=0$ $\therefore x=-2$
(완전제곱식)=0

○ 다음 이차방정식이 중근을 가지면 ○표, 중근을 갖지 않으면 ×표를 ( ) 안에 써넣으시오.

457 $(x-2)^2=1$ ( )

해 $(x-2)^2=1$에서 $x^2-\boxed{}x+\boxed{}=1$

$\therefore x^2-\boxed{}x+\boxed{}=0$

따라서 (완전제곱식)$\boxed{}$0이므로 중근을 $\boxed{}$

458 $(x+1)^2=0$ ( )

459 $3(x-5)^2=0$ ( )

460 $x^2-6x+9=0$ ( )

461 $x^2-12x+30=6$ ( )

462 $2(x-4)^2=15$ ( )

463 $(x-1)^2=-4x$ ( )

464 $(x+1)(x+3)=-1$ ( )

○ 다음 이차방정식을 푸시오.

465 $(x-2)^2=0$

466 $(3x+1)^2=0$

467 $x^2+6x+9=0$

해 $x^2+6x+9=0$에서

$(x+\boxed{})^2=0$ $\therefore x=\boxed{}$

468 $x^2-10x+25=0$

469 $x^2+9x+16=-3x-20$

470 $16x^2-8x+1=0$

471 $4x^2+12x+9=0$

472 $25x^2-30x=30x-36$

62 이차방정식 $x^2+ax+b=0$이 중근을 가지려면 $b=\left(\dfrac{a}{2}\right)^2$이어야 해~

이차방정식 $x^2-4x+a=0$이 중근을 가지려면
$a=\left(\dfrac{-4}{2}\right)^2=4$이어야 한다.
$x^2-4x+4=0,\ (x-2)^2=0 \quad \therefore x=2$

○ 다음 이차방정식이 중근을 가질 때, 상수 a의 값을 구하시오.

473 $x^2+2x+a=0$

해 $a=\left(\dfrac{\boxed{}}{2}\right)^2=\boxed{}$

474 $x^2-6x+a=0$

475 $x^2+10x+a=0$

476 $x^2+4x+a-1=0$

477 $x^2-8x+a+3=0$

478 $4x^2+28x+a=0$

TIP 이차방정식의 양변을 x^2의 계수로 나누어 x^2의 계수를 1로 만들어~

479 $9x^2-12x+a=0$

63 이차방정식 $x^2+ax+b=0$이 중근을 가지려면 $b=\left(\dfrac{a}{2}\right)^2$임을 이용하여 미지수의 값을 구해~

이차방정식 $x^2-ax+16=0$이 중근을 가지려면
$16=\left(\dfrac{-a}{2}\right)^2,\ a^2=64 \quad \therefore a=\pm 8$
$x^2-8x+16=0,\ (x-4)^2=0 \quad \therefore x=4$
$x^2+8x+16=0,\ (x+4)^2=0 \quad \therefore x=-4$

○ 다음 이차방정식이 중근을 가질 때, 상수 a의 값을 구하시오.

480 $x^2+ax+1=0$

해 $\boxed{}=\left(\dfrac{a}{2}\right)^2,\ a^2=\boxed{} \quad \therefore a=\boxed{}$

481 $x^2-ax+4=0$

482 $x^2+ax+9=0$

483 $x^2-ax+25=0$

484 $x^2-2ax+1=0$

485 $4x^2+ax+1=0$

486 $2x^2-ax+18=0$

64 이차방정식 $x^2=q\ (q\geq0)$의 해는 $x=\pm\sqrt{q}$야!

$4x^2-8=0$에서
$4x^2=8$ ← 상수항을 우변으로 이항한다.
$x^2=2$ ← 양변을 x^2의 계수로 나눈다.
$\therefore x=\pm\sqrt{2}$ ← 제곱근을 이용하여 해를 구한다.

○ 다음 이차방정식을 제곱근을 이용하여 푸시오.

487 $x^2=6$

488 $x^2=9$

489 $x^2-18=0$

490 $x^2-25=0$

491 $3x^2=15$
TIP 양변을 x^2의 계수로 나누고 제곱근을 이용하여 이차방정식의 해를 구해~

492 $2x^2-6=0$
해 $2x^2-6=0$에서 $2x^2=\boxed{}$
$x^2=\boxed{}$ $\therefore x=\boxed{}$

493 $5x^2-20=0$

494 $4x^2-7=2$

65 이차방정식 $(x-p)^2=q\ (q\geq0)$의 해는 $x=p\pm\sqrt{q}$야!

$(x-1)^2=2$에서
$x-1=\pm\sqrt{2}$ ← 제곱근을 이용하여 변형한다.
$\therefore x=1\pm\sqrt{2}$ ← 해를 구한다.

○ 다음 이차방정식을 제곱근을 이용하여 푸시오.

495 $(x-4)^2=10$
해 $(x-4)^2=10$에서 $x-4=\boxed{}$
$\therefore x=\boxed{}$

496 $(x+5)^2=12$

497 $(2x+1)^2-5=0$

498 $(4x-3)^2-11=0$

499 $2(x+7)^2=16$

500 $3(x-2)^2=18$

501 $(3x-1)^2=9$
TIP 이차방정식 $(x-p)^2=q\ (q\geq0)$의 해는 $x=p\pm\sqrt{q}$이지만 q가 제곱수이면 해는 유리수가 돼~

502 $6(x+3)^2=24$

66 이차방정식의 좌변을 완전제곱식으로 바꾼 후 제곱근을 이용하여 해를 구해보자.

$x^2-2x-2=0$에서

$x^2-2x=2$　　　← 상수항을 우변으로 이항한다.

$x^2-2x+\left(\dfrac{-2}{2}\right)^2=2+1$　← 양변에 $\left(\dfrac{x의\ 계수}{2}\right)^2$을 더한다.

$(x-1)^2=3$　　　← 좌변을 완전제곱식으로 고친다.

$x-1=\pm\sqrt{3}$

$\therefore\ x=1\pm\sqrt{3}$　　← 제곱근을 이용하여 해를 구한다.

○ 다음 이차방정식을 완전제곱식을 이용하여 푸시오.

503 $x^2+2x-1=0$

해 $x^2+2x-1=0$에서

$x^2+2x=1$

$x^2+2x+\boxed{}=1+\boxed{}$

$(x+\boxed{})^2=\boxed{}$

$x+\boxed{}=\pm\sqrt{\boxed{}}$

$\therefore\ x=-\boxed{}\pm\sqrt{\boxed{}}$

504 $x^2-4x+2=0$

505 $x^2-6x-3=0$

506 $x^2+8x+9=0$

507 $x^2-10x+10=0$

508 $x^2+14x-4=0$

509 $x^2-x-5=0$

510 $x^2+3x-2=0$

511 $x^2+7x+1=0$

67 x^2의 계수가 1이 아니면 양변을 x^2의 계수로 나눈 후 이차방정식의 좌변을 완전제곱식으로 바꿔~

$3x^2+12x-9=0$에서

$x^2+4x-3=0$　　　← x^2의 계수를 1로 만든다.

$x^2+4x=3$　　　← 상수항을 우변으로 이항한다.

$x^2+4x+\left(\dfrac{4}{2}\right)^2=3+4$　← 양변에 $\left(\dfrac{x의\ 계수}{2}\right)^2$을 더한다.

$(x+2)^2=7$　　　← 좌변을 완전제곱식으로 고친다.

$x+2=\pm\sqrt{7}$

$\therefore\ x=-2\pm\sqrt{7}$　　← 제곱근을 이용하여 해를 구한다.

○ 다음 이차방정식을 완전제곱식을 이용하여 푸시오.

512 $2x^2+8x-4=0$

해 $2x^2+8x-4=0$에서

$x^2+4x-2=0$

$x^2+4x=2$

$x^2+4x+\boxed{}=2+\boxed{}$

$(x+\boxed{})^2=\boxed{}$

$\therefore\ x=-\boxed{}\pm\sqrt{\boxed{}}$

513 $5x^2-10x-30=0$

514 $6x^2 - 24x + 12 = 0$

515 $4x^2 - 24x - 8 = 0$

516 $3x^2 + 6x - 6 = 0$

517 $2x^2 + 12x + 2 = 0$

518 $8x^2 + 4x - 2 = 0$

519 $2x^2 + 5x + 1 = 0$

520 $5x^2 - 5x - 2 = 0$

521 $3x^2 - 6x - 1 = 0$

교과서 미리보기   풀었던 연산은 교과서에 이렇게 나온다!

522 62

이차방정식 $x^2 - 18x + a - 11 = 0$이 중근을 가질 때, 상수 a 의 값을 구하시오.

523 65

이차방정식 $4(x+2)^2 = 5$의 해가 $x = a \pm \dfrac{\sqrt{b}}{2}$일 때, $a - b$의 값을 구하시오. (단, a, b는 상수)

524 67

다음은 완전제곱식을 이용하여 이차방정식 $2x^2 + 4x - 10 = 0$을 푸는 과정이다. 이때 $A + B - C$의 값을 구하시오. (단, A, B, C는 상수)

$2x^2 + 4x - 10 = 0$에서
양변을 2로 나누면 $x^2 + 2x - 5 = 0$
상수항을 우변으로 이항하면 $x^2 + 2x = 5$
양변에 A를 더하면 $x^2 + 2x + A = 5 + A$
좌변을 완전제곱식으로 고치면 $(x + B)^2 = C$
$\therefore x = -B \pm \sqrt{C}$

Episode

12 복잡한 이차방정식의 풀이

개념 Play

1. 이차방정식의 근의 공식

(1) 이차방정식 $ax^2+bx+c=0\,(a\neq 0)$의 근은

$$x=\frac{-b\pm\sqrt{b^2-4ac}}{2a}\ (\text{단, } b^2-4ac\geq 0)$$
↳ 근호 안의 값은 음수가 될 수 없다.

예) 이차방정식 $x^2-3x-1=0$에서 $a=1$, $b=-3$, $c=-1$이므로

$$x=\frac{-(-3)\pm\sqrt{(-3)^2-4\times 1\times(-1)}}{2\times 1}=\frac{3\pm\sqrt{13}}{2}$$

(2) 이차방정식 $ax^2+2b'x+c=0\,(a\neq 0)$의 근은
↳ x의 계수가 짝수

$$x=\frac{-b'\pm\sqrt{b'^2-ac}}{a}\ (\text{단, } b'^2-ac\geq 0)$$

● 이차방정식 $ax^2+2b'x+c=0\,(a\neq 0)$
의 근을 $x=\dfrac{-b'\pm\sqrt{b'^2-4ac}}{2a}$로 구하
지 **않는다**.

$$x=\frac{-2b'\pm\sqrt{(2b')^2-4ac}}{2a}$$
$$=\frac{-2b'\pm 2\sqrt{b'^2-ac}}{2a}$$
$$=\frac{-b'\pm\sqrt{b'^2-ac}}{a}$$

이므로 x의 계수가 짝수일 때 근의 공식
에서 분모는 a, 근호 안은 b'^2-ac이다.

2. 복잡한 이차방정식의 풀이

(1) 괄호가 있는 이차방정식 : 괄호를 풀어 $ax^2+bx+c=0$의 꼴로 고친 후 해를 구한다.

예) $x(x-2)=-x+1$ $\xrightarrow{\text{괄호를 풀어 정리하면}}$ $x^2-x-1=0$

(2) 계수가 분수인 이차방정식 : 양변에 분모의 최소공배수를 곱하여 계수를 정수로 고
친 후 해를 구한다.

예) $\dfrac{1}{6}x^2-\dfrac{1}{2}x+\dfrac{1}{12}=0$ $\xrightarrow{\text{양변에 12를 곱하면}}$ $2x^2-6x+1=0$

(3) 계수가 소수인 이차방정식 : 양변에 10의 거듭제곱을 곱하여 계수를 정수로 고친
후 해를 구한다.

예) $0.2x^2-0.3x-0.5=0$ $\xrightarrow{\text{양변에 10을 곱하면}}$ $2x^2-3x-5=0$

(4) 공통부분이 있는 이차방정식 : 공통부분을 한 문자로 치환하여 해를 구한다.

예) $(x-2)^2+4(x-2)+3=0$ $\xrightarrow{x-2=A\text{로 놓으면}}$ $A^2+4A+3=0$

● 이차방정식
$(x-2)^2-4(x-2)-5=0$의 해를
$x=-1$ 또는 $x=5$로 답하지 **않는다**.
이차방정식
$(x-2)^2-4(x-2)-5=0$을 풀 때
$x-2=A$로 치환하면
$A^2-4A-5=0$
$(A+1)(A-5)=0$
∴ $A=-1$ 또는 $A=5$
A에 $x-2$를 대입하면
$x-2=-1$ 또는 $x-2=5$
∴ $x=1$ 또는 $x=7$
반드시 치환한 문자에 원래의 식을 대입
하여 해를 구한다.

3. 이차방정식의 근의 개수

이차방정식 $ax^2+bx+c=0\,(a\neq 0)$의 근의 개수는 근의 공식 $x=\dfrac{-b\pm\sqrt{b^2-4ac}}{2a}$

에서 b^2-4ac의 부호에 따라 결정된다.

(1) $b^2-4ac>0$ ➡ 서로 다른 두 근을 갖는다.

(2) $b^2-4ac=0$ ➡ 한 근(중근)을 갖는다.
$\Big\}$ → $b^2-4ac\geq 0$이면 근을 갖는다.

(3) $b^2-4ac<0$ ➡ 근은 없다.

참고) x의 계수가 짝수인 이차방정식 $ax^2+2b'x+c=0$에서는 b^2-4ac 대신 b'^2-ac를 이용할 수 있다.

Episode 12 복잡한 이차방정식의 풀이

<table>
<tr><td>

68

이차방정식 $ax^2+bx+c=0$에서 a, b, c에 해당하는 수를 찾아 근의 공식 $x=\dfrac{-b\pm\sqrt{b^2-4ac}}{2a}$에 대입해 봐!

이차방정식 $2x^2-3x-1=0$에서
$a=2$, $b=-3$, $c=-1$이므로
$$x=\dfrac{-(-3)\pm\sqrt{(-3)^2-4\times2\times(-1)}}{2\times2}=\dfrac{3\pm\sqrt{17}}{4}$$

</td><td>

69

이차방정식 $ax^2+bx+c=0$에서 x의 계수가 짝수일 때 $b=2b'$으로 놓고 근의 공식 $x=\dfrac{-b'\pm\sqrt{b'^2-ac}}{a}$를 이용해~

이차방정식 $5x^2+2x-5=0$에서 $a=5$, $b'=1$, $c=-5$이므로
└ 2×1
$$x=\dfrac{-1\pm\sqrt{1^2-5\times(-5)}}{5}=\dfrac{-1\pm\sqrt{26}}{5}$$

</td></tr>
</table>

○ 다음 이차방정식을 근의 공식을 이용하여 푸시오.

525 $x^2+x-4=0$

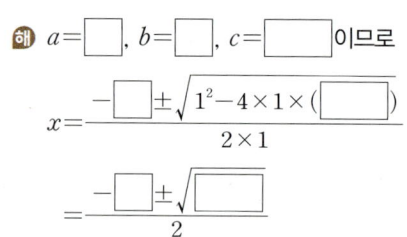
해 $a=\boxed{}$, $b=\boxed{}$, $c=\boxed{}$이므로
$$x=\dfrac{-\boxed{}\pm\sqrt{1^2-4\times1\times(\boxed{})}}{2\times1}$$
$$=\dfrac{-\boxed{}\pm\sqrt{\boxed{}}}{2}$$

526 $x^2-7x+2=0$

527 $x^2-3x-5=0$

528 $x^2+2x-6=0$

529 $2x^2-4x+1=0$

530 $3x^2+7x+3=0$

531 $4x^2-x-2=0$

532 $2x^2+5x+1=0$

○ 다음 이차방정식을 일차항의 계수가 짝수일 때의 근의 공식을 이용하여 푸시오.

533 $x^2+4x+1=0$

해 $a=1$, $b'=2$, $c=1$이므로
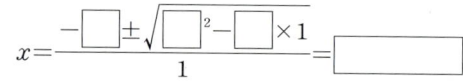
$$x=\dfrac{-\boxed{}\pm\sqrt{\boxed{}^2-\boxed{}\times1}}{1}=\boxed{}$$

534 $x^2+2x-9=0$

535 $x^2-12x-3=0$

536 $x^2-8x+5=0$

537 $2x^2+6x-1=0$

538 $3x^2-2x-2=0$

539 $3x^2+10x+1=0$

540 $5x^2-6x-3=0$

94 Ⅱ. 이차방정식

70 괄호가 있을 때에는 식을 정리하여 $ax^2+bx+c=0$의 꼴로 고친 후 풀어.

$2x^2+4x=(x+1)(x+2)$ ⟶ 곱셈공식을 이용하여 우변을 전개한다.
$2x^2+4x=x^2+3x+2$
$x^2+x-2=0,\ (x-1)(x+2)=0$
$\therefore x=1$ 또는 $x=-2$

71 계수가 분수이면 양변에 분모의 최소공배수를 곱하여 계수를 정수로 고친 후 풀어.

$\dfrac{1}{2}x^2+\dfrac{1}{3}x-\dfrac{1}{12}=0$ ⟶ 분모 2, 3, 12의 최소공배수인 12를 양변의 모든 항에 곱한다.
$6x^2+4x-1=0$
$\therefore x=\dfrac{-2\pm\sqrt{2^2-6\times(-1)}}{6}=\dfrac{-2\pm\sqrt{10}}{6}$

○ 다음 이차방정식을 푸시오.

541 $(x+1)(x-3)-2x=0$ ....

해 괄호를 풀면

$x^2-2x-3-2x=0,\ x^2-\boxed{\ }x-\boxed{\ }=0$

$\therefore x=\dfrac{-(\boxed{\ })\pm\sqrt{(\boxed{\ })^2-1\times(\boxed{\ })}}{1}$

$=\boxed{\ }$

542 $(x-3)(x-5)=7$ ....

543 $(x-2)(x+3)=2x$ ....

544 $2x(x+6)=11x+8$ ....

545 $(x+3)^2=2x+14$ ....

546 $(2x-1)(x+4)=x(x+10)-1$ ....

547 $2x(x-1)=(x-2)(3x-2)$ ....

○ 다음 이차방정식을 푸시오.

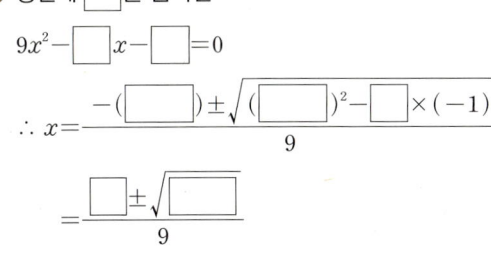

548 $\dfrac{3}{2}x^2-\dfrac{1}{3}x-\dfrac{1}{6}=0$ ....

해 양변에 $\boxed{\ }$을 곱하면

$9x^2-\boxed{\ }x-\boxed{\ }=0$

$\therefore x=\dfrac{-(\boxed{\ })\pm\sqrt{(\boxed{\ })^2-\boxed{\ }\times(-1)}}{9}$

$=\dfrac{\boxed{\ }\pm\sqrt{\boxed{\ }}}{9}$

549 $\dfrac{1}{2}x^2-x-\dfrac{5}{4}=0$ ....

TIP 양변에 분모의 최소공배수를 곱할 때 계수가 정수인 항에도 반드시 곱해야 해.

550 $x^2+\dfrac{1}{5}x-\dfrac{1}{2}=0$ ....

551 $\dfrac{1}{6}x^2-\dfrac{2}{3}x+\dfrac{1}{4}=0$ ....

552 $\dfrac{x(x+2)}{3}=\dfrac{x+1}{2}$ ....

553 $\dfrac{x(x+1)}{5}=\dfrac{(x-1)(x+2)}{3}$

72 계수가 소수이면 양변에 10의 거듭제곱을 곱하여 계수를 정수로 고친 후 풀어 봐~

$0.3x^2 - x + 0.5 = 0$
$3x^2 - 10x + 5 = 0$ ⟩ 양변에 10을 곱한다.

$\therefore x = \dfrac{-(-5) \pm \sqrt{(-5)^2 - 3 \times 5}}{3} = \dfrac{5 \pm \sqrt{10}}{3}$

○ 다음 이차방정식을 푸시오.

554 $0.5x^2 - 0.3x - 0.2 = 0$

해 양변에 $\boxed{}$ 을 곱하면

$\boxed{}x^2 - 3x - 2 = 0,\ (\boxed{}x + 2)(x - 1) = 0$

$\therefore x = \boxed{}$ 또는 $x = 1$

555 $0.1x^2 - 0.8x + 0.6 = 0$

556 $0.4x^2 + x - 0.1 = 0$

557 $0.5x^2 - 2.1x = 2$

558 $x^2 + 0.7x = -0.1$

559 $0.3x^2 = -0.6x + 0.1$

73 공통 부분을 한 문자로 치환하고 인수분해 또는 근의 공식을 이용하여 해를 구해~

$2(x-1)^2 + (x-1) - 3 = 0$
$2A^2 + A - 3 = 0$ ← $x - 1 = A$로 치환한다.
$(2A + 3)(A - 1) = 0$ ← 인수분해한다.
$\therefore A = -\dfrac{3}{2}$ 또는 $A = 1$ ← A의 값을 구한다.
$x - 1 = -\dfrac{3}{2}$ 또는 $x - 1 = 1$ ← A에 $x-1$을 대입한다.
$\therefore x = -\dfrac{1}{2}$ 또는 $x = 2$ ← 해를 구한다.

○ 다음 이차방정식을 푸시오.

560 $(x+1)^2 + 7(x+1) + 6 = 0$

해 $x + 1 = A$로 놓으면 $A^2 + \boxed{}A + 6 = 0$

$(A + 1)(A + \boxed{}) = 0$

$\therefore A = \boxed{}$ 또는 $A = \boxed{}$

A에 $x + 1$을 대입하면

$x + 1 = \boxed{}$ 또는 $x + 1 = \boxed{}$

$\therefore x = \boxed{}$ 또는 $x = \boxed{}$

561 $(x+2)^2 - 4(x+2) - 12 = 0$

562 $(x+3)^2 + (x+3) - 20 = 0$

563 $6(x-2)^2 - 5(x-2) + 1 = 0$

564 $3(3x-1)^2 - 8(3x-1) + 4 = 0$

74 이차방정식 $ax^2+bx+c=0$에서 해를 끝까지 구하지 않아도 b^2-4ac의 부호를 알면 근의 개수를 파악할 수 있어~

이차방정식 $3x^2-5x-1=0$에서
$a=3$, $b=-5$, $c=-1$이므로
$b^2-4ac=(-5)^2-4\times3\times(-1)=37>0$
따라서 서로 다른 두 근을 갖는다.

75 이차방정식 $ax^2+bx+c=0$에서 근의 개수에 따른 b^2-4ac의 부호를 생각해 봐~

이차방정식 $x^2+7x+k=0$에서 $a=1$, $b=7$, $c=k$이므로
$b^2-4ac=7^2-4\times1\times k=49-4k$

• 서로 다른 두 근을 가지면 $49-4k>0$ $\quad\therefore k<\dfrac{49}{4}$

• 중근을 가지면 $49-4k=0$ $\quad\therefore k=\dfrac{49}{4}$

• 근을 갖지 않으면 $49-4k<0$ $\quad\therefore k>\dfrac{49}{4}$

○ 다음은 이차방정식 $ax^2+bx+c=0$의 근의 개수를 구하는 과정이다. 빈 곳에 알맞은 것을 써넣으시오.

565 $x^2-4x-5=0$
→ $a=$ _____, $b=$ _____, $c=$ _____
→ b^2-4ac의 값 : _____
→ 근의 개수 : _____

566 $2x^2-x+3=0$
→ $a=$ _____, $b=$ _____, $c=$ _____
→ b^2-4ac의 값 : _____
→ 근의 개수 : _____

○ 이차방정식 $3x^2-3x+k=0$이 다음과 같은 근을 가질 때, 상수 k의 값 또는 k의 값의 범위를 구하시오.

573 서로 다른 두 근 _____

해 $b^2-4ac=(\boxed{})^2-4\times\boxed{}\times k=\boxed{}-12k$

$\boxed{}-12k>0$ $\quad\therefore k<\boxed{}$

574 중근 _____

해 $b^2-4ac=\boxed{}-12k=0$ $\quad\therefore k=\boxed{}$

575 근이 없다. _____

해 $b^2-4ac=\boxed{}-12k<0$ $\quad\therefore k>\boxed{}$

○ 다음 이차방정식에 대하여 표를 완성하시오.

	$ax^2+bx+c=0$	b^2-4ac의 값	근의 개수
567	$x^2-2x+3=0$		
568	$x^2+5x-6=0$		
569	$x^2+4x+4=0$		
570	$3x^2+2x-1=0$		
571	$9x^2-6x+1=0$		
572	$2x^2-3x+7=0$		

○ 이차방정식 $x^2+4x-k=0$이 다음과 같은 근을 가질 때, 상수 k의 값 또는 k의 값의 범위를 구하시오.

576 서로 다른 두 근 _____

TIP x의 계수가 짝수일 때는 $b'^2-ac\,(2b'=b)$의 부호를 이용해.

577 중근 _____

578 근이 없다. _____

76 이차방정식 $ax^2+bx+c=0$이 서로 다른 두 근을 가지면 $b^2-4ac>0$, 중근을 가지면 $b^2-4ac=0$이야!

- 이차방정식 $2x^2+x+k=0$이 서로 다른 두 근을 가질 때

$$b^2-4ac=1^2-4\times2\times k>0,\ 1-8k>0\qquad\therefore k<\frac{1}{8}$$

- 이차방정식 $x^2-6x+k=0$이 중근을 가질 때

$$b'^2-ac=(-3)^2-1\times k=0,\ 9-k=0\qquad\therefore k=9$$

○ 다음 이차방정식이 서로 다른 두 근을 가질 때, 상수 k의 값의 범위를 구하시오.

579 $x^2-5x+k=0$

해 $b^2-4ac=(\boxed{})^2-4\times\boxed{}\times k>0$

$\boxed{}-4k>0\qquad\therefore k<\boxed{}$

580 $3x^2+x+k=0$

581 $4x^2+4x-k=0$

○ 다음 이차방정식이 중근을 가질 때, 상수 k의 값을 구하시오.

582 $x^2+10x+k=0$

해 $b'^2-ac=\boxed{}^2-\boxed{}\times k=0$

$\boxed{}-k=0\qquad\therefore k=\boxed{}$

583 $x^2-2x+k-2=0$

584 $4x^2-3x-k=0$

77 이차방정식이 근을 갖는다는 것은 근이 1개이거나 2개라는 뜻이야~

이차방정식 $x^2-x+k=0$이 근을 가질 때

$b^2-4ac=(-1)^2-4\times1\times k\geq0$ ← 근이 1개 $b^2-4ac>0$
근이 2개 $b^2-4ac=0$

$1-4k\geq0\qquad\therefore k\leq\frac{1}{4}$

○ 다음 이차방정식이 근을 가질 때, 상수 k의 값의 범위를 구하시오.

585 $x^2+6x+k=0$

해 $b'^2-ac=\boxed{}^2-1\times k\geq0$

$\boxed{}-k\geq0\qquad\therefore k\leq\boxed{}$

586 $x^2+2x-k=0$

587 $x^2-5x-3k=0$

588 $x^2+4x+k-2=0$

589 $3x^2+x+k=0$

590 $5x^2+3x-k=0$

591 $2x^2-2x+k+3=0$

78 이차방정식 $ax^2+bx+c=0$이 근을 갖지 않으면 $b^2-4ac<0$이야~

이차방정식 $4x^2+x+k=0$이 근을 갖지 않을 때
$b^2-4ac=1^2-4\times4\times k<0$
$1-16k<0$ $\therefore k>\dfrac{1}{16}$

○ 다음 이차방정식이 근을 갖지 않을 때, 상수 k의 값의 범위를 구하시오.

592 $x^2-3x-k=0$

해 $b^2-4ac=(\boxed{})^2-4\times\boxed{}\times(-k)<0$

$\boxed{}+4k<0$ $\therefore k<\boxed{}$

593 $x^2+9x-k=0$

594 $x^2-6x+2k=0$

595 $2x^2+4x+k=0$

596 $3x^2-2x+k=0$

597 $2x^2+3x+k+2=0$

교과서 미리보기   풀었던 연산은 교과서에 이렇게 나온다!

598 [71]
이차방정식 $\dfrac{3}{4}x^2-\dfrac{1}{2}x-\dfrac{5}{6}=0$의 해가 $x=\dfrac{a\pm\sqrt{b}}{3}$일 때, $a+b$의 값을 구하시오. (단, a, b는 유리수)

599 [74]
다음 이차방정식 중 근이 <u>없는</u> 것은?
① $x^2+6x+9=0$ ② $x^2+2x-4=0$
③ $2x^2-3x-1=0$ ④ $25x^2-10x+1=0$
⑤ $5x^2+5x+2=0$

600 [77]
이차방정식 $x^2-8x+k-1=0$이 근을 가질 때, 상수 k의 값의 범위를 구하시오.

13 이차방정식 구하기, 활용

▶ 개념 Play

오답 **NOTE**

1. 이차방정식 구하기

(1) 두 근이 α, β이고 x^2의 계수가 a인 이차방정식은

$$a(x-\alpha)(x-\beta)=0 \rightarrow a\{x^2-(\alpha+\beta)x+\alpha\beta\}=0$$

　예 두 근이 -1, 2이고 x^2의 계수가 5인 이차방정식은

　　$5(x+1)(x-2)=0$, $5(x^2-x-2)=0$　　∴ $5x^2-5x-10=0$

(2) 중근이 α이고 x^2의 계수가 a인 이차방정식은

$$a(x-\alpha)^2=0$$

　완전제곱식

　예 중근이 -1이고 x^2의 계수가 3인 이차방정식은

　　$3(x+1)^2=0$, $3(x^2+2x+1)=0$　　∴ $3x^2+6x+3=0$

(3) 계수가 모두 유리수인 이차방정식의 한 근이 $p+q\sqrt{m}$이면 다른 한 근은 $p-q\sqrt{m}$ 이다. (단, p, q는 유리수, $\sqrt{m}$은 무리수)

　예 계수가 모두 유리수이고 한 근이 $3+\sqrt{2}$, x^2의 계수가 2인 이차방정식은 다른 한 근이 $3-\sqrt{2}$이 므로

　　$2\{x-(3+\sqrt{2})\}\{x-(3-\sqrt{2})\}=0$, $2(x^2-6x+7)=0$

　　∴ $2x^2-12x+14=0$

● 두 근이 1, 2인 이차방정식은 한 개가 아니다.
　$(x-1)(x-2)=0$
　$2(x-1)(x-2)=0$
　$(x-1)(3x-6)=0$ 등 두 근이 1, 2인 이차방정식은 무수히 많다. 따라서 이차 방정식을 구할 때에는 x^2의 계수의 조건 을 반드시 확인하자.

● 계수가 모두 유리수인 이차방정식의 한 근이 $3\sqrt{2}-2$일 때, 다른 한 근을 $3\sqrt{2}+2$ 로 구하지 않는다.
　$x=3\sqrt{2}-2$에서 $x+2=3\sqrt{2}$
　$(x+2)^2=18$, $x+2=\pm 3\sqrt{2}$
　∴ $x=-2\pm 3\sqrt{2}$
　따라서 다른 한 근은 $-2-3\sqrt{2}$이다.

2. 이차방정식의 활용

이차방정식의 활용 문제는 다음과 같은 순서로 푼다.

❶ 미지수 정하기 : 문제의 뜻을 파악하고 구하고자 하는 것을 미지수 x로 놓는다.

❷ 이차방정식 세우기 : 문제의 뜻에 따라 x에 대한 이차방정식을 세운다.

❸ 이차방정식 풀기 : 이차방정식을 푼다.

❹ 답 구하기 : 구한 해 중에서 문제의 뜻에 맞는 것을 답으로 택한다.

　예 연속하는 두 자연수의 곱이 42일 때, 두 수 구하기

　　연속하는 두 자연수를 x, $x+1$이라고 하면 ← ❶ 미지수 정하기

　　$x(x+1)=42$　　　　　　　　← ❷ 이차방정식 세우기

　　$x^2+x-42=0$, $(x+7)(x-6)=0$

　　∴ $x=-7$ 또는 $x=6$　　　　← ❸ 이차방정식 풀기

　　x는 자연수이므로 $x=6$

　　따라서 두 자연수는 6, 7이다.　　← ❹ 답 구하기

　참고 시간, 속력, 거리, 길이, 넓이, 부피 등은 양수이어야 하고 사람 수, 나이, 물건의 개수 등은 자연수 이어야 한다.

● 연속하는 두 자연수의 제곱의 합이 61인 두 자연수를 구하는 문제에서 답을 -6, 5라고 하지 않는다.
　연속하는 두 자연수를 x, $x+1$이라 하 고 이차방정식을 세우면
　$x^2+(x+1)^2=61$
　$x^2+x-30=0$
　$(x+6)(x-5)=0$
　∴ $x=-6$ 또는 $x=5$
　이때 x는 자연수이므로 $x=5$
　따라서 연속한 두 자연수는 5, 6이다.
　이차방정식의 해가 모두 답이 되는 것은 아니므로 이차방정식의 해를 구한 후 문 제의 조건에 맞는지 확인한다.

79 두 근이 α, β이고 x^2의 계수가 a인 이차방정식은 $a(x-\alpha)(x-\beta)=0$으로 식을 세우고 전개해 봐~

두 근이 1, 2이고 x^2의 계수가 3인 이차방정식은
$3(x-1)(x-2)=0$, $3(x^2-3x+2)=0$
$\therefore 3x^2-9x+6=0$

80 중근이 α이고 x^2의 계수가 a인 이차방정식은 $a(x-\alpha)^2=0$으로 식을 세우고 전개해 봐~

중근이 1이고 x^2의 계수가 2인 이차방정식은
$2(x-1)^2=0$, $2(x^2-2x+1)=0$
<u>완전제곱식</u>
$\therefore 2x^2-4x+2=0$

○ **다음 이차방정식을 구하시오.**

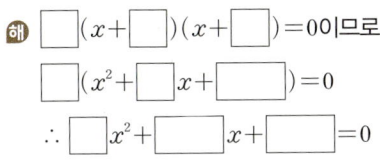

601 두 근이 -3, -4이고 x^2의 계수가 2인 이차방정식

해 $\boxed{}(x+\boxed{})(x+\boxed{})=0$이므로
$\boxed{}(x^2+\boxed{}x+\boxed{})=0$
$\therefore \boxed{}x^2+\boxed{}x+\boxed{}=0$

602 두 근이 2, 3이고 x^2의 계수가 1인 이차방정식

603 두 근이 1, -2이고 x^2의 계수가 -3인 이차방정식

604 두 근이 $-\dfrac{1}{2}$, $\dfrac{1}{2}$이고 x^2의 계수가 4인 이차방정식

605 두 근이 $-\dfrac{1}{3}$, 2이고 x^2의 계수가 3인 이차방정식

606 두 근이 $\dfrac{1}{2}$, -1이고 x^2의 계수가 -2인 이차방정식

○ **다음 이차방정식을 구하시오.**

607 중근이 3이고 x^2의 계수가 2인 이차방정식

해 $\boxed{}(x-\boxed{})^2=0$이므로
$\boxed{}(x^2-\boxed{}x+\boxed{})=0$
$\therefore \boxed{}x^2-\boxed{}x+\boxed{}=0$

608 중근이 -2이고 x^2의 계수가 3인 이차방정식

609 중근이 4이고 x^2의 계수가 -2인 이차방정식

610 중근이 -6이고 x^2의 계수가 $\dfrac{1}{3}$인 이차방정식

611 중근이 $\dfrac{1}{2}$이고 x^2의 계수가 -4인 이차방정식

612 중근이 $-\dfrac{1}{3}$이고 x^2의 계수가 9인 이차방정식

유형 Up

81 조건에 맞게 근을 문자로 나타내고 이차방정식을 세운 후 주어진 이차방정식과 계수, 상수항을 비교해 봐.

이차방정식에서

• 두 근의 차가 m이다. (단, $m>0$)

→ 작은 근을 α, 큰 근을 [ ]으로 놓는다.

• 두 근의 비가 $m:n$이다.

두 근을 $m\alpha$, [ ]로 놓는다. (단, $\alpha \neq 0$)

답 | $\alpha+m$, $n\alpha$

○ 다음 이차방정식에서 상수 k의 값을 구하시오.

613 두 근의 차가 1인 이차방정식 $x^2-5x+k=0$

㉂ 작은 근을 α라고 하면 큰 근은 $\alpha+$[ ]이므로

$(x-\alpha)\{x-(\alpha+[\ ])\}=0$

$x^2-([\qquad])x+\alpha^2+[\ ]=0$

$-([\qquad])=-5$이므로 $\alpha=$[ ]

$\therefore k=\alpha^2+[\ ]=[\ ]^2+[\ ]=[\ ]$

614 두 근의 차가 8인 이차방정식 $x^2+2x+k=0$

615 두 근의 차가 3인 이차방정식 $2x^2-10x+k=0$

616 두 근의 비가 $1:2$인 이차방정식 $x^2+6x+k=0$

㉂ 두 근을 α, [ ]α ($\alpha \neq 0$)라고 하면

$(x-\alpha)(x-[\ ]\alpha)=0$, $x^2-[\ ]\alpha x+[\ ]\alpha^2=0$

$-[\ ]\alpha=6$이므로 $\alpha=$[ ]

$\therefore k=[\ ]\alpha^2=[\ ]\times([\ \ ])^2=[\ ]$

617 두 근의 비가 $3:4$인 이차방정식 $x^2-7x+k=0$

618 두 근의 비가 $2:3$인 이차방정식 $2x^2+15x+k=0$

82 계수가 모두 유리수인 이차방정식의 한 근이 무리수 $p+q\sqrt{m}$이면 다른 한 근은 $p-q\sqrt{m}$이야!

계수가 모두 유리수인 이차방정식의

한 근이 $1+\sqrt{3}$이면 다른 한 근은 $1-\sqrt{3}$이다.

└ 근호 앞의 부호를 반대로 ┘

○ 이차방정식의 한 근이 다음과 같을 때 다른 한 근을 구하시오. (단, 이차방정식의 계수는 모두 유리수이다.)

619 $-1+\sqrt{2}$

620 $3+\sqrt{10}$

621 $4-\sqrt{5}$

622 $\sqrt{7}-8$

TIP 근호 앞의 부호가 반대야.

623 $-5-\sqrt{6}$

624 $1-2\sqrt{2}$

625 $-2+4\sqrt{3}$

626 $-4-3\sqrt{5}$

83 한 근이 $p+q\sqrt{m}$이고 x^2의 계수가 a인 이차방정식은 $a\{x-(p+q\sqrt{m})\}\{x-(p-q\sqrt{m})\}=0$으로 식을 세우고 전개해 봐~

한 근이 $1-\sqrt{2}$이고 x^2의 계수가 3인 이차방정식은 다른 한 근이 $1+\sqrt{2}$이므로
$3\{x-(1-\sqrt{2})\}\{x-(1+\sqrt{2})\}=0$
$3(x^2-2x-1)=0$
$\therefore 3x^2-6x-3=0$

○ 다음 이차방정식을 구하시오.

627 한 근이 $3+\sqrt{2}$이고 x^2의 계수가 1인 이차방정식

해 다른 한 근은 $\boxed{}$이므로
$\{x-(3+\sqrt{2})\}\{x-(\boxed{})\}=0$
$\therefore x^2-\boxed{}x+7=0$

628 한 근이 $-1+\sqrt{6}$이고 x^2의 계수가 1인 이차방정식

629 한 근이 $2-\sqrt{5}$이고 x^2의 계수가 2인 이차방정식

630 한 근이 $-1-\sqrt{3}$이고 x^2의 계수가 5인 이차방정식

631 한 근이 $3-2\sqrt{2}$이고 x^2의 계수가 -3인 이차방정식

632 한 근이 $-5-4\sqrt{3}$이고 x^2의 계수가 -1인 이차방정식

84 활용 문제에서 이차방정식을 세워 답을 구할 때 이차방정식의 해가 문제의 조건에 맞는지 반드시 확인해야 해!

어떤 자연수 구하기
어떤 자연수를 제곱한 것은 그 수를 3배한 것보다 4가 더 크다고 할 때
❶ 어떤 자연수를 x라고 하면   ← 미지수 정하기
❷ $x^2=3x+4$ ← 이차방정식 세우기
❸ $x^2-3x-4=0$
  $(x+1)(x-4)=0$
  $\therefore x=-1$ 또는 $x=4$ ← 이차방정식 풀기
❹ x는 자연수이므로 $x=4$
  따라서 어떤 자연수는 4이다. ← 답 구하기

633 어떤 자연수를 제곱한 것은 그 수를 2배한 것보다 35가 더 크다고 할 때, 다음 물음에 답하시오.

(1) 어떤 자연수를 x로 놓고 이차방정식을 세우시오.

(2) 이차방정식을 푸시오.

(3) 어떤 자연수를 구하시오.

634 어떤 자연수를 제곱한 것은 그 수를 3배한 것보다 40이 더 크다고 할 때, 어떤 자연수를 구하시오.

635 어떤 자연수에 3을 더하여 제곱한 것은 그 수를 8배한 것보다 12가 더 크다고 할 때, 어떤 자연수를 구하시오.

85 연속하는 두 수를 x에 대한 식으로 나타낸 후 이차방정식을 세워 봐~

연속하는 두 수 구하기

다음을 이용하여 식을 세운 후 이차방정식을 푼다.

• 연속하는 두 자연수: $x-\boxed{}$, x 또는 x, $x+\boxed{}$
• 연속하는 두 짝수: $x-\boxed{}$, x 또는 x, $x+\boxed{}$
• 연속하는 두 홀수: $x-\boxed{}$, x 또는 x, $x+\boxed{}$

답 | 1, 1, 2, 2, 2, 2

636 연속하는 두 자연수의 제곱의 합이 41일 때, 다음 물음에 답하시오.

(1) 다음 □ 안에 알맞은 식을 써넣으시오.

> 작은 자연수를 x라고 하면 큰 자연수는 $\boxed{}$ 이다.

(2) 이차방정식을 세우시오. ....

(3) 이차방정식을 푸시오. ....

(4) 연속하는 두 자연수를 구하시오.
....

637 연속하는 두 짝수의 제곱의 합이 52일 때, 연속하는 두 짝수를 구하시오. ....

638 연속하는 두 홀수의 곱이 195일 때, 연속하는 두 홀수를 구하시오. ....

86 구하는 사람의 나이를 x살로 놓고 다른 사람의 나이를 x에 대한 식으로 나타낸 후 이차방정식을 세워 봐~

동생의 나이 구하기

형과 동생의 나이 차는 3살이고 형의 나이의 제곱은 동생의 나이의 제곱의 2배보다 2가 크다고 할 때

❶ 동생의 나이를 x살이라고 하면 ← 미지수 정하기

❷ 형의 나이는 $(x+3)$살이므로
$(x+3)^2=2x^2+2$ ← 이차방정식 세우기

❸ $x^2-6x-7=0$
$(x+1)(x-7)=0$
$\therefore x=-1$ 또는 $x=7$ ← 이차방정식 풀기

❹ x는 자연수이므로 $x=7$
따라서 동생의 나이는 7살이다. ← 답 구하기

639 형과 동생의 나이 차는 4살이고 형의 나이의 제곱은 동생의 나이의 제곱의 2배보다 4가 적을 때, 다음 물음에 답하시오.

(1) 다음 □ 안에 알맞은 식을 써넣으시오.

> 동생의 나이를 x살이라고 하면 형의 나이는 $(\boxed{})$살이다.

(2) 이차방정식을 세우시오. ....

(3) 이차방정식을 푸시오. ....

(4) 동생의 나이를 구하시오. .... 살

TIP 사람의 나이는 음수가 될 수 없어.

640 언니와 동생의 나이 차는 5살이고 언니와 동생의 나이의 제곱의 합이 325일 때, 언니의 나이를 구하시오.
.... 살

87 구하는 사람 수를 x명으로 놓고 나누어 주는 물건의 수를 x에 대한 식으로 나타낸 후 이차방정식을 세워 봐~

학생 수 구하기

사탕 108개를 몇 명의 학생들에게 남김 없이 똑같이 나누어 주려고 한다. 한 사람에게 돌아가는 사탕의 개수는 학생 수보다 3만큼 적다고 할 때

❶ 학생 수를 x명이라고 하면   ← 미지수 정하기

❷ 사탕의 개수는 $(x-3)$개이므로
   $x(x-3)=108$ ← 이차방정식 세우기

❸ $x^2-3x-108=0$
   $(x+9)(x-12)=0$
   ∴ $x=-9$ 또는 $x=12$ ← 이차방정식 풀기

❹ x는 자연수이므로 $x=12$
   따라서 구하는 학생 수는 12명이다. ← 답 구하기

641 사과 63개를 몇 명의 학생들에게 남김 없이 똑같이 나누어 주려고 한다. 한 사람에게 돌아가는 사과의 개수는 학생 수보다 2만큼 적다고 할 때, 다음 물음에 답하시오.

(1) 다음 □ 안에 알맞은 식을 써넣으시오.

> 학생 수를 x명이라고 하면 사과의 개수는
> (⬚)개이다.

(2) 이차방정식을 세우시오. _____

(3) 이차방정식을 푸시오. _____

(4) 학생 수를 구하시오. _____ 명

TIP 학생 수는 음수가 될 수 없어.

642 어느 모임의 회원들에게 공책 96권을 남김 없이 똑같이 나누어 주려고 한다. 한 사람에게 돌아가는 공책의 수는 전체 회원 수보다 4만큼 적다고 할 때, 이 모임의 전체 회원 수를 구하시오. _____ 명

88 펼쳐진 두 면의 쪽수는 연속하는 두 자연수와 같아. 두 면의 쪽수를 x, $x+1$로 놓고 이차방정식을 세워 봐!

펼쳐진 두 면의 쪽수 구하기

영어책을 펼쳤더니 두 면의 쪽수의 곱이 110일 때

❶ 펼쳐진 왼쪽 면의 쪽수를 x쪽이라고 하면 ← 미지수 정하기

❷ 오른쪽 면의 쪽수는 $(x+1)$쪽이므로
   $x(x+1)=110$ ← 이차방정식 세우기

❸ $x^2+x-110=0$
   $(x+11)(x-10)=0$
   ∴ $x=-11$ 또는 $x=10$ ← 이차방정식 풀기

❹ x는 자연수이므로 $x=10$
   따라서 두 면의 쪽수는 10, 11쪽이다. ← 답 구하기

643 수학 교과서를 펼쳤더니 두 면의 쪽수의 곱이 156일 때, 다음 물음에 답하시오.

(1) 다음 □ 안에 알맞은 식을 써넣으시오.

> 펼쳐진 왼쪽 면의 쪽수를 x쪽이라고 하면 오른쪽 면의 쪽수는 (⬚)쪽이다.

(2) 이차방정식을 세우시오. _____

(3) 이차방정식을 푸시오. _____

(4) 펼쳐진 두 면의 쪽수를 구하시오. _____ 쪽

TIP 책의 쪽수는 음수가 될 수 없어.

644 현주는 소설책을 펼쳤더니 두 면의 쪽수의 곱이 420이었다. 펼쳐진 두 면의 쪽수를 구하시오. _____ 쪽

---

89 (직사각형의 넓이)=(가로의 길이)×(세로의 길이)임을 이용하여 이차방정식을 세워 봐~

처음 정사각형의 한 변의 길이 구하기

어떤 정사각형의 한 변의 길이를 5 cm 늘이고 다른 한 변의 길이를 3 cm 줄여서 직사각형을 만들었더니 직사각형의 넓이가 33 cm²이 되었을 때

❶ 처음 정사각형의 한 변의 길이를
x cm라 하면   ← 미지수 정하기

❷ 새로 만든 직사각형의 변의 길이는 $x+5$, $x-3$이므로
$(x+5)(x-3)=33$ ← 이차방정식 세우기

❸ $x^2+2x-48=0$, $(x+8)(x-6)=0$
$\therefore x=-8$ 또는 $x=6$ ← 이차방정식 풀기

❹ $x>3$이므로 $x=6$
따라서 처음 정사각형의 한 변의 길이는
6 cm이다.   ← 답 구하기

645 오른쪽 그림과 같이 정사각형의 가로의 길이는 3 cm 길게 하고 세로의 길이는 2 cm 짧게 하여 직사각형을 만들었더니 직사각형의 넓이가 50 cm²가 되었을 때, 다음 물음에 답하시오.

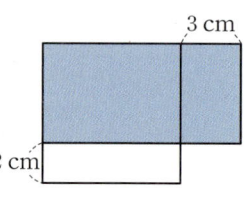

(1) 다음 □ 안에 알맞은 식을 써넣으시오.

> 처음 정사각형의 한 변의 길이를 x cm라고 하면 새로 만든 직사각형의 가로의 길이는 (   ) cm 이고 세로의 길이는 (   ) cm이다.

(2) 이차방정식을 세우시오.

(3) 이차방정식을 푸시오.

(4) 처음 정사각형의 한 변의 길이를 구하시오.
_____ cm

TIP 변의 길이는 음수가 될 수 없어.

646 오른쪽 그림과 같이 가로, 세로의 길이가 각각 8 cm, 5 cm인 직사각형의 가로, 세로의 길이를 각각 x cm 씩 늘였더니 처음 직사각형의 넓이보다 30 cm²만큼 늘어났다. 이때 x의 값을 구하시오.

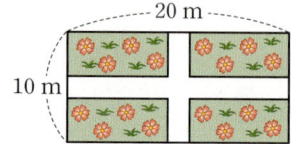

647 오른쪽 그림과 같이 가로, 세로의 길이가 각각 20 m, 10 m인 직사각형 모양의 꽃밭에 폭이 일정한 길을 만들었더니 길을 제외한 꽃밭의 넓이가 144 m²가 되었을 때, 다음 물음에 답하시오.

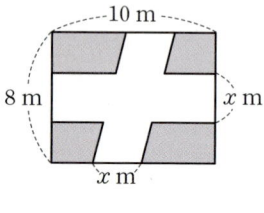

(1) 다음 □ 안에 알맞은 식을 써넣으시오.

> 길의 폭을 x m라고 하면 길을 제외한 꽃밭의 가로의 길이는 (   ) m, 세로의 길이는 (   ) m이다.

(2) 이차방정식을 세우시오.

(3) 이차방정식을 푸시오.

(4) 길의 폭을 구하시오. _____ m

648 가로, 세로의 길이가 각각 10 m, 8 m인 직사각형 모양의 땅에 오른쪽 그림과 같이 길을 만들었더니 길을 제외한 땅의 넓이가 35 m²가 되었다. 이때 x의 값을 구하시오.
_____

TIP 가로의 길이와 세로의 길이가 서로 같은 다음 세 직사각형에서 색칠한 부분의 넓이는 모두 같아.

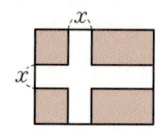 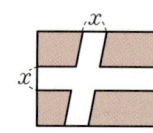 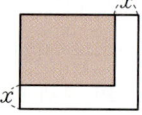

90 시각 t에 따른 높이가 (at^2+bt+c) m로 주어질 때, 높이가 km일 때의 시각은 $at^2+bt+c=k$의 해를 구하면 돼~

던진 물체의 높이가 40 m가 되는 시각 구하기

지면에서 초속 30 m로 위로 던져 올린 물체의 x초 후의 높이가 $(30x-5x^2)$ m일 때 물체의 높이가 40 m가 되는 것은

$30x-5x^2=40$에서   ← 이차방정식 세우기

$x^2-6x+8=0$, $(x-2)(x-4)=0$

$\therefore x=2$ 또는 $x=4$ ← 이차방정식 풀기

따라서 물체의 높이가 40 m가 되는 것은 던져 올린 지 2초 또는 4초 후이다.   ← 답 구하기

물체가 올라갈 때와 내려올 때 두 번 생긴다.

649 지면에서 초속 40 m로 쏘아 올린 물로켓의 t초 후의 높이를 $(-5t^2+40t)$ m라고 할 때, 다음 물음에 답하시오.

(1) 물로켓의 높이가 60 m가 되는 것은 쏘아 올린 지 몇 초 후인지 구하시오.

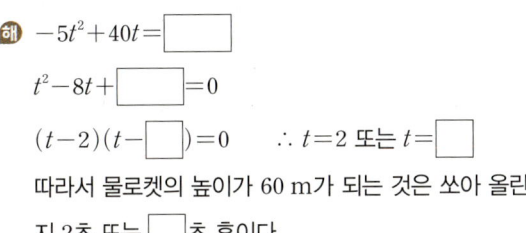

해 $-5t^2+40t=\boxed{}$

$t^2-8t+\boxed{}=0$

$(t-2)(t-\boxed{})=0$ $\therefore t=2$ 또는 $t=\boxed{}$

따라서 물로켓의 높이가 60 m가 되는 것은 쏘아 올린 지 2초 또는 $\boxed{}$초 후이다.

(2) 물로켓은 쏘아 올린 지 몇 초 후에 지면에 떨어지는지 구하시오.

TIP 물로켓이 지면에 떨어졌을 때 높이는 0 m야.

650 지면으로부터 55 m의 높이에서 초속 50 m로 위로 던져 올린 물체의 t초 후의 높이를 $(55+50t-5t^2)$ m라고 할 때, 다음 물음에 답하시오.

(1) 이 물체의 높이가 135 m가 되는 것은 던져 올린 지 몇 초 후인지 구하시오.

(2) 이 물체는 쏘아 올린 지 몇 초 후에 지면에 떨어지는지 구하시오.

 **교과서 미리보기** 풀었던 연산은 교과서에 이렇게 나온다!

651 [79]

두 근이 $\dfrac{1}{2}$, $\dfrac{5}{2}$이고 x^2의 계수가 4인 이차방정식이 $ax^2+bx+c=0$일 때, $ac+b$의 값을 구하시오.

(단, a, b, c는 상수)

652 [86]

나은이는 동생보다 3살이 더 많다. 두 사람의 나이의 곱이 208일 때, 나은이와 동생의 나이를 각각 구하시오.

653 [89]

오른쪽 그림과 같이 가로, 세로의 길이가 각각 20 m, 16 m인 직사각형 모양의 공원에 폭이 일정한 길이 있다. 이 길을 제외한 공원의 넓이가 192 m²일 때, 길의 폭을 구하시오.

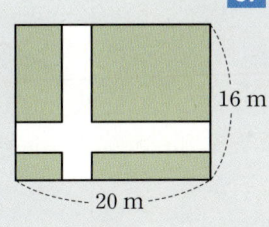

16 m

20 m

III 이차함수

이차함수와 그 그래프

① 이차함수 : 함수 $y=f(x)$에서 y가 x에 대한 이차식 $y=ax^2+bx+c$ (a,b,c는 상수, $a\neq0$)
로 나타내어질 때 이 함수를 x에 대한 이차함수라고 한다.
② 이차함수 $y=x^2$의 그래프
   • 원점을 지난다.
   • 아래로 볼록한 곡선
   • 원점을 제외한 점들은 모두 x축 보다 위쪽에 있다.
③ 이차함수 $y=-x^2$의 그래프
   • 원점을 지난다.
   • 위로 볼록한 곡선
   • 원점을 제외한 점들은 모두 x축 보다 아래쪽에 있다.

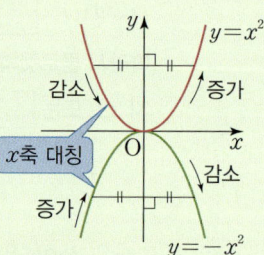

이차함수의 활용   이차함수 $y=ax^2+bx+c$의 그래프

① 이차함수 $y=ax^2+bx+c$의 그래프는
   $y=a(x-p)^2+q$의 꼴로 고쳐서 그린다.
② 꼭짓점의 좌표 $\left(-\dfrac{b}{2a},\ -\dfrac{b^2-4ac}{4a}\right)$
③ 축의 방정식 $x=-\dfrac{b}{2a}$

2학년때 배운 일차함수에서는 x의 값의 증가량에 대한 y의 값의 증가량의 비율이 항상 일정하다. 그런데 우리 주변에는 변화의 비율이 일정하지 않은 관계가 있다. 폭포에서 흘러내리는 물줄기가 같은 시간 동안 떨어지는 거리는 일정하지 않고 점점 증가한다. 또한 자동차의 속력과 제동 거리 사이의 관계도 일차함수로 나타낼 수 없다. 이와 같은 관계는 이차함수로 나타낼 수 있는데 이차함수를 이용하여 변화하는 현상을 해석하고, 합리적인 판단을 하거나 미래를 예측할 수 있다.

Ep.15

이차함수 $y=ax^2$, $y=ax^2+q$의 그래프

① 이차함수 $y=ax^2$의 그래프
- 그래프의 모양
  $a>0$이면 아래로 볼록
  $a<0$이면 위로 볼록
- 꼭짓점의 좌표 $(0, 0)$
- 축의 방정식 $x=0$
- a의 절댓값이 클수록 그래프의 폭이 좁아진다.

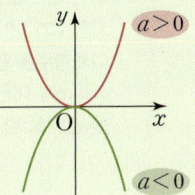

② 이차함수 $y=ax^2+q$의 그래프

$$y=ax^2 \xrightarrow[\text{q만큼 평행이동}]{\text{y축의 방향으로}} y=ax^2+q$$

- 꼭짓점의 좌표 $(0, q)$
- 축의 방정식 $x=0$

Ep.16

이차함수 $y=a(x-p)^2$, $y=a(x-p)^2+q$의 그래프

① 이차함수 $y=a(x-p)^2$의 그래프

$$y=ax^2 \xrightarrow[\text{p만큼 평행이동}]{\text{x축의 방향으로}} y=a(x-p)^2$$

- 꼭짓점의 좌표 $(p, 0)$
- 축의 방정식 $x=p$

② 이차함수 $y=a(x-p)^2+q$의 그래프

$$y=ax^2 \xrightarrow[\text{y축의 방향으로 q만큼}]{\text{x축의 방향으로 p만큼}} y=a(x-p)^2+q$$
평행이동

- 꼭짓점의 좌표 (p, q)
- 축의 방정식 $x=p$

③ 이차함수 $y=a(x-p)^2+q$의 그래프에서 p, q의 부호

제2사분면 $(-, +)$ $p<0, q>0$	제1사분면 $(+, +)$ $p>0, q>0$
제3사분면 $(-, -)$ $p<0, q<0$	제4사분면 $(+, -)$ $p>0, q<0$

이차함수와 그 그래프

◉ 중2-1 : Ⅲ. 일차함수

▶ 개념 Re:Play

이전에 배운 내용을 다시 한 번 확인하세요.

함수란?

두 변수 x, y에 대하여 x의 값이 변함에 따라 y의 값이 오직 하나로 정해지는 대응 관계가 있을 때, y를 x의 함수라고 한다.

일차함수란?

$y=(x$에 대한 일차식$)$, 즉 $y=ax+b$ $(a,\ b$는 상수, $a\neq0)$로 나타내어지는 함수를 말한다.

▶ 개념 Play

오답 NOTE

1. 이차함수 : 함수 $y=f(x)$에서 y가 x에 대한 이차식

$$y=ax^2+bx+c\ (a,\ b,\ c는\ 상수,\ a\neq0)$$

로 나타내어질 때, 이 함수를 x에 대한 이차함수라고 한다.

예 $y=x^2-x+4$, $y=-x^2-3$

2. 이차함수 $y=x^2$의 그래프

(1) 원점을 지나고, 아래로 볼록한 곡선이다.

(2) y축에 대칭이다.

(3) $x<0$일 때, x의 값이 증가하면 y의 값은 감소한다.
 $x>0$일 때, x의 값이 증가하면 y의 값도 증가한다.

(4) 원점을 제외한 점들은 모두 x축보다 위쪽에 있다.

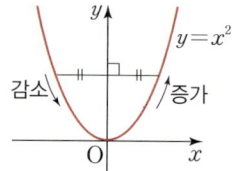

3. 이차함수 $y=-x^2$의 그래프

(1) 원점을 지나고, 위로 볼록한 곡선이다.

(2) y축에 대칭이다.

(3) $x<0$일 때, x의 값이 증가하면 y의 값도 증가한다.
 $x>0$일 때, x의 값이 증가하면 y의 값은 감소한다.

(4) 원점을 제외한 점들은 모두 x축보다 아래쪽에 있다.

(5) 이차함수 $y=x^2$의 그래프와 x축에 대칭이다.

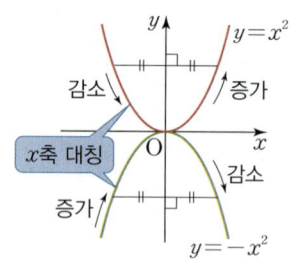

4. 포물선

(1) 이차함수 $y=x^2$, $y=-x^2$의 그래프와 같은 모양의 곡선을 포물선이라고 한다.

(2) 포물선은 한 직선에 대칭이며, 그 직선을 포물선의 축이라고 한다.

(3) 포물선과 축의 교점을 포물선의 꼭짓점이라고 한다.

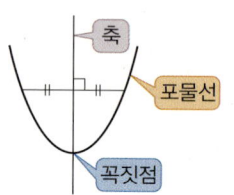

• $y=-x(x+1)+x^2$은 이차함수가 **아니다**.

$y=-x(x+1)+x^2$의 우변을 전개하면

$y=-x^2-x+x^2$

우변을 동류항끼리 정리하면

$y=-x$

우변이 x에 대한 이차식이 아니므로 이차함수가 아니다.

이차함수를 판단할 때에는

$y=(x$에 대한 식$)$의 꼴로 나타내고 우변을 간단히 한 후에 판단한다.

01 $y=(x$에 대한 식)의 꼴인지 확인하고 우변을 간단히 한 후 우변이 x에 대한 이차식인지 확인해 봐!

$y=x(2x-1)-4x+3$에서 ← $y=(x$에 대한 식)의 꼴인지 확인한다.

$y=2x^2-x-4x+3$

$\therefore y=\underline{2x^2-5x+3}$ ← 우변을 간단히 하여 우변이 x에 대한 이차식인지 확인한다.
　　　x에 대한 이차식

따라서 $y=x(2x-1)-4x+3$은 이차함수이다.

○ 다음에서 y가 x에 대한 이차함수이면 ○표, 이차함수가 아니면 ×표를 ( ) 안에 써넣으시오.

001 $y=x^2-3x$ 　　　　　(　　)

002 $y=-12x+18$ 　　　(　　)

003 $x(4-x)=0$ 　　　　(　　)

004 $y=\dfrac{1}{x^2}$ 　　　　　(　　)

005 $y=x^3+2x^2-3$ 　　(　　)

006 $y=\dfrac{x^2}{2}$ 　　　　　(　　)

007 $y=(x+3)(x-3)-x^2$ 　(　　)

TIP ▶ 동류항끼리 정리하면 이차항이 없어지는 경우가 있으므로 주의해야 해!

008 $y=(x+1)^2-2x^2$ 　(　　)

02 주어진 문장을 $y=(x$에 대한 식)으로 나타내고 우변이 x에 대한 이차식인지 확인해 봐!

밑변의 길이가 x cm, 높이가 $4x$ cm인 삼각형의 넓이가 y cm²일 때, y를 x에 대한 식으로 나타내면

$y=\dfrac{1}{2}\times x\times 4x$

$\therefore y=\underline{2x^2}$ └→ (삼각형의 넓이)$=\dfrac{1}{2}\times$(밑변의 길이)$\times$(높이)
　　x에 대한 이차식

따라서 $y=2x^2$은 이차함수이다.

○ 다음에서 y를 x에 대한 식으로 나타내고, y가 x에 대한 이차함수인지 말하시오.

009 한 변의 길이가 x cm인 정사각형의 넓이 y cm²

010 한 변의 길이가 x cm인 정삼각형의 둘레의 길이 y cm

011 반지름의 길이가 x cm인 원의 넓이 y cm²

012 한 모서리의 길이가 x cm인 정육면체의 부피 y cm³

013 한 개에 1000원인 볼펜 x개의 가격 y원

014 시속 60 km로 x시간 동안 자동차가 달린 거리 y km

TIP ▶ (거리)=(속력)×(시간)이야.

03 이차함수의 식에 x 대신 m을 대입하면 $x=m$일 때의 y의 값을 구할 수 있어~

이차함수 $y=x^2-2x+5$에 대하여 $x=-1$일 때의 y의 값은
$y=(\underline{-1})^2-2\times(\underline{-1})+5=8$
    x에 -1을 대입한다.

○ 이차함수 $y=x^2-4x+1$에 대하여 다음을 구하시오.

015 $x=-2$일 때의 y의 값   ....

해 $y=x^2-4x+1$에 $x=-2$를 대입하면
$y=(\boxed{})^2-4\times(\boxed{})+1=\boxed{}$

016 $x=-1$일 때의 y의 값   ....

017 $x=0$일 때의 y의 값   ....

018 $x=1$일 때의 y의 값   ....

○ 다음을 구하시오.

019 이차함수 $y=\dfrac{1}{3}x^2$에 대하여 $x=-3$일 때의 y의 값
  ....

020 이차함수 $y=x^2+6x$에 대하여 $x=1$일 때의 y의 값
  ....

021 이차함수 $y=-3x^2-4$에 대하여 $x=-2$일 때의 y의 값
  ....

022 이차함수 $y=-2x^2+5x-3$에 대하여 $x=2$일 때의 y의 값
  ....

04 이차함수의 식에 x 대신 m을 대입하면 $f(m)$의 값을 구할 수 있어~

이차함수 $f(x)=x^2+2x-4$에서 $f(\underline{3})$의 값은
                      $x=3$일 때의 함숫값
$f(3)=3^2+2\times3-4=11$
    x에 3을 대입한다.

○ 이차함수 $f(x)=x^2+3x+2$에 대하여 다음 함숫값을 구하시오.

023 $f(-1)$ ....

해 $f(-1)=(\boxed{})^2+3\times(\boxed{})+2=\boxed{}$

024 $f(0)$ ....

025 $f(2)$ ....

026 $f(-3)$ ....

○ 다음을 구하시오.

027 이차함수 $f(x)=-x^2+2x+5$에 대하여 $f(2)$의 값
  ....

028 이차함수 $f(x)=2x^2+x-7$에 대하여 $f\left(\dfrac{1}{2}\right)$의 값
  ....

029 이차함수 $f(x)=5x^2-3x-1$에 대하여 $f(0)+f(1)$의 값
  ....

030 이차함수 $f(x)=\dfrac{1}{4}x^2-x+1$에 대하여 $f(2)+f(-4)$의 값
  ....

유형 Up

05 $f(m)=n$일 때 이차함수 $y=f(x)$에 x 대신 m을 대입하여 얻은 함숫값이 n이야!

이차함수 $f(x)=2x^2-3x+a$에 대하여 $f(2)=1$일 때,
상수 a의 값은
        x=2일 때의 함숫값은 1이다.
$f(2)=2\times 2^2-3\times 2+a=a+2$이므로
   x에 2를 대입한다.
$a+2=1$ $\therefore a=-1$

○ 다음 이차함수 $y=f(x)$에 대하여 주어진 함숫값을 만족시키는 상수 a의 값을 구하시오.

031 $f(x)=-3x^2+a,\ f(-2)=-6$

 해 $f(-2)=-3\times(\boxed{})^2+a=\boxed{}+a$이므로

  $\boxed{}+a=-6$ $\therefore a=\boxed{}$

032 $f(x)=x^2+2x+a,\ f(-1)=2$

033 $f(x)=-x^2+ax,\ f(1)=-5$

034 $f(x)=2x^2-ax+5,\ f(2)=3$

035 $f(x)=ax^2-4x-7,\ f(3)=8$

036 $f(x)=ax^2+3x+6,\ f(-1)=-4$

06 순서쌍 (x,y)를 좌표로 하는 점을 좌표평면 위에 나타내고 이 점들을 매끄러운 곡선으로 연결해 봐!

이차함수 $y=x^2$의 그래프 그리기

❶ $y=x^2$에 몇 개의 정수 x의 값을 대입하여 y의 값을 각각 구한다.

❷ ❶의 $x,\ y$의 값에 대한 $\boxed{}$ $(x,\ y)$를 좌표로 하는 점을 좌표평면 위에 나타낸다.

❸ x의 값의 범위가 실수 전체이면 ❷의 점들을 연결하여 매끄러운 $\boxed{}$이 되도록 한다.

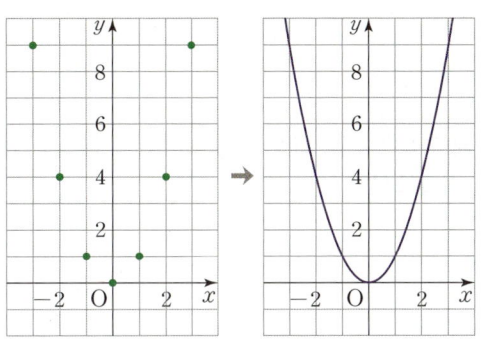

답 | 순서쌍, 곡선

○ 이차함수 $y=x^2$에 대하여 다음 물음에 답하시오.

037 다음 표를 완성하시오.

x	$\cdots$	-3	-2	-1	0	1	2	3	$\cdots$
y	$\cdots$								$\cdots$

038 **037**의 표를 이용하여 x의 값의 범위가 실수 전체일 때, 이차함수 $y=x^2$의 그래프를 다음 좌표평면 위에 그리시오.

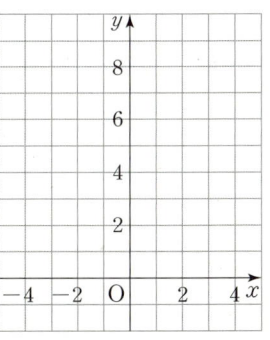

07 이차함수 $y=x^2$의 그래프의 모양을 생각하면 그 성질을 알 수 있어~

이차함수 $y=x^2$의 그래프의 성질

• 원점을 지나고, ⬚로 볼록한 곡선이다.

• y축에 대칭이다.

• $x<0$일 때, x의 값이 증가하면 y의 값은 ⬚한다.

$x>0$일 때, x의 값이 증가하면 y의 값도 ⬚한다.

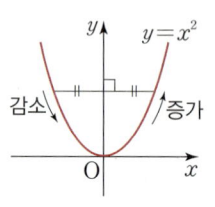

답 | 아래, 감소, 증가

○ 이차함수 $y=x^2$의 그래프에 대하여 다음 ☐ 안에 알맞은 것을 써넣으시오.

039 점 $(0,\ \boxed{})$을 지난다.

040 ⬚로 볼록하다.

041 ⬚에 대칭이다.

042 $x\boxed{}0$일 때, x의 값이 증가하면 y의 값도 증가한다.

043 $x\boxed{}0$일 때, x의 값이 증가하면 y의 값은 감소한다.

044 제⬚사분면과 제⬚사분면을 지난다.

---

08 순서쌍 (x, y)를 좌표로 하는 점을 좌표평면 위에 나타내고 이 점들을 매끄러운 곡선으로 연결해 봐!

이차함수 $y=-x^2$의 그래프 그리기

❶ $y=-x^2$에 몇 개의 정수 x의 값을 대입하여 y의 값을 각각 구한다.

❷ ❶의 $x,\ y$의 값에 대한 ⬚ (x, y)를 좌표로 하는 점을 좌표평면 위에 나타낸다.

❸ x의 값의 범위가 실수 전체이면 ❷의 점들을 연결하여 매끄러운 ⬚이 되도록 한다.

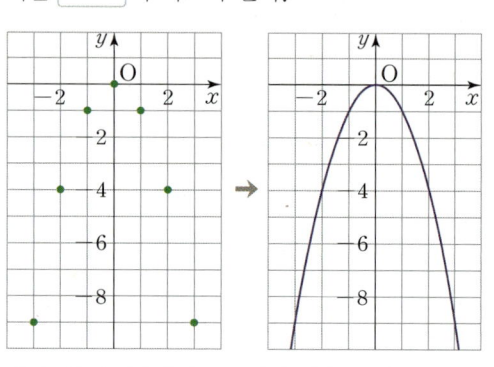

답 | 순서쌍, 곡선

○ 이차함수 $y=-x^2$에 대하여 다음 물음에 답하시오.

045 다음 표를 완성하시오.

x	$\cdots$	-3	-2	-1	0	1	2	3	$\cdots$
y	$\cdots$								$\cdots$

046 045의 표를 이용하여 x의 값의 범위가 실수 전체일 때, 이차함수 $y=-x^2$의 그래프를 다음 좌표평면 위에 그리시오.

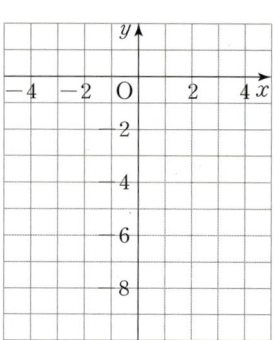

09

이차함수 $y=-x^2$의 그래프의 모양을 생각하면 그 성질을 알 수 있어~

이차함수 $y=-x^2$의 그래프의 성질

- 원점을 지나고, □로 볼록한 곡선이다.
- y축에 대칭이다.
- $x<0$일 때, x의 값이 증가하면 y의 값도 □한다.
  $x>0$일 때, x의 값이 증가하면 y의 값은 □한다.
- 이차함수 $y=x^2$의 그래프와 x축에 대칭이다.

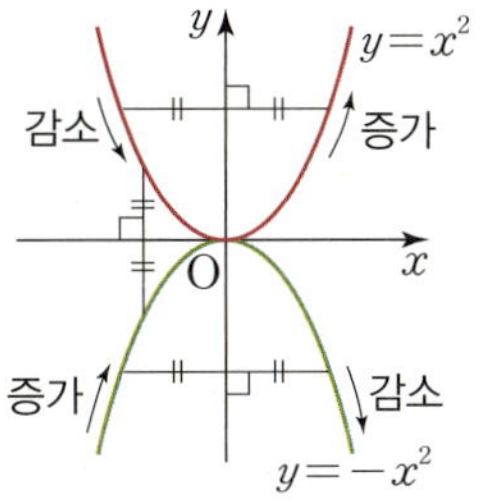

답 | 위, 증가, 감소

이차함수 $y=-x^2$의 그래프에 대하여 다음 □ 안에 알맞은 것을 써넣으시오.

047 점 (0, □)을 지난다.

048 □로 볼록하다.

049 □에 대칭이다.

050 x□0일 때, x의 값이 증가하면 y의 값도 증가한다.

051 x□0일 때, x의 값이 증가하면 y의 값은 감소한다.

052 제□사분면과 제□사분면을 지난다.

053 이차함수 $y=x^2$의 그래프와 □에 대칭이다.

교과서 미리보기

풀었던 연산은 교과서에 이렇게 나온다!

054 01

다음 보기 중에서 이차함수를 모두 고르시오.

보기

ㄱ. $y=\dfrac{1}{x^2}$　　ㄴ. $x(4-x)=0$

ㄷ. $y=x^3+2x^2-3$　　ㄹ. $y=(x+1)^2-2x^2$

ㅁ. $y=x^2-3x$　　ㅂ. $y=-12x+18$

055 04

이차함수 $f(x)=2x^2-3x-1$에 대하여 $f(-1)-f(3)$의 값을 구하시오.

056 09

다음 중 이차함수 $y=-x^2$의 그래프에 대한 설명으로 옳은 것을 모두 고르면? (정답 2개)

① 원점을 지난다.
② 아래로 볼록하다.
③ x축에 대칭이다.
④ 이차함수 $y=x^2$의 그래프와 y축에 대칭이다.
⑤ $x>0$일 때, x의 값이 증가하면 y의 값은 감소한다.

15 이차함수 $y=ax^2,\ y=ax^2+q$의 그래프

◉ 중2-1 : Ⅲ. 일차함수

개념 Re:Play

이전에 배운 내용을 다시 한 번 확인하세요.

평행이동이란 무엇일까?
한 도형을 일정한 방향으로 일정한 거리만큼 옮기는 것을 평행이동이라고 한다.

일차함수 $y=ax+b$의 그래프는 어떻게 그릴까?
일차함수 $y=ax+b$의 그래프는 일차함수 $y=ax$의 그래프를 y축의 방향으로 b만큼 평행이동한 것이다.

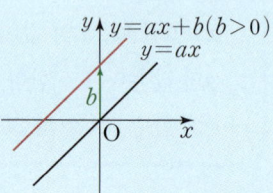

개념 Play

오답 NOTE

1. 이차함수 $y=ax^2$의 그래프

(1) 그래프의 모양 : a의 부호에 따라 결정된다.
→ $a>0$이면 아래로 볼록(∪)한 포물선이다.
$a<0$이면 위로 볼록(∩)한 포물선이다.

(2) 꼭짓점의 좌표 : $(0, 0)$

(3) 축의 방정식 : $x=0$ (y축) ← y축에 대칭이다.

(4) 그래프의 폭 : a의 절댓값의 크기에 따라 결정된다.
→ a의 절댓값이 클수록 그래프의 폭이 좁아진다.

(5) 이차함수 $y=-ax^2$의 그래프와 x축에 대칭이다.

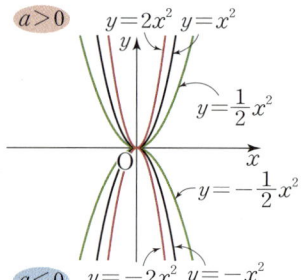

$a>0$ $y=2x^2$ $y=x^2$

$y=\dfrac{1}{2}x^2$

$y=-\dfrac{1}{2}x^2$

$a<0$ $y=-2x^2$ $y=-x^2$

● 이차함수 $y=2x^2$의 그래프를 그릴 때
① 꺾이게 그리지 않는다.

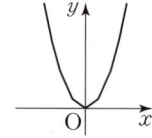

② 끝이 모이게 그리지 않는다.

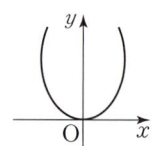

③ 끝이 벌어지게 그리지 않는다.

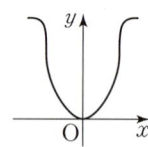

④ y축에 대칭이 아닌 비대칭으로 그리지 않는다.

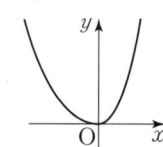

2. 이차함수 $y=ax^2+q$의 그래프

(1) 이차함수 $y=ax^2$의 그래프를 y축의 방향으로 q만큼 평행이동한 것이다.

$$y=ax^2 \xrightarrow[q만큼\ 평행이동]{y축의\ 방향으로} y=ax^2+q$$

(2) 꼭짓점의 좌표 : $(0, q)$ ← 꼭짓점이 y축 위에 있다.

(3) 축의 방정식 : $x=0$ (y축) ← y축에 대칭이다.

(4) 이차함수 $y=-ax^2-q$의 그래프와 x축에 대칭이다.

예 이차함수 $y=2x^2+1$의 그래프는
① 이차함수 $y=2x^2$의 그래프를 y축의 방향으로 1만큼 평행이동한 것이다.
② 꼭짓점의 좌표는 $(0, 1)$이다.
③ 축의 방정식은 $x=0$이다.

참고 그래프를 평행이동하면 그래프의 모양과 폭은 변하지 않고 위치만 바뀐다.

$a>0,\ q>0$ $y=ax^2+q$

$y=ax^2$

이차함수 $y=2x^2$의 그래프는 다음 그림과 같이 y축에 대하여 폭이 같고 위로 갈수록 벌어지는 모양으로 그린다.

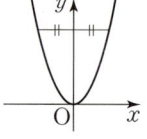

◆ 정답과 풀이 53쪽

10 $y=ax^2$의 그래프는 $y=x^2$의 그래프 위의 각 점에 대하여 y좌표가 a배인 점을 찍은 후 이 점들을 매끄러운 곡선으로 연결하면 돼~

이차함수 $y=3x^2$의 그래프는 이차함수 $y=x^2$의 그래프 위의 각 점에 대하여 y좌표가 3배인 점을 찍은 후 이 점들을 매끄러운 곡선으로 연결하면 된다.

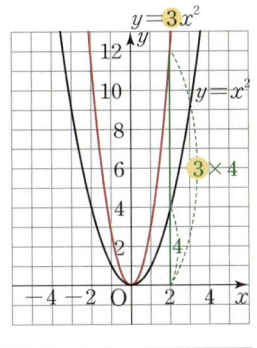

x	$\cdots$	-2	-1	0	1	2	$\cdots$
$y=x^2$	$\cdots$	4	1	0	1	4	$\cdots$
$y=3x^2$	$\cdots$	12	3	0	3	12	$\cdots$

057 이차함수 $y=x^2$의 그래프를 이용하여 다음 함수의 그래프를 좌표평면 위에 그리시오.

(1) $y=2x^2$ (2) $y=\dfrac{1}{2}x^2$

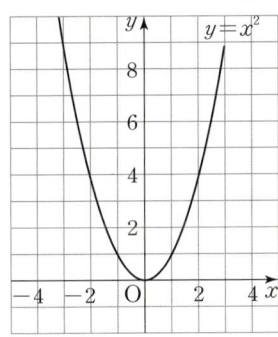

058 이차함수 $y=-x^2$의 그래프를 이용하여 다음 함수의 그래프를 좌표평면 위에 그리시오.

(1) $y=-2x^2$ (2) $y=-\dfrac{1}{2}x^2$

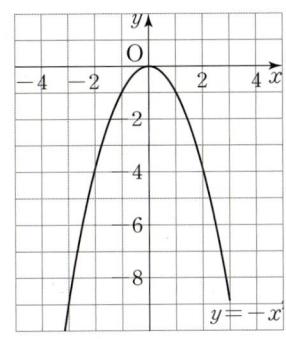

11 이차함수 $y=ax^2$의 그래프의 모양을 생각해 봐~

이차함수 $y=ax^2$의 그래프

· 꼭짓점의 좌표 : $(0,0)$

· 축의 방정식 : $\boxed{}=0$ (y축)

· $a\,\boxed{}\,0$이면 아래로 볼록,

  $a\,\boxed{}\,0$이면 위로 볼록

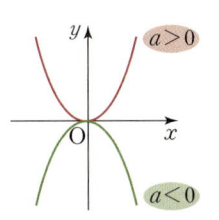

답 | x, $>$, $<$

○ 이차함수 $y=3x^2$의 그래프에 대하여 다음 □ 안에 알맞은 것을 써넣으시오.

059 그래프는 $\boxed{}$로 볼록하다.

060 꼭짓점의 좌표는 $(0,\boxed{})$이다.

061 축의 방정식은 $\boxed{}$이다.

062 $x<0$일 때, x의 값이 증가하면 y의 값은 $\boxed{}$한다.

063 제$\boxed{}$사분면과 제$\boxed{}$사분면을 지난다.

○ 이차함수 $y=-\dfrac{5}{2}x^2$의 그래프에 대하여 다음 □ 안에 알맞은 것을 써넣으시오.

064 그래프는 $\boxed{}$로 볼록하다.

065 꼭짓점의 좌표는 $(0,\boxed{})$이다.

066 축의 방정식은 $\boxed{}$이다.

067 $x<0$일 때, x의 값이 증가하면 y의 값은 $\boxed{}$한다.

068 제$\boxed{}$사분면과 제$\boxed{}$사분면을 지난다.

12 이차함수 $y=ax^2$에서 a의 부호로 그래프의 모양을, a의 절댓값의 크기로 그래프의 폭을 알 수 있어~

이차함수 $y=ax^2$의 그래프에서

- 그래프의 모양 : ☐의 부호에 따라 결정된다.
  → $a>0$이면 아래로 볼록($\cup$)한 포물선이다.
  → $a<0$이면 위로 볼록($\cap$)한 포물선이다.
- 그래프의 폭 : ☐의 절댓값의 크기에 따라 결정된다.
  → a의 절댓값이 클수록 그래프의 폭이 좁아진다.
- 이차함수 $y=-ax^2$의 그래프와 ☐축에 대칭이다.

답 | a, a, x

○ 다음 보기의 이차함수의 그래프에 대하여 물음에 답하시오.

보기
ㄱ. $y=3x^2$ ㄴ. $y=-\dfrac{1}{4}x^2$ ㄷ. $y=2x^2$
ㄹ. $y=\dfrac{1}{3}x^2$ ㅁ. $y=-0.2x^2$ ㅂ. $y=-4x^2$

069 그래프가 위로 볼록한 것을 모두 고르시오.

070 그래프의 폭이 가장 좁은 것을 고르시오.

071 그래프가 $y=-3x^2$의 그래프와 x축에 대칭인 것을 고르시오.

○ 다음 보기의 이차함수의 그래프에 대하여 물음에 답하시오.

보기
ㄱ. $y=-2x^2$ ㄴ. $y=0.4x^2$ ㄷ. $y=-\dfrac{1}{2}x^2$
ㄹ. $y=5x^2$ ㅁ. $y=\dfrac{1}{4}x^2$ ㅂ. $y=-5x^2$

072 그래프가 아래로 볼록한 것을 모두 고르시오.

073 그래프의 폭이 가장 넓은 것을 고르시오.

074 그래프가 x축에 대칭인 것끼리 짝 지으시오.

---

13 이차함수 $y=ax^2$의 그래프를 찾을 때는 a의 부호와 a의 절댓값의 크기를 파악해야 해~

이차함수 $y=4x^2$의 그래프는 x^2의 계수 4가 양수이므로 아래로 볼록한 포물선이고 $|4|=4$이므로 그래프의 폭이 이차함수 $y=x^2$의 그래프의 폭보다 좁다.
└→ $|1|<|4|$

○ 다음 이차함수의 그래프로 알맞은 것을 오른쪽 그림에서 찾으시오.

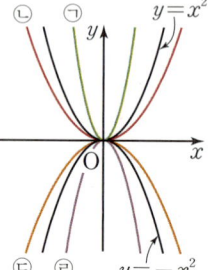

075 $y=-\dfrac{2}{3}x^2$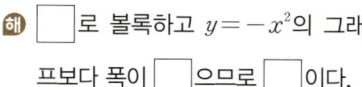

해 ☐로 볼록하고 $y=-x^2$의 그래프보다 폭이 ☐으므로 ☐이다.

076 $y=\dfrac{3}{5}x^2$

077 $y=5x^2$

078 $y=-3x^2$

○ 다음 이차함수의 그래프로 알맞은 것을 오른쪽 그림에서 찾으시오.

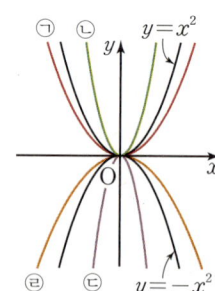

079 $y=3x^2$

080 $y=-\dfrac{1}{2}x^2$

081 $y=-4x^2$

082 $y=\dfrac{4}{5}x^2$

유형 Up

14 $y=ax^2$의 그래프가 지나는 점의 x, y좌표를 식에 대입하면 a의 값을 구할 수 있어~

이차함수 $y=ax^2$의 그래프가 점 $(-2, 16)$을 지날 때,
$16=a\times(-2)^2$, $4a=16$
∴ $a=4$

그래프가 지나는 점의 x좌표 -2, y좌표 16을 함수의 식의 x, y에 대입한다.

○ 이차함수 $y=ax^2$의 그래프가 다음 점을 지날 때, 상수 a의 값을 구하시오.

083 $(-1, -5)$

해 $y=ax^2$에 $x=\boxed{}$, $y=\boxed{}$ 를 대입하면

$\boxed{}=a\times(\boxed{})^2$ ∴ $a=\boxed{}$

084 $(2, 8)$

085 $\left(\dfrac{1}{3}, -2\right)$

○ 이차함수 $y=ax^2$의 그래프가 다음 그림과 같을 때, 상수 a의 값을 구하시오.

086

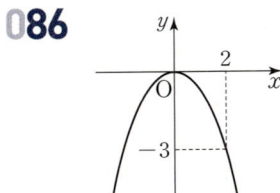

TIP 이차함수의 그래프에서 그래프가 지나는 점의 좌표를 먼저 찾아~

087

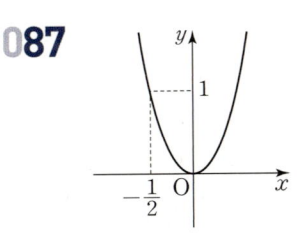

15 $y=ax^2$ $\xrightarrow[q만큼 평행이동]{y축의 방향으로}$ $y=ax^2+q$

이차함수 $y=2x^2$의 그래프를 y축의 방향으로 -4만큼 평행이동한 그래프를 나타내는 이차함수의 식은
$y=2x^2-4$

○ 다음 이차함수의 그래프를 y축의 방향으로 [ ] 안의 수만큼 평행이동한 그래프를 나타내는 이차함수의 식을 구하시오.

088 $y=x^2$ $[1]$

089 $y=-x^2$ $[4]$

090 $y=-2x^2$ $[-1]$

091 $y=3x^2$ $\left[-\dfrac{1}{2}\right]$

092 $y=-\dfrac{1}{5}x^2$ $[3]$

○ 다음 이차함수의 그래프는 이차함수 $y=-3x^2$의 그래프를 y축의 방향으로 얼마만큼 평행이동한 것인지 구하시오.

093 $y=-3x^2+2$

094 $y=-3x^2-7$

095 $y=-3x^2+\dfrac{5}{8}$

---

16 $y=ax^2+q$의 그래프는 $y=ax^2$의 그래프 위의 각 점을 y축의 방향으로 q만큼 평행이동하여 그릴 수 있어~

이차함수 $y=x^2+2$의 그래프는 이차함수 $y=x^2$의 그래프 위의 각 점에 대하여 y좌표가 2만큼 큰 점을 찍은 후 이 점들을 매끄러운 곡선으로 연결하면 된다.

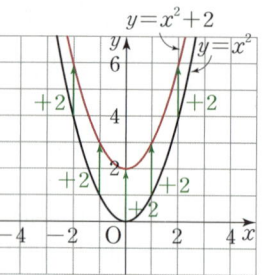

x	⋯	-2	-1	0	1	2	⋯
$y=x^2$	⋯	4	1	0	1	4	⋯
$y=x^2+2$	⋯	6	3	2	3	6	⋯

→ $y=x^2$의 그래프를 위쪽으로 2만큼 평행이동하여 그리면 된다.

096 이차함수 $y=2x^2$의 그래프를 이용하여 다음 함수의 그래프를 좌표평면 위에 그리시오.

(1) $y=2x^2+3$ (2) $y=2x^2-2$

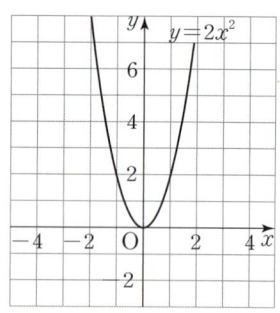

097 이차함수 $y=-x^2$의 그래프를 이용하여 다음 함수의 그래프를 좌표평면 위에 그리시오.

(1) $y=-x^2+2$ (2) $y=-x^2-3$

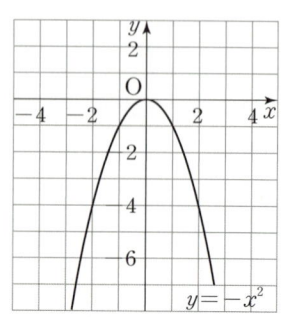

17 이차함수 $y=ax^2+q$의 그래프의 꼭짓점의 좌표는 $(0, q)$, 축의 방정식은 $x=0$이야!

이차함수 $y=2x^2+3$의 그래프에서
꼭짓점의 y좌표와 같다.
· 꼭짓점의 좌표는 $(0, 3)$이다.
꼭짓점의 x좌표가 k이면 축의 방정식은 $x=k$이다.
· 축의 방정식은 $x=0$이다.

○ 다음 이차함수의 그래프의 꼭짓점의 좌표와 축의 방정식을 각각 구하시오.

098 $y=-x^2+1$
→ 꼭짓점의 좌표 : _____
→ 축의 방정식 : _____

099 $y=5x^2-4$
→ 꼭짓점의 좌표 : _____
→ 축의 방정식 : _____

100 $y=\dfrac{1}{2}x^2+7$
→ 꼭짓점의 좌표 : _____
→ 축의 방정식 : _____

101 $y=3x^2-\dfrac{1}{5}$
→ 꼭짓점의 좌표 : _____
→ 축의 방정식 : _____

102 $y=-6x^2-2$
→ 꼭짓점의 좌표 : _____
→ 축의 방정식 : _____

103 $y=-x^2+\dfrac{3}{4}$
→ 꼭짓점의 좌표 : _____
→ 축의 방정식 : _____

18 이차함수 $y=ax^2+q$의 그래프의 모양을 생각해 봐~

이차함수 $y=2x^2-3$의 그래프는

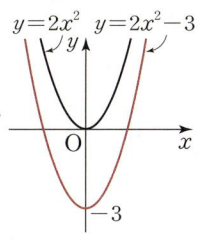

$y=2x^2$ $y=2x^2-3$

- 이차함수 $y=2x^2$의 그래프를 y축의 방향으로 -3만큼 평행이동한 것이다.
- 꼭짓점의 좌표는 $(0,\ -3)$이다.
- 축의 방정식은 $x=0$이다.
- 그래프는 아래로 볼록하다.
  x^2의 계수는 2이므로 2>0이다.
- y축에 대칭이다.

○ 다음 이차함수에 대한 설명이 옳으면 ○표, 옳지 않으면 ×표를 ( ) 안에 써넣으시오.

104 이차함수 $y=-6x^2+3$의 그래프는 위로 볼록하다.
( )

105 이차함수 $y=x^2-4$의 그래프는 x축에 대칭이다.
( )

106 이차함수 $y=3x^2+\dfrac{5}{2}$의 그래프의 축의 방정식은 $y=0$이다. ( )

107 이차함수 $y=5x^2-7$의 그래프는 이차함수 $y=5x^2$의 그래프를 y축의 방향으로 -7만큼 평행이동한 것이다. ( )

108 이차함수 $y=-\dfrac{1}{3}x^2+2$의 그래프의 꼭짓점의 좌표는 원점이다. ( )

109 이차함수 $y=-4x^2-1$의 그래프는 제3사분면과 제4사분면을 지난다. ( )

○ 이차함수 $y=5x^2+1$의 그래프에 대하여 다음 □ 안에 알맞은 것을 써넣으시오.

110 이차함수 $y=5x^2$의 그래프를 y축의 방향으로 □만큼 평행이동한 것이다.

111 꼭짓점의 좌표는 $(0,\ □)$이다.

112 축의 방정식은 □이다.

113 점 $(-1,\ □)$을 지난다.

114 그래프는 □로 볼록하다.

○ 이차함수 $y=-2x^2-3$의 그래프에 대하여 다음 □ 안에 알맞은 것을 써넣으시오.

115 이차함수 $y=-2x^2$의 그래프를 y축의 방향으로 □만큼 평행이동한 것이다.

116 꼭짓점의 좌표는 $(□,\ □)$이다.

117 축의 방정식은 □이다.

118 점 $(1,\ □)$를 지난다.

119 그래프는 □로 볼록하다.

유형 **Up**
19
$y=ax^2+q$의 그래프가 지나는 점의 x, y좌표를 식에 대입하면 a 또는 q의 값을 구할 수 있어~

이차함수 $y=x^2+k$의 그래프가 점 $(-2, 2)$를 지날 때,
$2=(-2)^2+k$, $2=4+k$ 그래프가 지나는 점의 x좌표 -2, y좌표 2를 함수의 식의 x, y에 대입한다.
$\therefore k=-2$

○ 다음 이차함수의 그래프가 주어진 점을 지날 때, 상수 k의 값을 구하시오.

120 $y=2x^2+k$, 점 $(2, 1)$ ....

해 $y=2x^2+k$에 $x=\boxed{}$, $y=\boxed{}$을 대입하면

$\boxed{}=2\times\boxed{}^2+k$, $\boxed{}=\boxed{}+k$ $\therefore k=\boxed{}$

121 $y=-x^2-k$, 점 $(-1, 3)$ ....

122 $y=-\dfrac{1}{3}x^2+k$, 점 $(-3, 5)$ ....

123 $y=kx^2-9$, 점 $(-1, -4)$ ....

124 $y=kx^2+3$, 점 $\left(\dfrac{1}{2}, 2\right)$ ....

125 $y=kx^2-\dfrac{2}{5}$, 점 $\left(-2, \dfrac{8}{5}\right)$ ....

 **교과서 미리보기**   풀었던 연산은 교과서에 이렇게 나온다!

126   10 11

다음 보기 중에서 이차함수 $y=-\dfrac{2}{3}x^2$의 그래프에 대한 설명으로 옳은 것을 모두 고르시오.

보기

ㄱ. 꼭짓점의 좌표는 $(0, 0)$이다.

ㄴ. $x>0$일 때, x의 값이 증가하면 y의 값은 감소한다.

ㄷ. 제1, 2사분면을 지난다.

ㄹ. 점 $(3, -6)$을 지난다.

127   12

다음 이차함수의 그래프 중 위로 볼록하면서 폭이 가장 넓은 것은?

① $y=2x^2$ ② $y=-5x^2$ ③ $y=\dfrac{1}{2}x^2$

④ $y=-\dfrac{1}{5}x^2$ ⑤ $y=-3x^2$

128   15 17

이차함수 $y=-6x^2$의 그래프를 y축의 방향으로 5만큼 평행이동한 그래프의 꼭짓점의 좌표가 (a, b)이고 축의 방정식이 $x=c$일 때, $a+b+c$의 값을 구하시오.

16 이차함수 $y=a(x-p)^2$, $y=a(x-p)^2+q$의 그래프

▶ 개념 **Play**

1. 이차함수 $y=a(x-p)^2$의 그래프

(1) 이차함수 $y=ax^2$의 그래프를 <mark>x축의 방향으로 p만큼</mark> 평행이동한 것이다.

$$y=ax^2 \xrightarrow[p\text{만큼 평행이동}]{x\text{축의 방향으로}} y=a(x-p)^2$$

(2) 꼭짓점의 좌표는 (p, 0)이다.

(3) 축의 방정식은 $x=p$이다. ← 직선 $x=p$에 대칭이다.

(4) 이차함수 $y=-a(x-p)^2$의 그래프와 x축에 대칭이다.

$a>0$, $p>0$

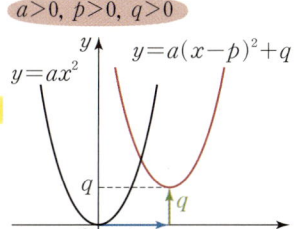

2. 이차함수 $y=a(x-p)^2+q$의 그래프

(1) 이차함수 $y=ax^2$의 그래프를 <mark>x축의 방향으로 p만큼, y축의 방향으로 q만큼</mark> 평행이동한 것이다.

$$y=ax^2 \xrightarrow[y\text{축의 방향으로 }q\text{만큼 평행이동}]{x\text{축의 방향으로 }p\text{만큼,}} y=a(x-p)^2+q$$

(2) 꼭짓점의 좌표는 (p, q)이다.

(3) 축의 방정식은 $x=p$이다. ← 직선 $x=p$에 대칭이다.

(4) 이차함수 $y=-a(x-p)^2-q$의 그래프와 x축에 대칭이다.

<mark>참고</mark> 이차함수 $y=a(x-p)^2+q$의 그래프에서 증가, 감소하는 x의 값의 범위는 축 $x=p$를 기준으로 나뉜다.

$a>0$, $p>0$, $q>0$

● 이차함수 $y=2(x-1)^2-3$의 그래프에서 꼭짓점의 좌표를 $(-1, -3)$, 축의 방정식을 $x=-1$로 착각하지 않는다.
이차함수 $y=2(x-1)^2-3$의 그래프에서 꼭짓점의 좌표는 $(1, -3)$, 축의 방정식은 $x=1$이다.
또한 이차함수 $y=-2(x+1)^2+3$의 그래프에서 꼭짓점의 좌표를 $(1, 3)$, 축의 방정식을 $x=1$로 착각하지 않는다.
이차함수 $y=-2(x+1)^2+3$의 그래프에서 꼭짓점의 좌표는 $(-1, 3)$, 축의 방정식은 $x=-1$이다.

3. 이차함수 $y=a(x-p)^2+q$의 그래프에서 a, p, q의 부호

(1) a의 부호 : <mark>그래프의 모양에 따라 결정</mark>된다.
　① 아래로 볼록($\cup$) ➡ $a>0$
　② 위로 볼록($\cap$) ➡ $a<0$

(2) p, q의 부호 : <mark>꼭짓점의 위치에 따라 결정</mark>된다.
　① 꼭짓점이 제1사분면 ➡ $p>0$, $q>0$
　② 꼭짓점이 제2사분면 ➡ $p<0$, $q>0$
　③ 꼭짓점이 제3사분면 ➡ $p<0$, $q<0$
　④ 꼭짓점이 제4사분면 ➡ $p>0$, $q<0$

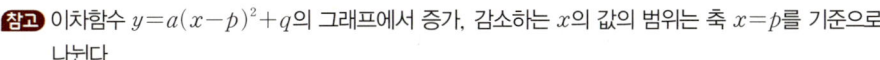

제2사분면 $(-, +)$ $p<0$, $q>0$	제1사분면 $(+, +)$ $p>0$, $q>0$
제3사분면 $(-, -)$ $p<0$, $q<0$	제4사분면 $(+, -)$ $p>0$, $q<0$

20 $y=ax^2$ $\xrightarrow[p만큼\ 평행이동]{x축의\ 방향으로}$ $y=a(x-p)^2$

이차함수 $y=2x^2$의 그래프를 x축의 방향으로 3만큼 평행이동한 그래프를 나타내는 이차함수의 식은
$$y=2(x-3)^2$$

○ 다음 이차함수의 그래프를 x축의 방향으로 [　] 안의 수만큼 평행이동한 그래프를 나타내는 이차함수의 식을 구하시오.

129 $y=4x^2$ $\ [-2]$

130 $y=-2x^2$ $\ [-1]$

131 $y=-3x^2$ $\ [2]$

132 $y=6x^2$ $\ \left[-\dfrac{1}{3}\right]$

133 $y=-\dfrac{1}{2}x^2$ $\ \left[\dfrac{3}{4}\right]$

○ 다음 이차함수의 그래프는 이차함수 $y=5x^2$의 그래프를 x축의 방향으로 얼마만큼 평행이동한 것인지 구하시오.

134 $y=5(x-1)^2$

135 $y=5(x+4)^2$

136 $y=5\left(x+\dfrac{2}{3}\right)^2$

21 $y=a(x-p)^2$의 그래프는 $y=ax^2$의 그래프 위의 각 점을 x축의 방향으로 p만큼 평행이동하여 그리면 돼~

이차함수 $y=(x-3)^2$의 그래프는 이차함수 $y=x^2$의 그래프 위의 각 점에 대하여 x좌표가 3만큼 큰 점을 찍은 후 이 점들을 매끄러운 곡선으로 연결하면 된다.

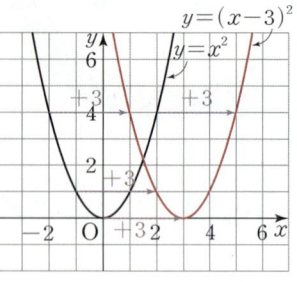

x	$\cdots$	-2	-1	0	1	2	$\cdots$
$y=x^2$	$\cdots$	4	1	0	1	4	$\cdots$
$y=(x-3)^2$	$\cdots$	25	16	9	4	1	$\cdots$

→ $y=x^2$의 그래프를 오른쪽으로 3만큼 평행이동하여 그리면 된다.

137 이차함수 $y=2x^2$의 그래프를 이용하여 다음 함수의 그래프를 좌표평면 위에 그리시오.

(1) $y=2(x-2)^2$ 　　(2) $y=2(x+4)^2$

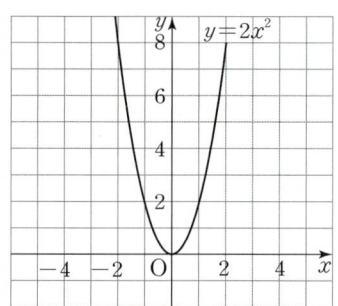

138 이차함수 $y=-x^2$의 그래프를 이용하여 다음 함수의 그래프를 좌표평면 위에 그리시오.

(1) $y=-(x-3)^2$ 　　(2) $y=-(x+2)^2$

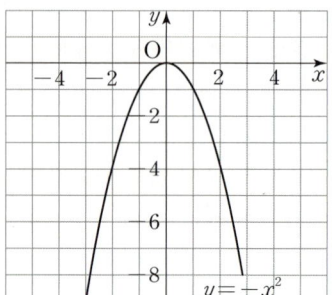

22 이차함수 $y=a(x-p)^2$의 그래프의 꼭짓점의 좌표는 $(p, 0)$, 축의 방정식은 $x=p$야!

이차함수 $y=2(x-7)^2$의 그래프에서
↓ 꼭짓점의 x좌표와 같다.
• 꼭짓점의 좌표는 $(7, 0)$이다.
↓ 꼭짓점의 x좌표가 k이면 축의 방정식은 $x=k$이다.
• 축의 방정식은 $x=7$이다.

○ 다음 이차함수의 그래프의 꼭짓점의 좌표와 축의 방정식을 각각 구하시오.

139 $y=(x-1)^2$
➔ 꼭짓점의 좌표 : ⋯⋯⋯⋯⋯⋯⋯⋯⋯⋯⋯⋯
➔ 축의 방정식 : ⋯⋯⋯⋯⋯⋯⋯⋯⋯⋯⋯⋯

140 $y=4(x+3)^2$
➔ 꼭짓점의 좌표 : ⋯⋯⋯⋯⋯⋯⋯⋯⋯⋯⋯⋯
➔ 축의 방정식 : ⋯⋯⋯⋯⋯⋯⋯⋯⋯⋯⋯⋯

141 $y=-3(x-2)^2$
➔ 꼭짓점의 좌표 : ⋯⋯⋯⋯⋯⋯⋯⋯⋯⋯⋯⋯
➔ 축의 방정식 : ⋯⋯⋯⋯⋯⋯⋯⋯⋯⋯⋯⋯

142 $y=-\dfrac{1}{2}(x+5)^2$
➔ 꼭짓점의 좌표 : ⋯⋯⋯⋯⋯⋯⋯⋯⋯⋯⋯⋯
➔ 축의 방정식 : ⋯⋯⋯⋯⋯⋯⋯⋯⋯⋯⋯⋯

143 $y=2\left(x-\dfrac{2}{3}\right)^2$
➔ 꼭짓점의 좌표 : ⋯⋯⋯⋯⋯⋯⋯⋯⋯⋯⋯⋯
➔ 축의 방정식 : ⋯⋯⋯⋯⋯⋯⋯⋯⋯⋯⋯⋯

144 $y=-5\left(x+\dfrac{1}{6}\right)^2$
➔ 꼭짓점의 좌표 : ⋯⋯⋯⋯⋯⋯⋯⋯⋯⋯⋯⋯
➔ 축의 방정식 : ⋯⋯⋯⋯⋯⋯⋯⋯⋯⋯⋯⋯

23 이차함수 $y=a(x-p)^2$의 그래프의 모양을 생각해 봐~

이차함수 $y=4(x-1)^2$의 그래프는

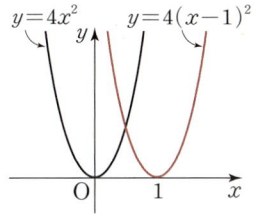

• 이차함수 $y=4x^2$의 그래프를 x축의 방향으로 1만큼 평행이동한 것이다.
• 꼭짓점의 좌표는 $(1, 0)$이다.
• 축의 방정식은 $x=1$이다.
• 그래프는 아래로 볼록하다.
  x^2의 계수는 4이므로 $4>0$이다.

○ 다음 이차함수에 대한 설명이 옳으면 ○표, 옳지 않으면 ×표를 ( ) 안에 써넣으시오.

145 이차함수 $y=-2(x-7)^2$의 그래프는 아래로 볼록하다. ( )

146 이차함수 $y=5\left(x-\dfrac{3}{4}\right)^2$의 그래프의 꼭짓점의 좌표는 $\left(\dfrac{3}{4}, 0\right)$이다. ( )

147 이차함수 $y=\dfrac{1}{3}(x+5)^2$의 그래프는 이차함수 $y=\dfrac{1}{3}x^2$의 그래프를 x축의 방향으로 5만큼 평행이동한 것이다. ( )

148 이차함수 $y=-\left(x+\dfrac{1}{2}\right)^2$의 그래프의 축의 방정식은 $x=-\dfrac{1}{2}$이다. ( )

149 이차함수 $y=3(x+6)^2$의 그래프는 $x<6$일 때, x의 값이 증가하면 y의 값은 감소한다. ( )

150 이차함수 $y=2(x-1)^2$의 그래프는 제1사분면과 제2사분면을 지난다. ( )

○ 이차함수 $y=3(x+1)^2$의 그래프에 대하여 다음 □ 안에 알맞은 것을 써넣으시오.

151 이차함수 $y=3x^2$의 그래프를 x축의 방향으로 [ ] 만큼 평행이동한 것이다.

152 꼭짓점의 좌표는 ([ ], [ ])이다.

153 축의 방정식은 [ ]이다.

154 점 $(-2, [ ])$을 지난다.

155 그래프는 [ ]로 볼록하다.

○ 이차함수 $y=-2(x-3)^2$의 그래프에 대하여 다음 □ 안에 알맞은 것을 써넣으시오.

156 이차함수 $y=-2x^2$의 그래프를 x축의 방향으로 [ ] 만큼 평행이동한 것이다.

157 꼭짓점의 좌표는 ([ ], [ ])이다.

158 축의 방정식은 [ ]이다.

159 점 $(1, [ ])$을 지난다.

160 그래프는 [ ]로 볼록하다.

유형 **Up**
24 $y=a(x-p)^2$의 그래프가 지나는 점의 x, y좌표를 식에 대입하면 a 또는 p의 값을 구할 수 있어~

이차함수 $y=k(x-1)^2$의 그래프가 점 $(-1, -8)$을 지날 때, 그래프가 지나는 점의 x좌표 -1, y좌표 -8을 함수의 식의 x, y에 대입한다.
$-8=k(-1-1)^2$, $-8=4k$ ∴ $k=-2$

○ 다음 이차함수의 그래프가 주어진 점을 지날 때, 상수 k의 값을 구하시오.

161 $y=k(x-3)^2$, 점 $(4, 2)$ _____

🔵 $y=k(x-3)^2$에 $x=$[ ], $y=$[ ]를 대입하면
[ ]$=k($[ ]$-3)^2$ ∴ $k=$[ ]

162 $y=k(x+2)^2$, 점 $(-5, -27)$ _____

163 $y=k\left(x+\dfrac{1}{3}\right)^2$, 점 $\left(-1, \dfrac{2}{3}\right)$ _____

164 $y=-(x+k)^2$, 점 $(-3, -1)$ _____

165 $y=-\dfrac{1}{2}(x+k)^2$, 점 $(2, -8)$ _____

166 $y=4(x+k)^2$, 점 $(1, 1)$ _____

25

$$y=ax^2 \xrightarrow[\substack{x축의\ 방향으로\ p만큼 \\ y축의\ 방향으로\ q만큼\ 평행이동}]{} y=a(x-p)^2+q$$

이차함수 $y=2x^2$의 그래프를 x축의 방향으로 3만큼, y축의 방향으로 4만큼 평행이동한 그래프를 나타내는 이차함수의 식은

$$y=2(x-3)^2+4$$

○ 다음 이차함수의 그래프를 x축의 방향으로 p만큼, y축의 방향으로 q만큼 평행이동한 그래프를 나타내는 이차함수의 식을 구하시오.

167 $y=2x^2 \quad [p=1,\ q=2]$ ....

168 $y=3x^2 \quad \left[p=-\dfrac{1}{3},\ q=6\right]$ ....

169 $y=-2x^2 \quad [p=3,\ q=-4]$ ....

170 $y=-4x^2 \quad [p=-1,\ q=-2]$

....

171 $y=\dfrac{1}{7}x^2 \quad [p=-2,\ q=5]$ ....

○ 다음 이차함수의 그래프는 이차함수 $y=4x^2$의 그래프를 x축의 방향으로 p만큼, y축의 방향으로 q만큼 평행이동한 것이다. 이때 p, q의 값을 각각 구하시오.

172 $y=4(x-2)^2-1$ ....

173 $y=4(x+3)^2+5$ ....

174 $y=4\left(x+\dfrac{5}{6}\right)^2-\dfrac{1}{2}$ ....

26

$y=a(x-p)^2+q$의 그래프는 $y=ax^2$의 그래프 위의 각 점을 x축의 방향으로 p만큼, y축의 방향으로 q만큼 평행이동하여 그리면 돼~

이차함수 $y=(x-3)^2+2$의 그래프는 이차함수 $y=x^2$의 그래프 위의 각 점에 대하여 x좌표가 3만큼 크고, y좌표가 2만큼 큰 점을 찍은 후 이 점들을 매끄러운 곡선으로 연결하면 된다.

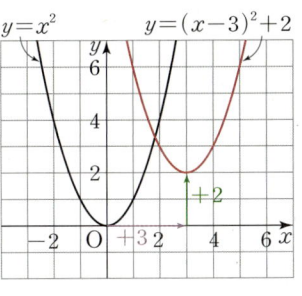

→ $y=x^2$의 그래프를 오른쪽으로 3만큼, 위쪽으로 2만큼 평행이동하여 그리면 된다.

175 이차함수 $y=2x^2$의 그래프를 이용하여 다음 함수의 그래프를 좌표평면 위에 그리시오.

(1) $y=2(x-1)^2+3$

(2) $y=2(x+2)^2-1$

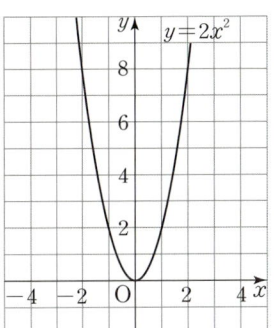

176 이차함수 $y=-\dfrac{1}{2}x^2$의 그래프를 이용하여 다음 함수의 그래프를 좌표평면 위에 그리시오.

(1) $y=-\dfrac{1}{2}(x-2)^2+1$

(2) $y=-\dfrac{1}{2}(x+1)^2+2$

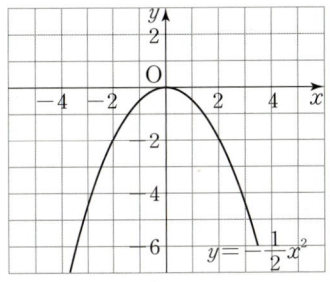

27 이차함수 $y=a(x-p)^2+q$의 그래프의 꼭짓점의 좌표는 (p, q), 축의 방정식은 $x=p$야!

이차함수 $y=2(x-7)^2+3$의 그래프에서
꼭짓점의 x좌표와 같다. 꼭짓점의 y좌표와 같다.
• 꼭짓점의 좌표는 $(7, 3)$이다.
꼭짓점의 x좌표가 k이면 축의 방정식은 $x=k$이다.
• 축의 방정식은 $x=7$이다.

○ 다음 이차함수의 그래프의 꼭짓점의 좌표와 축의 방정식을 각각 구하시오.

177 $y=(x-1)^2+4$

➡ 꼭짓점의 좌표 : _____

➡ 축의 방정식 : _____

178 $y=3(x+2)^2-2$

➡ 꼭짓점의 좌표 : _____

➡ 축의 방정식 : _____

179 $y=-(x-4)^2-3$

➡ 꼭짓점의 좌표 : _____

➡ 축의 방정식 : _____

180 $y=\dfrac{1}{2}(x+3)^2+5$

➡ 꼭짓점의 좌표 : _____

➡ 축의 방정식 : _____

181 $y=-\dfrac{2}{3}(x+1)^2+\dfrac{1}{2}$

➡ 꼭짓점의 좌표 : _____

➡ 축의 방정식 : _____

182 $y=-6\left(x-\dfrac{4}{5}\right)^2-\dfrac{1}{3}$

➡ 꼭짓점의 좌표 : _____

➡ 축의 방정식 : _____

28 이차함수 $y=a(x-p)^2+q$의 그래프의 모양을 생각해 봐~

이차함수 $y=(x-1)^2-3$의 그래프는
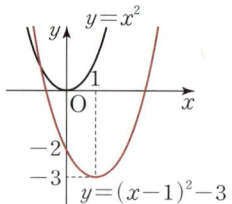
• 이차함수 $y=x^2$의 그래프를 x축의 방향으로 1만큼, y축의 방향으로 -3만큼 평행이동한 것이다.
• 꼭짓점의 좌표는 $(1, -3)$이다.
• 축의 방정식은 $x=1$이다.
• 그래프는 아래로 볼록하다.
x^2의 계수는 1이므로 1>0이다.

○ 다음 이차함수에 대한 설명이 옳으면 ○표, 옳지 않으면 ×표를 ( ) 안에 써넣으시오.

183 이차함수 $y=-2(x+9)^2-1$의 그래프의 꼭짓점의 좌표는 $(9, -1)$이다. ( )

184 이차함수 $y=6(x+7)^2-8$의 그래프는 아래로 볼록하다. ( )

185 이차함수 $y=-3\left(x-\dfrac{5}{2}\right)^2+\dfrac{1}{4}$의 그래프의 축의 방정식은 $x=-\dfrac{5}{2}$이다. ( )

186 이차함수 $y=-(x-3)^2+10$의 그래프는 이차함수 $y=-x^2$의 그래프를 x축의 방향으로 3만큼, y축의 방향으로 10만큼 평행이동한 것이다. ( )

187 이차함수 $y=\dfrac{1}{4}(x+2)^2-\dfrac{2}{3}$의 그래프는 $x>-2$일 때, x의 값이 증가하면 y의 값도 증가한다. ( )

188 이차함수 $y=\left(x+\dfrac{3}{7}\right)^2+2$의 그래프는 제1사분면과 제2사분면을 지난다. ( )

○ 이차함수 $y=2(x-3)^2-2$의 그래프에 대하여 다음 □ 안에 알맞은 것을 써넣으시오.

189 이차함수 $y=2x^2$의 그래프를 x축의 방향으로 □만큼, y축의 방향으로 □만큼 평행이동한 것이다.

190 꼭짓점의 좌표는 (□, □)이다.

191 축의 방정식은 □이다.

192 점 (2, □)을 지난다.

193 그래프는 □로 볼록하다.

○ 이차함수 $y=-\dfrac{1}{5}(x+3)^2+1$의 그래프에 대하여 다음 □ 안에 알맞은 것을 써넣으시오.

194 이차함수 $y=-\dfrac{1}{5}x^2$의 그래프를 x축의 방향으로 □만큼, y축의 방향으로 □만큼 평행이동한 것이다.

195 꼭짓점의 좌표는 (□, □)이다.

196 축의 방정식은 □이다.

197 점 $\left(-2,\ \boxed{}\right)$를 지난다.

198 그래프는 □로 볼록하다.

유형 **Up**
29 $y=a(x-p)^2+q$의 그래프가 지나는 점의 x, y좌표를 식에 대입하면 a 또는 p 또는 q의 값을 구할 수 있어~

이차함수 $y=k(x+1)^2-2$의 그래프가 점 $(1,\ -6)$을 지날 때,

그래프가 지나는 점의 x좌표 1, y좌표 -6을 함수의 식의 x, y에 대입한다.

$-6=k(1+1)^2-2$, $4k=-4$ $\quad \therefore k=-1$

○ 다음 이차함수의 그래프가 주어진 점을 지날 때, 상수 k의 값을 구하시오.

199 $y=k(x-1)^2+1$, 점 $(-1,\ 13)$

해 $y=k(x-1)^2+1$에 $x=$□, $y=$□을 대입하면

□$=k($□$-1)^2+1$, □$=$□$k+1$

$\therefore k=$□

200 $y=k(x+3)^2-5$, 점 $(-2,\ -7)$

201 $y=-(x-2)^2+k$, 점 $(5,\ -10)$

202 $y=\dfrac{1}{3}(x+4)^2+k$, 점 $(-3,\ 1)$

203 $y=2(x+k)^2-6$, 점 $(2,\ 12)$

204 $y=-\dfrac{3}{2}(x+k)^2-\dfrac{5}{2}$, 점 $(5,\ -4)$

유형 **Up**

30 $y=a(x-p)^2+q$의 그래프에서 그래프의 모양으로 a의 부호를, 그래프의 꼭짓점의 위치로 p, q의 부호를 결정해!

이차함수 $y=a(x-p)^2+q$의 그래프가 오른쪽 그림과 같을 때

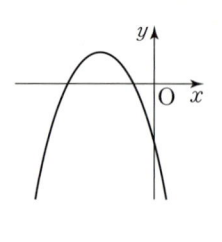

• 그래프가 위로 볼록($\cap$)하므로
  $a<0$
• 꼭짓점 (p, q)가 제2사분면 위에 있으므로 $p<0$, $q>0$

○ 이차함수 $y=a(x-p)^2+q$의 그래프가 다음 그림과 같을 때, ⬤ 안에 $=$, $<$, $>$ 중에서 알맞은 것을 써넣으시오.

205

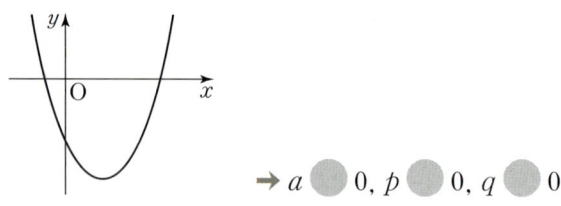

→ a ⬤ 0, p ⬤ 0, q ⬤ 0

206

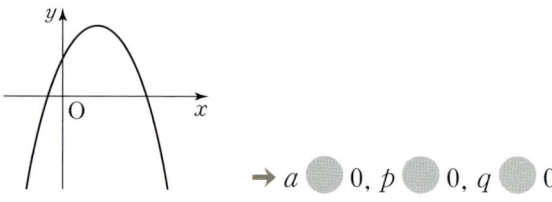

→ a ⬤ 0, p ⬤ 0, q ⬤ 0

207

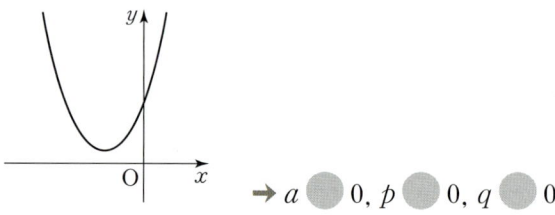

→ a ⬤ 0, p ⬤ 0, q ⬤ 0

208

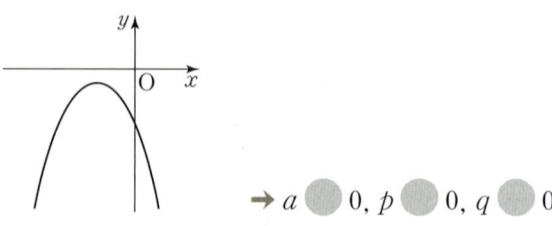

→ a ⬤ 0, p ⬤ 0, q ⬤ 0

209

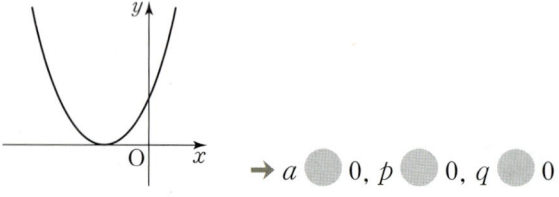

→ a ⬤ 0, p ⬤ 0, q ⬤ 0

TIP 꼭짓점이 x축 위에 있으면 꼭짓점의 좌표는 $(p, 0)$이야.

 교과서 **미리보기** 풀었던 연산은 교과서에 이렇게 나온다!

210 20 22

이차함수 $y=5x^2$의 그래프를 x축의 방향으로 1만큼 평행이동한 그래프의 꼭짓점의 좌표를 구하시오.

211 25

이차함수 $y=a(x-3)^2-4$의 그래프는 이차함수 $y=-2x^2$의 그래프를 x축의 방향으로 b만큼, y축의 방향으로 c만큼 평행이동한 것이다. 이때 $a+b+c$의 값을 구하시오.

212 28

다음 중 이차함수 $y=-(x+2)^2+3$의 그래프에 대한 설명으로 옳은 것을 모두 고르면? (정답 2개)

① 아래로 볼록한 포물선이다.
② 꼭짓점의 좌표가 $(-2, 3)$이다.
③ 축의 방정식은 $x=2$이다.
④ 이차함수 $y=-x^2$의 그래프를 x축의 방향으로 2만큼, y축의 방향으로 3만큼 평행이동한 것이다.
⑤ $x>-2$일 때, x의 값이 증가하면 y의 값은 감소한다.

Episode 17 이차함수 $y=ax^2+bx+c$의 그래프

▶ 개념 Play

1. 이차함수 $y=ax^2+bx+c$의 그래프

이차함수 $y=ax^2+bx+c$의 그래프는 $y=a(x-p)^2+q$의 꼴로 고쳐서 그린다.

$$y=ax^2+bx+c \rightarrow y=a\left(x+\frac{b}{2a}\right)^2-\frac{b^2-4ac}{4a}$$

(완전제곱식)+(상수항)의 꼴

(1) $a>0$일 때 아래로 볼록하고, $a<0$일 때 위로 볼록하다.

(2) 꼭짓점의 좌표 : $\left(-\dfrac{b}{2a},\ -\dfrac{b^2-4ac}{4a}\right)$

(3) 축의 방정식 : $x=-\dfrac{b}{2a}$

2. 이차함수의 그래프와 x축, y축의 교점

(1) x축과의 교점 : $y=0$일 때의 x의 값을 구한다. ➡ (■, 0)의 꼴

    참고 이차함수 $y=ax^2+bx+c$의 그래프와 x축의 교점의 x좌표는 이차방정식
    $ax^2+bx+c=0$의 근이다.

(2) y축과의 교점 : $x=0$일 때의 y의 값을 구한다. ➡ (0, ▲)의 꼴

3. 이차함수 $y=ax^2+bx+c$의 그래프에서 a, b, c의 부호

(1) a의 부호 : 그래프의 모양에 따라 결정된다.

    ① 아래로 볼록(∪) ➡ $a>0$
    ② 위로 볼록(∩) ➡ $a<0$

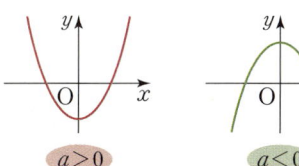

(2) b의 부호 : 축의 위치에 따라 결정된다.

    ① 축이 y축의 왼쪽 ➡ $ab>0$ ← a, b는 같은 부호
    ② 축이 y축 ➡ $b=0$
    ③ 축이 y축의 오른쪽 ➡ $ab<0$ ← a, b는 다른 부호

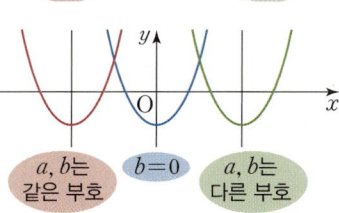

(3) c의 부호 : y축과의 교점의 위치에 따라 결정된다.

    ① y축과의 교점이 x축보다 위쪽 ➡ $c>0$
    ② y축과의 교점이 원점 ➡ $c=0$
    ③ y축과의 교점이 x축보다 아래쪽 ➡ $c<0$

● 이차함수 $y=2x^2-8x+3$을 $y=a(x-p)^2+q$의 꼴로 고칠 때, $y=2(x-2)^2+3$으로 고치지 않는다.

$y=2x^2-8x+3$
$=2(x^2-4x)+3$
$=2(x^2-4x+4-4)+3$
   $\left(\dfrac{-4}{2}\right)^2=4$를 더해 주고 다시 빼 준다.
$=2(x^2-4x+4)-8+3$
   −4를 괄호 밖으로 빼낼 때 반드시 x^2의 계수 2를 곱해 주어야 한다.
$=2(x-2)^2-5$
로 고쳐야 한다.

31 $y=$(완전제곱식)$+$(상수항)의 꼴로 고칠 때 $\left(\dfrac{x\text{의 계수}}{2}\right)^2$을 더해 주고 다시 빼 주어야 해!

$y=x^2+2x-1$

$\quad=(x^2+2x+1-1)-1$

$\qquad \left(\dfrac{2}{2}\right)^2=1$을 더해 주고 다시 빼 준다.

$\quad=\underline{(x^2+2x+1)}-1-1$

$\qquad$ 완전제곱식

$\quad=(x+1)^2-2$

$\quad$ (완전제곱식)$+$(상수항)의 꼴

32 $y=ax^2+bx+c$의 그래프의 꼭짓점의 좌표, 축의 방정식을 구할 때에는 식을 $y=a(x-p)^2+q$의 꼴로 고친 후 구해~

$y=x^2-8x+19=(x^2-8x+16-16)+19$

$\quad=(x^2-8x+16)-16+19=(x-4)^2+3$

이차함수 $y=x^2-8x+19$의 그래프는 이차함수 $y=(x-4)^2+3$의 그래프와 같다.

• 꼭짓점의 좌표 : $(4,\ 3)$ ┐ $y=(x-4)^2+3$에서 꼭짓점의 좌표,

• 축의 방정식 : $x=4$ ┘ 축의 방정식을 구한다.

• y축과의 교점의 좌표 : $(0,\ 19)$

$\qquad$ └→ $x=0$일 때의 y의 값

○ 다음 이차함수의 식을 $y=a(x-p)^2+q$의 꼴로 나타내시오.

213 $y=4x^2-8x+1$

해 $y=4x^2-8x+1$

$\quad=4(x^2-2x)+1$

$\quad=4(x^2-2x+\boxed{}-\boxed{})+1$

$\quad=4(x^2-2x+\boxed{})-\boxed{}+1$

$\quad=4(x-\boxed{})^2-\boxed{}$

214 $y=x^2+4x+3$

215 $y=x^2-6x+13$

216 $y=5x^2+10x-3$

217 $y=-3x^2+12x-6$

218 $y=-\dfrac{1}{2}x^2-4x+8$

○ 다음 이차함수의 식을 $y=a(x-p)^2+q$의 꼴로 나타내고, 그 그래프의 꼭짓점의 좌표, 축의 방정식, y축과의 교점의 좌표를 각각 구하시오.

219 $y=x^2-4x+2$

→ 꼭짓점의 좌표 :

→ 축의 방정식 :

→ y축과의 교점의 좌표 :

해 $y=x^2-4x+2$

$\quad=(x^2-4x+\boxed{}-\boxed{})+2$

$\quad=(x^2-4x+\boxed{})-\boxed{}+2$

$\quad=(x-\boxed{})^2-\boxed{}$

220 $y=-2x^2+16x-17$

→ 꼭짓점의 좌표 :

→ 축의 방정식 :

→ y축과의 교점의 좌표 :

221 $y=-3x^2-12x$

→ 꼭짓점의 좌표 :

→ 축의 방정식 :

→ y축과의 교점의 좌표 :

33 $y=ax^2+bx+c$의 그래프를 그릴 때에는 식을 $y=a(x-p)^2+q$의 꼴로 고친 후 그려 봐~

$y=x^2-2x+3$
  $=(x^2-2x+1-1)+3$
  $=(x^2-2x+1)-1+3$
  $=(x-1)^2+2$

이차함수 $y=x^2-2x+3$의 그래프
는 이차함수 $y=(x-1)^2+2$의 그
래프와 같다.

→ x^2의 계수가 1이므로 아래로 볼록하고 꼭짓점의 좌표는
$(1,2)$, y축과 점 $(0,3)$에서 만나는 포물선

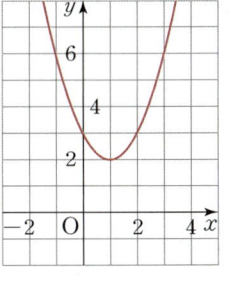

�𝕆 다음 이차함수의 식을 $y=a(x-p)^2+q$의 꼴로 나타내고 그 그래프를 좌표평면 위에 그리시오.

222 $y=x^2-4x+3$

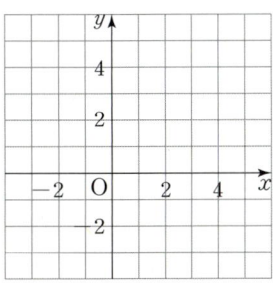

223 $y=-3x^2+6x-1$

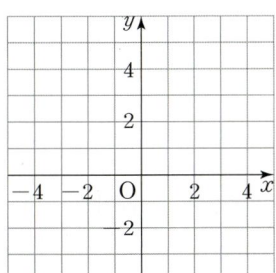

224 $y=\dfrac{2}{3}x^2+4x+2$

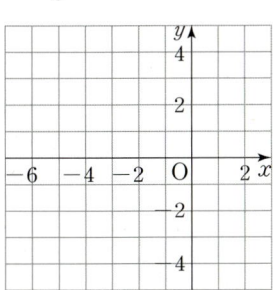

유형 Up 34 x축과의 교점의 x좌표는 $y=0$일 때의 x의 값이고 y좌표는 0이야!

이차함수 $y=x^2+2x$의 그래프와 x축의 교점의 좌표를 구할 때,

$y=x^2+2x$에 $y=0$을 대입하면

$x^2+2x=0$, $x(x+2)=0$ ∴ $x=0$ 또는 $x=-2$

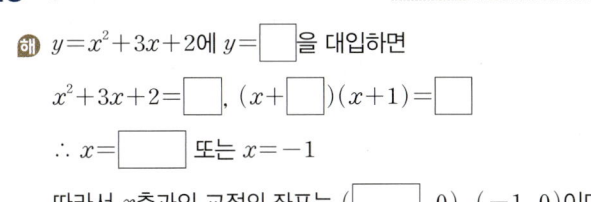
이차함수 $y=x^2+2x$의 그래프와 x축의 교점의 x좌표는 이차방정식 $x^2+2x=0$의 근이다.

따라서 x축과의 교점의 좌표는 $(0,0)$, $(-2,0)$이다.
y좌표는 항상 0

�𝕆 다음 이차함수의 그래프와 x축의 교점의 좌표를 구하시오.

225 $y=x^2+3x+2$

해 $y=x^2+3x+2$에 $y=\boxed{}$을 대입하면

$x^2+3x+2=\boxed{}$, $(x+\boxed{})(x+1)=\boxed{}$

∴ $x=\boxed{}$ 또는 $x=-1$

따라서 x축과의 교점의 좌표는 $(\boxed{},0)$, $(-1,0)$이다.

226 $y=x^2-x-12$

227 $y=2x^2-7x+3$

228 $y=-3x^2+15x$

229 $y=-x^2-2x+8$

230 $y=-6x^2+5x+6$

35 $y=ax^2+bx+c$의 그래프는 $y=a(x-p)^2+q$의 꼴로 고친 후 그래프의 모양을 생각해 봐~

이차함수 $y=-x^2-2x+2$의 그래프는
$y=-x^2-2x+2=-(x^2+2x)+2$
$\quad=-(x^2+2x+1-1)+2=-(x^2+2x+1)+1+2$
$\quad=-(x+1)^2+3$

• 이차함수 $y=-x^2$의 그래프를 x축의 방향으로 -1만큼, y축의 방향으로 3만큼 평행이동한 것이다.
• 꼭짓점의 좌표는 $(-1, 3)$이다.
• 축의 방정식은 $x=-1$이다.
• 그래프는 위로 볼록하다.
  x^2의 계수는 -1이므로 $-1<0$이다.

○ 다음 이차함수에 대한 설명이 옳으면 ○표, 옳지 않으면 ×표를 ( ) 안에 써넣으시오.

231 이차함수 $y=-x^2+4x+7$의 그래프의 축의 방정식은 $x=-2$이다. ( )

232 이차함수 $y=-\frac{1}{4}x^2-x+4$의 그래프의 꼭짓점의 좌표는 $(-2, 5)$이다. ( )

233 이차함수 $y=3x^2+18x+12$의 그래프는 이차함수 $y=3x^2$의 그래프를 x축의 방향으로 -3만큼, y축의 방향으로 -15만큼 평행이동한 것이다. ( )

234 이차함수 $y=2x^2-4x-5$의 그래프는 $x<1$일 때, x의 값이 증가하면 y의 값도 증가한다. ( )

235 이차함수 $y=x^2-x-3$의 그래프와 y축의 교점의 좌표는 $(0, -3)$이다. ( )

○ 이차함수 $y=-x^2-6x+1$의 그래프에 대하여 다음 □ 안에 알맞은 것을 써넣으시오.

236 이차함수 $y=-x^2$의 그래프를 x축의 방향으로 ☐만큼, y축의 방향으로 ☐만큼 평행이동한 것이다.

237 꼭짓점의 좌표는 (☐, ☐)이다.

238 축의 방정식은 $x=$☐이다.

239 그래프는 ☐로 볼록하다.

240 y축과의 교점의 좌표는 $(0, $☐$)$이다.

○ 이차함수 $y=3x^2-12x-4$의 그래프에 대하여 다음 □ 안에 알맞은 것을 써넣으시오.

241 이차함수 $y=3x^2$의 그래프를 x축의 방향으로 ☐만큼, y축의 방향으로 ☐만큼 평행이동한 것이다.

242 꼭짓점의 좌표는 (☐, ☐)이다.

243 축의 방정식은 $x=$☐이다.

244 그래프는 ☐로 볼록하다.

245 y축과의 교점은 $(0, $☐$)$이다.

36 $y=ax^2+bx+c$의 그래프에서 그래프의 모양으로 a의 부호를, 축의 위치로 b의 부호를, y축과의 교점의 위치로 c의 부호를 결정해!

이차함수 $y=ax^2+bx+c$의 그래프가

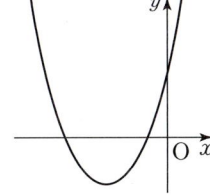

그래프의 모양 → a
축의 위치 ↑ b
↑ y축과의 교점의 위치 c

오른쪽 그림과 같을 때,
· 그래프가 위로 볼록(∩)하므로 $a<0$
· 축이 y축의 오른쪽에 있으므로 $b>0$
  축이 y축의 오른쪽에 있으므로 $ab<0$이고 $a<0$이므로 $b>0$
· y축과의 교점이 x축보다 위쪽에 있으므로 $c>0$

○ 이차함수 $y=ax^2+bx+c$의 그래프가 오른쪽 그림과 같을 때, 다음 □ 안에 알맞은 것을 써넣으시오.

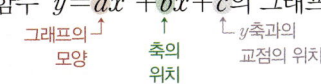

246 그래프가 □로 볼록하다.
→ a □ 0

247 축이 y축의 □쪽에 위치한다.
→ ab □ 0
→ a, b의 부호는 □.
→ b □ 0

248 y축과의 교점이 x축의 □쪽에 위치한다. → c □ 0

○ 이차함수 $y=ax^2+bx+c$의 그래프가 오른쪽 그림과 같을 때, 다음 □ 안에 알맞은 것을 써넣으시오.

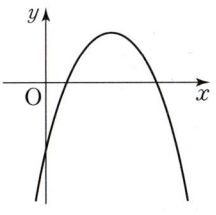

249 그래프가 □로 볼록하다.
→ a □ 0

250 축이 y축의 □쪽에 위치한다.
→ ab □ 0
→ a, b의 부호는 □.
→ b □ 0

251 y축과의 교점이 x축의 □쪽에 위치한다.
→ c □ 0

○ 이차함수 $y=ax^2+bx+c$의 그래프가 다음 그림과 같을 때, ● 안에 =, <, > 중에서 알맞은 것을 써넣으시오.

252

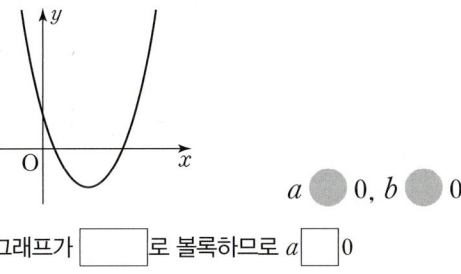

a ● 0, b ● 0, c ● 0

해 그래프가 □로 볼록하므로 a □ 0
축이 y축의 □쪽에 있으므로 ab □ 0 ∴ b □ 0
y축과의 교점이 x축의 □쪽에 있으므로 c □ 0

253

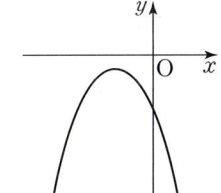

a ● 0, b ● 0, c ● 0

254

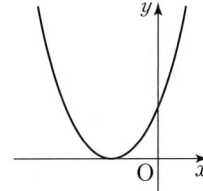

a ● 0, b ● 0, c ● 0

255

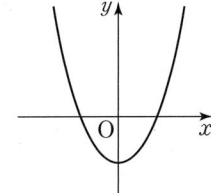

a ● 0, b ● 0, c ● 0

256

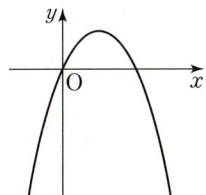

a ● 0, b ● 0, c ● 0

유형 Up

37 $y=ax^2+bx+c$에서 a의 부호가 그래프의 모양을, a, b의 부호가 축의 위치를, c의 부호가 y축과의 교점의 위치를 결정해!

이차함수 $y=ax^2+bx+c$에서 $a>0$, $b>0$, $c>0$일 때,
❶ $a>0$이면 그래프는 아래로 볼록하다.
❷ $b>0$이면 a와 부호가 같으므로 축은 y축의 왼쪽에 있다.
❸ $c>0$이면 y축과의 교점이 x축의 위쪽에 있다.
따라서 그래프의 개형을 그리면 오른쪽 그림과 같다.

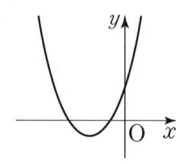

○ 이차함수 $y=ax^2+bx+c$에서 상수 a, b, c의 부호가 다음과 같을 때, 이 함수의 그래프의 개형을 좌표평면 위에 그리시오.

257 $a>0$, $b<0$, $c<0$

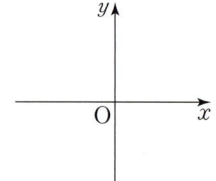

258 $a<0$, $b<0$, $c>0$

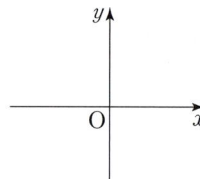

259 $a<0$, $b>0$, $c>0$

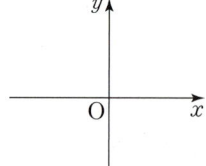

260 $a>0$, $b>0$, $c=0$

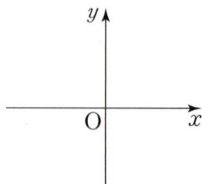

261 $a<0$, $b=0$, $c<0$

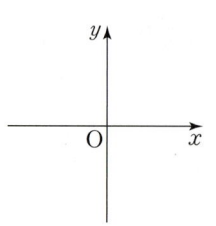

🔗 **교과서 미리보기** 풀었던 연산은 교과서에 이렇게 나온다!

262 [31]

이차함수 $y=-x^2+4x-1$을 $y=a(x-p)^2+q$의 꼴로 고칠 때, $a+p+q$의 값을 구하시오. (단, a, p, q는 상수)

263 [35]

다음 중 이차함수 $y=-2x^2+4x+2$의 그래프에 대한 설명으로 옳지 <u>않은</u> 것은?

① 위로 볼록한 포물선이다.
② 꼭짓점의 좌표는 $(1, 4)$이다.
③ 축의 방정식은 $x=1$이다.
④ 이차함수 $y=-x^2$의 그래프를 x축의 방향으로 1만큼, y축의 방향으로 4만큼 평행이동한 것이다.
⑤ $x>1$일 때, x의 값이 증가하면 y의 값은 감소한다.

264 [36]

이차함수 $y=ax^2+bx+c$의 그래프가 오른쪽 그림과 같을 때, 다음 중 옳은 것은?

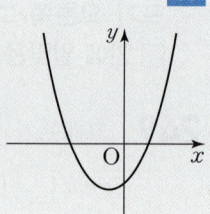

① $a<0$, $b<0$, $c<0$
② $a<0$, $b>0$, $c<0$
③ $a<0$, $b>0$, $c>0$
④ $a>0$, $b>0$, $c<0$
⑤ $a>0$, $b>0$, $c>0$

18 이차함수의 활용

▶ 개념 **Play**

1. 이차함수의 식 구하기

(1) 꼭짓점의 좌표 (p, q)와 그래프 위의 한 점의 좌표가 주어질 때,

   ❶ 이차함수의 식을 $y=a(x-p)^2+q$로 놓는다.

   ❷ 주어진 **다른 한 점의 좌표를 대입**하여 a의 값을 구한다.

   참고 꼭짓점의 좌표에 따른 이차함수의 식

      ① $(0, 0)$ ➡ $y=ax^2$

      ② $(0, q)$ ➡ $y=ax^2+q$

      ③ $(p, 0)$ ➡ $y=a(x-p)^2$

      ④ (p, q) ➡ $y=a(x-p)^2+q$

(2) 축의 방정식 $x=p$와 그래프 위의 두 점의 좌표가 주어질 때,

   ❶ 이차함수의 식을 $y=a(x-p)^2+q$로 놓는다.

   ❷ 주어진 **두 점의 좌표를 각각 대입**하여 a, p의 값을 구한다.

   참고 축의 방정식이 $x=0$이면 이차함수의 식은 $y=ax^2+q$의 꼴이다.

(3) 그래프 위의 서로 다른 세 점의 좌표가 주어질 때,

   ❶ 이차함수의 식을 $y=ax^2+bx+c$로 놓는다.

   ❷ 주어진 세 점의 좌표를 각각 대입하여 a, b, c의 값을 구한다.

     x좌표가 0인 점이 있으면 그 점의 좌표를 대입하여 c의 값을 먼저 구한다.

(4) x축과의 교점 $(\alpha, 0)$, $(\beta, 0)$과 그래프 위의 한 점의 좌표가 주어질 때,

   ❶ 이차함수의 식을 $y=a(x-\alpha)(x-\beta)$로 놓는다.

   ❷ 주어진 **다른 한 점의 좌표를 대입**하여 a의 값을 구한다.

   참고 x축과의 두 교점의 좌표와 그래프 위의 다른 한 점의 좌표가 주어진 경우는 그래프 위의 세 점의 좌표가 주어진 경우와 같은 방법으로 이차함수의 식을 구할 수 있다.

2. 이차함수의 활용

이차함수의 활용 문제는 다음과 같은 순서로 푼다.

   ❶ 변수 x, y 정하기 : 문제의 뜻을 파악하고 두 변수 x, y를 정한다.

   ❷ 함수의 식 세우기 : x와 y 사이의 관계를 식으로 나타낸다.

   ❸ 답 구하기 : 이차함수의 식을 이용하여 답을 구한다.

   ❹ 확인하기 : 구한 답이 주어진 조건에 맞는지 확인한다.

   참고 시간, 길이, 거리, 넓이, 무게에 해당하는 수는 양수이어야 하고 사람 수, 물건의 개수에 해당하는 수는 자연수이어야 한다.

● 세 점 $(-2, -5)$, $(-1, 0)$, $(0, 3)$을 지나는 포물선을 그래프로 하는 이차함수의 식은 $y=a(x+1)(x-3)$이 **아니다.**

두 점 $(-1, 0)$, $(0, 3)$이 x축과의 교점이 아니므로 이차함수의 식을
$y=ax^2+bx+c$로 놓고 세 점의 좌표를 대입하여 구한다.

$y=ax^2+bx+c$에 $x=0$, $y=3$을 대입하면
$c=3$

$x=-1$, $y=0$을 대입하면
$0=a-b+3$ …… ㉠

$x=-2$, $y=-5$를 대입하면
$-5=4a-2b+3$ …… ㉡

㉠, ㉡을 연립하여 풀면
$a=-1$, $b=2$

$\therefore y=-x^2+2x+3$

38 꼭짓점 (p, q)가 주어지면 이차함수의 식을 $y=a(x-p)^2+q$로 놓고 주어진 점의 좌표를 대입해~

꼭짓점의 좌표가 $(3, -1)$이고 점 $(2, 3)$을 지나는 포물선을 그래프로 하는 이차함수의 식을 구할 때,

❶ 이차함수의 식을 $y=a(x-3)^2-1$로 놓는다.

❷ $x=2$, $y=3$을 대입하면 $3=a-1$ $\therefore a=4$

❸ 이차함수의 식은 $y=4(x-3)^2-1$

○ 다음 포물선을 그래프로 하는 이차함수의 식을 $y=ax^2+bx+c$의 꼴로 나타내시오.

265 꼭짓점의 좌표가 $(1, 2)$이고 점 $(2, 0)$을 지나는 포물선

해 이차함수의 식을 $y=a(x-\boxed{})^2+\boxed{}$로 놓고

$x=\boxed{}$, $y=\boxed{}$을 대입하면

$\boxed{}=a+2$ $\therefore a=\boxed{}$

$\therefore y=\boxed{}(x-\boxed{})^2+\boxed{}$

$=\boxed{}x^2+\boxed{}x$

266 꼭짓점의 좌표가 $(2, -3)$이고 점 $(-1, 6)$을 지나는 포물선

267 꼭짓점의 좌표가 $(-1, 3)$이고 점 $(1, -1)$을 지나는 포물선

268 꼭짓점의 좌표가 $(0, -1)$이고 점 $(-2, -3)$을 지나는 포물선

269 꼭짓점의 좌표가 $(2, 0)$이고 점 $(3, 5)$를 지나는 포물선

39 그래프에서 꼭짓점의 좌표와 그래프 위의 다른 한 점의 좌표를 찾아 이차함수의 식을 구해봐~

오른쪽 그림과 같은 포물선을 그래프로 하는 이차함수의 식을 구할 때,

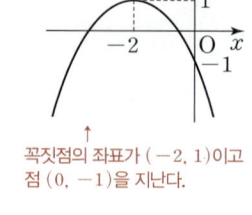

❶ 이차함수의 식을 $y=a(x+2)^2+1$로 놓는다.

❷ $x=0$, $y=-1$을 대입하면 $-1=4a+1$ $\therefore a=-\dfrac{1}{2}$

꼭짓점의 좌표가 $(-2, 1)$이고 점 $(0, -1)$을 지난다.

❸ 이차함수의 식은 $y=-\dfrac{1}{2}(x+2)^2+1$

○ 다음 그림과 같은 포물선을 그래프로 하는 이차함수의 식을 $y=ax^2+bx+c$의 꼴로 나타내시오.

270

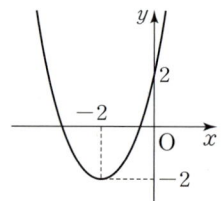

해 꼭짓점의 좌표는 $\boxed{}$이고 점 $\boxed{}$를 지난다.

이차함수의 식을

$y=a(x+\boxed{})^2-\boxed{}$로 놓고

$x=\boxed{}$, $y=\boxed{}$를 대입하면

$2=\boxed{}a-2$ $\therefore a=\boxed{}$

$\therefore y=(x+\boxed{})^2-2=x^2+\boxed{}x+2$

271

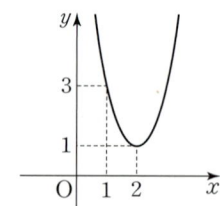

272

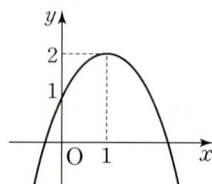

40 축의 방정식 $x=p$가 주어지면 이차함수의 식을 $y=a(x-p)^2+q$로 놓고 주어진 두 점의 좌표를 대입해~

축의 방정식이 $x=2$이고 두 점 $(-1, 0)$, $(4, 5)$를 지나는 포물선을 그래프로 하는 이차함수의 식을 구할 때,

❶ 이차함수의 식을 $y=a(x-2)^2+q$로 놓는다.

❷ $x=-1$, $y=0$을 대입하면 $0=9a+q$ …… ㉠

$x=4$, $y=5$를 대입하면 $5=4a+q$ …… ㉡

㉠, ㉡을 연립하여 풀면 $a=-1$, $q=9$

❸ 이차함수의 식은 $y=-(x-2)^2+9$

○ 다음 포물선을 그래프로 하는 이차함수의 식을 $y=ax^2+bx+c$의 꼴로 나타내시오.

273 축의 방정식이 $x=-2$이고 두 점 $(1, -6)$, $(-3, 2)$를 지나는 포물선

해 이차함수의 식을 $y=a(x+\boxed{})^2+q$로 놓고

$x=1$, $y=-6$을 대입하면 $-6=\boxed{}a+q$ …… ㉠

$x=-3$, $y=2$를 대입하면 $2=a+q$ …… ㉡

㉠, ㉡을 연립하여 풀면 $a=-1$, $q=\boxed{}$

$\therefore y=-(x+\boxed{})^2+\boxed{}=-x^2-4x-1$

274 축의 방정식이 $x=1$이고 두 점 $(-1, 3)$, $(0, -6)$을 지나는 포물선

275 축의 방정식이 $x=4$이고 두 점 $(1, 3)$, $(2, 8)$을 지나는 포물선

276 축의 방정식이 $x=-3$이고 두 점 $(-5, 5)$, $(-2, -1)$을 지나는 포물선

277 축의 방정식이 $x=-1$이고 두 점 $(-2, -2)$, $(1, -14)$를 지나는 포물선

41 그래프에서 축의 방정식과 그래프 위의 다른 두 점의 좌표를 찾아~

오른쪽 그림과 같은 포물선을 그래프로 하는 이차함수의 식을 구할 때,

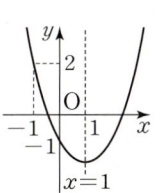

축의 방정식이 $x=1$이고 두 점 $(0, -1)$, $(-1, 2)$를 지난다.

❶ 이차함수의 식을 $y=a(x-1)^2+q$로 놓는다.

❷ $x=0$, $y=-1$을 대입하면 $-1=a+q$ …… ㉠

$x=-1$, $y=2$를 대입하면 $2=4a+q$ …… ㉡

㉠, ㉡을 연립하여 풀면 $a=1$, $q=-2$

❸ 이차함수의 식은 $y=(x-1)^2-2$

○ 다음 그림과 같은 포물선을 그래프로 하는 이차함수의 식을 $y=ax^2+bx+c$의 꼴로 나타내시오.

278

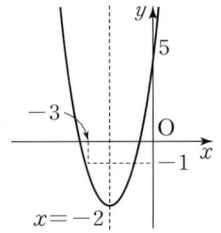

해 축의 방정식은 $\boxed{}$이고 두 점 $\boxed{}$, $\boxed{}$를 지난다.

이차함수의 식을 $y=a(x+\boxed{})^2+q$로 놓고

$x=-3$, $y=-1$을 대입하면 $-1=a+q$ …… ㉠

$x=0$, $y=5$를 대입하면 $\boxed{}=4a+q$ …… ㉡

㉠, ㉡을 연립하여 풀면 $a=2$, $q=\boxed{}$

$\therefore y=2(x+\boxed{})^2+\boxed{}=2x^2+8x+\boxed{}$

279

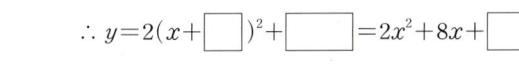

280

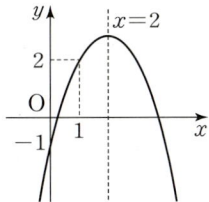

42 $y=ax^2+bx+c$에 세 점의 좌표를 대입할 때, x좌표가 0인 점이 있으면 c의 값을 먼저 구해 봐~

세 점 $(-1, 5)$, $(0, 2)$, $(1, 3)$을 지나는 포물선을 그래프로 하는 이차함수의 식을 구할 때,

❶ 이차함수의 식을 $y=ax^2+bx+c$로 놓는다.

❷ $x=0$, $y=2$를 대입하면 $c=2$ ← x좌표가 0인 점을 이용하여 먼저 c의 값을 구한다.

 $x=-1$, $y=5$를 대입하면 $5=a-b+2$ …… ㉠

 $x=1$, $y=3$을 대입하면 $3=a+b+2$ …… ㉡

 ㉠, ㉡을 연립하여 풀면 $a=2$, $b=-1$

❸ 이차함수의 식은 $y=2x^2-x+2$

�‿ 다음 세 점을 지나는 포물선을 그래프로 하는 이차함수의 식을 $y=ax^2+bx+c$의 꼴로 나타내시오.

281 $(0, 1)$, $(1, 4)$, $(4, 1)$

해 이차함수의 식을 $y=ax^2+bx+c$로 놓고

 $x=0$, $y=1$을 대입하면 $c=\boxed{}$

 $x=1$, $y=4$를 대입하면 $4=a+b+1$ …… ㉠

 $x=4$, $y=1$을 대입하면 $1=\boxed{}$ …… ㉡

 ㉠, ㉡을 연립하여 풀면 $a=-1$, $b=\boxed{}$

 $\therefore y=-x^2+\boxed{}x+\boxed{}$

282 $(-1, 7)$, $(0, -2)$, $(1, -5)$

283 $(-2, 2)$, $(1, -4)$, $(0, 2)$

284 $(0, -3)$, $(-1, 4)$, $(5, -8)$

285 $(-1, 15)$, $(0, 5)$, $(1, -1)$

43 그래프에서 세 점의 좌표를 찾아 $y=ax^2+bx+c$에 대입해 봐~

오른쪽 그림과 같은 포물선을 그래프로 하는 이차함수의 식을 구할 때,

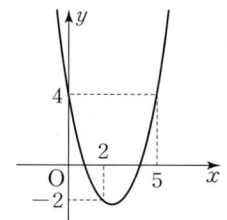

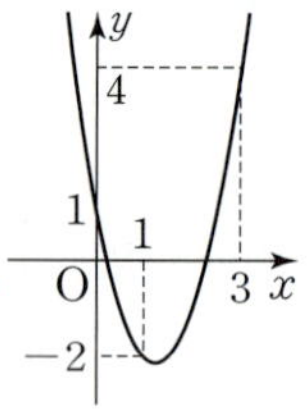

❶ 이차함수의 식을 $y=ax^2+bx+c$로 놓는다. 세 점 $(0, 1)$, $(1, -2)$, $(3, 4)$를 지난다. →

❷ $x=0$, $y=1$을 대입하면 $c=1$

 $x=1$, $y=-2$를 대입하면 $-2=a+b+1$ …… ㉠

 $x=3$, $y=4$를 대입하면 $4=9a+3b+1$ …… ㉡

 ㉠, ㉡을 연립하여 풀면 $a=2$, $b=-5$

❸ 이차함수의 식은 $y=2x^2-5x+1$

�‿ 다음 그림과 같은 포물선을 그래프로 하는 이차함수의 식을 $y=ax^2+bx+c$의 꼴로 나타내시오.

286

해 세 점 $\boxed{}$, $\boxed{}$, $\boxed{}$를 지난다.

 이차함수의 식을 $y=ax^2+bx+c$로 놓고

 $x=0$, $y=4$를 대입하면 $c=\boxed{}$

 $x=2$, $y=-2$를 대입하면 $-2=4a+2b+4$ …… ㉠

 $x=5$, $y=4$를 대입하면 $4=25a+5b+4$ …… ㉡

 ㉠, ㉡을 연립하여 풀면 $a=1$, $b=\boxed{}$

 $\therefore y=x^2+\boxed{}x+4$

287

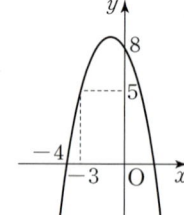

288

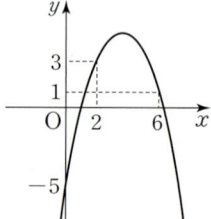

44 x축과의 두 교점이 $(\alpha,\,0)$, $(\beta,\,0)$이면 이차함수의 식을 $y=a(x-\alpha)(x-\beta)$로 놓고 주어진 점의 좌표를 대입해~

x축과 두 점 $(1,\,0)$, $(-5,\,0)$에서 만나고 점 $(-4,\,5)$를 지나는 포물선을 그래프로 하는 이차함수의 식을 구할 때,
❶ 이차함수의 식을 $y=a(x-1)(x+5)$로 놓는다.
❷ $x=-4$, $y=5$를 대입하면 $5=-5a$ $\qquad \therefore a=-1$
❸ 이차함수의 식은
$\qquad y=-(x-1)(x+5)=-x^2-4x+5$

◐ 다음 포물선을 그래프로 하는 이차함수의 식을 $y=ax^2+bx+c$의 꼴로 나타내시오.

289 x축과 두 점 $(1,\,0)$, $(3,\,0)$에서 만나고 점 $(0,\,-9)$를 지나는 포물선 _____

📒 이차함수의 식을 $y=a(x-\boxed{})(x-\boxed{})$으로 놓고
$x=0$, $y=-9$를 대입하면 $-9=\boxed{}a$ $\quad \therefore a=\boxed{}$
$\therefore y=\boxed{}(x-\boxed{})(x-\boxed{})$
$\qquad =\boxed{}x^2+\boxed{}x-9$

290 x축과 두 점 $(-1,\,0)$, $(2,\,0)$에서 만나고 점 $(3,\,4)$를 지나는 포물선 _____

291 x축과 두 점 $(-3,\,0)$, $(1,\,0)$에서 만나고 점 $(-2,\,-6)$을 지나는 포물선 _____

292 x축과 두 점 $(-1,\,0)$, $(4,\,0)$에서 만나고 점 $(3,\,8)$을 지나는 포물선 _____

293 x축과 두 점 $(-2,\,0)$, $(-4,\,0)$에서 만나고 점 $(-1,\,3)$을 지나는 포물선 _____

45 그래프에서 x축과의 두 교점과 다른 한 점의 좌표를 찾아~

오른쪽 그림과 같은 포물선을 그래프로 하는 이차함수의 식을 구할 때,
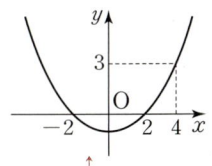
❶ 이차함수의 식을 $y=a(x+2)(x-2)$로 놓는다.
❷ $x=4$, $y=3$을 대입하면
$3=a(4+2)(4-2)$, $3=12a$
$\qquad \therefore a=\dfrac{1}{4}$

x축과 두 점 $(-2,\,0)$, $(2,\,0)$에서 만나고 점 $(4,\,3)$을 지난다.

❸ 이차함수의 식은 $y=\dfrac{1}{4}(x+2)(x-2)=\dfrac{1}{4}x^2-1$

◐ 다음 그림과 같은 포물선을 그래프로 하는 이차함수의 식을 $y=ax^2+bx+c$의 꼴로 나타내시오.

294
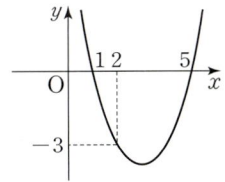
_____

📒 x축과 두 점 $\boxed{}$, $\boxed{}$에서 만나고
점 $\boxed{}$을 지난다.
이차함수의 식을 $y=a(x-\boxed{})(x-5)$로 놓고
$x=\boxed{}$, $y=-3$을 대입하면
$\boxed{}=-3a$ $\quad \therefore a=\boxed{}$
$\therefore y=(x-\boxed{})(x-5)=x^2-6x+\boxed{}$

295
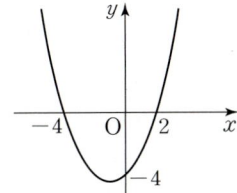
_____

296
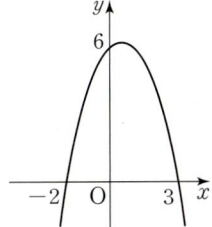
_____

유형 **Up**
46

먼저 변하는 양을 x로, x에 따라 변하는 양을 y로 놓고 함수의 식을 세워 봐~

차가 10인 두 자연수의 곱이 39일 때, 두 자연수 구하기

❶ 작은 수를 x, 두 수의 곱을 y라고 하면 ← 변수 x, y 정하기
❷ 큰 수는 $x+10$이므로 $y=x(x+10)$ ← 함수의 식 세우기
❸ $y=x(x+10)$에 $y=39$를 대입하면
  $39=x(x+10)$, $x^2+10x-39=0$
  $(x+13)(x-3)=0$ ∴ $x=-13$ 또는 $x=3$
  이때 x는 자연수이므로 $x=3$
  따라서 두 자연수는 3, 13이다. ← 답 구하기
❹ 두 자연수 3, 13의 차는 $13-3=10$, ← 확인하기
  곱은 $13\times3=39$

297 합이 24인 두 자연수의 곱이 80일 때, 두 수를 구하시오.

해 한 수를 x, 두 수의 곱을 y라고 하면
  다른 수는 [   ]이므로 $y=x()$
  $y=x()$에 $y=80$을 대입하면
  $80=x()$, $x^2-\boxed{}x+80=0$
  $(x-\boxed{})(x-20)=0$ ∴ $x=\boxed{}$ 또는 $x=20$
  따라서 두 수는 $\boxed{}$, 20이다.

298 합이 18인 두 자연수의 곱이 72일 때, 두 수를 구하시오.

299 지면에서 초속 30 m로 똑바로 위로 쏘아 올린 물체의 x초 후의 지면으로부터의 높이를 y m라고 하면 $y=-5x^2+30x$가 성립한다. 다음 물음에 답하시오.

(1) 이 물체가 지면에 떨어지는 것은 쏘아 올린 지 몇 초 후인지 구하시오.

해 $\boxed{}=-5x^2+30x$, $x^2-6x=\boxed{}$
  $x(x-\boxed{})=0$ ∴ $x=0$ 또는 $x=\boxed{}$
  따라서 물체가 지면에 떨어지는 것은 쏘아 올린 지 $\boxed{}$초 후이다.

(2) 이 물체가 지면으로부터 40 m 높이를 처음으로 통과하는 때는 쏘아 올린 지 몇 초 후인지 구하시오.

🔗 **교과서 미리보기** 풀었던 연산은 교과서에 이렇게 나온다!

300 [39]

오른쪽 그림과 같은 포물선을 그래프로 하는 이차함수의 식을 $y=ax^2+bx+c$의 꼴로 나타내시오.
(단, a, b, c는 상수)

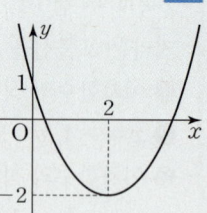

301 [42]

세 점 $(0, 1)$, $(-1, 8)$, $(2, -1)$을 지나는 포물선을 그래프로 하는 이차함수의 식이 $y=ax^2+bx+c$일 때, $a+b-c$의 값을 구하시오. (단, a, b, c는 상수)

302 [45]

오른쪽 그림과 같은 이차함수의 그래프와 y축의 교점의 좌표를 구하시오.

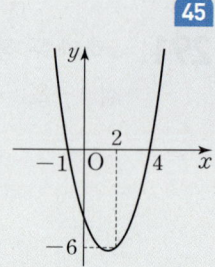

중학 국어의 문을 두드려라!

똑똑한 독해
중학 국어
똑독

중학 국어 비문학 독해+어휘

똑똑한 독해

똑독
중학 국어
비문학
독해+어휘

실전편
3

1 비문학 독해의 기본이 되는 독해력과 어휘력을 동시에 습득
2 중학교 국어·도덕·사회·과학·음악·미술 교과서 연계 배경지식 강화
3 수능형·서술형·논술형 등 다양한 유형의 문제로 단계별 실력 향상

이투스북

똑독 중학 국어 **문법**

똑독 중학 국어 **어휘**

개념 학습과 문제 풀이의
1DAY 구성으로
계획적인 학습 가능

중학교 국어 교과서와
100% 연계된
개념 학습

족보닷컴을 활용하여
출제한 문제로
내신 시험과 수행 평가 대비

연산 문제의 반복 학습을 통해 기초를 다지는
중학 수학 연산 기본서

新 수학의 바이블 연산은
개념별 연산 유형을 세분화하여 다양한 문제 해결을 통해
계산 원리를 스스로 익히고 기초 개념을 다질 수 있도록 구성하였습니다.

바이블 Point 1 **문제 해결 방법에 따라 세분화된 유형 분류**

- 풀이 방법과 문제 형태의 변화에 따라 개념별로 유형을 세분화하여 구성
- 일일 학습에 적당한 개념 분류로 지루하지 않고 부담 없는 일일학습이 가능한 구성

바이블 Point 2 **자기주도학습을 위한 PLUS BOOK**

- 본교재에서 부족했던 연산 문제를 추가로 보충학습을 할 수 있는 연산 Plus
- 교과서에 수록된 필수 문장제 문제를 통해 추가학습을 할 수 있는 문장제 Plus

바이블 Point 3 **개념을 완벽하게 마스터할 수 있는 바이블만의 커리큘럼**

- 연산 문제의 반복 학습을 통해 기초를 다지는 '바이블 **연산**'
- 쉽고 빠르게 개념을 완벽하게 마스터할 수 있는 '바이블 **개념**'
- 필수 유형만 선정하여 체계적으로 학습할 수 있는 '바이블 **유형**'

新 수학의

바이블

연산

중학 **3**-**1**

PLUS BOOK

新 수학의
바이블

연산 Plus +

본책에 수록된 유형의 연산 문제로 보충학습하세요.

○ 다음 □ 안에 알맞은 수를 써넣으시오.

01 36의 제곱근 ➡ 제곱하여 □이 되는 수

➡ $x^2=$ □ 을 만족시키는 x의 값

➡ $x=6$ 또는 $x=$ □

02 $\dfrac{1}{49}$의 제곱근 ➡ 제곱하여 □이 되는 수

➡ $x^2=$ □ 을 만족시키는 x의 값

➡ $x=$ □ 또는 $x=-\dfrac{1}{7}$

○ 다음 수의 제곱근을 구하시오.

03 0

04 64

05 $\dfrac{1}{144}$

06 $\dfrac{9}{16}$

07 0.01

08 2.25

○ 다음 수의 제곱근을 근호를 사용하여 나타내시오.

09 8

10 35

11 5.6

12 $\dfrac{3}{7}$

○ 다음을 근호를 사용하지 않고 나타내시오.

13 9의 제곱근

14 25의 양의 제곱근

15 100의 음의 제곱근

16 $\dfrac{81}{64}$의 양의 제곱근

17 $\dfrac{1}{196}$의 음의 제곱근

18 1.21의 음의 제곱근

○ 다음을 구하시오.

19 6의 제곱근

20 제곱근 6

21 0.16의 음의 제곱근

22 제곱근 0.16

○ 다음 수를 근호를 사용하지 않고 나타내시오.

23 $(\sqrt{7})^2$

24 $(-\sqrt{11})^2$

25 $-(-\sqrt{19})^2$

26 $\left(-\sqrt{\dfrac{13}{4}}\right)^2$

27 $-\left(\sqrt{\dfrac{3}{8}}\right)^2$

28 $(\sqrt{2.1})^2$

29 $(-\sqrt{0.07})^2$

30 $-(-\sqrt{5.2})^2$

○ 다음 수를 근호를 사용하지 않고 나타내시오.

31 $\sqrt{3^2}$

32 $\sqrt{(-15)^2}$

33 $-\sqrt{10^2}$

34 $-\sqrt{(-24)^2}$

35 $\sqrt{\left(\dfrac{7}{2}\right)^2}$

36 $-\sqrt{\left(-\dfrac{12}{5}\right)^2}$

37 $\sqrt{(-2.5)^2}$

38 $-\sqrt{(0.33)^2}$

39 $\sqrt{81}$

40 $\sqrt{0.04}$

41 $-\sqrt{\dfrac{49}{9}}$

42 $\pm\sqrt{1.69}$

○ 다음 설명이 옳으면 ○표, 옳지 않으면 ×표를 (   ) 안에 써넣으시오.

43 0의 제곱근은 1개이다.   (   )

44 $\sqrt{36}$의 제곱근은 ±6이다.   (   )

45 제곱근 $\sqrt{16}$은 4이다.   (   )

46 −5의 음의 제곱근은 −$\sqrt{5}$이다.   (   )

47 $\sqrt{(-25)^2}$의 제곱근은 ±5이다.   (   )

48 제곱해서 −12가 되는 수는 없다.   (   )

○ 다음을 계산하시오.

49 $\sqrt{3^2}+(-\sqrt{10})^2$

50 $(-\sqrt{6})^2-\sqrt{(-15)^2}$

51 $\sqrt{5^2}\times\sqrt{(-2)^2}$

52 $-(\sqrt{20})^2\div\sqrt{(-5)^2}$

53 $\sqrt{(-3)^2}\times(-\sqrt{6})^2+\sqrt{(-7)^2}$

54 $\sqrt{(-8)^2}-\sqrt{30^2}\div\sqrt{(-10)^2}$

○ 다음을 계산하시오.

55 $\sqrt{9}\times(-\sqrt{5})^2$

56 $\left(-\sqrt{\dfrac{12}{5}}\right)^2\div(-\sqrt{16})$

57 $(-\sqrt{7})^2-\sqrt{(-3)^2}+\sqrt{25}$

58 $\sqrt{64}\times\sqrt{(-2)^2}-(\sqrt{13})^2$

59 $\sqrt{\dfrac{81}{4}}\div\sqrt{(-3)^2}-(-\sqrt{2})^2$

60 $\sqrt{6.25}-\sqrt{(-8)^2}\times(-\sqrt{0.3})^2$

○ $a>0$일 때, 다음 식을 간단히 하시오.

01 $\sqrt{(2a)^2}$

02 $\sqrt{(-5a)^2}$

03 $-\sqrt{(6a)^2}$

04 $-\sqrt{(-9a)^2}$

○ $a<0$일 때, 다음 식을 간단히 하시오.

05 $\sqrt{(7a)^2}$

06 $\sqrt{(-8a)^2}$

07 $-\sqrt{(3a)^2}$

08 $-\sqrt{(-4a)^2}$

○ $a>0$일 때, 다음 식을 간단히 하시오.

09 $\sqrt{(3a)^2}+\sqrt{(-10a)^2}$

10 $\sqrt{a^2}-\sqrt{25a^2}$

11 $\sqrt{(-6a)^2}+\sqrt{(-a)^2}$

12 $\sqrt{(-11a)^2}-\sqrt{(-7a)^2}$

○ $a<0$일 때, 다음 식을 간단히 하시오.

13 $\sqrt{(-2a)^2}+\sqrt{a^2}$

14 $\sqrt{64a^2}-\sqrt{(4a)^2}$

15 $\sqrt{(-9a)^2}+\sqrt{(-a)^2}$

16 $\sqrt{(-12a)^2}-\sqrt{(-3a)^2}$

○ 다음 식을 간단히 하시오.

17 $a>3$일 때, $\sqrt{(3-a)^2}$

18 $a>-1$일 때, $-\sqrt{(a+1)^2}$

19 $a<6$일 때, $\sqrt{(a-6)^2}$

20 $a<-5$일 때, $-\sqrt{\{-(a+5)\}^2}$

○ 다음 식을 간단히 하시오.

21 $0<x<1$일 때, $\sqrt{x^2}+\sqrt{(x-1)^2}$

22 $0<x<4$일 때, $\sqrt{(-x)^2}-\sqrt{(4-x)^2}$

23 $-2<x<3$일 때, $\sqrt{(x-3)^2}+\sqrt{(x+2)^2}$

24 $-4<x<5$일 때, $\sqrt{(x+4)^2}-\sqrt{(5-x)^2}$

○ 다음을 구하시오.

25 $\sqrt{6+x}$가 자연수가 되도록 하는 가장 작은 자연수 x의 값

26 $\sqrt{7-x}$가 자연수가 되도록 하는 모든 자연수 x의 값

27 $\sqrt{30-x}$가 정수가 되도록 하는 자연수 x의 개수

_____ 개

○ 다음 수가 자연수가 되도록 하는 가장 작은 자연수 x의 값을 구하시오.

28 $\sqrt{2 \times 3 \times x}$

29 $\sqrt{2^2 \times 3 \times 5^3 \times x}$

30 $\sqrt{90x}$

31 $\sqrt{168x}$

○ 다음 수가 자연수가 되도록 하는 가장 작은 자연수 x의 값을 구하시오.

32 $\sqrt{\dfrac{3^2 \times 11}{x}}$

33 $\sqrt{\dfrac{2^4 \times 5^3 \times 7^3}{x}}$

34 $\sqrt{\dfrac{84}{x}}$

35 $\sqrt{\dfrac{126}{x}}$

○ 다음 ● 안에 $>$, $<$ 중 알맞은 것을 써넣으시오.

36 $\sqrt{5}$ ● $\sqrt{6}$

37 $\sqrt{\dfrac{3}{4}}$ ● $\sqrt{\dfrac{4}{5}}$

38 $\sqrt{\dfrac{5}{3}}$ ● $\sqrt{1.6}$

39 $-\sqrt{14}$ ● $-\sqrt{15}$

40 $-\sqrt{2}$ ● $-\sqrt{\dfrac{7}{3}}$

41 $-\sqrt{5.001}$ ● $-\sqrt{5}$

○ 다음 ● 안에 $>$, $<$ 중 알맞은 것을 써넣으시오.

42 4 ● $\sqrt{17}$

43 $\dfrac{5}{4}$ ● $\sqrt{\dfrac{25}{4}}$

44 $-\sqrt{35}$ ● -6

45 $-\dfrac{3}{8}$ ● $-\sqrt{0.375}$

○ 다음 수를 작은 것부터 차례로 나열하시오.

46 $2, \sqrt{3}, \sqrt{5}$

47 $-\sqrt{21}, -\sqrt{\dfrac{45}{2}}, -5$

48 $\sqrt{(-3)^2}, \sqrt{12}, \sqrt{\dfrac{29}{3}}$

49 $\sqrt{0.7}, \sqrt{(-2)^2}, \sqrt{\dfrac{4}{5}}$

○ 다음 부등식을 만족시키는 자연수 x의 개수를 구하시오.

50 $\sqrt{x} < 2$ 　개

51 $-\sqrt{x} > -\sqrt{8}$ 　개

52 $3 \leq \sqrt{x} < 4$ 　개

53 $-5 \leq -\sqrt{x} < -\sqrt{19}$ 　개

54 $2 \leq \sqrt{x+3} < 4$ 　개

55 $-\sqrt{17} < -\sqrt{2x-1} \leq -1$ 　개

○ 다음 수가 유리수이면 '유', 무리수이면 '무'를 ( ) 안에 써넣으시오.

01 $\sqrt{16}$ ( ) **02** 4π ( )

03 $\sqrt{0.1}$ ( ) **04** $1.2\dot{3}\dot{4}$ ( )

05 $1.2131415\cdots$ **06** $\sqrt{\dfrac{49}{3}}$
( ) ( )

○ 다음 수 중 아래에 해당하는 수를 모두 고르시오.

$$-\sqrt{\frac{6}{25}}, \quad \sqrt{49}, \quad \sqrt{(-0.3)^2}, \quad 1.\dot{5}, \quad 0.316278\cdots$$

07 유리수 _____

08 무리수 _____

○ 다음 설명이 옳으면 ○표, 옳지 않으면 ×표를 ( ) 안에 써넣으시오.

09 $\sqrt{\dfrac{1}{4}}$ 은 무리수이다. ( )

10 유한소수 중에는 무리수도 있다. ( )

11 무리수는 모두 무한소수로 나타내어진다. ( )

12 유한소수는 모두 분수로 나타낼 수 있다. ( )

13 $\sqrt{3}$ 은 순환소수로 나타낼 수 있다. ( )

○ 보기의 수 중 다음을 모두 고르시오.

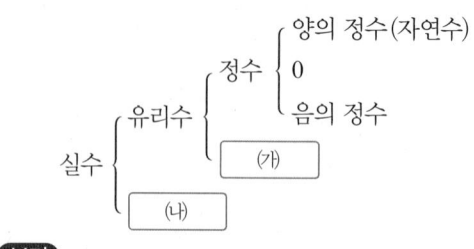

보기
$$\sqrt{5}, \quad \sqrt{99}, \quad \sqrt{(-3)^2}, \quad 0.5\dot{7}, \quad \sqrt{\frac{9}{16}}, \quad 3\pi$$

14 (가)에 해당하는 수 _____

15 (나)에 해당하는 수 _____

○ 다음 설명이 옳으면 ○표, 옳지 않으면 ×표를 ( ) 안에 써넣으시오.

16 $\sqrt{5}$와 $\sqrt{6}$ 사이에 유리수는 없다. ( )

17 1에 가장 가까운 무리수는 $\sqrt{2}$이다. ( )

18 0과 1 사이에는 무수히 많은 무리수가 있다.
( )

19 서로 다른 두 정수 사이에는 유리수만 있다.
( )

20 서로 다른 두 유리수 사이에는 무수히 많은 정수가 있다.
( )

21 수직선 위에 $-3+\sqrt{7}$에 대응하는 점은 하나이다.
( )

22 수직선은 유리수에 대응하는 점들로 완전히 메울 수 있다.
( )

23 수직선 위의 점 중에는 무리수가 아닌 수에 대응하는 점이 있다.
( )

○ 다음 그림과 같은 수직선에서 점 P와 점 Q에 대응하는 수를 각각 구하시오.

(단, 모눈 한 칸의 가로, 세로의 길이는 1이다.)

24

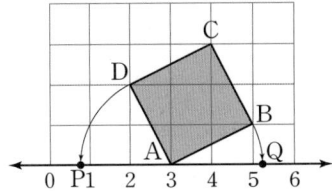

(단, $\overline{AD}=\overline{AP}$, $\overline{AB}=\overline{AQ}$)

P: _____, Q: _____

25

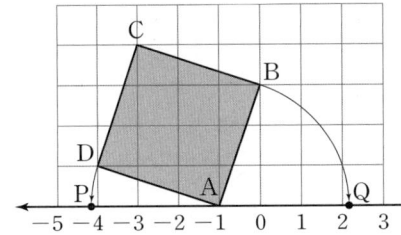

(단, $\overline{AD}=\overline{AP}$, $\overline{AB}=\overline{AQ}$)

P: _____, Q: _____

26

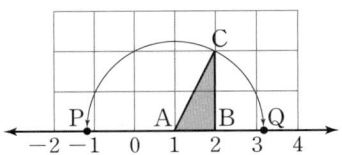

(단, $\overline{AC}=\overline{AP}=\overline{AQ}$)

P: _____, Q: _____

27

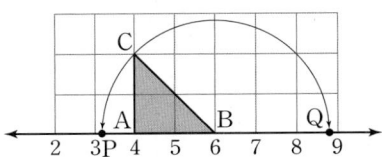

(단, $\overline{BC}=\overline{BP}=\overline{BQ}$)

P: _____, Q: _____

28

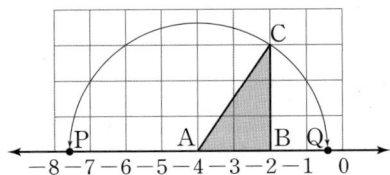

(단, $\overline{AC}=\overline{AP}=\overline{AQ}$)

P: _____, Q: _____

○ 다음 ● 안에 >, < 중 알맞은 것을 써넣으시오.

29 $\sqrt{6}+2$ ● $\sqrt{10}+2$

30 $3-\sqrt{11}$ ● $3-\sqrt{13}$

31 $2+\sqrt{7}$ ● $\sqrt{7}+3$

32 $-1-\sqrt{18}$ ● $-\sqrt{2}-\sqrt{18}$

33 5 ● $\sqrt{8}+2$

34 $5-\sqrt{30}$ ● -1

35 $6-\sqrt{12}$ ● $\sqrt{9}$

36 $-\dfrac{1}{2}-\sqrt{5}$ ● $-\dfrac{3}{2}-\sqrt{4}$

○ 다음 수직선 위의 점 중 주어진 수에 대응하는 점을 찾으시오.

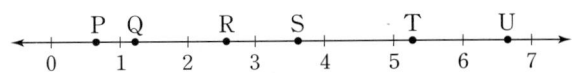

37 $\sqrt{13}$

_____

38 $\sqrt{44}$

_____

39 $\sqrt{\dfrac{11}{7}}$

_____

40 $3+\sqrt{5}$

_____

41 $\sqrt{3}-1$

_____

42 $5-\sqrt{6}$

_____

○ 다음을 계산하시오.

01 $\sqrt{3} \times \sqrt{7}$

02 $(-\sqrt{2}) \times \sqrt{\dfrac{5}{4}}$

03 $(-\sqrt{12}) \times \left(-\sqrt{\dfrac{5}{6}}\right)$

04 $3\sqrt{3} \times 3\sqrt{5}$

05 $(-4\sqrt{8}) \times 3\sqrt{2}$

06 $2\sqrt{\dfrac{7}{2}} \times \sqrt{\dfrac{9}{14}}$

07 $6\sqrt{\dfrac{3}{7}} \times \left(-\dfrac{1}{3}\sqrt{14}\right)$

○ 다음을 계산하시오.

08 $\sqrt{56} \div \sqrt{8}$

09 $\sqrt{42} \div \sqrt{7}$

10 $6\sqrt{6} \div 3\sqrt{3}$

11 $(-2\sqrt{15}) \div \sqrt{5}$

12 $\dfrac{\sqrt{24}}{\sqrt{5}} \div (-\sqrt{12})$

13 $\dfrac{\sqrt{48}}{\sqrt{10}} \div \dfrac{\sqrt{8}}{\sqrt{5}}$

14 $\left(-\sqrt{\dfrac{36}{35}}\right) \div \left(-\sqrt{\dfrac{12}{7}}\right)$

○ 다음 수를 $a\sqrt{b}$ 꼴로 나타내시오.
(단, b는 가장 작은 자연수)

15 $\sqrt{18}$

16 $\sqrt{75}$

17 $\sqrt{\dfrac{7}{36}}$

18 $\sqrt{0.45}$

○ 다음 수를 $\sqrt{a}$ 또는 $-\sqrt{a}$ 꼴로 나타내시오.

19 $2\sqrt{7}$

20 $-3\sqrt{3}$

21 $\dfrac{\sqrt{15}}{4}$

22 $-\dfrac{\sqrt{24}}{6}$

○ 다음 수의 분모를 유리화하시오.

23 $\dfrac{2}{\sqrt{3}}$

24 $\dfrac{3}{\sqrt{11}}$

25 $\dfrac{49}{\sqrt{7}}$

26 $\dfrac{8}{\sqrt{6}}$

○ 다음 수의 분모를 유리화하시오.

27 $\dfrac{\sqrt{13}}{\sqrt{3}}$

28 $\sqrt{\dfrac{2}{15}}$

29 $\dfrac{3}{2\sqrt{3}}$

30 $\dfrac{2\sqrt{5}}{5\sqrt{6}}$

31 $\dfrac{\sqrt{3}\sqrt{5}}{\sqrt{10}}$

32 $\dfrac{\sqrt{12}}{\sqrt{60}}$

33 $\sqrt{\dfrac{28}{45}}$

○ 다음을 계산하시오.

34 $\sqrt{10}\times\sqrt{15}$

35 $\sqrt{\dfrac{8}{21}}\times\left(-\sqrt{\dfrac{7}{2}}\right)$

36 $\sqrt{54}\div\sqrt{30}$

37 $\sqrt{\dfrac{6}{5}}\div(-\sqrt{24})$

38 $\sqrt{30}\times\sqrt{21}\div\sqrt{5}$

39 $\sqrt{105}\div\sqrt{20}\div\sqrt{7}$

40 $\dfrac{\sqrt{15}}{\sqrt{8}}\div\dfrac{\sqrt{3}}{2}\div\dfrac{\sqrt{5}}{\sqrt{6}}$

○ 다음을 계산하시오.

41 $\sqrt{27}\times\sqrt{5}$

42 $\sqrt{50}\times\sqrt{12}$

43 $\sqrt{\dfrac{32}{3}}\div\sqrt{20}$

44 $\sqrt{\dfrac{18}{7}}\times\sqrt{8}\div\sqrt{12}$

○ 제곱근표를 이용하여 다음을 만족시키는 x의 값을 구하시오.

수	3	4	5	6	7	8	9
3.1	1.769	1.772	1.775	1.778	1.780	1.783	1.786
3.2	1.797	1.800	1.803	1.806	1.808	1.811	1.814
3.3	1.825	1.828	1.830	1.833	1.836	1.838	1.841
3.4	1.852	1.855	1.857	1.860	1.863	1.865	1.868

45 $x=\sqrt{3.33}$ **46** $x=\sqrt{3.19}$

47 $x=\sqrt{3.25}$ **48** $\sqrt{x}=1.8$

49 $\sqrt{x}=1.863$ **50** $\sqrt{x}=1.772$

○ $\sqrt{7}=2.646$, $\sqrt{70}=8.367$일 때, 다음 제곱근의 값을 구하시오.

51 $\sqrt{700}$ **52** $\sqrt{7000}$

53 $\sqrt{0.7}$ **54** $\sqrt{0.07}$

○ 다음을 계산하시오.

01 $3\sqrt{2}+4\sqrt{2}$

02 $6\sqrt{5}+\sqrt{5}$

03 $7\sqrt{7}-2\sqrt{7}$

04 $-\sqrt{3}-4\sqrt{3}$

05 $\dfrac{3\sqrt{2}}{2}+\dfrac{\sqrt{2}}{3}$

06 $\sqrt{5}-\dfrac{\sqrt{5}}{5}$

07 $\dfrac{7\sqrt{3}}{4}-\dfrac{2\sqrt{3}}{3}$

○ 다음을 계산하시오.

08 $2\sqrt{2}-8\sqrt{2}+3\sqrt{2}$

09 $3\sqrt{3}+5\sqrt{3}-7\sqrt{3}$

10 $3\sqrt{7}-5\sqrt{7}-2\sqrt{7}$

11 $-\sqrt{6}+5\sqrt{6}-3\sqrt{6}+4\sqrt{6}$

12 $-2\sqrt{11}-7\sqrt{11}+5\sqrt{11}-\sqrt{11}$

13 $\dfrac{\sqrt{3}}{2}+\dfrac{5\sqrt{3}}{3}-\dfrac{\sqrt{3}}{4}$

14 $\dfrac{\sqrt{5}}{3}-\dfrac{4\sqrt{5}}{5}+\dfrac{3\sqrt{5}}{10}$

○ 다음을 계산하시오.

15 $2\sqrt{3}-3\sqrt{2}+5\sqrt{3}$

16 $3\sqrt{6}-6\sqrt{3}-2\sqrt{6}$

17 $\dfrac{5\sqrt{2}}{2}+\dfrac{\sqrt{3}}{2}-\dfrac{4\sqrt{2}}{3}$

18 $\dfrac{7\sqrt{5}}{2}-\dfrac{4\sqrt{5}}{3}-\dfrac{\sqrt{10}}{6}$

19 $6\sqrt{3}-3\sqrt{2}-2\sqrt{3}+5\sqrt{2}$

20 $3\sqrt{5}-4\sqrt{6}-\sqrt{6}-2\sqrt{5}$

21 $\dfrac{3\sqrt{2}}{2}+\dfrac{3\sqrt{3}}{2}-\dfrac{\sqrt{2}}{3}-\dfrac{5\sqrt{3}}{4}$

22 $\sqrt{7}-\dfrac{7\sqrt{3}}{4}-\dfrac{2\sqrt{7}}{3}+\dfrac{2\sqrt{3}}{3}$

○ 다음을 계산하시오.

23 $\sqrt{50}+\sqrt{8}$

24 $\sqrt{45}-\sqrt{20}$

25 $\dfrac{9}{\sqrt{3}}+\sqrt{75}$

26 $\dfrac{5}{2\sqrt{6}}-\dfrac{3}{\sqrt{54}}$

○ 다음을 계산하시오.

27 $\sqrt{80}+\sqrt{10}-\sqrt{45}$

28 $\sqrt{96}-\sqrt{27}+\sqrt{24}$

29 $\sqrt{18}+\sqrt{27}-\sqrt{2}-\sqrt{75}$

30 $\sqrt{56}-\sqrt{28}+\sqrt{126}-\sqrt{63}$

31 $2\sqrt{3}+\dfrac{6}{\sqrt{3}}-\sqrt{108}$

32 $\dfrac{2}{\sqrt{20}}-\dfrac{3}{\sqrt{45}}-2\sqrt{5}$

33 $\sqrt{48}+\dfrac{4}{\sqrt{24}}-\dfrac{6}{\sqrt{12}}-2\sqrt{6}$

○ 다음을 계산하시오.

34 $\sqrt{2}(\sqrt{3}+\sqrt{5})$

35 $-\sqrt{5}(\sqrt{6}-\sqrt{2})$

36 $(\sqrt{6}-\sqrt{12})\sqrt{3}$

37 $(\sqrt{40}+\sqrt{30})\div\sqrt{5}$

38 $(\sqrt{54}-\sqrt{24})\div\sqrt{6}$

39 $(\sqrt{12}-\sqrt{42})\div(-\sqrt{3})$

○ 다음을 계산하시오.

40 $\dfrac{\sqrt{6}-\sqrt{3}}{\sqrt{2}}$

41 $\dfrac{\sqrt{15}-\sqrt{27}}{\sqrt{3}}$

42 $\dfrac{\sqrt{32}+\sqrt{10}}{3\sqrt{2}}$

43 $\dfrac{\sqrt{21}-\sqrt{63}}{\sqrt{28}}$

○ 다음을 계산하시오.

44 $\sqrt{2}(\sqrt{3}-\sqrt{2})+\sqrt{3}(\sqrt{3}+\sqrt{2})$

45 $\sqrt{3}(2+\sqrt{2})-(\sqrt{18}+3)\div\sqrt{3}$

46 $\dfrac{3}{\sqrt{2}}(\sqrt{24}-2)-\sqrt{5}(\sqrt{15}+\sqrt{10})$

47 $\dfrac{4}{\sqrt{6}}(2\sqrt{3}+\sqrt{6})-\dfrac{\sqrt{27}-\sqrt{6}}{\sqrt{3}}$

○ 다음 계산 결과가 유리수가 되도록 하는 유리수 a의 값을 구하시오.

48 $a+2\sqrt{3}+5-a\sqrt{3}$

49 $\sqrt{48}-\dfrac{6}{\sqrt{3}}+a\sqrt{3}-5$

50 $1-4\sqrt{7}-\sqrt{7}(a-2\sqrt{7})$

51 $\sqrt{5}(\sqrt{15}+a\sqrt{5})-\dfrac{\sqrt{18}+a\sqrt{6}}{\sqrt{2}}$

○ 다음 식을 전개하시오.

01 $(a-2)(b+5)$

02 $(x+5)(y+3)$

03 $(2x+1)(3y-4)$

04 $(-3x+1)(-5y+1)$

05 $(a+2b)(-3c+2d)$

○ 다음 식을 전개하시오.

06 $(x-3)(x-6)$

07 $(3a+2)(a+4)$

08 $(2x+3y)(-x-y)$

09 $(x+2)(3x-y+1)$

10 $(x-4y-1)(x+4y)$

○ 다음 식을 전개하였을 때, xy의 계수를 구하시오.

11 $(x+3y)(2x-5y)$

12 $(7x+3y)(-3x+y)$

13 $(4x-3y)(-x-2y+3)$

14 $(2x-3y+5)(x+5y-3)$

○ 다음 식을 전개하시오.

15 $(a+3)^2$

16 $(x+4)^2$

17 $(2x+1)^2$

18 $(4y+3)^2$

19 $(x+7y)^2$

20 $(3a+2b)^2$

21 $(-x+5y)^2$

22 $(-2a+3b)^2$

23 $\left(x+\dfrac{3}{2}y\right)^2$

24 $\left(\dfrac{1}{3}a+3b\right)^2$

○ 다음 식을 전개하시오.

25 $(a-3)^2$

26 $(x-5)^2$

27 $(2x-3)^2$

28 $(4y-5)^2$

29 $(x-6y)^2$

30 $(5a-3b)^2$

31 $(-x-2y)^2$

32 $(-3a-4b)^2$

33 $\left(2x-\dfrac{5}{4}y\right)^2$

34 $\left(\dfrac{7}{2}a-b\right)^2$

○ 다음 식을 전개하시오.

35 $(x+3)(x-3)$

36 $(6+a)(6-a)$

37 $\left(a+\dfrac{1}{3}\right)\left(a-\dfrac{1}{3}\right)$

38 $(3x+4)(3x-4)$

39 $\left(2x+\dfrac{1}{2}\right)\left(2x-\dfrac{1}{2}\right)$

40 $(x+5y)(x-5y)$

41 $(-a+7b)(-a-7b)$

42 $\left(3x+\dfrac{y}{3}\right)\left(3x-\dfrac{y}{3}\right)$

43 $(x+4y)(-x+4y)$

○ 다음 식을 전개하시오.

44 $(x+3)(x+4)$

45 $(x-3)(x-6)$

46 $(x+3)(x-5)$

47 $(a+10)(a-1)$

48 $(x-2)(x+7)$

49 $(a-8)(a+6)$

○ 다음 식을 전개하시오.

50 $(x+2y)(x+3y)$

51 $(x-3y)(x-10y)$

52 $(x+5y)(x-4y)$

53 $(a+9b)(a-2b)$

54 $(x-7y)(x+y)$

55 $\left(a-\dfrac{2}{3}b\right)\left(a+\dfrac{5}{3}b\right)$

○ 다음 식을 전개하시오.

56 $(2x+3)(x+5)$

57 $(5a-2)(2a-7)$

58 $(3x+2)(2x-3)$

59 $(4a-3)(2a+5)$

60 $(3x+y)(x+5y)$

61 $(7a-2b)(4a-b)$

62 $(2x-3y)(3x+4y)$

63 $(-a+4b)(6a-5b)$

64 $\left(2x+\dfrac{1}{3}y\right)\left(6x-\dfrac{1}{4}y\right)$

○ 곱셈 공식을 이용하여 다음을 계산하시오.

01 102^2

02 71^2

03 99^2

04 48^2

05 53×47

06 104×96

07 3.2×2.8

○ 곱셈 공식을 이용하여 다음을 계산하시오.

08 $(\sqrt{3}+1)^2$

09 $(\sqrt{7}+\sqrt{2})^2$

10 $(3\sqrt{2}+\sqrt{3})^2$

11 $(\sqrt{6}-\sqrt{2})^2$

12 $(7-4\sqrt{3})^2$

13 $(5\sqrt{2}-2\sqrt{5})^2$

14 $(2\sqrt{3}+3)(2\sqrt{3}-3)$

15 $(2\sqrt{5}+\sqrt{6})(2\sqrt{5}-\sqrt{6})$

○ 다음 수의 분모를 유리화하시오.

16 $\dfrac{1}{2-\sqrt{3}}$

17 $\dfrac{1}{3+\sqrt{10}}$

18 $\dfrac{6}{\sqrt{7}+\sqrt{5}}$

19 $\dfrac{5}{\sqrt{10}-\sqrt{5}}$

20 $\dfrac{8}{2\sqrt{2}-\sqrt{6}}$

21 $\dfrac{\sqrt{3}}{2\sqrt{3}-3}$

22 $\dfrac{2-\sqrt{3}}{2+\sqrt{3}}$

23 $\dfrac{\sqrt{6}+\sqrt{7}}{\sqrt{6}-\sqrt{7}}$

○ $a+b=6$, $ab=5$일 때, 다음 식의 값을 구하시오.

24 a^2+b^2

25 $(a-b)^2$

○ $x-y=2\sqrt{6}$, $xy=-3$일 때, 다음 식의 값을 구하시오.

26 x^2+y^2

27 $(x+y)^2$

○ $x+\dfrac{1}{x}=6$일 때, 다음 식의 값을 구하시오.

28 $x^2+\dfrac{1}{x^2}$

29 $\left(x-\dfrac{1}{x}\right)^2$

○ $a-\dfrac{1}{a}=3\sqrt{3}$일 때, 다음 식의 값을 구하시오.

30 $a^2+\dfrac{1}{a^2}$

31 $\left(a+\dfrac{1}{a}\right)^2$

○ 다음 식을 전개하시오.

32 $(x+y+1)^2$

33 $(2a-b+3)^2$

34 $(x+3y-2)^2$

35 $(a-b-c)^2$

36 $(x+y+1)(x+y-1)$

37 $(a-2b+3)(a-2b-3)$

38 $(2x+y+3)(2x+y-2)$

39 $(a-3b+4)(a-3b+2)$

○ $x=3+2\sqrt{2},\ y=3-2\sqrt{2}$일 때, 다음 식의 값을 구하시오.

40 $x+y$

41 xy

42 x^2+y^2

43 $\dfrac{1}{x}+\dfrac{1}{y}$

44 $\dfrac{y}{x}+\dfrac{x}{y}$

45 $(x-1)(y-1)+2xy$

○ 다음을 구하시오.

46 $x=\sqrt{3}-2$일 때, x^2+4x+8의 값

47 $x=3+\sqrt{2}$일 때, $x^2-6x+10$의 값

48 $x=\sqrt{5}-4$일 때, x^2+8x-5의 값

49 $x=\dfrac{1}{\sqrt{2}-1}$일 때, x^2-2x-7의 값

50 $x=\dfrac{1}{3+2\sqrt{2}}$일 때, $x^2-6x+12$의 값

○ 다음 식에서 공통인수를 찾고 인수분해하시오.

01 $a^2b - 3ab^2$
→ 공통인수 : _____
→ 인수분해 : _____

02 $xy - 3x^2y + 2xy^3$
→ 공통인수 : _____
→ 인수분해 : _____

03 $2a(a+2b) - 3b(a+2b)$
→ 공통인수 : _____
→ 인수분해 : _____

04 $xy(x-1) + 2x(x-1)$
→ 공통인수 : _____
→ 인수분해 : _____

05 $a(b-5) - (5-b)$
→ 공통인수 : _____
→ 인수분해 : _____

○ 다음 식을 인수분해하시오.

06 $x^2 + 4x + 4$ _____

07 $a^2 - 12a + 36$ _____

08 $x^2 + \dfrac{1}{2}x + \dfrac{1}{16}$ _____

09 $4a^2 + 20ab + 25b^2$ _____

10 $9x^2 - 24xy + 16y^2$ _____

11 $12a^2 - 36ab + 27b^2$ _____

○ 다음 식이 완전제곱식이 되도록 하는 상수 a의 값을 구하시오.

12 $x^2 + 6x + a$ _____

13 $x^2 - 16xy + ay^2$ _____

14 $4x^2 - 20x + a$ _____

15 $25x^2 - 30xy + ay^2$ _____

16 $x^2 + ax + 36$ _____

17 $x^2 + axy + 25y^2$ _____

18 $16x^2 + ax + 25$ _____

19 $49x^2 + axy + 9y^2$ _____

○ 다음 식을 인수분해하시오.

20 $a^2 - 4$ _____

21 $x^2 - \dfrac{9}{4}$ _____

22 $a^3 - 25a$ _____

23 $16x^2 - 9y^2$ _____

24 $25a^2 - 36b^2$ _____

25 $\dfrac{3}{4}x^2 - \dfrac{3}{49}y^2$ _____

○ 다음 조건을 만족시키는 두 정수를 구하시오.

26 곱이 4이고 합이 5인 두 정수　.................................

27 곱이 -10이고 합이 3인 두 정수　.................................

28 곱이 8이고 합이 -6인 두 정수　.................................

29 곱이 -14이고 합이 -5인 두 정수　.................................

○ 다음 식을 인수분해하시오.

30 x^2+3x+2　.................................

31 x^2+x-12　.................................

32 a^2+8a-9　.................................

33 x^2-5x+6　.................................

34 $a^2-4a-21$　.................................

35 $x^2+8xy+12y^2$　.................................

36 $x^2+2xy-15y^2$　.................................

37 $a^2-5ab+4b^2$　.................................

38 $x^2-6xy-7y^2$　.................................

39 $a^2-2ab-24b^2$　.................................

○ 다음은 다항식을 인수분해하는 과정이다. □ 안에 알맞은 수를 써넣고, 주어진 식을 인수분해하시오.

40 $2x^2+x-6=$　.................................

41 $6x^2+7xy-20y^2=$　.................................

○ 다음 식을 인수분해하시오.

42 $6x^2+11x+4$　.................................

43 $12a^2-5a-3$　.................................

44 $3x^2+4x-15$　.................................

45 $10a^2-13a-3$　.................................

46 $4x^2+9xy+5y^2$　.................................

47 $8a^2+2a-21$　.................................

48 $4a^2+4ab-15b^2$　.................................

49 $12x^2-xy-6y^2$　.................................

○ 다음 중 인수분해가 바르게 된 것은 ○표를 하고, 바르게 되지 않은 것은 바르게 인수분해하시오.

01 $x^2+6x+9=(x+3)^2$

02 $4x^2-4x+1=(2x+1)^2$

03 $25x^2-81y^2=(5x-9y)^2$

04 $x^2-7x+10=(x-2)(x-5)$

05 $8x^2-2x-15=(2x-3)(4x+5)$

06 $3x^2+8xy-16y^2=(x-4y)(3x-4y)$

○ 다음 식을 인수분해하시오.

07 $(x-2)^2+4(x-2)+4$

08 $(a+b)^2-6(a+b)+9$

09 $(x+y)^2+8(x+y)+15$

10 $(a+2b)^2-10(a+2b)-11$

11 $(x+2y)(x+2y-2)-8$

12 $2(a+b)^2+3(a+b-2)+7$

○ 다음 식을 인수분해하시오.

13 $(x-1)^2+2(x-1)(y+5)+(y+5)^2$

14 $(a-6)^2-4(a-6)(b+1)+4(b+1)^2$

15 $(x+3)^2+5(x+3)(y-2)+4(y-2)^2$

16 $(a+b)^2-(a+b)(a-2b)-2(a-2b)^2$

17 $3(x+1)^2-5(x+1)(y-1)-12(y-1)^2$

18 $6(x+3y)^2+(x+3y)(3x-y)-(3x-y)^2$

○ 다음 식을 인수분해하시오.

19 $(a+b)^2-9$

20 $36-(x-y)^2$

21 $(2x+3)^2-(y-1)^2$

22 $(4a+3b)^2-(a-b)^2$

23 $4(x-3y)^2-(x-y)^2$

24 $9(3a+1)^2-16(4-b)^2$

○ 다음 식을 인수분해하시오.

25 $xy+2x+3y+6$

26 $ax+bx-2ay-2by$

27 $x+3y-x^2y-3xy^2$

28 $a^2b-ab^2+2a-2b$

29 $4x^2-y^2+2x-y$

30 $a^2-b^2-ac+bc$

○ 다음 식을 인수분해하시오.

31 $x^2+2xy+y^2-9$

32 $9a^2-6ab+b^2-25$

33 $4x^2-y^2+4x+1$

34 a^2-b^2+4b-4

35 $9x^2+y^2-4z^2+6xy$

36 $a^2+4b^2-9c^2-4ab$

○ 다음을 계산하시오.

37 $78\times99-78\times89$

38 $89^2+22\times89+11^2$

39 58^2-48^2

40 $17\times51^2-17\times49^2$

○ 다음을 구하시오.

41 $x=41$일 때, x^2-2x+1의 값

42 $x=26$일 때, $x^2+8x+16$의 값

43 $x=3-\sqrt{6}$일 때, x^2-6x+9의 값

44 $x=2+\sqrt{3}$일 때, x^2+x-6의 값

○ 다음을 구하시오.

45 $a=77$, $b=3$일 때, $a^2+2ab+b^2$의 값

46 $x=2+\sqrt{3}$, $y=2-\sqrt{3}$일 때, x^2-y^2의 값

47 $x=\dfrac{1}{\sqrt{2}+1}$, $y=\dfrac{1}{\sqrt{2}-1}$일 때, xy^2-x^3의 값

○ 다음 식이 이차방정식이면 ○표, 이차방정식이 아니면 × 표를 (　) 안에 써넣으시오.

01 $2x^3 - 2x + 1 = 0$　　　　　(　)

02 $x + 3 = 5 - x^2$　　　　　(　)

03 $x^2 + 5x - 3 = 7 + x^2$　　　　(　)

04 $x(x+3) - x^2 + 2x = 0$　　　(　)

05 $(x-2)^2 = 4 - 2x^2$　　　　(　)

○ 다음 식이 x에 대한 이차방정식이 되기 위한 상수 a의 조건을 구하시오.

06 $5x - 7 = -ax^2$

07 $(a+2)x^2 - ax + 3 = 0$

08 $3 - 2x^2 + 2x = 3ax^2 + 1$

09 $ax^2 - 4x + 1 = (2a-5)x^2$

○ 다음 이차방정식을 $ax^2 + bx + c = 0 \ (a > 0)$의 꼴로 나타낼 때, 상수 a, b, c의 값을 각각 구하시오.

10 $2x^2 + 5x - 3 = x^2 - 3x$
→ $a=$ ＿＿＿, $b=$ ＿＿＿, $c=$ ＿＿

11 $4x^2 + 6x = (x+1)(3x-1)$
→ $a=$ ＿＿＿, $b=$ ＿＿＿, $c=$ ＿＿

12 $3(x-2)^2 = -x^2 + x - 1$
→ $a=$ ＿＿＿, $b=$ ＿＿＿, $c=$ ＿＿

○ 다음 [　] 안의 수가 주어진 이차방정식의 해이면 ○표, 해가 아니면 ×표를 (　) 안에 써넣으시오.

13 $x(x-2) = 0$　[2]　　　　(　)

14 $(x+4)(x-3) = 0$　[4]　　(　)

15 $4x^2 - 3x = 0$　[-3]　　　(　)

16 $x^2 - 5x + 4 = 0$　[1]　　(　)

17 $-3x^2 + 1 = 2x$　[-1]　　(　)

○ x의 값이 0, 1, 2, 3일 때, 다음 이차방정식의 해를 모두 구하시오.

18 $x^2 - 3x = 0$

19 $x^2 + 2x - 8 = 0$

20 $2x^2 - 3x + 1 = 0$

○ 다음을 만족시키는 상수 a의 값을 구하시오.

21 이차방정식 $x^2 + x + a = 0$의 한 근이 $x = -2$이다.

22 이차방정식 $ax^2 - 5x - 3 = 0$의 한 근이 $x = 3$이다.

23 이차방정식 $x^2 - ax - 4 = 2x + 4$의 한 근이 $x = 4$이다.

24 이차방정식 $3x^2 + 10x + a = 3x$의 한 근이 $x = -1$이다.

○ 다음 이차방정식을 푸시오.

25 $(x-1)(x-3)=0$

26 $(x+5)(x-2)=0$

27 $(3x+2)(x-4)=0$

28 $(2x+9)(5x+1)=0$

○ 다음 이차방정식을 인수분해를 이용하여 푸시오.

29 $x^2+6x=0$

30 $8x^2-18x=0$

31 $3x^2+7x=0$

32 $x^2=-9x$

33 $5x^2=15x$

○ 다음 이차방정식을 인수분해를 이용하여 푸시오.

34 $x^2-16=0$

35 $4x^2-9=0$

36 $64-x^2=0$

37 $36x^2-4=0$

38 $25x^2=49$

○ 다음 이차방정식을 인수분해를 이용하여 푸시오.

39 $x^2-7x+10=0$

40 $x^2+6x+5=0$

41 $x^2-x-12=0$

42 $x^2-2x-15=0$

43 $2x-x^2=5x-4$

○ 다음 이차방정식을 인수분해를 이용하여 푸시오.

44 $2x^2+3x-9=0$

45 $3x^2-5x-2=0$

46 $5x^2-2x-3=0$

47 $x^2-10x-5=3x^2+x$

48 $-x^2+10x+6=2x^2+3x$

○ 다음 이차방정식의 한 근이 [   ] 안의 수일 때, 다른 한 근을 구하시오. (단, a는 상수)

49 $x^2+ax-2=0$ $[\,1\,]$

50 $x^2-x+a=0$ $[\,-6\,]$

51 $2x^2+x+a=0$ $[\,-2\,]$

52 $4x^2+ax-3=0$ $[\,3\,]$

○ 다음 이차방정식이 중근을 가지면 ○표, 중근을 갖지 않으면 ×표를 (   ) 안에 써넣으시오.

01　$x^2+36=12x$　　　　　　　　(　　)

02　$2(x-3)^2=6$　　　　　　　　(　　)

03　$(x+1)^2=4x$　　　　　　　　(　　)

04　$(x+2)(x+4)=1$　　　　　　(　　)

○ 다음 이차방정식을 푸시오.

05　$3(x+5)^2=0$

06　$x^2-14x+49=0$

07　$4x^2+8x+4=0$

08　$18x^2-12x+2=0$

09　$(x+3)^2=12x$

○ 다음 이차방정식이 중근을 가질 때, 상수 a의 값을 구하시오.

10　$x^2+6x+a=0$

11　$x^2-16x+4a=0$

12　$4x^2-20x+a=0$

13　$25x^2-30x+a=0$

14　$9x^2+12x+a+2=0$

○ 다음 이차방정식이 중근을 가질 때, 상수 a의 값을 구하시오.

15　$x^2+ax+16=0$

16　$x^2-ax+100=0$

17　$2x^2+ax+50=0$

18　$16x^2+ax+25=0$

19　$9x^2-ax+4=0$

○ 다음 이차방정식을 제곱근을 이용하여 푸시오.

20　$x^2=11$

21　$x^2-12=0$

22　$60-x^2=0$

23　$3x^2=9$

24　$4x^2-28=0$

25　$8x^2-32=0$

26　$12x^2-1=2$

27　$50x^2+2=20$

○ 다음 이차방정식을 제곱근을 이용하여 푸시오.

28 $(x-3)^2=11$

29 $(x+1)^2=6$

30 $(3x+2)^2-7=0$

31 $(5x-4)^2-3=0$

32 $(2x-1)^2=8$

33 $3(x-2)^2=36$

34 $5(x+4)^2=125$

35 $12(x-1)^2=75$

○ 다음 이차방정식을 완전제곱식을 이용하여 푸시오.

36 $x^2+2x-4=0$

37 $x^2-6x+1=0$

38 $x^2+10x+1=0$

39 $x^2-8x+7=0$

40 $x^2+4x-12=0$

41 $x^2-3x-3=0$

42 $x^2+x-4=0$

43 $x^2+5x+5=0$

44 $x^2+9x-9=0$

○ 다음 이차방정식을 완전제곱식을 이용하여 푸시오.

45 $2x^2+12x-8=0$

46 $3x^2-12x-6=0$

47 $6x^2+24x+6=0$

48 $2x^2-8x+3=0$

49 $5x^2+5x-15=0$

50 $3x^2-2x-2=0$

51 $2x^2+7x+4=0$

52 $2x^2+4x-7=0$

53 $6x^2-3x-15=0$

○ 다음 이차방정식을 근의 공식을 이용하여 푸시오.

01 $x^2 - x - 3 = 0$

02 $2x^2 - 5x + 1 = 0$

03 $3x^2 - 3x - 7 = 0$

04 $3x^2 + 6x + 1 = 0$

○ 다음 이차방정식을 일차항의 계수가 짝수일 때의 근의 공식을 이용하여 푸시오.

05 $x^2 - 2x - 7 = 0$

06 $x^2 + 8x - 3 = 0$

07 $3x^2 + 14x + 5 = 0$

08 $4x^2 - 12x - 1 = 0$

○ 다음 이차방정식을 푸시오.

09 $(x+1)(x+7) = 16$

10 $x(x+3) + x - 5 = 0$

11 $(x+3)(x-2) = 4x + 1$

12 $(3x+1)(x-2) = (x+2)^2$

○ 다음 이차방정식을 푸시오.

13 $\dfrac{2}{3}x^2 - x - \dfrac{5}{6} = 0$

14 $\dfrac{1}{2}x^2 - \dfrac{2}{3}x - \dfrac{1}{4} = 0$

15 $\dfrac{1}{5}x^2 - \dfrac{1}{4}x - \dfrac{1}{10} = 0$

16 $\dfrac{3x(x+2)}{4} - \dfrac{1}{2} = x$

○ 다음 이차방정식을 푸시오.

17 $0.1x^2 + 0.6x + 0.2 = 0$

18 $x^2 - 1.2x - 0.2 = 0$

19 $0.2x^2 - 1.1x + 0.3 = 0$

20 $0.3x^2 = 2x - 0.4$

○ 다음 이차방정식을 푸시오.

21 $(x+2)^2 + 8(x+2) + 15 = 0$

22 $(x-5)^2 - 5(x-5) - 14 = 0$

23 $2(x-4)^2 + 3(x-4) + 1 = 0$

24 $3(x+1)^2 - 5(x+1) - 12 = 0$

○ 다음 이차방정식 $ax^2+bx+c=0$에 대하여 b^2-4ac의 값과 근의 개수를 구하시오.

25 $x^2-x-3=0$
→ b^2-4ac의 값 : _____
→ 근의 개수 : _____

26 $x^2+2x-3=0$
→ b^2-4ac의 값 : _____
→ 근의 개수 : _____

27 $2x^2-5x+4=0$
→ b^2-4ac의 값 : _____
→ 근의 개수 : _____

28 $3x^2-x+7=0$
→ b^2-4ac의 값 : _____
→ 근의 개수 : _____

29 $4x^2-4x+1=0$
→ b^2-4ac의 값 : _____
→ 근의 개수 : _____

○ 이차방정식 $x^2+5x+k=0$이 다음과 같은 근을 가질 때, 상수 k의 값 또는 k의 값의 범위를 구하시오.

30 서로 다른 두 근 _____

31 중근 _____

32 근이 없다. _____

○ 이차방정식 $3x^2+4x+k=0$이 다음과 같은 근을 가질 때, 상수 k의 값 또는 k의 값의 범위를 구하시오.

33 서로 다른 두 근 _____

34 중근 _____

35 근이 없다. _____

○ 다음 이차방정식이 서로 다른 두 근을 가질 때, 상수 k의 값의 범위를 구하시오.

36 $x^2-7x+k=0$ _____

37 $3x^2-2x-k=0$ _____

38 $2x^2+6x+k+1=0$ _____

○ 다음 이차방정식이 중근을 가질 때, 상수 k의 값을 구하시오.

39 $x^2-8x+k=0$ _____

40 $3x^2-6x+k=0$ _____

41 $4x^2+3x-k=0$ _____

○ 다음 이차방정식이 근을 가질 때, 상수 k의 값의 범위를 구하시오.

42 $x^2-2x+k=0$ _____

43 $2x^2-5x+3k=0$ _____

44 $3x^2+4x+k-3=0$ _____

○ 다음 이차방정식이 근을 갖지 않을 때, 상수 k의 값의 범위를 구하시오.

45 $x^2-4x+k=0$ _____

46 $3x^2-4x+k=0$ _____

47 $4x^2+5x+k+1=0$ _____

⭕ 다음 이차방정식을 구하시오.

01 두 근이 3, 4이고 x^2의 계수가 1인 이차방정식

02 두 근이 -1, 4이고 x^2의 계수가 2인 이차방정식

03 두 근이 $\dfrac{3}{2}$, -2이고 x^2의 계수가 4인 이차방정식

04 두 근이 $-\dfrac{4}{3}$, 3이고 x^2의 계수가 3인 이차방정식

05 두 근이 $\dfrac{1}{3}$, $-\dfrac{5}{2}$이고 x^2의 계수가 6인 이차방정식

⭕ 다음 이차방정식을 구하시오.

06 중근이 4이고 x^2의 계수가 2인 이차방정식

07 중근이 -1이고 x^2의 계수가 1인 이차방정식

08 중근이 $\dfrac{3}{2}$이고 x^2의 계수가 4인 이차방정식

09 중근이 -3이고 x^2의 계수가 3인 이차방정식

10 중근이 $-\dfrac{2}{3}$이고 x^2의 계수가 9인 이차방정식

⭕ 이차방정식의 한 근이 다음과 같을 때, 다른 한 근을 구하시오. (단, 이차방정식의 계수는 모두 유리수이다.)

11 $1+\sqrt{2}$

12 $-2+\sqrt{6}$

13 $4-\sqrt{5}$

14 $-5-\sqrt{11}$

15 $-3-2\sqrt{3}$

⭕ 다음 이차방정식을 구하시오.
(단, 이차방정식의 계수는 모두 유리수이다.)

16 한 근이 $2+\sqrt{2}$이고 x^2의 계수가 1인 이차방정식

17 한 근이 $3-2\sqrt{5}$이고 x^2의 계수가 -1인 이차방정식

18 한 근이 $-1+2\sqrt{2}$이고 x^2의 계수가 2인 이차방정식

19 한 근이 $4-\sqrt{6}$이고 x^2의 계수가 -2인 이차방정식

20 한 근이 $-3-\sqrt{7}$이고 x^2의 계수가 3인 이차방정식

21 한 근이 $1-\sqrt{3}$이고 x^2의 계수가 -3인 이차방정식

○ 물음에 답하시오.

22 어떤 자연수를 제곱한 것은 그 수를 3배한 것보다 18이 더 크다고 할 때, 어떤 자연수를 구하시오.

23 어떤 자연수에 4를 더하여 제곱한 것은 그 수를 9배한 것보다 28이 더 크다고 할 때, 어떤 자연수를 구하시오.

24 연속하는 두 홀수의 제곱의 합이 130일 때, 연속하는 두 홀수를 구하시오.

25 연속하는 두 짝수의 곱이 168일 때, 연속하는 두 짝수를 구하시오.

26 언니와 동생의 나이 차는 3살이고, 언니와 동생의 나이의 제곱의 합이 369일 때, 동생의 나이를 구하시오.

_____ 살

27 민철이는 진수보다 4살이 많고 민철이의 나이의 제곱은 진수의 나이의 제곱의 2배보다 4살이 적을 때, 진수의 나이를 구하시오.

_____ 살

28 어느 모임의 회원들에게 사탕 104개를 똑같이 나누어 주려고 한다. 한 사람에게 돌아가는 사탕의 수는 전체 회원 수보다 5만큼 적다고 할 때, 회원 한 사람이 받는 사탕은 몇 개인지 구하시오.

_____ 개

29 수진이는 귤 110개를 바구니에 똑같이 나누어 담으려고 한다. 바구니 한 개에 들어가는 귤의 개수는 전체 바구니 개수보다 1만큼 크다고 할 때, 바구니 한 개에 들어가는 귤은 몇 개인지 구하시오.

_____ 개

30 진희가 국어책을 펼쳤더니 두 면의 쪽수의 곱이 132이었다. 펼쳐진 두 면의 쪽수의 합을 구하시오.

31 승현이가 현재 읽고 있는 책을 펼쳤더니 두 면의 쪽수의 곱이 272이었다. 펼쳐진 두 면의 쪽수의 합을 구하시오.

32 오른쪽 그림과 같이 정사각형의 가로의 길이는 4 cm 길게 하고 세로의 길이는 2 cm 짧게 하여 직사각형을 만들었더니 직사각형의 넓이가 72 cm²가 되었다. 처음 정사각형의 한 변의 길이를 구하시오.

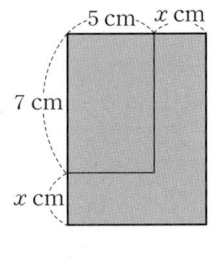

_____ cm

33 오른쪽 그림과 같이 가로, 세로의 길이가 각각 5 cm, 7 cm인 직사각형의 가로, 세로의 길이를 각각 x cm씩 길게 하였더니 넓이가 처음 직사각형의 넓이보다 45 cm² 만큼 늘어났다. 이때 x의 값을 구하시오.

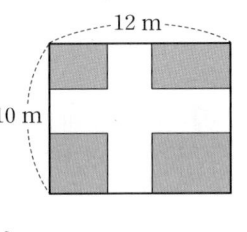

34 오른쪽 그림과 같이 가로, 세로의 길이가 각각 12 m, 10 m인 직사각형 모양의 땅에 폭이 일정한 길을 만들었더니 길을 제외한 땅의 넓이가 63 m²가 되었다. 길의 폭을 구하시오.

_____ m

35 지면으로부터 30 m 높이에서 초속 60 m로 위로 쏘아 올린 물체의 t초 후의 높이는 $(30+60t-5t^2)$ m라고 한다. 이 물체의 지면으로부터의 높이가 210 m가 되는 것은 던져 올린 지 몇 초 후인지 구하시오.

_____ 초 후

○ 다음에서 y가 x에 대한 이차함수이면 ○표, 이차함수가 아니면 ×표를 ( ) 안에 써넣으시오.

01 $y=x^2+x$　　　　　　　　(　　)

02 $y=2x-3$　　　　　　　　(　　)

03 $y=\dfrac{2}{x^2}+x+1$　　　　　(　　)

04 $y=-\dfrac{x^2}{5}+4x$　　　　　(　　)

05 $y=x^3-9x-5$　　　　　　(　　)

06 $y=(x+3)^2-x^2$　　　　　(　　)

○ 다음에서 y를 x에 대한 식으로 나타내고, y가 x에 대한 이차함수인지 말하시오.

07 한 변의 길이가 x cm인 정사각형의 둘레의 길이 y cm
　➡

08 한 모서리의 길이가 x cm인 정육면체의 겉넓이 y cm²
　➡

09 밑면의 반지름의 길이가 x cm, 높이가 10 cm인 원기둥의 부피 y cm³
　➡

10 한 개에 x원인 과자 6개를 사고 10000원을 냈을 때의 거스름돈 y원
　➡

11 분속 x m로 $7x$분 동안 달린 거리 y m
　➡

○ 이차함수 $y=x^2-2x+5$에 대하여 다음을 구하시오.

12 $x=-2$일 때의 y의 값 _____

13 $x=-1$일 때의 y의 값 _____

14 $x=0$일 때의 y의 값 _____

15 $x=1$일 때의 y의 값 _____

○ 다음을 구하시오.

16 이차함수 $y=-\dfrac{1}{2}x^2$에 대하여 $x=-6$일 때의 y의 값

17 이차함수 $y=3x^2-3$에 대하여 $x=2$일 때의 y의 값

18 이차함수 $y=-4x^2+6x$에 대하여 $x=\dfrac{1}{2}$일 때의 y의 값

19 이차함수 $y=9x^2-3x-4$에 대하여 $x=-\dfrac{1}{3}$일 때의 y의 값

○ 이차함수 $f(x)=x^2+2x-3$에 대하여 다음 함숫값을 구하시오.

20 $f(0)$ 　　　　　**21** $f(1)$

22 $f(-1)$ 　　　　**23** $f(2)$

24 $f\left(\dfrac{1}{2}\right)$ 　　　**25** $f\left(-\dfrac{3}{2}\right)$

● 다음을 구하시오.

26 이차함수 $f(x)=-2x^2+6$에 대하여 $f(-1)$의 값

27 이차함수 $f(x)=4x^2-8x+1$에 대하여 $f\left(\dfrac{1}{2}\right)$의 값

28 이차함수 $f(x)=-x^2+5x+5$에 대하여 $f(-1)+f(1)$의 값

29 이차함수 $f(x)=-\dfrac{1}{2}x^2+2x-3$에 대하여 $f(2)+f(4)$의 값

● 다음 이차함수 $y=f(x)$에 대하여 주어진 함숫값을 만족 시키는 상수 a의 값을 구하시오.

30 $f(x)=x^2+a,\ f(-1)=2$

31 $f(x)=2x^2+ax-3,\ f(2)=-1$

32 $f(x)=ax^2-2x+3,\ f(-2)=3$

33 이차함수 $f(x)=x^2$에 대하여 다음을 구하고, x의 값의 범위가 실수 전체의 범위일 때 이차함수 $y=f(x)$의 그 래프를 오른쪽 좌표평면 위에 그리시오.

(1) $f\left(-\dfrac{3}{2}\right)=$

(2) $f\left(-\dfrac{1}{2}\right)=$

(3) $f(0)=$

(4) $f\left(\dfrac{1}{2}\right)=$

(5) $f\left(\dfrac{3}{2}\right)=$

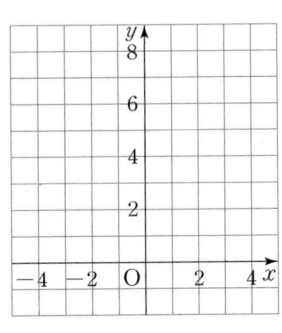

● 다음 중 이차함수 $y=x^2$의 그래프에 대한 설명으로 옳으 면 ○표, 옳지 않으면 ×표를 ( ) 안에 써넣으시오.

34 점 $(0, 0)$을 지난다. (   )

35 그래프는 위로 볼록하다. (   )

36 x축에 대칭이다. (   )

37 제1사분면, 제2사분면을 지난다. (   )

38 $x<0$일 때, x의 값이 증가하면 y의 값도 증가한다.

(   )

39 이차함수 $f(x)=-x^2$에 대하여 다음을 구하고, x의 값 의 범위가 실수 전체의 범위일 때 이차함수 $y=f(x)$의 그래프를 오른쪽 좌표평면 위에 그리시오.

(1) $f\left(-\dfrac{3}{2}\right)=$

(2) $f\left(-\dfrac{1}{2}\right)=$

(3) $f(0)=$

(4) $f\left(\dfrac{1}{2}\right)=$

(5) $f\left(\dfrac{3}{2}\right)=$

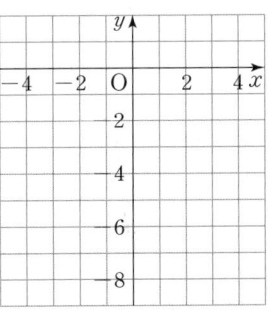

● 다음 중 이차함수 $y=-x^2$의 그래프에 대한 설명으로 옳 으면 ○표, 옳지 않으면 ×표를 ( ) 안에 써넣으시오.

40 점 $(-2, 2)$를 지난다. (   )

41 이차함수 $y=x^2$의 그래프와 x축에 대칭이다.

(   )

42 y축에 대칭이다. (   )

43 제2사분면, 제4사분면을 지난다. (   )

44 $x>0$일 때, x의 값이 증가하면 y의 값은 감소한다.

(   )

15 연산 Plus ➕

○ 물음에 답하시오.

01 이차함수 $y=x^2$의 그래프를 이용하여 이차함수 $y=\dfrac{3}{2}x^2$의 그래프를 좌표평면 위에 그리고, 다음 □ 안에 알맞은 것을 써넣으시오.

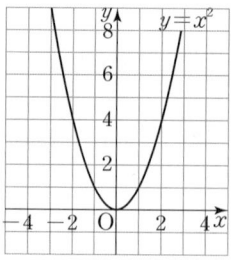

(1) 그래프는 □로 볼록하다.

(2) 꼭짓점의 좌표는 (0, □)이다.

(3) 축의 방정식은 □이다.

(4) $x>0$일 때, x의 값이 증가하면 y의 값은 □한다.

(5) 제□사분면과 제□사분면을 지난다.

02 이차함수 $y=-x^2$의 그래프를 이용하여 이차함수 $y=-\dfrac{1}{3}x^2$의 그래프를 좌표평면 위에 그리고, 다음 □ 안에 알맞은 것을 써넣으시오.

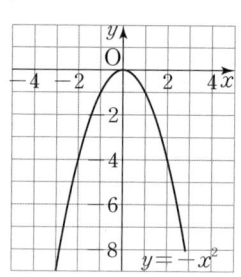

(1) 그래프는 □로 볼록하다.

(2) 꼭짓점의 좌표는 (0, □)이다.

(3) 축의 방정식은 □이다.

(4) $x>0$일 때, x의 값이 증가하면 y의 값은 □한다.

(5) 제□사분면과 제□사분면을 지난다.

○ 다음 보기의 이차함수의 그래프에 대하여 물음에 답하시오.

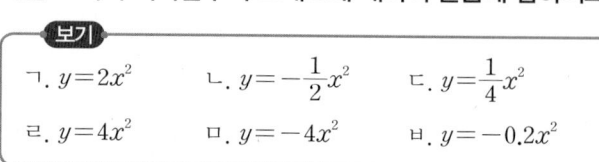

보기
ㄱ. $y=2x^2$ ㄴ. $y=-\dfrac{1}{2}x^2$ ㄷ. $y=\dfrac{1}{4}x^2$
ㄹ. $y=4x^2$ ㅁ. $y=-4x^2$ ㅂ. $y=-0.2x^2$

03 그래프가 위로 볼록한 것을 모두 고르시오.

04 그래프의 폭이 가장 넓은 것을 고르시오.

05 그래프가 $y=-2x^2$의 그래프와 x축에 대칭인 것을 고르시오.

06 그래프가 x축에 서로 대칭인 것끼리 짝 지으시오.

○ 다음 이차함수의 그래프로 알맞은 것을 오른쪽 그림에서 찾으시오.

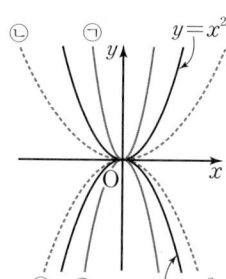

07 $y=\dfrac{5}{2}x^2$

08 $y=-\dfrac{5}{3}x^2$

09 $y=\dfrac{1}{5}x^2$

10 $y=-\dfrac{3}{4}x^2$

○ 다음 이차함수의 그래프를 y축의 방향으로 [ ] 안의 수만큼 평행이동한 그래프를 나타내는 이차함수의 식을 구하시오.

11 $y=-3x^2$ $[-2]$

12 $y=6x^2$ $\left[\dfrac{1}{4}\right]$

13 $y=-\dfrac{1}{2}x^2$ $[-3]$

○ 다음 이차함수의 그래프는 이차함수 $y=-7x^2$의 그래프를 y축의 방향으로 얼마만큼 평행이동한 것인지 구하시오.

14 $y=-7x^2+1$ **15** $y=-7x^2-5$

16 $y=-7x^2+\dfrac{1}{3}$ **17** $y=-7x^2-\dfrac{5}{2}$

○ 이차함수 $y=3x^2$의 그래프를 이용하여 다음 함수의 그래프를 좌표평면 위에 그리고, 그래프의 꼭짓점의 좌표와 축의 방정식을 차례로 구하시오.

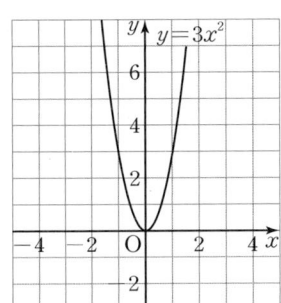

18 $y=3x^2+3$ →

19 $y=3x^2-2$ →

○ 이차함수 $y=-2x^2$의 그래프를 이용하여 다음 함수의 그래프를 좌표평면 위에 그리고, 그래프의 꼭짓점의 좌표와 축의 방정식을 차례로 구하시오.

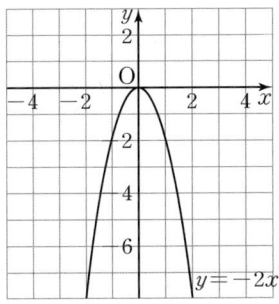

20 $y=-2x^2+1$ →

21 $y=-2x^2-3$ →

○ 주어진 이차함수의 그래프에 대하여 다음 □ 안에 알맞은 것을 써넣으시오.

22 $y=2x^2-2$

(1) 이차함수 ☐ 의 그래프를 y축의 방향으로 ☐ 만큼 평행이동한 것이다.

(2) 꼭짓점의 좌표는 (☐, ☐)이고 축의 방정식은 ☐ 이다.

(3) 점 $(-3,$ ☐$)$을 지난다.

(4) 그래프는 ☐ 로 볼록하다.

23 $y=-\dfrac{3}{5}x^2+4$

(1) 이차함수 ☐ 의 그래프를 y축의 방향으로 ☐ 만큼 평행이동한 것이다.

(2) 꼭짓점의 좌표는 (☐, ☐)이고 축의 방정식은 ☐ 이다.

(3) 점 $(5,$ ☐$)$을 지난다.

(4) 그래프는 ☐ 로 볼록하다.

○ 다음 이차함수의 그래프가 주어진 점을 지날 때, 상수 k의 값을 구하시오.

24 $y=kx^2$, 점 $(2, -4)$

25 $y=4x^2+k$, 점 $(-1, 5)$

26 $y=-x^2+k$, 점 $(4, 1)$

27 $y=kx^2-2$, 점 $(-3, 7)$

28 $y=kx^2+\dfrac{5}{6}$, 점 $\left(-1, \dfrac{4}{3}\right)$

○ 다음 이차함수의 그래프를 x축의 방향으로 [ ] 안의 수만큼 평행이동한 그래프를 나타내는 이차함수의 식을 구하시오.

01 $y=-4x^2$ $[-2]$

02 $y=7x^2$ $\left[\dfrac{1}{6}\right]$

03 $y=-\dfrac{1}{2}x^2$ $\left[-\dfrac{1}{3}\right]$

○ 다음 이차함수의 그래프는 이차함수 $y=3x^2$의 그래프를 x축의 방향으로 얼마만큼 평행이동한 것인지 구하시오.

04 $y=3(x-1)^2$

05 $y=3(x+3)^2$

06 $y=3\left(x-\dfrac{1}{2}\right)^2$

07 $y=3\left(x+\dfrac{5}{2}\right)^2$

○ 이차함수 $y=2x^2$의 그래프를 이용하여 다음 함수의 그래프를 좌표평면 위에 그리고, 그래프의 꼭짓점의 좌표와 축의 방정식을 차례로 구하시오.

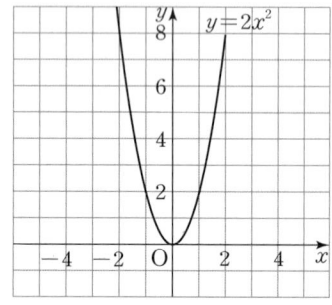

08 $y=2(x-3)^2$

→ ...., ...

09 $y=2(x+2)^2$

→ ...., ...

○ 이차함수 $y=-2x^2$의 그래프를 이용하여 다음 함수의 그래프를 좌표평면 위에 그리고, 그래프의 꼭짓점의 좌표와 축의 방정식을 차례로 구하시오.

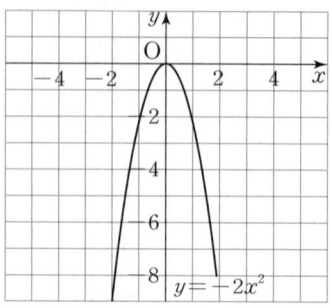

10 $y=-2(x-4)^2$

→ ...., ...

11 $y=-2(x+3)^2$

→ ...., ...

○ 주어진 이차함수의 그래프에 대하여 □ 안에 알맞은 것을 써넣으시오.

12 $y=5(x+1)^2$

(1) 이차함수 [　　　] 의 그래프를 x축의 방향으로 [　　] 만큼 평행이동한 것이다.

(2) 꼭짓점의 좌표는 ([　], [　])이고 축의 방정식은 [　　　]이다.

(3) 점 $(-2,$ [　])를 지난다.

(4) 그래프는 [　]로 볼록하다.

13 $y=-\dfrac{3}{2}(x-4)^2$

(1) 이차함수 [　　　　] 의 그래프를 x축의 방향으로 [　]만큼 평행이동한 것이다.

(2) 꼭짓점의 좌표는 ([　], [　])이고 축의 방정식은 [　　　]이다.

(3) 점 $(6,$ [　])을 지난다.

(4) 그래프는 [　]로 볼록하다.

○ 다음 이차함수의 그래프를 x축의 방향으로 p만큼, y축의 방향으로 q만큼 평행이동한 그래프를 나타내는 이차함수의 식을 구하시오.

14 $y=3x^2$ $[p=-1, q=2]$ ....

15 $y=-2x^2$ $[p=2, q=-3]$ ....

16 $y=-\dfrac{1}{2}x^2$ $\left[p=-3, q=\dfrac{1}{2}\right]$ ....

○ 다음 이차함수의 그래프는 이차함수 $y=-8x^2$의 그래프를 x축의 방향으로 p만큼, y축의 방향으로 q만큼 평행이동한 것이다. 이때 p, q의 값을 각각 구하시오.

17 $y=-8(x-1)^2+3$ **18** $y=-8(x-2)^2-5$

....

19 $y=-8(x+2)^2-9$ **20** $y=-8(x+4)^2+1$

....

○ 이차함수 $y=\dfrac{1}{2}x^2$의 그래프를 이용하여 다음 함수의 그래프를 좌표평면 위에 그리고, 그래프의 꼭짓점의 좌표와 축의 방정식을 차례로 구하시오.

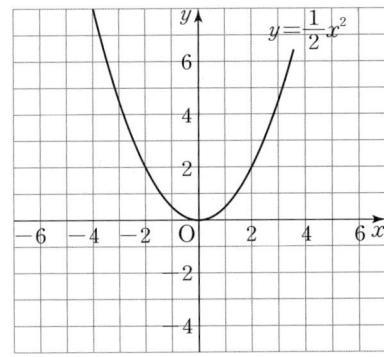

21 $y=\dfrac{1}{2}(x-3)^2+2$ ➡ _____ , _____

22 $y=\dfrac{1}{2}(x+2)^2-3$ ➡ _____ , _____

○ 이차함수 $y=-x^2$의 그래프를 이용하여 다음 함수의 그래프를 좌표평면 위에 그리고, 그래프의 꼭짓점의 좌표와 축의 방정식을 차례로 구하시오.

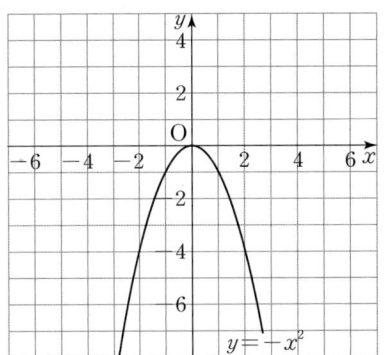

23 $y=-(x-4)^2+4$ ➡ _____ , _____

24 $y=-(x+3)^2-1$ ➡ _____ , _____

○ 주어진 이차함수의 그래프에 대하여 다음 □ 안에 알맞은 것을 써넣으시오.

25 $y=5(x+1)^2+3$

(1) 이차함수 [⬚]의 그래프를 x축의 방향으로 [⬚]만큼, y축의 방향으로 [⬚]만큼 평행이동한 것이다.

(2) 꼭짓점의 좌표는 ([⬚], [⬚])이고 축의 방정식은 [⬚]이다.

(3) 점 $(-2, [⬚])$을 지난다.

(4) 그래프는 [⬚]로 볼록하다.

○ 다음 이차함수의 그래프가 주어진 점을 지날 때, 상수 k의 값을 구하시오.

26 $y=k(x+2)^2$, 점 $(-3, 2)$ ....

27 $y=k(x-5)^2-2$, 점 $(2, 7)$ ....

28 $y=-\dfrac{2}{3}(x+1)^2+k$, 점 $(2, 1)$ ....

29 $y=\dfrac{1}{4}(x+k)^2-5$, 점 $(-1, -4)$ ....

○ 다음 이차함수의 식을 $y=a(x-p)^2+q$의 꼴로 나타내시오.

01 $y=2x^2-4x+5$ ....

02 $y=5x^2+10x+1$ ....

03 $y=3x^2+3x-1$ ....

04 $y=-x^2+8x+2$ ....

05 $y=-3x^2-12x+4$ ....

06 $y=-\dfrac{1}{2}x^2+2x-3$ ....

○ 다음 이차함수의 그래프의 꼭짓점의 좌표, 축의 방정식, y축과의 교점의 좌표를 각각 구하시오.

07 $y=3x^2-12x+2$

→ 꼭짓점의 좌표 : ....
→ 축의 방정식 : ....
→ y축과의 교점의 좌표 : ....

08 $y=-2x^2-6x-1$

→ 꼭짓점의 좌표 : ....
→ 축의 방정식 : ....
→ y축과의 교점의 좌표 : ....

09 $y=\dfrac{1}{3}x^2+2x+6$

→ 꼭짓점의 좌표 : ....
→ 축의 방정식 : ....
→ y축과의 교점의 좌표 : ....

○ 다음 이차함수의 식을 $y=a(x-p)^2+q$의 꼴로 나타내고 그 그래프를 그리시오.

10 $y=x^2-4x+5$ → ....

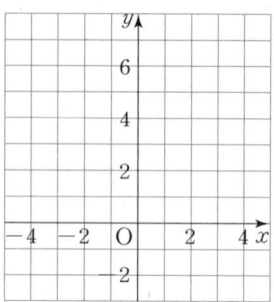

11 $y=-2x^2-8x-6$ → ....

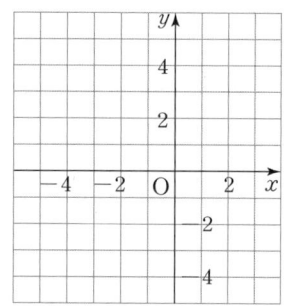

12 $y=\dfrac{1}{2}x^2+3x+\dfrac{5}{2}$ → ....

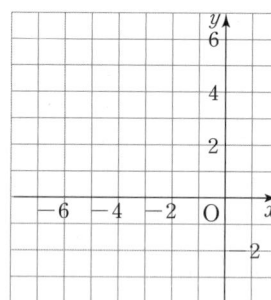

13 $y=-\dfrac{2}{3}x^2+4x-1$ → ....

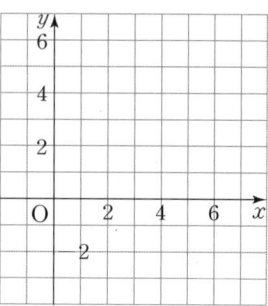

◯ 주어진 이차함수의 그래프에 대하여 ☐ 안에 알맞은 것을 써넣으시오.

14 $y=4x^2+8x+7$

(1) 이차함수 ☐의 그래프를 x축의 방향으로 ☐만큼, y축의 방향으로 ☐만큼 평행이동한 것이다.

(2) 꼭짓점의 좌표는 (☐, ☐)이다.

(3) 축의 방정식은 ☐이다.

(4) y축과의 교점의 좌표는 (0, ☐)이다.

(5) 점 $(-2, ☐)$을 지난다.

(6) 그래프는 ☐로 볼록하다.

15 $y=-3x^2+6x+4$

(1) 이차함수 ☐의 그래프를 x축의 방향으로 ☐만큼, y축의 방향으로 ☐만큼 평행이동한 것이다.

(2) 꼭짓점의 좌표는 (☐, ☐)이다.

(3) 축의 방정식은 ☐이다.

(4) y축과의 교점의 좌표는 (0, ☐)이다.

(5) 점 $(-2, ☐)$을 지난다.

(6) 그래프는 ☐로 볼록하다.

16 $y=-2x^2-2x-3$

(1) 이차함수 ☐의 그래프를 x축의 방향으로 ☐만큼, y축의 방향으로 ☐만큼 평행이동한 것이다.

(2) 꼭짓점의 좌표는 (☐, ☐)이다.

(3) 축의 방정식은 ☐이다.

(4) y축과의 교점의 좌표는 (0, ☐)이다.

(5) 점 $(-2, ☐)$을 지난다.

(6) 그래프는 ☐로 볼록하다.

◯ 이차함수 $y=ax^2+bx+c$의 그래프가 다음 그림과 같을 때, ◯ 안에 =, <, > 중에서 알맞은 것을 써넣으시오.

17

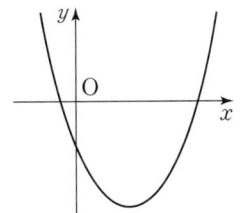

a ◯ 0, b ◯ 0, c ◯ 0

18

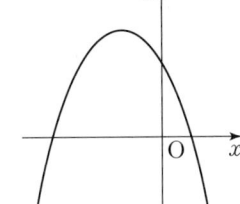

a ◯ 0, b ◯ 0, c ◯ 0

19

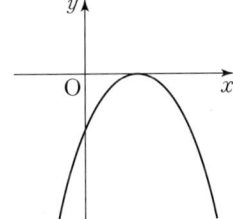

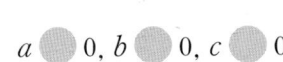
a ◯ 0, b ◯ 0, c ◯ 0

20

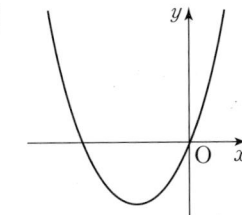

a ◯ 0, b ◯ 0, c ◯ 0

21

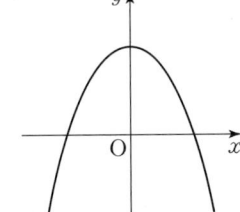

a ◯ 0, b ◯ 0, c ◯ 0

○ 다음 포물선을 그래프로 하는 이차함수의 식을 $y=ax^2+bx+c$의 꼴로 나타내시오.

01 꼭짓점의 좌표가 $(1, 4)$이고 점 $(2, 1)$을 지나는 포물선

02 꼭짓점의 좌표가 $(-3, 2)$이고 점 $(-4, 3)$을 지나는 포물선

03 축의 방정식이 $x=-2$이고 두 점 $(-3, -5)$, $(1, 11)$을 지나는 포물선

04 축의 방정식이 $x=5$이고 두 점 $(6, -3)$, $(3, -21)$을 지나는 포물선

○ 다음 그림과 같은 포물선을 그래프로 하는 이차함수의 식을 $y=ax^2+bx+c$의 꼴로 나타내시오.

05
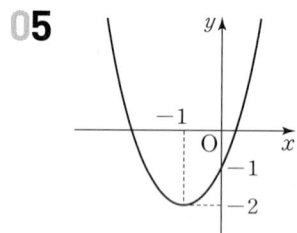

06
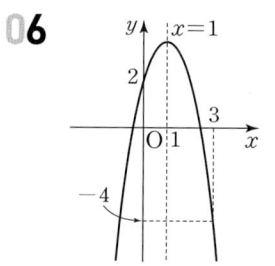

○ 다음 포물선을 그래프로 하는 이차함수의 식을 $y=ax^2+bx+c$의 꼴로 나타내시오.

07 세 점 $(0, 3)$, $(-1, 4)$, $(2, -5)$를 지나는 포물선

08 세 점 $(0, -1)$, $(1, 4)$, $(2, 15)$를 지나는 포물선

09 x축과 두 점 $(-1, 0)$, $(3, 0)$에서 만나고 점 $(2, 6)$을 지나는 포물선

10 x축과 두 점 $(-4, 0)$, $(2, 0)$에서 만나고 점 $(-3, 5)$를 지나는 포물선

○ 다음 그림과 같은 포물선을 그래프로 하는 이차함수의 식을 $y=ax^2+bx+c$의 꼴로 나타내시오.

11
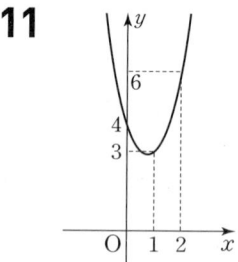

12
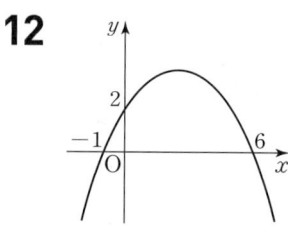

문장제 Plus +

01

다음 중 옳은 것을 모두 고르면? (정답 2개)

① 25의 제곱근 ➡ ± 5

② $\dfrac{16}{9}$의 제곱근 ➡ $\pm\dfrac{3}{4}$

③ 0.1의 제곱근 ➡ ± 0.01

④ $\sqrt{81}$의 제곱근 ➡ ± 3

⑤ $\sqrt{100}$의 제곱근 ➡ ± 10

02

다음 중 옳은 것은?

① 제곱근 5는 $\pm\sqrt{5}$이다.

② $(-5)^2$의 제곱근은 없다.

③ $\sqrt{16}$의 음의 제곱근은 -2이다.

④ -2는 -4의 음의 제곱근이다.

⑤ 음이 아닌 모든 수의 제곱근은 2개이다.

03

제곱근 $\dfrac{25}{16}$를 A, $\sqrt{(-64)^2}$의 음의 제곱근을 B라 할 때, AB의 값을 구하시오.

04

다음 중 나머지 넷과 값이 <u>다른</u> 하나는?

① $(\sqrt{6})^2$ ② $(-\sqrt{6})^2$ ③ $\sqrt{(-6)^2}$

④ $\sqrt{6^2}$ ⑤ $-(-\sqrt{6})^2$

05

다음 수 중 제곱근을 근호를 사용하지 않고 나타낼 수 있는 것은 모두 몇 개인지 구하시오.

$$24, \quad \frac{1}{100}, \quad 1.44, \quad 0.\dot{4}, \quad 4.9$$

06

A, B가 다음과 같을 때, $A+B$의 값을 구하시오.

$$A = \sqrt{121} - \sqrt{(-7)^2} - (-\sqrt{8})^2$$

$$B = (\sqrt{1.6})^2 \div \sqrt{0.04} \times \frac{1}{\sqrt{4^2}}$$

01

$a<0$일 때, 다음 중 옳은 것을 모두 고르면? (정답 2개)

① $\sqrt{(-a)^2}=a$　　　　② $-\sqrt{(2a)^2}=2a$

③ $\sqrt{(-3a)^2}=3a$　　　④ $-\sqrt{16a^2}=-4a$

⑤ $-\sqrt{(-14a)^2}=14a$

02

$1<a<3$일 때, 다음을 간단히 하시오.

$$\sqrt{(-a)^2}+\sqrt{(1-a)^2}-\sqrt{(3-a)^2}$$

03

$\sqrt{66+m}=n$이라 할 때, n이 자연수가 되도록 하는 가장 작은 자연수 m과 그때의 n의 값을 각각 구하시오.

04

$\sqrt{504x}$가 자연수가 되도록 하는 가장 작은 세 자리 자연수 x를 구하시오.

05

다음 수 중 가장 큰 수를 m, 가장 작은 수를 n이라 할 때, m^2+n^2의 값을 구하시오.

$$-\sqrt{\frac{1}{36}}, \quad \sqrt{13}, \quad \sqrt{(-0.8)^2}, \quad -\sqrt{2}, \quad \sqrt{\frac{1}{3}}$$

06

부등식 $6<\sqrt{5x}<11$을 만족시키는 자연수 x 중 가장 큰 수를 A, 가장 작은 수를 B라 할 때, $A-B$의 값을 구하시오.

01

다음 수 중 순환소수가 아닌 무한소수로 나타내어지는 것은 모두 몇 개인지 구하시오.

$$\sqrt{2.5}, \quad \sqrt{0.\dot{9}}, \quad \sqrt{(-0.7)^2}, \quad 0.121121112\cdots, \quad \sqrt{2}-1$$

02

다음 중 $\sqrt{5}$에 대한 설명으로 옳은 것을 모두 고르면?

(정답 2개)

① 유리수이다.
② 5의 양의 제곱근이다.
③ 2보다 작은 수이다.
④ 근호를 사용하지 않고 나타낼 수 있다.
⑤ 순환하지 않는 무한소수로 나타내어진다.

03

다음 중 옳지 <u>않은</u> 것을 모두 고르면? (정답 2개)

① 0과 1 사이에는 무수히 많은 유리수가 있다.
② $\sqrt{3}$과 $\sqrt{6}$ 사이에 있는 무리수는 $\sqrt{5}$뿐이다.
③ 서로 다른 두 무리수 사이에는 무수히 많은 정수가 있다.
④ 모든 실수는 수직선 위의 한 점에 각각 대응한다.
⑤ 실수 중 유리수이면서 동시에 무리수인 수는 없다.

04

다음 그림과 같이 한 눈금의 길이가 1인 모눈종이 위에 수직선과 두 직각삼각형 ABC, DEF를 그리고, $\overline{BC}=\overline{BP}$, $\overline{DF}=\overline{QF}$가 되도록 수직선 위에 두 점 P, Q를 정할 때, 보기에서 옳은 것을 모두 고르시오.

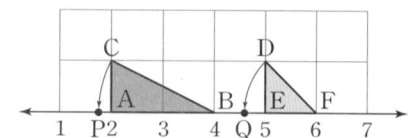

> **보기**
>
> ㄱ. $\overline{BC}$의 길이는 $\sqrt{2}$이다.
> ㄴ. 점 P에 대응하는 수는 $4-\sqrt{5}$이다.
> ㄷ. 점 Q에 대응하는 수는 $6-\sqrt{5}$이다.

05

다음 중 □ 안에 들어갈 부등호가 나머지 넷과 <u>다른</u> 하나는?

① $3 \square \sqrt{5}-2$
② $\sqrt{5}+3 \square 5$
③ $\sqrt{2}+2 \square \sqrt{2}+\sqrt{5}$
④ $\sqrt{5}-\sqrt{2} \square \sqrt{5}-\sqrt{3}$
⑤ $3-\sqrt{7} \square \sqrt{8}-\sqrt{7}$

06

다음 수직선에서 $-1+\sqrt{2}$, $4-\sqrt{5}$에 대응하는 점이 있는 구간을 차례로 구하시오.

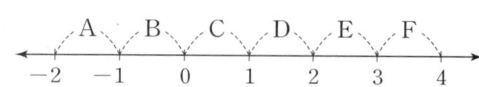

01

$A=\sqrt{2}$, $B=\sqrt{3}$일 때, $\sqrt{588}$을 A, B를 이용하여 나타내면?

① $7AB$ ② $7AB^2$ ③ $7A^2B$

④ $7A^2B^2$ ⑤ $7A^2B^3$

02

다음을 만족시키는 양의 유리수 a, b에 대하여 $100ab$의 값을 구하시오.

> (가) $\sqrt{125}=5\sqrt{a}$ (나) $\dfrac{\sqrt{3}}{2\sqrt{5}}=\sqrt{b}$

03

다음 중 분모를 유리화한 것으로 옳은 것은?

① $\dfrac{1}{\sqrt{3}}=\sqrt{3}$ ② $\dfrac{2}{\sqrt{2}}=2\sqrt{2}$

③ $\dfrac{\sqrt{3}}{\sqrt{5}}=\dfrac{\sqrt{3}}{5}$ ④ $\dfrac{3}{5\sqrt{6}}=\dfrac{\sqrt{6}}{10}$

⑤ $\dfrac{\sqrt{45}}{\sqrt{18}}=\dfrac{\sqrt{5}}{2}$

04

다음 중 옳지 <u>않은</u> 것은?

① $2\sqrt{12}\div(-3\sqrt{2})=-\dfrac{2\sqrt{6}}{3}$

② $2\sqrt{20}\times\sqrt{2}\div\sqrt{5}=4\sqrt{2}$

③ $\sqrt{27}\times\sqrt{48}\div\sqrt{54}=2\sqrt{6}$

④ $\sqrt{\dfrac{4}{3}}\div\dfrac{\sqrt{2}}{\sqrt{15}}\times\dfrac{3}{\sqrt{3}}=\sqrt{3}$

⑤ $\dfrac{4\sqrt{2}}{\sqrt{5}}\div\left(-\dfrac{\sqrt{6}}{\sqrt{5}}\right)\div\dfrac{\sqrt{10}}{\sqrt{75}}=-2\sqrt{10}$

05

다음 그림과 같은 직사각형과 삼각형의 넓이가 서로 같을 때, 직사각형의 세로의 길이 x의 값을 구하시오.

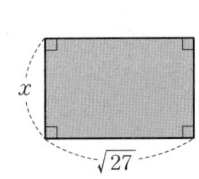
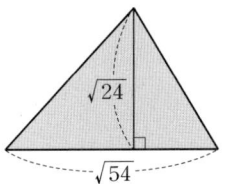

06

$\sqrt{5}=2.236$, $\sqrt{50}=7.071$일 때, 보기에서 옳은 것을 모두 고르시오.

> **보기**
>
> ㄱ. $\sqrt{500}=223.6$ ㄴ. $\sqrt{5000}=70.71$
>
> ㄷ. $\sqrt{0.5}=0.7071$ ㄹ. $\sqrt{0.05}=0.2236$

01

$a=\sqrt{2}$, $b=\sqrt{3}$일 때,

$$\sqrt{75}-\sqrt{50}+\sqrt{72}-\sqrt{27}$$

을 a, b를 이용하여 나타내면?

① $a+b$ ② $a-b$ ③ $a+2b$
④ $2a+b$ ⑤ $a-2b$

02

$\sqrt{48}-\dfrac{6}{\sqrt{2}}+\sqrt{128}-\dfrac{\sqrt{8}}{\sqrt{6}}+\sqrt{50}=a\sqrt{2}+b\sqrt{3}$일 때, 유리수 a, b에 대하여 $\dfrac{a}{b}$의 값을 구하시오.

03

다음 중 옳지 <u>않은</u> 것을 모두 고르면? (정답 2개)

① $9\sqrt{7}-4\sqrt{3}+\sqrt{7}+\sqrt{3}=10\sqrt{7}-3\sqrt{3}$
② $5\sqrt{3}-\sqrt{108}+\sqrt{3}=-\sqrt{3}$
③ $\sqrt{80}-\sqrt{75}+\sqrt{12}=3\sqrt{5}-4\sqrt{3}$
④ $\dfrac{9}{\sqrt{54}}-2\sqrt{6}+\sqrt{96}=\dfrac{5\sqrt{6}}{2}$
⑤ $\dfrac{4}{\sqrt{20}}-\sqrt{18}+\dfrac{4}{\sqrt{2}}=\dfrac{2\sqrt{5}}{5}-\sqrt{2}$

04

오른쪽 그림과 같은 사다리꼴 ABCD의 넓이를 구하시오.

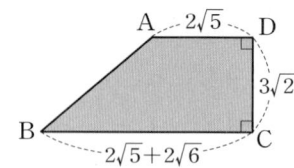

05

$a=\dfrac{3}{\sqrt{6}}+5\sqrt{2}$, $b=\dfrac{6}{\sqrt{8}}-\dfrac{\sqrt{24}}{4}$일 때, $\sqrt{3}a-2\sqrt{3}b$의 값을 구하시오.

06

$\dfrac{a}{\sqrt{3}}(3\sqrt{3}+\sqrt{18})-\sqrt{6}\left(\dfrac{4\sqrt{3}}{\sqrt{2}}+1\right)$이 유리수가 되도록 하는 유리수 a의 값을 구하시오.

01

$(x+2y)(2x+1)-(x-3)(y+4)$를 전개하시오.

02

$(3x-2y)(6x+y-1)$을 간단히 한 식에서 x^2의 계수와 xy의 계수의 합을 구하시오.

03

다음 중 옳은 것은?

① $(x+5)^2=x^2+25$
② $(4x+5)^2=16x^2+20x+25$
③ $(3x-1)^2=9x^2-6x-1$
④ $(-x+2y)^2=-x^2+4xy+4y^2$
⑤ $(-x-4y)^2=x^2+8xy+16y^2$

04

$a^2=18$, $b^2=20$일 때, $\left(\dfrac{5}{3}a+\dfrac{3}{2}b\right)\left(\dfrac{5}{3}a-\dfrac{3}{2}b\right)$의 값은?

① 1   ② 2   ③ 3
④ 4   ⑤ 5

05

다음 식을 간단히 하시오.

$$5(x+7)(x-3)-(2x+3)(2x-3)$$

06

$(4x+3)(3x+a)=12x^2+bx-15$일 때, 상수 a, b에 대하여 $a-b$의 값을 구하시오.

01

다음 수의 계산 중 곱셈 공식 $(a+b)(a-b)=a^2-b^2$을 이용하면 가장 편리한 것은?

① 99^2 ② 102^2 ③ 101×102

④ 99×101 ⑤ 98×103

02

$(3\sqrt{3}-2)^2=a+b\sqrt{3}$일 때, 유리수 a, b에 대하여 $a-b$의 값을 구하시오.

03

$x=5-2\sqrt{6}$일 때, $x+\dfrac{1}{x}$의 값을 구하시오.

04

$(2x+3y-1)^2$을 전개하면 $4x^2+9y^2+axy-4x+by+1$일 때, $\dfrac{a}{b}$의 값을 구하시오. (단, a, b는 상수이다.)

05

$x=\sqrt{3}+\sqrt{2}$, $y=\sqrt{3}-\sqrt{2}$일 때, $\dfrac{y}{x}+\dfrac{x}{y}$의 값을 구하시오.

06

$x=\dfrac{3}{2\sqrt{7}+5}$일 때, $x^2+10x+10$의 값을 구하시오.

Episode 08 문장제 Plus ➕

▶ 본문 63~71쪽 ▶ 정답과 풀이 86쪽

01

다음 보기 중 $4x^2y - 3xy + xy^2$의 인수를 모두 고르시오.

보기

ㄱ. x	ㄴ. y	ㄷ. xy
ㄹ. $4x - 3$	ㅁ. $4x - 2y$	ㅂ. $4x - 3 + y$

02

다음 중 완전제곱식으로 인수분해할 수 <u>없는</u> 것은?

① $x^2 + 4x + 4$

② $x^2 - 6xy + 9y^2$

③ $9x^2 + 12xy + 4y^2$

④ $4x^2 - 20xy - 25y^2$

⑤ $3x^2 + 3x + \dfrac{3}{4}$

03

다음 두 식이 모두 완전제곱식이 되도록 하는 양수 a, b에 대하여 ab의 값을 구하시오.

$$25x^2 - 30x + a, \qquad x^2 - bxy + \frac{1}{9}y^2$$

04

$-12x^2 + 27y^2 = a(2x + by)(2x - by)$일 때, 정수 a, b에 대하여 $a + b$의 값을 구하시오. (단, $b > 0$)

05

다음 두 다항식의 1이 아닌 공통인수를 구하시오.

$$2x^2 + 15x + 28, \qquad 3x^2 + 7x - 20$$

06

다음 중 옳지 <u>않은</u> 것을 모두 고르면? (정답 2개)

① $x^2 + 3x + 2 = (x+1)(x+2)$

② $x^2 - 2x - 3 = (x+3)(x-1)$

③ $x^2 - 8x + 15 = (x-3)(x-5)$

④ $2x^2 - 7x - 15 = (2x+3)(x-5)$

⑤ $6x^2 + 13x - 5 = (3x+1)(2x-5)$

01

다음 중 □ 안에 알맞은 수가 가장 큰 것은?

① $x^2+x+\dfrac{1}{4}=(x+\square)^2$

② $9x^2-24xy+16y^2=(3x-\square y)^2$

③ $5x^2-20=5(x+\square)(x-2)$

④ $x^2-7x+12=(x-\square)(x-4)$

⑤ $6x^2+17x+5=(3x+1)(2x+\square)$

02

$(x+y-2)(x+y+3)-6$을 인수분해하면 $(x+y+a)(x+y+b)$일 때, 상수 a, b에 대하여 $a+b$의 값을 구하시오.

03

$6(x+1)^2+7(x+1)(x-3)-3(x-3)^2$을 인수분해하면?

① $(2x+3)(5x+7)$

② $(2x+3)(5x-7)$

③ $2(x+3)(5x+7)$

④ $2(x+3)(5x-7)$

⑤ $2(x-3)(5x-7)$

04

다음 중 $x^2-4y^2-3x+6y$의 인수를 모두 고르면? (정답 2개)

① $x+2y$

② $x-2y$

③ $x+2y+3$

④ $x-2y+3$

⑤ $x+2y-3$

05

$\dfrac{103^2-6\times103+9}{94^2-36}$ 를 계산하시오.

06

$x=\dfrac{1}{2+\sqrt{3}}$, $y=\dfrac{1}{2-\sqrt{3}}$일 때, x^3y-xy^3의 값을 구하시오.

01

다음 중 이차방정식을 모두 고르면? (정답 2개)

① $2x^2+x+1$　　　　② $x-1=2x+3$
③ $x^3+x+1=x^2+x^3$　④ $x^2=(x+2)^2+3$
⑤ $(x+1)(x+2)=3x^2$

02

다음 중 [ ] 안의 수가 주어진 이차방정식의 해가 <u>아닌</u> 것은?

① $x(x+3)=0$　[-3]
② $x^2-4x=0$　[4]
③ $x^2+4x-5=0$　[5]
④ $(x+2)^2=9$　[-5]
⑤ $2x^2-3x-5=0$　[-1]

03

이차방정식 $2x^2+(2a-1)x+a-1=0$의 한 근이 $x=3$일 때, 상수 a의 값을 구하시오.

04

다음 이차방정식 중 두 근의 합이 -2인 것은?

① $x(x-2)=0$　　　② $(x+1)(x-1)=0$
③ $(x+2)(x-4)=0$　④ $(x+3)(x-5)=0$
⑤ $(x+6)(x-4)=0$

05

이차방정식 $x^2+3x-18=0$의 두 근이 $x=a$ 또는 $x=b$일 때, a^2-b^2의 값을 구하시오. (단, $a<b$)

06

이차방정식 $2x(x-6)=x^2+ax+5$의 한 근이 $x=-1$일 때, 다른 한 근을 구하시오. (단, a는 상수이다.)

01

다음 이차방정식 중 중근을 갖지 <u>않는</u> 것을 모두 고르면?

(정답 2개)

① $x^2=4$ 　　　　② $x^2+9=6x$

③ $3x^2+6x+3=0$ 　　④ $2x^2-5x+3=0$

⑤ $(x+1)(x-1)=2x-2$

02

이차방정식 $3x^2-12x+2a-4=0$이 중근을 가질 때, 상수 a의 값을 구하시오.

03

이차방정식 $3(x-3)^2=21$의 해가 $x=p\pm\sqrt{q}$일 때, 유리수 p, q에 대하여 pq의 값을 구하시오.

04

이차방정식 $3(x-1)^2=2(x-3)^2$을 $(x+a)^2=b$ 꼴로 나타낼 때, 상수 a, b에 대하여 $a+b$의 값을 구하시오.

05

다음은 완전제곱식을 이용하여 이차방정식 $2x^2-6x-1=0$을 푸는 과정이다. 상수 A, B, C, D, E의 값으로 옳은 것은?

$$2x^2-6x-1=0에서 \ x^2-3x-\frac{1}{2}=0$$

$$x^2-3x=\frac{1}{2}, \ x^2-3x+A=\frac{1}{2}+A$$

$$(x-B)^2=C, \ x-B=\pm\frac{\sqrt{D}}{2} \qquad \therefore \ x=\frac{E\pm\sqrt{D}}{2}$$

① $A=\frac{3}{2}$ 　　② $B=\frac{1}{2}$ 　　③ $C=\frac{9}{4}$

④ $D=11$ 　　⑤ $E=-3$

06

이차방정식 $x^2+6x=k$의 해가 $x=-3\pm\sqrt{11}$일 때, 유리수 k의 값을 구하시오.

01

이차방정식 $2x^2+3x-3=0$의 근이 $x=\dfrac{A\pm\sqrt{B}}{4}$일 때, 유리수 A, B에 대하여 $A+B$의 값을 구하시오.

02

이차방정식 $2(x^2+3)=(x-2)^2+1$의 두 근의 차를 구하시오.

03

이차방정식 $\dfrac{(x-1)^2}{2}=\dfrac{2x^2-4}{3}$를 풀면?

① $x=-3\pm4\sqrt{5}$ ② $x=-3\pm2\sqrt{5}$

③ $x=-3\pm\sqrt{5}$ ④ $x=3\pm\sqrt{5}$

⑤ $x=3\pm2\sqrt{5}$

04

다음 보기의 이차방정식 중 근이 없는 것을 모두 고르시오.

보기

ㄱ. $x^2+x+3=0$ ㄴ. $x^2-2x-3=0$

ㄷ. $2x^2+x+7=0$ ㄹ. $2x^2-11x-3=0$

ㅁ. $3x^2+3x+5=0$ ㅂ. $4x^2+2x-9=0$

05

이차방정식 $x^2+kx+k-1=0$이 중근 $x=\alpha$를 가질 때, $k-\alpha$의 값을 구하시오. (단, k는 상수이다.)

06

이차방정식 $x^2+(2k+3)x+k^2=0$이 근을 가질 때, 다음 중 상수 k의 값이 될 수 없는 것은?

① -1 ② $-\dfrac{3}{4}$ ③ $-\dfrac{1}{4}$

④ 1 ⑤ 2

01

이차방정식 $3x^2 + Ax + B = 0$의 두 근이 $-\dfrac{2}{3}$, 2일 때, 상수 A, B에 대하여 $A + B$의 값을 구하시오.

02

이차방정식 $2x^2 + ax + b = 0$의 한 근이 $2 - \sqrt{3}$일 때, 유리수 a, b를 두 근으로 하고 x^2의 계수가 1인 이차방정식을 구하시오.

03

어떤 자연수를 제곱하여 3배 해야 할 것을 잘못하여 3을 더하여 제곱하였더니 원래 구하려던 값보다 99가 더 작았다. 이때 어떤 자연수를 구하시오.

04

진주와 동생의 나이 차는 4살이고 진주의 나이의 제곱은 동생의 나이의 제곱의 3배보다 8살이 적을 때, 진주의 나이를 구하시오.

05

원고지 154장을 독서 동아리 학생들에게 남김 없이 똑같이 나누어 주려고 한다. 학생 한 명이 받은 원고지의 장수가 학생 수보다 3만큼 클 때, 독서 동아리 학생은 모두 몇 명인지 구하시오.

06

오른쪽 그림과 같이 가로의 길이가 세로의 길이보다 8 m 더 긴 직사각형 모양의 땅에 폭이 2 m로 일정한 길을 만들었더니 길을 제외한 땅의 넓이가 105 m²가 되었다. 이때 땅의 가로의 길이를 구하시오.

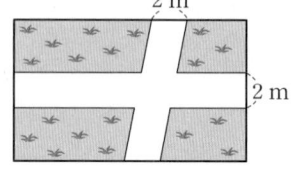

01

다음 중 이차함수인 것을 모두 고르면? (정답 2개)

① $y=2x+2$ ② $y=3x(x-2)+1$

③ $y=x^2-x(x+5)$ ④ $y=\dfrac{2}{x^2}+x-3$

⑤ $y=x^2-\dfrac{x}{3}(x+3)$

02

다음 중 y가 x에 대한 이차함수인 것은?

① 한 변의 길이가 x인 정삼각형의 둘레의 길이 y
② 반지름의 길이가 x인 구의 부피 y
③ 밑변의 길이가 x, 높이가 2인 삼각형의 넓이 y
④ 두 대각선의 길이가 각각 x, 3인 마름모의 넓이 y
⑤ 꼭짓점의 개수가 x인 다각형의 대각선의 총 개수 y

03

다음 중 $y=(x+1)^2-kx^2+5$가 x에 대한 이차함수가 되도록 하는 실수 k의 값이 될 수 <u>없는</u> 것은?

① -2 ② -1 ③ 0
④ 1 ⑤ 2

04

이차함수 $f(x)=3x^2-5x+2$에 대하여 $f(2)+f\left(-\dfrac{1}{3}\right)$의 값을 구하시오.

05

이차함수 $f(x)=-2x^2+ax+3$에서 $f(2)=5$일 때, $f(1)$의 값을 구하시오. (단, a는 상수이다.)

06

다음 보기 중에서 이차함수 $y=x^2$의 그래프에 대한 설명으로 옳은 것을 모두 고르시오.

> **보기**
> ㄱ. 원점을 지나는 직선이다.
> ㄴ. 아래로 볼록한 포물선이다.
> ㄷ. 제1사분면, 제2사분면을 지난다.
> ㄹ. y축에 대칭이다.
> ㅁ. $x>0$일 때, x의 값이 증가하면 y의 값은 감소한다.
> ㅂ. $x<0$일 때, x의 값이 증가하면 y의 값은 감소한다.

01

다음 중 이차함수 $y=ax^2$의 그래프에 대한 설명으로 옳지 <u>않은</u> 것을 모두 고르면? (정답 2개)

① a의 값에 관계없이 원점을 지난다.
② a의 값이 클수록 폭이 좁아진다.
③ 점 $(-1, a)$를 지난다.
④ $y=-ax^2$의 그래프와 x축에 대칭이다.
⑤ $x>0$일 때, x의 값이 증가하면 y의 값도 증가한다.

02

다음 이차함수의 그래프에 대한 설명으로 옳은 것은?

$$\text{(가) } y=-3x^2 \qquad \text{(나) } y=\frac{2}{3}x^2 \qquad \text{(다) } y=3x^2$$

① 아래로 볼록한 것은 (가), (다)이다.
② x축에 서로 대칭인 것은 (가), (다)이다.
③ 제1, 2사분면을 지나는 것은 (가), (나)이다.
④ y축을 축으로 하는 것은 (가)뿐이다.
⑤ 점 $(1, 3)$을 지나는 것은 (가), (다)이다.

03

다음 이차함수 중 그 그래프가 위로 볼록하면서 폭이 가장 좁은 것은?

① $y=\frac{4}{3}x^2$ ② $y=-\frac{1}{2}x^2$ ③ $y=-2x^2$

④ $y=4x^2$ ⑤ $y=-\frac{15}{4}x^2$

04

세 이차함수 $y=ax^2$, $y=-2x^2$, $y=-\frac{3}{4}x^2$의 그래프가 오른쪽 그림과 같을 때, 다음 중 실수 a의 값이 될 수 있는 것을 모두 고르면?
(정답 2개)

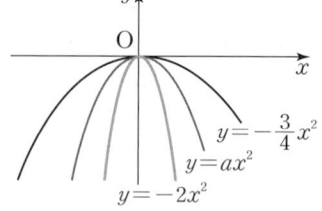

① $-\frac{5}{2}$ ② $-\frac{9}{4}$ ③ $-\frac{3}{2}$

④ -1 ⑤ $-\frac{1}{2}$

05

이차함수 $y=-2x^2$의 그래프를 y축의 방향으로 a만큼 평행이동한 그래프의 꼭짓점의 좌표는 $(0, b)$이고,
점 $(-2, -10)$을 지날 때, $a+b$의 값을 구하시오.

06

다음 보기 중에서 이차함수 $y=4x^2-3$의 그래프에 대한 설명으로 옳은 것을 모두 고르시오.

보기
ㄱ. 모든 사분면을 지난다.
ㄴ. 꼭짓점의 좌표는 $(4, -3)$이다.
ㄷ. 점 $(-1, -7)$을 지난다.
ㄹ. 이차함수 $y=4x^2$의 그래프를 y축의 방향으로 -3만큼 평행이동한 것이다.

01

이차함수 $y=-\dfrac{2}{3}x^2$의 그래프를 x축의 방향으로 a만큼 평행이동한 그래프의 꼭짓점의 좌표가 $(-2,\ 0)$일 때, a의 값을 구하시오.

02

다음 중 이차함수 $y=\dfrac{4}{3}(x+3)^2$의 그래프에 대한 설명으로 옳은 것은?

① 축의 방정식은 $x=3$이다.

② 꼭짓점의 좌표는 $(3,\ 0)$이다.

③ 이차함수 $y=\dfrac{4}{3}x^2$의 그래프와 폭이 같다.

④ $x>-3$일 때, x의 값이 증가하면 y의 값은 감소한다.

⑤ 이차함수 $y=\dfrac{4}{3}x^2$의 그래프를 y축의 방향으로 -3만큼 평행이동한 것이다.

03

이차함수 $y=-2(x-6)^2$의 그래프와 꼭짓점이 같고 점 $(3,\ -9)$를 지나는 이차함수의 식을 구하시오.

04

이차함수 $y=-\dfrac{3}{2}x^2$의 그래프를 x축의 방향으로 m만큼, y축의 방향으로 n만큼 평행이동하였더니 이차함수 $y=-\dfrac{3}{2}(x+3)^2-4$의 그래프와 일치하였다. 이때 $m+n$의 값을 구하시오.

05

이차함수 $y=a(x-p)^2+q$의 그래프가 오른쪽 그림과 같을 때, 상수 a, p, q에 대하여 $a+p+q$의 값을 구하시오.

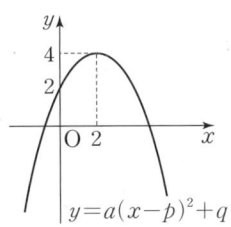

06

다음 보기 중에서 이차함수 $y=-\dfrac{1}{4}(x+5)^2-4$의 그래프에 대한 설명으로 옳은 것을 모두 고르시오.

보기

ㄱ. 꼭짓점의 좌표는 $(5,\ -4)$이다.

ㄴ. 축의 방정식은 $x=-5$이다.

ㄷ. 이차함수 $y=-4x^2$의 그래프와 폭이 같다.

ㄹ. $x<-5$일 때, x의 값이 증가하면 y의 값도 증가한다.

01

두 이차함수 $y=-\dfrac{1}{3}x^2+2x-1$, $y=-\dfrac{1}{3}(x-a)^2+b$의 그래프가 완전히 포개어질 때, 상수 a, b에 대하여 $a+b$의 값을 구하시오.

02

다음 이차함수 중에서 그래프의 꼭짓점이 제3사분면 위에 있는 것은?

① $y=2x^2-4x+3$ ② $y=-4x^2+8x-12$
③ $y=-3x^2-12x-10$ ④ $y=-x^2-4x-7$
⑤ $y=-\dfrac{1}{2}x^2+2x-5$

03

이차함수 $y=-\dfrac{1}{4}x^2+kx+1$의 그래프의 축의 방정식이 $x=-2$일 때, 상수 k의 값을 구하시오.

04

다음 보기의 이차함수 중에서 그 그래프가 모든 사분면을 지나는 것을 모두 고르시오.

> **보기**
>
> ㄱ. $y=x^2-4x-1$ ㄴ. $y=-2x^2-8x-6$
> ㄷ. $y=-\dfrac{2}{3}x^2+4x+1$

05

다음 중 이차함수 $y=-x^2+4x-3$의 그래프에 대한 설명으로 옳지 <u>않은</u> 것을 모두 고르면? (정답 2개)

① 꼭짓점의 좌표는 $(-2, 1)$이다.
② 축의 방정식은 $x=2$이다.
③ y축과 만나는 점의 y좌표는 -3이다.
④ x축과 서로 다른 두 점에서 만난다.
⑤ 평행이동하면 $y=x^2$의 그래프와 포개어진다.

06

이차함수 $y=ax^2+bx+c$의 그래프가 오른쪽 그림과 같을 때, 다음 중 옳은 것은? (단, a, b, c는 상수이다.)

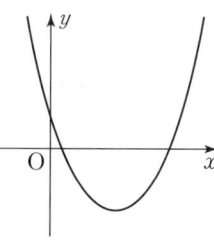

① $a>0$, $b>0$, $c>0$
② $a>0$, $b<0$, $c<0$
③ $a>0$, $b<0$, $c>0$
④ $a<0$, $b<0$, $c>0$
⑤ $a<0$, $b<0$, $c<0$

01

꼭짓점의 좌표가 $(2, 3)$이고 점 $(1, 1)$을 지나는 포물선을 그래프로 하는 이차함수의 식을 $y = ax^2 + bx + c$의 꼴로 나타내시오. (단, a, b, c는 상수이다.)

02

이차함수 $y = ax^2 + bx + c$의 그래프가 오른쪽 그림과 같을 때, 상수 a, b, c에 대하여 $a - 2b - c$의 값을 구하시오.

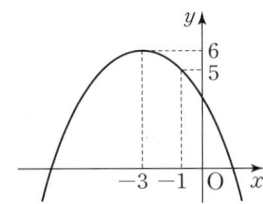

03

축의 방정식이 $x = 1$이고 두 점 $(2, 2)$, $(3, -7)$을 지나는 이차함수의 그래프가 y축과 만나는 점의 y좌표를 구하시오.

04

세 점 $(0, 5)$, $(1, -3)$, $(-2, 9)$를 지나는 포물선의 꼭짓점의 좌표가 (p, q)일 때, $p + q$의 값을 구하시오.

05

이차함수 $y = -3x^2 + ax + b$의 그래프가 x축과 두 점 $(-1, 0)$, $(4, 0)$에서 만날 때, 상수 a, b에 대하여 $b - a$의 값을 구하시오.

06

오른쪽 그림과 같은 포물선이 점 $(-2, k)$를 지날 때, k의 값을 구하시오.

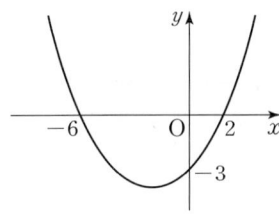

新 수학의
바이블
연산

新 수학의 바이블 연산은
개념별 연산 유형을 세분화하여 다양한 문제 해결을 통해
계산 원리를 스스로 익히고 기초 개념을 다질 수 있도록 구성하였습니다.

新 수학의
바이블

개념을 쉽게! **연산**을 빠르게! 수학을 우월하게!

연산

중학 **3-1**

정답과 풀이

이투스북

新 수학의 바이블

新 수학의

바이블

연산

중학 3-1

정답과 풀이

p. 09~14

Episode 01 제곱근의 뜻과 성질

001 $-3, -3$ **002** $-\frac{1}{2}, -\frac{1}{2}$ **003** $-0.1, -0.1$

004 $25, 25, -5$ **005** $\frac{1}{16}, \frac{1}{16}, \frac{1}{4}$ **006** $0.81, 0.81, 0.9$

007 $7, -7$ **008** 0 **009** $8, -8$

010 $1, -1$ **011** $\times$ **012** $6, -6$

013 $\frac{1}{3}, -\frac{1}{3}$ **014** $\frac{5}{2}, -\frac{5}{2}$ **015** $0.2, -0.2$

016 $\times$ **017** $\sqrt{3}$ **018** $-\sqrt{3}$

019 $\pm\sqrt{3}$ **020** $\pm\sqrt{7}$ **021** $\pm\sqrt{15}$

022 $\pm\sqrt{\frac{2}{5}}$ **023** $\pm\sqrt{0.1}$ **024** $\pm\sqrt{6}$

025 $\pm\sqrt{\frac{1}{5}}$ **026** $\pm\sqrt{0.19}$ **027** ± 1

028 -6 **029** 4 **030** -5

031 3 **032** ± 2 **033** $\frac{4}{7}$

034 $\pm\frac{9}{5}$ **035** -0.01 **036** ± 0.5

037 $\pm\sqrt{7}$ **038** $\sqrt{7}$ **039** -9

040 9 **041** $\sqrt{\frac{1}{3}}$ **042** $\sqrt{\frac{1}{3}}$

043 $-\frac{1}{8}$ **044** $\frac{1}{8}$ **045** 0.3

046 0.3 **047** 15 **048** 10

049 -8 **050** -5 **051** 21

052 -23 **053** $\frac{1}{5}$ **054** $\frac{2}{7}$

055 -0.03 **056** -2.5 **057** 17

058 13 **059** -7 **060** -5

061 41 **062** -19 **063** $-\frac{5}{4}$

064 $\frac{2}{5}$ **065** 2.9 **066** -0.07

067 3 **068** -4 **069** 5

070 -9 **071** 7 **072** -8

073 $\frac{1}{3}$ **074** $-\frac{2}{5}$ **075** 0.1

076 -0.6 **077** $\times$ **078** $\times$

079 $\times$ **080** $\bigcirc$ **081** $\times$

082 $\bigcirc$ **083** $\times$ **084** $\times$

085 $\times$ **086** $\bigcirc$ **087** 18

088 -4 **089** 6 **090** -4

091 2 **092** 2 **093** 16

094 5 **095** 0 **096** 13

097 19 **098** -2 **099** $-\frac{1}{14}$

100 5 **101** -1.21 **102** -0.1

103 ④ **104** ① **105** ④

p. 16~22

Episode 02 제곱근의 계산

106 $>, 3a$ **107** $<, -3a, 3a$ **108** $>, -3a$

109 $<, -3a, -3a$ **110** $4a$ **111** $7a$

112 $-8a$ **113** $-6a$ **114** $-5a$

115 $-5a$ **116** $5a$ **117** $5a$

118 $-6a$ **119** $-9a$ **120** $11a$

121 $10a$ **122** $3a$ **123** $7a$

124 $3a$ **125** $-4a$ **126** $-4a$

127 $-8a$ **128** $5a$ **129** $-2a$

130 $a-1$ **131** $a-2$ **132** $3-a$

133 $4-a$ **134** $a+4$ **135** $a+2$

136 $a-5$ **137** $a-3$ **138** 2

139 2 **140** $2x+2$ **141** $-2x+4$

142 $-2x+1$ **143** $2x$ **144** 1

145 6 **146** $2, 5$ **147** $2, 7, 10$

148 4 **149** 5 **150** 2

151 14 **152** 10 **153** 3

154 6 **155** 11 **156** 60

157 3 **158** 2 **159** 10

160 2 **161** 5 **162** 7

163 $10, 40$ **164** $<$ **165** $>$

166 $>$ **167** $<$ **168** $>$

169 $<$ **170** $>$ **171** $>$

172 $>$ **173** $<$ **174** $<$

175 $<$ **176** $>$ **177** $<$

178 $>$ **179** $>$ **180** $>$

181 $<$ **182** $<$ **183** $>$

184 $>$ **185** $<$ **186** $>$

187 $>$ **188** $\sqrt{10}, \sqrt{15}, 4$ **189** $\sqrt{8}, 3, \sqrt{11}$

190 $-\sqrt{(-3)^2}, -\sqrt{5}, -\sqrt{\frac{10}{3}}$

191 $\sqrt{0.6}, \sqrt{\frac{16}{5}}, \sqrt{(-4)^2}$ **192** $0.1, \frac{1}{4}, \sqrt{\frac{1}{5}}$

193 0.4, $\sqrt{0.4}$, $\sqrt{\dfrac{4}{5}}$ **194** 35 **195** 49

196 5, 6, 7, 8 **197** 14, 15, 16 **198** 2, 3, 4

199 4, 5, 6 **200** ⑤ **201** ①

202 ①

p. 24~29

Episode 03 무리수와 실수

203 유 **204** 무 **205** 유
206 무 **207** 무 **208** 유

209 유 **210** 무 **211** $-\dfrac{1}{36}$, $\sqrt{0.09}$, 7

212 $0.123\cdots$, $-\sqrt{12}$, $\sqrt{\dfrac{2}{3}}$ **213** $-\sqrt{3}$, $\pi-3$

214 $\sqrt{\dfrac{7}{16}}$, $\sqrt{5}$, $-\sqrt{0.4}$ **215** 4

216 ○ **217** × **218** ×

219 × **220** × **221** ○

222 × **223** × **224** ○

225 유리수, 무리수 **226** $\sqrt{1.6}$, π, $\dfrac{\sqrt{10}}{5}$ **227** ○

228 ○ **229** × **230** ×

231 × **232** ○ **233** ○

234 ○ **235** × **236** $2-\sqrt{5}$

237 $-3+\sqrt{5}$ **238** $-5-\sqrt{10}$, $-5+\sqrt{10}$

239 $3+\sqrt{8}$ **240** $-2-\sqrt{5}$ **241** $1-\sqrt{10}$, $1+\sqrt{10}$

242 > **243** > **244** <

245 > **246** < **247** >

248 > **249** > **250** <

251 < **252** > **253** <

254 > **255** > **256** <

257 > **258** $\sqrt{11}<4<2+\sqrt{6}$

259 $1<5-\sqrt{11}<5-\sqrt{10}$ **260** $-\sqrt{2}+2<1<3-\sqrt{2}$

261 $\sqrt{6}+1<\sqrt{6}+\sqrt{3}<\sqrt{3}+3$

262 $\sqrt{11}-1<\sqrt{11}+\sqrt{13}<4+\sqrt{11}$

263 $1+\sqrt{7}<\sqrt{5}+\sqrt{7}<\sqrt{5}+3$ **264** A

265 C **266** B **267** E

268 C **269** F **270** B

271 D **272** A **273** ③

274 ② **275** ③

p. 31~37

Episode 04 근호를 포함한 식의 곱셈과 나눗셈

276 $\sqrt{10}$ **277** $\sqrt{14}$ **278** $-\sqrt{15}$

279 $\sqrt{42}$ **280** $\sqrt{\dfrac{1}{2}}$ **281** 2

282 $\sqrt{30}$ **283** $-\sqrt{5}$ **284** $6\sqrt{10}$

285 $4\sqrt{15}$ **286** $-2\sqrt{6}$ **287** $6\sqrt{21}$

288 18 **289** 2 **290** 12

291 $\sqrt{\dfrac{2}{3}}$ **292** $\sqrt{2}$ **293** $-\sqrt{\dfrac{4}{5}}$

294 $\sqrt{2}$ **295** -2 **296** $4\sqrt{3}$

297 4 **298** $-2\sqrt{3}$ **299** $\sqrt{6}$

300 $\sqrt{2}$ **301** $\sqrt{\dfrac{10}{3}}$ **302** $\sqrt{\dfrac{1}{2}}$

303 $\sqrt{8}$ **304** $\sqrt{30}$ **305** $\sqrt{10}$

306 $\sqrt{\dfrac{11}{5}}$ **307** $\sqrt{8}$ **308** $2\sqrt{2}$

309 $2\sqrt{3}$ **310** $\dfrac{\sqrt{2}}{3}$ **311** $\dfrac{\sqrt{5}}{4}$

312 $\dfrac{\sqrt{2}}{10}$ **313** $\dfrac{\sqrt{13}}{10}$ **314** $\sqrt{18}$

315 $\sqrt{20}$ **316** $-\sqrt{28}$ **317** $-\sqrt{45}$

318 $\sqrt{\dfrac{3}{4}}$ **319** $-\sqrt{\dfrac{6}{25}}$ **320** $\dfrac{\sqrt{3}}{3}$

321 $-\dfrac{\sqrt{5}}{5}$ **322** $\dfrac{3\sqrt{5}}{5}$ **323** $\dfrac{4\sqrt{7}}{7}$

324 $2\sqrt{2}$ **325** $-\dfrac{\sqrt{6}}{3}$ **326** $4\sqrt{3}$

327 $3\sqrt{5}$ **328** $\dfrac{\sqrt{6}}{2}$ **329** $\dfrac{\sqrt{15}}{3}$

330 $\dfrac{\sqrt{35}}{5}$ **331** $\dfrac{\sqrt{14}}{7}$ **332** $\dfrac{\sqrt{10}}{2}$

333 $\dfrac{\sqrt{15}}{5}$ **334** $\dfrac{\sqrt{22}}{11}$ **335** $\dfrac{\sqrt{3}}{12}$

336 $\dfrac{3\sqrt{5}}{10}$ **337** $\dfrac{\sqrt{21}}{21}$ **338** $\dfrac{2\sqrt{15}}{9}$

339 $\dfrac{\sqrt{35}}{7}$ **340** $\dfrac{\sqrt{30}}{15}$ **341** $\dfrac{2\sqrt{10}}{15}$

342 $\dfrac{3\sqrt{6}}{8}$ **343** $2\sqrt{15}$ **344** $\dfrac{3\sqrt{10}}{2}$

345 $\dfrac{5\sqrt{6}}{3}$ **346** $11\sqrt{6}$ **347** $-\dfrac{3\sqrt{2}}{2}$

348 $\dfrac{\sqrt{5}}{10}$ **349** $\dfrac{3\sqrt{70}}{7}$ **350** $\dfrac{2\sqrt{2}}{3}$

351 $2\sqrt{6}$ **352** $5\sqrt{3}$ **353** $6\sqrt{10}$

354 $\dfrac{4\sqrt{3}}{3}$ **355** $\dfrac{2\sqrt{6}}{3}$ **356** $\dfrac{3\sqrt{5}}{5}$

357 $\dfrac{3\sqrt{6}}{2}$ **358** $\dfrac{\sqrt{30}}{3}$ **359** 2.102

360 2.076   **361** 2.121   **362** 2.48

363 2.36   **364** 2.57   **365** 14.14

366 44.72   **367** 141.4   **368** 0.4472

369 0.1414   **370** 0.04472   **371** ③

372 ⑤   **373** ②

p. 39~45

Episode 05 근호를 포함한 식의 덧셈과 뺄셈

374 $4\sqrt{2}$ **375** $7\sqrt{3}$ **376** $7\sqrt{5}$

377 $-3\sqrt{2}$ **378** $2\sqrt{5}$ **379** $-5\sqrt{6}$

380 $\dfrac{3\sqrt{6}}{2}$ **381** $\dfrac{5\sqrt{7}}{12}$ **382** $6\sqrt{5}$

383 $-4\sqrt{2}$ **384** $2\sqrt{3}$ **385** $-6\sqrt{7}$

386 $-2\sqrt{5}$ **387** $\sqrt{2}$ **388** 0

389 $-\dfrac{13\sqrt{7}}{15}$ **390** $-\sqrt{2}+5\sqrt{3}$ **391** $-5\sqrt{5}+2\sqrt{2}$

392 $-4\sqrt{7}-\sqrt{3}$ **393** $12\sqrt{6}-7\sqrt{5}$ **394** $\dfrac{11\sqrt{3}}{4}-\dfrac{3\sqrt{7}}{2}$

395 $-\dfrac{\sqrt{3}}{12}-\dfrac{\sqrt{2}}{4}$ **396** $\dfrac{5\sqrt{2}}{3}-\dfrac{11\sqrt{5}}{10}$ **397** $-3\sqrt{2}+7\sqrt{3}$

398 $5\sqrt{2}-5\sqrt{5}$ **399** $-4\sqrt{7}-\sqrt{3}$ **400** $\sqrt{6}-2\sqrt{10}$

401 $4\sqrt{13}-\sqrt{5}$ **402** $-\dfrac{\sqrt{2}}{4}-\sqrt{3}$ **403** $\dfrac{13\sqrt{3}}{8}-\dfrac{11\sqrt{7}}{2}$

404 $5\sqrt{3}$ **405** $\sqrt{5}$ **406** $6\sqrt{2}$

407 $\sqrt{7}$ **408** $5\sqrt{6}$ **409** $-2\sqrt{3}$

410 $2\sqrt{2}$ **411** $\sqrt{3}$ **412** $3\sqrt{5}$

413 $-\dfrac{\sqrt{3}}{3}$ **414** $6\sqrt{2}$ **415** $\sqrt{6}$

416 $2\sqrt{3}+4\sqrt{2}$ **417** $-5\sqrt{3}$ **418** $-2\sqrt{5}$

419 $-2\sqrt{2}+3\sqrt{7}$ **420** $4\sqrt{3}-8\sqrt{6}$ **421** $3\sqrt{5}-2\sqrt{2}$

422 $\sqrt{2}$ **423** $2\sqrt{3}$ **424** $\dfrac{5\sqrt{2}}{4}$

425 $-\sqrt{6}+\sqrt{5}$ **426** $3\sqrt{3}+\sqrt{6}$ **427** $\sqrt{6}+\sqrt{15}$

428 $-\sqrt{10}-\sqrt{14}$ **429** $\sqrt{15}-\sqrt{10}$ **430** $3\sqrt{2}+2\sqrt{3}$

431 $5-\sqrt{10}$ **432** $2+\sqrt{5}$ **433** $\sqrt{5}-3$

434 $-\sqrt{5}-\sqrt{11}$ **435** $\dfrac{\sqrt{6}+\sqrt{10}}{2}$ **436** $\dfrac{\sqrt{6}-\sqrt{30}}{3}$

437 $\dfrac{3\sqrt{7}}{7}+2$ **438** $\dfrac{3\sqrt{5}}{5}+2\sqrt{2}$ **439** $\dfrac{\sqrt{14}}{2}+\sqrt{6}$

440 $\dfrac{\sqrt{3}}{2}+1$ **441** $\dfrac{\sqrt{15}}{3}-\dfrac{3}{2}$ **442** -2

443 $-2\sqrt{10}$ **444** $\sqrt{3}-\sqrt{6}$ **445** $-\sqrt{6}+5\sqrt{2}$

446 $8\sqrt{3}-7\sqrt{2}$ **447** $4+9\sqrt{3}$ **448** $10+3\sqrt{3}-\sqrt{10}$

449 $-4+\sqrt{6}$ **450** $5\sqrt{2}+4\sqrt{3}+1$ **451** $\sqrt{2}-\dfrac{5\sqrt{3}}{3}$

452 $\dfrac{3\sqrt{5}}{5}-2$ **453** $4-\dfrac{9\sqrt{6}}{2}$ **454** $2\sqrt{2}+2\sqrt{3}$

455 $\dfrac{\sqrt{6}}{3}$ **456** -1 **457** 2

458 -4 **459** -3 **460** -1

461 -3 **462** -2 **463** 1

464 $1,\ \sqrt{3}-1$ **465** $3,\ \sqrt{10}-3$ **466** $3,\ \sqrt{7}-2$

467 $-2,\ \sqrt{2}-1$ **468** $-1,\ 3-\sqrt{5}$ **469** $-2,\ 3-2\sqrt{2}$

470 ③   **471** ②   **472** ②

p. 49~55

Episode 06 다항식의 곱셈

001 $ab+6a-3b-18$ **002** $xy+x+4y+4$

003 $-ax-3x+5a+15$ **004** $5ab-10a-6b+12$

005 $6xy-2x+9y-3$ **006** $12xy-9x-8y+6$

007 $ax+ay-bx-by$ **008** $-2ac+ad+14bc-7bd$

009 x^2-6x+8 **010** $a^2+4a-21$

011 $-3a^2-a+2$ **012** $-4x^2+13xy-10y^2$

013 $3a^2+ab-2b^2+a+b$ **014** $4x^2+xy-x-y-3$

015 $12x^2-11xy+2y^2+20x-5y$

016 -16 **017** 13   **018** -19

019 11   **020** 3   **021** 3

022 x^2+2x+1 **023** a^2+4a+4

024 $x^2+10x+25$ **025** $y^2+16y+64$

026 $4x^2+20x+25$ **027** $81a^2+18a+1$

028 $9x^2+12x+4$ **029** $16a^2+56a+49$

030 $x^2+12xy+36y^2$ **031** $49a^2+14ab+b^2$

032 $4x^2+36xy+81y^2$ **033** $25a^2+30ab+9b^2$

034 $x^2-8xy+16y^2$ **035** $9a^2-48ab+64b^2$

036 $x^2+\dfrac{1}{2}xy+\dfrac{1}{16}y^2$ **037** $4x^2+\dfrac{8}{7}xy+\dfrac{4}{49}y^2$

038 $\dfrac{9}{4}a^2+15ab+25b^2$ **039** x^2-4x+4

040 $a^2-8a+16$ **041** $x^2-14x+49$

042 $y^2-18y+81$ **043** $9x^2-12x+4$

044 $25a^2-10a+1$ **045** $4x^2-12x+9$

046 $36a^2-48a+16$ **047** $x^2-16xy+64y^2$

048 $a^2-2ab+b^2$ **049** $9x^2-30xy+25y^2$

050 $16a^2-72ab+81b^2$ **051** $x^2+6xy+9y^2$

052 $4a^2+28ab+49b^2$ **053** $x^2-\frac{1}{3}xy+\frac{1}{36}y^2$

054 $9x^2-4xy+\frac{4}{9}y^2$ **055** $\frac{16}{25}a^2-\frac{16}{5}ab+4b^2$

056 x^2-16 **057** a^2-25 **058** $81-x^2$

059 $a^2-\frac{1}{4}$ **060** $4x^2-9$ **061** $36a^2-1$

062 $49-64a^2$ **063** $25x^2-\frac{1}{16}$ **064** x^2-4y^2

065 $9a^2-16b^2$ **066** a^2-49b^2 **067** $4x^2-64y^2$

068 $x^2-\frac{y^2}{9}$ **069** $\frac{9}{16}a^2-25b^2$ **070** $81y^2-x^2$

071 $4b^2-36a^2$ **072** $x^2+7x+10$

073 $a^2+11a+24$ **074** $x^2-11x+28$

075 $a^2-15a+54$ **076** x^2-x-2

077 $a^2+2a-35$ **078** $x^2+6x-27$

079 $a^2-8a-20$ **080** $x^2+9xy+8y^2$

081 $a^2+7ab+12b^2$ **082** $a^2-9ab+14b^2$

083 $x^2-13xy+40y^2$ **084** $x^2-5xy-36y^2$

085 $a^2-ab-30b^2$ **086** $x^2+\frac{1}{3}xy-\frac{1}{12}y^2$

087 $x^2-\frac{7}{15}xy-\frac{2}{15}y^2$ **088** $12x^2+26x+4$

089 $20a^2+23a+6$ **090** $27x^2-21x+2$

091 $14a^2-39a+10$ **092** $40x^2-7x-3$

093 $12a^2+10a-8$ **094** $10x^2-x-21$

095 $24a^2+16a-30$ **096** $8x^2+14xy+3y^2$

097 $6a^2-26ab+24b^2$ **098** $10x^2-27xy-28y^2$

099 $15a^2+8ab-12b^2$ **100** $-4x^2+9xy-5y^2$

101 $-6a^2-13ab+8b^2$ **102** $-10x^2-26xy-12y^2$

103 $12x^2+xy-\frac{1}{6}y^2$ **104** -38

105 $8a-5$ **106** 33

p. 57~62

Episode 07 곱셈 공식의 응용

107 3844 **108** 10609 **109** 40401

110 9604 **111** 7569 **112** 24.01

113 9991 **114** 2496 **115** 3599

116 6384 **117** 9975 **118** 15.64

119 399.99 **120** $3+2\sqrt{2}$ **121** $8+2\sqrt{15}$

122 $8+4\sqrt{3}$ **123** $14+4\sqrt{6}$ **124** $9-4\sqrt{5}$

125 $5-2\sqrt{6}$ **126** $9-6\sqrt{2}$ **127** $23-6\sqrt{10}$

128 2 **129** 3 **130** 5

131 $\sqrt{2}+1$ **132** $\frac{\sqrt{5}-\sqrt{3}}{2}$ **133** $3-2\sqrt{2}$

134 $\frac{8+2\sqrt{3}}{13}$ **135** $\sqrt{7}-\sqrt{2}$ **136** $\frac{2\sqrt{3}+\sqrt{6}}{3}$

137 $2-\sqrt{3}$ **138** $11-2\sqrt{30}$ **139** $3-2\sqrt{2}$

140 $10+3\sqrt{11}$ **141** $-5-2\sqrt{6}$ **142** 12

143 8 **144** 14 **145** 16

146 28 **147** 20 **148** 38

149 44 **150** 23 **151** 21

152 6 **153** 8 **154** 22

155 24 **156** $x^2+2xy+y^2+6x+6y+9$

157 $x^2-4xy+4y^2+2x-4y+1$

158 $a^2-2ab+b^2+4a-4b+4$

159 $9x^2+6xy+y^2-24x-8y+16$

160 $a^2+b^2+c^2+2ab+2bc+2ac$

161 $a^2+2ab+b^2-4$ **162** $4x^2-4xy+y^2-9$

163 $9x^2-12xy+4y^2-1$ **164** $x^2+2xy+y^2+5x+5y+6$

165 $a^2-10ab+25b^2-a+5b-2$

166 $16x^2-8xy+y^2+12x-3y-18$

167 4 **168** 1 **169** 14

170 4 **171** 14 **172** 5

173 $-2\sqrt{3}$ **174** -1 **175** -6

176 7 **177** -10 **178** 4

179 -2 **180** ④   **181** -8

182 9

p. 64~71

Episode 08 인수분해

183 $2x^2-xy$ **184** $x^2+12x+36$ **185** a^2-6a+9

186 x^2-4 **187** a^2+6a-7 **188** $6x^2+5x-4$

189 $5x^2-9xy-2y^2$ **190** $1,\ a,\ a+2b,\ a(a+2b)$

191 $2,\ x+1,\ xy(x+1)$ **192** $x+3,\ (x+3)(x-4)$

193 $a-1,\ a+1$ **194** $5x-y,\ x+8y,\ x(5x-y)$

195 a, $a(a-1)$

196 x, $x(a-b+c)$

197 $3x$, $3x(x-4y)$

198 ab, $ab(a+bc)$

199 xy, $xy(x+y-12)$

200 $2b$, $2b(2a^2+a-3b)$

201 $a-b$, $(a-b)(a+2b)$

202 $x+y$, $(x+y)(x-y+2)$

203 $x-y$, $(x-y)(8-a)$

204 $y-3$, $(x+1)(y-3)$

205 $x-y$, $(a-b)(x-y)$

206 $x-5y$, $(x-5y)(3x-2y)$

207 $(x+1)^2$

208 $(a+5)^2$

209 $(x+6y)^2$

210 $\left(x+\dfrac{1}{2}\right)^2$

211 $(x-2)^2$

212 $(x-4)^2$

213 $(a-7b)^2$

214 $\left(x-\dfrac{1}{3}\right)^2$

215 $(2x+9)^2$

216 $(3a+5)^2$

217 $(4x+y)^2$

218 $(7x-1)^2$

219 $(5x-2)^2$

220 $(2a-3b)^2$

221 $2(x+4)^2$

222 $3(x-y)^2$

223 16

224 1

225 25

226 36

227 9

228 4

229 25

230 ±4

231 ±14

232 ±18

233 ±20

234 ±24

235 ±12

236 ±40

237 $(a+4)(a-4)$

238 $(x+1)(x-1)$

239 $(6+x)(6-x)$

240 $\left(x+\dfrac{1}{2}\right)\left(x-\dfrac{1}{2}\right)$

241 $(4x+5)(4x-5)$

242 $(7a+2)(7a-2)$

243 $2(x+3)(x-3)$

244 $a(a+9)(a-9)$

245 $(a+2b)(a-2b)$

246 $(x+8y)(x-8y)$

247 $\left(a+\dfrac{3}{5}b\right)\left(a-\dfrac{3}{5}b\right)$

248 $(2a+5b)(2a-5b)$

249 $(7x+4y)(7x-4y)$

250 $\left(\dfrac{1}{2}x+\dfrac{1}{3}y\right)\left(\dfrac{1}{2}x-\dfrac{1}{3}y\right)$

251 $4(a+3b)(a-3b)$

252 $3(4a+b)(4a-b)$

253 1, 7

254 -1, -3

255 1, 5

256 -2, -3

257 -1, 2

258 -2, 4

259 3, -7

260 2, -5

261 $(x+1)(x+4)$

262 $(x+2)(x+4)$

263 $(a-1)(a-2)$

264 $(x-3)(x-4)$

265 $(x-2)(x+5)$

266 $(a-5)(a+7)$

267 $(x+2)(x-6)$

268 $(a+3)(a-5)$

269 $(x+y)(x+5y)$

270 $(a+b)(a+10b)$

271 $(x-y)(x-4y)$

272 $(x-3y)(x-6y)$

273 $(x-y)(x+3y)$

274 $(a-b)(a+8b)$

275 $(x+y)(x-9y)$

276 $(a+3b)(a-4b)$

277 $(x+3)(2x+1)$

278 $(2x-3)(2x+1)$

279 $(x+1)(3x+2)$

280 $(2x-3)(3x-1)$

281 $(a+4)(5a-2)$

282 $(x-3)(2x+3)$

283 $(x+y)(3x+2y)$

284 $(2x-3y)(3x-4y)$

285 $(x+y)(2x+5y)$

286 $(a-3b)(5a-b)$

287 $(x+2y)(4x-3y)$

288 $(2x+y)(5x-7y)$

289 ③, ⑤

290 13

291 $x-3$

p. 73~78

Episode 09 복잡한 식의 인수분해

292 $(x+2)^2$

293 ○

294 ○

295 $(2x+9y)(2x-9y)$

296 ○

297 $(x-4y)(x+2y)$

298 $(a-2)(2a+5)$

299 ○

300 $(x+4)^2$

301 $(x-2y-1)(x-2y-2)$

302 $9(x-1)(2x+1)$

303 $(x+y-1)(x+y+6)$

304 $(x-3y-9)(x-3y+2)$

305 $(a-b-4)(a-b+3)$

306 $(3x+2)^2$

307 $(2x-5y)^2$

308 $-5x-14$

309 $3(3x-2y)(7x-5y)$

310 $(2x+7)(3x-2)$

311 $(x+y+4)(x+y-4)$

312 $-3(2x+y)(4x+3y)$

313 $(x+y+1)(x-y+3)$

314 $(4x-3)(2x-1)$

315 $3y(2x+y)$

316 $-(3x+y)(x+3y)$

317 $(x+1)(y+1)$

318 $(x+5)(y+1)$

319 $(a-1)(b-2)$

320 $(a-b)(x+2y)$

321 $(x-y)(xy+3)$

322 $(x-y)(x+y+1)$

323 $(x+2y)(x-2y-1)$

324 $(x+y+2)(x-y+2)$

325 $(a+b-7)(a-b-7)$

326 $(x+2y-1)(x-2y-1)$

327 $(2x+y+2)(2x+y-2)$

328 $(x+y-3)(x-y+3)$

329 $(a+b+5)(a-b-5)$

330 $(x-6y+8z)(x-6y-8z)$

331 $(x-2)(x-y+1)$

332 $(x-1)(x+y+3)$

333 $(x+3)(x+y-4)$

334 $(x+1)(x-y+3)$

335 $(x-5)(x-y-2)$

336 $(x-1)(x+5y+3)$

337 $(a+b-5)(a+b+3)$

338 $(x-y-6)(x-y+1)$

339 $(x-3y+1)(x-3y+2)$

340 $(x+2y-3)^2$

341 $(x-2y+2)^2$

342 $(x+3y-1)^2$

343 4900

344 8400

345 9600

346 8200

347 96000

348 1600

349 900

350 10000

351 10000

352 10000

353 2500

354 2

355 $3-2\sqrt{3}$

356 $5-3\sqrt{5}$

357 1220

358 10000

359 $4\sqrt{10}$

360 12

361 $-4\sqrt{6}$　　　**362** $8\sqrt{5}$　　　**363** -5

364 ②　　　**365** $-16\sqrt{3}$

p. 80~86

Episode 10 이차방정식과 그 해

366 ×　　　**367** ×　　　**368** ○

369 ○　　　**370** ×　　　**371** ○

372 ×　　　**373** ○　　　**374** $a \neq 0$

375 $a \neq 0$　　　**376** $a \neq 3$　　　**377** $a \neq -4$

378 $a \neq \dfrac{1}{2}$　　　**379** $a \neq -2$　　　**380** $a \neq 4$

381 $a \neq 7$　　　　　**382** $a=3,\ b=2,\ c=0$

383 $a=2,\ b=-2,\ c=3$　　　**384** $a=1,\ b=-1,\ c=-12$

385 $a=2,\ b=4,\ c=10$　　　**386** $a=1,\ b=-4,\ c=-5$

387 $a=3,\ b=0,\ c=-4$　　　**388** ○

389 ×　　　**390** ×　　　**391** ○

392 ×　　　**393** ○　　　**394** ×

395 ○　　　　　**396** $x=-2$ 또는 $x=0$

397 $x=-1$ 또는 $x=2$　　　**398** $x=2$

399 $x=1$　　　**400** $x=-1$　　　**401** -3

402 5　　　**403** -2　　　**404** -1

405 4　　　**406** 3　　　**407** -6

408 -1　　　**409** -2　　　**410** 7

411 5　　　**412** -9　　　**413** -2

414 $x=-2$ 또는 $x=1$　　　**415** $x=2$ 또는 $x=-3$

416 $x=0$ 또는 $x=5$　　　**417** $x=-1$ 또는 $x=1$

418 $x=\dfrac{3}{4}$ 또는 $x=\dfrac{2}{5}$　　　**419** $x=-\dfrac{1}{3}$ 또는 $x=-2$

420 $x=-\dfrac{7}{2}$ 또는 $x=\dfrac{5}{4}$　　　**421** $x=0$ 또는 $x=4$

422 $x=0$ 또는 $x=-3$　　　**423** $x=0$ 또는 $x=-4$

424 $x=0$ 또는 $x=\dfrac{5}{2}$　　　**425** $x=0$ 또는 $x=-7$

426 $x=0$ 또는 $x=2$　　　**427** $x=0$ 또는 $x=\dfrac{3}{5}$

428 $x=-2$ 또는 $x=2$　　　**429** $x=-3$ 또는 $x=3$

430 $x=-6$ 또는 $x=6$　　　**431** $x=-\dfrac{1}{4}$ 또는 $x=\dfrac{1}{4}$

432 $x=-\dfrac{2}{3}$ 또는 $x=\dfrac{2}{3}$　　　**433** $x=-7$ 또는 $x=7$

434 $x=-\dfrac{8}{5}$ 또는 $x=\dfrac{8}{5}$　　　**435** $x=1$ 또는 $x=5$

436 $x=-4$ 또는 $x=-1$　　　**437** $x=-2$ 또는 $x=6$

438 $x=-7$ 또는 $x=3$　　　**439** $x=3$ 또는 $x=4$

440 $x=-5$ 또는 $x=2$　　　**441** $x=3$ 또는 $x=5$

442 $x=-1$ 또는 $x=-\dfrac{1}{2}$　　　**443** $x=-\dfrac{1}{2}$ 또는 $x=5$

444 $x=-1$ 또는 $x=\dfrac{1}{3}$　　　**445** $x=\dfrac{1}{2}$ 또는 $x=\dfrac{3}{2}$

446 $x=-3$ 또는 $x=\dfrac{1}{3}$　　　**447** $x=-\dfrac{1}{3}$ 또는 $x=\dfrac{3}{2}$

448 $x=-2$ 또는 $x=\dfrac{3}{5}$　　　**449** $x=-5$

450 $x=-2$　　　　　**451** $x=2$

452 $x=\dfrac{1}{2}$　　　**453** $x=-\dfrac{2}{3}$　　　**454** ⑤

455 4　　　**456** $x=-6$

p. 88~92

Episode 11 이차방정식의 풀이

457 ×　　　**458** ○　　　**459** ○

460 ○　　　**461** ×　　　**462** ×

463 ○　　　**464** ○　　　**465** $x=2$

466 $x=-\dfrac{1}{3}$　　　**467** $x=-3$　　　**468** $x=5$

469 $x=-6$　　　**470** $x=\dfrac{1}{4}$　　　**471** $x=-\dfrac{3}{2}$

472 $x=\dfrac{6}{5}$　　　**473** 1　　　**474** 9

475 25　　　**476** 5　　　**477** 13

478 49　　　**479** 4　　　**480** ± 2

481 ± 4　　　**482** ± 6　　　**483** ± 10

484 ± 1　　　**485** ± 4　　　**486** ± 12

487 $x=\pm\sqrt{6}$　　　**488** $x=\pm 3$　　　**489** $x=\pm 3\sqrt{2}$

490 $x=\pm 5$　　　**491** $x=\pm\sqrt{5}$　　　**492** $x=\pm\sqrt{3}$

493 $x=\pm 2$　　　**494** $x=\pm\dfrac{3}{2}$　　　**495** $x=4\pm\sqrt{10}$

496 $x=-5\pm 2\sqrt{3}$　　　**497** $x=\dfrac{-1\pm\sqrt{5}}{2}$　　　**498** $x=\dfrac{3\pm\sqrt{11}}{4}$

499 $x=-7\pm 2\sqrt{2}$　　　**500** $x=2\pm\sqrt{6}$

501 $x=-\dfrac{2}{3}$ 또는 $x=\dfrac{4}{3}$　　　**502** $x=-5$ 또는 $x=-1$

503 $x=-1\pm\sqrt{2}$　　　**504** $x=2\pm\sqrt{2}$　　　**505** $x=3\pm 2\sqrt{3}$

506 $x=-4\pm\sqrt{7}$　　　**507** $x=5\pm\sqrt{15}$　　　**508** $x=-7\pm\sqrt{53}$

509 $x=\dfrac{1\pm\sqrt{21}}{2}$ **510** $x=\dfrac{-3\pm\sqrt{17}}{2}$ **511** $x=\dfrac{-7\pm3\sqrt{5}}{2}$

512 $x=-2\pm\sqrt{6}$ **513** $x=1\pm\sqrt{7}$ **514** $x=2\pm\sqrt{2}$

515 $x=3\pm\sqrt{11}$ **516** $x=-1\pm\sqrt{3}$ **517** $x=-3\pm2\sqrt{2}$

518 $x=\dfrac{-1\pm\sqrt{5}}{4}$ **519** $x=\dfrac{-5\pm\sqrt{17}}{4}$ **520** $x=\dfrac{1}{2}\pm\dfrac{\sqrt{65}}{10}$

521 $x=1\pm\dfrac{2\sqrt{3}}{3}$ **522** 92 **523** -7

524 -4

p. 94~99

Episode 12 복잡한 이차방정식의 풀이

525 $x=\dfrac{-1\pm\sqrt{17}}{2}$ **526** $x=\dfrac{7\pm\sqrt{41}}{2}$ **527** $x=\dfrac{3\pm\sqrt{29}}{2}$

528 $x=-1\pm\sqrt{7}$ **529** $x=\dfrac{2\pm\sqrt{2}}{2}$ **530** $x=\dfrac{-7\pm\sqrt{13}}{6}$

531 $x=\dfrac{1\pm\sqrt{33}}{8}$ **532** $x=\dfrac{-5\pm\sqrt{17}}{4}$ **533** $x=-2\pm\sqrt{3}$

534 $x=-1\pm\sqrt{10}$ **535** $x=6\pm\sqrt{39}$ **536** $x=4\pm\sqrt{11}$

537 $x=\dfrac{-3\pm\sqrt{11}}{2}$ **538** $x=\dfrac{1\pm\sqrt{7}}{3}$ **539** $x=\dfrac{-5\pm\sqrt{22}}{3}$

540 $x=\dfrac{3\pm2\sqrt{6}}{5}$ **541** $x=2\pm\sqrt{7}$ **542** $x=4\pm2\sqrt{2}$

543 $x=-2$ 또는 $x=3$ **544** $x=\dfrac{-1\pm\sqrt{65}}{4}$

545 $x=-5$ 또는 $x=1$ **546** $x=\dfrac{3\pm\sqrt{21}}{2}$

547 $x=3\pm\sqrt{5}$ **548** $x=\dfrac{1\pm\sqrt{10}}{9}$ **549** $x=\dfrac{2\pm\sqrt{14}}{2}$

550 $x=\dfrac{-1\pm\sqrt{51}}{10}$ **551** $x=\dfrac{4\pm\sqrt{10}}{2}$

552 $x=-\dfrac{3}{2}$ 또는 $x=1$ **553** $x=\dfrac{-1\pm\sqrt{21}}{2}$

554 $x=-\dfrac{2}{5}$ 또는 $x=1$ **555** $x=4\pm\sqrt{10}$

556 $x=\dfrac{-5\pm\sqrt{29}}{4}$ **557** $x=-\dfrac{4}{5}$ 또는 $x=5$

558 $x=-\dfrac{1}{5}$ 또는 $x=-\dfrac{1}{2}$ **559** $x=\dfrac{-3\pm2\sqrt{3}}{3}$

560 $x=-2$ 또는 $x=-7$ **561** $x=-4$ 또는 $x=4$

562 $x=-8$ 또는 $x=1$ **563** $x=\dfrac{5}{2}$ 또는 $x=\dfrac{7}{3}$

564 $x=\dfrac{5}{9}$ 또는 $x=1$ **565** 1, -4, -5, 36, 2

566 2, -1, 3, -23, 0 **567** -8, 0

568 49, 2 **569** 0, 1 **570** 16, 2

571 0, 1 **572** -47, 0 **573** $k<\dfrac{3}{4}$

574 $k=\dfrac{3}{4}$ **575** $k>\dfrac{3}{4}$ **576** $k>-4$

577 $k=-4$ **578** $k<-4$ **579** $k<\dfrac{25}{4}$

580 $k<\dfrac{1}{12}$ **581** $k>-1$ **582** 25

583 3 **584** $-\dfrac{9}{16}$ **585** $k\le9$

586 $k\ge-1$ **587** $k\ge-\dfrac{25}{12}$ **588** $k\le6$

589 $k\le\dfrac{1}{12}$ **590** $k\ge-\dfrac{9}{20}$ **591** $k\le-\dfrac{5}{2}$

592 $k<-\dfrac{9}{4}$ **593** $k<-\dfrac{81}{4}$ **594** $k>\dfrac{9}{2}$

595 $k>2$ **596** $k>\dfrac{1}{3}$ **597** $k>-\dfrac{7}{8}$

598 12 **599** ⑤ **600** $k\le17$

p. 101~107

Episode 13 이차방정식 구하기, 활용

601 $2x^2+14x+24=0$ **602** $x^2-5x+6=0$

603 $-3x^2-3x+6=0$ **604** $4x^2-1=0$

605 $3x^2-5x-2=0$ **606** $-2x^2-x+1=0$

607 $2x^2-12x+18=0$ **608** $3x^2+12x+12=0$

609 $-2x^2+16x-32=0$ **610** $\dfrac{1}{3}x^2+4x+12=0$

611 $-4x^2+4x-1=0$ **612** $9x^2+6x+1=0$

613 6 **614** -15 **615** 8

616 8 **617** 12 **618** 27

619 $-1-\sqrt{2}$ **620** $3-\sqrt{10}$ **621** $4+\sqrt{5}$

622 $-8-\sqrt{7}$ **623** $-5+\sqrt{6}$ **624** $1+2\sqrt{2}$

625 $-2-4\sqrt{3}$ **626** $-4+3\sqrt{5}$ **627** $x^2-6x+7=0$

628 $x^2+2x-5=0$ **629** $2x^2-8x-2=0$

630 $5x^2+10x-10=0$ **631** $-3x^2+18x-3=0$

632 $-x^2-10x+23=0$

633 (1) $x^2=2x+35$ (2) $x=-5$ 또는 $x=7$ (3) 7

634 8 **635** 3

636 (1) $x+1$ (2) $x^2+(x+1)^2=41$ (3) $x=-5$ 또는 $x=4$ (4) 4, 5

637 4, 6 **638** 13, 15

639 (1) $x+4$ (2) $(x+4)^2=2x^2-4$ (3) $x=-2$ 또는 $x=10$ (4) 10

640 15

641 (1) $x-2$ (2) $x(x-2)=63$ (3) $x=-7$ 또는 $x=9$ (4) 9

642 12

643 (1) $x+1$ (2) $x(x+1)=156$ (3) $x=-13$ 또는 $x=12$ (4) 12, 13

644 20, 21

645 (1) $x+3$, $x-2$ (2) $(x+3)(x-2)=50$ (3) $x=-8$ 또는 $x=7$

  (4) 7

646 2

647 (1) $20-x$, $10-x$ (2) $(20-x)(10-x)=144$

  (3) $x=2$ 또는 $x=28$ (4) 2

648 3   **649** (1) 2초 또는 6초 (2) 8초

650 (1) 2초 또는 8초 (2) 11초   **651** 8

652 나은 : 16살, 동생 : 13살   **653** 4 m

p. 111~115

Episode 14 이차함수와 그 그래프

001 ○   **002** ×   **003** ×

004 ×   **005** ×   **006** ○

007 ×   **008** ○   **009** $y=x^2$, 이차함수

010 $y=3x$, 이차함수가 아니다.   **011** $y=\pi x^2$, 이차함수

012 $y=x^3$, 이차함수가 아니다.   **013** $y=1000x$, 이차함수가 아니다.

014 $y=60x$, 이차함수가 아니다.   **015** 13

016 6   **017** 1   **018** -2

019 3   **020** 7   **021** -16

022 -1 **023** 0   **024** 2

025 12   **026** 2   **027** 5

028 -6 **029** 0   **030** 9

031 6   **032** 3   **033** -4

034 5   **035** 3   **036** -7

037 9, 4, 1, 0, 1, 4, 9   **038**

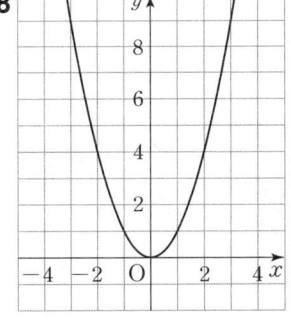

039 0

040 아래

041 y축

042 >

043 <

044 1, 2

045 -9, -4, -1, 0, -1, -4, -9

046

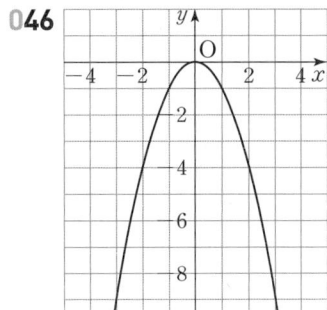

047 0

048 위

049 y축

050 <

051 >

052 3, 4

053 x축

054 ㄹ, ㅁ

055 -4 **056** ①, ⑤

p. 117~122

Episode 15 이차함수 $y=ax^2$, $y=ax^2+q$의 그래프

057

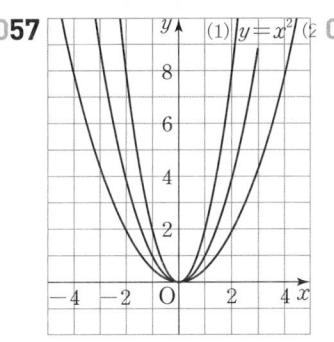

058

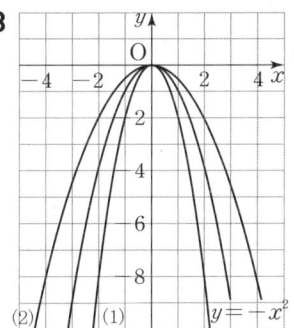

059 아래   **060** 0   **061** $x=0$

062 감소   **063** 1, 2   **064** 위

065 0   **066** $x=0$ **067** 증가

068 3, 4   **069** ㄴ, ㅁ, ㅂ   **070** ㅂ

071 ㄱ   **072** ㄴ, ㄹ, ㅁ   **073** ㅁ

074 ㄹ과 ㅂ   **075** ㉢   **076** ㉡

077 ㉠   **078** ㉣   **079** ㉡

080 ㉣   **081** ㉢   **082** ㉠

083 -5 **084** 2   **085** -18

086 $-\dfrac{3}{4}$ **087** 4   **088** $y=x^2+1$

089 $y=-x^2+4$ **090** $y=-2x^2-1$ **091** $y=3x^2-\dfrac{1}{2}$

092 $y=-\dfrac{1}{5}x^2+3$ **093** 2   **094** -7

095 $\dfrac{5}{8}$

096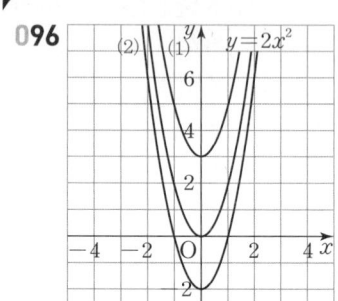

097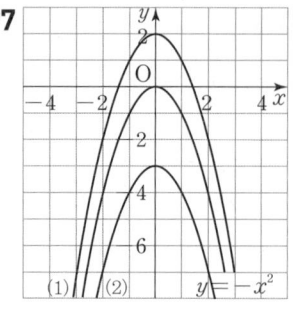

098 $(0, 1), x=0$

099 $(0, -4), x=0$

100 $(0, 7), x=0$

101 $\left(0, -\dfrac{1}{5}\right), x=0$

102 $(0, -2), x=0$

103 $\left(0, \dfrac{3}{4}\right), x=0$

104 ○   **105** ×   **106** ×

107 ○   **108** ×   **109** ○

110 1   **111** 1   **112** $x=0$

113 6   **114** 아래   **115** -3

116 $0, -3$ **117** $x=0$ **118** -5

119 위   **120** -7 **121** -4

122 8   **123** 5   **124** -4

125 $\dfrac{1}{2}$ **126** ㄱ, ㄴ, ㄹ   **127** ④

128 5

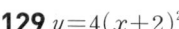
p. 124~130

Episode 16 이차함수 $y=a(x-p)^2,\ y=a(x-p)^2+q$ 의 그래프

129 $y=4(x+2)^2$ **130** $y=-2(x+1)^2$

131 $y=-3(x-2)^2$ **132** $y=6\left(x+\dfrac{1}{3}\right)^2$

133 $y=-\dfrac{1}{2}\left(x-\dfrac{3}{4}\right)^2$ **134** 1

135 -4 **136** $-\dfrac{2}{3}$

137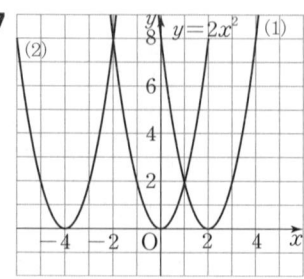

138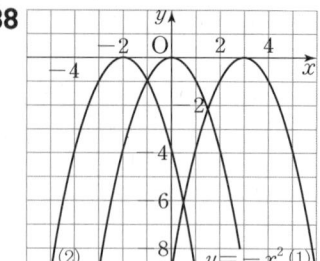

139 $(1, 0), x=1$ **140** $(-3, 0), x=-3$

141 $(2, 0), x=2$ **142** $(-5, 0), x=-5$

143 $\left(\dfrac{2}{3}, 0\right), x=\dfrac{2}{3}$ **144** $\left(-\dfrac{1}{6}, 0\right), x=-\dfrac{1}{6}$

145 ×   **146** ○   **147** ×

148 ○   **149** ×   **150** ○

151 -1 **152** $-1, 0$ **153** $x=-1$

154 3   **155** 아래   **156** 3

157 $3, 0$ **158** $x=3$ **159** -8

160 위   **161** 2   **162** -3

163 $\dfrac{3}{2}$ **164** $2, 4$ **165** $-6, 2$

166 $-\dfrac{3}{2}, -\dfrac{1}{2}$ **167** $y=2(x-1)^2+2$

168 $y=3\left(x+\dfrac{1}{3}\right)^2+6$ **169** $y=-2(x-3)^2-4$

170 $y=-4(x+1)^2-2$ **171** $y=\dfrac{1}{7}(x+2)^2+5$

172 $p=2, q=-1$ **173** $p=-3, q=5$

174 $p=-\dfrac{5}{6}, q=-\dfrac{1}{2}$

175 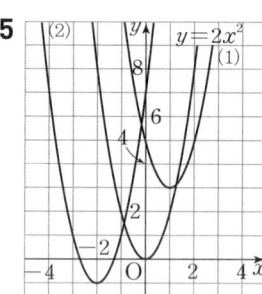   **176**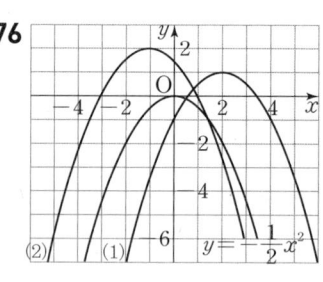

177 $(1, 4), x=1$

178 $(-2, -2), x=-2$ **179** $(4, -3), x=4$

180 $(-3, 5), x=-3$ **181** $\left(-1, \dfrac{1}{2}\right), x=-1$

182 $\left(\dfrac{4}{5}, -\dfrac{1}{3}\right), x=\dfrac{4}{5}$ **183** ×

184 ○   **185** ×   **186** ○

187 ○   **188** ○   **189** $3, -2$

190 $3, -2$ **191** $x=3$ **192** 0

193 아래   **194** $-3, 1$ **195** $-3, 1$

196 $x=-3$ **197** $\dfrac{4}{5}$ **198** 위

199 3   **200** -2 **201** -1

202 $\dfrac{2}{3}$ **203** $-5, 1$ **204** $-6, -4$

205 $>, >, <$ **206** $<, >, >$ **207** $>, <, >$

208 $<, <, <$ **209** $>, <, =$ **210** $(1, 0)$

211 -3 **212** ②, ⑤

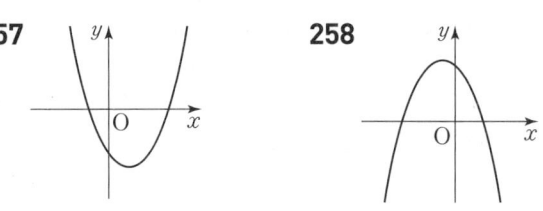

254 $>, >, >$ **255** $>, =, <$ **256** $<, >, =$

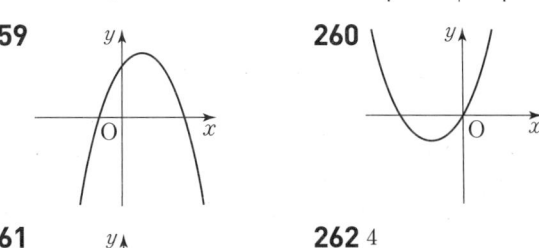

257   **258**

259   **260**

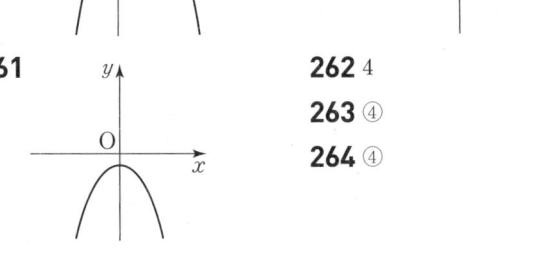

261   **262** 4

263 ④

264 ④

p. 132~136

Episode 17 이차함수 $y=ax^2+bx+c$의 그래프

213 $y=4(x-1)^2-3$ **214** $y=(x+2)^2-1$

215 $y=(x-3)^2+4$ **216** $y=5(x+1)^2-8$

217 $y=-3(x-2)^2+6$ **218** $y=-\dfrac{1}{2}(x+4)^2+16$

219 $y=(x-2)^2-2$, $(2, -2)$, $x=2$, $(0, 2)$

220 $y=-2(x-4)^2+15$, $(4, 15)$, $x=4$, $(0, -17)$

221 $y=-3(x+2)^2+12$, $(-2, 12)$, $x=-2$, $(0, 0)$

222 $y=(x-2)^2-1$ **223** $y=-3(x-1)^2+2$

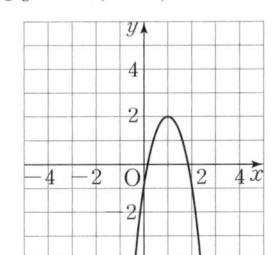

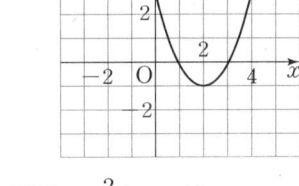

224 $y=\dfrac{2}{3}(x+3)^2-4$ **225** $(-2, 0), (-1, 0)$

226 $(-3, 0), (4, 0)$

227 $\left(\dfrac{1}{2}, 0\right), (3, 0)$

228 $(0, 0), (5, 0)$

229 $(-4, 0), (2, 0)$

230 $\left(-\dfrac{2}{3}, 0\right), \left(\dfrac{3}{2}, 0\right)$

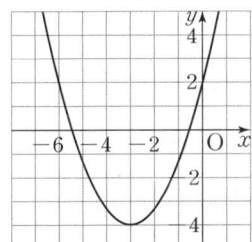

231 ×   **232** ○   **233** ○

234 ×   **235** ○   **236** $-3, 10$

237 $-3, 10$ **238** -3 **239** 위

240 1   **241** $2, -16$ **242** $2, -16$

243 2   **244** 아래   **245** -4

246 아래, $>$ **247** 왼, $>$, 같다, $>$ **248** 위, $>$

249 위, $<$ **250** 오른, $<$, 다르다, $>$

251 아래, $<$ **252** $>, <, >$ **253** $<, <, <$

p. 138~142

Episode 18 이차함수의 활용

265 $y=-2x^2+4x$ **266** $y=x^2-4x+1$

267 $y=-x^2-2x+2$ **268** $y=-\dfrac{1}{2}x^2-1$

269 $y=5x^2-20x+20$ **270** $y=x^2+4x+2$

271 $y=2x^2-8x+9$ **272** $y=-x^2+2x+1$

273 $y=-x^2-4x-1$ **274** $y=3x^2-6x-6$

275 $y=-x^2+8x-4$ **276** $y=2x^2+12x+15$

277 $y=-4x^2-8x-2$ **278** $y=2x^2+8x+5$

279 $y=-x^2+4x-1$ **280** $y=-2x^2-4x-1$

281 $y=-x^2+4x+1$ **282** $y=3x^2-6x-2$

283 $y=-2x^2-4x+2$ **284** $y=x^2-6x-3$

285 $y=2x^2-8x+5$ **286** $y=x^2-5x+4$

287 $y=-x^2-2x+8$ **288** $y=-\dfrac{3}{4}x^2+\dfrac{11}{2}x-5$

289 $y=-3x^2+12x-9$ **290** $y=x^2-x-2$

291 $y=2x^2+4x-6$ **292** $y=-2x^2+6x+8$

293 $y=x^2+6x+8$ **294** $y=x^2-6x+5$

295 $y=\dfrac{1}{2}x^2+x-4$ **296** $y=-x^2+x+6$

297 $4, 20$ **298** 6, 12

299 (1) 6초 (2) 2초   **300** $y=\dfrac{3}{4}x^2-3x+1$

301 -4 **302** $(0, -4)$

연산 Plus⁺

p. 02~03

Episode 01 제곱근의 뜻과 성질

01 $36, 36, -6$ **02** $\dfrac{1}{49}, \dfrac{1}{49}, \dfrac{1}{7}$ **03** 0

04 $8, -8$ **05** $\dfrac{1}{12}, -\dfrac{1}{12}$ **06** $\dfrac{3}{4}, -\dfrac{3}{4}$

07 $0.1, -0.1$ **08** $1.5, -1.5$ **09** $\pm\sqrt{8}$

10 $\pm\sqrt{35}$ **11** $\pm\sqrt{5.6}$ **12** $\pm\sqrt{\dfrac{3}{7}}$

13 ± 3 **14** 5 **15** -10

16 $\dfrac{9}{8}$ **17** $-\dfrac{1}{14}$ **18** -1.1

19 $\pm\sqrt{6}$ **20** $\sqrt{6}$ **21** -0.4

22 0.4 **23** 7 **24** 11

25 -19 **26** $\dfrac{13}{4}$ **27** $-\dfrac{3}{8}$

28 2.1 **29** 0.07 **30** -5.2

31 3 **32** 15 **33** -10

34 -24 **35** $\dfrac{7}{2}$ **36** $-\dfrac{12}{5}$

37 2.5 **38** -0.33 **39** 9

40 0.2 **41** $-\dfrac{7}{3}$ **42** ± 1.3

43 ○   **44** ×   **45** ×

46 ×   **47** ○   **48** ○

49 13 **50** -9 **51** 10

52 -4 **53** 25 **54** 5

55 15 **56** $-\dfrac{3}{5}$ **57** 9

58 3 **59** $-\dfrac{1}{2}$ **60** 0.1

p. 04~05

Episode 02 제곱근의 계산

01 $2a$ **02** $5a$ **03** $-6a$

04 $-9a$ **05** $-7a$ **06** $-8a$

07 $3a$ **08** $4a$ **09** $13a$

10 $-4a$ **11** $7a$ **12** $4a$

13 $-3a$ **14** $-4a$ **15** $-10a$

16 $-9a$ **17** $a-3$ **18** $-a-1$

19 $-a+6$ **20** $a+5$ **21** 1

22 $2x-4$ **23** 5 **24** $2x-1$

25 3 **26** $3, 6$ **27** 6

28 6 **29** 15 **30** 10

31 42 **32** 11 **33** 35

34 21 **35** 14 **36** $<$

37 $<$ **38** $>$ **39** $>$

40 $>$ **41** $<$ **42** $<$

43 $<$ **44** $>$ **45** $>$

46 $\sqrt{3}, 2, \sqrt{5}$ **47** $-5, -\sqrt{\dfrac{45}{2}}, -\sqrt{21}$

48 $\sqrt{(-3)^2}, \sqrt{\dfrac{29}{3}}, \sqrt{12}$ **49** $\sqrt{0.7}, \sqrt{\dfrac{4}{5}}, \sqrt{(-2)^2}$

50 3 **51** 7 **52** 7

53 6 **54** 12 **55** 8

p. 06~07

Episode 03 무리수와 실수

01 유   **02** 무   **03** 무

04 유   **05** 무   **06** 무

07 $\sqrt{49}, \sqrt{(-0.3)^2}, 1.\dot{5}$ **08** $-\sqrt{\dfrac{6}{25}}, 0.316278\cdots$

09 ×   **10** ×   **11** ○

12 ○   **13** ×   **14** $0.5\dot{7}, \sqrt{\dfrac{9}{16}}$

15 $\sqrt{5}, \sqrt{99}, 3\pi$ **16** ×   **17** ×

18 ○   **19** ×   **20** ×

21 ○   **22** ×   **23** ○

24 $3-\sqrt{5}, 3+\sqrt{5}$ **25** $-1-\sqrt{10}, -1+\sqrt{10}$

26 $1-\sqrt{5}, 1+\sqrt{5}$ **27** $6-\sqrt{8}, 6+\sqrt{8}$

28 $-4-\sqrt{13}, -4+\sqrt{13}$ **29** $<$

30 $>$ **31** $<$ **32** $>$

33 $>$ **34** $>$ **35** $<$

36 $>$ **37** S   **38** U

39 Q   **40** T   **41** P

42 R

p. 08~09

Episode 04 근호를 포함한 식의 곱셈과 나눗셈

01 $\sqrt{21}$ **02** $-\sqrt{\dfrac{5}{2}}$ **03** $\sqrt{10}$

04 $9\sqrt{15}$ **05** -48 **06** 3

07 $-2\sqrt{6}$ **08** $\sqrt{7}$ **09** $\sqrt{6}$

10 $2\sqrt{2}$ **11** $-2\sqrt{3}$ **12** $-\sqrt{\dfrac{2}{5}}$

13 $\sqrt{3}$ **14** $\sqrt{\dfrac{3}{5}}$ **15** $3\sqrt{2}$

16 $5\sqrt{3}$ **17** $\dfrac{\sqrt{7}}{6}$ **18** $\dfrac{3\sqrt{5}}{10}$

19 $\sqrt{28}$ **20** $-\sqrt{27}$ **21** $\sqrt{\dfrac{15}{16}}$

22 $-\sqrt{\dfrac{2}{3}}$ **23** $\dfrac{2\sqrt{3}}{3}$ **24** $\dfrac{3\sqrt{11}}{11}$

25 $7\sqrt{7}$ **26** $\dfrac{4\sqrt{6}}{3}$ **27** $\dfrac{\sqrt{39}}{3}$

28 $\dfrac{\sqrt{30}}{15}$ **29** $\dfrac{\sqrt{3}}{2}$ **30** $\dfrac{\sqrt{30}}{15}$

31 $\dfrac{\sqrt{6}}{2}$ **32** $\dfrac{\sqrt{5}}{5}$ **33** $\dfrac{2\sqrt{35}}{15}$

34 $5\sqrt{6}$ **35** $-\dfrac{2\sqrt{3}}{3}$ **36** $\dfrac{3\sqrt{5}}{5}$

37 $-\dfrac{\sqrt{5}}{10}$ **38** $3\sqrt{14}$ **39** $\dfrac{\sqrt{3}}{2}$

40 $\sqrt{3}$ **41** $3\sqrt{15}$ **42** $10\sqrt{6}$

43 $\dfrac{2\sqrt{30}}{15}$ **44** $\dfrac{2\sqrt{21}}{7}$ **45** 1.825

46 1.786 **47** 1.803 **48** 3.24

49 3.47 **50** 3.14 **51** 26.46

52 83.67 **53** 0.8367 **54** 0.2646

p. 10~11

Episode 05 근호를 포함한 식의 덧셈과 뺄셈

01 $7\sqrt{2}$ **02** $7\sqrt{5}$ **03** $5\sqrt{7}$

04 $-5\sqrt{3}$ **05** $\dfrac{11\sqrt{2}}{6}$ **06** $\dfrac{4\sqrt{5}}{5}$

07 $\dfrac{13\sqrt{2}}{12}$ **08** $-3\sqrt{2}$ **09** $\sqrt{3}$

10 $-4\sqrt{7}$ **11** $5\sqrt{6}$ **12** $-5\sqrt{11}$

13 $\dfrac{23\sqrt{3}}{12}$ **14** $-\dfrac{\sqrt{5}}{6}$ **15** $7\sqrt{3}-3\sqrt{2}$

16 $\sqrt{6}-6\sqrt{3}$ **17** $\dfrac{7\sqrt{2}}{6}+\dfrac{\sqrt{3}}{2}$ **18** $\dfrac{13\sqrt{5}}{6}-\dfrac{\sqrt{10}}{6}$

19 $2\sqrt{2}+4\sqrt{3}$ **20** $\sqrt{5}-5\sqrt{6}$ **21** $\dfrac{7\sqrt{2}}{6}+\dfrac{\sqrt{3}}{4}$

22 $\dfrac{\sqrt{7}}{3}-\dfrac{13\sqrt{3}}{12}$ **23** $7\sqrt{2}$ **24** $\sqrt{5}$

25 $8\sqrt{3}$ **26** $\dfrac{\sqrt{6}}{4}$ **27** $\sqrt{5}+\sqrt{10}$

28 $6\sqrt{6}-3\sqrt{3}$ **29** $2\sqrt{2}-2\sqrt{3}$ **30** $5\sqrt{14}-5\sqrt{7}$

31 $-2\sqrt{3}$ **32** $-2\sqrt{5}$ **33** $3\sqrt{3}-\dfrac{5\sqrt{6}}{3}$

34 $\sqrt{6}+\sqrt{10}$ **35** $-\sqrt{30}+\sqrt{10}$ **36** $3\sqrt{2}-6$

37 $2\sqrt{2}+\sqrt{6}$ **38** 1 **39** $-2+\sqrt{14}$

40 $\sqrt{3}-\dfrac{\sqrt{6}}{2}$ **41** $\sqrt{5}-3$ **42** $\dfrac{4+\sqrt{5}}{3}$

43 $\dfrac{\sqrt{3}-3}{2}$ **44** $1+2\sqrt{6}$ **45** $\sqrt{3}$

46 $\sqrt{3}-8\sqrt{2}$ **47** $5\sqrt{2}+1$ **48** 2

49 -2 **50** -4 **51** 5

p. 12~13

Episode 06 다항식의 곱셈

01 $ab+5a-2b-10$ **02** $xy+3x+5y+15$

03 $6xy-8x+3y-4$ **04** $15xy-3x-5y+1$

05 $-3ac+2ad-6bc+4bd$ **06** $x^2-9x+18$

07 $3a^2+14a+8$ **08** $-2x^2-5xy-3y^2$

09 $3x^2-xy+7x-2y+2$ **10** x^2-16y^2-x-4y

11 1 **12** -2 **13** -5

14 7 **15** a^2+6a+9 **16** $x^2+8x+16$

17 $4x^2+4x+1$ **18** $16y^2+24y+9$

19 $x^2+14xy+49y^2$ **20** $9a^2+12ab+4b^2$

21 $x^2-10xy+25y^2$ **22** $4a^2-12ab+9b^2$

23 $x^2+3xy+\dfrac{9}{4}y^2$ **24** $\dfrac{1}{9}a^2+2ab+9b^2$

25 a^2-6a+9 **26** $x^2-10x+25$

27 $4x^2-12x+9$ **28** $16y^2-40y+25$

29 $x^2-12xy+36y^2$ **30** $25a^2-30ab+9b^2$

31 $x^2+4xy+4y^2$ **32** $9a^2+24ab+16b^2$

33 $4x^2-5xy+\dfrac{25}{16}y^2$ **34** $\dfrac{49}{4}a^2-7ab+b^2$

35 x^2-9 **36** $36-a^2$ **37** $a^2-\dfrac{1}{9}$

38 $9x^2-16$ **39** $4x^2-\dfrac{1}{4}$ **40** x^2-25y^2

41 a^2-49b^2 **42** $9x^2-\dfrac{y^2}{9}$ **43** $16y^2-x^2$

44 $x^2+7x+12$ **45** $x^2-9x+18$ **46** $x^2-2x-15$

47 $a^2+9a-10$ **48** $x^2+5x-14$ **49** $a^2-2a-48$

50 $x^2+5xy+6y^2$ **51** $x^2-13xy+30y^2$ **52** $x^2+xy-20y^2$

53 $a^2+7ab-18b^2$ **54** $x^2-6xy-7y^2$ **55** $a^2+ab-\dfrac{10}{9}b^2$

56 $2x^2+13x+15$ **57** $10a^2-39a+14$ **58** $6x^2-5x-6$

59 $8a^2+14a-15$ **60** $3x^2+16xy+5y^2$ **61** $28a^2-15ab+2b^2$

62 $6x^2-xy-12y^2$ **63** $-6a^2+29ab-20b^2$

64 $12x^2+\dfrac{3}{2}xy-\dfrac{1}{12}y^2$

p. 14~15

Episode **07** 곱셈 공식의 응용

01 10404 **02** 5041 **03** 9801

04 2304 **05** 2491 **06** 9984

07 8.96 **08** $4+2\sqrt{3}$ **09** $9+2\sqrt{14}$

10 $21+6\sqrt{6}$ **11** $8-4\sqrt{3}$ **12** $97-56\sqrt{3}$

13 $70-20\sqrt{10}$ **14** 3 **15** 14

16 $2+\sqrt{3}$ **17** $-3+\sqrt{10}$ **18** $3\sqrt{7}-3\sqrt{5}$

19 $\sqrt{10}+\sqrt{5}$ **20** $8\sqrt{2}+4\sqrt{6}$ **21** $2+\sqrt{3}$

22 $7-4\sqrt{3}$ **23** $-13-2\sqrt{42}$ **24** 26

25 16 **26** 18 **27** 12

28 34 **29** 32 **30** 29

31 31 **32** $x^2+y^2+2xy+2x+2y+1$

33 $4a^2+b^2-4ab+12a-6b+9$ **34** $x^2+9y^2+6xy-4x-12y+4$

35 $a^2+b^2+c^2-2ab+2bc-2ca$ **36** $x^2+y^2+2xy-1$

37 $a^2+4b^2-4ab-9$ **38** $4x^2+y^2+4xy+2x+y-6$

39 $a^2+9b^2-6ab+6a-18b+8$ **40** 6

41 1 **42** 34 **43** 6

44 34 **45** -2 **46** 7

47 3 **48** -16 **49** -6

50 11

p. 16~17

Episode **08** 인수분해

01 $ab,\ ab(a-3b)$ **02** $xy,\ xy(1-3x+2y^2)$

03 $a+2b,\ (a+2b)(2a-3b)$ **04** $x(x-1),\ x(x-1)(y+2)$

05 $b-5,\ (b-5)(a+1)$ **06** $(x+2)^2$

07 $(a-6)^2$ **08** $\left(x+\dfrac{1}{4}\right)^2$ **09** $(2a+5b)^2$

10 $(3x-4y)^2$ **11** $3(2a-3b)^2$ **12** 9

13 64 **14** 25 **15** 9

16 ±12 **17** ±10 **18** ±40

19 ±42 **20** $(a+2)(a-2)$ **21** $\left(x+\dfrac{3}{2}\right)\left(x-\dfrac{3}{2}\right)$

22 $a(a+5)(a-5)$ **23** $(4x+3y)(4x-3y)$

24 $(5a+6b)(5a-6b)$ **25** $3\left(\dfrac{1}{2}x+\dfrac{1}{7}y\right)\left(\dfrac{1}{2}x-\dfrac{1}{7}y\right)$

26 $1,\ 4$ **27** $-2,\ 5$ **28** $-2,\ -4$

29 $2,\ -7$ **30** $(x+1)(x+2)$ **31** $(x-3)(x+4)$

32 $(a+9)(a-1)$ **33** $(x-2)(x-3)$ **34** $(a+3)(a-7)$

35 $(x+2y)(x+6y)$ **36** $(x+5y)(x-3y)$ **37** $(a-b)(a-4b)$

38 $(x+y)(x-7y)$ **39** $(a+4b)(a-6b)$

40 $(x+2)(2x-3),\ 2,\ 4,\ -3,\ -3$

41 $(2x+5y)(3x-4y),\ -4,\ -8,\ 2,\ 5,\ 15,\ 7$

42 $(2x+1)(3x+4)$ **43** $(3a+1)(4a-3)$

44 $(x+3)(3x-5)$ **45** $(5a+1)(2a-3)$

46 $(x+y)(4x+5y)$ **47** $(4a+7)(2a-3)$

48 $(2a+5b)(2a-3b)$ **49** $(3x+2y)(4x-3y)$

p. 18~19

Episode **09** 복잡한 식의 인수분해

01 ○ **02** $(2x-1)^2$

03 $(5x+9y)(5x-9y)$ **04** ○

05 ○ **06** $(x+4y)(3x-4y)$

07 x^2 **08** $(a+b-3)^2$

09 $(x+y+3)(x+y+5)$ **10** $(a+2b+1)(a+2b-11)$

11 $(x+2y+2)(x+2y-4)$ **12** $(2a+2b+1)(a+b+1)$

13 $(x+y+4)^2$ **14** $(a-2b-8)^2$

15 $(x+y+1)(x+4y-5)$ **16** $-(2a-b)(a-5b)$

17 $(3x+4y-1)(x-3y+4)$ **18** $50y(x+y)$

19 $(a+b+3)(a+b-3)$

20 $-(x-y+6)(x-y-6)$

21 $(2x+y+2)(2x-y+4)$

22 $(5a+2b)(3a+4b)$

23 $(3x-7y)(x-5y)$

24 $(9a-4b+19)(9a+4b-13)$

25 $(x+3)(y+2)$

26 $(a+b)(x-2y)$

27 $(x+3y)(1-xy)$

28 $(a-b)(ab+2)$

29 $(2x-y)(2x+y+1)$

30 $(a-b)(a+b-c)$

31 $(x+y+3)(x+y-3)$

32 $(3a-b+5)(3a-b-5)$

33 $(2x+y+1)(2x-y+1)$

34 $(a+b-2)(a-b+2)$

35 $(3x+y+2z)(3x+y-2z)$

36 $(a-2b+3c)(a-2b-3c)$

37 780 **38** 10000 **39** 1060

40 3400 **41** 1600 **42** 900

43 6 **44** $5\sqrt{3}+3$ **45** 6400

46 $8\sqrt{3}$ **47** $8-4\sqrt{2}$

---

p. 20~21

Episode 10 이차방정식과 그 해

01 $\times$ **02** $\bigcirc$ **03** $\times$

04 $\times$ **05** $\bigcirc$ **06** $a\neq 0$

07 $a\neq -2$ **08** $a\neq -\dfrac{2}{3}$ **09** $a\neq 5$

10 $1,\ 8,\ -3$ **11** $1,\ 4,\ 1$ **12** $4,\ -13,\ 13$

13 $\bigcirc$ **14** $\times$ **15** $\times$

16 $\bigcirc$ **17** $\bigcirc$ **18** $x=0$ 또는 $x=3$

19 $x=2$ **20** $x=1$ **21** -2

22 2 **23** 0 **24** 4

25 $x=1$ 또는 $x=3$ **26** $x=-5$ 또는 $x=2$

27 $x=-\dfrac{2}{3}$ 또는 $x=4$ **28** $x=-\dfrac{9}{2}$ 또는 $x=-\dfrac{1}{5}$

29 $x=0$ 또는 $x=-6$ **30** $x=0$ 또는 $x=\dfrac{9}{4}$

31 $x=0$ 또는 $x=-\dfrac{7}{3}$ **32** $x=0$ 또는 $x=-9$

33 $x=0$ 또는 $x=3$ **34** $x=-4$ 또는 $x=4$

35 $x=-\dfrac{3}{2}$ 또는 $x=\dfrac{3}{2}$ **36** $x=-8$ 또는 $x=8$

37 $x=-\dfrac{1}{3}$ 또는 $x=\dfrac{1}{3}$ **38** $x=-\dfrac{7}{5}$ 또는 $x=\dfrac{7}{5}$

39 $x=2$ 또는 $x=5$ **40** $x=-5$ 또는 $x=-1$

41 $x=-3$ 또는 $x=4$ **42** $x=-3$ 또는 $x=5$

---

43 $x=-4$ 또는 $x=1$ **44** $x=-3$ 또는 $x=\dfrac{3}{2}$

45 $x=-\dfrac{1}{3}$ 또는 $x=2$ **46** $x=-\dfrac{3}{5}$ 또는 $x=1$

47 $x=-5$ 또는 $x=-\dfrac{1}{2}$ **48** $x=-\dfrac{2}{3}$ 또는 $x=3$

49 $x=-2$ **50** $x=7$ **51** $x=\dfrac{3}{2}$

52 $x=-\dfrac{1}{4}$

---

p. 22~23

Episode 11 이차방정식의 풀이

01 $\bigcirc$ **02** $\times$ **03** $\bigcirc$

04 $\times$ **05** $x=-5$ **06** $x=7$

07 $x=-1$ **08** $x=\dfrac{1}{3}$ **09** $x=3$

10 9 **11** 16 **12** 25

13 9 **14** 2 **15** ± 8

16 ± 20 **17** ± 20 **18** ± 40

19 ± 12 **20** $x=\pm\sqrt{11}$ **21** $x=\pm 2\sqrt{3}$

22 $x=\pm 2\sqrt{15}$ **23** $x=\pm\sqrt{3}$ **24** $x=\pm\sqrt{7}$

25 $x=\pm 2$ **26** $x=\pm\dfrac{1}{2}$ **27** $x=\pm\dfrac{3}{5}$

28 $x=3\pm\sqrt{11}$ **29** $x=-1\pm\sqrt{6}$ **30** $x=\dfrac{-2\pm\sqrt{7}}{3}$

31 $x=\dfrac{4\pm\sqrt{3}}{5}$ **32** $x=\dfrac{1\pm 2\sqrt{2}}{2}$ **33** $x=2\pm 2\sqrt{3}$

34 $x=-9$ 또는 $x=1$ **35** $x=-\dfrac{3}{2}$ 또는 $x=\dfrac{7}{2}$

36 $x=-1\pm\sqrt{5}$ **37** $x=3\pm 2\sqrt{2}$

38 $x=-5\pm 2\sqrt{6}$ **39** $x=1$ 또는 $x=7$

40 $x=-6$ 또는 $x=2$ **41** $x=\dfrac{3\pm\sqrt{21}}{2}$

42 $x=\dfrac{-1\pm\sqrt{17}}{2}$ **43** $x=\dfrac{-5\pm\sqrt{5}}{2}$

44 $x=\dfrac{-9\pm 3\sqrt{13}}{2}$ **45** $x=-3\pm\sqrt{13}$

46 $x=2\pm\sqrt{6}$ **47** $x=-2\pm\sqrt{3}$

48 $x=\dfrac{4\pm\sqrt{10}}{2}$ **49** $x=\dfrac{-1\pm\sqrt{13}}{2}$

50 $x=\dfrac{1\pm\sqrt{7}}{3}$ **51** $x=\dfrac{-7\pm\sqrt{17}}{4}$

52 $x=\dfrac{-2\pm 3\sqrt{2}}{2}$ **53** $x=\dfrac{1\pm\sqrt{41}}{4}$

p. 24~25

Episode 12 복잡한 이차방정식의 풀이

01 $x=\dfrac{1\pm\sqrt{13}}{2}$ **02** $x=\dfrac{5\pm\sqrt{17}}{4}$ **03** $x=\dfrac{3\pm\sqrt{93}}{6}$

04 $x=\dfrac{-3\pm\sqrt{6}}{3}$ **05** $x=1\pm2\sqrt{2}$ **06** $x=-4\pm\sqrt{19}$

07 $x=\dfrac{-7\pm\sqrt{34}}{3}$ **08** $x=\dfrac{3\pm\sqrt{10}}{2}$ **09** $x=-9$ 또는 $x=1$

10 $x=-5$ 또는 $x=1$ **11** $x=\dfrac{3\pm\sqrt{37}}{2}$ **12** $x=\dfrac{9\pm\sqrt{129}}{4}$

13 $x=\dfrac{3\pm\sqrt{29}}{4}$ **14** $x=\dfrac{4\pm\sqrt{34}}{6}$ **15** $x=\dfrac{5\pm\sqrt{57}}{8}$

16 $x=\dfrac{-1\pm\sqrt{7}}{3}$ **17** $x=-3\pm\sqrt{7}$ **18** $x=\dfrac{3\pm\sqrt{14}}{5}$

19 $x=\dfrac{11\pm\sqrt{97}}{4}$ **20** $x=\dfrac{10\pm2\sqrt{22}}{3}$

21 $x=-7$ 또는 $x=-5$ **22** $x=3$ 또는 $x=12$

23 $x=3$ 또는 $x=\dfrac{7}{2}$ **24** $x=-\dfrac{7}{3}$ 또는 $x=2$

25 13, 2 **26** 16, 2 **27** -7, 0

28 -83, 0 **29** 0, 1 **30** $k<\dfrac{25}{4}$

31 $k=\dfrac{25}{4}$ **32** $k>\dfrac{25}{4}$ **33** $k<\dfrac{4}{3}$

34 $k=\dfrac{4}{3}$ **35** $k>\dfrac{4}{3}$ **36** $k<\dfrac{49}{4}$

37 $k>-\dfrac{1}{3}$ **38** $k<\dfrac{7}{2}$ **39** 16

40 3 **41** $-\dfrac{9}{16}$ **42** $k\leq1$

43 $k\leq\dfrac{25}{24}$ **44** $k\leq\dfrac{13}{3}$ **45** $k>4$

46 $k>\dfrac{4}{3}$ **47** $k>\dfrac{9}{16}$

p. 26~27

Episode 13 이차방정식 구하기, 활용

01 $x^2-7x+12=0$ **02** $2x^2-6x-8=0$

03 $4x^2+2x-12=0$ **04** $3x^2-5x-12=0$

05 $6x^2+13x-5=0$ **06** $2x^2-16x+32=0$

07 $x^2+2x+1=0$ **08** $4x^2-12x+9=0$

09 $3x^2+18x+27=0$ **10** $9x^2+12x+4=0$

11 $1-\sqrt{2}$ **12** $-2-\sqrt{6}$

13 $4+\sqrt{5}$ **14** $-5+\sqrt{11}$

15 $-3+2\sqrt{3}$ **16** $x^2-4x+2=0$

17 $-x^2+6x+11=0$ **18** $2x^2+4x-14=0$

19 $-2x^2+16x-20=0$ **20** $3x^2+18x+6=0$

21 $-3x^2+6x+6=0$ **22** 6

23 4 **24** 7, 9 **25** 12, 14

26 12 **27** 10 **28** 8

29 11 **30** 23 **31** 33

32 8 **33** 3 **34** 3

35 6

p. 28~29

Episode 14 이차함수와 그 그래프

01 ○ **02** × **03** ×

04 ○ **05** × **06** ×

07 $y=4x$, 이차함수가 아니다.

08 $y=6x^2$, 이차함수이다.

09 $y=10\pi x^2$, 이차함수이다.

10 $y=10000-6x$, 이차함수가 아니다.

11 $y=7x^2$, 이차함수이다. **12** 13

13 8 **14** 5 **15** 4

16 -18 **17** 9 **18** 2

19 -2 **20** -3 **21** 0

22 -4 **23** 5 **24** $-\dfrac{7}{4}$

25 $-\dfrac{15}{4}$ **26** 4 **27** -2

28 8 **29** -4 **30** 1

31 -3 **32** -1

33 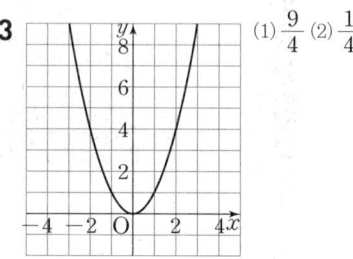 (1) $\dfrac{9}{4}$ (2) $\dfrac{1}{4}$ (3) 0 (4) $\dfrac{1}{4}$ (5) $\dfrac{9}{4}$

34 ○ **35** × **36** ×

37 ○ **38** ×

39 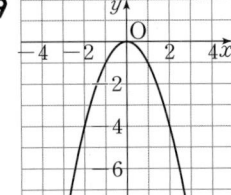 (1) $-\dfrac{9}{4}$ (2) $-\dfrac{1}{4}$ (3) 0 (4) $-\dfrac{1}{4}$ (5) $-\dfrac{9}{4}$

40 × **41** ○ **42** ○
43 × **44** ○

p. 30~31

Episode 15 이차함수 $y=ax^2$, $y=ax^2+q$의 그래프

01 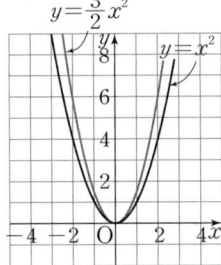 (1) 아래 (2) 0 (3) $x=0$ (4) 증가 (5) 1, 2

02 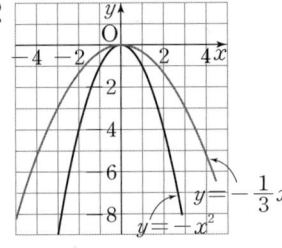 (1) 위 (2) 0 (3) $x=0$ (4) 감소 (5) 3, 4

03 ㄴ, ㅁ, ㅂ **04** ㅂ **05** ㄱ
06 ㄹ과 ㅁ **07** ㉠ **08** ㉣
09 ㉢ **10** ㉡ **11** $y=-3x^2-2$
12 $y=6x^2+\dfrac{1}{4}$ **13** $y=-\dfrac{1}{2}x^2-3$ **14** 1
15 -5 **16** $\dfrac{1}{3}$ **17** $-\dfrac{5}{2}$

[18~19]

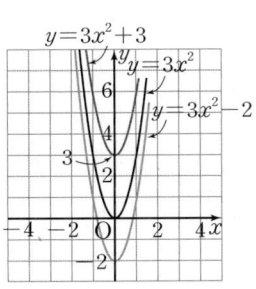

18 $(0, 3)$, $x=0$ **19** $(0, -2)$, $x=0$

[20~21]

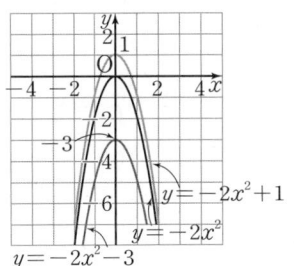

20 $(0, 1)$, $x=0$ **21** $(0, -3)$, $x=0$
22 (1) $y=2x^2$, -2 (2) 0, -2, $x=0$ (3) 16 (4) 아래
23 (1) $y=-\dfrac{3}{5}x^2$, 4 (2) 0, 4, $x=0$ (3) -11 (4) 위
24 -1 **25** 1 **26** 17
27 1 **28** $\dfrac{1}{2}$

p. 32~33

Episode 16 이차함수 $y=a(x-p)^2$, $y=a(x-p)^2+q$의 그래프

01 $y=-4(x+2)^2$ **02** $y=7\left(x-\dfrac{1}{6}\right)^2$
03 $y=-\dfrac{1}{2}\left(x+\dfrac{1}{3}\right)^2$ **04** 1
05 -3 **06** $\dfrac{1}{2}$ **07** $-\dfrac{5}{2}$

[08~09]

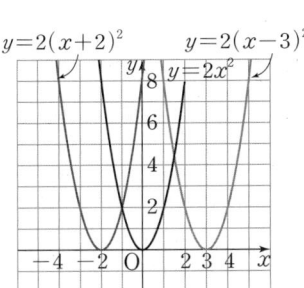

08 $(3, 0)$, $x=3$ **09** $(-2, 0)$, $x=-2$

[10~11]

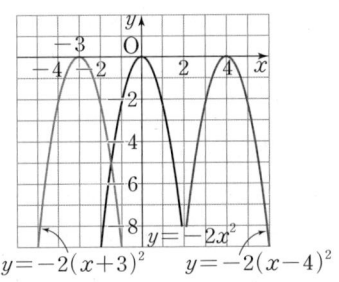

10 $(4, 0)$, $x=4$ **11** $(-3, 0)$, $x=-3$

12 (1) $y=5x^2$, -1 (2) -1, 0, $x=-1$ (3) 5 (4) 아래

13 (1) $y=-\dfrac{3}{2}x^2$, 4 (2) 4, 0, $x=4$ (3) -6 (4) 위

14 $y=3(x+1)^2+2$

15 $y=-2(x-2)^2-3$

16 $y=-\dfrac{1}{2}(x+3)^2+\dfrac{1}{2}$

17 $p=1$, $q=3$

18 $p=2$, $q=-5$

19 $p=-2$, $q=-9$

20 $p=-4$, $q=1$

[21~22]

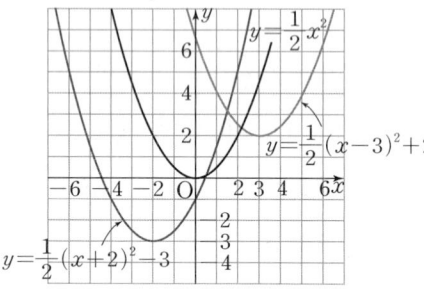

21 $(3, 2)$, $x=3$

22 $(-2, -3)$, $x=-2$

[23~24]

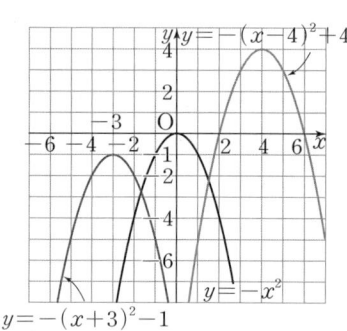

23 $(4, 4)$, $x=4$

24 $(-3, -1)$, $x=-3$

25 (1) $y=5x^2$, -1, 3 (2) -1, 3, $x=-1$ (3) 8 (4) 아래

26 2

27 1

28 7

29 -1 또는 3

---

p. 34~35

Episode 17 이차함수 $y=ax^2+bx+c$의 그래프

01 $y=2(x-1)^2+3$

02 $y=5(x+1)^2-4$

03 $y=3\left(x+\dfrac{1}{2}\right)^2-\dfrac{7}{4}$

04 $y=-(x-4)^2+18$

05 $y=-3(x+2)^2+16$

06 $y=-\dfrac{1}{2}(x-2)^2-1$

07 $(2, -10)$, $x=2$, $(0, 2)$

08 $\left(-\dfrac{3}{2}, \dfrac{7}{2}\right)$, $x=-\dfrac{3}{2}$, $(0, -1)$

09 $(-3, 3)$, $x=-3$, $(0, 6)$

10 $y=(x-2)^2+1$

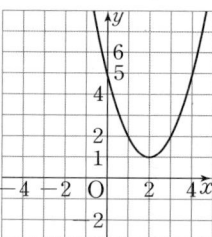

11 $y=-2(x+2)^2+2$

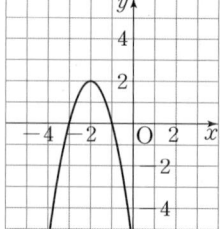

12 $y=\dfrac{1}{2}(x+3)^2-2$

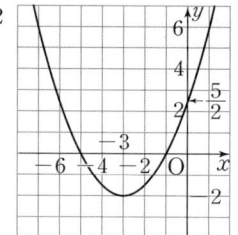

13 $y=-\dfrac{2}{3}(x-3)^2+5$

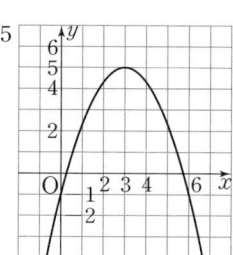

14 (1) $y=4x^2$, -1, 3 (2) -1, 3 (3) $x=-1$ (4) 7 (5) 7 (6) 아래

15 (1) $y=-3x^2$, 1, 7 (2) 1, 7 (3) $x=1$ (4) 4 (5) -20 (6) 위

16 (1) $y=-2x^2$, $-\dfrac{1}{2}$, $-\dfrac{5}{2}$ (2) $-\dfrac{1}{2}$, $-\dfrac{5}{2}$ (3) $x=-\dfrac{1}{2}$ (4) -3 (5) -7 (6) 위

17 $>$, $<$, $<$

18 $<$, $<$, $>$

19 $<$, $>$, $<$

20 $>$, $>$, $=$

21 $<$, $=$, $>$

---

p. 36

Episode 18 이차함수의 활용

01 $y=-3x^2+6x+1$

02 $y=x^2+6x+11$

03 $y=2x^2+8x+1$

04 $y=-6x^2+60x-147$

05 $y=x^2+2x-1$

06 $y=-2x^2+4x+2$

07 $y=-x^2-2x+3$

08 $y=3x^2+2x-1$

09 $y=-2x^2+4x+6$

10 $y=-x^2-2x+8$

11 $y=2x^2-3x+4$

12 $y=-\dfrac{1}{3}x^2+\dfrac{5}{3}x+2$

문장제 Plus +

p. 38

Episode 01 제곱근의 뜻과 성질

01 ①, ④　　02 ③　　03 −10
04 ⑤　　05 3개　　06 −2

p. 39

Episode 02 제곱근의 계산

01 ②, ⑤　　02 $3a-4$　　03 $m=15$, $n=9$
04 126　　05 15　　06 16

p. 40

Episode 03 무리수와 실수

01 3개　　02 ②, ⑤　　03 ②, ③
04 ㄴ　　05 ③　　06 구간 C, 구간 D

p. 41

Episode 04 근호를 포함한 식의 곱셈과 나눗셈

01 ③　　02 75　　03 ④
04 ④　　05 $2\sqrt{3}$　　06 ㄴ, ㄷ, ㄹ

p. 42

Episode 05 근호를 포함한 식의 덧셈과 뺄셈

01 ③　　02 3　　03 ②, ③
04 $6\sqrt{10}+6\sqrt{3}$　　05 $\dfrac{9\sqrt{2}}{2}+2\sqrt{6}$　　06 1

p. 43

Episode 06 다항식의 곱셈

01 $2x^2+3xy-3x+5y+12$　　02 9
03 ⑤　　04 ⑤
05 $x^2+20x-96$　　06 6

p. 44

Episode 07 곱셈 공식의 응용

01 ④　　02 43　　03 10
04 −2　　05 10　　06 13

p. 45

Episode 08 인수분해

01 ㄱ, ㄴ, ㄷ, ㅂ　　02 ④　　03 6
04 0　　05 $x+4$　　06 ②, ⑤

p. 46

Episode 09 복잡한 식의 인수분해

01 ⑤　　02 1　　03 ④
04 ②, ⑤　　05 $\dfrac{25}{22}$　　06 $-8\sqrt{3}$

p. 47

Episode 10 이차방정식과 그 해

01 ③, ⑤　　02 ③　　03 −2
04 ⑤　　05 27　　06 $x=5$

p. 48

Episode 11 이차방정식의 풀이

01 ①, ④　　02 8　　03 21
04 27　　05 ④　　06 2

p. 49

Episode 12 복잡한 이차방정식의 풀이

01 30　　02 $2\sqrt{3}$　　03 ②
04 ㄱ, ㄷ, ㅁ　　05 3　　06 ①

p. 50

Episode 13 이차방정식 구하기, 활용

01 −8　　02 $x^2+6x-16=0$
03 9　　04 10살
05 11명　　06 17 m

p. 51

Episode 14 이차함수와 그 그래프

01 ②, ⑤　　　**02** ⑤　　　**03** ④
04 8　　　　**05** 6　　　**06** ㄴ, ㄷ, ㄹ, ㅂ

p. 52

Episode 15 이차함수 $y=ax^2$, $y=ax^2+q$의 그래프

01 ②, ⑤　　　**02** ②　　　**03** ⑤
04 ③, ④　　　**05** -4　　　**06** ㄱ, ㄹ

p. 53

Episode 16 이차함수 $y=a(x-p)^2$, $y=a(x-p)^2+q$ 의 그래프

01 -2　　　**02** ③　　　**03** $y=-(x-6)^2$
04 -7　　　**05** $\dfrac{11}{2}$　　　**06** ㄴ, ㄹ

p. 54

Episode 17 이차함수 $y=ax^2+bx+c$의 그래프

01 5　　　　**02** ④　　　**03** -1
04 ㄱ, ㄷ　　　**05** ①, ⑤　　　**06** ③

p. 55

Episode 18 이차함수의 활용

01 $y=-2x^2+8x-5$　　　**02** -1
03 2　　　　**04** 8
05 3　　　　**06** -4

Episode 01 p.09~14

제곱근의 뜻과 성질

001 답 -3, -3

002 답 $-\dfrac{1}{2}$, $-\dfrac{1}{2}$

003 답 -0.1, -0.1

004 답 25, 25, -5

005 답 $\dfrac{1}{16}$, $\dfrac{1}{16}$, $\dfrac{1}{4}$

006 답 0.81, 0.81, 0.9

007 답 7, -7

008 답 0

009 답 8, -8

010 답 1, -1

011 답 $\times$

012 답 6, -6

013 답 $\dfrac{1}{3}$, $-\dfrac{1}{3}$

014 답 $\dfrac{5}{2}$, $-\dfrac{5}{2}$

015 답 0.2, -0.2

016 답 $\times$

017 답 $\sqrt{3}$

018 답 $-\sqrt{3}$

019 답 $\pm\sqrt{3}$

020 답 $\pm\sqrt{7}$

021 답 $\pm\sqrt{15}$

022 답 $\pm\sqrt{\dfrac{2}{5}}$

023 답 $\pm\sqrt{0.1}$

024 답 $\pm\sqrt{6}$

025 답 $\pm\sqrt{\dfrac{1}{5}}$

026 답 $\pm\sqrt{0.19}$

027 답 ± 1

028 답 -6

029 답 4

030 답 -5

031 답 3

032 답 ± 2

033 답 $\dfrac{4}{7}$

034 답 $\pm\dfrac{9}{5}$

035 답 -0.01

036 답 ± 0.5

037 답 $\pm\sqrt{7}$

038 답 $\sqrt{7}$

039 답 -9

040 답 9

041 답 $\sqrt{\dfrac{1}{3}}$

042 답 $\sqrt{\dfrac{1}{3}}$

043 답 $-\dfrac{1}{8}$

044 답 $\dfrac{1}{8}$

045 답 0.3

046 답 0.3

047 답 15

048 답 10

049 답 -8

050 답 -5

051 답 21

052 답 -23

053 답 $\dfrac{1}{5}$

054 답 $\dfrac{2}{7}$

055 답 -0.03

056 답 -2.5

057 답 17

058 답 13

059 답 -7

060 답 -5

061 답 41

062 답 -19

063 답 $-\dfrac{5}{4}$

064 답 $\dfrac{2}{5}$

065 답 2.9

066 답 -0.07

067 답 3

068 답 -4

069 답 5

070 답 -9

071 답 7

072 답 -8

073 답 $\dfrac{1}{3}$

074 답 $-\dfrac{2}{5}$

075 답 0.1

076 답 -0.6

077 4의 제곱근은 ± 2이다. 답 $\times$

078 제곱근 0은 0이다. 답 $\times$

079 -3의 제곱근은 없다. 답 $\times$

080 답 $\bigcirc$

081 $(\sqrt{2})^2=2$이므로 $(\sqrt{2})^2$의 제곱근은 $\pm\sqrt{2}$이다. 답 $\times$

082 $\sqrt{25}=5$이므로 $\sqrt{25}$의 음의 제곱근은 $-\sqrt{5}$이다. 답 $\bigcirc$

083 $(-4)^2=16$이므로 $(-4)^2$의 제곱근은 ± 4이다. 답 $\times$

084 $\sqrt{3^2}=3$이므로 $\sqrt{3^2}$의 제곱근은 $\pm\sqrt{3}$이다. 답 $\times$

085 $\sqrt{81}=\sqrt{9^2}=9$이므로 $\sqrt{81}$의 양의 제곱근은 3이다. 답 $\times$

086 $(-\sqrt{7})^2=7$이므로 $(-\sqrt{7})^2$의 제곱근은 $\pm\sqrt{7}$이다. 답 $\bigcirc$

087 $\sqrt{5^2}+(-\sqrt{13})^2=5+13=18$ 답 18

088 $(-\sqrt{3})^2-\sqrt{(-7)^2}=3-7=-4$ 답 -4

089 $\sqrt{2^2}\times\sqrt{(-3)^2}=2\times 3=6$ 답 6

090 $-(\sqrt{12})^2\div\sqrt{3^2}=-12\div 3=-4$ 답 -4

091 $(-\sqrt{6})^2\times\sqrt{\left(\dfrac{1}{3}\right)^2}=6\times\dfrac{1}{3}=2$ 답 2

092 해 $\dfrac{1}{4}$, 4, 2

답 2

093 $(-\sqrt{6})^2 \times \sqrt{4^2} - \sqrt{(-8)^2}$
$= 6 \times 4 - 8 = 16$ 답 16

094 $\sqrt{3^2} + \sqrt{(-26)^2} \div (\sqrt{13})^2$
$= 3 + 26 \div 13 = 5$ 답 5

095 $\sqrt{9} - \sqrt{(-3)^2} = 3 - 3 = 0$ 답 0

096 $(-\sqrt{2})^2 + \sqrt{(-6)^2} + \sqrt{25}$
$= 2 + 6 + 5 = 13$ 답 13

097 $\sqrt{(-5)^2} \times \sqrt{36} - (\sqrt{11})^2$
$= 5 \times 6 - 11 = 19$ 답 19

098 $-\sqrt{25} \times \left(-\sqrt{\dfrac{2}{5}}\right)^2 = -5 \times \dfrac{2}{5} = -2$

답 -2

099 $\left(-\sqrt{\dfrac{3}{7}}\right)^2 \div (-\sqrt{36})$
$= \dfrac{3}{7} \div (-6) = \dfrac{3}{7} \times \left(-\dfrac{1}{6}\right)$
$= -\dfrac{1}{14}$ 답 $-\dfrac{1}{14}$

100 $\sqrt{16} \div \sqrt{\left(-\dfrac{1}{2}\right)^2} - (-\sqrt{3})^2$
$= 4 \div \dfrac{1}{2} - 3 = 4 \times 2 - 3 = 5$ 답 5

101 $-\sqrt{1.44} - \sqrt{(-0.01)^2}$
$= -\sqrt{(1.2)^2} - 0.01$
$= -1.2 - 0.01$
$= -1.21$ 답 -1.21

102 $\sqrt{1.69} - \sqrt{(-14)^2} \times (-\sqrt{0.1})^2$
$= 1.3 - 14 \times 0.1 = 1.3 - 1.4$
$= -0.1$ 답 -0.1

103 ① 7의 제곱근은 $\pm\sqrt{7}$이다.
② -16의 제곱근은 없다.
③ 제곱근 11은 $\sqrt{11}$이다.
④ $\left(-\dfrac{1}{8}\right)^2 = \dfrac{1}{64}$이므로 $\left(-\dfrac{1}{8}\right)^2$의 음
의 제곱근은 $-\dfrac{1}{8}$이다.
⑤ 0의 제곱근은 0이다. 답 ④

104 ① 5
②, ③, ④, ⑤ -5 답 ①

105 ④ $\pm\sqrt{\dfrac{4}{25}} = \pm\dfrac{2}{5}$ 답 ④

Episode 02 p. 16~22
제곱근의 계산

106 답 $>$, $3a$

107 답 $<$, $-3a$, $3a$

108 답 $>$, $-3a$

109 답 $<$, $-3a$, $-3a$

110 $4a > 0$이므로 $\sqrt{(4a)^2} = 4a$ 답 $4a$

111 $-7a < 0$이므로
$\sqrt{(-7a)^2} = -(-7a) = 7a$ 답 $7a$

112 $8a > 0$이므로
$-\sqrt{(8a)^2} = -8a$ 답 $-8a$

113 $-6a < 0$이므로
$-\sqrt{(-6a)^2} = -\{-(-6a)\}$
$= -6a$ 답 $-6a$

114 해 $<$, $-5a$
답 $-5a$

115 해 $>$, $-5a$
답 $-5a$

116 해 $<$, $-5a$, $5a$
답 $5a$

117 해 $>$, $-5a$, $5a$
답 $5a$

118 $6a < 0$이므로 $\sqrt{(6a)^2} = -6a$ 답 $-6a$

119 $-9a > 0$이므로
$\sqrt{(-9a)^2} = -9a$ 답 $-9a$

120 $11a < 0$이므로
$-\sqrt{(11a)^2} = -(-11a)$
$= 11a$ 답 $11a$

121 $-10a > 0$이므로
$-\sqrt{(-10a)^2} = -(-10a)$
$= 10a$ 답 $10a$

122 해 $-a$, a, $2a$, a, $2a$, $3a$
답 $3a$

123 $3a > 0$, $-4a < 0$이므로
$\sqrt{(3a)^2} + \sqrt{(-4a)^2}$
$= 3a + \{-(-4a)\}$
$= 3a + 4a = 7a$ 답 $7a$

124 $8a > 0$, $5a > 0$이므로
$\sqrt{(8a)^2} - \sqrt{(5a)^2} = 8a - 5a$
$= 3a$ 답 $3a$

---

125 $-6a < 0$, $10a > 0$이므로
$\sqrt{(-6a)^2} - \sqrt{(10a)^2}$
$= -(-6a) - 10a$
$= 6a - 10a = -4a$ 답 $-4a$

126 해 $-a$, $-3a$, $-a$, $-3a$, $-4a$
답 $-4a$

127 $-2a > 0$, $6a < 0$이므로
$\sqrt{(-2a)^2} + \sqrt{(6a)^2}$
$= -2a + (-6a) = -8a$ 답 $-8a$

128 $3a < 0$, $8a < 0$이므로
$\sqrt{(3a)^2} - \sqrt{(8a)^2}$
$= -3a - (-8a) = -3a + 8a$
$= 5a$ 답 $5a$

129 $7a < 0$, $-5a > 0$이므로
$\sqrt{(7a)^2} - \sqrt{(-5a)^2}$
$= -7a - (-5a) = -7a + 5a$
$= -2a$ 답 $-2a$

130 해 $>$, $a-1$
답 $a-1$

131 해 $<$, $2-a$, $a-2$
답 $a-2$

132 해 $<$, $a-3$, $3-a$
답 $3-a$

133 해 $>$, $4-a$
답 $4-a$

134 $a+4 > 0$이므로 $\sqrt{(a+4)^2} = a+4$
답 $a+4$

135 $a+2 < 0$이므로
$-\sqrt{(a+2)^2} = -\{-(a+2)\}$
$= a+2$ 답 $a+2$

136 $5-a < 0$이므로
$\sqrt{(5-a)^2} = -(5-a)$
$= a-5$ 답 $a-5$

137 $3-a > 0$이므로
$-\sqrt{(3-a)^2} = -(3-a)$
$= a-3$ 답 $a-3$

138 해 x, 2, 2
답 2

139 $2-x > 0$, $-x < 0$이므로
$\sqrt{(2-x)^2} + \sqrt{(-x)^2}$
$= 2-x + \{-(-x)\}$
$= 2-x+x = 2$ 답 2

140 $-x<0$, $x+2>0$이므로
$$\sqrt{(-x)^2}+\sqrt{(x+2)^2}$$
$$=-(-x)+(x+2)$$
$$=x+x+2=2x+2 \qquad \boxed{\text{답}}\ 2x+2$$

141 $x-2<0$, $2-x>0$이므로
$$\sqrt{(x-2)^2}+\sqrt{(2-x)^2}$$
$$=-(x-2)+(2-x)$$
$$=-x+2+2-x$$
$$=-2x+4 \qquad \boxed{\text{답}}\ -2x+4$$

142 $x-3<0$, $x+2>0$이므로
$$\sqrt{(x-3)^2}-\sqrt{(x+2)^2}$$
$$=-(x-3)-(x+2)$$
$$=-x+3-x-2$$
$$=-2x+1 \qquad \boxed{\text{답}}\ -2x+1$$

143 $x+1>0$, $1-x>0$이므로
$$\sqrt{(x+1)^2}-\sqrt{(1-x)^2}$$
$$=(x+1)-(1-x)$$
$$=x+1-1+x=2x \qquad \boxed{\text{답}}\ 2x$$

144 📖 3, 큰, 3, 큰, 16, 25, 4, 1
$\boxed{\text{답}}$ 1

145 $\sqrt{10+x}$가 자연수가 되려면 $10+x$는
10보다 큰 제곱수이어야 한다.
10보다 큰 제곱수는 16, 25, 36, $\cdots$이
고, x는 가장 작은 자연수이므로
$10+x=16$ $\qquad$ ∴ $x=6$ $\qquad \boxed{\text{답}}\ 6$

146 📖 6, 작은, 1, 4, 1, 4, 5, 2
$\boxed{\text{답}}$ 2, 5

147 $\sqrt{11-x}$가 자연수가 되려면 $11-x$는
11보다 작은 제곱수인 1, 4, 9이어야
하므로 $11-x=1$, 4, 9
∴ $x=10$, 7, 2 $\qquad \boxed{\text{답}}\ 2,\ 7,\ 10$

148 📖 15, 작은, 0, 0, 1, 4, 9, 6, 4
$\boxed{\text{답}}$ 4

149 $\sqrt{23-x}$가 정수가 되려면 $23-x$는 23
보다 작은 제곱수이거나 0이어야 하므로
$23-x=0$, 1, 4, 9, 16
∴ $x=23$, 22, 19, 14, 7
따라서 자연수 x의 개수는 5개이다.
$\boxed{\text{답}}$ 5

150 $\boxed{\text{답}}$ 2

151 $\boxed{\text{답}}$ 14

152 $\boxed{\text{답}}$ 10

153 $12=2^2\times3$이므로 소인수의 지수가 모
두 짝수가 되도록 하는 가장 작은 자연
수 x의 값은 3 $\qquad \boxed{\text{답}}\ 3$

154 $24=2^3\times3$이므로 소인수의 지수가 모
두 짝수가 되도록 하는 가장 작은 자연
수 x의 값은 $2\times3=6$ $\qquad \boxed{\text{답}}\ 6$

155 $44=2^2\times11$이므로 소인수의 지수가 모
두 짝수가 되도록 하는 가장 작은 자연
수 x의 값은 11 $\qquad \boxed{\text{답}}\ 11$

156 $60=2^2\times3\times5$이므로 소인수의 지수가
모두 짝수가 되도록 하는 가장 작은 자
연수 x의 값은 $3\times5=15$
x가 15×(제곱수)의 꼴일 때 $\sqrt{60x}$가
자연수가 된다.
$15\times1^2=15$, $15\times2^2=60$,
$15\times3^2=135$이므로 구하는 x의 값은
60 $\qquad \boxed{\text{답}}\ 60$

157 $\boxed{\text{답}}$ 3

158 $\boxed{\text{답}}$ 2

159 $\boxed{\text{답}}$ 10

160 $18=2\times3^2$이므로 소인수의 지수가 모
두 짝수가 되도록 하는 가장 작은 자연
수 x의 값은 2 $\qquad \boxed{\text{답}}\ 2$

161 $45=3^2\times5$이므로 소인수의 지수가 모
두 짝수가 되도록 하는 가장 작은 자연
수 x의 값은 5 $\qquad \boxed{\text{답}}\ 5$

162 $28=2^2\times7$이므로 소인수의 지수가 모
두 짝수가 되도록 하는 가장 작은 자연
수 x의 값은 7 $\qquad \boxed{\text{답}}\ 7$

163 $40=2^3\times5$이므로 소인수의 지수가 모
두 짝수가 되도록 하는 가장 작은 자연
수 x의 값은 $2\times5=10$
x가 10×(제곱수)의 꼴일 때 $\sqrt{\dfrac{40}{x}}$이
자연수가 된다.
$10\times1^2=10$, $10\times2^2=40$이므로 구하
는 x의 값은 10, 40 $\qquad \boxed{\text{답}}\ 10,\ 40$

164 📖 2, 3
$\boxed{\text{답}}$ <

165 $\boxed{\text{답}}$ >

166 $\boxed{\text{답}}$ >

167 $\dfrac{2}{3}<\dfrac{3}{4}$이므로 $\sqrt{\dfrac{2}{3}}<\sqrt{\dfrac{3}{4}}$ $\qquad \boxed{\text{답}}\ <$

168 $\boxed{\text{답}}$ >

169 $\boxed{\text{답}}$ <

170 $\boxed{\text{답}}$ >

171 $\boxed{\text{답}}$ >

172 📖 5, 6
$\boxed{\text{답}}$ >

173 $\boxed{\text{답}}$ <

174 $\boxed{\text{답}}$ <

175 $\sqrt{\dfrac{5}{4}}>\sqrt{\dfrac{6}{5}}$이므로 $-\sqrt{\dfrac{5}{4}}<-\sqrt{\dfrac{6}{5}}$
$\boxed{\text{답}}$ <

176 $\boxed{\text{답}}$ >

177 $\boxed{\text{답}}$ <

178 $\boxed{\text{답}}$ >

179 $\boxed{\text{답}}$ >

180 📖 9, 9, 3
$\boxed{\text{답}}$ >

181 $\boxed{\text{답}}$ <

182 $\dfrac{1}{3}=\sqrt{\dfrac{1}{9}}$이므로 $\sqrt{\dfrac{1}{9}}<\sqrt{\dfrac{1}{3}}$
∴ $\dfrac{1}{3}<\sqrt{\dfrac{1}{3}}$ $\qquad \boxed{\text{답}}\ <$

183 $0.1=\sqrt{0.01}$이므로 $\sqrt{0.1}>\sqrt{0.01}$
∴ $\sqrt{0.1}>0.1$ $\qquad \boxed{\text{답}}\ >$

184 📖 4, 2, 2
$\boxed{\text{답}}$ >

185 $3=\sqrt{9}$이므로 $\sqrt{10}>3$
∴ $-\sqrt{10}<-3$ $\qquad \boxed{\text{답}}\ <$

186 $\dfrac{2}{5}=\sqrt{\dfrac{4}{25}}$, $\sqrt{\dfrac{2}{5}}=\sqrt{\dfrac{10}{25}}$이므로
$\dfrac{2}{5}<\sqrt{\dfrac{2}{5}}$ $\quad$ ∴ $-\dfrac{2}{5}>-\sqrt{\dfrac{2}{5}}$ $\boxed{\text{답}}\ >$

187 $0.3=\sqrt{0.09}$이므로 $0.3<\sqrt{0.3}$
∴ $-0.3>-\sqrt{0.3}$ $\qquad \boxed{\text{답}}\ >$

188 📖 16, 10, 16, 4
$\boxed{\text{답}}$ $\sqrt{10}$, $\sqrt{15}$, 4

189 $3=\sqrt{9}$이므로 $\sqrt{8}<\sqrt{9}<\sqrt{11}$
∴ $\sqrt{8}<3<\sqrt{11}$ $\qquad \boxed{\text{답}}\ \sqrt{8},\ 3,\ \sqrt{11}$

190 $\sqrt{(-3)^2}=\sqrt{9}$이므로
$$\sqrt{\dfrac{10}{3}}<\sqrt{5}<\sqrt{(-3)^2}$$
∴ $-\sqrt{(-3)^2}<-\sqrt{5}<-\sqrt{\dfrac{10}{3}}$

답 $-\sqrt{(-3)^2}$, $-\sqrt{5}$, $-\sqrt{\dfrac{10}{3}}$

191 해 3, 16, 3, 16, 0.6, $(-4)^2$

답 $\sqrt{0.6}$, $\sqrt{\dfrac{16}{5}}$, $\sqrt{(-4)^2}$

192 $\dfrac{1}{4}=\sqrt{\dfrac{1}{16}}$이고 $0.1=\sqrt{0.01}=\sqrt{\dfrac{1}{100}}$

이므로 $\sqrt{\dfrac{1}{100}}<\sqrt{\dfrac{1}{16}}<\sqrt{\dfrac{1}{5}}$

$\therefore 0.1<\dfrac{1}{4}<\sqrt{\dfrac{1}{5}}$ 답 0.1, $\dfrac{1}{4}$, $\sqrt{\dfrac{1}{5}}$

193 $0.4=\sqrt{0.16}$이고 $\sqrt{\dfrac{4}{5}}=\sqrt{0.8}$이므로

$\sqrt{0.16}<\sqrt{0.4}<\sqrt{0.8}$

$\therefore 0.4<\sqrt{0.4}<\sqrt{\dfrac{4}{5}}$

답 0.4, $\sqrt{0.4}$, $\sqrt{\dfrac{4}{5}}$

194 양변을 제곱하면 $x<36$
따라서 부등식을 만족시키는 자연수 x
는 1, 2, ⋯, 35이므로 x의 개수는 35개
이다. 답 35

195 각 변에 -1을 곱하면 $\sqrt{x}\le 7$,
양변을 제곱하면 $x\le 49$
따라서 부등식을 만족시키는 자연수 x
는 1, 2, ⋯, 49이므로 x의 개수는 49
개이다. 답 49

196 해 9, 5, 6, 7, 8
답 5, 6, 7, 8

197 각 변을 제곱하면 $14\le x\le 16$
따라서 부등식을 만족시키는 자연수 x
의 값은 14, 15, 16이다. 답 14, 15, 16

198 해 $\sqrt{x}$, 1, 4, 2, 3, 4
답 2, 3, 4

199 각 변을 제곱하면 $1<x-2\le 4$
$\therefore 3<x\le 6$
따라서 부등식을 만족시키는 자연수 x
의 값은 4, 5, 6이다. 답 4, 5, 6

200 ① $-9a>0$이므로 $\sqrt{(-9a)^2}=-9a$

② $11a<0$이므로
$-\sqrt{(11a)^2}=-(-11a)=11a$

③ $-\dfrac{5}{2}a>0$이므로
$\sqrt{\left(-\dfrac{5}{2}a\right)^2}=-\dfrac{5}{2}a$

④ $3a<0$이므로
$-\sqrt{9a^2}=-\sqrt{(3a)^2}$
$\qquad\quad =-(-3a)=3a$

⑤ $-10a>0$이므로
$-\sqrt{(-10a)^2}=-(-10a)$
$\qquad\qquad\qquad =10a$ 답 ⑤

201 소인수의 지수가 모두 짝수가 되도록
하는 가장 작은 자연수 x의 값은 3이므
로 $x=3\times$(자연수)^2 꼴이어야 한다.
① $9=3^2$이므로 소인수의 지수가 모두
짝수가 되지 않는다.
② $12=3\times 2^2$, ③ $27=3\times 3^2$,
④ $48=3\times 4^2$, ⑤ $75=3\times 5^2$이므로
$\sqrt{2^2\times 3\times x}$가 자연수가 된다. 답 ①

202 각 변에 2를 곱하면 $6<\sqrt{n}\le 8$
각 변을 제곱하면 $36<n\le 64$
따라서 부등식을 만족시키는 자연수 n
의 값이 아닌 것은 ① 36이다. 답 ①

Episode 03 p. 24~29

무리수와 실수

203 답 유

204 $\pi=3.141592\cdots$는 순환소수가 아닌 무
한소수이므로 무리수이다. 답 무

205 $0.1\dot{5}=\dfrac{15}{99}=\dfrac{5}{33}$이므로 유리수이다.
답 유

206 $0.1234567\cdots$은 순환소수가 아닌 무한
소수이므로 무리수이다. 답 무

207 답 무

208 $-\sqrt{4}=-2$이므로 유리수이다. 답 유

209 $\sqrt{0.49}=0.7$이므로 유리수이다. 답 유

210 답 무

211 답 $-\dfrac{1}{36}$, $\sqrt{0.09}$, 7

212 답 $0.123\cdots$, $-\sqrt{12}$, $\sqrt{\dfrac{2}{3}}$

213 답 $-\sqrt{3}$, $\pi-3$

214 답 $\sqrt{\dfrac{7}{16}}$, $\sqrt{5}$, $-\sqrt{0.4}$

215 무리수는 $-\sqrt{8}$, $\sqrt{17}$, $1.44587\cdots$, $\sqrt{20}$
의 4개 답 4

216 답 ○

217 $\sqrt{9}=3$이므로 $\sqrt{9}$는 유리수이다. 답 ×

218 답 ×

219 유리수 중 순환소수는 무한소수이다.
답 ×

220 무한소수 중 순환소수는 유리수이다.
답 ×

221 답 ○

222 순환소수가 아닌 무한소수는 무리수이
다. 답 ×

223 $\sqrt{81}=9$, $\sqrt{0.04}=0.2$와 같이 근호를
사용하여 나타낸 수 중 유리수도 있다.
답 ×

224 답 ○

225 답 유리수, 무리수

226 $\sqrt{\dfrac{1}{36}}=\dfrac{1}{6}$, $-\dfrac{3}{\sqrt{4}}=-\dfrac{3}{2}$,
$-\sqrt{0.49}=-0.7$
□는 무리수이므로 무리수에 해당하는
것은 $\sqrt{1.6}$, π, $\dfrac{\sqrt{10}}{5}$이다.

답 $\sqrt{1.6}$, π, $\dfrac{\sqrt{10}}{5}$

227 답 ○

228 답 ○

229 답 ×

230 답 ×

231 서로 다른 두 정수가 무엇인지에 따라
그 사이에 있는 정수의 개수가 다르다.
답 ×

232 답 ○

233 답 ○

234 답 ○

235 수직선은 실수에 대응하는 점들로 완전
히 메울 수 있다. 답 ×

236 해 2, $\sqrt{5}$, $\sqrt{5}$, $2-\sqrt{5}$
답 $2-\sqrt{5}$

237 $\overline{AB}=\sqrt{2^2+1^2}=\sqrt{5}$
$\overline{AP}=\overline{AB}=\sqrt{5}$이므로 점 P에 대응하
는 수는 $-3+\sqrt{5}$ 답 $-3+\sqrt{5}$

238 $\overline{AD}=\overline{AB}=\sqrt{3^2+1^2}=\sqrt{10}$
$\overline{AP}=\overline{AD}=\sqrt{10}$, $\overline{AQ}=\overline{AB}=\sqrt{10}$
따라서 두 점 P, Q에 대응하는 수는 각

각 $-5-\sqrt{10}$, $-5+\sqrt{10}$

답 $-5-\sqrt{10}$, $-5+\sqrt{10}$

239 해 2^2, $\sqrt{8}$, $\sqrt{8}$, $3+\sqrt{8}$

답 $3+\sqrt{8}$

240 $\overline{AC}=\sqrt{1^2+2^2}=\sqrt{5}$

$\overline{AP}=\overline{AC}=\sqrt{5}$이므로 점 P에 대응하는 수는 $-2-\sqrt{5}$ 답 $-2-\sqrt{5}$

241 $\overline{AC}=\sqrt{3^2+1^2}=\sqrt{10}$이므로 두 점

P, Q에 대응하는 수는 각각 $1-\sqrt{10}$, $1+\sqrt{10}$ 답 $1-\sqrt{10}$, $1+\sqrt{10}$

242 답 $>$

243 답 $>$

244 답 $<$

245 답 $>$

246 해 $>$, $<$, $<$

답 $<$

247 $2<3$이므로 $-2>-3$

$\therefore \sqrt{7}-2>\sqrt{7}-3$ 답 $>$

248 $2<\sqrt{5}$이므로 $-2>-\sqrt{5}$

$\therefore -2-\sqrt{12}>-\sqrt{5}-\sqrt{12}$ 답 $>$

249 $\dfrac{1}{3}<\dfrac{2}{3}$이므로 $-\dfrac{1}{3}>-\dfrac{2}{3}$

$\therefore -\dfrac{1}{3}-\sqrt{2}>-\dfrac{2}{3}-\sqrt{2}$ 답 $>$

250 해 $\sqrt{9}$, $<$

답 $<$

251 $1-(3-\sqrt{2})=-2+\sqrt{2}$

$=-\sqrt{4}+\sqrt{2}<0$

$\therefore 1<3-\sqrt{2}$ 답 $<$

252 $-2-\left(-\dfrac{2}{3}-\sqrt{2}\right)$

$=-\dfrac{4}{3}+\sqrt{2}$

$=-\sqrt{\dfrac{16}{9}}+\sqrt{\dfrac{18}{9}}>0$

$\therefore -2>-\dfrac{2}{3}-\sqrt{2}$ 답 $>$

253 $(-\sqrt{7}-2)-(-4)=-\sqrt{7}+2$

$=-\sqrt{7}+\sqrt{4}<0$

$\therefore -\sqrt{7}-2<-4$ 답 $<$

254 $(\sqrt{5}+1)-\sqrt{9}=\sqrt{5}+1-3$

$=\sqrt{5}-2=\sqrt{5}-\sqrt{4}>0$

$\therefore \sqrt{5}+1>\sqrt{9}$ 답 $>$

255 $(\sqrt{10}+2)-\sqrt{25}=\sqrt{10}+2-5$

$=\sqrt{10}-3$

$=\sqrt{10}-\sqrt{9}>0$

$\therefore \sqrt{10}+2>\sqrt{25}$ 답 $>$

256 $\sqrt{16}-(\sqrt{7}+3)=4-\sqrt{7}-3$

$=1-\sqrt{7}$

$=\sqrt{1}-\sqrt{7}<0$

$\therefore \sqrt{16}<\sqrt{7}+3$ 답 $<$

257 $(3-\sqrt{4})-(-2+\sqrt{6})$

$=3-2+2-\sqrt{6}=3-\sqrt{6}$

$=\sqrt{9}-\sqrt{6}>0$

$\therefore 3-\sqrt{4}>-2+\sqrt{6}$ 답 $>$

258 해 $<$, $<$, $>$, $>$, $\sqrt{11}$, $2+\sqrt{6}$

답 $\sqrt{11}<4<2+\sqrt{6}$

259 $(5-\sqrt{11})-(5-\sqrt{10})$

$=-\sqrt{11}+\sqrt{10}<0$

이므로 $5-\sqrt{11}<5-\sqrt{10}$

$(5-\sqrt{11})-1=4-\sqrt{11}$

$=\sqrt{16}-\sqrt{11}>0$

이므로 $5-\sqrt{11}>1$

$\therefore 1<5-\sqrt{11}<5-\sqrt{10}$

답 $1<5-\sqrt{11}<5-\sqrt{10}$

260 $1-(-\sqrt{2}+2)=-1+\sqrt{2}$

$=-\sqrt{1}+\sqrt{2}>0$

이므로 $1>-\sqrt{2}+2$

$1-(3-\sqrt{2})=-2+\sqrt{2}$

$=-\sqrt{4}+\sqrt{2}<0$

이므로 $1<3-\sqrt{2}$

$\therefore -\sqrt{2}+2<1<3-\sqrt{2}$

답 $-\sqrt{2}+2<1<3-\sqrt{2}$

261 $(\sqrt{6}+\sqrt{3})-(\sqrt{3}+3)=\sqrt{6}-3$

$=\sqrt{6}-\sqrt{9}<0$

이므로 $\sqrt{6}+\sqrt{3}<\sqrt{3}+3$

$(\sqrt{6}+\sqrt{3})-(\sqrt{6}+1)=\sqrt{3}-1$

$=\sqrt{3}-\sqrt{1}>0$

이므로 $\sqrt{6}+\sqrt{3}>\sqrt{6}+1$

$\therefore \sqrt{6}+1<\sqrt{6}+\sqrt{3}<\sqrt{3}+3$

답 $\sqrt{6}+1<\sqrt{6}+\sqrt{3}<\sqrt{3}+3$

262 $(4+\sqrt{11})-(\sqrt{11}+\sqrt{13})$

$=4-\sqrt{13}=\sqrt{16}-\sqrt{13}>0$

이므로 $4+\sqrt{11}>\sqrt{11}+\sqrt{13}$

$(\sqrt{11}+\sqrt{13})-(\sqrt{11}-1)$

$=\sqrt{13}+1>0$

이므로 $\sqrt{11}+\sqrt{13}>\sqrt{11}-1$

$\therefore \sqrt{11}-1<\sqrt{11}+\sqrt{13}<4+\sqrt{11}$

답 $\sqrt{11}-1<\sqrt{11}+\sqrt{13}<4+\sqrt{11}$

263 $(1+\sqrt{7})-(\sqrt{5}+\sqrt{7})=1-\sqrt{5}$

$=\sqrt{1}-\sqrt{5}<0$

이므로 $1+\sqrt{7}<\sqrt{5}+\sqrt{7}$

$(\sqrt{5}+3)-(\sqrt{5}+\sqrt{7})=3-\sqrt{7}$

$=\sqrt{9}-\sqrt{7}>0$

이므로 $\sqrt{5}+3>\sqrt{5}+\sqrt{7}$

$\therefore 1+\sqrt{7}<\sqrt{5}+\sqrt{7}<\sqrt{5}+3$

답 $1+\sqrt{7}<\sqrt{5}+\sqrt{7}<\sqrt{5}+3$

264 $\sqrt{9}<\sqrt{10}<\sqrt{16}$이므로 $3<\sqrt{10}<4$

따라서 $\sqrt{10}$에 대응하는 점은 A이다.

답 A

265 $\sqrt{25}<\sqrt{27}<\sqrt{36}$이므로 $5<\sqrt{27}<6$

따라서 $\sqrt{27}$에 대응하는 점은 C이다.

답 C

266 $\sqrt{16}<\sqrt{17}<\sqrt{25}$이므로 $4<\sqrt{17}<5$

따라서 $\sqrt{17}$에 대응하는 점은 B이다.

답 B

267 $\sqrt{25}<\sqrt{31}<\sqrt{36}$이므로 $5<\sqrt{31}<6$

따라서 $\sqrt{31}$에 대응하는 점은 E이다.

답 E

268 $\sqrt{1}<\sqrt{\dfrac{9}{7}}<\sqrt{4}$이므로 $1<\sqrt{\dfrac{9}{7}}<2$

따라서 $\sqrt{\dfrac{9}{7}}$에 대응하는 점은 C이다.

답 C

269 $\sqrt{9}<\sqrt{11}<\sqrt{16}$이므로

$3<\sqrt{11}<4$ $\therefore 6<3+\sqrt{11}<7$

따라서 $3+\sqrt{11}$에 대응하는 점은 F이다. 답 F

270 $\sqrt{9}<\sqrt{14}<\sqrt{16}$이므로

$3<\sqrt{14}<4$ $\therefore 0<\sqrt{14}-3<1$

따라서 $\sqrt{14}-3$에 대응하는 점은 B이다. 답 B

271 $\sqrt{1}<\sqrt{\dfrac{10}{3}}<\sqrt{4}$이므로 $1<\sqrt{\dfrac{10}{3}}<2$

$\therefore 2<\sqrt{\dfrac{10}{3}}+1<3$

따라서 $\sqrt{\dfrac{10}{3}}+1$에 대응하는 점은 D이다. 답 D

272 $\sqrt{0}<\sqrt{\dfrac{8}{13}}<\sqrt{1}$이므로 $0<\sqrt{\dfrac{8}{13}}<1$

$\therefore -1<\sqrt{\dfrac{8}{13}}-1<0$

따라서 $\sqrt{\dfrac{8}{13}}-1$에 대응하는 점은 A
이다.　　　　　　　　　　　　　답 A

273 ③ $-\dfrac{3}{\sqrt{4}}=-\dfrac{3}{2}$　　　　　답 ③

274 ① 서로 다른 두 무리수 사이에는 무수
히 많은 유리수가 있다.
③ 모든 실수는 각각 수직선 위의 한 점
에 대응한다.
④ 서로 다른 두 정수가 무엇인지에 따
라 그 사이에 있는 정수의 개수가 다
르다.
⑤ 수직선은 실수에 대응하는 점들로
완전히 메울 수 있다.　　　　답 ②

275 ① $5-\sqrt{11}-1=4-\sqrt{11}$
　　　　　$=\sqrt{16}-\sqrt{11}>0$
　　$\therefore 5-\sqrt{11}>1$
② $-2-\left(-\dfrac{2}{3}-\sqrt{2}\right)$
　$=-2+\dfrac{2}{3}+\sqrt{2}=-\dfrac{4}{3}+\sqrt{2}$
　$=-\sqrt{\dfrac{16}{9}}+\sqrt{\dfrac{18}{9}}>0$
　$\therefore -2>-\dfrac{2}{3}-\sqrt{2}$
③ $(3-\sqrt{4})-(-2+\sqrt{6})$
　$=3-2+2-\sqrt{6}=3-\sqrt{6}$
　$=\sqrt{9}-\sqrt{6}>0$
　$\therefore 3-\sqrt{4}>-2+\sqrt{6}$
④ $(3+\sqrt{2})-(\sqrt{5}+\sqrt{2})$
　$=3+\sqrt{2}-\sqrt{5}-\sqrt{2}=3-\sqrt{5}$
　$=\sqrt{9}-\sqrt{5}>0$
　$\therefore 3+\sqrt{2}>\sqrt{5}+\sqrt{2}$
⑤ $(1+\sqrt{7})-(\sqrt{5}+\sqrt{7})$
　$=1+\sqrt{7}-\sqrt{5}-\sqrt{7}=1-\sqrt{5}$
　$=\sqrt{1}-\sqrt{5}<0$
　$\therefore 1+\sqrt{7}<\sqrt{5}+\sqrt{7}$　답 ③

Episode 04　　　　　　p. 31~37
근호를 포함한 식의 곱셈과 나눗셈

276 답 $\sqrt{10}$

277 답 $\sqrt{14}$

278 답 $-\sqrt{15}$

---

279 답 $\sqrt{42}$

280 답 $\sqrt{\dfrac{1}{2}}$

281 $\left(-\sqrt{\dfrac{5}{4}}\right)\times\left(-\sqrt{\dfrac{16}{5}}\right)$
　$=\sqrt{\dfrac{5}{4}\times\dfrac{16}{5}}=\sqrt{4}=2$　　답 2

282 답 $\sqrt{30}$

283 $\sqrt{\dfrac{5}{6}}\times(-\sqrt{2})\times\sqrt{3}$
　$=-\sqrt{\dfrac{5}{6}\times2\times3}=-\sqrt{5}$　답 $-\sqrt{5}$

284 답 $6\sqrt{10}$

285 답 $4\sqrt{15}$

286 답 $-2\sqrt{6}$

287 답 $6\sqrt{21}$

288 $2\sqrt{3}\times3\sqrt{3}=(2\times3)\times\sqrt{3\times3}$
　　　　$=6\sqrt{9}=6\times3=18$　답 18

289 $\dfrac{2}{3}\sqrt{\dfrac{1}{2}}\times3\sqrt{2}=\left(\dfrac{2}{3}\times3\right)\times\sqrt{\dfrac{1}{2}\times2}$
　　　　　　$=2\times\sqrt{1}=2$　　답 2

290 $2\sqrt{\dfrac{6}{7}}\times3\sqrt{\dfrac{14}{3}}$
　$=(2\times3)\times\sqrt{\dfrac{6}{7}\times\dfrac{14}{3}}$
　$=6\sqrt{4}=6\times2=12$　　답 12

291 $\left(-\dfrac{3}{2}\sqrt{\dfrac{4}{3}}\right)\times\left(-\dfrac{2}{3}\sqrt{\dfrac{1}{2}}\right)$
　$=\left\{-\dfrac{3}{2}\times\left(-\dfrac{2}{3}\right)\right\}\times\sqrt{\dfrac{4}{3}\times\dfrac{1}{2}}$
　$=\sqrt{\dfrac{2}{3}}$　　　　　　답 $\sqrt{\dfrac{2}{3}}$

292 해 6, 2
　답 $\sqrt{2}$

293 답 $-\sqrt{\dfrac{4}{5}}$

294 답 $\sqrt{2}$

295 $(-\sqrt{28})\div\sqrt{7}=\dfrac{-\sqrt{28}}{\sqrt{7}}$
　　　　　　$=-\sqrt{4}=-2$　답 -2

296 답 $4\sqrt{3}$

297 $6\sqrt{12}\div3\sqrt{3}=\dfrac{6\sqrt{12}}{3\sqrt{3}}=2\sqrt{4}$
　　　　　　$=2\times2=4$　　　答 4

298 $(-4\sqrt{15})\div2\sqrt{5}=\dfrac{-4\sqrt{15}}{2\sqrt{5}}$
　　　　　　$=-2\sqrt{3}$　답 $-2\sqrt{3}$

---

299 $(-3\sqrt{18})\div(-3\sqrt{3})$
　$=\dfrac{-3\sqrt{18}}{-3\sqrt{3}}=\sqrt{6}$　　答 $\sqrt{6}$

300 해 6, $\dfrac{6}{5}$, 2
　답 $\sqrt{2}$

301 $\sqrt{5}\div\dfrac{\sqrt{3}}{\sqrt{2}}=\sqrt{5}\times\dfrac{\sqrt{2}}{\sqrt{3}}=\sqrt{5\times\dfrac{2}{3}}$
　$=\sqrt{\dfrac{10}{3}}$　　　　　答 $\sqrt{\dfrac{10}{3}}$

302 $\dfrac{\sqrt{5}}{\sqrt{6}}\div\dfrac{\sqrt{5}}{\sqrt{3}}=\dfrac{\sqrt{5}}{\sqrt{6}}\times\dfrac{\sqrt{3}}{\sqrt{5}}=\sqrt{\dfrac{5}{6}\times\dfrac{3}{5}}$
　$=\sqrt{\dfrac{1}{2}}$　　　　　답 $\sqrt{\dfrac{1}{2}}$

303 $\dfrac{\sqrt{10}}{\sqrt{2}}\div\dfrac{\sqrt{5}}{\sqrt{8}}=\dfrac{\sqrt{10}}{\sqrt{2}}\times\dfrac{\sqrt{8}}{\sqrt{5}}=\sqrt{\dfrac{10}{2}\times\dfrac{8}{5}}$
　$=\sqrt{8}$　　　　　答 $\sqrt{8}$

304 $\sqrt{12}\div\sqrt{\dfrac{2}{5}}=\sqrt{12}\times\sqrt{\dfrac{5}{2}}=\sqrt{12\times\dfrac{5}{2}}$
　$=\sqrt{30}$　　　　　답 $\sqrt{30}$

305 $\dfrac{\sqrt{15}}{\sqrt{7}}\div\sqrt{\dfrac{3}{14}}=\dfrac{\sqrt{15}}{\sqrt{7}}\times\sqrt{\dfrac{14}{3}}$
　$=\sqrt{\dfrac{15}{7}\times\dfrac{14}{3}}$
　$=\sqrt{10}$　　　　答 $\sqrt{10}$

306 $\sqrt{\dfrac{13}{5}}\div\dfrac{\sqrt{13}}{\sqrt{11}}=\sqrt{\dfrac{13}{5}}\times\dfrac{\sqrt{11}}{\sqrt{13}}$
　$=\sqrt{\dfrac{13}{5}\times\dfrac{11}{13}}$
　$=\sqrt{\dfrac{11}{5}}$　　　答 $\sqrt{\dfrac{11}{5}}$

307 $\sqrt{\dfrac{10}{3}}\div\sqrt{\dfrac{5}{12}}=\sqrt{\dfrac{10}{3}}\times\sqrt{\dfrac{12}{5}}$
　$=\sqrt{\dfrac{10}{3}\times\dfrac{12}{5}}=\sqrt{8}$
　　　　　　答 $\sqrt{8}$

308 해 2^2, 2^2, 2
　답 $2\sqrt{2}$

309 $\sqrt{12}=\sqrt{2^2\times3}=2\sqrt{3}$　　답 $2\sqrt{3}$

310 해 9, 3, 3
　답 $\dfrac{\sqrt{2}}{3}$

311 $\sqrt{\dfrac{5}{16}}=\sqrt{\dfrac{5}{4^2}}=\dfrac{\sqrt{5}}{4}$　답 $\dfrac{\sqrt{5}}{4}$

312 $\sqrt{0.02}=\sqrt{\dfrac{2}{10^2}}=\dfrac{\sqrt{2}}{10}$　답 $\dfrac{\sqrt{2}}{10}$

313 $\sqrt{0.13}=\sqrt{\dfrac{13}{10^2}}=\dfrac{\sqrt{13}}{10}$　답 $\dfrac{\sqrt{13}}{10}$

314 해 3^2, 18
답 $\sqrt{18}$

315 $2\sqrt{5}=\sqrt{2^2\times5}=\sqrt{20}$ 답 $\sqrt{20}$

316 $-2\sqrt{7}=-\sqrt{2^2\times7}=-\sqrt{28}$ 답 $-\sqrt{28}$

317 $-3\sqrt{5}=-\sqrt{3^2\times5}=-\sqrt{45}$ 답 $-\sqrt{45}$

318 해 2, 4, $\dfrac{3}{4}$
답 $\sqrt{\dfrac{3}{4}}$

319 $-\dfrac{\sqrt{6}}{5}=-\dfrac{\sqrt{6}}{\sqrt{5^2}}=-\dfrac{\sqrt{6}}{\sqrt{25}}=-\sqrt{\dfrac{6}{25}}$
답 $-\sqrt{\dfrac{6}{25}}$

320 답 $\dfrac{\sqrt{3}}{3}$

321 답 $-\dfrac{\sqrt{5}}{5}$

322 답 $\dfrac{3\sqrt{5}}{5}$

323 답 $\dfrac{4\sqrt{7}}{7}$

324 $\dfrac{4}{\sqrt{2}}=\dfrac{4\times\sqrt{2}}{\sqrt{2}\times\sqrt{2}}=\dfrac{4\sqrt{2}}{2}=2\sqrt{2}$ 답 $2\sqrt{2}$

325 $-\dfrac{2}{\sqrt{6}}=-\dfrac{2\times\sqrt{6}}{\sqrt{6}\times\sqrt{6}}=-\dfrac{2\sqrt{6}}{6}$
$=-\dfrac{\sqrt{6}}{3}$ 답 $-\dfrac{\sqrt{6}}{3}$

326 $\dfrac{12}{\sqrt{3}}=\dfrac{12\times\sqrt{3}}{\sqrt{3}\times\sqrt{3}}=\dfrac{12\sqrt{3}}{3}=4\sqrt{3}$ 답 $4\sqrt{3}$

327 $\dfrac{15}{\sqrt{5}}=\dfrac{15\times\sqrt{5}}{\sqrt{5}\times\sqrt{5}}=\dfrac{15\sqrt{5}}{5}=3\sqrt{5}$ 답 $3\sqrt{5}$

328 답 $\dfrac{\sqrt{6}}{2}$

329 답 $\dfrac{\sqrt{15}}{3}$

330 답 $\dfrac{\sqrt{35}}{5}$

331 답 $\dfrac{\sqrt{14}}{7}$

332 해 2, 2, 10
답 $\dfrac{\sqrt{10}}{2}$

333 답 $\dfrac{\sqrt{15}}{5}$

334 답 $\dfrac{\sqrt{22}}{11}$

335 해 3, 12
답 $\dfrac{\sqrt{3}}{12}$

336 답 $\dfrac{3\sqrt{5}}{10}$

337 답 $\dfrac{\sqrt{21}}{21}$

338 답 $\dfrac{2\sqrt{15}}{9}$

339 $\dfrac{\sqrt{3}\sqrt{5}}{\sqrt{21}}=\dfrac{\sqrt{5}}{\sqrt{7}}=\dfrac{\sqrt{5}\times\sqrt{7}}{\sqrt{7}\times\sqrt{7}}=\dfrac{\sqrt{35}}{7}$
답 $\dfrac{\sqrt{35}}{7}$

340 $\dfrac{\sqrt{2}}{\sqrt{3}\sqrt{5}}=\dfrac{\sqrt{2}}{\sqrt{15}}=\dfrac{\sqrt{2}\times\sqrt{15}}{\sqrt{15}\times\sqrt{15}}=\dfrac{\sqrt{30}}{15}$
답 $\dfrac{\sqrt{30}}{15}$

341 $\dfrac{\sqrt{8}}{\sqrt{45}}=\dfrac{2\sqrt{2}}{3\sqrt{5}}=\dfrac{2\sqrt{2}\times\sqrt{5}}{3\sqrt{5}\times\sqrt{5}}=\dfrac{2\sqrt{10}}{15}$
답 $\dfrac{2\sqrt{10}}{15}$

342 $\sqrt{\dfrac{27}{32}}=\dfrac{3\sqrt{3}}{4\sqrt{2}}=\dfrac{3\sqrt{3}\times\sqrt{2}}{4\sqrt{2}\times\sqrt{2}}=\dfrac{3\sqrt{6}}{8}$
답 $\dfrac{3\sqrt{6}}{8}$

343 $\sqrt{6}\times\sqrt{10}=\sqrt{60}=2\sqrt{15}$ 답 $2\sqrt{15}$

344 해 45, 3, $3\sqrt{10}$
답 $\dfrac{3\sqrt{10}}{2}$

345 $\sqrt{\dfrac{5}{2}}\times\sqrt{\dfrac{20}{3}}=\sqrt{\dfrac{50}{3}}=\dfrac{5\sqrt{2}\times\sqrt{3}}{\sqrt{3}\times\sqrt{3}}$
$=\dfrac{5\sqrt{6}}{3}$ 답 $\dfrac{5\sqrt{6}}{3}$

346 $\sqrt{22}\div\dfrac{1}{\sqrt{33}}=\sqrt{22}\times\sqrt{33}$
$=11\sqrt{6}$ 답 $11\sqrt{6}$

347 해 $\sqrt{2}$, $\sqrt{2}$, $\sqrt{2}$, $\sqrt{2}$, 2
답 $-\dfrac{3\sqrt{2}}{2}$

348 $\sqrt{\dfrac{7}{10}}\div\sqrt{14}=\sqrt{\dfrac{7}{10}}\times\dfrac{1}{\sqrt{14}}=\dfrac{1}{\sqrt{20}}$
$=\dfrac{1}{2\sqrt{5}}=\dfrac{\sqrt{5}}{10}$ 답 $\dfrac{\sqrt{5}}{10}$

349 $\sqrt{15}\times\sqrt{6}\div\sqrt{7}=\sqrt{15}\times\sqrt{6}\times\dfrac{1}{\sqrt{7}}$
$=\dfrac{\sqrt{90}}{\sqrt{7}}=\dfrac{3\sqrt{10}}{\sqrt{7}}$
$=\dfrac{3\sqrt{70}}{7}$ 답 $\dfrac{3\sqrt{70}}{7}$

350 $\dfrac{\sqrt{10}}{\sqrt{3}}\div\dfrac{\sqrt{15}}{\sqrt{2}}\div\dfrac{\sqrt{2}}{2}$
$=\dfrac{\sqrt{10}}{\sqrt{3}}\times\dfrac{\sqrt{2}}{\sqrt{15}}\times\dfrac{2}{\sqrt{2}}$

$=\dfrac{2\sqrt{2}}{\sqrt{9}}=\dfrac{2\sqrt{2}}{3}$ 답 $\dfrac{2\sqrt{2}}{3}$

351 해 3, 6
답 $2\sqrt{6}$

352 $\sqrt{\dfrac{3}{5}}\times\sqrt{125}=\sqrt{\dfrac{3}{5}}\times5\sqrt{5}$
$=5\sqrt{3}$ 답 $5\sqrt{3}$

353 $\sqrt{18}\times\sqrt{20}=3\sqrt{2}\times2\sqrt{5}$
$=6\sqrt{10}$ 답 $6\sqrt{10}$

354 $\sqrt{\dfrac{2}{3}}\times\sqrt{8}=\sqrt{\dfrac{2}{3}}\times2\sqrt{2}$
$=\dfrac{4}{\sqrt{3}}=\dfrac{4\sqrt{3}}{3}$ 답 $\dfrac{4\sqrt{3}}{3}$

355 해 6, 2, 2, 2
답 $\dfrac{2\sqrt{6}}{3}$

356 $\dfrac{\sqrt{2}}{2}\div\sqrt{\dfrac{5}{18}}=\dfrac{\sqrt{2}}{2}\times\sqrt{\dfrac{18}{5}}$
$=\dfrac{\sqrt{2}\times3\sqrt{2}}{2\times\sqrt{5}}=\dfrac{3}{\sqrt{5}}$
$=\dfrac{3\sqrt{5}}{5}$ 답 $\dfrac{3\sqrt{5}}{5}$

357 $3\sqrt{6}\div\sqrt{12}\times\sqrt{3}=3\sqrt{6}\times\dfrac{1}{\sqrt{12}}\times\sqrt{3}$
$=3\sqrt{6}\times\dfrac{1}{2\sqrt{3}}\times\sqrt{3}$
$=\dfrac{3\sqrt{6}}{2}$ 답 $\dfrac{3\sqrt{6}}{2}$

358 $\dfrac{4}{\sqrt{20}}\times\sqrt{50}\div\sqrt{12}$
$=\dfrac{4}{\sqrt{20}}\times\sqrt{50}\times\dfrac{1}{\sqrt{12}}$
$=\dfrac{4}{2\sqrt{5}}\times5\sqrt{2}\times\dfrac{1}{2\sqrt{3}}$
$=\dfrac{5\sqrt{2}}{\sqrt{15}}=\dfrac{5\sqrt{30}}{15}=\dfrac{\sqrt{30}}{3}$ 답 $\dfrac{\sqrt{30}}{3}$

359 해 2, 2.102
답 2.102

360 답 2.076

361 답 2.121

362 해 2.4, 8, 2.48
답 2.48

363 답 2.36

364 답 2.57

365 해 100, 2, 1.414, 14.14
답 14.14

366 $\sqrt{2000}=\sqrt{100\times20}=10\sqrt{20}$

$=10 \times 4.472 = 44.72$ 답 44.72

367 $\sqrt{20000} = \sqrt{10000 \times 2} = 100\sqrt{2}$
$= 100 \times 1.414 = 141.4$
답 141.4

368 해 100, 20, 4.472, 0.4472
답 0.4472

369 $\sqrt{0.02} = \sqrt{\dfrac{1}{100} \times 2} = \dfrac{1}{10}\sqrt{2}$
$= \dfrac{1}{10} \times 1.414 = 0.1414$
답 0.1414

370 $\sqrt{0.002} = \sqrt{\dfrac{1}{10000} \times 20}$
$= \dfrac{1}{100}\sqrt{20} = \dfrac{1}{100} \times 4.472$
$= 0.04472$ 답 0.04472

371 ③ $-3\sqrt{5} = -\sqrt{45}$ 답 ③

372 $\sqrt{\dfrac{27}{32}} = \dfrac{\sqrt{27}}{\sqrt{32}} = \dfrac{3\sqrt{3} \times \sqrt{2}}{4\sqrt{2} \times \sqrt{2}} = \dfrac{3\sqrt{6}}{8}$
$\therefore a = 6$ 답 ⑤

373 ② $\sqrt{2000} = \sqrt{100 \times 20} = 10\sqrt{20}$
$= 10 \times 4.472 = 44.72$ 답 ②

Episode 05 p. 39~45

근호를 포함한 식의 덧셈과 뺄셈

374 답 $4\sqrt{2}$

375 답 $7\sqrt{3}$

376 답 $7\sqrt{5}$

377 답 $-3\sqrt{2}$

378 답 $2\sqrt{5}$

379 답 $-5\sqrt{6}$

380 $\dfrac{\sqrt{6}}{2} + \sqrt{6} = \left(\dfrac{1}{2} + 1\right)\sqrt{6} = \dfrac{3\sqrt{6}}{2}$
답 $\dfrac{3\sqrt{6}}{2}$

381 $\dfrac{2\sqrt{7}}{3} - \dfrac{\sqrt{7}}{4} = \left(\dfrac{2}{3} - \dfrac{1}{4}\right)\sqrt{7} = \dfrac{5\sqrt{7}}{12}$
답 $\dfrac{5\sqrt{7}}{12}$

382 답 $6\sqrt{5}$

383 답 $-4\sqrt{2}$

384 답 $2\sqrt{3}$

385 답 $-6\sqrt{7}$

386 답 $-2\sqrt{5}$

387 답 $\sqrt{2}$

388 $-\dfrac{\sqrt{3}}{2} + \dfrac{\sqrt{3}}{3} + \dfrac{\sqrt{3}}{6}$
$= \left(-\dfrac{1}{2} + \dfrac{1}{3} + \dfrac{1}{6}\right)\sqrt{3} = 0$ 답 0

389 $\dfrac{2\sqrt{7}}{5} - \dfrac{4\sqrt{7}}{3} + \dfrac{\sqrt{7}}{15}$
$= \left(\dfrac{2}{5} - \dfrac{4}{3} + \dfrac{1}{15}\right)\sqrt{7} = -\dfrac{13\sqrt{7}}{15}$
답 $-\dfrac{13\sqrt{7}}{15}$

390 답 $-\sqrt{2} + 5\sqrt{3}$

391 답 $-5\sqrt{5} + 2\sqrt{2}$

392 답 $-4\sqrt{7} - \sqrt{3}$

393 답 $12\sqrt{6} - 7\sqrt{5}$

394 답 $\dfrac{11\sqrt{3}}{4} - \dfrac{3\sqrt{7}}{2}$

395 답 $-\dfrac{\sqrt{3}}{12} - \dfrac{\sqrt{2}}{4}$

396 답 $\dfrac{5\sqrt{2}}{3} - \dfrac{11\sqrt{5}}{10}$

397 해 2, 3, -3, 7
답 $-3\sqrt{2} + 7\sqrt{3}$

398 답 $5\sqrt{2} - 5\sqrt{5}$

399 답 $-4\sqrt{7} - \sqrt{3}$

400 답 $\sqrt{6} - 2\sqrt{10}$

401 답 $4\sqrt{13} - \sqrt{5}$

402 $\dfrac{3\sqrt{2}}{2} - \dfrac{5\sqrt{3}}{6} - \dfrac{7\sqrt{2}}{4} - \dfrac{\sqrt{3}}{6}$
$= \left(\dfrac{3}{2} - \dfrac{7}{4}\right)\sqrt{2} + \left(-\dfrac{5}{6} - \dfrac{1}{6}\right)\sqrt{3}$
$= -\dfrac{\sqrt{2}}{4} - \sqrt{3}$ 답 $-\dfrac{\sqrt{2}}{4} - \sqrt{3}$

403 $\dfrac{3\sqrt{3}}{8} - 5\sqrt{7} + \dfrac{5\sqrt{3}}{4} - \dfrac{\sqrt{7}}{2}$
$= \left(\dfrac{3}{8} + \dfrac{5}{4}\right)\sqrt{3} + \left(-5 - \dfrac{1}{2}\right)\sqrt{7}$
$= \dfrac{13\sqrt{3}}{8} - \dfrac{11\sqrt{7}}{2}$
답 $\dfrac{13\sqrt{3}}{8} - \dfrac{11\sqrt{7}}{2}$

404 해 4, 5
답 $5\sqrt{3}$

405 $\sqrt{125} - 4\sqrt{5} = 5\sqrt{5} - 4\sqrt{5} = \sqrt{5}$ 답 $\sqrt{5}$

406 $\sqrt{32} + \sqrt{8} = 4\sqrt{2} + 2\sqrt{2} = 6\sqrt{2}$ 답 $6\sqrt{2}$

407 $\sqrt{63} - \sqrt{28} = 3\sqrt{7} - 2\sqrt{7} = \sqrt{7}$ 답 $\sqrt{7}$

408 $\sqrt{24} + \sqrt{54} = 2\sqrt{6} + 3\sqrt{6} = 5\sqrt{6}$
답 $5\sqrt{6}$

409 $\sqrt{27} - \sqrt{75} = 3\sqrt{3} - 5\sqrt{3} = -2\sqrt{3}$
답 $-2\sqrt{3}$

410 해 $\sqrt{2}$, $\sqrt{2}$, $\sqrt{2}$, $2\sqrt{2}$
답 $2\sqrt{2}$

411 $\sqrt{12} - \dfrac{3}{\sqrt{3}} = 2\sqrt{3} - \dfrac{3}{\sqrt{3}} = 2\sqrt{3} - \sqrt{3}$
$= \sqrt{3}$ 답 $\sqrt{3}$

412 $\dfrac{15}{\sqrt{45}} + \sqrt{20} = \dfrac{15}{3\sqrt{5}} + 2\sqrt{5} = \sqrt{5} + 2\sqrt{5}$
$= 3\sqrt{5}$ 답 $3\sqrt{5}$

413 $\dfrac{6}{\sqrt{27}} - \sqrt{3} = \dfrac{6}{3\sqrt{3}} - \sqrt{3} = \dfrac{2\sqrt{3}}{3} - \sqrt{3}$
$= -\dfrac{\sqrt{3}}{3}$ 답 $-\dfrac{\sqrt{3}}{3}$

414 $\dfrac{10}{\sqrt{2}} + \dfrac{6}{\sqrt{18}} = \dfrac{10}{\sqrt{2}} + \dfrac{6}{3\sqrt{2}} = 5\sqrt{2} + \sqrt{2}$
$= 6\sqrt{2}$ 답 $6\sqrt{2}$

415 $\dfrac{12}{\sqrt{6}} - \dfrac{12}{\sqrt{24}} = \dfrac{12}{\sqrt{6}} - \dfrac{12}{2\sqrt{6}} = 2\sqrt{6} - \sqrt{6}$
$= \sqrt{6}$ 답 $\sqrt{6}$

416 해 4, 3, 3, 4, 2, 4
답 $2\sqrt{3} + 4\sqrt{2}$

417 $\sqrt{48} + 3\sqrt{12} - 3\sqrt{75}$
$= 4\sqrt{3} + 6\sqrt{3} - 15\sqrt{3}$
$= -5\sqrt{3}$ 답 $-5\sqrt{3}$

418 $\sqrt{45} - 7\sqrt{5} + \sqrt{20}$
$= 3\sqrt{5} - 7\sqrt{5} + 2\sqrt{5}$
$= -2\sqrt{5}$ 답 $-2\sqrt{5}$

419 $\sqrt{18} - \sqrt{63} - \sqrt{50} + 3\sqrt{28}$
$= 3\sqrt{2} - 3\sqrt{7} - 5\sqrt{2} + 6\sqrt{7}$
$= -2\sqrt{2} + 3\sqrt{7}$ 답 $-2\sqrt{2} + 3\sqrt{7}$

420 $-2\sqrt{3} + \sqrt{24} + 2\sqrt{27} - 10\sqrt{6}$
$= -2\sqrt{3} + 2\sqrt{6} + 6\sqrt{3} - 10\sqrt{6}$
$= 4\sqrt{3} - 8\sqrt{6}$ 답 $4\sqrt{3} - 8\sqrt{6}$

421 $6\sqrt{5} + \sqrt{8} - \sqrt{45} - \sqrt{32}$
$= 6\sqrt{5} + 2\sqrt{2} - 3\sqrt{5} - 4\sqrt{2}$
$= 3\sqrt{5} - 2\sqrt{2}$ 답 $3\sqrt{5} - 2\sqrt{2}$

422 해 $\sqrt{2}$, $\sqrt{2}$, $3\sqrt{2}$, $\sqrt{2}$
답 $\sqrt{2}$

423 $\sqrt{27}+\dfrac{9}{\sqrt{3}}-2\sqrt{12}$

$=3\sqrt{3}+3\sqrt{3}-4\sqrt{3}=2\sqrt{3}$ 답 $2\sqrt{3}$

424 $\dfrac{4}{\sqrt{32}}-\dfrac{1}{\sqrt{8}}+\sqrt{2}=\dfrac{4}{4\sqrt{2}}-\dfrac{1}{2\sqrt{2}}+\sqrt{2}$

$=\dfrac{\sqrt{2}}{2}-\dfrac{\sqrt{2}}{4}+\sqrt{2}$

$=\dfrac{5\sqrt{2}}{4}$ 답 $\dfrac{5\sqrt{2}}{4}$

425 $\sqrt{24}-\dfrac{5}{\sqrt{5}}+\sqrt{20}-\sqrt{54}$

$=2\sqrt{6}-\sqrt{5}+2\sqrt{5}-3\sqrt{6}$

$=-\sqrt{6}+\sqrt{5}$ 답 $-\sqrt{6}+\sqrt{5}$

426 $\sqrt{75}-\dfrac{\sqrt{18}}{\sqrt{3}}-2\sqrt{3}+\dfrac{12}{\sqrt{6}}$

$=5\sqrt{3}-\sqrt{6}-2\sqrt{3}+2\sqrt{6}$

$=3\sqrt{3}+\sqrt{6}$ 답 $3\sqrt{3}+\sqrt{6}$

427 답 $\sqrt{6}+\sqrt{15}$

428 답 $-\sqrt{10}-\sqrt{14}$

429 답 $\sqrt{15}-\sqrt{10}$

430 답 $3\sqrt{2}+2\sqrt{3}$

431 답 $5-\sqrt{10}$

432 해 $\dfrac{1}{\sqrt{2}},\ \dfrac{1}{\sqrt{2}},\ \dfrac{1}{\sqrt{2}},\ \sqrt{5}$

답 $2+\sqrt{5}$

433 $(\sqrt{15}-\sqrt{27})\div\sqrt{3}$

$=(\sqrt{15}-\sqrt{27})\times\dfrac{1}{\sqrt{3}}=\sqrt{5}-3$

답 $\sqrt{5}-3$

434 $(\sqrt{10}+\sqrt{22})\div(-\sqrt{2})$

$=(\sqrt{10}+\sqrt{22})\times\left(-\dfrac{1}{\sqrt{2}}\right)$

$=-\sqrt{5}-\sqrt{11}$ 답 $-\sqrt{5}-\sqrt{11}$

435 해 $\sqrt{2},\ \sqrt{2},\ \sqrt{6}+\sqrt{10}$

답 $\dfrac{\sqrt{6}+\sqrt{10}}{2}$

436 $\dfrac{\sqrt{2}-\sqrt{10}}{\sqrt{3}}=\dfrac{(\sqrt{2}-\sqrt{10})\times\sqrt{3}}{\sqrt{3}\times\sqrt{3}}$

$=\dfrac{\sqrt{6}-\sqrt{30}}{3}$ 답 $\dfrac{\sqrt{6}-\sqrt{30}}{3}$

437 $\dfrac{3+2\sqrt{7}}{\sqrt{7}}=\dfrac{(3+2\sqrt{7})\times\sqrt{7}}{\sqrt{7}\times\sqrt{7}}$

$=\dfrac{3\sqrt{7}}{7}+2$ 답 $\dfrac{3\sqrt{7}}{7}+2$

438 $\dfrac{3+2\sqrt{10}}{\sqrt{5}}$

$=\dfrac{(3+2\sqrt{10})\times\sqrt{5}}{\sqrt{5}\times\sqrt{5}}=\dfrac{3\sqrt{5}+2\sqrt{50}}{5}$

$=\dfrac{3\sqrt{5}+10\sqrt{2}}{5}=\dfrac{3\sqrt{5}}{5}+2\sqrt{2}$

답 $\dfrac{3\sqrt{5}}{5}+2\sqrt{2}$

439 $\dfrac{\sqrt{7}+\sqrt{12}}{\sqrt{2}}=\dfrac{(\sqrt{7}+2\sqrt{3})\times\sqrt{2}}{\sqrt{2}\times\sqrt{2}}$

$=\dfrac{\sqrt{14}+2\sqrt{6}}{2}$

$=\dfrac{\sqrt{14}}{2}+\sqrt{6}$ 답 $\dfrac{\sqrt{14}}{2}+\sqrt{6}$

440 $\dfrac{\sqrt{6}+\sqrt{8}}{2\sqrt{2}}=\dfrac{(\sqrt{6}+2\sqrt{2})\times\sqrt{2}}{2\sqrt{2}\times\sqrt{2}}$

$=\dfrac{2\sqrt{3}+4}{4}=\dfrac{\sqrt{3}}{2}+1$

답 $\dfrac{\sqrt{3}}{2}+1$

441 $\dfrac{2\sqrt{5}-3\sqrt{3}}{\sqrt{12}}=\dfrac{(2\sqrt{5}-3\sqrt{3})\times\sqrt{3}}{2\sqrt{3}\times\sqrt{3}}$

$=\dfrac{2\sqrt{15}-9}{6}=\dfrac{\sqrt{15}}{3}-\dfrac{3}{2}$

답 $\dfrac{\sqrt{15}}{3}-\dfrac{3}{2}$

442 해 $2,\ 2,\ -2$

답 -2

443 $(3\sqrt{5}+\sqrt{20})\sqrt{2}-7\sqrt{10}$

$=(3\sqrt{5}+2\sqrt{5})\sqrt{2}-7\sqrt{10}$

$=3\sqrt{10}+2\sqrt{10}-7\sqrt{10}$

$=-2\sqrt{10}$ 답 $-2\sqrt{10}$

444 $\sqrt{3}(\sqrt{6}+1)-\sqrt{2}(\sqrt{3}+3)$

$=3\sqrt{2}+\sqrt{3}-\sqrt{6}-3\sqrt{2}$

$=\sqrt{3}-\sqrt{6}$ 답 $\sqrt{3}-\sqrt{6}$

445 $\sqrt{2}(4\sqrt{3}+2)+\sqrt{3}(\sqrt{6}-5\sqrt{2})$

$=4\sqrt{6}+2\sqrt{2}+3\sqrt{2}-5\sqrt{6}$

$=-\sqrt{6}+5\sqrt{2}$ 답 $-\sqrt{6}+5\sqrt{2}$

446 $\sqrt{2}(\sqrt{6}-1)-3\left(\sqrt{8}-\dfrac{6}{\sqrt{3}}\right)$

$=2\sqrt{3}-\sqrt{2}-3(2\sqrt{2}-2\sqrt{3})$

$=2\sqrt{3}-\sqrt{2}-6\sqrt{2}+6\sqrt{3}$

$=8\sqrt{3}-7\sqrt{2}$ 답 $8\sqrt{3}-7\sqrt{2}$

447 $\sqrt{2}(\sqrt{8}+6)+3\left(\sqrt{27}-\dfrac{4}{\sqrt{2}}\right)$

$=4+6\sqrt{2}+9\sqrt{3}-6\sqrt{2}$

$=4+9\sqrt{3}$ 답 $4+9\sqrt{3}$

448 $\dfrac{\sqrt{6}}{3}(5\sqrt{6}-\sqrt{18})+\sqrt{5}(\sqrt{15}-\sqrt{2})$

$=10-2\sqrt{3}+5\sqrt{3}-\sqrt{10}$

$=10+3\sqrt{3}-\sqrt{10}$ 답 $10+3\sqrt{3}-\sqrt{10}$

449 $\sqrt{18}\left(-\dfrac{2}{\sqrt{2}}+\dfrac{2}{\sqrt{3}}\right)-\sqrt{3}\left(\dfrac{\sqrt{18}}{3}-\dfrac{2}{\sqrt{3}}\right)$

$=-6+2\sqrt{6}-\sqrt{6}+2$

$=-4+\sqrt{6}$ 답 $-4+\sqrt{6}$

450 $\sqrt{2}(5+3\sqrt{6})+(\sqrt{3}-6)\div\sqrt{3}$

$=5\sqrt{2}+6\sqrt{3}+\dfrac{\sqrt{3}-6}{\sqrt{3}}$

$=5\sqrt{2}+6\sqrt{3}+1-2\sqrt{3}$

$=5\sqrt{2}+4\sqrt{3}+1$ 답 $5\sqrt{2}+4\sqrt{3}+1$

451 $(4\sqrt{3}-2\sqrt{2})\div\sqrt{6}-(\sqrt{18}+\sqrt{27})\div3$

$=\dfrac{4\sqrt{3}-2\sqrt{2}}{\sqrt{6}}-\dfrac{3\sqrt{2}+3\sqrt{3}}{3}$

$=\dfrac{4}{\sqrt{2}}-\dfrac{2}{\sqrt{3}}-(\sqrt{2}+\sqrt{3})$

$=2\sqrt{2}-\dfrac{2\sqrt{3}}{3}-\sqrt{2}-\sqrt{3}$

$=\sqrt{2}-\dfrac{5\sqrt{3}}{3}$ 답 $\sqrt{2}-\dfrac{5\sqrt{3}}{3}$

452 $\sqrt{45}-3\sqrt{15}\div\sqrt{3}+\dfrac{3-2\sqrt{5}}{\sqrt{5}}$

$=3\sqrt{5}-3\sqrt{5}+\dfrac{3\sqrt{5}-10}{5}$

$=\dfrac{3\sqrt{5}}{5}-2$ 답 $\dfrac{3\sqrt{5}}{5}-2$

453 $\dfrac{\sqrt{32}-\sqrt{3}}{\sqrt{2}}+\sqrt{24}-3\sqrt{2}\times\sqrt{12}$

$=\dfrac{4\sqrt{2}-\sqrt{3}}{\sqrt{2}}+2\sqrt{6}-3\sqrt{2}\times2\sqrt{3}$

$=4-\dfrac{\sqrt{6}}{2}+2\sqrt{6}-6\sqrt{6}$

$=4-\dfrac{9\sqrt{6}}{2}$ 답 $4-\dfrac{9\sqrt{6}}{2}$

454 $\dfrac{\sqrt{6}+2}{\sqrt{2}}+\dfrac{\sqrt{15}+\sqrt{10}}{\sqrt{5}}$

$=\sqrt{3}+\sqrt{2}+\sqrt{3}+\sqrt{2}$

$=2\sqrt{2}+2\sqrt{3}$ 답 $2\sqrt{2}+2\sqrt{3}$

455 $\dfrac{2}{\sqrt{3}}(\sqrt{3}-\sqrt{2})-\dfrac{\sqrt{8}-2\sqrt{3}}{\sqrt{2}}$

$=2-\dfrac{2\sqrt{6}}{3}-2+\sqrt{6}=\dfrac{\sqrt{6}}{3}$ 답 $\dfrac{\sqrt{6}}{3}$

456 해 $2,\ 0,\ 2,\ -1$

답 -1

457 $a\sqrt{2}+3a-2-2\sqrt{2}$

$=3a-2+(a-2)\sqrt{2}$

유리수가 되려면 $a-2=0$

$\therefore a=2$ 답 2

458 $5\sqrt{5}-3+a\sqrt{5}-\sqrt{5}$

$=-3+(4+a)\sqrt{5}$

유리수가 되려면 $4+a=0$

$\therefore a=-4$ 답 -4

459 $\sqrt{32}-\dfrac{2}{\sqrt{2}}+a\sqrt{2}+a$

$=4\sqrt{2}-\sqrt{2}+a\sqrt{2}+a$

$=a+(3+a)\sqrt{2}$

유리수가 되려면 $3+a=0$

$\therefore a=-3$ 답 -3

460 $\sqrt{6}(3a+\sqrt{6})+2a+3\sqrt{6}$

$=6+2a+(3a+3)\sqrt{6}$

유리수가 되려면 $3a+3=0$

$\therefore a=-1$ 답 -1

461 $2-3\sqrt{2}-\sqrt{2}(3\sqrt{2}+a)$

$=-4+(-3-a)\sqrt{2}$

유리수가 되려면 $-3-a=0$

$\therefore a=-3$ 답 -3

462 $\sqrt{7}(4+\sqrt{7})+a(2\sqrt{7}-1)$

$=7-a+(4+2a)\sqrt{7}$

유리수가 되려면 $4+2a=0$

$\therefore a=-2$ 답 -2

463 $\sqrt{2}(\sqrt{2}+\sqrt{3})-\sqrt{3}(a\sqrt{2}-\sqrt{3})$

$=5+(1-a)\sqrt{6}$

유리수가 되려면 $1-a=0$

$\therefore a=1$ 답 1

464 해 $4, 1, \sqrt{3}-1$

답 $1, \sqrt{3}-1$

465 $3<\sqrt{10}<4$이므로 정수 부분은 3, 소수 부분은 $\sqrt{10}-3$ 답 $3, \sqrt{10}-3$

466 $2<\sqrt{7}<3$이므로 $3<1+\sqrt{7}<4$

따라서 정수 부분은 3, 소수 부분은

$(1+\sqrt{7})-3=\sqrt{7}-2$ 답 $3, \sqrt{7}-2$

467 $1<\sqrt{2}<2$이므로 $-2<\sqrt{2}-3<-1$

따라서 정수 부분은 -2, 소수 부분은

$(\sqrt{2}-3)-(-2)=\sqrt{2}-1$

답 $-2, \sqrt{2}-1$

468 $2<\sqrt{5}<3$이므로 $-3<-\sqrt{5}<-2$

$\therefore -1<2-\sqrt{5}<0$

따라서 정수 부분은 -1, 소수 부분은

$(2-\sqrt{5})-(-1)=3-\sqrt{5}$

답 $-1, 3-\sqrt{5}$

469 $2<\sqrt{8}<3$이므로

$2<2\sqrt{2}<3, \ -3<-2\sqrt{2}<-2$

$\therefore -2<1-2\sqrt{2}<-1$

따라서 정수 부분은 -2, 소수 부분은

$(1-2\sqrt{2})-(-2)=3-2\sqrt{2}$

답 $-2, 3-2\sqrt{2}$

470 ③ $\dfrac{5\sqrt{2}}{3}-\dfrac{\sqrt{5}}{2}-\dfrac{3\sqrt{5}}{5}$

$=\dfrac{5\sqrt{2}}{3}-\dfrac{5\sqrt{5}}{10}-\dfrac{6\sqrt{5}}{10}$

$=\dfrac{5\sqrt{2}}{3}-\dfrac{11\sqrt{5}}{10}$ 답 ③

471 $\sqrt{12}+\dfrac{\sqrt{15}}{\sqrt{3}}-\sqrt{27}-\dfrac{10}{\sqrt{5}}$

$=2\sqrt{3}+\sqrt{5}-3\sqrt{3}-2\sqrt{5}=-\sqrt{3}-\sqrt{5}$

따라서 $a=-1, \ b=-1$이므로

$a+b=-1+(-1)=-2$ 답 ②

472 $\sqrt{32}-3\sqrt{14}\div\sqrt{7}+\dfrac{\sqrt{6}-6}{\sqrt{2}}$

$=4\sqrt{2}-3\sqrt{2}+\sqrt{3}-3\sqrt{2}$

$=-2\sqrt{2}+\sqrt{3}$ 답 ②

Episode 06   p.49~55

다항식의 곱셈

001 답 $ab+6a-3b-18$

002 답 $xy+x+4y+4$

003 답 $-ax-3x+5a+15$

004 답 $5ab-10a-6b+12$

005 답 $6xy-2x+9y-3$

006 답 $12xy-9x-8y+6$

007 답 $ax+ay-bx-by$

008 답 $-2ac+ad+14bc-7bd$

009 해 $2, 8, 6, 8$

답 x^2-6x+8

010 $(a+7)(a-3)$

$=a^2-3a+7a-21$

$=a^2+4a-21$ 답 $a^2+4a-21$

011 $(-3a+2)(a+1)$

$=-3a^2-3a+2a+2$

$=-3a^2-a+2$ 답 $-3a^2-a+2$

012 $(4x-5y)(-x+2y)$

$=-4x^2+8xy+5xy-10y^2$

$=-4x^2+13xy-10y^2$

답 $-4x^2+13xy-10y^2$

013 해 $2ab, 3ab, b, ab, b$

답 $3a^2+ab-2b^2+a+b$

---

014 $(x-1)(4x+y+3)$

$=4x^2+xy+3x-4x-y-3$

$=4x^2+xy-x-y-3$

답 $4x^2+xy-x-y-3$

015 $(3x-2y+5)(4x-y)$

$=12x^2-3xy-8xy+2y^2+20x-5y$

$=12x^2-11xy+2y^2+20x-5y$

답 $12x^2-11xy+2y^2+20x-5y$

016 해 $2y, -5x, 4, 20, -16$

답 -16

017 xy항이 나오는 부분만 전개하면

$-x\times(-3y)+5y\times 2x$

$=3xy+10xy$

$=13xy$

이므로 xy의 계수는 13 답 13

018 xy항이 나오는 부분만 전개하면

$3x\times(-6y)+(-y)\times x$

$=-18xy-xy$

$=-19xy$

이므로 xy의 계수는 -19 답 -19

019 xy항이 나오는 부분만 전개하면

$x\times 7y+y\times 4x=7xy+4xy$

$=11xy$

이므로 xy의 계수는 11 답 11

020 xy항이 나오는 부분만 전개하면

$5x\times(-y)+(-4y)\times(-2x)$

$=-5xy+8xy$

$=3xy$

이므로 xy의 계수는 3 답 3

021 xy항이 나오는 부분만 전개하면

$x\times y+(-2y)\times(-x)$

$=xy+2xy$

$=3xy$

이므로 xy의 계수는 3 답 3

022 해 $1, 1, 2, 1$

답 x^2+2x+1

023 $(a+2)^2=a^2+2\times a\times 2+2^2$

$=a^2+4a+4$ 답 a^2+4a+4

024 $(x+5)^2=x^2+2\times x\times 5+5^2$

$=x^2+10x+25$

답 $x^2+10x+25$

025 $(y+8)^2=y^2+2\times y\times 8+8^2$

$=y^2+16y+64$

$$\text{답 } y^2+16y+64$$

026 해 $2x$, $2x$, 4, 20
답 $4x^2+20x+25$

027 $(9a+1)^2=(9a)^2+2\times 9a\times 1+1^2$
$=81a^2+18a+1$
답 $81a^2+18a+1$

028 $(3x+2)^2=(3x)^2+2\times 3x\times 2+2^2$
$=9x^2+12x+4$
답 $9x^2+12x+4$

029 $(4a+7)^2=(4a)^2+2\times 4a\times 7+7^2$
$=16a^2+56a+49$
답 $16a^2+56a+49$

030 해 $6y$, $6y$, 12, 36
답 $x^2+12xy+36y^2$

031 $(7a+b)^2=(7a)^2+2\times 7a\times b+b^2$
$=49a^2+14ab+b^2$
답 $49a^2+14ab+b^2$

032 $(2x+9y)^2$
$=(2x)^2+2\times 2x\times 9y+(9y)^2$
$=4x^2+36xy+81y^2$
답 $4x^2+36xy+81y^2$

033 $(5a+3b)^2$
$=(5a)^2+2\times 5a\times 3b+(3b)^2$
$=25a^2+30ab+9b^2$
답 $25a^2+30ab+9b^2$

034 $(-x+4y)^2$
$=(-x)^2+2\times(-x)\times 4y+(4y)^2$
$=x^2-8xy+16y^2$
답 $x^2-8xy+16y^2$

035 $(-3a+8b)^2$
$=(-3a)^2+2\times(-3a)\times 8b+(8b)^2$
$=9a^2-48ab+64b^2$
답 $9a^2-48ab+64b^2$

036 해 $\dfrac{1}{4}$, $\dfrac{1}{4}$, $\dfrac{1}{2}$, $\dfrac{1}{16}$
답 $x^2+\dfrac{1}{2}xy+\dfrac{1}{16}y^2$

037 $\left(2x+\dfrac{2}{7}y\right)^2$
$=(2x)^2+2\times 2x\times \dfrac{2}{7}y+\left(\dfrac{2}{7}y\right)^2$
$=4x^2+\dfrac{8}{7}xy+\dfrac{4}{49}y^2$
답 $4x^2+\dfrac{8}{7}xy+\dfrac{4}{49}y^2$

038 $\left(\dfrac{3}{2}a+5b\right)^2$
$=\left(\dfrac{3}{2}a\right)^2+2\times \dfrac{3}{2}a\times 5b+(5b)^2$
$=\dfrac{9}{4}a^2+15ab+25b^2$
답 $\dfrac{9}{4}a^2+15ab+25b^2$

039 해 2, 2, 4, 4
답 x^2-4x+4

040 $(a-4)^2=a^2-2\times a\times 4+4^2$
$=a^2-8a+16$
답 $a^2-8a+16$

041 $(x-7)^2=x^2-2\times x\times 7+7^2$
$=x^2-14x+49$
답 $x^2-14x+49$

042 $(y-9)^2=y^2-2\times y\times 9+9^2$
$=y^2-18y+81$
답 $y^2-18y+81$

043 해 $3x$, $3x$, 9, 12
답 $9x^2-12x+4$

044 $(5a-1)^2=(5a)^2-2\times 5a\times 1+1^2$
$=25a^2-10a+1$
답 $25a^2-10a+1$

045 $(2x-3)^2=(2x)^2-2\times 2x\times 3+3^2$
$=4x^2-12x+9$
답 $4x^2-12x+9$

046 $(6a-4)^2=(6a)^2-2\times 6a\times 4+4^2$
$=36a^2-48a+16$
답 $36a^2-48a+16$

047 해 $8y$, $8y$, 16, 64
답 $x^2-16xy+64y^2$

048 $(a-b)^2=a^2-2\times a\times b+b^2$
$=a^2-2ab+b^2$
답 $a^2-2ab+b^2$

049 $(3x-5y)^2$
$=(3x)^2-2\times 3x\times 5y+(5y)^2$
$=9x^2-30xy+25y^2$
답 $9x^2-30xy+25y^2$

050 $(4a-9b)^2$
$=(4a)^2-2\times 4a\times 9b+(9b)^2$
$=16a^2-72ab+81b^2$
답 $16a^2-72ab+81b^2$

051 $(-x-3y)^2$

$=(-x)^2-2\times(-x)\times 3y+(3y)^2$
$=x^2+6xy+9y^2$
답 $x^2+6xy+9y^2$

052 $(-2a-7b)^2$
$=(-2a)^2-2\times(-2a)\times 7b+(7b)^2$
$=4a^2+28ab+49b^2$
답 $4a^2+28ab+49b^2$

053 해 $\dfrac{1}{6}$, $\dfrac{1}{6}$, $\dfrac{1}{3}$, $\dfrac{1}{36}$
답 $x^2-\dfrac{1}{3}xy+\dfrac{1}{36}y^2$

054 $\left(3x-\dfrac{2}{3}y\right)^2$
$=(3x)^2-2\times 3x\times \dfrac{2}{3}y+\left(\dfrac{2}{3}y\right)^2$
$=9x^2-4xy+\dfrac{4}{9}y^2$
답 $9x^2-4xy+\dfrac{4}{9}y^2$

055 $\left(\dfrac{4}{5}a-2b\right)^2$
$=\left(\dfrac{4}{5}a\right)^2-2\times \dfrac{4}{5}a\times 2b+(2b)^2$
$=\dfrac{16}{25}a^2-\dfrac{16}{5}ab+4b^2$
답 $\dfrac{16}{25}a^2-\dfrac{16}{5}ab+4b^2$

056 해 4, 16
답 x^2-16

057 $(a+5)(a-5)=a^2-5^2=a^2-25$
답 a^2-25

058 $(9+x)(9-x)=9^2-x^2=81-x^2$
답 $81-x^2$

059 $\left(a+\dfrac{1}{2}\right)\left(a-\dfrac{1}{2}\right)=a^2-\left(\dfrac{1}{2}\right)^2$
$=a^2-\dfrac{1}{4}$
답 $a^2-\dfrac{1}{4}$

060 해 $2x$, 3, 4, 9
답 $4x^2-9$

061 $(6a+1)(6a-1)$
$=(6a)^2-1^2=36a^2-1$ 답 $36a^2-1$

062 $(7+8a)(7-8a)$
$=7^2-(8a)^2=49-64a^2$
답 $49-64a^2$

063 $\left(5x+\dfrac{1}{4}\right)\left(5x-\dfrac{1}{4}\right)=(5x)^2-\left(\dfrac{1}{4}\right)^2$
$=25x^2-\dfrac{1}{16}$

$$\boxed{달}\ 25x^2-\frac{1}{16}$$

064 해 $2y$, $4y^2$
$$\boxed{달}\ x^2-4y^2$$

065 $(3a+4b)(3a-4b)=(3a)^2-(4b)^2$
$$=9a^2-16b^2$$
$$\boxed{달}\ 9a^2-16b^2$$

066 $(-a+7b)(-a-7b)$
$$=(-a)^2-(7b)^2$$
$$=a^2-49b^2 \qquad \boxed{달}\ a^2-49b^2$$

067 $(-2x+8y)(-2x-8y)$
$$=(-2x)^2-(8y)^2$$
$$=4x^2-64y^2 \qquad \boxed{달}\ 4x^2-64y^2$$

068 $\left(x+\dfrac{y}{3}\right)\left(x-\dfrac{y}{3}\right)=x^2-\left(\dfrac{y}{3}\right)^2$
$$=x^2-\frac{y^2}{9}$$
$$\boxed{달}\ x^2-\frac{y^2}{9}$$

069 $\left(\dfrac{3}{4}a+5b\right)\left(\dfrac{3}{4}a-5b\right)$
$$=\left(\frac{3}{4}a\right)^2-(5b)^2$$
$$=\frac{9}{16}a^2-25b^2 \qquad \boxed{달}\ \frac{9}{16}a^2-25b^2$$

070 $(x+9y)(-x+9y)$
$$=(9y+x)(9y-x)$$
$$=(9y)^2-x^2$$
$$=81y^2-x^2 \qquad \boxed{달}\ 81y^2-x^2$$

071 $(6a+2b)(-6a+2b)$
$$=(2b+6a)(2b-6a)$$
$$=(2b)^2-(6a)^2$$
$$=4b^2-36a^2 \qquad \boxed{달}\ 4b^2-36a^2$$

072 해 5, 5, 7, 10
$$\boxed{달}\ x^2+7x+10$$

073 $(a+3)(a+8)$
$$=a^2+(3+8)a+3\times 8$$
$$=a^2+11a+24 \qquad \boxed{달}\ a^2+11a+24$$

074 $(x-4)(x-7)$
$$=x^2+\{(-4)+(-7)\}x$$
$$\qquad\qquad +(-4)\times(-7)$$
$$=x^2-11x+28 \qquad \boxed{달}\ x^2-11x+28$$

075 $(a-9)(a-6)$
$$=a^2+\{(-9)+(-6)\}a$$
$$\qquad\qquad +(-9)\times(-6)$$
$$=a^2-15a+54 \qquad \boxed{달}\ a^2-15a+54$$

076 $(x+1)(x-2)$
$$=x^2+\{1+(-2)\}x+1\times(-2)$$
$$=x^2-x-2 \qquad \boxed{달}\ x^2-x-2$$

077 $(a+7)(a-5)$
$$=a^2+\{7+(-5)\}a+7\times(-5)$$
$$=a^2+2a-35 \qquad \boxed{달}\ a^2+2a-35$$

078 $(x-3)(x+9)$
$$=x^2+\{(-3)+9\}x+(-3)\times 9$$
$$=x^2+6x-27 \qquad \boxed{달}\ x^2+6x-27$$

079 $(a-10)(a+2)$
$$=a^2+\{(-10)+2\}a+(-10)\times 2$$
$$=a^2-8a-20 \qquad \boxed{달}\ a^2-8a-20$$

080 해 $8y$, $8y$, 9, 8
$$\boxed{달}\ x^2+9xy+8y^2$$

081 $(a+3b)(a+4b)$
$$=a^2+(3b+4b)a+3b\times 4b$$
$$=a^2+7ab+12b^2 \quad \boxed{달}\ a^2+7ab+12b^2$$

082 $(a-2b)(a-7b)$
$$=a^2+\{(-2b)+(-7b)\}a$$
$$\qquad\qquad +(-2b)\times(-7b)$$
$$=a^2-9ab+14b^2 \quad \boxed{달}\ a^2-9ab+14b^2$$

083 $(x-5y)(x-8y)$
$$=x^2+\{(-5y)+(-8y)\}x$$
$$\qquad\qquad +(-5y)\times(-8y)$$
$$=x^2-13xy+40y^2$$
$$\boxed{달}\ x^2-13xy+40y^2$$

084 $(x+4y)(x-9y)$
$$=x^2+\{4y+(-9y)\}x+4y\times(-9y)$$
$$=x^2-5xy-36y^2$$
$$\boxed{달}\ x^2-5xy-36y^2$$

085 $(a-6b)(a+5b)$
$$=a^2+\{(-6b)+5b\}a+(-6b)\times 5b$$
$$=a^2-ab-30b^2 \qquad \boxed{달}\ a^2-ab-30b^2$$

086 $\left(x+\dfrac{1}{2}y\right)\left(x-\dfrac{1}{6}y\right)$
$$=x^2+\left\{\frac{1}{2}y+\left(-\frac{1}{6}y\right)\right\}x$$
$$\qquad\qquad +\frac{1}{2}y\times\left(-\frac{1}{6}y\right)$$
$$=x^2+\frac{1}{3}xy-\frac{1}{12}y^2$$
$$\boxed{달}\ x^2+\frac{1}{3}xy-\frac{1}{12}y^2$$

087 $\left(x-\dfrac{2}{3}y\right)\left(x+\dfrac{1}{5}y\right)$
$$=x^2+\left\{\left(-\frac{2}{3}y\right)+\frac{1}{5}y\right\}x$$
$$\qquad\qquad +\left(-\frac{2}{3}y\right)\times\frac{1}{5}y$$
$$=x^2-\frac{7}{15}xy-\frac{2}{15}y^2$$
$$\boxed{달}\ x^2-\frac{7}{15}xy-\frac{2}{15}y^2$$

088 해 1, 6, 26
$$\boxed{달}\ 12x^2+26x+4$$

089 $(4a+3)(5a+2)$
$$=(4\times 5)a^2+(4\times 2+3\times 5)a+3\times 2$$
$$=20a^2+23a+6 \quad \boxed{달}\ 20a^2+23a+6$$

090 $(3x-2)(9x-1)$
$$=(3\times 9)x^2$$
$$\qquad +\{3\times(-1)+(-2)\times 9\}x$$
$$\qquad\qquad +(-2)\times(-1)$$
$$=27x^2-21x+2 \quad \boxed{달}\ 27x^2-21x+2$$

091 $(2a-5)(7a-2)$
$$=(2\times 7)a^2$$
$$\qquad +\{2\times(-2)+(-5)\times 7\}a$$
$$\qquad\qquad +(-5)\times(-2)$$
$$=14a^2-39a+10$$
$$\boxed{달}\ 14a^2-39a+10$$

092 $(5x+1)(8x-3)$
$$=(5\times 8)x^2+\{5\times(-3)+1\times 8\}x$$
$$\qquad\qquad +1\times(-3)$$
$$=40x^2-7x-3 \quad \boxed{달}\ 40x^2-7x-3$$

093 $(3a+4)(4a-2)$
$$=(3\times 4)a^2+\{3\times(-2)+4\times 4\}a$$
$$\qquad\qquad +4\times(-2)$$
$$=12a^2+10a-8 \quad \boxed{달}\ 12a^2+10a-8$$

094 $(2x-3)(5x+7)$
$$=(2\times 5)x^2+\{2\times 7+(-3)\times 5\}x$$
$$\qquad\qquad +(-3)\times 7$$
$$=10x^2-x-21 \quad \boxed{달}\ 10x^2-x-21$$

095 $(6a-5)(4a+6)$
$$=(6\times 4)a^2+\{6\times 6+(-5)\times 4\}a$$
$$\qquad\qquad +(-5)\times 6$$
$$=24a^2+16a-30$$
$$\boxed{달}\ 24a^2+16a-30$$

096 해 $3y$, 2, 14
$$\boxed{달}\ 8x^2+14xy+3y^2$$

097 $(2a-6b)(3a-4b)$
$$=(2\times 3)a^2$$
$$\qquad +\{2\times(-4b)+(-6b)\times 3\}a$$

$$+(-6b)\times(-4b)$$
$$=6a^2-26ab+24b^2$$
답 $6a^2-26ab+24b^2$

098 $(5x+4y)(2x-7y)$
$$=(5\times2)x^2+\{5\times(-7y)+4y\times2\}x$$
$$+4y\times(-7y)$$
$$=10x^2-27xy-28y^2$$
답 $10x^2-27xy-28y^2$

099 $(3a-2b)(5a+6b)$
$$=(3\times5)a^2+\{3\times6b+(-2b)\times5\}a$$
$$+(-2b)\times6b$$
$$=15a^2+8ab-12b^2$$
답 $15a^2+8ab-12b^2$

100 $(-x+y)(4x-5y)$
$$=\{(-1)\times4\}x^2$$
$$+\{(-1)\times(-5y)+y\times4\}x$$
$$+y\times(-5y)$$
$$=-4x^2+9xy-5y^2$$
답 $-4x^2+9xy-5y^2$

101 $(3a+8b)(-2a+b)$
$$=\{3\times(-2)\}a^2$$
$$+\{3\times b+8b\times(-2)\}a+8b\times b$$
$$=-6a^2-13ab+8b^2$$
답 $-6a^2-13ab+8b^2$

102 $(-5x-3y)(2x+4y)$
$$=\{(-5)\times2\}x^2$$
$$+\{(-5)\times4y+(-3y)\times2\}x$$
$$+(-3y)\times4y$$
$$=-10x^2-26xy-12y^2$$
답 $-10x^2-26xy-12y^2$

103 $\left(3x+\dfrac{1}{2}y\right)\left(4x-\dfrac{1}{3}y\right)$
$$=(3\times4)x^2$$
$$+\left\{3\times\left(-\dfrac{1}{3}y\right)+\dfrac{1}{2}y\times4\right\}x$$
$$+\dfrac{1}{2}y\times\left(-\dfrac{1}{3}y\right)$$
$$=12x^2+xy-\dfrac{1}{6}y^2$$
답 $12x^2+xy-\dfrac{1}{6}y^2$

104 $(-x+4y)^2+(3x-5y)^2$
$$=x^2-8xy+16y^2+9x^2-30xy+25y^2$$
$$=10x^2-38xy+41y^2$$
따라서 xy의 계수는 -38이다.
답 -38

105 $(a+5)(a-5)-(a-10)(a+2)$
$$=a^2-25-(a^2-8a-20)$$
$$=a^2-25-a^2+8a+20$$
$$=8a-5$$
답 $8a-5$

106 $(5x+1)(8x-3)=40x^2-7x-3$
이므로 $a=40$, $b=-7$
$$\therefore a+b=40+(-7)=33$$
답 33

p.57~62
곱셈 공식의 응용

107 해 60, 60, 3600, 240, 3844
답 3844

108 $103^2=(100+3)^2$
$$=100^2+2\times100\times3+3^2$$
$$=10000+600+9$$
$$=10609$$
답 10609

109 $201^2=(200+1)^2$
$$=200^2+2\times200\times1+1^2$$
$$=40000+400+1$$
$$=40401$$
답 40401

110 해 100, 100, 10000, 400, 9604
답 9604

111 $87^2=(90-3)^2$
$$=90^2-2\times90\times3+3^2$$
$$=8100-540+9$$
$$=7569$$
답 7569

112 $4.9^2=(5-0.1)^2$
$$=5^2-2\times5\times0.1+0.1^2$$
$$=25-1+0.01$$
$$=24.01$$
답 24.01

113 해 3, 3, 3, 9, 9991
답 9991

114 $52\times48=(50+2)(50-2)$

$$=50^2-2^2$$
$$=2500-4$$
$$=2496$$
답 2496

115 $61\times59=(60+1)(60-1)$
$$=60^2-1^2$$
$$=3600-1$$
$$=3599$$
답 3599

116 $84\times76=(80+4)(80-4)$
$$=80^2-4^2$$
$$=6400-16$$
$$=6384$$
답 6384

117 $105\times95=(100+5)(100-5)$
$$=100^2-5^2$$
$$=10000-25$$
$$=9975$$
답 9975

118 $4.6\times3.4=(4+0.6)(4-0.6)$
$$=4^2-0.6^2$$
$$=16-0.36$$
$$=15.64$$
답 15.64

119 $20.1\times19.9=(20+0.1)(20-0.1)$
$$=20^2-0.1^2$$
$$=400-0.01$$
$$=399.99$$
답 399.99

120 해 $\sqrt{2}$, $\sqrt{2}$, 2, $2\sqrt{2}$, 3
답 $3+2\sqrt{2}$

121 $(\sqrt{5}+\sqrt{3})^2$
$$=(\sqrt{5})^2+2\times\sqrt{5}\times\sqrt{3}+(\sqrt{3})^2$$
$$=5+2\sqrt{15}+3$$
$$=8+2\sqrt{15}$$
답 $8+2\sqrt{15}$

122 $(\sqrt{2}+\sqrt{6})^2$
$$=(\sqrt{2})^2+2\times\sqrt{2}\times\sqrt{6}+(\sqrt{6})^2$$
$$=2+4\sqrt{3}+6$$
$$=8+4\sqrt{3}$$
답 $8+4\sqrt{3}$

123 $(2\sqrt{3}+\sqrt{2})^2$
$$=(2\sqrt{3})^2+2\times2\sqrt{3}\times\sqrt{2}+(\sqrt{2})^2$$
$$=12+4\sqrt{6}+2$$
$$=14+4\sqrt{6}$$
답 $14+4\sqrt{6}$

124 $(\sqrt{5}-2)^2$
$$=(\sqrt{5})^2-2\times\sqrt{5}\times2+2^2$$
$$=5-4\sqrt{5}+4$$
$$=9-4\sqrt{5}$$
답 $9-4\sqrt{5}$

125 $(\sqrt{3}-\sqrt{2})^2$
$$=(\sqrt{3})^2-2\times\sqrt{3}\times\sqrt{2}+(\sqrt{2})^2$$

$$=3-2\sqrt{6}+2$$
$$=5-2\sqrt{6}$$
답 $5-2\sqrt{6}$

126 $(\sqrt{6}-\sqrt{3})^2$
$$=(\sqrt{6})^2-2\times\sqrt{6}\times\sqrt{3}+(\sqrt{3})^2$$
$$=6-6\sqrt{2}+3$$
$$=9-6\sqrt{2}$$
답 $9-6\sqrt{2}$

127 $(3\sqrt{2}-\sqrt{5})^2$
$$=(3\sqrt{2})^2-2\times3\sqrt{2}\times\sqrt{5}+(\sqrt{5})^2$$
$$=18-6\sqrt{10}+5$$
$$=23-6\sqrt{10}$$
답 $23-6\sqrt{10}$

128 $(\sqrt{3}+1)(\sqrt{3}-1)=(\sqrt{3})^2-1^2$
$$=3-1=2$$
답 2

129 $(\sqrt{5}-\sqrt{2})(\sqrt{5}+\sqrt{2})$
$$=(\sqrt{5})^2-(\sqrt{2})^2$$
$$=5-2=3$$
답 3

130 $(2\sqrt{2}+\sqrt{3})(2\sqrt{2}-\sqrt{3})$
$$=(2\sqrt{2})^2-(\sqrt{3})^2$$
$$=8-3=5$$
답 5

131 해 $\sqrt{2}+1$, $\sqrt{2}+1$, $\sqrt{2}+1$, $\sqrt{2}+1$
답 $\sqrt{2}+1$

132 $\dfrac{1}{\sqrt{5}+\sqrt{3}}=\dfrac{\sqrt{5}-\sqrt{3}}{(\sqrt{5}+\sqrt{3})(\sqrt{5}-\sqrt{3})}$
$$=\dfrac{\sqrt{5}-\sqrt{3}}{(\sqrt{5})^2-(\sqrt{3})^2}$$
$$=\dfrac{\sqrt{5}-\sqrt{3}}{2}$$
답 $\dfrac{\sqrt{5}-\sqrt{3}}{2}$

133 $\dfrac{1}{3+2\sqrt{2}}=\dfrac{3-2\sqrt{2}}{(3+2\sqrt{2})(3-2\sqrt{2})}$
$$=\dfrac{3-2\sqrt{2}}{3^2-(2\sqrt{2})^2}$$
$$=3-2\sqrt{2}$$
답 $3-2\sqrt{2}$

134 $\dfrac{2}{4-\sqrt{3}}=\dfrac{2(4+\sqrt{3})}{(4-\sqrt{3})(4+\sqrt{3})}$
$$=\dfrac{8+2\sqrt{3}}{4^2-(\sqrt{3})^2}$$
$$=\dfrac{8+2\sqrt{3}}{13}$$
답 $\dfrac{8+2\sqrt{3}}{13}$

135 $\dfrac{5}{\sqrt{7}+\sqrt{2}}=\dfrac{5(\sqrt{7}-\sqrt{2})}{(\sqrt{7}+\sqrt{2})(\sqrt{7}-\sqrt{2})}$
$$=\dfrac{5(\sqrt{7}-\sqrt{2})}{(\sqrt{7})^2-(\sqrt{2})^2}$$
$$=\dfrac{5(\sqrt{7}-\sqrt{2})}{5}$$
$$=\sqrt{7}-\sqrt{2}$$
답 $\sqrt{7}-\sqrt{2}$

136 $\dfrac{\sqrt{2}}{\sqrt{6}-\sqrt{3}}=\dfrac{\sqrt{2}(\sqrt{6}+\sqrt{3})}{(\sqrt{6}-\sqrt{3})(\sqrt{6}+\sqrt{3})}$
$$=\dfrac{2\sqrt{3}+\sqrt{6}}{(\sqrt{6})^2-(\sqrt{3})^2}$$
$$=\dfrac{2\sqrt{3}+\sqrt{6}}{3}$$
답 $\dfrac{2\sqrt{3}+\sqrt{6}}{3}$

137 $\dfrac{\sqrt{3}}{2\sqrt{3}+3}=\dfrac{\sqrt{3}(2\sqrt{3}-3)}{(2\sqrt{3}+3)(2\sqrt{3}-3)}$
$$=\dfrac{6-3\sqrt{3}}{(2\sqrt{3})^2-3^2}$$
$$=\dfrac{6-3\sqrt{3}}{3}$$
$$=2-\sqrt{3}$$
답 $2-\sqrt{3}$

138 $\dfrac{\sqrt{6}-\sqrt{5}}{\sqrt{6}+\sqrt{5}}$
$$=\dfrac{(\sqrt{6}-\sqrt{5})^2}{(\sqrt{6}+\sqrt{5})(\sqrt{6}-\sqrt{5})}$$
$$=\dfrac{(\sqrt{6})^2-2\times\sqrt{6}\times\sqrt{5}+(\sqrt{5})^2}{(\sqrt{6})^2-(\sqrt{5})^2}$$
$$=11-2\sqrt{30}$$
답 $11-2\sqrt{30}$

139 $\dfrac{2-\sqrt{2}}{2+\sqrt{2}}=\dfrac{(2-\sqrt{2})^2}{(2+\sqrt{2})(2-\sqrt{2})}$
$$=\dfrac{2^2-2\times2\times\sqrt{2}+(\sqrt{2})^2}{2^2-(\sqrt{2})^2}$$
$$=\dfrac{6-4\sqrt{2}}{2}$$
$$=3-2\sqrt{2}$$
답 $3-2\sqrt{2}$

140 $\dfrac{\sqrt{11}+3}{\sqrt{11}-3}$
$$=\dfrac{(\sqrt{11}+3)^2}{(\sqrt{11}-3)(\sqrt{11}+3)}$$
$$=\dfrac{(\sqrt{11})^2+2\times\sqrt{11}\times3+3^2}{(\sqrt{11})^2-3^2}$$
$$=\dfrac{20+6\sqrt{11}}{2}$$
$$=10+3\sqrt{11}$$
답 $10+3\sqrt{11}$

141 $\dfrac{\sqrt{2}+\sqrt{3}}{\sqrt{2}-\sqrt{3}}$
$$=\dfrac{(\sqrt{2}+\sqrt{3})^2}{(\sqrt{2}-\sqrt{3})(\sqrt{2}+\sqrt{3})}$$
$$=\dfrac{(\sqrt{2})^2+2\times\sqrt{2}\times\sqrt{3}+(\sqrt{3})^2}{(\sqrt{2})^2-(\sqrt{3})^2}$$
$$=\dfrac{5+2\sqrt{6}}{-1}$$
$$=-5-2\sqrt{6}$$
답 $-5-2\sqrt{6}$

142 해 2, 2, 12
답 12

143 해 4, 4, 8

답 8

144 $x^2+y^2=(x+y)^2-2xy$
$$=(2\sqrt{3})^2-2\times(-1)$$
$$=14$$
답 14

145 $(x-y)^2=(x+y)^2-4xy$
$$=(2\sqrt{3})^2-4\times(-1)$$
$$=16$$
답 16

146 $x^2+y^2=(x-y)^2+2xy$
$$=6^2+2\times(-4)$$
$$=28$$
답 28

147 $(x+y)^2=(x-y)^2+4xy$
$$=6^2+4\times(-4)$$
$$=20$$
답 20

148 $a^2+b^2=(a-b)^2+2ab$
$$=(4\sqrt{2})^2+2\times3$$
$$=38$$
답 38

149 $(a+b)^2=(a-b)^2+4ab$
$$=(4\sqrt{2})^2+4\times3$$
$$=44$$
답 44

150 해 2, 2, 23
답 23

151 해 4, 4, 21
답 21

152 $a^2+\dfrac{1}{a^2}=\left(a-\dfrac{1}{a}\right)^2+2$
$$=2^2+2=6$$
답 6

153 $\left(a+\dfrac{1}{a}\right)^2=\left(a-\dfrac{1}{a}\right)^2+4$
$$=2^2+4=8$$
답 8

154 $x^2+\dfrac{1}{x^2}=\left(x-\dfrac{1}{x}\right)^2+2$
$$=(2\sqrt{5})^2+2=22$$
답 22

155 $\left(x+\dfrac{1}{x}\right)^2=\left(x-\dfrac{1}{x}\right)^2+4$
$$=(2\sqrt{5})^2+4=24$$
답 24

156 해 3, 6, 9, 6, 9, 6, 6, 9
답 $x^2+2xy+y^2+6x+6y+9$

157 $x-2y=A$라고 하면
$$(x-2y+1)^2$$
$$=(A+1)^2$$
$$=A^2+2A+1$$
$$=(x-2y)^2+2(x-2y)+1$$
$$=x^2-4xy+4y^2+2x-4y+1$$
답 $x^2-4xy+4y^2+2x-4y+1$

158 $a-b=A$라고 하면

$(a-b+2)^2$

$=(A+2)^2$

$=A^2+4A+4$

$=(a-b)^2+4(a-b)+4$

$=a^2-2ab+b^2+4a-4b+4$

답 $a^2-2ab+b^2+4a-4b+4$

159 $3x+y=A$라고 하면

$(3x+y-4)^2$

$=(A-4)^2$

$=A^2-8A+16$

$=(3x+y)^2-8(3x+y)+16$

$=9x^2+6xy+y^2-24x-8y+16$

답 $9x^2+6xy+y^2-24x-8y+16$

160 $a+b=A$라고 하면

$(a+b+c)^2$

$=(A+c)^2$

$=A^2+2Ac+c^2$

$=(a+b)^2+2(a+b)c+c^2$

$=a^2+2ab+b^2+2ac+2bc+c^2$

$=a^2+b^2+c^2+2ab+2bc+2ac$

답 $a^2+b^2+c^2+2ab+2bc+2ac$

161 해 $2, 4, 4, 2, 4$

답 $a^2+2ab+b^2-4$

162 $2x-y=A$라고 하면

$(2x-y+3)(2x-y-3)$

$=(A+3)(A-3)$

$=A^2-9$

$=(2x-y)^2-9$

$=4x^2-4xy+y^2-9$

답 $4x^2-4xy+y^2-9$

163 $3x-2y=A$라고 하면

$(3x-2y-1)(3x-2y+1)$

$=(A-1)(A+1)$

$=A^2-1$

$=(3x-2y)^2-1$

$=9x^2-12xy+4y^2-1$

답 $9x^2-12xy+4y^2-1$

164 해 $3, 5, 6, 5, 6, 5, 5, 6$

답 $x^2+2xy+y^2+5x+5y+6$

165 $a-5b=A$라고 하면

$(a-5b+1)(a-5b-2)$

$=(A+1)(A-2)$

$=A^2-A-2$

$=(a-5b)^2-(a-5b)-2$

$=a^2-10ab+25b^2-a+5b-2$

답 $a^2-10ab+25b^2-a+5b-2$

166 $4x-y=A$라고 하면

$(4x-y-3)(4x-y+6)$

$=(A-3)(A+6)$

$=A^2+3A-18$

$=(4x-y)^2+3(4x-y)-18$

$=16x^2-8xy+y^2+12x-3y-18$

답 $16x^2-8xy+y^2+12x-3y-18$

167 $x+y=(2+\sqrt{3})+(2-\sqrt{3})=4$

답 4

168 $xy=(2+\sqrt{3})(2-\sqrt{3})=1$　답 1

169 $x^2+y^2=(x+y)^2-2xy$

$=4^2-2\times1=14$　답 14

170 $\dfrac{1}{x}+\dfrac{1}{y}=\dfrac{x+y}{xy}=\dfrac{4}{1}=4$　답 4

171 $\dfrac{y}{x}+\dfrac{x}{y}=\dfrac{x^2+y^2}{xy}=\dfrac{14}{1}=14$　답 14

172 $(x+1)(y+1)-xy$

$=xy+x+y+1-xy$

$=x+y+1$

$=4+1=5$　답 5

173 $x(2y-1)-y(2x-1)$

$=2xy-x-2xy+y$

$=-x+y$

$=-(2+\sqrt{3})+(2-\sqrt{3})$

$=-2-\sqrt{3}+2-\sqrt{3}$

$=-2\sqrt{3}$　답 $-2\sqrt{3}$

174 해 $2, 2, 4, 4, -2, -2, -1$

답 -1

175 $x=3+\sqrt{5}$에서 $x-3=\sqrt{5}$

양변을 제곱하면 $(x-3)^2=(\sqrt{5})^2$

$x^2-6x+9=5$　∴ $x^2-6x=-4$

∴ $x^2-6x-2=-4-2=-6$

답 -6

176 $x=1-\sqrt{3}$에서 $x-1=-\sqrt{3}$

양변을 제곱하면 $(x-1)^2=(-\sqrt{3})^2$

$x^2-2x+1=3$　∴ $x^2-2x=2$

∴ $x^2-2x+5=2+5=7$　답 7

177 $x=2\sqrt{3}-4$에서 $x+4=2\sqrt{3}$

양변을 제곱하면 $(x+4)^2=(2\sqrt{3})^2$

$x^2+8x+16=12$

∴ $x^2+8x=-4$

∴ $x^2+8x-6=-4-6=-10$

답 -10

178 $x=\dfrac{1}{\sqrt{2}+1}=\dfrac{\sqrt{2}-1}{(\sqrt{2}+1)(\sqrt{2}-1)}$

$=\sqrt{2}-1$

에서 $x+1=\sqrt{2}$

양변을 제곱하면 $(x+1)^2=(\sqrt{2})^2$

$x^2+2x+1=2$　∴ $x^2+2x=1$

∴ $x^2+2x+3=1+3=4$　답 4

179 $x=\dfrac{1}{2-\sqrt{3}}=\dfrac{2+\sqrt{3}}{(2-\sqrt{3})(2+\sqrt{3})}$

$=2+\sqrt{3}$

에서 $x-2=\sqrt{3}$

양변을 제곱하면 $(x-2)^2=(\sqrt{3})^2$

$x^2-4x+4=3$　∴ $x^2-4x=-1$

∴ $x^2-4x-1=-1-1=-2$

답 -2

180 ① $62^2=(60+2)^2$

$=60^2+2\times60\times2+2^2$

$=3844$

→ $(a+b)^2=a^2+2ab+b^2$ 이용

② $105\times95=(100+5)(100-5)$

$=100^2-5^2$

$=9975$

→ $(a+b)(a-b)=a^2-b^2$ 이용

③ $103^2=(100+3)^2$

$=100^2+2\times100\times3+3^2$

$=10609$

→ $(a+b)^2=a^2+2ab+b^2$ 이용

④ $98^2=(100-2)^2$

$=100^2-2\times100\times2+2^2$

$=9604$

→ $(a-b)^2=a^2-2ab+b^2$ 이용

⑤ 20.1×19.9

$=(20+0.1)(20-0.1)$

$=20^2-0.1^2$

$=399.99$

→ $(a+b)(a-b)=a^2-b^2$ 이용

답 ④

181 $3x-2y=A$라고 하면

$(3x-2y+1)(3x-2y-1)$

$=(A+1)(A-1)$

$=A^2-1$

$=(3x-2y)^2-1$

$=9x^2-12xy+4y^2-1$

따라서 $a=-12$, $b=4$이므로
$a+b=-12+4=-8$ 답 -8

182 $x=\dfrac{4}{3-\sqrt{5}}=\dfrac{4(3+\sqrt{5})}{(3-\sqrt{5})(3+\sqrt{5})}$
   $=\dfrac{4(3+\sqrt{5})}{4}=3+\sqrt{5}$

에서 $x-3=\sqrt{5}$
양변을 제곱하면 $(x-3)^2=(\sqrt{5})^2$
$x^2-6x+9=5$ $\therefore x^2-6x=-4$
$\therefore x^2-6x+13=-4+13=9$ 답 9

Episode 08   p. 64~71
인수분해

183 해 $2x^2-xy$, $2x^2-xy$
  답 $2x^2-xy$

184 $(x+6)^2$을 전개하면 $x^2+12x+36$이
므로 $(x+6)^2$은 $x^2+12x+36$을 인수
분해한 것이다.   답 $x^2+12x+36$

185 $(a-3)^2$을 전개하면 a^2-6a+9이므
로 $(a-3)^2$은 a^2-6a+9를 인수분해
한 것이다.   답 a^2-6a+9

186 $(x+2)(x-2)$를 전개하면 x^2-4이
므로 $(x+2)(x-2)$는 x^2-4를 인수
분해한 것이다.   답 x^2-4

187 $(a-1)(a+7)$을 전개하면
a^2+6a-7이므로 $(a-1)(a+7)$은
a^2+6a-7을 인수분해한 것이다.
  답 a^2+6a-7

188 $(3x+4)(2x-1)$을 전개하면
$6x^2+5x-4$이므로 $(3x+4)(2x-1)$
은 $6x^2+5x-4$를 인수분해한 것이다.
  답 $6x^2+5x-4$

189 $(5x+y)(x-2y)$를 전개하면
$5x^2-9xy-2y^2$이므로
$(5x+y)(x-2y)$는 $5x^2-9xy-2y^2$
을 인수분해한 것이다.
  답 $5x^2-9xy-2y^2$

190 답 1, a, $a+2b$, $a(a+2b)$

191 답 2, $x+1$, $xy(x+1)$

192 답 $x+3$, $(x+3)(x-4)$

193 답 $a-1$, $a+1$

194 답 $5x-y$, $x+8y$, $x(5x-y)$

195 답 공통인수 : a
  인수분해 : $a(a-1)$

196 답 공통인수 : x
  인수분해 : $x(a-b+c)$

197 답 공통인수 : $3x$
  인수분해 : $3x(x-4y)$

198 답 공통인수 : ab
  인수분해 : $ab(a+bc)$

199 $x^2y-12xy+xy^2=xy(x-12+y)$
       $=xy(x+y-12)$
  답 공통인수 : xy
   인수분해 : $xy(x+y-12)$

200 답 공통인수 : $2b$
  인수분해 : $2b(2a^2+a-3b)$

201 답 공통인수 : $a-b$
  인수분해 : $(a-b)(a+2b)$

202 답 공통인수 : $x+y$
  인수분해 : $(x+y)(x-y+2)$

203 $(2-a)(x-y)+6(x-y)$
  $=(x-y)\{(2-a)+6\}$
  $=(x-y)(8-a)$
  답 공통인수 : $x-y$
   인수분해 : $(x-y)(8-a)$

204 $x(y-3)-(3-y)$
  $=x(y-3)+(y-3)$
  $=(y-3)(x+1)=(x+1)(y-3)$
  답 공통인수 : $y-3$
   인수분해 : $(x+1)(y-3)$

205 $a(x-y)+b(y-x)$
  $=a(x-y)-b(x-y)$
  $=(x-y)(a-b)$
  $=(a-b)(x-y)$
  답 공통인수 : $x-y$
   인수분해 : $(a-b)(x-y)$

206 $3x(x-5y)+2y(5y-x)$
  $=3x(x-5y)-2y(x-5y)$
  $=(x-5y)(3x-2y)$
  답 공통인수 : $x-5y$
   인수분해 : $(x-5y)(3x-2y)$

207 해 2, 1, 1, 1
  답 $(x+1)^2$

208 $a^2+10a+25$
  $=a^2+2\times a\times5+5^2$
  $=(a+5)^2$ 답 $(a+5)^2$

209 $x^2+12xy+36y^2$
  $=x^2+2\times x\times6y+(6y)^2$
  $=(x+6y)^2$ 답 $(x+6y)^2$

210 $x^2+x+\dfrac{1}{4}$
  $=x^2+2\times x\times\dfrac{1}{2}+\left(\dfrac{1}{2}\right)^2$
  $=\left(x+\dfrac{1}{2}\right)^2$ 답 $\left(x+\dfrac{1}{2}\right)^2$

211 해 2, 2, 2, 2
  답 $(x-2)^2$

212 $x^2-8x+16$
  $=x^2-2\times x\times4+4^2$
  $=(x-4)^2$ 답 $(x-4)^2$

213 $a^2-14ab+49b^2$
  $=a^2-2\times a\times7b+(7b)^2$
  $=(a-7b)^2$ 답 $(a-7b)^2$

214 $x^2-\dfrac{2}{3}x+\dfrac{1}{9}$
  $=x^2-2\times x\times\dfrac{1}{3}+\left(\dfrac{1}{3}\right)^2$
  $=\left(x-\dfrac{1}{3}\right)^2$ 답 $\left(x-\dfrac{1}{3}\right)^2$

215 해 2, 2, 9, 2, 9
  답 $(2x+9)^2$

216 $9a^2+30a+25$
  $=(3a)^2+2\times3a\times5+5^2$
  $=(3a+5)^2$ 답 $(3a+5)^2$

217 $16x^2+8xy+y^2$
  $=(4x)^2+2\times4x\times y+y^2$
  $=(4x+y)^2$ 답 $(4x+y)^2$

218 해 7, 7, 7
  답 $(7x-1)^2$

219 $25x^2-20x+4$
  $=(5x)^2-2\times5x\times2+2^2$
  $=(5x-2)^2$ 답 $(5x-2)^2$

220 $4a^2-12ab+9b^2$
  $=(2a)^2-2\times2a\times3b+(3b)^2$
  $=(2a-3b)^2$ 답 $(2a-3b)^2$

221 $2x^2+16x+32$
  $=2(x^2+8x+16)$
  $=2(x^2+2\times x\times4+4^2)$

$$=2(x+4)^2 \qquad \boxed{\text{답}}\ 2(x+4)^2$$

222 $3x^2-6xy+3y^2$
$$=3(x^2-2xy+y^2)$$
$$=3(x^2-2\times x\times y+y^2)$$
$$=3(x-y)^2 \qquad \boxed{\text{답}}\ 3(x-y)^2$$

223 〖해〗 8, 4, 16
　〖답〗 16

224 $a=\left(\dfrac{-2}{2}\right)^2=(-1)^2=1 \qquad \boxed{\text{답}}\ 1$

225 $a=\left(\dfrac{10}{2}\right)^2=5^2=25 \qquad \boxed{\text{답}}\ 25$

226 $a=\left(\dfrac{-12}{2}\right)^2=(-6)^2=36 \qquad \boxed{\text{답}}\ 36$

227 〖해〗 3, 3, 9
　〖답〗 9

228 $25x^2-20x+a$
$$=(5x)^2-2\times 5x\times 2+a$$
$$\therefore a=2^2=4 \qquad \boxed{\text{답}}\ 4$$

229 $9x^2+30xy+ay^2$
$$=(3x)^2+2\times 3x\times 5y+ay^2$$
$$\therefore a=5^2=25 \qquad \boxed{\text{답}}\ 25$$

230 〖해〗 4, 2, 4
　〖답〗 ± 4

231 $a=\pm 2\sqrt{49}=\pm 2\times 7=\pm 14$ 〖답〗 ± 14

232 $a=\pm 2\sqrt{81}=\pm 2\times 9=\pm 18$ 〖답〗 ± 18

233 〖해〗 $2x$, 5, 5, ± 20
　〖답〗 ± 20

234 $16x^2+ax+9=(4x)^2+ax+3^2$
$$\therefore a=\pm 2\times 4\times 3=\pm 24 \qquad \boxed{\text{답}}\ \pm 24$$

235 $9x^2+axy+4y^2$
$$=(3x)^2+axy+(2y)^2$$
$$\therefore a=\pm 2\times 3\times 2=\pm 12 \qquad \boxed{\text{답}}\ \pm 12$$

236 $25x^2+axy+16y^2$
$$=(5x)^2+axy+(4y)^2$$
$$\therefore a=\pm 2\times 5\times 4=\pm 40 \qquad \boxed{\text{답}}\ \pm 40$$

237 〖해〗 4, 4, 4
　〖답〗 $(a+4)(a-4)$

238 $x^2-1=x^2-1^2=(x+1)(x-1)$
　〖답〗 $(x+1)(x-1)$

239 $36-x^2=6^2-x^2=(6+x)(6-x)$
　〖답〗 $(6+x)(6-x)$

240 $x^2-\dfrac{1}{4}=x^2-\left(\dfrac{1}{2}\right)^2$

$$=\left(x+\dfrac{1}{2}\right)\left(x-\dfrac{1}{2}\right)$$
　〖답〗 $\left(x+\dfrac{1}{2}\right)\left(x-\dfrac{1}{2}\right)$

241 $16x^2-25=(4x)^2-5^2$
$$=(4x+5)(4x-5)$$
　〖답〗 $(4x+5)(4x-5)$

242 $49a^2-4=(7a)^2-2^2$
$$=(7a+2)(7a-2)$$
　〖답〗 $(7a+2)(7a-2)$

243 $2x^2-18=2(x^2-9)$
$$=2(x^2-3^2)$$
$$=2(x+3)(x-3)$$
　〖답〗 $2(x+3)(x-3)$

244 $a^3-81a=a(a^2-81)$
$$=a(a^2-9^2)$$
$$=a(a+9)(a-9)$$
　〖답〗 $a(a+9)(a-9)$

245 〖해〗 $2b$, 2, 2
　〖답〗 $(a+2b)(a-2b)$

246 $x^2-64y^2=x^2-(8y)^2$
$$=(x+8y)(x-8y)$$
　〖답〗 $(x+8y)(x-8y)$

247 $a^2-\dfrac{9}{25}b^2=a^2-\left(\dfrac{3}{5}b\right)^2$
$$=\left(a+\dfrac{3}{5}b\right)\left(a-\dfrac{3}{5}b\right)$$
　〖답〗 $\left(a+\dfrac{3}{5}b\right)\left(a-\dfrac{3}{5}b\right)$

248 $4a^2-25b^2=(2a)^2-(5b)^2$
$$=(2a+5b)(2a-5b)$$
　〖답〗 $(2a+5b)(2a-5b)$

249 $49x^2-16y^2=(7x)^2-(4y)^2$
$$=(7x+4y)(7x-4y)$$
　〖답〗 $(7x+4y)(7x-4y)$

250 $\dfrac{1}{4}x^2-\dfrac{1}{9}y^2$
$$=\left(\dfrac{1}{2}x\right)^2-\left(\dfrac{1}{3}y\right)^2$$
$$=\left(\dfrac{1}{2}x+\dfrac{1}{3}y\right)\left(\dfrac{1}{2}x-\dfrac{1}{3}y\right)$$
　〖답〗 $\left(\dfrac{1}{2}x+\dfrac{1}{3}y\right)\left(\dfrac{1}{2}x-\dfrac{1}{3}y\right)$

251 $4a^2-36b^2=4(a^2-9b^2)$
$$=4\{a^2-(3b)^2\}$$
$$=4(a+3b)(a-3b)$$
　〖답〗 $4(a+3b)(a-3b)$

252 $48a^2-3b^2=3(16a^2-b^2)$
$$=3\{(4a)^2-b^2\}$$
$$=3(4a+b)(4a-b)$$
　〖답〗 $3(4a+b)(4a-b)$

253 〖해〗 1, 7, 1, 7
　〖답〗 1, 7

254 곱이 3인 두 정수는 1, 3 또는 −1, −3이고 이 중에서 합이 −4인 두 정수는 −1, −3이다. 　〖답〗 −1, −3

255 곱이 5인 두 정수는 1, 5 또는 −1, −5이고 이 중에서 합이 6인 두 정수는 1, 5이다. 　〖답〗 1, 5

256 곱이 6인 두 정수는 1, 6 또는 2, 3 또는 −1, −6 또는 −2, −3이고 이 중에서 합이 −5인 두 정수는 −2, −3이다. 　〖답〗 −2, −3

257 곱이 −2인 두 정수는 1, −2 또는 −1, 2이고 이 중에서 합이 1인 두 정수는 −1, 2이다. 　〖답〗 −1, 2

258 곱이 −8인 두 정수는 1, −8 또는 2, −4 또는 −1, 8 또는 −2, 4이고 이 중에서 합이 2인 두 정수는 −2, 4이다.
　〖답〗 −2, 4

259 곱이 −21인 두 정수는 1, −21 또는 3, −7 또는 −1, 21 또는 −3, 7이고 이 중에서 합이 −4인 두 정수는 3, −7이다. 　〖답〗 3, −7

260 곱이 −10인 두 정수는 1, −10 또는 2, −5 또는 −1, 10 또는 −2, 5이고 이 중에서 합이 −3인 두 정수는 2, −5이다. 　〖답〗 2, −5

261 〖해〗 1, 4, 1, 4, 1, 4
　〖답〗 $(x+1)(x+4)$

262 곱이 8인 두 정수는 1, 8 또는 2, 4 또는 −1, −8 또는 −2, −4이고 이 중에서 합이 6인 두 정수는 2, 4이므로
$$x^2+6x+8=(x+2)(x+4)$$
　〖답〗 $(x+2)(x+4)$

263 곱이 2인 두 정수는 1, 2 또는 −1, −2이고 이 중에서 합이 −3인 두 정수는 −1, −2이므로
$$a^2-3a+2=(a-1)(a-2)$$
　〖답〗 $(a-1)(a-2)$

264 곱이 12인 두 정수는 1, 12 또는 2, 6
또는 3, 4 또는 -1, -12 또는 -2,
-6 또는 -3, -4이고 이 중에서 합
이 -7인 두 정수는 -3, -4이므로
$$x^2-7x+12=(x-3)(x-4)$$
답 $(x-3)(x-4)$

265 곱이 -10인 두 정수는 1, -10 또는
2, -5 또는 -1, 10 또는 -2, 5이고
이 중에서 합이 3인 두 정수는 -2, 5
이므로
$$x^2+3x-10=(x-2)(x+5)$$
답 $(x-2)(x+5)$

266 곱이 -35인 두 정수는 1, -35 또는
5, -7 또는 -1, 35 또는 -5, 7이고
이 중에서 합이 2인 두 정수는 -5, 7
이므로
$$a^2+2a-35=(a-5)(a+7)$$
답 $(a-5)(a+7)$

267 곱이 -12인 두 정수는 1, -12 또는
2, -6 또는 3, -4 또는 -1, 12 또는
-2, 6 또는 -3, 4이고 이 중에서 합
이 -4인 두 정수는 2, -6이므로
$$x^2-4x-12=(x+2)(x-6)$$
답 $(x+2)(x-6)$

268 곱이 -15인 두 정수는 1, -15 또는
3, -5 또는 -1, 15 또는 -3, 5이고
이 중에서 합이 -2인 두 정수는 3,
-5이므로
$$a^2-2a-15=(a+3)(a-5)$$
답 $(a+3)(a-5)$

269 해 1, 5, 1, 5, y, $5y$
답 $(x+y)(x+5y)$

270 곱이 10인 두 정수는 1, 10 또는 2, 5 또
는 -1, -10 또는 -2, -5이고 이 중
에서 합이 11인 두 정수는 1, 10이므로
$$a^2+11ab+10b^2=(a+b)(a+10b)$$
답 $(a+b)(a+10b)$

271 곱이 4인 두 정수는 1, 4 또는 2, 2 또
는 -1, -4 또는 -2, -2이고 이 중
에서 합이 -5인 두 정수는 -1, -4
이므로
$$x^2-5xy+4y^2=(x-y)(x-4y)$$
답 $(x-y)(x-4y)$

272 곱이 18인 두 정수는 1, 18 또는 2, 9

또는 3, 6 또는 -1, -18 또는 -2,
-9 또는 -3, -6이고 이 중에서 합
이 -9인 두 정수는 -3, -6이므로
$$x^2-9xy+18y^2=(x-3y)(x-6y)$$
답 $(x-3y)(x-6y)$

273 곱이 -3인 두 정수는 1, -3 또는
-1, 3이고 이 중에서 합이 2인 두 정
수는 -1, 3이므로
$$x^2+2xy-3y^2=(x-y)(x+3y)$$
답 $(x-y)(x+3y)$

274 곱이 -8인 두 정수는 1, -8 또는 2,
-4 또는 -1, 8 또는 -2, 4이고 이 중
에서 합이 7인 두 정수는 -1, 8이므로
$$a^2+7ab-8b^2=(a-b)(a+8b)$$
답 $(a-b)(a+8b)$

275 곱이 -9인 두 정수는 1, -9 또는 3,
-3 또는 -1, 9이고 이 중에서 합이
-8인 두 정수는 1, -9이므로
$$x^2-8xy-9y^2=(x+y)(x-9y)$$
답 $(x+y)(x-9y)$

276 곱이 -12인 두 정수는 1, -12 또는
2, -6 또는 3, -4 또는 -1, 12 또는
-2, 6 또는 -3, 4이고 이 중에서 합
이 -1인 두 정수는 3, -4이므로
$$a^2-ab-12b^2=(a+3b)(a-4b)$$
답 $(a+3b)(a-4b)$

277 해
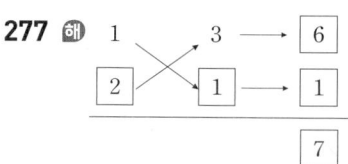
답 $(x+3)(2x+1)$

278 해
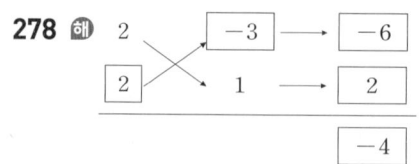
답 $(2x-3)(2x+1)$

279

```
1 ╳ 1 ⟶ 3
3   2 ⟶ 2
        ─────
         5
```
$$\therefore 3x^2+5x+2=(x+1)(3x+2)$$
답 $(x+1)(3x+2)$

280

```
2 ╳ -3 ⟶ -9
3   -1 ⟶ -2
         ─────
          -11
```

$$\therefore 6x^2-11x+3=(2x-3)(3x-1)$$
답 $(2x-3)(3x-1)$

281

```
1 ╳ 4 ⟶ 20
5   -2 ⟶ -2
        ─────
         18
```
$$\therefore 5a^2+18a-8=(a+4)(5a-2)$$
답 $(a+4)(5a-2)$

282

```
1 ╳ -3 ⟶ -6
2   3 ⟶ 3
        ─────
        -3
```
$$\therefore 2x^2-3x-9=(x-3)(2x+3)$$
답 $(x-3)(2x+3)$

283 해
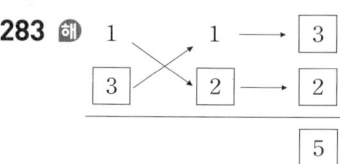
답 $(x+y)(3x+2y)$

284 해
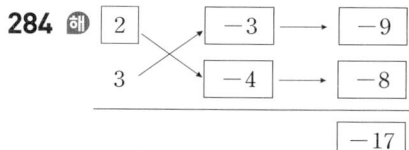
답 $(2x-3y)(3x-4y)$

285

```
1 ╳ 1 ⟶ 2
2   5 ⟶ 5
        ───
         7
```
$$\therefore 2x^2+7xy+5y^2$$
$$=(x+y)(2x+5y)$$
답 $(x+y)(2x+5y)$

286

```
1 ╳ -3 ⟶ -15
5   -1 ⟶ -1
        ─────
         -16
```
$$\therefore 5a^2-16ab+3b^2$$
$$=(a-3b)(5a-b)$$
답 $(a-3b)(5a-b)$

287

```
1 ╳ 2 ⟶ 8
4   -3 ⟶ -3
        ───
         5
```
$$\therefore 4x^2+5xy-6y^2$$
$$=(x+2y)(4x-3y)$$
답 $(x+2y)(4x-3y)$

288

```
2 ╳ 1 ⟶ 5
5   -7 ⟶ -14
        ─────
         -9
```
$$\therefore 10x^2-9xy-7y^2$$
$$=(2x+y)(5x-7y)$$
답 $(2x+y)(5x-7y)$

289 $2a^2b-2a^3=2a^2(b-a)$ 🔲 ③, ⑤

290 $x^2-10x+A$에서

$A=\left(\dfrac{-10}{2}\right)^2=(-5)^2=25$

$x^2+Bx+36$에서

$B=\pm2\sqrt{36}=\pm2\times6=\pm12$

이때 B는 양수이므로 $B=12$

$\therefore A-B=25-12=13$ 🔲 13

291 $x^2-7x+12=(x-3)(x-4)$

$2x^2-3x-9=(x-3)(2x+3)$

따라서 두 다항식의 1이 아닌 공통인수
는 $x-3$이다.   🔲 $x-3$

Episode 09

복잡한 식의 인수분해   p. 73~78

292 🔲 $(x+2)^2$

293 🔲 ○

294 🔲 ○

295 🔲 $(2x+9y)(2x-9y)$

296 🔲 ○

297 🔲 $(x-4y)(x+2y)$

298 🔲 $(a-2)(2a+5)$

299 🔲 ○

300 해 1, 1, 4

🔲 $(x+4)^2$

301 $x-2y=A$로 치환하면

$(x-2y)^2-3(x-2y)+2$

$=A^2-3A+2$

$=(A-1)(A-2)$

$=(x-2y-1)(x-2y-2)$

🔲 $(x-2y-1)(x-2y-2)$

302 $3x+1=A$로 치환하면

$2(3x+1)^2-7(3x+1)-4$

$=2A^2-7A-4$

$=(A-4)(2A+1)$

$=(3x+1-4)\{2(3x+1)+1\}$

$=(3x-3)(6x+3)$

$=9(x-1)(2x+1)$

🔲 $9(x-1)(2x+1)$

303 $x+y=A$로 치환하면

$(x+y)(x+y+5)-6$

$=A(A+5)-6$

$=A^2+5A-6$

$=(A-1)(A+6)$

$=(x+y-1)(x+y+6)$

🔲 $(x+y-1)(x+y+6)$

304 $x-3y=A$로 치환하면

$(x-3y)(x-3y-7)-18$

$=A(A-7)-18$

$=A^2-7A-18$

$=(A-9)(A+2)$

$=(x-3y-9)(x-3y+2)$

🔲 $(x-3y-9)(x-3y+2)$

305 $a-b=A$로 치환하면

$(a-b)^2-(a-b-1)-13$

$=A^2-(A-1)-13$

$=A^2-A-12$

$=(A-4)(A+3)$

$=(a-b-4)(a-b+3)$

🔲 $(a-b-4)(a-b+3)$

306 해 B, $2x+5$, $3x+2$

🔲 $(3x+2)^2$

307 $5x-2y=A$, $x+y=B$로 치환하면

$(5x-2y)^2-6(5x-2y)(x+y)$

$\qquad\qquad\qquad +9(x+y)^2$

$=A^2-6AB+9B^2$

$=(A-3B)^2$

$=\{(5x-2y)-3(x+y)\}^2$

$=(2x-5y)^2$ 🔲 $(2x-5y)^2$

308 $x+2=A$, $x+3=B$로 치환하면

$(x+2)^2+3(x+2)(x+3)-4(x+3)^2$

$=A^2+3AB-4B^2$

$=(A-B)(A+4B)$

$=\{(x+2)-(x+3)\}\{(x+2)$

$\qquad\qquad\qquad +4(x+3)\}$

$=-5x-14$ 🔲 $-5x-14$

309 $x+y=A$, $2x-y=B$로 치환하면

$(x+y)^2-9(x+y)(2x-y)$

$\qquad\qquad\qquad +20(2x-y)^2$

$=A^2-9AB+20B^2$

$=(A-4B)(A-5B)$

$=\{(x+y)-4(2x-y)\}\{(x+y)$

$\qquad\qquad\qquad -5(2x-y)\}$

$=(-7x+5y)(-9x+6y)$

$=3(3x-2y)(7x-5y)$

🔲 $3(3x-2y)(7x-5y)$

310 $x+1=A$, $x-4=B$로 치환하면

$6(x+1)^2+(x+1)(x-4)-(x-4)^2$

$=6A^2+AB-B^2$

$=(3A-B)(2A+B)$

$=\{3(x+1)-(x-4)\}\{2(x+1)$

$\qquad\qquad\qquad +(x-4)\}$

$=(2x+7)(3x-2)$

🔲 $(2x+7)(3x-2)$

311 해 4, 4, 4, 4

🔲 $(x+y+4)(x+y-4)$

312 $5x+3y=A$로 치환하면

$x^2-(5x+3y)^2$

$=x^2-A^2$

$=(x+A)(x-A)$

$=\{x+(5x+3y)\}\{x-(5x+3y)\}$

$=(6x+3y)(-4x-3y)$

$=-3(2x+y)(4x+3y)$

🔲 $-3(2x+y)(4x+3y)$

313 $x+2=A$, $y-1=B$로 치환하면

$(x+2)^2-(y-1)^2$

$=A^2-B^2$

$=(A+B)(A-B)$

$=\{(x+2)+(y-1)\}\{(x+2)$

$\qquad\qquad\qquad -(y-1)\}$

$=(x+y+1)(x-y+3)$

🔲 $(x+y+1)(x-y+3)$

314 $3x-2=A$, $x-1=B$로 치환하면

$(3x-2)^2-(x-1)^2$

$=A^2-B^2$

$=(A+B)(A-B)$

$=\{(3x-2)+(x-1)\}\{(3x-2)$

$\qquad\qquad\qquad -(x-1)\}$

$=(4x-3)(2x-1)$

🔲 $(4x-3)(2x-1)$

315 $x+2y=A$, $x-y=B$로 치환하면

$(x+2y)^2-(x-y)^2$

$=A^2-B^2$

$=(A+B)(A-B)$

$=\{(x+2y)+(x-y)\}\{(x+2y)$

$$-(x-y)\}$$
$$=3y(2x+y)$$
답 $3y(2x+y)$

316 $x-y=A$, $x+y=B$로 치환하면
$$(x-y)^2-4(x+y)^2$$
$$=A^2-4B^2$$
$$=A^2-(2B)^2$$
$$=(A+2B)(A-2B)$$
$$=\{(x-y)+2(x+y)\}\{(x-y)$$
$$\qquad\qquad -2(x+y)\}$$
$$=(3x+y)(-x-3y)$$
$$=-(3x+y)(x+3y)$$
답 $-(3x+y)(x+3y)$

317 해 1, 1, 1, 1, 1
답 $(x+1)(y+1)$

318 $xy+x+5y+5$
$$=(xy+x)+(5y+5)$$
$$=x(y+1)+5(y+1)$$
$$=(x+5)(y+1)$$
답 $(x+5)(y+1)$

319 $ab-2a+2-b$
$$=(ab-2a)+(-b+2)$$
$$=a(b-2)-(b-2)$$
$$=(a-1)(b-2)$$
답 $(a-1)(b-2)$

320 $ax+2ay-bx-2by$
$$=(ax+2ay)+(-bx-2by)$$
$$=a(x+2y)-b(x+2y)$$
$$=(a-b)(x+2y)$$
답 $(a-b)(x+2y)$

321 $x^2y-xy^2+3x-3y$
$$=(x^2y-xy^2)+(3x-3y)$$
$$=xy(x-y)+3(x-y)$$
$$=(x-y)(xy+3)$$
답 $(x-y)(xy+3)$

322 x^2-y^2+x-y
$$=(x^2-y^2)+(x-y)$$
$$=(x+y)(x-y)+(x-y)$$
$$=(x-y)(x+y+1)$$
답 $(x-y)(x+y+1)$

323 x^2-4y^2-x-2y
$$=(x^2-4y^2)+(-x-2y)$$
$$=(x+2y)(x-2y)-(x+2y)$$
$$=(x+2y)(x-2y-1)$$
답 $(x+2y)(x-2y-1)$

324 해 2, 2, 2, 2, 2
답 $(x+y+2)(x-y+2)$

325 $a^2-14a+49-b^2$
$$=(a^2-14a+49)-b^2$$
$$=(a-7)^2-b^2$$
$$=(a-7+b)(a-7-b)$$
$$=(a+b-7)(a-b-7)$$
답 $(a+b-7)(a-b-7)$

326 x^2-4y^2-2x+1
$$=(x^2-2x+1)-4y^2$$
$$=(x-1)^2-(2y)^2$$
$$=(x-1+2y)(x-1-2y)$$
$$=(x+2y-1)(x-2y-1)$$
답 $(x+2y-1)(x-2y-1)$

327 $4x^2+4xy+y^2-4$
$$=(4x^2+4xy+y^2)-4$$
$$=(2x+y)^2-2^2$$
$$=(2x+y+2)(2x+y-2)$$
답 $(2x+y+2)(2x+y-2)$

328 x^2-y^2+6y-9
$$=x^2-(y^2-6y+9)$$
$$=x^2-(y-3)^2$$
$$=\{x+(y-3)\}\{x-(y-3)\}$$
$$=(x+y-3)(x-y+3)$$
답 $(x+y-3)(x-y+3)$

329 $a^2-b^2-10b-25$
$$=a^2-(b^2+10b+25)$$
$$=a^2-(b+5)^2$$
$$=\{a+(b+5)\}\{a-(b+5)\}$$
$$=(a+b+5)(a-b-5)$$
답 $(a+b+5)(a-b-5)$

330 $x^2-12xy+36y^2-64z^2$
$$=(x^2-12xy+36y^2)-64z^2$$
$$=(x-6y)^2-(8z)^2$$
$$=\{(x-6y)+8z\}\{(x-6y)-8z\}$$
$$=(x-6y+8z)(x-6y-8z)$$
답 $(x-6y+8z)(x-6y-8z)$

331 해 $x-2$, $x-2$, $x-2$, 1, $x-2$, 1
답 $(x-2)(x-y+1)$

332 $x^2+xy+2x-y-3$
$$=xy-y+x^2+2x-3$$
$$=y(x-1)+(x-1)(x+3)$$
$$=(x-1)(y+x+3)$$
$$=(x-1)(x+y+3)$$
답 $(x-1)(x+y+3)$

333 $x^2+xy-x+3y-12$
$$=xy+3y+x^2-x-12$$
$$=y(x+3)+(x-4)(x+3)$$
$$=(x+3)(y+x-4)$$
$$=(x+3)(x+y-4)$$
답 $(x+3)(x+y-4)$

334 $x^2-xy+4x-y+3$
$$=-xy-y+x^2+4x+3$$
$$=-y(x+1)+(x+1)(x+3)$$
$$=(x+1)(-y+x+3)$$
$$=(x+1)(x-y+3)$$
답 $(x+1)(x-y+3)$

335 $x^2-xy-7x+5y+10$
$$=-xy+5y+x^2-7x+10$$
$$=-y(x-5)+(x-2)(x-5)$$
$$=(x-5)(-y+x-2)$$
$$=(x-5)(x-y-2)$$
답 $(x-5)(x-y-2)$

336 $x^2+5xy+2x-5y-3$
$$=5xy-5y+x^2+2x-3$$
$$=5y(x-1)+(x-1)(x+3)$$
$$=(x-1)(5y+x+3)$$
$$=(x-1)(x+5y+3)$$
답 $(x-1)(x+5y+3)$

337 해 2, 2, 5, 5
답 $(a+b-5)(a+b+3)$

338 $x^2-2xy+y^2-5x+5y-6$
$$=(x-y)^2-5(x-y)-6$$
$x-y=A$로 치환하면
$$A^2-5A-6$$
$$=(A-6)(A+1)$$
$$=(x-y-6)(x-y+1)$$
답 $(x-y-6)(x-y+1)$

339 $x^2-6xy+9y^2+3x-9y+2$
$$=(x-3y)^2+3(x-3y)+2$$
$x-3y=A$로 치환하면
$$A^2+3A+2$$
$$=(A+1)(A+2)$$
$$=(x-3y+1)(x-3y+2)$$
답 $(x-3y+1)(x-3y+2)$

340 $x^2+4xy+4y^2-6x-12y+9$
$$=(x+2y)^2-6(x+2y)+9$$
$x+2y=A$로 치환하면

$$A^2-6A+9=(A-3)^2$$
$$=(x+2y-3)^2$$
답 $(x+2y-3)^2$

341 $x^2-4xy+4y^2+4x-8y+4$
$$=(x-2y)^2+4(x-2y)+4$$
$x-2y=A$로 치환하면
$$A^2+4A+4=(A+2)^2$$
$$=(x-2y+2)^2$$
답 $(x-2y+2)^2$

342 $x^2+6xy-6y+9y^2-2x+1$
$$=x^2+6xy+9y^2-2x-6y+1$$
$$=(x+3y)^2-2(x+3y)+1$$
$x+3y=A$로 치환하면
$$A^2-2A+1=(A-1)^2$$
$$=(x+3y-1)^2$$
답 $(x+3y-1)^2$

343 해 63, 100, 4900
답 4900

344 $84\times128-84\times28$
$$=84\times(128-28)$$
$$=84\times100=8400$$
답 8400

345 해 76, 76, 200, 9600
답 9600

346 $91^2-9^2=(91+9)(91-9)$
$$=100\times82=8200$$
답 8200

347 $32\times65^2-32\times35^2$
$$=32(65^2-35^2)$$
$$=32(65+35)(65-35)$$
$$=32\times100\times30$$
$$=96000$$
답 96000

348 해 47, 40, 1600
답 1600

349 $58^2-2\times58\times28+28^2$
$$=(58-28)^2$$
$$=30^2=900$$
답 900

350 $86^2+28\times86+14^2$
$$=86^2+2\times86\times14+14^2$$
$$=(86+14)^2$$
$$=100^2=10000$$
답 10000

351 해 1, 1, 100, 10000
답 10000

352 $a^2+10a+25=(a+5)^2=(95+5)^2$
$$=100^2=10000$$

답 10000

353 $x^2-12x+36=(x-6)^2=(56-6)^2$
$$=50^2=2500$$
답 2500

354 $x^2+6x+9=(x+3)^2$
$$=(\sqrt{2}-3+3)^2$$
$$=(\sqrt{2})^2=2$$
답 2

355 x^2-4x+3
$$=(x-1)(x-3)$$
$$=(\sqrt{3}+1-1)(\sqrt{3}+1-3)$$
$$=\sqrt{3}(\sqrt{3}-2)$$
$$=3-2\sqrt{3}$$
답 $3-2\sqrt{3}$

356 x^2-x-2
$$=(x-2)(x+1)$$
$$=(2-\sqrt{5}-2)(2-\sqrt{5}+1)$$
$$=-\sqrt{5}(3-\sqrt{5})$$
$$=5-3\sqrt{5}$$
답 $5-3\sqrt{5}$

357 해 56, 56, 10, 1220
답 1220

358 $x^2+2xy+y^2=(x+y)^2$
$$=(74+26)^2$$
$$=100^2$$
$$=10000$$
답 10000

359 $x+y=(\sqrt{2}+\sqrt{5})+(\sqrt{2}-\sqrt{5})=2\sqrt{2}$,
$x-y=(\sqrt{2}+\sqrt{5})-(\sqrt{2}-\sqrt{5})=2\sqrt{5}$
이므로
$$x^2-y^2=(x+y)(x-y)$$
$$=2\sqrt{2}\times2\sqrt{5}=4\sqrt{10}$$
답 $4\sqrt{10}$

360 $a^2-2ab+b^2$
$$=(a-b)^2$$
$$=\{(1+\sqrt{3})-(1-\sqrt{3})\}^2$$
$$=(2\sqrt{3})^2=12$$
답 12

361 $x=\dfrac{1}{\sqrt{3}+\sqrt{2}}=\sqrt{3}-\sqrt{2}$,
$y=\dfrac{1}{\sqrt{3}-\sqrt{2}}=\sqrt{3}+\sqrt{2}$이므로
$$x+y=(\sqrt{3}-\sqrt{2})+(\sqrt{3}+\sqrt{2})$$
$$=2\sqrt{3}$$
$$x-y=(\sqrt{3}-\sqrt{2})-(\sqrt{3}+\sqrt{2})$$
$$=-2\sqrt{2}$$
$$\therefore\ x^2-y^2=(x+y)(x-y)$$
$$=2\sqrt{3}\times(-2\sqrt{2})$$
$$=-4\sqrt{6}$$
답 $-4\sqrt{6}$

362 $x=\dfrac{1}{\sqrt{5}-2}=\sqrt{5}+2$,

$y=\dfrac{1}{\sqrt{5}+2}=\sqrt{5}-2$이므로
$$x+y=(\sqrt{5}+2)+(\sqrt{5}-2)=2\sqrt{5}$$
$$x-y=(\sqrt{5}+2)-(\sqrt{5}-2)=4$$
$$xy=(\sqrt{5}+2)(\sqrt{5}-2)=1$$
$$\therefore\ x^3y-xy^3=xy(x^2-y^2)$$
$$=xy(x+y)(x-y)$$
$$=1\times2\sqrt{5}\times4$$
$$=8\sqrt{5}$$
답 $8\sqrt{5}$

363 $x-2=A$로 치환하면
$$(x-2)^2-3(x-2)-4$$
$$=A^2-3A-4$$
$$=(A-4)(A+1)$$
$$=(x-2-4)(x-2+1)$$
$$=(x-6)(x-1)$$
따라서 $a=-6$, $b=1$이므로
$$a+b=-6+1=-5$$
답 -5

364 $ab+3a-3-b$
$$=(ab+3a)+(-b-3)$$
$$=a(b+3)-(b+3)$$
$$=(a-1)(b+3)$$
답 ②

365 $x+y=(\sqrt{3}+2)+(\sqrt{3}-2)=2\sqrt{3}$
$x-y=(\sqrt{3}+2)-(\sqrt{3}-2)=4$
$xy=(\sqrt{3}+2)(\sqrt{3}-2)=-1$이므로
$$2x^3y-2xy^3=2xy(x^2-y^2)$$
$$=2xy(x+y)(x-y)$$
$$=2\times(-1)\times2\sqrt{3}\times4$$
$$=-16\sqrt{3}$$
답 $-16\sqrt{3}$

Episode 10 p. 80~86
이차방정식과 그 해

366 좌변이 x에 대한 일차식이므로 이차방정식이 아니다. 답 ×

367 다항식이므로 이차방정식이 아니다.
답 ×

368 답 ○

369 답 ○

370 좌변이 x에 대한 이차식이 아니므로 이차방정식이 아니다. 답 ×

371 우변의 모든 항을 좌변으로 이항하여

정리하면 $4x^2-2=0$
따라서 좌변이 x에 대한 이차식이므로
이차방정식이다. 답 ○

372 우변의 모든 항을 좌변으로 이항하여
정리하면 $2x-1=0$
따라서 좌변이 x에 대한 일차식이므로
이차방정식이 아니다. 답 ×

373 $(x+1)^2=-x^2+5x$에서
$x^2+2x+1=-x^2+5x$
우변의 모든 항을 좌변으로 이항하여
정리하면 $2x^2-3x+1=0$
따라서 좌변이 x에 대한 이차식이므로
이차방정식이다. 답 ○

374 답 $a\neq 0$

375 답 $a\neq 0$

376 해 3, 3
답 $a\neq 3$

377 $a+4\neq 0$이어야 하므로 $a\neq -4$
답 $a\neq -4$

378 $2a-1\neq 0$이어야 하므로 $a\neq \dfrac{1}{2}$
답 $a\neq \dfrac{1}{2}$

379 $ax^2+4x+1=-2x^2+3x$에서
$(a+2)x^2+x+1=0$
$a+2\neq 0$이어야 하므로 $a\neq -2$
답 $a\neq -2$

380 $2ax^2-5x=8x^2+1$에서
$(2a-8)x^2-5x-1=0$
$2a-8\neq 0$이어야 하므로 $a\neq 4$
답 $a\neq 4$

381 $a(x^2+x)=7x^2+2$에서
$ax^2+ax=7x^2+2$
$\therefore (a-7)x^2+ax-2=0$
$a-7\neq 0$이어야 하므로 $a\neq 7$
답 $a\neq 7$

382 해 3, 2, 3, 2, 0
답 3, 2, 0

383 $-4x+5=2x^2-6x+8$에서
$2x^2-2x+3=0$
$\therefore a=2, b=-2, c=3$
답 2, -2, 3

384 $(x+3)(x-4)=0$에서

385 $3x^2+7x=(x-2)(x+5)$에서
$3x^2+7x=x^2+3x-10$
$\therefore 2x^2+4x+10=0$
$\therefore a=2, b=4, c=10$
답 2, 4, 10

386 $(x-2)^2-9=0$에서
$x^2-4x+4-9=0$
$\therefore x^2-4x-5=0$
$\therefore a=1, b=-4, c=-5$
답 1, -4, -5

387 $2(x+1)^2=-x^2+4x+6$에서
$2x^2+4x+2=-x^2+4x+6$
$\therefore 3x^2-4=0$
$\therefore a=3, b=0, c=-4$
답 3, 0, -4

388 해 3, 3, 3, 3
답 ○

389 $(x+1)(x+2)=0$에 $x=2$를 대입하
면 $(2+1)(2+2)=12\neq 0$
따라서 $x=2$는 해가 아니다. 답 ×

390 $(x-1)^2=0$에 $x=-1$을 대입하면
$(-1-1)^2=4\neq 0$
따라서 $x=-1$은 해가 아니다. 답 ×

391 $x^2-4=0$에 $x=-2$를 대입하면
$(-2)^2-4=0$
따라서 $x=-2$는 해이다. 답 ○

392 $3x^2+2x=0$에 $x=-1$을 대입하면
$3\times(-1)^2+2\times(-1)=1\neq 0$
따라서 $x=-1$은 해가 아니다. 답 ×

393 $x^2-5x+6=0$에 $x=3$을 대입하면
$3^2-5\times 3+6=0$
따라서 $x=3$은 해이다. 답 ○

394 $-x^2+8x=-7$에 $x=1$을 대입하면
$-1^2+8\times 1=7\neq -7$
따라서 $x=1$은 해가 아니다. 답 ×

395 $(x+3)^2=4$에 $x=-5$를 대입하면
$(-5+3)^2=4$
따라서 $x=-5$는 해이다. 답 ○

396 해 0, -1, 0, 3, 8, -2, 0, -2, 0
답 $x=-2$ 또는 $x=0$

397 $x=-2$일 때, $(-2)^2-(-2)-2=4$
$x=-1$일 때, $(-1)^2-(-1)-2=0$
$x=0$일 때, $0^2-0-2=-2$
$x=1$일 때, $1^2-1-2=-2$
$x=2$일 때, $2^2-2-2=0$
따라서 주어진 등식을 만족시키는 x의
값은 -1, 2이므로 이차방정식의 해는
$x=-1$ 또는 $x=2$이다.
답 $x=-1$ 또는 $x=2$

398 $x=-2$일 때,
$(-2)^2-4\times(-2)+4=16$
$x=-1$일 때,
$(-1)^2-4\times(-1)+4=9$
$x=0$일 때, $0^2-4\times 0+4=4$
$x=1$일 때, $1^2-4\times 1+4=1$
$x=2$일 때, $2^2-4\times 2+4=0$
따라서 주어진 등식을 만족시키는 x의
값은 2이므로 이차방정식의 해는 $x=2$
이다. 답 $x=2$

399 $x=-2$일 때,
$2\times(-2)^2+3\times(-2)-5=-3$
$x=-1$일 때,
$2\times(-1)^2+3\times(-1)-5=-6$
$x=0$일 때, $2\times 0^2+3\times 0-5=-5$
$x=1$일 때, $2\times 1^2+3\times 1-5=0$
$x=2$일 때, $2\times 2^2+3\times 2-5=9$
따라서 주어진 등식을 만족시키는 x의
값은 1이므로 이차방정식의 해는 $x=1$
이다. 답 $x=1$

400 $x=-2$일 때,
$-3\times(-2)^2+(-2)+4=-10$
$x=-1$일 때,
$-3\times(-1)^2+(-1)+4=0$
$x=0$일 때, $-3\times 0^2+0+4=4$
$x=1$일 때, $-3\times 1^2+1+4=2$
$x=2$일 때, $-3\times 2^2+2+4=-6$
따라서 주어진 등식을 만족시키는 x의
값은 -1이므로 이차방정식의 해는
$x=-1$이다. 답 $x=-1$

401 해 $-1, -1, -1, -3$
답 -3

402 $x^2-ax+6=0$에 $x=3$을 대입하면
$3^2-a\times 3+6=0$, $-3a+15=0$
$-3a=-15$ $\therefore a=5$ 답 5

403 $ax^2+2x+4=0$에 $x=2$를 대입하면
$a\times 2^2+2\times 2+4=0$, $4a+8=0$
$4a=-8$ $\therefore a=-2$ 답 -2

404 $2x^2-3x-a=0$에 $x=1$을 대입하면
$2\times 1^2-3\times 1-a=0$, $-a-1=0$
$-a=1$ $\therefore a=-1$ 답 -1

405 $x^2+3=-ax$에 $x=-3$을 대입하면
$(-3)^2+3=-a\times(-3)$
$12=3a$ $\therefore a=4$ 답 4

406 $-4x^2=ax-10$에 $x=-2$를 대입하면
$-4\times(-2)^2=a\times(-2)-10$
$-16=-2a-10$
$2a=6$ $\therefore a=3$ 답 3

407 $(ax-1)(2x+3)=5$에 $x=-1$을 대입하면
$\{a\times(-1)-1\}\{2\times(-1)+3\}=5$
$-a-1=5$, $-a=6$
$\therefore a=-6$ 답 -6

408 해 m, m, -1
답 -1

409 $x^2-5x+2=0$에 $x=m$을 대입하면
$m^2-5m+2=0$
$\therefore m^2-5m=-2$ 답 -2

410 $x^2+8x-4=0$에 $x=m$을 대입하면
$m^2+8m-4=0$, $m^2+8m=4$
$\therefore m^2+8m+3=4+3=7$ 답 7

411 해 2, 5
답 5

412 $3x^2+x+3=0$에 $x=m$을 대입하면
$3m^2+m+3=0$, $3m^2+m=-3$
$\therefore 9m^2+3m=3(3m^2+m)$
$\qquad =3\times(-3)=-9$
답 -9

413 $\frac{1}{2}x^2-7x+1=0$에 $x=m$을 대입하면
$\frac{1}{2}m^2-7m+1=0$
$\frac{1}{2}m^2-7m=-1$
$\therefore m^2-14m=2\left(\frac{1}{2}m^2-7m\right)$
$\qquad =2\times(-1)=-2$
답 -2

414 해 0, 0, -2, 1

415 $(x-2)(x+3)=0$에서
$x-2=0$ 또는 $x+3=0$
$\therefore x=2$ 또는 $x=-3$
답 $x=2$ 또는 $x=-3$

416 $x(x-5)=0$에서
$x=0$ 또는 $x-5=0$
$\therefore x=0$ 또는 $x=5$
답 $x=0$ 또는 $x=5$

417 $(x+1)(x-1)=0$에서
$x+1=0$ 또는 $x-1=0$
$\therefore x=-1$ 또는 $x=1$
답 $x=-1$ 또는 $x=1$

418 $\left(x-\frac{3}{4}\right)\left(x-\frac{2}{5}\right)=0$에서
$x-\frac{3}{4}=0$ 또는 $x-\frac{2}{5}=0$
$\therefore x=\frac{3}{4}$ 또는 $x=\frac{2}{5}$
답 $x=\frac{3}{4}$ 또는 $x=\frac{2}{5}$

419 $(3x+1)(x+2)=0$에서
$3x+1=0$ 또는 $x+2=0$
$\therefore x=-\frac{1}{3}$ 또는 $x=-2$
답 $x=-\frac{1}{3}$ 또는 $x=-2$

420 $(2x+7)(4x-5)=0$에서
$2x+7=0$ 또는 $4x-5=0$
$\therefore x=-\frac{7}{2}$ 또는 $x=\frac{5}{4}$
답 $x=-\frac{7}{2}$ 또는 $x=\frac{5}{4}$

421 해 4, 0, 4, 0, 4
답 $x=0$ 또는 $x=4$

422 $x^2+3x=0$에서
$x(x+3)=0$
$x=0$ 또는 $x+3=0$
$\therefore x=0$ 또는 $x=-3$
답 $x=0$ 또는 $x=-3$

423 $3x^2+12x=0$에서
$3x(x+4)=0$
$x=0$ 또는 $x+4=0$
$\therefore x=0$ 또는 $x=-4$
답 $x=0$ 또는 $x=-4$

424 $2x^2-5x=0$에서
$x(2x-5)=0$

$x=0$ 또는 $2x-5=0$
$\therefore x=0$ 또는 $x=\frac{5}{2}$
답 $x=0$ 또는 $x=\frac{5}{2}$

425 $x^2=-7x$에서
$x^2+7x=0$, $x(x+7)=0$
$x=0$ 또는 $x+7=0$
$\therefore x=0$ 또는 $x=-7$
답 $x=0$ 또는 $x=-7$

426 $4x^2=8x$에서
$4x^2-8x=0$, $4x(x-2)=0$
$x=0$ 또는 $x-2=0$
$\therefore x=0$ 또는 $x=2$
답 $x=0$ 또는 $x=2$

427 $5x^2=3x$에서
$5x^2-3x=0$, $x(5x-3)=0$
$x=0$ 또는 $5x-3=0$
$\therefore x=0$ 또는 $x=\frac{3}{5}$
답 $x=0$ 또는 $x=\frac{3}{5}$

428 해 2, 2, 2, 2, -2, 2
답 $x=-2$ 또는 $x=2$

429 $x^2-9=0$에서
$(x+3)(x-3)=0$
$x+3=0$ 또는 $x-3=0$
$\therefore x=-3$ 또는 $x=3$
답 $x=-3$ 또는 $x=3$

430 $36-x^2=0$에서
$(6+x)(6-x)=0$
$6+x=0$ 또는 $6-x=0$
$\therefore x=-6$ 또는 $x=6$
답 $x=-6$ 또는 $x=6$

431 $16x^2-1=0$에서
$(4x+1)(4x-1)=0$
$4x+1=0$ 또는 $4x-1=0$
$\therefore x=-\frac{1}{4}$ 또는 $x=\frac{1}{4}$
답 $x=-\frac{1}{4}$ 또는 $x=\frac{1}{4}$

432 $9x^2-4=0$에서
$(3x+2)(3x-2)=0$
$3x+2=0$ 또는 $3x-2=0$
$\therefore x=-\frac{2}{3}$ 또는 $x=\frac{2}{3}$
답 $x=-\frac{2}{3}$ 또는 $x=\frac{2}{3}$

433 $x^2=49$에서
$x^2-49=0$, $(x+7)(x-7)=0$
$x+7=0$ 또는 $x-7=0$
∴ $x=-7$ 또는 $x=7$
답 $x=-7$ 또는 $x=7$

434 $25x^2=64$에서
$25x^2-64=0$, $(5x+8)(5x-8)=0$
$5x+8=0$ 또는 $5x-8=0$
∴ $x=-\dfrac{8}{5}$ 또는 $x=\dfrac{8}{5}$
답 $x=-\dfrac{8}{5}$ 또는 $x=\dfrac{8}{5}$

435 해 5, 0, 5, 1, 5
답 $x=1$ 또는 $x=5$

436 $x^2+5x+4=0$에서
$(x+4)(x+1)=0$
$x+4=0$ 또는 $x+1=0$
∴ $x=-4$ 또는 $x=-1$
답 $x=-4$ 또는 $x=-1$

437 $x^2-4x-12=0$에서
$(x+2)(x-6)=0$
$x+2=0$ 또는 $x-6=0$
∴ $x=-2$ 또는 $x=6$
답 $x=-2$ 또는 $x=6$

438 $x^2+4x-21=0$에서
$(x+7)(x-3)=0$
$x+7=0$ 또는 $x-3=0$
∴ $x=-7$ 또는 $x=3$
답 $x=-7$ 또는 $x=3$

439 $x^2+12=7x$에서
$x^2-7x+12=0$, $(x-3)(x-4)=0$
$x-3=0$ 또는 $x-4=0$
∴ $x=3$ 또는 $x=4$
답 $x=3$ 또는 $x=4$

440 $x^2+3x-8=2$에서
$x^2+3x-10=0$, $(x+5)(x-2)=0$
$x+5=0$ 또는 $x-2=0$
∴ $x=-5$ 또는 $x=2$
답 $x=-5$ 또는 $x=2$

441 $8x+x^2-15=2x^2$에서
$x^2-8x+15=0$, $(x-3)(x-5)=0$
$x-3=0$ 또는 $x-5=0$
∴ $x=3$ 또는 $x=5$
답 $x=3$ 또는 $x=5$

442 해 1, 2, 1, 2, -1, $-\dfrac{1}{2}$
답 $x=-1$ 또는 $x=-\dfrac{1}{2}$

443 $2x^2-9x-5=0$에서
$(2x+1)(x-5)=0$
$2x+1=0$ 또는 $x-5=0$
∴ $x=-\dfrac{1}{2}$ 또는 $x=5$
답 $x=-\dfrac{1}{2}$ 또는 $x=5$

444 $3x^2+2x-1=0$에서
$(x+1)(3x-1)=0$
$x+1=0$ 또는 $3x-1=0$
∴ $x=-1$ 또는 $x=\dfrac{1}{3}$
답 $x=-1$ 또는 $x=\dfrac{1}{3}$

445 $4x^2-8x+3=0$에서
$(2x-1)(2x-3)=0$
$2x-1=0$ 또는 $2x-3=0$
∴ $x=\dfrac{1}{2}$ 또는 $x=\dfrac{3}{2}$
답 $x=\dfrac{1}{2}$ 또는 $x=\dfrac{3}{2}$

446 $-3x^2+3=8x$에서
$3x^2+8x-3=0$, $(x+3)(3x-1)=0$
$x+3=0$ 또는 $3x-1=0$
∴ $x=-3$ 또는 $x=\dfrac{1}{3}$
답 $x=-3$ 또는 $x=\dfrac{1}{3}$

447 $6x^2-5x-3=2x$에서
$6x^2-7x-3=0$
$(3x+1)(2x-3)=0$
$3x+1=0$ 또는 $2x-3=0$
∴ $x=-\dfrac{1}{3}$ 또는 $x=\dfrac{3}{2}$
답 $x=-\dfrac{1}{3}$ 또는 $x=\dfrac{3}{2}$

448 $3x^2+7x=-2x^2+6$에서
$5x^2+7x-6=0$
$(x+2)(5x-3)=0$
$x+2=0$ 또는 $5x-3=0$
∴ $x=-2$ 또는 $x=\dfrac{3}{5}$
답 $x=-2$ 또는 $x=\dfrac{3}{5}$

449 해 3, 3, 3, 2, 2, 5, -5, -5
답 $x=-5$

450 $x^2+ax+2=0$에 $x=-1$을 대입하면
$(-1)^2+a\times(-1)+2=0$
$-a+3=0$, $-a=-3$ ∴ $a=3$
$x^2+3x+2=0$에서
$(x+2)(x+1)=0$
∴ $x=-2$ 또는 $x=-1$
따라서 다른 한 근은 $x=-2$이다.
답 $x=-2$

451 $x^2-6x+a=0$에 $x=4$를 대입하면
$4^2-6\times4+a=0$
$a-8=0$ ∴ $a=8$
$x^2-6x+8=0$에서
$(x-2)(x-4)=0$
∴ $x=2$ 또는 $x=4$
따라서 다른 한 근은 $x=2$이다.
답 $x=2$

452 $2x^2+5x+a=0$에 $x=-3$을 대입하면
$2\times(-3)^2+5\times(-3)+a=0$
$a+3=0$ ∴ $a=-3$
$2x^2+5x-3=0$에서
$(x+3)(2x-1)=0$
∴ $x=-3$ 또는 $x=\dfrac{1}{2}$
따라서 다른 한 근은 $x=\dfrac{1}{2}$이다.
답 $x=\dfrac{1}{2}$

453 $3x^2+ax-4=0$에 $x=2$를 대입하면
$3\times2^2+a\times2-4=0$, $2a+8=0$
$2a=-8$ ∴ $a=-4$
$3x^2-4x-4=0$에서
$(3x+2)(x-2)=0$
∴ $x=-\dfrac{2}{3}$ 또는 $x=2$
따라서 다른 한 근은 $x=-\dfrac{2}{3}$이다.
답 $x=-\dfrac{2}{3}$

454 $x=1$을 각 이차방정식에 대입하여 등식이 성립하는 것을 찾는다.
① $1^2-2=-1\neq0$
② $1^2-2\times1-1=-2\neq0$
③ $1^2+3\times1+4=8\neq0$
④ $2\times1^2+5=7\neq0$
⑤ $3\times1^2-1-2=0$
답 ⑤

455 $2x^2-9x-5=0$에서
$(2x+1)(x-5)=0$
$2x+1=0$ 또는 $x-5=0$

$\therefore x=-\dfrac{1}{2}$ 또는 $x=5$

따라서 $a=-\dfrac{1}{2}$, $b=5$이므로

$2a+b=2\times\left(-\dfrac{1}{2}\right)+5=4$ 　답 4

456 $x^2+3x+a=0$에 $x=3$을 대입하면

$3^2+3\times3+a=0$, $a+18=0$

$\therefore a=-18$

$x^2+3x-18=0$에서

$(x+6)(x-3)=0$

$\therefore x=-6$ 또는 $x=3$

따라서 다른 한 근은 $x=-6$이다.

답 $x=-6$

Episode 11　　　p. 88~92

이차방정식의 풀이

457 해 4, 4, 4, 3, $\neq$, 갖지 않는다.

답 ×

458 답 ○

459 답 ○

460 $x^2-6x+9=0$에서 $(x-3)^2=0$

따라서 (완전제곱식)$=0$이므로 중근을 갖는다. 답 ○

461 $x^2-12x+30=6$에서

$x^2-12x+24=0$

따라서 (완전제곱식)$\neq0$이므로 중근을 갖지 않는다. 답 ×

462 $2(x-4)^2=15$에서

$2(x^2-8x+16)=15$

$2x^2-16x+32=15$

$\therefore 2x^2-16x+17=0$

따라서 (완전제곱식)$\neq0$이므로 중근을 갖지 않는다. 답 ×

463 $(x-1)^2=-4x$에서

$x^2-2x+1=-4x$

$x^2+2x+1=0$　$\therefore (x+1)^2=0$

따라서 (완전제곱식)$=0$이므로 중근을 갖는다. 답 ○

464 $(x+1)(x+3)=-1$에서

$x^2+4x+3=-1$

$x^2+4x+4=0$　$\therefore (x+2)^2=0$

따라서 (완전제곱식)$=0$이므로 중근을

갖는다. 답 ○

465 답 $x=2$

466 답 $x=-\dfrac{1}{3}$

467 해 3, -3

답 $x=-3$

468 $x^2-10x+25=0$에서

$(x-5)^2=0$　$\therefore x=5$ 답 $x=5$

469 $x^2+9x+16=-3x-20$에서

$x^2+12x+36=0$

$(x+6)^2=0$　$\therefore x=-6$

답 $x=-6$

470 $16x^2-8x+1=0$에서

$(4x-1)^2=0$　$\therefore x=\dfrac{1}{4}$ 답 $x=\dfrac{1}{4}$

471 $4x^2+12x+9=0$에서

$(2x+3)^2=0$　$\therefore x=-\dfrac{3}{2}$

답 $x=-\dfrac{3}{2}$

472 $25x^2-30x=30x-36$에서

$25x^2-60x+36=0$

$(5x-6)^2=0$　$\therefore x=\dfrac{6}{5}$ 답 $x=\dfrac{6}{5}$

473 해 2, 1

답 1

474 $a=\left(\dfrac{-6}{2}\right)^2=9$ 답 9

475 $a=\left(\dfrac{10}{2}\right)^2=25$ 답 25

476 $a-1=\left(\dfrac{4}{2}\right)^2=4$　$\therefore a=5$ 답 5

477 $a+3=\left(\dfrac{-8}{2}\right)^2=16$　$\therefore a=13$

답 13

478 $4x^2+28x+a=0$에서

$x^2+7x+\dfrac{a}{4}=0$

$\dfrac{a}{4}=\left(\dfrac{7}{2}\right)^2=\dfrac{49}{4}$　$\therefore a=49$

답 49

479 $9x^2-12x+a=0$에서

$x^2-\dfrac{4}{3}x+\dfrac{a}{9}=0$

$\dfrac{a}{9}=\left(-\dfrac{4}{3}\times\dfrac{1}{2}\right)^2=\dfrac{4}{9}$　$\therefore a=4$

답 4

480 해 1, 4, ±2

답 ±2

481 $4=\left(-\dfrac{a}{2}\right)^2$, $a^2=16$　$\therefore a=\pm4$

답 ±4

482 $9=\left(\dfrac{a}{2}\right)^2$, $a^2=36$　$\therefore a=\pm6$

답 ±6

483 $25=\left(\dfrac{-a}{2}\right)^2$, $a^2=100$

$\therefore a=\pm10$ 답 ±10

484 $1=\left(\dfrac{-2a}{2}\right)^2$, $a^2=1$　$\therefore a=\pm1$

답 ±1

485 $4x^2+ax+1=0$에서

$x^2+\dfrac{a}{4}x+\dfrac{1}{4}=0$

$\dfrac{1}{4}=\left(\dfrac{a}{4}\times\dfrac{1}{2}\right)^2=\dfrac{a^2}{64}$

$a^2=16$　$\therefore a=\pm4$ 답 ±4

486 $2x^2-ax+18=0$에서

$x^2-\dfrac{a}{2}x+9=0$

$9=\left(-\dfrac{a}{2}\times\dfrac{1}{2}\right)^2=\dfrac{a^2}{16}$

$a^2=144$　$\therefore a=\pm12$ 답 ±12

487 답 $x=\pm\sqrt{6}$

488 답 $x=\pm3$

489 $x^2-18=0$에서 $x^2=18$

$\therefore x=\pm3\sqrt{2}$ 답 $x=\pm3\sqrt{2}$

490 $x^2-25=0$에서 $x^2=25$

$\therefore x=\pm5$ 답 $x=\pm5$

491 $3x^2=15$에서 $x^2=5$

$\therefore x=\pm\sqrt{5}$ 답 $x=\pm\sqrt{5}$

492 해 6, 3, $\pm\sqrt{3}$

답 $x=\pm\sqrt{3}$

493 $5x^2-20=0$에서 $5x^2=20$

$x^2=4$　$\therefore x=\pm2$ 답 $x=\pm2$

494 $4x^2-7=2$에서 $4x^2=9$

$x^2=\dfrac{9}{4}$　$\therefore x=\pm\dfrac{3}{2}$

답 $x=\pm\dfrac{3}{2}$

495 해 $\pm\sqrt{10}$, $4\pm\sqrt{10}$

답 $x=4\pm\sqrt{10}$

496 $(x+5)^2=12$에서

$x+5=\pm2\sqrt{3}$ $\qquad$ $\therefore x=-5\pm2\sqrt{3}$

$\qquad$ 답 $x=-5\pm2\sqrt{3}$

497 $(2x+1)^2-5=0$에서

$(2x+1)^2=5,\ 2x+1=\pm\sqrt{5}$

$2x=-1\pm\sqrt{5}$ $\qquad$ $\therefore x=\dfrac{-1\pm\sqrt{5}}{2}$

$\qquad$ 답 $x=\dfrac{-1\pm\sqrt{5}}{2}$

498 $(4x-3)^2-11=0$에서

$(4x-3)^2=11,\ 4x-3=\pm\sqrt{11}$

$4x=3\pm\sqrt{11}$ $\qquad$ $\therefore x=\dfrac{3\pm\sqrt{11}}{4}$

$\qquad$ 답 $x=\dfrac{3\pm\sqrt{11}}{4}$

499 $2(x+7)^2=16$에서

$(x+7)^2=8,\ x+7=\pm2\sqrt{2}$

$\therefore x=-7\pm2\sqrt{2}$ $\qquad$ 답 $x=-7\pm2\sqrt{2}$

500 $3(x-2)^2=18$에서 $(x-2)^2=6$

$x-2=\pm\sqrt{6}$ $\qquad$ $\therefore x=2\pm\sqrt{6}$

$\qquad$ 답 $x=2\pm\sqrt{6}$

501 $(3x-1)^2=9$에서 $3x-1=\pm3$

$3x-1=-3$ 또는 $3x-1=3$

$\therefore x=-\dfrac{2}{3}$ 또는 $x=\dfrac{4}{3}$

$\qquad$ 답 $x=-\dfrac{2}{3}$ 또는 $x=\dfrac{4}{3}$

502 $6(x+3)^2=24$에서

$(x+3)^2=4,\ x+3=\pm2$

$x+3=-2$ 또는 $x+3=2$

$\therefore x=-5$ 또는 $x=-1$

$\qquad$ 답 $x=-5$ 또는 $x=-1$

503 해 $1,\ 1,\ 1,\ 2,\ 1,\ 2,\ 1,\ 2$

답 $x=-1\pm\sqrt{2}$

504 $x^2-4x+2=0$에서 $x^2-4x=-2$

$x^2-4x+4=-2+4,\ (x-2)^2=2$

$x-2=\pm\sqrt{2}$ $\qquad$ $\therefore x=2\pm\sqrt{2}$

$\qquad$ 답 $x=2\pm\sqrt{2}$

505 $x^2-6x-3=0$에서 $x^2-6x=3$

$x^2-6x+9=3+9,\ (x-3)^2=12$

$x-3=\pm2\sqrt{3}$ $\qquad$ $\therefore x=3\pm2\sqrt{3}$

$\qquad$ 답 $x=3\pm2\sqrt{3}$

506 $x^2+8x+9=0$에서 $x^2+8x=-9$

$x^2+8x+16=-9+16$

$(x+4)^2=7,\ x+4=\pm\sqrt{7}$

$\therefore x=-4\pm\sqrt{7}$ $\qquad$ 답 $x=-4\pm\sqrt{7}$

507 $x^2-10x+10=0$에서

$x^2-10x=-10$

$x^2-10x+25=-10+25$

$(x-5)^2=15,\ x-5=\pm\sqrt{15}$

$\therefore x=5\pm\sqrt{15}$ $\qquad$ 답 $x=5\pm\sqrt{15}$

508 $x^2+14x-4=0$에서 $x^2+14x=4$

$x^2+14x+49=4+49$

$(x+7)^2=53,\ x+7=\pm\sqrt{53}$

$\therefore x=-7\pm\sqrt{53}$ $\quad$ 답 $x=-7\pm\sqrt{53}$

509 $x^2-x-5=0$에서 $x^2-x=5$

$x^2-x+\dfrac{1}{4}=5+\dfrac{1}{4}$

$\left(x-\dfrac{1}{2}\right)^2=\dfrac{21}{4},\ x-\dfrac{1}{2}=\pm\dfrac{\sqrt{21}}{2}$

$\therefore x=\dfrac{1\pm\sqrt{21}}{2}$ $\quad$ 답 $x=\dfrac{1\pm\sqrt{21}}{2}$

510 $x^2+3x-2=0$에서 $x^2+3x=2$

$x^2+3x+\dfrac{9}{4}=2+\dfrac{9}{4}$

$\left(x+\dfrac{3}{2}\right)^2=\dfrac{17}{4}$

$x+\dfrac{3}{2}=\pm\dfrac{\sqrt{17}}{2}$

$\therefore x=\dfrac{-3\pm\sqrt{17}}{2}$

$\qquad$ 답 $x=\dfrac{-3\pm\sqrt{17}}{2}$

511 $x^2+7x+1=0$에서 $x^2+7x=-1$

$x^2+7x+\dfrac{49}{4}=-1+\dfrac{49}{4}$

$\left(x+\dfrac{7}{2}\right)^2=\dfrac{45}{4}$

$x+\dfrac{7}{2}=\pm\dfrac{3\sqrt{5}}{2}$

$\therefore x=\dfrac{-7\pm3\sqrt{5}}{2}$

$\qquad$ 답 $x=\dfrac{-7\pm3\sqrt{5}}{2}$

512 해 $4,\ 4,\ 2,\ 6,\ 2,\ 6$

답 $x=-2\pm\sqrt{6}$

513 $5x^2-10x-30=0$에서

$x^2-2x-6=0,\ x^2-2x=6$

$x^2-2x+1=6+1,\ (x-1)^2=7$

$x-1=\pm\sqrt{7}$ $\quad$ $\therefore x=1\pm\sqrt{7}$

$\qquad$ 답 $x=1\pm\sqrt{7}$

514 $6x^2-24x+12=0$에서

$x^2-4x+2=0,\ x^2-4x=-2$

$x^2-4x+4=-2+4$

$(x-2)^2=2,\ x-2=\pm\sqrt{2}$

$\therefore x=2\pm\sqrt{2}$ $\quad$ 답 $x=2\pm\sqrt{2}$

515 $4x^2-24x-8=0$에서 $x^2-6x-2=0$

$x^2-6x=2,\ x^2-6x+9=2+9$

$(x-3)^2=11,\ x-3=\pm\sqrt{11}$

$\therefore x=3\pm\sqrt{11}$ $\qquad$ 답 $x=3\pm\sqrt{11}$

516 $3x^2+6x-6=0$에서 $x^2+2x-2=0$

$x^2+2x=2,\ x^2+2x+1=2+1$

$(x+1)^2=3,\ x+1=\pm\sqrt{3}$

$\therefore x=-1\pm\sqrt{3}$ $\qquad$ 답 $x=-1\pm\sqrt{3}$

517 $2x^2+12x+2=0$에서 $x^2+6x+1=0$

$x^2+6x=-1,\ x^2+6x+9=-1+9$

$(x+3)^2=8,\ x+3=\pm2\sqrt{2}$

$\therefore x=-3\pm2\sqrt{2}$ $\quad$ 답 $x=-3\pm2\sqrt{2}$

518 $8x^2+4x-2=0$에서

$x^2+\dfrac{1}{2}x-\dfrac{1}{4}=0,\ x^2+\dfrac{1}{2}x=\dfrac{1}{4}$

$x^2+\dfrac{1}{2}x+\dfrac{1}{16}=\dfrac{1}{4}+\dfrac{1}{16}$

$\left(x+\dfrac{1}{4}\right)^2=\dfrac{5}{16},\ x+\dfrac{1}{4}=\pm\dfrac{\sqrt{5}}{4}$

$\therefore x=\dfrac{-1\pm\sqrt{5}}{4}$ $\quad$ 답 $x=\dfrac{-1\pm\sqrt{5}}{4}$

519 $2x^2+5x+1=0$에서

$x^2+\dfrac{5}{2}x+\dfrac{1}{2}=0,\ x^2+\dfrac{5}{2}x=-\dfrac{1}{2}$

$x^2+\dfrac{5}{2}x+\dfrac{25}{16}=-\dfrac{1}{2}+\dfrac{25}{16}$

$\left(x+\dfrac{5}{4}\right)^2=\dfrac{17}{16},\ x+\dfrac{5}{4}=\pm\dfrac{\sqrt{17}}{4}$

$\therefore x=\dfrac{-5\pm\sqrt{17}}{4}$

$\qquad$ 답 $x=\dfrac{-5\pm\sqrt{17}}{4}$

520 $5x^2-5x-2=0$에서

$x^2-x-\dfrac{2}{5}=0,\ x^2-x=\dfrac{2}{5}$

$x^2-x+\dfrac{1}{4}=\dfrac{2}{5}+\dfrac{1}{4}$

$\left(x-\dfrac{1}{2}\right)^2=\dfrac{13}{20},\ x-\dfrac{1}{2}=\pm\dfrac{\sqrt{65}}{10}$

$\therefore x=\dfrac{1}{2}\pm\dfrac{\sqrt{65}}{10}$ $\quad$ 답 $x=\dfrac{1}{2}\pm\dfrac{\sqrt{65}}{10}$

521 $3x^2-6x-1=0$에서 $x^2-2x-\dfrac{1}{3}=0$

$x^2-2x=\dfrac{1}{3},\ x^2-2x+1=\dfrac{1}{3}+1$

$(x-1)^2=\dfrac{4}{3},\ x-1=\pm\dfrac{2\sqrt{3}}{3}$

$\therefore x=1\pm\dfrac{2\sqrt{3}}{3}$ $\quad$ 답 $x=1\pm\dfrac{2\sqrt{3}}{3}$

522 $a-11=\left(\dfrac{-18}{2}\right)^2=81$

$\therefore a=92$ $\qquad$ 답 92

523 $4(x+2)^2=5$에서

$(x+2)^2=\dfrac{5}{4}$, $x+2=\pm\dfrac{\sqrt{5}}{2}$

$\therefore x=-2\pm\dfrac{\sqrt{5}}{2}$

따라서 $a=-2$, $b=5$이므로

$a-b=-2-5=-7$ 🔲 -7

524 $A=1$, $B=1$, $C=6$이므로

$A+B-C=1+1-6=-4$ 🔲 -4

복잡한 이차방정식의 풀이

525 📕 1, 1, -4, 1, -4, 1, 17

🔲 $x=\dfrac{-1\pm\sqrt{17}}{2}$

526 $a=1$, $b=-7$, $c=2$이므로

$x=\dfrac{-(-7)\pm\sqrt{(-7)^2-4\times1\times2}}{2\times1}$

$=\dfrac{7\pm\sqrt{41}}{2}$ 🔲 $x=\dfrac{7\pm\sqrt{41}}{2}$

527 $a=1$, $b=-3$, $c=-5$이므로

$x=\dfrac{-(-3)\pm\sqrt{(-3)^2-4\times1\times(-5)}}{2\times1}$

$=\dfrac{3\pm\sqrt{29}}{2}$ 🔲 $x=\dfrac{3\pm\sqrt{29}}{2}$

528 $a=1$, $b=2$, $c=-6$이므로

$x=\dfrac{-2\pm\sqrt{2^2-4\times1\times(-6)}}{2\times1}$

$=\dfrac{-2\pm2\sqrt{7}}{2}=-1\pm\sqrt{7}$

🔲 $x=-1\pm\sqrt{7}$

529 $a=2$, $b=-4$, $c=1$이므로

$x=\dfrac{-(-4)\pm\sqrt{(-4)^2-4\times2\times1}}{2\times2}$

$=\dfrac{4\pm2\sqrt{2}}{4}=\dfrac{2\pm\sqrt{2}}{2}$

🔲 $x=\dfrac{2\pm\sqrt{2}}{2}$

530 $a=3$, $b=7$, $c=3$이므로

$x=\dfrac{-7\pm\sqrt{7^2-4\times3\times3}}{2\times3}$

$=\dfrac{-7\pm\sqrt{13}}{6}$ 🔲 $x=\dfrac{-7\pm\sqrt{13}}{6}$

---

531 $a=4$, $b=-1$, $c=-2$이므로

$x=\dfrac{-(-1)\pm\sqrt{(-1)^2-4\times4\times(-2)}}{2\times4}$

$=\dfrac{1\pm\sqrt{33}}{8}$ 🔲 $x=\dfrac{1\pm\sqrt{33}}{8}$

532 $a=2$, $b=5$, $c=1$이므로

$x=\dfrac{-5\pm\sqrt{5^2-4\times2\times1}}{2\times2}$

$=\dfrac{-5\pm\sqrt{17}}{4}$ 🔲 $x=\dfrac{-5\pm\sqrt{17}}{4}$

533 📕 2, 2, 1, $-2\pm\sqrt{3}$

🔲 $x=-2\pm\sqrt{3}$

534 $a=1$, $b'=1$, $c=-9$이므로

$x=\dfrac{-1\pm\sqrt{1^2-1\times(-9)}}{1}$

$=-1\pm\sqrt{10}$ 🔲 $x=-1\pm\sqrt{10}$

535 $a=1$, $b'=-6$, $c=-3$이므로

$x=\dfrac{-(-6)\pm\sqrt{(-6)^2-1\times(-3)}}{1}$

$=6\pm\sqrt{39}$ 🔲 $x=6\pm\sqrt{39}$

536 $a=1$, $b'=-4$, $c=5$이므로

$x=\dfrac{-(-4)\pm\sqrt{(-4)^2-1\times5}}{1}$

$=4\pm\sqrt{11}$ 🔲 $x=4\pm\sqrt{11}$

537 $a=2$, $b'=3$, $c=-1$이므로

$x=\dfrac{-3\pm\sqrt{3^2-2\times(-1)}}{2}$

$=\dfrac{-3\pm\sqrt{11}}{2}$ 🔲 $x=\dfrac{-3\pm\sqrt{11}}{2}$

538 $a=3$, $b'=-1$, $c=-2$이므로

$x=\dfrac{-(-1)\pm\sqrt{(-1)^2-3\times(-2)}}{3}$

$=\dfrac{1\pm\sqrt{7}}{3}$ 🔲 $x=\dfrac{1\pm\sqrt{7}}{3}$

539 $a=3$, $b'=5$, $c=1$이므로

$x=\dfrac{-5\pm\sqrt{5^2-3\times1}}{3}$

$=\dfrac{-5\pm\sqrt{22}}{3}$ 🔲 $x=\dfrac{-5\pm\sqrt{22}}{3}$

540 $a=5$, $b'=-3$, $c=-3$이므로

$x=\dfrac{-(-3)\pm\sqrt{(-3)^2-5\times(-3)}}{5}$

$=\dfrac{3\pm2\sqrt{6}}{5}$ 🔲 $x=\dfrac{3\pm2\sqrt{6}}{5}$

541 📕 4, 3, -2, -2, -3, $2\pm\sqrt{7}$

🔲 $x=2\pm\sqrt{7}$

542 괄호를 풀면

$x^2-8x+15=7$, $x^2-8x+8=0$

$\therefore x=\dfrac{-(-4)\pm\sqrt{(-4)^2-1\times8}}{1}$

$=4\pm2\sqrt{2}$ 🔲 $x=4\pm2\sqrt{2}$

543 괄호를 풀면

$x^2+x-6=2x$, $x^2-x-6=0$

$(x+2)(x-3)=0$

$\therefore x=-2$ 또는 $x=3$

🔲 $x=-2$ 또는 $x=3$

544 괄호를 풀면

$2x^2+12x=11x+8$, $2x^2+x-8=0$

$\therefore x=\dfrac{-1\pm\sqrt{1^2-4\times2\times(-8)}}{2\times2}$

$=\dfrac{-1\pm\sqrt{65}}{4}$

🔲 $x=\dfrac{-1\pm\sqrt{65}}{4}$

545 괄호를 풀면

$x^2+6x+9=2x+14$

$x^2+4x-5=0$

$(x+5)(x-1)=0$

$\therefore x=-5$ 또는 $x=1$

🔲 $x=-5$ 또는 $x=1$

546 괄호를 풀면

$2x^2+7x-4=x^2+10x-1$

$x^2-3x-3=0$

$\therefore x=\dfrac{-(-3)\pm\sqrt{(-3)^2-4\times1\times(-3)}}{2\times1}$

$=\dfrac{3\pm\sqrt{21}}{2}$ 🔲 $x=\dfrac{3\pm\sqrt{21}}{2}$

547 괄호를 풀면

$2x^2-2x=3x^2-8x+4$

$x^2-6x+4=0$

$\therefore x=\dfrac{-(-3)\pm\sqrt{(-3)^2-1\times4}}{1}$

$=3\pm\sqrt{5}$ 🔲 $x=3\pm\sqrt{5}$

548 📕 6, 2, 1, -1, -1, 9, 1, 10

🔲 $x=\dfrac{1\pm\sqrt{10}}{9}$

549 양변에 4를 곱하면 $2x^2-4x-5=0$

$\therefore x=\dfrac{-(-2)\pm\sqrt{(-2)^2-2\times(-5)}}{2}$

$=\dfrac{2\pm\sqrt{14}}{2}$ 🔲 $x=\dfrac{2\pm\sqrt{14}}{2}$

550 양변에 10을 곱하면 $10x^2+2x-5=0$

$\therefore x=\dfrac{-1\pm\sqrt{1^2-10\times(-5)}}{10}$

$$=\frac{-1\pm\sqrt{51}}{10}$$

$$\text{답}\ x=\frac{-1\pm\sqrt{51}}{10}$$

551 양변에 12를 곱하면 $2x^2-8x+3=0$

$$\therefore x=\frac{-(-4)\pm\sqrt{(-4)^2-2\times3}}{2}$$

$$=\frac{4\pm\sqrt{10}}{2}\qquad \text{답}\ x=\frac{4\pm\sqrt{10}}{2}$$

552 양변에 6을 곱하면

$$2x(x+2)=3(x+1)$$
$$2x^2+x-3=0$$
$$(2x+3)(x-1)=0$$
$$\therefore x=-\frac{3}{2}\ \text{또는}\ x=1$$

$$\text{답}\ x=-\frac{3}{2}\ \text{또는}\ x=1$$

553 양변에 15를 곱하면

$$3x(x+1)=5(x-1)(x+2)$$
$$2x^2+2x-10=0$$
$$\therefore x=\frac{-1\pm\sqrt{1^2-2\times(-10)}}{2}$$

$$=\frac{-1\pm\sqrt{21}}{2}$$

$$\text{답}\ x=\frac{-1\pm\sqrt{21}}{2}$$

554 해 $10,\ 5,\ 5,\ -\frac{2}{5}$

$$\text{답}\ x=-\frac{2}{5}\ \text{또는}\ x=1$$

555 양변에 10을 곱하면 $x^2-8x+6=0$

$$\therefore x=\frac{-(-4)\pm\sqrt{(-4)^2-1\times6}}{1}$$

$$=4\pm\sqrt{10}\qquad \text{답}\ x=4\pm\sqrt{10}$$

556 양변에 10을 곱하면 $4x^2+10x-1=0$

$$\therefore x=\frac{-5\pm\sqrt{5^2-4\times(-1)}}{4}$$

$$=\frac{-5\pm\sqrt{29}}{4}$$

$$\text{답}\ x=\frac{-5\pm\sqrt{29}}{4}$$

557 양변에 10을 곱하면

$$5x^2-21x=20,\ 5x^2-21x-20=0$$
$$(5x+4)(x-5)=0$$
$$\therefore x=-\frac{4}{5}\ \text{또는}\ x=5$$

$$\text{답}\ x=-\frac{4}{5}\ \text{또는}\ x=5$$

558 양변에 10을 곱하면

$$10x^2+7x=-1,\ 10x^2+7x+1=0$$

$$(5x+1)(2x+1)=0$$
$$\therefore x=-\frac{1}{5}\ \text{또는}\ x=-\frac{1}{2}$$

$$\text{답}\ x=-\frac{1}{5}\ \text{또는}\ x=-\frac{1}{2}$$

559 양변에 10을 곱하면

$$3x^2=-6x+1,\ 3x^2+6x-1=0$$
$$\therefore x=\frac{-3\pm\sqrt{3^2-3\times(-1)}}{3}$$

$$=\frac{-3\pm2\sqrt{3}}{3}$$

$$\text{답}\ x=\frac{-3\pm2\sqrt{3}}{3}$$

560 해 $7,\ 6,\ -1,\ -6,\ -1,\ -6,\ -2,\ -7$

답 $x=-2$ 또는 $x=-7$

561 $x+2=A$로 놓으면

$$A^2-4A-12=0$$
$$(A+2)(A-6)=0$$
$$\therefore A=-2\ \text{또는}\ A=6$$

A에 $x+2$를 대입하면

$$x+2=-2\ \text{또는}\ x+2=6$$
$$\therefore x=-4\ \text{또는}\ x=4$$

답 $x=-4$ 또는 $x=4$

562 $x+3=A$로 놓으면

$$A^2+A-20=0$$
$$(A+5)(A-4)=0$$
$$\therefore A=-5\ \text{또는}\ A=4$$

A에 $x+3$을 대입하면

$$x+3=-5\ \text{또는}\ x+3=4$$
$$\therefore x=-8\ \text{또는}\ x=1$$

답 $x=-8$ 또는 $x=1$

563 $x-2=A$로 놓으면

$$6A^2-5A+1=0$$
$$(2A-1)(3A-1)=0$$
$$\therefore A=\frac{1}{2}\ \text{또는}\ A=\frac{1}{3}$$

A에 $x-2$를 대입하면

$$x-2=\frac{1}{2}\ \text{또는}\ x-2=\frac{1}{3}$$
$$\therefore x=\frac{5}{2}\ \text{또는}\ x=\frac{7}{3}$$

$$\text{답}\ x=\frac{5}{2}\ \text{또는}\ x=\frac{7}{3}$$

564 $3x-1=A$로 놓으면

$$3A^2-8A+4=0$$
$$(3A-2)(A-2)=0$$
$$\therefore A=\frac{2}{3}\ \text{또는}\ A=2$$

A에 $3x-1$을 대입하면

$$3x-1=\frac{2}{3}\ \text{또는}\ 3x-1=2$$
$$\therefore x=\frac{5}{9}\ \text{또는}\ x=1$$

$$\text{답}\ x=\frac{5}{9}\ \text{또는}\ x=1$$

565 $b^2-4ac=(-4)^2-4\times1\times(-5)$

$$=36>0$$

답 $1,\ -4,\ -5,\ 36,\ 2$

566 $b^2-4ac=(-1)^2-4\times2\times3$

$$=-23<0$$

답 $2,\ -1,\ 3,\ -23,\ 0$

567 $b^2-4ac=(-2)^2-4\times1\times3$

$$=-8<0\qquad \text{답}\ -8,\ 0$$

568 $b^2-4ac=5^2-4\times1\times(-6)$

$$=49>0\qquad \text{답}\ 49,\ 2$$

569 $b^2-4ac=4^2-4\times1\times4$

$$=0\qquad \text{답}\ 0,\ 1$$

570 $b^2-4ac=2^2-4\times3\times(-1)$

$$=16>0\qquad \text{답}\ 16,\ 2$$

571 $b^2-4ac=(-6)^2-4\times9\times1$

$$=0\qquad \text{답}\ 0,\ 1$$

572 $b^2-4ac=(-3)^2-4\times2\times7$

$$=-47<0\qquad \text{답}\ -47,\ 0$$

573 해 $-3,\ 3,\ 9,\ 9,\ \frac{3}{4}$

$$\text{답}\ k<\frac{3}{4}$$

574 해 $9,\ \frac{3}{4}$

$$\text{답}\ k=\frac{3}{4}$$

575 해 $9,\ \frac{3}{4}$

$$\text{답}\ k>\frac{3}{4}$$

576 $b'^2-ac=2^2-1\times(-k)=4+k>0$

$$\therefore k>-4\qquad \text{답}\ k>-4$$

577 $b'^2-ac=4+k=0\qquad \therefore k=-4$

$$\text{답}\ k=-4$$

578 $b'^2-ac=4+k<0\qquad \therefore k<-4$

$$\text{답}\ k<-4$$

579 해 $-5,\ 1,\ 25,\ \frac{25}{4}$

$$\text{답}\ k<\frac{25}{4}$$

580 $b^2-4ac=1^2-4\times3\times k>0$

$1-12k>0$ $\therefore k<\dfrac{1}{12}$

답 $k<\dfrac{1}{12}$

581 $b'^2-ac=2^2-4\times(-k)>0$

$4+4k>0$ $\therefore k>-1$

답 $k>-1$

582 해 5, 1, 25, 25

답 25

583 $b'^2-ac=(-1)^2-1\times(k-2)=0$

$3-k=0$ $\therefore k=3$ 답 3

584 $b^2-4ac=(-3)^2-4\times4\times(-k)=0$

$9+16k=0$ $\therefore k=-\dfrac{9}{16}$

답 $-\dfrac{9}{16}$

585 해 3, 9, 9

답 $k\le9$

586 $b'^2-ac=1^2-1\times(-k)\ge0$

$1+k\ge0$ $\therefore k\ge-1$ 답 $k\ge-1$

587 b^2-4ac

$=(-5)^2-4\times1\times(-3k)\ge0$

$25+12k\ge0$ $\therefore k\ge-\dfrac{25}{12}$

답 $k\ge-\dfrac{25}{12}$

588 $b'^2-ac=2^2-1\times(k-2)\ge0$

$6-k\ge0$ $\therefore k\le6$ 답 $k\le6$

589 $b^2-4ac=1^2-4\times3\times k\ge0$

$1-12k\ge0$ $\therefore k\le\dfrac{1}{12}$

답 $k\le\dfrac{1}{12}$

590 $b^2-4ac=3^2-4\times5\times(-k)\ge0$

$9+20k\ge0$ $\therefore k\ge-\dfrac{9}{20}$

답 $k\ge-\dfrac{9}{20}$

591 $b'^2-ac=(-1)^2-2\times(k+3)\ge0$

$-5-2k\ge0$ $\therefore k\le-\dfrac{5}{2}$

답 $k\le-\dfrac{5}{2}$

592 해 -3, 1, 9, $-\dfrac{9}{4}$

답 $k<-\dfrac{9}{4}$

593 $b^2-4ac=9^2-4\times1\times(-k)<0$

$81+4k<0$ $\therefore k<-\dfrac{81}{4}$

답 $k<-\dfrac{81}{4}$

594 $b'^2-ac=(-3)^2-1\times2k<0$

$9-2k<0$ $\therefore k>\dfrac{9}{2}$ 답 $k>\dfrac{9}{2}$

595 $b'^2-ac=2^2-2\times k<0$

$4-2k<0$ $\therefore k>2$ 답 $k>2$

596 $b'^2-ac=(-1)^2-3\times k<0$

$1-3k<0$ $\therefore k>\dfrac{1}{3}$ 답 $k>\dfrac{1}{3}$

597 $b^2-4ac=3^2-4\times2\times(k+2)<0$

$-7-8k<0$ $\therefore k>-\dfrac{7}{8}$

답 $k>-\dfrac{7}{8}$

598 양변에 12를 곱하면 $9x^2-6x-10=0$

$\therefore x=\dfrac{-(-3)\pm\sqrt{(-3)^2-9\times(-10)}}{9}$

$=\dfrac{3\pm3\sqrt{11}}{9}=\dfrac{1\pm\sqrt{11}}{3}$

따라서 $a=1$, $b=11$이므로

$a+b=1+11=12$ 답 12

599 ① $b'^2-ac=3^2-1\times9=0$

$\therefore$ 1개

② $b'^2-ac=1^2-1\times(-4)=5>0$

$\therefore$ 2개

③ $b^2-4ac=(-3)^2-4\times2\times(-1)$

$=17>0$

$\therefore$ 2개

④ $b'^2-ac=(-5)^2-25\times1=0$

$\therefore$ 1개

⑤ $b^2-4ac=5^2-4\times5\times2$

$=-15<0$

$\therefore$ 0개

답 ⑤

600 $b'^2-ac=(-4)^2-1\times(k-1)\ge0$

$17-k\ge0$ $\therefore k\le17$ 답 $k\le17$

Episode **13**   p. 101~107

이차방정식 구하기, 활용

601 해 2, 3, 4, 2, 7, 12, 2, 14, 24

답 $2x^2+14x+24=0$

602 $(x-2)(x-3)=0$이므로

$x^2-5x+6=0$ 답 $x^2-5x+6=0$

603 $-3(x-1)(x+2)=0$이므로

$-3(x^2+x-2)=0$

$\therefore -3x^2-3x+6=0$

답 $-3x^2-3x+6=0$

604 $4\left(x+\dfrac{1}{2}\right)\left(x-\dfrac{1}{2}\right)=0$이므로

$4\left(x^2-\dfrac{1}{4}\right)=0$ $\therefore 4x^2-1=0$

답 $4x^2-1=0$

605 $3\left(x+\dfrac{1}{3}\right)(x-2)=0$이므로

$3\left(x^2-\dfrac{5}{3}x-\dfrac{2}{3}\right)=0$

$\therefore 3x^2-5x-2=0$

답 $3x^2-5x-2=0$

606 $-2\left(x-\dfrac{1}{2}\right)(x+1)=0$이므로

$-2\left(x^2+\dfrac{1}{2}x-\dfrac{1}{2}\right)=0$

$\therefore -2x^2-x+1=0$

답 $-2x^2-x+1=0$

607 해 2, 3, 2, 6, 9, 2, 12, 18

답 $2x^2-12x+18=0$

608 $3(x+2)^2=0$이므로

$3(x^2+4x+4)=0$

$\therefore 3x^2+12x+12=0$

답 $3x^2+12x+12=0$

609 $-2(x-4)^2=0$이므로

$-2(x^2-8x+16)=0$

$\therefore -2x^2+16x-32=0$

답 $-2x^2+16x-32=0$

610 $\dfrac{1}{3}(x+6)^2=0$이므로

$\dfrac{1}{3}(x^2+12x+36)=0$

$\therefore \dfrac{1}{3}x^2+4x+12=0$

답 $\dfrac{1}{3}x^2+4x+12=0$

611 $-4\left(x-\dfrac{1}{2}\right)^2=0$이므로

$-4\left(x^2-x+\dfrac{1}{4}\right)=0$

$\therefore -4x^2+4x-1=0$

답 $-4x^2+4x-1=0$

612 $9\left(x+\dfrac{1}{3}\right)^2=0$이므로

$9\left(x^2+\dfrac{2}{3}x+\dfrac{1}{9}\right)=0$

$\therefore 9x^2+6x+1=0$

目 $9x^2+6x+1=0$

613 해 1, 1, $2a+1$, a, $2a+1$, 2, a, 2, 2, 6

目 6

614 두 근을 a, $a+8$이라고 하면

$(x-a)\{x-(a+8)\}=0$

$x^2-2(a+4)x+a^2+8a=0$

$-2(a+4)=2$이므로 $a=-5$

$\therefore k=a^2+8a=(-5)^2+8\times(-5)$

$=-15$ 目 -15

615 두 근을 a, $a+3$이라고 하면

$2(x-a)\{x-(a+3)\}=0$

$2x^2-2(2a+3)x+2a^2+6a=0$

$2(2a+3)=10$이므로 $a=1$

$\therefore k=2a^2+6a=2\times 1^2+6\times 1=8$

目 8

616 해 2, 2, 3, 2, 3, -2, 2, 2, -2, 8

目 8

617 두 근을 $3a$, $4a$ $(a\neq 0)$라고 하면

$(x-3a)(x-4a)=0$

$x^2-7ax+12a^2=0$

$-7a=-7$이므로 $a=1$

$\therefore k=12a^2=12\times 1^2=12$ 目 12

618 두 근을 $2a$, $3a$ $(a\neq 0)$라고 하면

$2(x-2a)(x-3a)=0$

$2x^2-10ax+12a^2=0$

$-10a=15$이므로 $a=-\dfrac{3}{2}$

$\therefore k=12a^2=12\times\left(-\dfrac{3}{2}\right)^2=27$

目 27

619 目 $-1-\sqrt{2}$

620 目 $3-\sqrt{10}$

621 目 $4+\sqrt{5}$

622 目 $-8-\sqrt{7}$

623 目 $-5+\sqrt{6}$

624 目 $1+2\sqrt{2}$

625 目 $-2-4\sqrt{3}$

626 目 $-4+3\sqrt{5}$

627 해 $3-\sqrt{2}$, $3-\sqrt{2}$, 6

目 $x^2-6x+7=0$

628 다른 한 근은 $-1-\sqrt{6}$이므로

$\{x-(-1+\sqrt{6})\}\{x-(-1-\sqrt{6})\}$

$=0$

$\therefore x^2+2x-5=0$ 目 $x^2+2x-5=0$

629 다른 한 근은 $2+\sqrt{5}$이므로

$2\{x-(2-\sqrt{5})\}\{x-(2+\sqrt{5})\}=0$

$2(x^2-4x-1)=0$

$\therefore 2x^2-8x-2=0$

目 $2x^2-8x-2=0$

630 다른 한 근은 $-1+\sqrt{3}$이므로

$5\{x-(-1-\sqrt{3})\}\{x-(-1+\sqrt{3})\}$

$=0$

$5(x^2+2x-2)=0$

$\therefore 5x^2+10x-10=0$

目 $5x^2+10x-10=0$

631 다른 한 근은 $3+2\sqrt{2}$이므로

$-3\{x-(3-2\sqrt{2})\}\{x-(3+2\sqrt{2})\}$

$=0$

$-3(x^2-6x+1)=0$

$\therefore -3x^2+18x-3=0$

目 $-3x^2+18x-3=0$

632 다른 한 근은 $-5+4\sqrt{3}$이므로

$-\{x-(-5-4\sqrt{3})\}\{x-(-5+4\sqrt{3})\}$

$=0$

$-(x^2+10x-23)=0$

$\therefore -x^2-10x+23=0$

目 $-x^2-10x+23=0$

633 (2) $x^2=2x+35$에서

$x^2-2x-35=0$

$(x+5)(x-7)=0$

$\therefore x=-5$ 또는 $x=7$

(3) x는 자연수이므로 $x=7$

目 (1) $x^2=2x+35$

(2) $x=-5$ 또는 $x=7$, (3) 7

634 어떤 자연수를 x라고 하면

$x^2=3x+40$, $x^2-3x-40=0$

$(x+5)(x-8)=0$

$\therefore x=-5$ 또는 $x=8$

이때 x는 자연수이므로 $x=8$ 目 8

635 어떤 자연수를 x라고 하면

$(x+3)^2=8x+12$, $x^2-2x-3=0$

$(x+1)(x-3)=0$

$\therefore x=-1$ 또는 $x=3$

이때 x는 자연수이므로 $x=3$ 目 3

636 (3) $x^2+(x+1)^2=41$에서

$2x^2+2x-40=0$, $x^2+x-20=0$

$(x+5)(x-4)=0$

$\therefore x=-5$ 또는 $x=4$

(4) x는 자연수이므로 $x=4$

따라서 연속하는 두 자연수는 4, 5

이다.

目 (1) $x+1$, (2) $x^2+(x+1)^2=41$

(3) $x=-5$ 또는 $x=4$, (4) 4, 5

637 연속하는 두 짝수를 x, $x+2$라고 하면

$x^2+(x+2)^2=52$, $2x^2+4x-48=0$

$x^2+2x-24=0$, $(x+6)(x-4)=0$

$\therefore x=-6$ 또는 $x=4$

이때 x는 짝수이므로 $x=4$

따라서 연속하는 두 짝수는 4, 6이다.

目 4, 6

638 연속하는 두 홀수를 x, $x+2$라고 하면

$x(x+2)=195$, $x^2+2x-195=0$

$(x+15)(x-13)=0$

$\therefore x=-15$ 또는 $x=13$

이때 x는 홀수이므로 $x=13$

따라서 연속하는 두 홀수는 13, 15이

다.   目 13, 15

639 (3) $(x+4)^2=2x^2-4$에서

$x^2-8x-20=0$

$(x+2)(x-10)=0$

$\therefore x=-2$ 또는 $x=10$

(4) x는 자연수이므로 $x=10$

따라서 동생의 나이는 10살이다.

目 (1) $x+4$, (2) $(x+4)^2=2x^2-4$

(3) $x=-2$ 또는 $x=10$

(4) 10

640 언니의 나이를 x살이라고 하면 동생의

나이는 $(x-5)$살이다.

$(x-5)^2+x^2=325$

$2x^2-10x-300=0$

$x^2-5x-150=0$

$(x+10)(x-15)=0$

$\therefore x=-10$ 또는 $x=15$

이때 x는 자연수이므로 $x=15$

따라서 언니의 나이는 15살이다. 目 15

641 (3) $x(x-2)=63$에서

$x^2-2x-63=0$

$(x+7)(x-9)=0$

$\therefore x=-7$ 또는 $x=9$

(4) x는 자연수이므로 $x=9$

따라서 구하는 학생 수는 9명이다.

📖 (1) $x-2$, (2) $x(x-2)=63$

(3) $x=-7$ 또는 $x=9$

(4) 9

642 전체 회원 수를 x명이라고 하면 공책의 수는 $(x-4)$권이다.

$x(x-4)=96$, $x^2-4x-96=0$

$(x+8)(x-12)=0$

$\therefore x=-8$ 또는 $x=12$

이때 x는 자연수이므로 $x=12$

따라서 구하는 전체 회원 수는 12명이다. 📖 12

643 (3) $x(x+1)=156$에서

$x^2+x-156=0$

$(x+13)(x-12)=0$

$\therefore x=-13$ 또는 $x=12$

(4) x는 자연수이므로 $x=12$

따라서 펼쳐진 두 면의 쪽수는 12, 13쪽이다.

📖 (1) $x+1$, (2) $x(x+1)=156$

(3) $x=-13$ 또는 $x=12$

(4) 12, 13

644 펼쳐진 왼쪽 면의 쪽수를 x쪽이라고 하면 오른쪽 면의 쪽수는 $(x+1)$쪽이다.

$x(x+1)=420$, $x^2+x-420=0$

$(x+21)(x-20)=0$

$\therefore x=-21$ 또는 $x=20$

이때 x는 자연수이므로 $x=20$

따라서 펼쳐진 두 면의 쪽수는 20, 21쪽이다. 📖 20, 21

645 (3) $(x+3)(x-2)=50$에서

$x^2+x-56=0$

$(x+8)(x-7)=0$

$\therefore x=-8$ 또는 $x=7$

(4) $x>2$이므로 $x=7$

따라서 처음 정사각형의 한 변의 길이는 7 cm이다.

📖 (1) $x+3$, $x-2$

(2) $(x+3)(x-2)=50$

(3) $x=-8$ 또는 $x=7$

(4) 7

646 새로 만든 직사각형의 가로의 길이는 $(8+x)$ cm, 세로의 길이는 $(5+x)$ cm이므로

$(8+x)(5+x)=8\times5+30$

$x^2+13x-30=0$

$(x+15)(x-2)=0$

$\therefore x=-15$ 또는 $x=2$

이때 $x>0$이므로 $x=2$ 📖 2

647 (3) $(20-x)(10-x)=144$에서

$x^2-30x+56=0$

$(x-2)(x-28)=0$

$\therefore x=2$ 또는 $x=28$

(4) $0<x<10$이므로 $x=2$

따라서 길의 폭은 2 m이다.

📖 (1) $20-x$, $10-x$

(2) $(20-x)(10-x)=144$

(3) $x=2$ 또는 $x=28$

(4) 2

648 길을 제외한 땅의 가로의 길이는 $(10-x)$ m, 세로의 길이는 $(8-x)$ m이므로

$(10-x)(8-x)=35$

$x^2-18x+45=0$

$(x-3)(x-15)=0$

$\therefore x=3$ 또는 $x=15$

이때 $0<x<8$이므로 $x=3$ 📖 3

649 (1) 🔴 60, 12, 6, 6, 6

(2) 물로켓이 지면에 떨어지면 물로켓의 높이는 0 m이므로

$-5t^2+40t=0$, $t^2-8t=0$

$t(t-8)=0$ $\therefore t=0$ 또는 $t=8$

따라서 물로켓은 쏘아 올린 지 8초 후에 지면에 떨어진다.

📖 (1) 2초 또는 6초, (2) 8초

650 (1) $55+50t-5t^2=135$

$t^2-10t+16=0$, $(t-2)(t-8)=0$

$\therefore t=2$ 또는 $t=8$

따라서 물체의 높이가 135 m가 되는 것은 던져 올린 지 2초 또는 8초 후이다.

(2) 물체가 지면에 떨어지면 물체의 높이는 0 m이므로

$55+50t-5t^2=0$

$t^2-10t-11=0$

$(t+1)(t-11)=0$

$\therefore t=-1$ 또는 $t=11$

이때 $t>0$이므로 $t=11$

따라서 물체는 쏘아 올린 지 11초 후에 지면에 떨어진다.

📖 (1) 2초 또는 8초, (2) 11초

651 $4\left(x-\dfrac{1}{2}\right)\left(x-\dfrac{5}{2}\right)=0$이므로

$4\left(x^2-3x+\dfrac{5}{4}\right)=0$

$\therefore 4x^2-12x+5=0$

따라서 $a=4$, $b=-12$, $c=5$이므로

$ac+b=4\times5+(-12)=8$ 📖 8

652 동생의 나이를 x살이라고 하면 나은이의 나이는 $(x+3)$살이다.

$x(x+3)=208$, $x^2+3x-208=0$

$(x+16)(x-13)=0$

$\therefore x=-16$ 또는 $x=13$

이때 x는 자연수이므로 $x=13$

따라서 나은이와 동생의 나이는 각각 16살, 13살이다.

📖 나은 : 16살, 동생 : 13살

653 길의 폭을 x m라고 하면 길을 제외한 공원의 가로의 길이는 $(20-x)$ m, 세로의 길이는 $(16-x)$ m이다.

$(20-x)(16-x)=192$

$x^2-36x+128=0$

$(x-4)(x-32)=0$

$\therefore x=4$ 또는 $x=32$

이때 $0<x<16$이므로 $x=4$

따라서 길의 폭은 4 m이다. 📖 4 m

Episode 14 p. 111~115

이차함수와 그 그래프

001 📖 ○

002 $-12x+18$이 일차식이므로 이차함수가 아니다. 📖 ×

003 이차방정식이므로 이차함수가 아니다. 📖 ×

004 x^2이 분모에 있으므로 이차함수가 아니다. 📖 ×

005 x^3+2x^2-3이 이차식이 아니므로 이차함수가 아니다. 📖 ×

006 📖 ○

007 $y=(x+3)(x-3)-x^2$에서

$y = x^2 - 9 - x^2$ ∴ $y = -9$
따라서 이차함수가 아니다. 답 ×

008 $y = (x+1)^2 - 2x^2$에서
$y = x^2 + 2x + 1 - 2x^2$
∴ $y = -x^2 + 2x + 1$
따라서 이차함수이다. 답 ○

009 답 $y = x^2$, 이차함수

010 답 $y = 3x$, 이차함수가 아니다.

011 답 $y = \pi x^2$, 이차함수

012 답 $y = x^3$, 이차함수가 아니다.

013 답 $y = 1000x$, 이차함수가 아니다.

014 답 $y = 60x$, 이차함수가 아니다.

015 해 -2, -2, 13
답 13

016 $y = x^2 - 4x + 1$에 $x = -1$을 대입하면
$y = (-1)^2 - 4 \times (-1) + 1 = 6$ 답 6

017 $y = x^2 - 4x + 1$에 $x = 0$을 대입하면
$y = 0^2 - 4 \times 0 + 1 = 1$ 답 1

018 $y = x^2 - 4x + 1$에 $x = 1$을 대입하면
$y = 1^2 - 4 \times 1 + 1 = -2$ 답 -2

019 $y = \frac{1}{3}x^2$에 $x = -3$을 대입하면
$y = \frac{1}{3} \times (-3)^2 = 3$ 답 3

020 $y = x^2 + 6x$에 $x = 1$을 대입하면
$y = 1^2 + 6 \times 1 = 7$ 답 7

021 $y = -3x^2 - 4$에 $x = -2$를 대입하면
$y = -3 \times (-2)^2 - 4 = -16$
답 -16

022 $y = -2x^2 + 5x - 3$에 $x = 2$를 대입하면 $y = -2 \times 2^2 + 5 \times 2 - 3 = -1$
답 -1

023 해 -1, -1, 0
답 0

024 $f(0) = 0^2 + 3 \times 0 + 2 = 2$ 답 2

025 $f(2) = 2^2 + 3 \times 2 + 2 = 12$ 답 12

026 $f(-3) = (-3)^2 + 3 \times (-3) + 2 = 2$
답 2

027 $f(2) = -2^2 + 2 \times 2 + 5 = 5$ 답 5

028 $f\left(\frac{1}{2}\right) = 2 \times \left(\frac{1}{2}\right)^2 + \frac{1}{2} - 7 = -6$
답 -6

029 $f(0) = 5 \times 0^2 - 3 \times 0 - 1 = -1$
$f(1) = 5 \times 1^2 - 3 \times 1 - 1 = 1$
∴ $f(0) + f(1) = -1 + 1 = 0$ 답 0

030 $f(2) = \frac{1}{4} \times 2^2 - 2 + 1 = 0$
$f(-4) = \frac{1}{4} \times (-4)^2 - (-4) + 1$
$= 9$
∴ $f(2) + f(-4) = 0 + 9 = 9$ 답 9

031 해 -2, -12, -12, 6
답 6

032 $f(-1) = (-1)^2 + 2 \times (-1) + a$
$= -1 + a$
이므로
$-1 + a = 2$ ∴ $a = 3$ 답 3

033 $f(1) = -1^2 + a \times 1 = -1 + a$이므로
$-1 + a = -5$ ∴ $a = -4$ 답 -4

034 $f(2) = 2 \times 2^2 - a \times 2 + 5 = -2a + 13$
이므로
$-2a + 13 = 3$ ∴ $a = 5$ 답 5

035 $f(3) = a \times 3^2 - 4 \times 3 - 7 = 9a - 19$이므로
$9a - 19 = 8$ ∴ $a = 3$ 답 3

036 $f(-1) = a \times (-1)^2 + 3 \times (-1) + 6$
$= a + 3$
이므로
$a + 3 = -4$ ∴ $a = -7$ 답 -7

037 $y = x^2$에
$x = -3$을 대입하면 $y = (-3)^2 = 9$
$x = -2$를 대입하면 $y = (-2)^2 = 4$
$x = -1$을 대입하면 $y = (-1)^2 = 1$
$x = 0$을 대입하면 $y = 0^2 = 0$
$x = 1$을 대입하면 $y = 1^2 = 1$
$x = 2$를 대입하면 $y = 2^2 = 4$
$x = 3$을 대입하면 $y = 3^2 = 9$
답 9, 4, 1, 0, 1, 4, 9

038

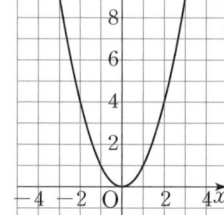

039 답 0

040 답 아래

041 답 y축

042 답 $>$

043 답 $<$

044 답 1, 2

045 $y = -x^2$에
$x = -3$을 대입하면
$y = -(-3)^2 = -9$
$x = -2$를 대입하면
$y = -(-2)^2 = -4$
$x = -1$을 대입하면
$y = -(-1)^2 = -1$
$x = 0$을 대입하면 $y = -0^2 = 0$
$x = 1$을 대입하면 $y = -1^2 = -1$
$x = 2$를 대입하면 $y = -2^2 = -4$
$x = 3$을 대입하면 $y = -3^2 = -9$
답 -9, -4, -1, 0, -1, -4, -9

046

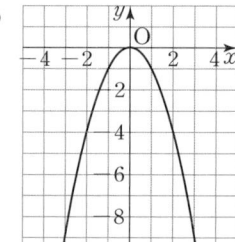

047 답 0

048 답 위

049 답 y축

050 답 $<$

051 답 $>$

052 답 3, 4

053 답 x축

054 ㄱ. x^2이 분모에 있으므로 이차함수가 아니다.
ㄴ. $-x^2 + 4x = 0$인 이차방정식이므로 이차함수가 아니다.
ㄷ. x^3이 있으므로 이차함수가 아니다.
ㄹ. $y = -x^2 + 2x + 1$이므로 이차함수이다.
ㅂ. $-12x + 18$이 일차식이므로 이차함수가 아니다.
따라서 이차함수인 것은 ㄹ, ㅁ이다.
답 ㄹ, ㅁ

055 $f(-1)=2\times(-1)^2-3\times(-1)-1$
$\qquad =4$
$\quad f(3)=2\times3^2-3\times3-1=8$
$\quad \therefore f(-1)-f(3)=4-8=-4$

답 -4

056 ② 위로 볼록하다.
③ y축에 대칭이다.
④ 이차함수 $y=x^2$의 그래프와 x축에
대칭이다.
따라서 옳은 것은 ①, ⑤이다. 답 ①, ⑤

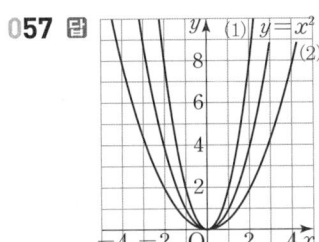

Episode 15   p. 117~122

이차함수 $y=ax^2$, $y=ax^2+q$의
그래프

057 답
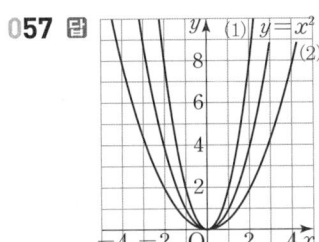

058 답
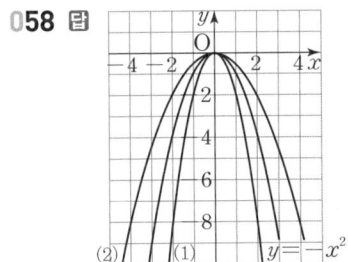

059 답 아래

060 답 0

061 답 $x=0$

062 답 감소

063 답 1, 2

064 답 위

065 답 0

066 답 $x=0$

067 답 증가

068 답 3, 4

069 위로 볼록한 이차함수의 그래프는 x^2의

069 계수가 음수인 ㄴ, ㅁ, ㅂ이다.
답 ㄴ, ㅁ, ㅂ

070 그래프의 폭이 가장 좁은 것은 x^2의 계
수의 절댓값이 가장 큰 ㅂ이다. 답 ㅂ

071 $y=-3x^2$의 그래프와 x축에 대칭인 그
래프를 나타내는 식은 x^2의 계수의 부호
는 다르고 절댓값이 같은 ㄱ이다. 답 ㄱ

072 아래로 볼록한 이차함수의 그래프는 x^2
의 계수가 양수인 ㄴ, ㄹ, ㅁ이다.
답 ㄴ, ㄹ, ㅁ

073 그래프의 폭이 가장 넓은 것은 x^2의 계
수의 절댓값이 가장 작은 ㅁ이다. 답 ㅁ

074 x^2의 계수의 부호는 다르고 절댓값이
같은 ㄹ과 ㅂ이다. 답 ㄹ과 ㅂ

075 해 위, 넓, ㉢
답 ㉢

076 아래로 볼록하고 $y=x^2$의 그래프보다
폭이 넓으므로 ㉡이다. 답 ㉡

077 아래로 볼록하고 $y=x^2$의 그래프보다
폭이 좁으므로 ㉠이다. 답 ㉠

078 위로 볼록하고 $y=-x^2$의 그래프보다
폭이 좁으므로 ㉣이다. 답 ㉣

079 아래로 볼록하고 $y=x^2$의 그래프보다
폭이 좁으므로 ㉡이다. 답 ㉡

080 위로 볼록하고 $y=-x^2$의 그래프보다
폭이 넓으므로 ㉣이다. 답 ㉣

081 위로 볼록하고 $y=x^2$의 그래프보다 폭
이 좁으므로 ㉢이다. 답 ㉢

082 아래로 볼록하고 $y=x^2$의 그래프보다
폭이 넓으므로 ㉠이다. 답 ㉠

083 해 -1, -5, -5, -1, -5
답 -5

084 $y=ax^2$에 $x=2$, $y=8$을 대입하면
$\quad 8=a\times2^2$, $4a=8$ $\quad \therefore a=2$ 답 2

085 $y=ax^2$에 $x=\dfrac{1}{3}$, $y=-2$를 대입하면
$\quad -2=a\times\left(\dfrac{1}{3}\right)^2$, $\dfrac{1}{9}a=-2$
$\quad \therefore a=-18$ 답 -18

086 $y=ax^2$에 $x=2$, $y=-3$을 대입하면
$\quad -3=a\times2^2$, $4a=-3$
$\quad \therefore a=-\dfrac{3}{4}$ 답 $-\dfrac{3}{4}$

087 $y=ax^2$에 $x=-\dfrac{1}{2}$, $y=1$을 대입하면
$\quad 1=a\times\left(-\dfrac{1}{2}\right)^2$, $\dfrac{1}{4}a=1$ $\quad \therefore a=4$
답 4

088 답 $y=x^2+1$

089 답 $y=-x^2+4$

090 답 $y=-2x^2-1$

091 답 $y=3x^2-\dfrac{1}{2}$

092 답 $y=-\dfrac{1}{5}x^2+3$

093 답 2

094 답 -7

095 답 $\dfrac{5}{8}$

096 답
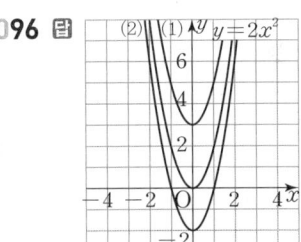

097 답
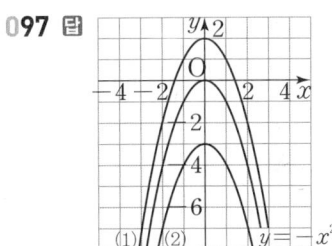

098 답 $(0, 1)$, $x=0$

099 답 $(0, -4)$, $x=0$

100 답 $(0, 7)$, $x=0$

101 답 $\left(0, -\dfrac{1}{5}\right)$, $x=0$

102 답 $(0, -2)$, $x=0$

103 답 $\left(0, \dfrac{3}{4}\right)$, $x=0$

104 답 ○

105 $y=x^2-4$의 그래프는 y축에 대칭이다.
답 ×

106 $y=3x^2+\dfrac{5}{2}$의 그래프의 축의 방정식은
$x=0$이다. 답 ×

107 답 ○

108 $y=-\frac{1}{3}x^2+2$의 그래프의 꼭짓점의 좌표는 $(0, 2)$이다. 답 ×

109 답 ○

110 답 1

111 답 1

112 답 $x=0$

113 $y=5x^2+1$에 $x=-1$을 대입하면
$y=5\times(-1)^2+1=6$
따라서 점 $(-1, 6)$을 지난다. 답 6

114 답 아래

115 답 -3

116 답 $0, -3$

117 답 $x=0$

118 $y=-2x^2-3$에 $x=1$을 대입하면
$y=-2\times1^2-3=-5$
따라서 점 $(1, -5)$를 지난다. 답 -5

119 답 위

120 해 $2, 1, 1, 2, 1, 8, -7$
답 -7

121 $y=-x^2-k$에 $x=-1, y=3$을 대입하면
$3=-(-1)^2-k, 3=-1-k$
$\therefore k=-4$ 답 -4

122 $y=-\frac{1}{3}x^2+k$에 $x=-3, y=5$를 대입하면
$5=-\frac{1}{3}\times(-3)^2+k$
$5=-3+k$ $\therefore k=8$ 답 8

123 $y=kx^2-9$에 $x=-1, y=-4$를 대입하면
$-4=k\times(-1)^2-9, -4=k-9$
$\therefore k=5$ 답 5

124 $y=kx^2+3$에 $x=\frac{1}{2}, y=2$를 대입하면
$2=k\times\left(\frac{1}{2}\right)^2+3, 2=\frac{1}{4}k+3$
$\therefore k=-4$ 답 -4

125 $y=kx^2-\frac{2}{5}$에 $x=-2, y=\frac{8}{5}$을 대입하면
$\frac{8}{5}=k\times(-2)^2-\frac{2}{5}, \frac{8}{5}=4k-\frac{2}{5}$
$\therefore k=\frac{1}{2}$ 답 $\frac{1}{2}$

126 ㄷ. 제3, 4사분면을 지난다.
ㄹ. $y=-\frac{2}{3}x^2$에 $x=3$을 대입하면
$y=-\frac{2}{3}\times3^2=-6$
즉, 점 $(3, -6)$을 지난다.
따라서 옳은 것은 ㄱ, ㄴ, ㄹ이다.
답 ㄱ, ㄴ, ㄹ

127 위로 볼록한 이차함수의 그래프는 x^2의 계수가 음수인 ②, ④, ⑤이다. 이 중에서 폭이 가장 넓은 것은 x^2의 계수의 절댓값이 가장 작은 ④이다. 답 ④

128 $y=-6x^2$의 그래프를 y축의 방향으로 5만큼 평행이동한 그래프가 나타내는 이차함수의 식은
$y=-6x^2+5$
꼭짓점의 좌표가 $(0, 5)$이고 축의 방정식이 $x=0$이므로
$a=0, b=5, c=0$
$\therefore a+b+c=0+5+0=5$ 답 5

Episode 16 p. 124~130

이차함수 $y=a(x-p)^2$, $y=a(x-p)^2+q$의 그래프

129 답 $y=4(x+2)^2$

130 답 $y=-2(x+1)^2$

131 답 $y=-3(x-2)^2$

132 답 $y=6\left(x+\frac{1}{3}\right)^2$

133 답 $y=-\frac{1}{2}\left(x-\frac{3}{4}\right)^2$

134 답 1

135 답 -4

136 답 $-\frac{2}{3}$

137 답
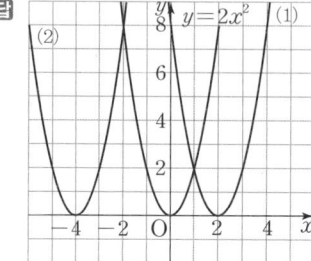

138 답
(그래프)

139 답 $(1, 0)$, $x=1$

140 답 $(-3, 0)$, $x=-3$

141 답 $(2, 0)$, $x=2$

142 답 $(-5, 0)$, $x=-5$

143 답 $\left(\frac{2}{3}, 0\right)$, $x=\frac{2}{3}$

144 답 $\left(-\frac{1}{6}, 0\right)$, $x=-\frac{1}{6}$

145 $y=-2(x-7)^2$의 그래프는 위로 볼록하다. 답 ×

146 답 ○

147 $y=\frac{1}{3}(x+5)^2$의 그래프는 $y=\frac{1}{3}x^2$의 그래프를 x축의 방향으로 -5만큼 평행이동한 것이다. 답 ×

148 답 ○

149 $y=3(x+6)^2$의 그래프는 $x<-6$일 때, x의 값이 증가하면 y의 값은 감소한다. 답 ×

150 답 ○

151 답 -1

152 답 $-1, 0$

153 답 $x=-1$

154 $y=3(x+1)^2$에 $x=-2$를 대입하면
$y=3\times(-2+1)^2=3$
따라서 점 $(-2, 3)$을 지난다. 답 3

155 답 아래

156 답 3

157 답 $3, 0$

158 답 $x=3$

159 $y=-2(x-3)^2$에 $x=1$을 대입하면
$y=-2\times(1-3)^2=-8$
따라서 점 $(1, -8)$을 지난다. 답 -8

160 답 위

161 해 $4, 2, 2, 4, 2$
답 2

162 $y=k(x+2)^2$에 $x=-5, y=-27$을 대입하면
$-27=k(-5+2)^2, -27=9k$
$\therefore k=-3$ 답 -3

163 $y=k\left(x+\dfrac{1}{3}\right)^2$에 $x=-1, y=\dfrac{2}{3}$를 대입하면
$\dfrac{2}{3}=k\left(-1+\dfrac{1}{3}\right)^2, \dfrac{2}{3}=\dfrac{4}{9}k$
$\therefore k=\dfrac{3}{2}$ 답 $\dfrac{3}{2}$

164 $y=-(x+k)^2$에 $x=-3, y=-1$을 대입하면
$-1=-(-3+k)^2, (-3+k)^2=1$
$-3+k=\pm1$
$\therefore k=2$ 또는 $k=4$ 답 $2, 4$

165 $y=-\dfrac{1}{2}(x+k)^2$에 $x=2, y=-8$을 대입하면
$-8=-\dfrac{1}{2}(2+k)^2, (2+k)^2=16$
$2+k=\pm4$
$\therefore k=-6$ 또는 $k=2$ 답 $-6, 2$

166 $y=4(x+k)^2$에 $x=1, y=1$을 대입하면
$1=4(1+k)^2, (1+k)^2=\dfrac{1}{4}$
$1+k=\pm\dfrac{1}{2}$
$\therefore k=-\dfrac{3}{2}$ 또는 $k=-\dfrac{1}{2}$
답 $-\dfrac{3}{2}, -\dfrac{1}{2}$

167 답 $y=2(x-1)^2+2$

168 답 $y=3\left(x+\dfrac{1}{3}\right)^2+6$

169 답 $y=-2(x-3)^2-4$

170 답 $y=-4(x+1)^2-2$

171 답 $y=\dfrac{1}{7}(x+2)^2+5$

172 답 $p=2, q=-1$

173 답 $p=-3, q=5$

174 답 $p=-\dfrac{5}{6}, q=-\dfrac{1}{2}$

175 답
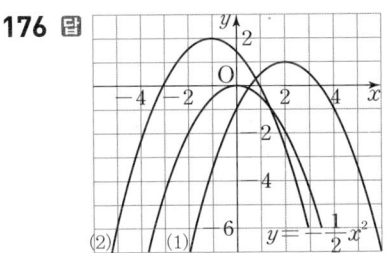

176 답

177 답 $(1, 4)$, $x=1$

178 답 $(-2, -2)$, $x=-2$

179 답 $(4, -3)$, $x=4$

180 답 $(-3, 5)$, $x=-3$

181 답 $\left(-1, \dfrac{1}{2}\right)$, $x=-1$

182 답 $\left(\dfrac{4}{5}, -\dfrac{1}{3}\right)$, $x=\dfrac{4}{5}$

183 $y=-2(x+9)^2-1$의 그래프의 꼭짓점의 좌표는 $(-9, -1)$이다. 답 $\times$

184 답 ○

185 $y=-3\left(x-\dfrac{5}{2}\right)^2+\dfrac{1}{4}$의 그래프의 축의 방정식은 $x=\dfrac{5}{2}$이다. 답 $\times$

186 답 ○

187 답 ○

188 답 ○

189 답 $3, -2$

190 답 $3, -2$

191 답 $x=3$

192 $y=2(x-3)^2-2$에 $x=2$를 대입하면
$y=2\times(2-3)^2-2=0$
따라서 점 $(2, 0)$을 지난다. 답 0

193 답 아래

194 답 $-3, 1$

195 답 $-3, 1$

196 답 $x=-3$

197 $y=-\dfrac{1}{5}(x+3)^2+1$에 $x=-2$를 대입하면
$y=-\dfrac{1}{5}\times(-2+3)^2+1=\dfrac{4}{5}$
따라서 점 $\left(-2, \dfrac{4}{5}\right)$를 지난다. 답 $\dfrac{4}{5}$

198 답 위

199 해 $-1, 13, 13, -1, 13, 4, 3$
답 3

200 $y=k(x+3)^2-5$에 $x=-2, y=-7$을 대입하면
$-7=k(-2+3)^2-5, -7=k-5$
$\therefore k=-2$ 답 -2

201 $y=-(x-2)^2+k$에 $x=5, y=-10$을 대입하면
$-10=-(5-2)^2+k$
$-10=-9+k$ $\therefore k=-1$
답 -1

202 $y=\dfrac{1}{3}(x+4)^2+k$에 $x=-3, y=1$을 대입하면
$1=\dfrac{1}{3}(-3+4)^2+k$
$1=\dfrac{1}{3}+k$ $\therefore k=\dfrac{2}{3}$ 답 $\dfrac{2}{3}$

203 $y=2(x+k)^2-6$에 $x=2, y=12$를 대입하면
$12=2(2+k)^2-6, (2+k)^2=9$
$2+k=\pm3$
$\therefore k=-5$ 또는 $k=1$ 답 $-5, 1$

204 $y=-\dfrac{3}{2}(x+k)^2-\dfrac{5}{2}$에 $x=5$, $y=-4$를 대입하면
$-4=-\dfrac{3}{2}(5+k)^2-\dfrac{5}{2}$
$(5+k)^2=1, 5+k=\pm1$
$\therefore k=-6$ 또는 $k=-4$
답 $-6, -4$

205 답 $>, >, <$

206 답 $<, >, >$

207 답 $>, <, >$

208 답 $<, <, <$

209 답 $>, <, =$

210 $y=5x^2$의 그래프를 x축의 방향으로 1만큼 평행이동한 그래프를 나타내는 이차

함수의 식은 $y=5(x-1)^2$
따라서 이 그래프의 꼭짓점의 좌표는
$(1, 0)$이다.　　　　　답 $(1, 0)$

211 $y=a(x-3)^2-4$의 그래프는
$y=-2x^2$의 그래프를 x축의 방향으로
3만큼, y축의 방향으로 -4만큼 평행이
동한 것이므로
$a=-2, b=3, c=-4$
$\therefore a+b+c=-2+3+(-4)=-3$
答 -3

212 ① 위로 볼록한 포물선이다.
③ 축의 방정식은 $x=-2$이다.
④ 이차함수 $y=-x^2$의 그래프를 x축
의 방향으로 -2만큼, y축의 방향으
로 3만큼 평행이동한 것이다.

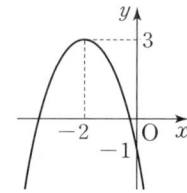

따라서 옳은 것은 ②, ⑤ 이다. 答 ②, ⑤

Episode 17　　　　　p. 132~136

이차함수 $y=ax^2+bx+c$의 그래프

213 해 1, 1, 1, 4, 1, 3
答 $y=4(x-1)^2-3$

214 $y=x^2+4x+3$
$=(x^2+4x+4-4)+3$
$=(x^2+4x+4)-4+3$
$=(x+2)^2-1$
答 $y=(x+2)^2-1$

215 $y=x^2-6x+13$
$=(x^2-6x+9-9)+13$
$=(x^2-6x+9)-9+13$
$=(x-3)^2+4$
答 $y=(x-3)^2+4$

216 $y=5x^2+10x-3$
$=5(x^2+2x)-3$
$=5(x^2+2x+1-1)-3$
$=5(x^2+2x+1)-5-3$
$=5(x+1)^2-8$

答 $y=5(x+1)^2-8$

217 $y=-3x^2+12x-6$
$=-3(x^2-4x)-6$
$=-3(x^2-4x+4-4)-6$
$=-3(x^2-4x+4)+12-6$
$=-3(x-2)^2+6$
答 $y=-3(x-2)^2+6$

218 $y=-\dfrac{1}{2}x^2-4x+8$
$=-\dfrac{1}{2}(x^2+8x)+8$
$=-\dfrac{1}{2}(x^2+8x+16-16)+8$
$=-\dfrac{1}{2}(x^2+8x+16)+8+8$
$=-\dfrac{1}{2}(x+4)^2+16$
答 $y=-\dfrac{1}{2}(x+4)^2+16$

219 해 4, 4, 4, 4, 2, 2
答 $y=(x-2)^2-2$, $(2, -2)$, $x=2$,
$(0, 2)$

220 $y=-2x^2+16x-17$
$=-2(x^2-8x)-17$
$=-2(x^2-8x+16-16)-17$
$=-2(x^2-8x+16)+32-17$
$=-2(x-4)^2+15$
答 $y=-2(x-4)^2+15$, $(4, 15)$,
$x=4$, $(0, -17)$

221 $y=-3x^2-12x$
$=-3(x^2+4x)$
$=-3(x^2+4x+4-4)$
$=-3(x^2+4x+4)+12$
$=-3(x+2)^2+12$
答 $y=-3(x+2)^2+12$, $(-2, 12)$,
$x=-2$, $(0, 0)$

222 $y=x^2-4x+3$
$=(x^2-4x+4-4)+3$
$=(x^2-4x+4)-4+3$
$=(x-2)^2-1$
答 $y=(x-2)^2-1$

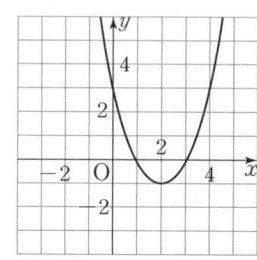

---

223 $y=-3x^2+6x-1$
$=-3(x^2-2x)-1$
$=-3(x^2-2x+1-1)-1$
$=-3(x^2-2x+1)+3-1$
$=-3(x-1)^2+2$
答 $y=-3(x-1)^2+2$

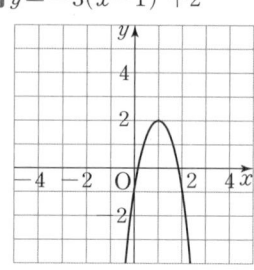

224 $y=\dfrac{2}{3}x^2+4x+2$
$=\dfrac{2}{3}(x^2+6x)+2$
$=\dfrac{2}{3}(x^2+6x+9-9)+2$
$=\dfrac{2}{3}(x^2+6x+9)-6+2$
$=\dfrac{2}{3}(x+3)^2-4$
答 $y=\dfrac{2}{3}(x+3)^2-4$

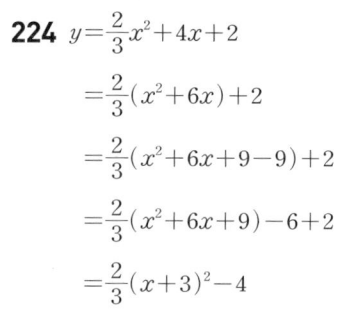

225 해 0, 0, 2, 0, -2, -2
答 $(-2, 0)$, $(-1, 0)$

226 $y=x^2-x-12$에 $y=0$을 대입하면
$x^2-x-12=0$, $(x+3)(x-4)=0$
$\therefore x=-3$ 또는 $x=4$
따라서 x축과의 교점의 좌표는
$(-3, 0)$, $(4, 0)$이다.
答 $(-3, 0)$, $(4, 0)$

227 $y=2x^2-7x+3$에 $y=0$을 대입하면
$2x^2-7x+3=0$
$(2x-1)(x-3)=0$
$\therefore x=\dfrac{1}{2}$ 또는 $x=3$
따라서 x축과의 교점의 좌표는
$\left(\dfrac{1}{2}, 0\right)$, $(3, 0)$이다.
答 $\left(\dfrac{1}{2}, 0\right)$, $(3, 0)$

228 $y=-3x^2+15x$에 $y=0$을 대입하면
$-3x^2+15x=0$, $-3x(x-5)=0$
$\therefore x=0$ 또는 $x=5$
따라서 x축과의 교점의 좌표는 $(0, 0)$,
$(5, 0)$이다. 　　　**답** $(0, 0)$, $(5, 0)$

229 $y=-x^2-2x+8$에 $y=0$을 대입하면
$-x^2-2x+8=0$, $x^2+2x-8=0$
$(x+4)(x-2)=0$
$\therefore x=-4$ 또는 $x=2$
따라서 x축과의 교점의 좌표는
$(-4, 0)$, $(2, 0)$이다.
　　　　　　　답 $(-4, 0)$, $(2, 0)$

230 $y=-6x^2+5x+6$에 $y=0$을 대입하면
$-6x^2+5x+6=0$, $6x^2-5x-6=0$
$(3x+2)(2x-3)=0$
$\therefore x=-\dfrac{2}{3}$ 또는 $x=\dfrac{3}{2}$
따라서 x축과의 교점의 좌표는
$\left(-\dfrac{2}{3}, 0\right)$, $\left(\dfrac{3}{2}, 0\right)$이다.
　　　　　　　답 $\left(-\dfrac{2}{3}, 0\right)$, $\left(\dfrac{3}{2}, 0\right)$

231 $y=-x^2+4x+7$
$=-(x^2-4x)+7$
$=-(x^2-4x+4-4)+7$
$=-(x^2-4x+4)+4+7$
$=-(x-2)^2+11$
이므로 축의 방정식은 $x=2$이다. 　**답** ×

232 $y=-\dfrac{1}{4}x^2-x+4$
$=-\dfrac{1}{4}(x^2+4x)+4$
$=-\dfrac{1}{4}(x^2+4x+4-4)+4$
$=-\dfrac{1}{4}(x^2+4x+4)+1+4$
$=-\dfrac{1}{4}(x+2)^2+5$
이므로 꼭짓점의 좌표는 $(-2, 5)$이다.
　　　　　　　　　　　답 ○

233 $y=3x^2+18x+12$
$=3(x^2+6x)+12$
$=3(x^2+6x+9-9)+12$
$=3(x^2+6x+9)-27+12$
$=3(x+3)^2-15$
이므로 $y=3x^2$의 그래프를 x축의 방향
으로 -3만큼, y축의 방향으로 -15만
큼 평행이동한 것이다. 　　**답** ○

234 $y=2x^2-4x-5$
$=2(x^2-2x)-5$
$=2(x^2-2x+1-1)-5$
$=2(x^2-2x+1)-2-5$
$=2(x-1)^2-7$
이므로 $x<1$일 때, x의 값이 증가하
면 y의 값은 감소한다. 　　**답** ×

235 **답** ○

236 $y=-x^2-6x+1$
$=-(x^2+6x)+1$
$=-(x^2+6x+9-9)+1$
$=-(x^2+6x+9)+9+1$
$=-(x+3)^2+10$ 　　**답** -3, 10

237 **답** -3, 10

238 **답** -3

239 **답** 위

240 **답** 1

241 $y=3x^2-12x-4$
$=3(x^2-4x)-4$
$=3(x^2-4x+4-4)-4$
$=3(x^2-4x+4)-12-4$
$=3(x-2)^2-16$ 　　**답** 2, -16

242 **답** 2, -16

243 **답** 2

244 **답** 아래

245 **답** -4

246 **답** 아래, $>$

247 **답** 왼, $>$, 같다, $>$

248 **답** 위, $>$

249 **답** 위, $<$

250 **답** 오른, $<$, 다르다, $>$

251 **답** 아래, $<$

252 **해** 아래, $>$, 오른, $<$, $<$, 위, $>$
　　답 $>$, $<$, $>$

253 그래프가 위로 볼록하므로 $a<0$
축이 y축의 왼쪽에 있으므로
$ab>0$ 　 $\therefore b<0$
y축과의 교점이 x축의 아래쪽에 있으므
로 $c<0$ 　　**답** $<$, $<$, $<$

254 그래프가 아래로 볼록하므로 $a>0$

축이 y축의 왼쪽에 있으므로
$ab>0$ 　 $\therefore b>0$
y축과의 교점이 x축의 위쪽에 있으므로
$c>0$ 　　　　**답** $>$, $>$, $>$

255 그래프가 아래로 볼록하므로 $a>0$
축이 y축에 위치하므로 $b=0$
y축과의 교점이 x축의 아래쪽에 있으므
로 $c<0$ 　　**답** $>$, $=$, $<$

256 그래프가 위로 볼록하므로 $a<0$
축이 y축의 오른쪽에 있으므로
$ab<0$ 　 $\therefore b>0$
y축과의 교점이 원점에 있으므로 $c=0$
　　　　　　답 $<$, $>$, $=$

257 $a>0$이면 그래프는 아래로 볼록하다.
$b<0$이면 a와 부호가 다르므로 축은 y
축의 오른쪽에 있다.
$c<0$이면 y축과의 교점이 x축의 아래
쪽에 있다.
따라서 그래프를 그리면 다음 그림과
같다.
답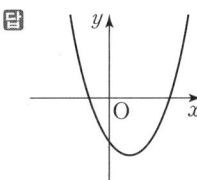

258 $a<0$이면 그래프는 위로 볼록하다.
$b<0$이면 a와 부호가 같으므로 축은 y
축의 왼쪽에 있다.
$c>0$이면 y축과의 교점이 x축의 위쪽
에 있다.
따라서 그래프를 그리면 다음 그림과
같다.
답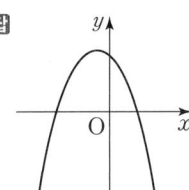

259 $a<0$이면 그래프는 위로 볼록하다.
$b>0$이면 a와 부호가 다르므로 축은 y
축의 오른쪽에 있다.
$c>0$이면 y축과의 교점이 x축의 위쪽
에 있다.
따라서 그래프를 그리면 다음 그림과
같다.

답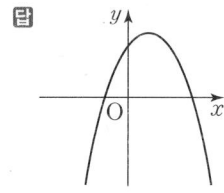

260 $a>0$이면 그래프는 아래로 볼록하다.
$b>0$이면 a와 부호가 같으므로 축은 y축의 왼쪽에 있다.
$c=0$이면 y축과의 교점이 원점에 있다.
따라서 그래프를 그리면 다음 그림과 같다.

답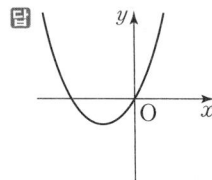

261 $a<0$이면 그래프는 위로 볼록하다.
$b=0$이면 축은 y축이다.
$c<0$이면 y축과의 교점이 x축의 아래쪽에 있다.
따라서 그래프를 그리면 다음 그림과 같다.

답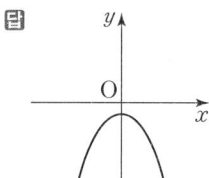

262 $y=-x^2+4x-1$
$\quad=-(x^2-4x)-1$
$\quad=-(x^2-4x+4-4)-1$
$\quad=-(x^2-4x+4)+4-1$
$\quad=-(x-2)^2+3$
따라서 $a=-1$, $p=2$, $q=3$이므로
$a+p+q=-1+2+3=4$ **답** ④

263 $y=-2x^2+4x+2$
$\quad=-2(x^2-2x)+2$
$\quad=-2(x^2-2x+1-1)+2$
$\quad=-2(x^2-2x+1)+2+2$
$\quad=-2(x-1)^2+4$
④ $y=-2x^2$의 그래프를 x축의 방향으로 1만큼, y축의 방향으로 4만큼 평행이동한 것이다.

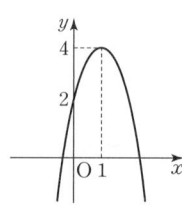

---

264 그래프는 아래로 볼록하므로 $a>0$
축이 y축의 왼쪽에 있으므로
$ab>0$ ∴ $b>0$
y축과의 교점이 x축의 아래쪽에 있으므로 $c<0$ **답** ④

Episode 18 p.138~142

이차함수의 활용

265 **해** 1, 2, 2, 0, 0, -2, -2, 1, 2, -2, 4
답 $y=-2x^2+4x$

266 이차함수의 식을 $y=a(x-2)^2-3$으로 놓고 $x=-1$, $y=6$을 대입하면
$6=9a-3$ ∴ $a=1$
∴ $y=(x-2)^2-3=x^2-4x+1$
답 $y=x^2-4x+1$

267 이차함수의 식을 $y=a(x+1)^2+3$으로 놓고 $x=1$, $y=-1$을 대입하면
$-1=4a+3$ ∴ $a=-1$
∴ $y=-(x+1)^2+3=-x^2-2x+2$
답 $y=-x^2-2x+2$

268 이차함수의 식을 $y=ax^2-1$로 놓고 $x=-2$, $y=-3$을 대입하면
$-3=4a-1$ ∴ $a=-\dfrac{1}{2}$
∴ $y=-\dfrac{1}{2}x^2-1$ **답** $y=-\dfrac{1}{2}x^2-1$

269 이차함수의 식을 $y=a(x-2)^2$으로 놓고 $x=3$, $y=5$를 대입하면 $5=a$
∴ $y=5(x-2)^2=5x^2-20x+20$
답 $y=5x^2-20x+20$

270 **해** $(-2, -2)$, $(0, 2)$, 2, 2, 0, 2, 4, 1, 2, 4
답 $y=x^2+4x+2$

271 꼭짓점의 좌표는 $(2, 1)$이고 점 $(1, 3)$을 지난다.
이차함수의 식을 $y=a(x-2)^2+1$로 놓고 $x=1$, $y=3$을 대입하면
$3=a+1$ ∴ $a=2$
∴ $y=2(x-2)^2+1=2x^2-8x+9$
답 $y=2x^2-8x+9$

---

272 꼭짓점의 좌표는 $(1, 2)$이고 점 $(0, 1)$을 지난다.
이차함수의 식을 $y=a(x-1)^2+2$로 놓고 $x=0$, $y=1$을 대입하면
$1=a+2$ ∴ $a=-1$
∴ $y=-(x-1)^2+2=-x^2+2x+1$
답 $y=-x^2+2x+1$

273 **해** 2, 9, 3, 2, 3
답 $y=-x^2-4x-1$

274 이차함수의 식을 $y=a(x-1)^2+q$로 놓고 $x=-1$, $y=3$을 대입하면
$3=4a+q$ ······ ㉠
$x=0$, $y=-6$을 대입하면
$-6=a+q$ ······ ㉡
㉠, ㉡을 연립하여 풀면 $a=3$, $q=-9$
∴ $y=3(x-1)^2-9=3x^2-6x-6$
답 $y=3x^2-6x-6$

275 이차함수의 식을 $y=a(x-4)^2+q$로 놓고 $x=1$, $y=3$을 대입하면
$3=9a+q$ ······ ㉠
$x=2$, $y=8$을 대입하면
$8=4a+q$ ······ ㉡
㉠, ㉡을 연립하여 풀면
$a=-1$, $q=12$
∴ $y=-(x-4)^2+12$
$\quad=-x^2+8x-4$
답 $y=-x^2+8x-4$

276 이차함수의 식을 $y=a(x+3)^2+q$로 놓고 $x=-5$, $y=5$를 대입하면
$5=4a+q$ ······ ㉠
$x=-2$, $y=-1$을 대입하면
$-1=a+q$ ······ ㉡
㉠, ㉡을 연립하여 풀면 $a=2$, $q=-3$
∴ $y=2(x+3)^2-3=2x^2+12x+15$
답 $y=2x^2+12x+15$

277 이차함수의 식을 $y=a(x+1)^2+q$로 놓고 $x=-2$, $y=-2$를 대입하면
$-2=a+q$ ······ ㉠
$x=1$, $y=-14$를 대입하면
$-14=4a+q$ ······ ㉡
㉠, ㉡을 연립하여 풀면 $a=-4$, $q=2$
∴ $y=-4(x+1)^2+2$
$\quad=-4x^2-8x-2$
답 $y=-4x^2-8x-2$

278 해 $x=-2$, $(-3, -1)$, $(0, 5)$, 2,
5, -3, 2, -3, 5
답 $y=2x^2+8x+5$

279 축의 방정식은 $x=2$이고 두 점
$(0, -1)$, $(1, 2)$를 지난다.
이차함수의 식을
$y=a(x-2)^2+q$로 놓고
$x=0$, $y=-1$을 대입하면
$-1=4a+q$ ...... ㉠
$x=1$, $y=2$를 대입하면
$2=a+q$ ...... ㉡
㉠, ㉡을 연립하여 풀면 $a=-1$, $q=3$
$\therefore y=-(x-2)^2+3=-x^2+4x-1$
답 $y=-x^2+4x-1$

280 축의 방정식은 $x=-1$이고 두 점
$(0, -1)$, $(1, -7)$을 지난다.
이차함수의 식을
$y=a(x+1)^2+q$로 놓고
$x=0$, $y=-1$을 대입하면
$-1=a+q$ ...... ㉠
$x=1$, $y=-7$을 대입하면
$-7=4a+q$ ...... ㉡
㉠, ㉡을 연립하여 풀면 $a=-2$, $q=1$
$\therefore y=-2(x+1)^2+1$
$=-2x^2-4x-1$
답 $y=-2x^2-4x-1$

281 해 1, $16a+4b+1$, 4, 4, 1
답 $y=-x^2+4x+1$

282 이차함수의 식을 $y=ax^2+bx+c$로 놓
고 $x=0$, $y=-2$를 대입하면 $c=-2$
$x=-1$, $y=7$을 대입하면
$7=a-b-2$ ...... ㉠
$x=1$, $y=-5$를 대입하면
$-5=a+b-2$ ...... ㉡
㉠, ㉡을 연립하여 풀면
$a=3$, $b=-6$
$\therefore y=3x^2-6x-2$
답 $y=3x^2-6x-2$

283 이차함수의 식을 $y=ax^2+bx+c$로 놓
고 $x=0$, $y=2$를 대입하면 $c=2$
$x=-2$, $y=2$를 대입하면
$2=4a-2b+2$ ...... ㉠
$x=1$, $y=-4$를 대입하면
$-4=a+b+2$ ...... ㉡

㉠, ㉡을 연립하여 풀면
$a=-2$, $b=-4$
$\therefore y=-2x^2-4x+2$
답 $y=-2x^2-4x+2$

284 이차함수의 식을 $y=ax^2+bx+c$로 놓
고 $x=0$, $y=-3$을 대입하면 $c=-3$
$x=-1$, $y=4$를 대입하면
$4=a-b-3$ ...... ㉠
$x=5$, $y=-8$을 대입하면
$-8=25a+5b-3$ ...... ㉡
㉠, ㉡을 연립하여 풀면
$a=1$, $b=-6$
$\therefore y=x^2-6x-3$
답 $y=x^2-6x-3$

285 이차함수의 식을 $y=ax^2+bx+c$로 놓
고 $x=0$, $y=5$를 대입하면 $c=5$
$x=-1$, $y=15$를 대입하면
$15=a-b+5$ ...... ㉠
$x=1$, $y=-1$을 대입하면
$-1=a+b+5$ ...... ㉡
㉠, ㉡을 연립하여 풀면
$a=2$, $b=-8$
$\therefore y=2x^2-8x+5$
답 $y=2x^2-8x+5$

286 해 $(0, 4)$, $(2, -2)$, $(5, 4)$, 4, -5,
-5
답 $y=x^2-5x+4$

287 세 점 $(0, 8)$, $(-3, 5)$, $(-4, 0)$을
지난다.
이차함수의 식을 $y=ax^2+bx+c$로 놓
고 $x=0$, $y=8$을 대입하면 $c=8$
$x=-3$, $y=5$를 대입하면
$5=9a-3b+8$ ...... ㉠
$x=-4$, $y=0$을 대입하면
$0=16a-4b+8$ ...... ㉡
㉠, ㉡을 연립하여 풀면
$a=-1$, $b=-2$
$\therefore y=-x^2-2x+8$
답 $y=-x^2-2x+8$

288 세 점 $(0, -5)$, $(2, 3)$, $(6, 1)$을 지
난다.
이차함수의 식을 $y=ax^2+bx+c$로 놓
고 $x=0$, $y=-5$를 대입하면 $c=-5$
$x=2$, $y=3$을 대입하면
$3=4a+2b-5$ ...... ㉠

$x=6$, $y=1$을 대입하면
$1=36a+6b-5$ ...... ㉡
㉠, ㉡을 연립하여 풀면
$a=-\dfrac{3}{4}$, $b=\dfrac{11}{2}$
$\therefore y=-\dfrac{3}{4}x^2+\dfrac{11}{2}x-5$
답 $y=-\dfrac{3}{4}x^2+\dfrac{11}{2}x-5$

289 해 1, 3, 3, -3, -3, 1, 3, -3, 12
답 $y=-3x^2+12x-9$

290 이차함수의 식을 $y=a(x+1)(x-2)$
로 놓고 $x=3$, $y=4$를 대입하면
$4=4a$ $\therefore a=1$
$\therefore y=(x+1)(x-2)=x^2-x-2$
답 $y=x^2-x-2$

291 이차함수의 식을 $y=a(x+3)(x-1)$
로 놓고 $x=-2$, $y=-6$을 대입하면
$-6=-3a$ $\therefore a=2$
$\therefore y=2(x+3)(x-1)$
$=2x^2+4x-6$
답 $y=2x^2+4x-6$

292 이차함수의 식을 $y=a(x+1)(x-4)$
로 놓고 $x=3$, $y=8$을 대입하면
$8=-4a$ $\therefore a=-2$
$\therefore y=-2(x+1)(x-4)$
$=-2x^2+6x+8$
답 $y=-2x^2+6x+8$

293 이차함수의 식을 $y=a(x+2)(x+4)$
로 놓고 $x=-1$, $y=3$을 대입하면
$3=3a$ $\therefore a=1$
$\therefore y=(x+2)(x+4)=x^2+6x+8$
답 $y=x^2+6x+8$

294 해 $(1, 0)$, $(5, 0)$, $(2, -3)$, 1, 2,
-3, 1, 1, 5
답 $y=x^2-6x+5$

295 x축과 두 점 $(-4, 0)$, $(2, 0)$에서 만
나고 점 $(0, -4)$를 지난다.
이차함수의 식을
$y=a(x+4)(x-2)$로 놓고
$x=0$, $y=-4$를 대입하면
$-4=-8a$ $\therefore a=\dfrac{1}{2}$
$\therefore y=\dfrac{1}{2}(x+4)(x-2)$
$=\dfrac{1}{2}x^2+x-4$

$$\text{달}\ y=\frac{1}{2}x^2+x-4$$

296 x축과 두 점 $(-2, 0)$, $(3, 0)$에서 만나고 점 $(0, 6)$을 지난다.
이차함수의 식을
$y=a(x+2)(x-3)$으로 놓고
$x=0$, $y=6$을 대입하면
$6=-6a$ ∴ $a=-1$
∴ $y=-(x+2)(x-3)$
  $=-x^2+x+6$

$$\text{달}\ y=-x^2+x+6$$

297 해 $24-x$, $24-x$, $24-x$, $24-x$,
24, 4, 4, 4
달 4, 20

298 한 수를 x, 두 수의 곱을 y라고 하면 다른 수는 $18-x$이므로 $y=x(18-x)$
$y=x(18-x)$에 $y=72$를 대입하면
$72=x(18-x)$, $x^2-18x+72=0$
$(x-6)(x-12)=0$
∴ $x=6$ 또는 $x=12$
따라서 두 수는 6, 12이다. 달 6, 12

299 (1) 해 0, 0, 6, 6
(2) $40=-5x^2+30x$
  $5x^2-30x+40=0$
  $x^2-6x+8=0$, $(x-2)(x-4)=0$
  ∴ $x=2$ 또는 $x=4$
  따라서 물체가 지면으로부터 40 m 높이를 처음으로 통과하는 것은 쏘아 올린 지 2초 후이다.
달 (1) 6초, (2) 2초

300 꼭짓점의 좌표가 $(2, -2)$이므로 이차함수의 식을 $y=a(x-2)^2-2$로 놓고
$x=0$, $y=1$을 대입하면
$1=4a-2$ ∴ $a=\frac{3}{4}$
∴ $y=\frac{3}{4}(x-2)^2-2=\frac{3}{4}x^2-3x+1$

$$\text{달}\ y=\frac{3}{4}x^2-3x+1$$

301 이차함수의 식을 $y=ax^2+bx+c$로 놓고 $x=0$, $y=1$을 대입하면 $c=1$
$x=-1$, $y=8$을 대입하면
$8=a-b+1$ ······ ㉠
$x=2$, $y=-1$을 대입하면
$-1=4a+2b+1$ ······ ㉡

㉠, ㉡을 연립하여 풀면
$a=2$, $b=-5$
∴ $a+b-c=2+(-5)-1=-4$
달 -4

302 x축과 두 점 $(-1, 0)$, $(4, 0)$에서 만나고 점 $(2, -6)$을 지난다.
이차함수의 식을 $y=a(x+1)(x-4)$로 놓고 $x=2$, $y=-6$을 대입하면
$-6=-6a$ ∴ $a=1$
$y=(x+1)(x-4)=x^2-3x-4$
따라서 y축과의 교점의 좌표는
$(0, -4)$이다. 달 $(0, -4)$

연산 Plus $^+$

Episode 01   p. 02~03

제곱근의 뜻과 성질

01 답 $36, 36, -6$

02 답 $\dfrac{1}{49}, \dfrac{1}{49}, \dfrac{1}{7}$

03 답 0

04 답 $8, -8$

05 답 $\dfrac{1}{12}, -\dfrac{1}{12}$

06 답 $\dfrac{3}{4}, -\dfrac{3}{4}$

07 답 $0.1, -0.1$

08 답 $1.5, -1.5$

09 답 $\pm\sqrt{8}$

10 답 $\pm\sqrt{35}$

11 답 $\pm\sqrt{5.6}$

12 답 $\pm\sqrt{\dfrac{3}{7}}$

13 답 ±3

14 답 5

15 답 -10

16 답 $\dfrac{9}{8}$

17 답 $-\dfrac{1}{14}$

18 답 -1.1

19 답 $\pm\sqrt{6}$

20 답 $\sqrt{6}$

21 답 -0.4

22 답 0.4

23 답 7

24 답 11

25 답 -19

26 답 $\dfrac{13}{4}$

27 답 $-\dfrac{3}{8}$

28 답 2.1

29 답 0.07

30 답 -5.2

31 답 3

32 답 15

33 답 -10

34 답 -24

35 답 $\dfrac{7}{2}$

36 답 $-\dfrac{12}{5}$

37 답 2.5

38 답 -0.33

39 답 9

40 답 0.2

41 답 $-\dfrac{7}{3}$

42 답 ±1.3

43 0의 제곱근은 0의 1개이다.   답 ◯

44 $\sqrt{36}=\sqrt{6^2}=6$이므로 $\sqrt{36}$의 제곱근은 $\pm\sqrt{6}$이다.   답 ×

45 $\sqrt{16}=\sqrt{4^2}=4$이므로 제곱근 $\sqrt{16}$은 2이다.   답 ×

46 -5의 제곱근은 없다.   답 ×

47 $\sqrt{(-25)^2}=25$이므로 $\sqrt{(-25)^2}$의 제곱근은 ±5이다.   답 ◯

48 답 ◯

49 $\sqrt{3^2}+(-\sqrt{10})^2=3+10=13$ 답 13

50 $(-\sqrt{6})^2-\sqrt{(-15)^2}=6-15=-9$ 답 -9

51 $\sqrt{5^2}\times\sqrt{(-2)^2}=5\times2=10$ 답 10

52 $-(\sqrt{20})^2\div\sqrt{(-5)^2}=-20\div5=-4$ 답 -4

53 $\sqrt{(-3)^2}\times(-\sqrt{6})^2+\sqrt{(-7)^2}$
$=3\times6+7=18+7=25$ 답 25

54 $\sqrt{(-8)^2}-\sqrt{30^2}\div\sqrt{(-10)^2}$
$=8-30\div10=8-3=5$ 답 5

55 $\sqrt{9}\times(-\sqrt{5})^2=\sqrt{3^2}\times(-\sqrt{5})^2$
$=3\times5=15$ 답 15

56 $\left(-\sqrt{\dfrac{12}{5}}\right)^2\div(-\sqrt{16})$
$=\left(-\sqrt{\dfrac{12}{5}}\right)^2\div(-\sqrt{4^2})$
$=\dfrac{12}{5}\div(-4)$
$=\dfrac{12}{5}\times\left(-\dfrac{1}{4}\right)=-\dfrac{3}{5}$ 답 $-\dfrac{3}{5}$

57 $(-\sqrt{7})^2-\sqrt{(-3)^2}+\sqrt{25}$
$=(-\sqrt{7})^2-\sqrt{(-3)^2}+\sqrt{5^2}$
$=7-3+5=9$ 답 9

58 $\sqrt{64}\times\sqrt{(-2)^2}-(\sqrt{13})^2$
$=\sqrt{8^2}\times\sqrt{(-2)^2}-(\sqrt{13})^2$
$=8\times2-13=3$ 답 3

59 $\sqrt{\dfrac{81}{4}}\div\sqrt{(-3)^2}-(-\sqrt{2})^2$
$=\sqrt{\left(\dfrac{9}{2}\right)^2}\div\sqrt{(-3)^2}-(-\sqrt{2})^2$
$=\dfrac{9}{2}\div3-2=\dfrac{9}{2}\times\dfrac{1}{3}-2$
$=\dfrac{3}{2}-2=-\dfrac{1}{2}$ 답 $-\dfrac{1}{2}$

60 $\sqrt{6.25}-\sqrt{(-8)^2}\times(-\sqrt{0.3})^2$
$=\sqrt{2.5^2}-\sqrt{(-8)^2}\times(-\sqrt{0.3})^2$
$=2.5-8\times0.3=0.1$ 답 0.1

Episode 02   p. 04~05

제곱근의 계산

01 답 $2a$

02 $-5a<0$이므로
$-\sqrt{(-5a)^2}=-(-5a)=5a$ 답 $5a$

03 답 $-6a$

04 $-9a<0$이므로
$-\sqrt{(-9a)^2}=-\{-(-9a)\}=-9a$ 답 $-9a$

05 답 $-7a$

06 $-8a>0$이므로
$\sqrt{(-8a)^2}=-8a$ 답 $-8a$

07 답 $3a$

08 $-4a>0$이므로
$-\sqrt{(-4a)^2}=-(-4a)=4a$ 답 $4a$

09 $\sqrt{(3a)^2}+\sqrt{(-10a)^2}=3a+10a=13a$ 답 $13a$

10 $\sqrt{a^2}-\sqrt{25a^2}=\sqrt{a^2}-\sqrt{(5a)^2}$
$=a-5a=-4a$ 🔳 $-4a$

11 $\sqrt{(-6a)^2}+\sqrt{(-a)^2}=6a+a=7a$
🔳 $7a$

12 $\sqrt{(-11a)^2}-\sqrt{(-7a)^2}$
$=11a-7a=4a$ 🔳 $4a$

13 $\sqrt{(-2a)^2}+\sqrt{a^2}=-2a+(-a)$
$=-3a$ 🔳 $-3a$

14 $\sqrt{64a^2}-\sqrt{(4a)^2}=\sqrt{(8a)^2}-\sqrt{(4a)^2}$
$=-8a-(-4a)$
$=-4a$ 🔳 $-4a$

15 $\sqrt{(-9a)^2}+\sqrt{(-a)^2}$
$=-9a+(-a)=-10a$ 🔳 $-10a$

16 $\sqrt{(-12a)^2}-\sqrt{(-3a)^2}$
$=-12a-(-3a)=-9a$ 🔳 $-9a$

17 $3-a<0$이므로
$\sqrt{(3-a)^2}=-(3-a)=a-3$ 🔳 $a-3$

18 $a+1>0$이므로
$-\sqrt{(a+1)^2}=-(a+1)=-a-1$
🔳 $-a-1$

19 $a-6<0$이므로
$\sqrt{(a-6)^2}=-(a-6)=-a+6$
🔳 $-a+6$

20 $a+5<0$에서 $-(a+5)>0$이므로
$-\sqrt{\{-(a+5)\}^2}$
$=-\{-(a+5)\}=a+5$ 🔳 $a+5$

21 $x>0$, $x-1<0$이므로
$\sqrt{x^2}+\sqrt{(x-1)^2}=x+\{-(x-1)\}$
$=x-x+1=1$ 🔳 1

22 $-x<0$, $4-x>0$이므로
$\sqrt{(-x)^2}-\sqrt{(4-x)^2}$
$=-(-x)-(4-x)$
$=x-4+x=2x-4$ 🔳 $2x-4$

23 $x-3<0$, $x+2>0$이므로
$\sqrt{(x-3)^2}+\sqrt{(x+2)^2}$
$=-(x-3)+(x+2)$
$=-x+3+x+2=5$ 🔳 5

24 $x+4>0$, $5-x>0$이므로
$\sqrt{(x+4)^2}-\sqrt{(5-x)^2}$
$=(x+4)-(5-x)$
$=x+4-5+x$
$=2x-1$ 🔳 $2x-1$

25 $6+x$는 6보다 큰 제곱수이어야 하므로
$6+x=9$, 16, 25, $\cdots$
이때 x는 가장 작은 자연수이므로
$6+x=9$ ∴ $x=3$ 🔳 3

26 $7-x$는 7보다 작은 제곱수이어야 하므로
$7-x=1$, 4 ∴ $x=6$, 3 🔳 $3, 6$

27 $30-x$는 30보다 작은 제곱수이거나 0이어야 하므로
$30-x=0$, 1, 4, 9, 16, 25
∴ $x=30$, 29, 26, 21, 14, 5
따라서 자연수 x는 6개이다. 🔳 6

28 🔳 6

29 🔳 15

30 $90=2\times3^2\times5$이므로 소인수의 지수가 모두 짝수가 되도록 하는 가장 작은 자연수 x의 값은 $2\times5=10$ 🔳 10

31 $168x=2^3\times3\times7$이므로 소인수의 지수가 모두 짝수가 되도록 하는 가장 작은 자연수 x의 값은 $2\times3\times7=42$ 🔳 42

32 🔳 11

33 🔳 35

34 $84=2^2\times3\times7$이므로 소인수의 지수가 모두 짝수가 되도록 하는 가장 작은 자연수 x의 값은 $3\times7=21$ 🔳 21

35 $126=2\times3^2\times7$이므로 소인수의 지수가 모두 짝수가 되도록 하는 가장 작은 자연수 x의 값은 $2\times7=14$ 🔳 14

36 $5<6$이므로 $\sqrt{5}<\sqrt{6}$ 🔳 $<$

37 $\dfrac{3}{4}<\dfrac{4}{5}$이므로 $\sqrt{\dfrac{3}{4}}<\sqrt{\dfrac{4}{5}}$ 🔳 $<$

38 $\dfrac{5}{3}>1.6$이므로 $\sqrt{\dfrac{5}{3}}>\sqrt{1.6}$ 🔳 $>$

39 $\sqrt{14}<\sqrt{15}$이므로 $-\sqrt{14}>-\sqrt{15}$ 🔳 $>$

40 $\sqrt{2}<\sqrt{\dfrac{7}{3}}$이므로 $-\sqrt{2}>-\sqrt{\dfrac{7}{3}}$
🔳 $>$

41 $\sqrt{5.001}>\sqrt{5}$이므로 $-\sqrt{5.001}<-\sqrt{5}$
🔳 $<$

42 $4=\sqrt{16}$이므로 $\sqrt{16}<\sqrt{17}$
∴ $4<\sqrt{17}$ 🔳 $<$

43 $\dfrac{5}{4}=\sqrt{\dfrac{25}{16}}$이므로 $\dfrac{5}{4}<\sqrt{\dfrac{25}{4}}$ 🔳 $<$

44 $6=\sqrt{36}$이므로 $\sqrt{35}<6$
∴ $-\sqrt{35}>-6$ 🔳 $>$

45 $\dfrac{3}{8}=0.375=\sqrt{(0.375)^2}$이므로
$\dfrac{3}{8}<\sqrt{0.375}$ ∴ $-\dfrac{3}{8}>-\sqrt{0.375}$
🔳 $>$

46 $2=\sqrt{4}$이므로 $\sqrt{3}<\sqrt{4}<\sqrt{5}$
∴ $\sqrt{3}<2<\sqrt{5}$ 🔳 $\sqrt{3}$, 2, $\sqrt{5}$

47 $5=\sqrt{25}$이므로 $\sqrt{21}<\sqrt{\dfrac{45}{2}}<\sqrt{25}$
∴ $-5<-\sqrt{\dfrac{45}{2}}<-\sqrt{21}$
🔳 -5, $-\sqrt{\dfrac{45}{2}}$, $-\sqrt{21}$

48 $\sqrt{(-3)^2}=\sqrt{9}$이므로 $\sqrt{9}<\sqrt{\dfrac{29}{3}}<\sqrt{12}$
∴ $\sqrt{(-3)^2}<\sqrt{\dfrac{29}{3}}<\sqrt{12}$
🔳 $\sqrt{(-3)^2}$, $\sqrt{\dfrac{29}{3}}$, $\sqrt{12}$

49 $\sqrt{(-2)^2}=\sqrt{4}$이므로 $\sqrt{0.7}<\sqrt{\dfrac{4}{5}}<\sqrt{4}$
∴ $\sqrt{0.7}<\sqrt{\dfrac{4}{5}}<\sqrt{(-2)^2}$
🔳 $\sqrt{0.7}$, $\sqrt{\dfrac{4}{5}}$, $\sqrt{(-2)^2}$

50 $\sqrt{x}<\sqrt{4}$에서 $x<4$이므로 자연수 x는 1, 2, 3의 3개이다. 🔳 3

51 $\sqrt{x}<\sqrt{8}$에서 $x<8$이므로 자연수 x는 1, 2, 3, $\cdots$, 7의 7개이다. 🔳 7

52 $\sqrt{9}\leq\sqrt{x}<\sqrt{16}$에서 $9\leq x<16$이므로 자연수 x는 9, 10, 11, $\cdots$, 15의 7개이다. 🔳 7

53 $\sqrt{19}<\sqrt{x}\leq5$, 즉 $\sqrt{19}<\sqrt{x}\leq\sqrt{25}$에서 $19<x\leq25$이므로 자연수 x는 20, 21, 22, $\cdots$, 25의 6개이다. 🔳 6

54 $\sqrt{4}\leq\sqrt{x+3}<\sqrt{16}$에서 $4\leq x+3<16$
∴ $1\leq x<13$
따라서 자연수 x는 1, 2, 3, $\cdots$, 12의 12개이다. 🔳 12

55 $1\leq\sqrt{2x-1}<\sqrt{17}$, 즉 $\sqrt{1}\leq\sqrt{2x-1}<\sqrt{17}$에서 $1\leq2x-1<17$, $2\leq2x<18$
∴ $1\leq x<9$
따라서 자연수 x는 1, 2, 3, $\cdots$, 8의 8개이다. 🔳 8

무리수와 실수

01 $\sqrt{16}=4$는 유리수이다.   탑 유

02 탑 무

03 탑 무

04 순환하는 무한소수는 유리수이다.   탑 유

05 순환하지 않는 무한소수는 무리수이다.
                       탑 무

06 탑 무

07 $\sqrt{49}=7$, $\sqrt{(-0.3)^2}=0.3$, $1.\dot{5}$는 모두 유리수이다.   탑 $\sqrt{49}$, $\sqrt{(-0.3)^2}$, $1.\dot{5}$

08 탑 $-\sqrt{\dfrac{6}{25}}$, $0.316278\cdots$

09 $\sqrt{\dfrac{1}{4}}=\dfrac{1}{2}$ 은 유리수이다.   탑 ✕

10 유한소수는 모두 유리수이다.   탑 ✕

11 탑 ◯

12 탑 ◯

13 $\sqrt{3}$은 순환하지 않는 무한소수이므로 순환소수로 나타낼 수 없다.   탑 ✕

14 ㈎는 정수가 아닌 유리수이므로
$0.\dot{5}\dot{7}$, $\sqrt{\dfrac{9}{16}}$ 탑 $0.\dot{5}\dot{7}$, $\sqrt{\dfrac{9}{16}}$

15 ㈏는 무리수이므로
$\sqrt{5}$, $\sqrt{99}$, 3π 탑 $\sqrt{5}$, $\sqrt{99}$, 3π

16 $\sqrt{5}$와 $\sqrt{6}$ 사이에 유리수는 무수히 많다.
                       탑 ✕

17 1과 $\sqrt{2}$ 사이에도 무리수가 무수히 많이 있으므로 1에 가장 가까운 무리수를 정할 수 없다.   탑 ✕

18 탑 ◯

19 서로 다른 두 정수 사이에는 무수히 많은 유리수와 무리수가 있다.   탑 ✕

20 서로 다른 두 유리수 $\dfrac{1}{2}$, $\dfrac{1}{3}$ 사이에는 정수가 하나도 없다.   탑 ✕

21 탑 ◯

22 수직선은 실수에 대응하는 점들로 완전히 메울 수 있다.   탑 ✕

23 탑 ◯

24 $\overline{AB}=\overline{AD}=\sqrt{2^2+1^2}=\sqrt{5}$이므로
$\overline{AP}=\overline{AQ}=\sqrt{5}$
따라서 두 점 P, Q에 대응하는 수는 각각
$3-\sqrt{5}$, $3+\sqrt{5}$ 탑 $3-\sqrt{5}$, $3+\sqrt{5}$

25 $\overline{AB}=\overline{AD}=\sqrt{3^2+1^2}=\sqrt{10}$이므로
$\overline{AP}=\overline{AQ}=\sqrt{10}$
따라서 두 점 P, Q에 대응하는 수는 각각
$-1-\sqrt{10}$, $-1+\sqrt{10}$
                 탑 $-1-\sqrt{10}$, $-1+\sqrt{10}$

26 $\overline{AC}=\sqrt{1^2+2^2}=\sqrt{5}$이므로
$\overline{AP}=\overline{AQ}=\sqrt{5}$
따라서 두 점 P, Q에 대응하는 수는 각각
$1-\sqrt{5}$, $1+\sqrt{5}$ 탑 $1-\sqrt{5}$, $1+\sqrt{5}$

27 $\overline{BC}=\sqrt{2^2+2^2}=\sqrt{8}$이므로
$\overline{BP}=\overline{BQ}=\sqrt{8}$
따라서 두 점 P, Q에 대응하는 수는 각각
$6-\sqrt{8}$, $6+\sqrt{8}$ 탑 $6-\sqrt{8}$, $6+\sqrt{8}$

28 $\overline{AC}=\sqrt{2^2+3^2}=\sqrt{13}$이므로
$\overline{AP}=\overline{AQ}=\sqrt{13}$
따라서 두 점 P, Q에 대응하는 수는 각각
$-4-\sqrt{13}$, $-4+\sqrt{13}$
             탑 $-4-\sqrt{13}$, $-4+\sqrt{13}$

29 탑 $<$

30 $\sqrt{11}<\sqrt{13}$이므로 $-\sqrt{11}>-\sqrt{13}$
$\therefore 3-\sqrt{11}>3-\sqrt{13}$ 탑 $>$

31 탑 $<$

32 $1<\sqrt{2}$이므로 $-1>-\sqrt{2}$
$\therefore -1-\sqrt{18}>-\sqrt{2}-\sqrt{18}$ 탑 $>$

33 $5-(\sqrt{8}+2)=3-\sqrt{8}=\sqrt{9}-\sqrt{8}>0$
$\therefore 5>\sqrt{8}+2$ 탑 $>$

34 $5-\sqrt{30}-(-1)=6-\sqrt{30}$
$\qquad\qquad\qquad\quad =\sqrt{36}-\sqrt{30}>0$
$\therefore 5-\sqrt{30}>-1$ 탑 $>$

35 $6-\sqrt{12}-\sqrt{9}=6-\sqrt{12}-3=3-\sqrt{12}$
$\qquad\qquad\qquad\quad =\sqrt{9}-\sqrt{12}<0$
$\therefore 6-\sqrt{12}<\sqrt{9}$ 탑 $<$

36 $-\dfrac{1}{2}-\sqrt{5}-\left(-\dfrac{3}{2}-\sqrt{4}\right)$
$=-\dfrac{1}{2}-\sqrt{5}+\dfrac{3}{2}+2$
$=3-\sqrt{5}=\sqrt{9}-\sqrt{5}>0$
$\therefore -\dfrac{1}{2}-\sqrt{5}>-\dfrac{3}{2}-\sqrt{4}$ 탑 $>$

37 $\sqrt{9}<\sqrt{13}<\sqrt{16}$이므로 $3<\sqrt{13}<4$
따라서 $\sqrt{13}$에 대응하는 점은 S이다.
                       탑 S

38 $\sqrt{36}<\sqrt{44}<\sqrt{49}$이므로 $6<\sqrt{44}<7$
따라서 $\sqrt{44}$에 대응하는 점은 U이다.
                       탑 U

39 $\sqrt{1}<\sqrt{\dfrac{11}{7}}<\sqrt{4}$이므로 $1<\sqrt{\dfrac{11}{7}}<2$
따라서 $\sqrt{\dfrac{11}{7}}$에 대응하는 점은 Q이다.
                       탑 Q

40 $\sqrt{4}<\sqrt{5}<\sqrt{9}$이므로 $2<\sqrt{5}<3$
$\therefore 5<3+\sqrt{5}<6$
따라서 $3+\sqrt{5}$에 대응하는 점은 T이다.
                       탑 T

41 $\sqrt{1}<\sqrt{3}<\sqrt{4}$이므로 $1<\sqrt{3}<2$
$\therefore 0<\sqrt{3}-1<1$
따라서 $\sqrt{3}-1$에 대응하는 점은 P이다.
                       탑 P

42 $\sqrt{4}<\sqrt{6}<\sqrt{9}$이므로 $2<\sqrt{6}<3$
즉, $-3<-\sqrt{6}<-2$이므로
$2<5-\sqrt{6}<3$
따라서 $5-\sqrt{6}$에 대응하는 점은 R이다.
                       탑 R

근호를 포함한 식의 곱셈과 나눗셈

01 탑 $\sqrt{21}$

02 탑 $-\sqrt{\dfrac{5}{2}}$

03 탑 $\sqrt{10}$

04 탑 $9\sqrt{15}$

05 $(-4\sqrt{8})\times 3\sqrt{2}=-12\sqrt{16}=-12\times 4$
$\qquad\qquad\qquad\qquad =-48$ 탑 -48

06 $2\sqrt{\dfrac{7}{2}}\times\sqrt{\dfrac{9}{14}}=2\sqrt{\dfrac{7}{2}\times\dfrac{9}{14}}=2\sqrt{\dfrac{9}{4}}$
$\qquad\qquad\qquad =2\times\dfrac{3}{2}=3$ 탑 3

07 $6\sqrt{\dfrac{3}{7}}\times\left(-\dfrac{1}{3}\sqrt{14}\right)$
$=6\times\left(-\dfrac{1}{3}\right)\times\sqrt{\dfrac{3}{7}\times 14}$
$=-2\sqrt{6}$ 탑 $-2\sqrt{6}$

08 답 $\sqrt{7}$

09 답 $\sqrt{6}$

10 답 $2\sqrt{2}$

11 답 $-2\sqrt{3}$

12 $\dfrac{\sqrt{24}}{\sqrt{5}} \div (-\sqrt{12}) = \dfrac{\sqrt{24}}{\sqrt{5}} \times \left(-\dfrac{1}{\sqrt{12}}\right)$

$\qquad = -\sqrt{\dfrac{24}{5} \times \dfrac{1}{12}}$

$\qquad = -\sqrt{\dfrac{2}{5}}$ 답 $-\sqrt{\dfrac{2}{5}}$

13 $\dfrac{\sqrt{48}}{\sqrt{10}} \div \dfrac{\sqrt{8}}{\sqrt{5}} = \dfrac{\sqrt{48}}{\sqrt{10}} \times \dfrac{\sqrt{5}}{\sqrt{8}}$

$\qquad = \sqrt{\dfrac{48}{10} \times \dfrac{5}{8}} = \sqrt{3}$ 답 $\sqrt{3}$

14 $\left(-\sqrt{\dfrac{36}{35}}\right) \div \left(-\sqrt{\dfrac{12}{7}}\right)$

$\qquad = \dfrac{\sqrt{36}}{\sqrt{35}} \times \dfrac{\sqrt{7}}{\sqrt{12}} = \sqrt{\dfrac{36}{35} \times \dfrac{7}{12}}$

$\qquad = \sqrt{\dfrac{3}{5}}$ 답 $\sqrt{\dfrac{3}{5}}$

15 답 $3\sqrt{2}$

16 답 $5\sqrt{3}$

17 답 $\dfrac{\sqrt{7}}{6}$

18 $\sqrt{0.45} = \sqrt{\dfrac{45}{100}} = \dfrac{\sqrt{45}}{\sqrt{100}} = \dfrac{3\sqrt{5}}{10}$

$\qquad$ 답 $\dfrac{3\sqrt{5}}{10}$

19 답 $\sqrt{28}$

20 답 $-\sqrt{27}$

21 답 $\sqrt{\dfrac{15}{16}}$

22 $-\sqrt{\dfrac{24}{6}} = -\sqrt{\dfrac{24}{36}} = -\sqrt{\dfrac{2}{3}}$ 답 $-\sqrt{\dfrac{2}{3}}$

23 $\dfrac{2}{\sqrt{3}} = \dfrac{2 \times \sqrt{3}}{\sqrt{3} \times \sqrt{3}} = \dfrac{2\sqrt{3}}{3}$ 답 $\dfrac{2\sqrt{3}}{3}$

24 $\dfrac{3}{\sqrt{11}} = \dfrac{3 \times \sqrt{11}}{\sqrt{11} \times \sqrt{11}} = \dfrac{3\sqrt{11}}{11}$ 답 $\dfrac{3\sqrt{11}}{11}$

25 $\dfrac{49}{\sqrt{7}} = \dfrac{49 \times \sqrt{7}}{\sqrt{7} \times \sqrt{7}} = \dfrac{49\sqrt{7}}{7} = 7\sqrt{7}$ 답 $7\sqrt{7}$

26 $\dfrac{8}{\sqrt{6}} = \dfrac{8 \times \sqrt{6}}{\sqrt{6} \times \sqrt{6}} = \dfrac{8\sqrt{6}}{6} = \dfrac{4\sqrt{6}}{3}$ 답 $\dfrac{4\sqrt{6}}{3}$

27 $\dfrac{\sqrt{13}}{\sqrt{3}} = \dfrac{\sqrt{13} \times \sqrt{3}}{\sqrt{3} \times \sqrt{3}} = \dfrac{\sqrt{39}}{3}$ 답 $\dfrac{\sqrt{39}}{3}$

28 $\sqrt{\dfrac{2}{15}} = \dfrac{\sqrt{2}}{\sqrt{15}} = \dfrac{\sqrt{2} \times \sqrt{15}}{\sqrt{15} \times \sqrt{15}} = \dfrac{\sqrt{30}}{15}$

$\qquad$ 답 $\dfrac{\sqrt{30}}{15}$

29 $\dfrac{3}{2\sqrt{3}} = \dfrac{3 \times \sqrt{3}}{2\sqrt{3} \times \sqrt{3}} = \dfrac{\sqrt{3}}{2}$ 답 $\dfrac{\sqrt{3}}{2}$

30 $\dfrac{2\sqrt{5}}{5\sqrt{6}} = \dfrac{2\sqrt{5} \times \sqrt{6}}{5\sqrt{6} \times \sqrt{6}} = \dfrac{\sqrt{30}}{15}$ 답 $\dfrac{\sqrt{30}}{15}$

31 $\dfrac{\sqrt{3}\sqrt{5}}{\sqrt{10}} = \dfrac{\sqrt{3}}{\sqrt{2}} = \dfrac{\sqrt{3} \times \sqrt{2}}{\sqrt{2} \times \sqrt{2}} = \dfrac{\sqrt{6}}{2}$ 답 $\dfrac{\sqrt{6}}{2}$

32 $\dfrac{\sqrt{12}}{\sqrt{60}} = \dfrac{1}{\sqrt{5}} = \dfrac{1 \times \sqrt{5}}{\sqrt{5} \times \sqrt{5}} = \dfrac{\sqrt{5}}{5}$ 답 $\dfrac{\sqrt{5}}{5}$

33 $\sqrt{\dfrac{28}{45}} = \dfrac{\sqrt{28}}{\sqrt{45}} = \dfrac{2\sqrt{7}}{3\sqrt{5}} = \dfrac{2\sqrt{7} \times \sqrt{5}}{3\sqrt{5} \times \sqrt{5}}$

$\qquad = \dfrac{2\sqrt{35}}{15}$ 답 $\dfrac{2\sqrt{35}}{15}$

34 $\sqrt{10} \times \sqrt{15} = \sqrt{150} = 5\sqrt{6}$ 답 $5\sqrt{6}$

35 $\sqrt{\dfrac{8}{21}} \times \left(-\sqrt{\dfrac{7}{2}}\right)$

$\qquad = -\dfrac{\sqrt{8}}{\sqrt{21}} \times \dfrac{\sqrt{7}}{\sqrt{2}} = -\sqrt{\dfrac{4}{3}} = -\dfrac{2}{\sqrt{3}}$

$\qquad = -\dfrac{2 \times \sqrt{3}}{\sqrt{3} \times \sqrt{3}} = -\dfrac{2\sqrt{3}}{3}$ 답 $-\dfrac{2\sqrt{3}}{3}$

36 $\sqrt{54} \div \sqrt{30} = \dfrac{3\sqrt{6}}{\sqrt{30}} = \dfrac{3}{\sqrt{5}} = \dfrac{3 \times \sqrt{5}}{\sqrt{5} \times \sqrt{5}}$

$\qquad = \dfrac{3\sqrt{5}}{5}$ 답 $\dfrac{3\sqrt{5}}{5}$

37 $\sqrt{\dfrac{6}{5}} \div (-\sqrt{24}) = -\dfrac{\sqrt{6}}{\sqrt{5}} \times \dfrac{1}{\sqrt{24}}$

$\qquad = -\dfrac{1}{2\sqrt{5}}$

$\qquad = -\dfrac{1 \times \sqrt{5}}{2\sqrt{5} \times \sqrt{5}}$

$\qquad = -\dfrac{\sqrt{5}}{10}$ 답 $-\dfrac{\sqrt{5}}{10}$

38 $\sqrt{30} \times \sqrt{21} \div \sqrt{5} = \sqrt{30} \times \sqrt{21} \times \dfrac{1}{\sqrt{5}}$

$\qquad = \sqrt{126} = 3\sqrt{14}$ 답 $3\sqrt{14}$

39 $\sqrt{105} \div \sqrt{20} \div \sqrt{7} = \sqrt{105} \times \dfrac{1}{\sqrt{20}} \times \dfrac{1}{\sqrt{7}}$

$\qquad = \sqrt{\dfrac{3}{4}} = \dfrac{\sqrt{3}}{2}$ 답 $\dfrac{\sqrt{3}}{2}$

40 $\dfrac{\sqrt{15}}{\sqrt{8}} \div \dfrac{\sqrt{3}}{2} \div \dfrac{\sqrt{5}}{\sqrt{6}}$

$\qquad = \dfrac{\sqrt{15}}{\sqrt{8}} \times \dfrac{2}{\sqrt{3}} \times \dfrac{\sqrt{6}}{\sqrt{5}}$

$\qquad = \dfrac{2\sqrt{3}}{\sqrt{4}} = \dfrac{2\sqrt{3}}{2} = \sqrt{3}$ 답 $\sqrt{3}$

41 $\sqrt{27} \times \sqrt{5} = 3\sqrt{3} \times \sqrt{5} = 3\sqrt{15}$ 답 $3\sqrt{15}$

42 $\sqrt{50} \times \sqrt{12} = 5\sqrt{2} \times 2\sqrt{3} = 10\sqrt{6}$

$\qquad$ 답 $10\sqrt{6}$

43 $\sqrt{\dfrac{32}{3}} \div \sqrt{20} = \dfrac{4\sqrt{2}}{\sqrt{3}} \times \dfrac{1}{2\sqrt{5}}$

$\qquad = \dfrac{2\sqrt{2}}{\sqrt{15}} = \dfrac{2\sqrt{30}}{15}$ 답 $\dfrac{2\sqrt{30}}{15}$

44 $\sqrt{\dfrac{18}{7}} \times \sqrt{8} \div \sqrt{12}$

$\qquad = \dfrac{3\sqrt{2}}{\sqrt{7}} \times 2\sqrt{2} \times \dfrac{1}{2\sqrt{3}}$

$\qquad = \dfrac{6}{\sqrt{21}} = \dfrac{6\sqrt{21}}{21} = \dfrac{2\sqrt{21}}{7}$ 답 $\dfrac{2\sqrt{21}}{7}$

45 답 1.825

46 답 1.786

47 답 1.803

48 답 3.24

49 답 3.47

50 답 3.14

51 $\sqrt{700} = \sqrt{100 \times 7} = 10\sqrt{7}$

$\qquad = 10 \times 2.646 = 26.46$ 답 26.46

52 $\sqrt{7000} = \sqrt{100 \times 70} = 10\sqrt{70}$

$\qquad = 10 \times 8.367 = 83.67$ 답 83.67

53 $\sqrt{0.7} = \sqrt{\dfrac{1}{100} \times 70} = \dfrac{1}{10}\sqrt{70}$

$\qquad = \dfrac{1}{10} \times 8.367 = 0.8367$ 답 0.8367

54 $\sqrt{0.07} = \sqrt{\dfrac{1}{100} \times 7} = \dfrac{1}{10}\sqrt{7}$

$\qquad = \dfrac{1}{10} \times 2.646 = 0.2646$

$\qquad$ 답 0.2646

Episode 05 p. 10~11

근호를 포함한 식의 덧셈과 뺄셈

01 답 $7\sqrt{2}$

02 답 $7\sqrt{5}$

03 답 $5\sqrt{7}$

04 답 $-5\sqrt{3}$

05 $\dfrac{3\sqrt{2}}{2} + \dfrac{\sqrt{2}}{3} = \left(\dfrac{3}{2} + \dfrac{1}{3}\right)\sqrt{2} = \dfrac{11\sqrt{2}}{6}$

$\qquad$ 답 $\dfrac{11\sqrt{2}}{6}$

06 $\sqrt{5} - \dfrac{\sqrt{5}}{5} = \left(1 - \dfrac{1}{5}\right)\sqrt{5} = \dfrac{4\sqrt{5}}{5}$

$\qquad$ 답 $\dfrac{4\sqrt{5}}{5}$

07 $\dfrac{7\sqrt{3}}{4}-\dfrac{2\sqrt{3}}{3}=\left(\dfrac{7}{4}-\dfrac{2}{3}\right)\sqrt{3}=\dfrac{13\sqrt{3}}{12}$

답 $\dfrac{13\sqrt{3}}{12}$

08 답 $-3\sqrt{2}$

09 답 $\sqrt{3}$

10 답 $-4\sqrt{7}$

11 답 $5\sqrt{6}$

12 답 $-5\sqrt{11}$

13 $\dfrac{\sqrt{3}}{2}+\dfrac{5\sqrt{3}}{3}-\dfrac{\sqrt{3}}{4}=\left(\dfrac{1}{2}+\dfrac{5}{3}-\dfrac{1}{4}\right)\sqrt{3}$

$=\dfrac{23\sqrt{3}}{12}$　답 $\dfrac{23\sqrt{3}}{12}$

14 $\dfrac{\sqrt{5}}{3}-\dfrac{4\sqrt{5}}{5}+\dfrac{3\sqrt{5}}{10}$

$=\left(\dfrac{1}{3}-\dfrac{4}{5}+\dfrac{3}{10}\right)\sqrt{5}$

$=-\dfrac{5\sqrt{5}}{30}=-\dfrac{\sqrt{5}}{6}$　답 $-\dfrac{\sqrt{5}}{6}$

15 답 $7\sqrt{3}-3\sqrt{2}$

16 답 $\sqrt{6}-6\sqrt{3}$

17 $\dfrac{5\sqrt{2}}{2}+\dfrac{\sqrt{3}}{2}-\dfrac{4\sqrt{2}}{3}$

$=\left(\dfrac{5}{2}-\dfrac{4}{3}\right)\sqrt{2}+\dfrac{\sqrt{3}}{2}$

$=\dfrac{7\sqrt{2}}{6}+\dfrac{\sqrt{3}}{2}$　답 $\dfrac{7\sqrt{2}}{6}+\dfrac{\sqrt{3}}{2}$

18 $\dfrac{7\sqrt{5}}{2}-\dfrac{4\sqrt{5}}{3}-\dfrac{\sqrt{10}}{6}$

$=\left(\dfrac{7}{2}-\dfrac{4}{3}\right)\sqrt{5}-\dfrac{\sqrt{10}}{6}$

$=\dfrac{13\sqrt{5}}{6}-\dfrac{\sqrt{10}}{6}$　답 $\dfrac{13\sqrt{5}}{6}-\dfrac{\sqrt{10}}{6}$

19 $6\sqrt{3}-3\sqrt{2}-2\sqrt{3}+5\sqrt{2}$

$=(-3+5)\sqrt{2}+(6-2)\sqrt{3}$

$=2\sqrt{2}+4\sqrt{3}$　답 $2\sqrt{2}+4\sqrt{3}$

20 $3\sqrt{5}-4\sqrt{6}-\sqrt{6}-2\sqrt{5}$

$=(3-2)\sqrt{5}+(-4-1)\sqrt{6}$

$=\sqrt{5}-5\sqrt{6}$　답 $\sqrt{5}-5\sqrt{6}$

21 $\dfrac{3\sqrt{2}}{2}+\dfrac{3\sqrt{3}}{2}-\dfrac{\sqrt{2}}{3}-\dfrac{5\sqrt{3}}{4}$

$=\left(\dfrac{3}{2}-\dfrac{1}{3}\right)\sqrt{2}+\left(\dfrac{3}{2}-\dfrac{5}{4}\right)\sqrt{3}$

$=\dfrac{7\sqrt{2}}{6}+\dfrac{\sqrt{3}}{4}$　답 $\dfrac{7\sqrt{2}}{6}+\dfrac{\sqrt{3}}{4}$

22 $\sqrt{7}-\dfrac{7\sqrt{3}}{4}-\dfrac{2\sqrt{7}}{3}+\dfrac{2\sqrt{3}}{3}$

$=\left(1-\dfrac{2}{3}\right)\sqrt{7}+\left(-\dfrac{7}{4}+\dfrac{2}{3}\right)\sqrt{3}$

$=\dfrac{\sqrt{7}}{3}-\dfrac{13\sqrt{3}}{12}$　답 $\dfrac{\sqrt{7}}{3}-\dfrac{13\sqrt{3}}{12}$

23 $\sqrt{50}+\sqrt{8}=5\sqrt{2}+2\sqrt{2}=7\sqrt{2}$　답 $7\sqrt{2}$

24 $\sqrt{45}-\sqrt{20}=3\sqrt{5}-2\sqrt{5}=\sqrt{5}$　답 $\sqrt{5}$

25 $\dfrac{9}{\sqrt{3}}+\sqrt{75}=3\sqrt{3}+5\sqrt{3}=8\sqrt{3}$　답 $8\sqrt{3}$

26 $\dfrac{5}{2\sqrt{6}}-\dfrac{3}{\sqrt{54}}=\dfrac{5\sqrt{6}}{12}-\dfrac{3}{3\sqrt{6}}$

$=\dfrac{5\sqrt{6}}{12}-\dfrac{\sqrt{6}}{6}$

$=\dfrac{3\sqrt{6}}{12}=\dfrac{\sqrt{6}}{4}$　답 $\dfrac{\sqrt{6}}{4}$

27 $\sqrt{80}+\sqrt{10}-\sqrt{45}$

$=4\sqrt{5}+\sqrt{10}-3\sqrt{5}$

$=\sqrt{5}+\sqrt{10}$　답 $\sqrt{5}+\sqrt{10}$

28 $\sqrt{96}-\sqrt{27}+\sqrt{24}$

$=4\sqrt{6}-3\sqrt{3}+2\sqrt{6}$

$=6\sqrt{6}-3\sqrt{3}$　답 $6\sqrt{6}-3\sqrt{3}$

29 $\sqrt{18}+\sqrt{27}-\sqrt{2}-\sqrt{75}$

$=3\sqrt{2}+3\sqrt{3}-\sqrt{2}-5\sqrt{3}$

$=2\sqrt{2}-2\sqrt{3}$　답 $2\sqrt{2}-2\sqrt{3}$

30 $\sqrt{56}-\sqrt{28}+\sqrt{126}-\sqrt{63}$

$=2\sqrt{14}-2\sqrt{7}+3\sqrt{14}-3\sqrt{7}$

$=5\sqrt{14}-5\sqrt{7}$　답 $5\sqrt{14}-5\sqrt{7}$

31 $2\sqrt{3}+\dfrac{6}{\sqrt{3}}-\sqrt{108}$

$=2\sqrt{3}+2\sqrt{3}-6\sqrt{3}=-2\sqrt{3}$　답 $-2\sqrt{3}$

32 $\dfrac{2}{\sqrt{20}}-\dfrac{3}{\sqrt{45}}-2\sqrt{5}$

$=\dfrac{2}{2\sqrt{5}}-\dfrac{3}{3\sqrt{5}}-2\sqrt{5}$

$=\dfrac{\sqrt{5}}{5}-\dfrac{\sqrt{5}}{5}-2\sqrt{5}=-2\sqrt{5}$

답 $-2\sqrt{5}$

33 $\sqrt{48}+\dfrac{4}{\sqrt{24}}-\dfrac{6}{\sqrt{12}}-2\sqrt{6}$

$=4\sqrt{3}+\dfrac{4}{2\sqrt{6}}-\dfrac{6}{2\sqrt{3}}-2\sqrt{6}$

$=4\sqrt{3}+\dfrac{\sqrt{6}}{3}-\sqrt{3}-2\sqrt{6}$

$=3\sqrt{3}-\dfrac{5\sqrt{6}}{3}$　답 $3\sqrt{3}-\dfrac{5\sqrt{6}}{3}$

34 답 $\sqrt{6}+\sqrt{10}$

35 답 $-\sqrt{30}+\sqrt{10}$

36 $(\sqrt{6}-\sqrt{12})\sqrt{3}=\sqrt{18}-\sqrt{36}=3\sqrt{2}-6$

답 $3\sqrt{2}-6$

37 $(\sqrt{40}+\sqrt{30})\div\sqrt{5}$

$=(\sqrt{40}+\sqrt{30})\times\dfrac{1}{\sqrt{5}}$

$=\sqrt{8}+\sqrt{6}=2\sqrt{2}+\sqrt{6}$　답 $2\sqrt{2}+\sqrt{6}$

38 $(\sqrt{54}-\sqrt{24})\div\sqrt{6}$

$=(\sqrt{54}-\sqrt{24})\times\dfrac{1}{\sqrt{6}}$

$=\sqrt{9}-\sqrt{4}=3-2=1$　답 1

39 $(\sqrt{12}-\sqrt{42})\div(-\sqrt{3})$

$=(\sqrt{12}-\sqrt{42})\times\left(-\dfrac{1}{\sqrt{3}}\right)$

$=-\sqrt{4}+\sqrt{14}=-2+\sqrt{14}$

답 $-2+\sqrt{14}$

40 $\dfrac{\sqrt{6}-\sqrt{3}}{\sqrt{2}}=\dfrac{(\sqrt{6}-\sqrt{3})\times\sqrt{2}}{\sqrt{2}\times\sqrt{2}}$

$=\dfrac{2\sqrt{3}-\sqrt{6}}{2}=\sqrt{3}-\dfrac{\sqrt{6}}{2}$

답 $\sqrt{3}-\dfrac{\sqrt{6}}{2}$

41 $\dfrac{\sqrt{15}-\sqrt{27}}{\sqrt{3}}=\dfrac{(\sqrt{15}-3\sqrt{3})\times\sqrt{3}}{\sqrt{3}\times\sqrt{3}}$

$=\dfrac{3\sqrt{5}-9}{3}=\sqrt{5}-3$

답 $\sqrt{5}-3$

42 $\dfrac{\sqrt{32}+\sqrt{10}}{3\sqrt{2}}=\dfrac{(4\sqrt{2}+\sqrt{10})\times\sqrt{2}}{3\sqrt{2}\times\sqrt{2}}$

$=\dfrac{8+2\sqrt{5}}{6}=\dfrac{4+\sqrt{5}}{3}$

답 $\dfrac{4+\sqrt{5}}{3}$

43 $\dfrac{\sqrt{21}-\sqrt{63}}{\sqrt{28}}=\dfrac{\sqrt{21}-3\sqrt{7}}{2\sqrt{7}}$

$=\dfrac{(\sqrt{21}-3\sqrt{7})\times\sqrt{7}}{2\sqrt{7}\times\sqrt{7}}$

$=\dfrac{7\sqrt{3}-21}{14}=\dfrac{\sqrt{3}-3}{2}$

답 $\dfrac{\sqrt{3}-3}{2}$

44 $\sqrt{2}(\sqrt{3}-\sqrt{2})+\sqrt{3}(\sqrt{3}+\sqrt{2})$

$=\sqrt{6}-2+3+\sqrt{6}=1+2\sqrt{6}$

답 $1+2\sqrt{6}$

45 $\sqrt{3}(2+\sqrt{2})-(\sqrt{18}+3)\div\sqrt{3}$

$=2\sqrt{3}+\sqrt{6}-\dfrac{\sqrt{18}+3}{\sqrt{3}}$

$=2\sqrt{3}+\sqrt{6}-\sqrt{6}-\sqrt{3}=\sqrt{3}$　답 $\sqrt{3}$

46 $\dfrac{3}{\sqrt{2}}(\sqrt{24}-2)-\sqrt{5}(\sqrt{15}+\sqrt{10})$

$=6\sqrt{3}-3\sqrt{2}-5\sqrt{3}-5\sqrt{2}=\sqrt{3}-8\sqrt{2}$

답 $\sqrt{3}-8\sqrt{2}$

47 $\dfrac{4}{\sqrt{6}}(2\sqrt{3}+\sqrt{6})-\dfrac{\sqrt{27}-\sqrt{6}}{\sqrt{3}}$

$=4\sqrt{2}+4-3+\sqrt{2}$

$=5\sqrt{2}+1$ 　　　　　　 답 $5\sqrt{2}+1$

48 $a+2\sqrt{3}+5-a\sqrt{3}$

$=(a+5)+(2-a)\sqrt{3}$

이 유리수가 되려면

$2-a=0$ 　　$\therefore a=2$ 　　　 답 2

49 $\sqrt{48}-\dfrac{6}{\sqrt{3}}+a\sqrt{3}-5$

$=4\sqrt{3}-2\sqrt{3}+a\sqrt{3}-5$

$=(2+a)\sqrt{3}-5$

가 유리수가 되려면

$2+a=0$ 　　$\therefore a=-2$ 　　 답 -2

50 $1-4\sqrt{7}-\sqrt{7}(a-2\sqrt{7})$

$=1-4\sqrt{7}-a\sqrt{7}+14$

$=15-(4+a)\sqrt{7}$

이 유리수가 되려면

$4+a=0$ 　　$\therefore a=-4$ 　　 답 -4

51 $\sqrt{5}(\sqrt{15}+a\sqrt{5})-\dfrac{\sqrt{18}+a\sqrt{6}}{\sqrt{2}}$

$=5\sqrt{3}+5a-3-a\sqrt{3}$

$=(5a-3)+(5-a)\sqrt{3}$

이 유리수가 되려면

$5-a=0$ 　　$\therefore a=5$ 　　　 답 5

Episode 06　　　 p. 12~13
다항식의 곱셈

01 답 $ab+5a-2b-10$

02 답 $xy+3x+5y+15$

03 답 $6xy-8x+3y-4$

04 답 $15xy-3x-5y+1$

05 답 $-3ac+2ad-6bc+4bd$

06 $(x-3)(x-6)$

$=x^2-6x-3x+18$

$=x^2-9x+18$ 　　　 답 $x^2-9x+18$

07 $(3a+2)(a+4)$

$=3a^2+12a+2a+8$

$=3a^2+14a+8$ 　　 답 $3a^2+14a+8$

---

08 $(2x+3y)(-x-y)$

$=-2x^2-2xy-3xy-3y^2$

$=-2x^2-5xy-3y^2$

　　　　　　 답 $-2x^2-5xy-3y^2$

09 $(x+2)(3x-y+1)$

$=3x^2-xy+x+6x-2y+2$

$=3x^2-xy+7x-2y+2$

　　　　　　 답 $3x^2-xy+7x-2y+2$

10 $(x-4y-1)(x+4y)$

$=x^2+4xy-4xy-16y^2-x-4y$

$=x^2-16y^2-x-4y$

　　　　　　 답 x^2-16y^2-x-4y

11 xy항이 나오는 부분만 전개하면

$x\times(-5y)+3y\times2x$

$=-5xy+6xy=xy$

이므로 xy의 계수는 1 　　 답 1

12 xy항이 나오는 부분만 전개하면

$7x\times y+3y\times(-3x)$

$=7xy-9xy=-2xy$

이므로 xy의 계수는 -2 　　 답 -2

13 xy항이 나오는 부분만 전개하면

$4x\times(-2y)+(-3y)\times(-x)$

$=-8xy+3xy=-5xy$

이므로 xy의 계수는 -5 　　 답 -5

14 xy항이 나오는 부분만 전개하면

$2x\times5y+(-3y)\times x$

$=10xy-3xy=7xy$

이므로 xy의 계수는 7 　　 답 7

15 $(a+3)^2$

$=a^2+2\times a\times3+3^2$

$=a^2+6a+9$ 　　 답 a^2+6a+9

16 $(x+4)^2$

$=x^2+2\times x\times4+4^2$

$=x^2+8x+16$ 　　 답 $x^2+8x+16$

17 $(2x+1)^2$

$=(2x)^2+2\times2x\times1+1^2$

$=4x^2+4x+1$ 　　 답 $4x^2+4x+1$

18 $(4y+3)^2$

$=(4y)^2+2\times4y\times3+3^2$

$=16y^2+24y+9$ 　　 답 $16y^2+24y+9$

19 $(x+7y)^2=x^2+2\times x\times7y+(7y)^2$

$=x^2+14xy+49y^2$

　　　　　　 답 $x^2+14xy+49y^2$

---

20 $(3a+2b)^2$

$=(3a)^2+2\times3a\times2b+(2b)^2$

$=9a^2+12ab+4b^2$

　　　　　　 답 $9a^2+12ab+4b^2$

21 $(-x+5y)^2$

$=(-x)^2+2\times(-x)\times5y+(5y)^2$

$=x^2-10xy+25y^2$

　　　　　　 답 $x^2-10xy+25y^2$

22 $(-2a+3b)^2$

$=(-2a)^2+2\times(-2a)\times3b+(3b)^2$

$=4a^2-12ab+9b^2$

　　　　　　 답 $4a^2-12ab+9b^2$

23 $\left(x+\dfrac{3}{2}y\right)^2$

$=x^2+2\times x\times\dfrac{3}{2}y+\left(\dfrac{3}{2}y\right)^2$

$=x^2+3xy+\dfrac{9}{4}y^2$ 　 답 $x^2+3xy+\dfrac{9}{4}y^2$

24 $\left(\dfrac{1}{3}a+3b\right)^2$

$=\left(\dfrac{1}{3}a\right)^2+2\times\dfrac{1}{3}a\times3b+(3b)^2$

$=\dfrac{1}{9}a^2+2ab+9b^2$

　　　　　　 답 $\dfrac{1}{9}a^2+2ab+9b^2$

25 $(a-3)^2$

$=a^2-2\times a\times3+3^2$

$=a^2-6a+9$ 　　 답 a^2-6a+9

26 $(x-5)^2$

$=x^2-2\times x\times5+5^2$

$=x^2-10x+25$ 　　 답 $x^2-10x+25$

27 $(2x-3)^2$

$=(2x)^2-2\times2x\times3+3^2$

$=4x^2-12x+9$ 　　 답 $4x^2-12x+9$

28 $(4y-5)^2$

$=(4y)^2-2\times4y\times5+5^2$

$=16y^2-40y+25$ 　　 답 $16y^2-40y+25$

29 $(x-6y)^2$

$=x^2-2\times x\times6y+(6y)^2$

$=x^2-12xy+36y^2$

　　　　　　 답 $x^2-12xy+36y^2$

30 $(5a-3b)^2$

$=(5a)^2-2\times5a\times3b+(3b)^2$

$=25a^2-30ab+9b^2$

　　　　　　 답 $25a^2-30ab+9b^2$

31 $(-x-2y)^2$
$=(-x)^2-2\times(-x)\times2y+(2y)^2$
$=x^2+4xy+4y^2$ 답 $x^2+4xy+4y^2$

32 $(-3a-4b)^2$
$=(-3a)^2-2\times(-3a)\times4b+(4b)^2$
$=9a^2+24ab+16b^2$
답 $9a^2+24ab+16b^2$

33 $\left(2x-\dfrac{5}{4}y\right)^2$
$=(2x)^2-2\times2x\times\dfrac{5}{4}y+\left(\dfrac{5}{4}y\right)^2$
$=4x^2-5xy+\dfrac{25}{16}y^2$
답 $4x^2-5xy+\dfrac{25}{16}y^2$

34 $\left(\dfrac{7}{2}a-b\right)^2$
$=\left(\dfrac{7}{2}a\right)^2-2\times\dfrac{7}{2}a\times b+b^2$
$=\dfrac{49}{4}a^2-7ab+b^2$
답 $\dfrac{49}{4}a^2-7ab+b^2$

35 $(x+3)(x-3)$
$=x^2-3^2=x^2-9$ 답 x^2-9

36 $(6+a)(6-a)$
$=6^2-a^2=36-a^2$ 답 $36-a^2$

37 $\left(a+\dfrac{1}{3}\right)\left(a-\dfrac{1}{3}\right)$
$=a^2-\left(\dfrac{1}{3}\right)^2=a^2-\dfrac{1}{9}$ 답 $a^2-\dfrac{1}{9}$

38 $(3x+4)(3x-4)$
$=(3x)^2-4^2=9x^2-16$ 답 $9x^2-16$

39 $\left(2x+\dfrac{1}{2}\right)\left(2x-\dfrac{1}{2}\right)$
$=(2x)^2-\left(\dfrac{1}{2}\right)^2=4x^2-\dfrac{1}{4}$
답 $4x^2-\dfrac{1}{4}$

40 $(x+5y)(x-5y)$
$=x^2-(5y)^2=x^2-25y^2$ 답 x^2-25y^2

41 $(-a+7b)(-a-7b)$
$=(-a)^2-(7b)^2=a^2-49b^2$
답 a^2-49b^2

42 $\left(3x+\dfrac{y}{3}\right)\left(3x-\dfrac{y}{3}\right)$
$=(3x)^2-\left(\dfrac{y}{3}\right)^2=9x^2-\dfrac{y^2}{9}$
답 $9x^2-\dfrac{y^2}{9}$

43 $(x+4y)(-x+4y)$
$=(4y+x)(4y-x)$
$=(4y)^2-x^2$
$=16y^2-x^2$ 답 $16y^2-x^2$

44 $(x+3)(x+4)$
$=x^2+(3+4)x+3\times4$
$=x^2+7x+12$ 답 $x^2+7x+12$

45 $(x-3)(x-6)$
$=x^2+\{(-3)+(-6)\}x$
$\qquad\qquad+(-3)\times(-6)$
$=x^2-9x+18$ 답 $x^2-9x+18$

46 $(x+3)(x-5)$
$=x^2+\{3+(-5)\}x+3\times(-5)$
$=x^2-2x-15$ 답 $x^2-2x-15$

47 $(a+10)(a-1)$
$=a^2+\{10+(-1)\}a+10\times(-1)$
$=a^2+9a-10$ 답 $a^2+9a-10$

48 $(x-2)(x+7)$
$=x^2+\{(-2)+7\}x+(-2)\times7$
$=x^2+5x-14$ 답 $x^2+5x-14$

49 $(a-8)(a+6)$
$=a^2+\{(-8)+6\}a+(-8)\times6$
$=a^2-2a-48$ 답 $a^2-2a-48$

50 $(x+2y)(x+3y)$
$=x^2+(2y+3y)x+2y\times3y$
$=x^2+5xy+6y^2$ 답 $x^2+5xy+6y^2$

51 $(x-3y)(x-10y)$
$=x^2+\{(-3y)+(-10y)\}x$
$\qquad\qquad+(-3y)\times(-10y)$
$=x^2-13xy+30y^2$
답 $x^2-13xy+30y^2$

52 $(x+5y)(x-4y)$
$=x^2+\{5y+(-4y)\}x+5y\times(-4y)$
$=x^2+xy-20y^2$ 답 $x^2+xy-20y^2$

53 $(a+9b)(a-2b)$
$=a^2+\{9b+(-2b)\}a+9b\times(-2b)$
$=a^2+7ab-18b^2$ 답 $a^2+7ab-18b^2$

54 $(x-7y)(x+y)$
$=x^2+\{(-7y)+y\}x+(-7y)\times y$
$=x^2-6xy-7y^2$ 답 $x^2-6xy-7y^2$

55 $\left(a-\dfrac{2}{3}b\right)\left(a+\dfrac{5}{3}b\right)$
$=a^2+\left\{\left(-\dfrac{2}{3}b\right)+\dfrac{5}{3}b\right\}a$
$\qquad\qquad+\left(-\dfrac{2}{3}b\right)\times\dfrac{5}{3}b$
$=a^2+ab-\dfrac{10}{9}b^2$
답 $a^2+ab-\dfrac{10}{9}b^2$

56 $(2x+3)(x+5)$
$=(2\times1)x^2+(2\times5+3\times1)x+3\times5$
$=2x^2+13x+15$ 답 $2x^2+13x+15$

57 $(5a-2)(2a-7)$
$=(5\times2)a^2+\{5\times(-7)+(-2)\times2\}a$
$\qquad\qquad+(-2)\times(-7)$
$=10a^2-39a+14$ 답 $10a^2-39a+14$

58 $(3x+2)(2x-3)$
$=(3\times2)x^2+\{3\times(-3)+2\times2\}x$
$\qquad\qquad+2\times(-3)$
$=6x^2-5x-6$ 답 $6x^2-5x-6$

59 $(4a-3)(2a+5)$
$=(4\times2)a^2+\{4\times5+(-3)\times2\}a$
$\qquad\qquad+(-3)\times5$
$=8a^2+14a-15$ 답 $8a^2+14a-15$

60 $(3x+y)(x+5y)$
$=(3\times1)x^2+(3\times5y+y\times1)x$
$\qquad\qquad+y\times5y$
$=3x^2+16xy+5y^2$
답 $3x^2+16xy+5y^2$

61 $(7a-2b)(4a-b)$
$=(7\times4)a^2+\{7\times(-b)+(-2b)\times4\}a$
$\qquad\qquad+(-2b)\times(-b)$
$=28a^2-15ab+2b^2$
답 $28a^2-15ab+2b^2$

62 $(2x-3y)(3x+4y)$
$=(2\times3)x^2+\{2\times4y+(-3y)\times3\}x$
$\qquad\qquad+(-3y)\times4y$
$=6x^2-xy-12y^2$
답 $6x^2-xy-12y^2$

63 $(-a+4b)(6a-5b)$
$=\{(-1)\times6\}a^2$
$\qquad+\{(-1)\times(-5b)+4b\times6\}a$
$\qquad\qquad+4b\times(-5b)$
$=-6a^2+29ab-20b^2$
답 $-6a^2+29ab-20b^2$

64 $\left(2x+\dfrac{1}{3}y\right)\left(6x-\dfrac{1}{4}y\right)$

$=(2\times6)x^2+\left\{2\times\left(-\dfrac{1}{4}y\right)+\dfrac{1}{3}y\times6\right\}x$

$\qquad\qquad +\dfrac{1}{3}y\times\left(-\dfrac{1}{4}y\right)$

$=12x^2+\dfrac{3}{2}xy-\dfrac{1}{12}y^2$

$\qquad\qquad$ 답 $12x^2+\dfrac{3}{2}xy-\dfrac{1}{12}y^2$

Episode 07   p. 14~15

곱셈 공식의 응용

01 $102^2=(100+2)^2$

$\qquad =100^2+2\times100\times2+2^2$

$\qquad =10000+400+4=10404$

$\qquad\qquad$ 답 10404

02 $71^2=(70+1)^2$

$\qquad =70^2+2\times70\times1+1^2$

$\qquad =4900+140+1=5041$ 답 5041

03 $99^2=(100-1)^2$

$\qquad =100^2-2\times100\times1+1^2$

$\qquad =10000-200+1=9801$ 답 9801

04 $48^2=(50-2)^2$

$\qquad =50^2-2\times50\times2+2^2$

$\qquad =2500-200+4=2304$ 답 2304

05 $53\times47=(50+3)(50-3)$

$\qquad\qquad =50^2-3^2=2500-9$

$\qquad\qquad =2491$ 답 2491

06 $104\times96=(100+4)(100-4)$

$\qquad\qquad =100^2-4^2=10000-16$

$\qquad\qquad =9984$ 답 9984

07 $3.2\times2.8=(3+0.2)(3-0.2)$

$\qquad\qquad =3^2-(0.2)^2=9-0.04$

$\qquad\qquad =8.96$ 답 8.96

08 $(\sqrt{3}+1)^2$

$\qquad =(\sqrt{3})^2+2\times\sqrt{3}\times1+1^2$

$\qquad =3+2\sqrt{3}+1=4+2\sqrt{3}$ 답 $4+2\sqrt{3}$

09 $(\sqrt{7}+\sqrt{2})^2$

$\qquad =(\sqrt{7})^2+2\times\sqrt{7}\times\sqrt{2}+(\sqrt{2})^2$

$\qquad =7+2\sqrt{14}+2$

$\qquad =9+2\sqrt{14}$ 답 $9+2\sqrt{14}$

10 $(3\sqrt{2}+\sqrt{3})^2$

$\qquad =(3\sqrt{2})^2+2\times3\sqrt{2}\times\sqrt{3}+(\sqrt{3})^2$

$\qquad =18+6\sqrt{6}+3$

$\qquad =21+6\sqrt{6}$ 답 $21+6\sqrt{6}$

11 $(\sqrt{6}-\sqrt{2})^2$

$\qquad =(\sqrt{6})^2-2\times\sqrt{6}\times\sqrt{2}+(\sqrt{2})^2$

$\qquad =6-4\sqrt{3}+2=8-4\sqrt{3}$ 답 $8-4\sqrt{3}$

12 $(7-4\sqrt{3})^2$

$\qquad =7^2-2\times7\times4\sqrt{3}+(4\sqrt{3})^2$

$\qquad =49-56\sqrt{3}+48$

$\qquad =97-56\sqrt{3}$ 답 $97-56\sqrt{3}$

13 $(5\sqrt{2}-2\sqrt{5})^2$

$\qquad =(5\sqrt{2})^2-2\times5\sqrt{2}\times2\sqrt{5}+(2\sqrt{5})^2$

$\qquad =50-20\sqrt{10}+20$

$\qquad =70-20\sqrt{10}$ 답 $70-20\sqrt{10}$

14 $(2\sqrt{3}+3)(2\sqrt{3}-3)$

$\qquad =(2\sqrt{3})^2-3^2$

$\qquad =12-9=3$ 답 3

15 $(2\sqrt{5}+\sqrt{6})(2\sqrt{5}-\sqrt{6})$

$\qquad =(2\sqrt{5})^2-(\sqrt{6})^2$

$\qquad =20-6=14$ 답 14

16 $\dfrac{1}{2-\sqrt{3}}=\dfrac{2+\sqrt{3}}{(2-\sqrt{3})(2+\sqrt{3})}$

$\qquad\qquad =\dfrac{2+\sqrt{3}}{(2)^2-(\sqrt{3})^2}$

$\qquad\qquad =2+\sqrt{3}$ 답 $2+\sqrt{3}$

17 $\dfrac{1}{3+\sqrt{10}}=\dfrac{3-\sqrt{10}}{(3+\sqrt{10})(3-\sqrt{10})}$

$\qquad\qquad =\dfrac{3-\sqrt{10}}{(3)^2-(\sqrt{10})^2}$

$\qquad\qquad =-3+\sqrt{10}$ 답 $-3+\sqrt{10}$

18 $\dfrac{6}{\sqrt{7}+\sqrt{5}}=\dfrac{6(\sqrt{7}-\sqrt{5})}{(\sqrt{7}+\sqrt{5})(\sqrt{7}-\sqrt{5})}$

$\qquad\qquad =\dfrac{6\sqrt{7}-6\sqrt{5}}{(\sqrt{7})^2-(\sqrt{5})^2}$

$\qquad\qquad =3\sqrt{7}-3\sqrt{5}$ 답 $3\sqrt{7}-3\sqrt{5}$

19 $\dfrac{5}{\sqrt{10}-\sqrt{5}}=\dfrac{5(\sqrt{10}+\sqrt{5})}{(\sqrt{10}-\sqrt{5})(\sqrt{10}+\sqrt{5})}$

$\qquad\qquad =\dfrac{5\sqrt{10}+5\sqrt{5}}{(\sqrt{10})^2-(\sqrt{5})^2}$

$\qquad\qquad =\sqrt{10}+\sqrt{5}$ 답 $\sqrt{10}+\sqrt{5}$

20 $\dfrac{8}{2\sqrt{2}-\sqrt{6}}=\dfrac{8(2\sqrt{2}+\sqrt{6})}{(2\sqrt{2}-\sqrt{6})(2\sqrt{2}+\sqrt{6})}$

$\qquad\qquad =\dfrac{16\sqrt{2}+8\sqrt{6}}{(2\sqrt{2})^2-(\sqrt{6})^2}$

$\qquad\qquad =8\sqrt{2}+4\sqrt{6}$ 답 $8\sqrt{2}+4\sqrt{6}$

21 $\dfrac{\sqrt{3}}{2\sqrt{3}-3}=\dfrac{\sqrt{3}(2\sqrt{3}+3)}{(2\sqrt{3}-3)(2\sqrt{3}+3)}$

$\qquad\qquad =\dfrac{6+3\sqrt{3}}{(2\sqrt{3})^2-3^2}$

$\qquad\qquad =2+\sqrt{3}$ 답 $2+\sqrt{3}$

22 $\dfrac{2-\sqrt{3}}{2+\sqrt{3}}=\dfrac{(2-\sqrt{3})^2}{(2+\sqrt{3})(2-\sqrt{3})}$

$\qquad\qquad =\dfrac{2^2-2\times2\times\sqrt{3}+(\sqrt{3})^2}{2^2-(\sqrt{3})^2}$

$\qquad\qquad =7-4\sqrt{3}$ 답 $7-4\sqrt{3}$

23 $\dfrac{\sqrt{6}+\sqrt{7}}{\sqrt{6}-\sqrt{7}}$

$\qquad =\dfrac{(\sqrt{6}+\sqrt{7})^2}{(\sqrt{6}-\sqrt{7})(\sqrt{6}+\sqrt{7})}$

$\qquad =\dfrac{(\sqrt{6})^2+2\times\sqrt{6}\times\sqrt{7}+(\sqrt{7})^2}{(\sqrt{6})^2-(\sqrt{7})^2}$

$\qquad =-13-2\sqrt{42}$ 답 $-13-2\sqrt{42}$

24 $a^2+b^2=(a+b)^2-2ab$

$\qquad\qquad =6^2-2\times5$

$\qquad\qquad =26$ 답 26

25 $(a-b)^2=(a+b)^2-4ab$

$\qquad\qquad =6^2-4\times5$

$\qquad\qquad =16$ 답 16

26 $x^2+y^2=(x-y)^2+2xy$

$\qquad\qquad =(2\sqrt{6})^2+2\times(-3)$

$\qquad\qquad =18$ 답 18

27 $(x+y)^2=(x-y)^2+4xy$

$\qquad\qquad =(2\sqrt{6})^2+4\times(-3)$

$\qquad\qquad =12$ 답 12

28 $x^2+\dfrac{1}{x^2}=\left(x+\dfrac{1}{x}\right)^2-2$

$\qquad\qquad =6^2-2=34$ 답 34

29 $\left(x-\dfrac{1}{x}\right)^2=\left(x+\dfrac{1}{x}\right)^2-4$

$\qquad\qquad =6^2-4=32$ 답 32

30 $a^2+\dfrac{1}{a^2}=\left(a-\dfrac{1}{a}\right)^2+2$

$\qquad\qquad =(3\sqrt{3})^2+2=29$ 답 29

31 $\left(a+\dfrac{1}{a}\right)^2=\left(a-\dfrac{1}{a}\right)^2+4$

$\qquad\qquad =(3\sqrt{3})^2+4=31$ 답 31

32 $x+y=A$라고 하면

$\qquad (x+y+1)^2$

$\qquad =(A+1)^2=A^2+2A+1$

$\qquad =(x+y)^2+2(x+y)+1$

$\qquad =x^2+y^2+2xy+2x+2y+1$

$\qquad\qquad$ 답 $x^2+y^2+2xy+2x+2y+1$

33 $2a-b=A$라고 하면
$$(2a-b+3)^2$$
$$=(A+3)^2=A^2+6A+9$$
$$=(2a-b)^2+6(2a-b)+9$$
$$=4a^2+b^2-4ab+12a-6b+9$$
답 $4a^2+b^2-4ab+12a-6b+9$

34 $x+3y=A$라고 하면
$$(x+3y-2)^2$$
$$=(A-2)^2=A^2-4A+4$$
$$=(x+3y)^2-4(x+3y)+4$$
$$=x^2+9y^2+6xy-4x-12y+4$$
답 $x^2+9y^2+6xy-4x-12y+4$

35 $a-b=A$라고 하면
$$(a-b-c)^2$$
$$=(A-c)^2=A^2-2cA+c^2$$
$$=(a-b)^2-2c(a-b)+c^2$$
$$=a^2+b^2+c^2-2ab+2bc-2ca$$
답 $a^2+b^2+c^2-2ab+2bc-2ca$

36 $x+y=A$라고 하면
$$(x+y+1)(x+y-1)$$
$$=(A+1)(A-1)=A^2-1$$
$$=(x+y)^2-1$$
$$=x^2+y^2+2xy-1$$
답 $x^2+y^2+2xy-1$

37 $a-2b=A$라고 하면
$$(a-2b+3)(a-2b-3)$$
$$=(A+3)(A-3)=A^2-9$$
$$=(a-2b)^2-9$$
$$=a^2+4b^2-4ab-9$$
답 $a^2+4b^2-4ab-9$

38 $2x+y=A$라고 하면
$$(2x+y+3)(2x+y-2)$$
$$=(A+3)(A-2)=A^2+A-6$$
$$=(2x+y)^2+(2x+y)-6$$
$$=4x^2+y^2+4xy+2x+y-6$$
답 $4x^2+y^2+4xy+2x+y-6$

39 $a-3b=A$라고 하면
$$(a-3b+4)(a-3b+2)$$
$$=(A+4)(A+2)=A^2+6A+8$$
$$=(a-3b)^2+6(a-3b)+8$$
$$=a^2+9b^2-6ab+6a-18b+8$$
답 $a^2+9b^2-6ab+6a-18b+8$

40 $x+y=(3+2\sqrt{2})+(3-2\sqrt{2})$
$$=6$$ **답** 6

41 $xy=(3+2\sqrt{2})(3-2\sqrt{2})$
$$=3^2-(2\sqrt{2})^2=1$$ **답** 1

42 $x^2+y^2=(x+y)^2-2xy$
$$=6^2-2=34$$ **답** 34

43 $\dfrac{1}{x}+\dfrac{1}{y}=\dfrac{x+y}{xy}$
$$=\dfrac{6}{1}=6$$ **답** 6

44 $\dfrac{y}{x}+\dfrac{x}{y}=\dfrac{x^2+y^2}{xy}$
$$=\dfrac{34}{1}=34$$ **답** 34

45 $(x-1)(y-1)+2xy$
$$=xy-x-y+1+2xy$$
$$=3xy-(x+y)+1$$
$$=3\times1-6+1=-2$$ **답** -2

46 $x=\sqrt{3}-2$에서 $x+2=\sqrt{3}$
양변을 제곱하면
$(x+2)^2=(\sqrt{3})^2$, $x^2+4x+4=3$
$\therefore x^2+4x=-1$
$\therefore x^2+4x+8=(-1)+8=7$ **답** 7

47 $x=3+\sqrt{2}$에서 $x-3=\sqrt{2}$
양변을 제곱하면
$(x-3)^2=(\sqrt{2})^2$, $x^2-6x+9=2$
$\therefore x^2-6x=-7$
$\therefore x^2-6x+10=(-7)+10=3$ **답** 3

48 $x=\sqrt{5}-4$에서 $x+4=\sqrt{5}$
양변을 제곱하면
$(x+4)^2=(\sqrt{5})^2$, $x^2+8x+16=5$
$\therefore x^2+8x=-11$
$\therefore x^2+8x-5=(-11)-5=-16$
답 -16

49 $x=\dfrac{1}{\sqrt{2}-1}=\dfrac{\sqrt{2}+1}{(\sqrt{2}-1)(\sqrt{2}+1)}$
$$=\sqrt{2}+1$$
$x-1=\sqrt{2}$에서 양변을 제곱하면
$(x-1)^2=(\sqrt{2})^2$, $x^2-2x+1=2$
$\therefore x^2-2x=1$
$\therefore x^2-2x-7=1-7=-6$ **답** -6

50 $x=\dfrac{1}{3+2\sqrt{2}}=\dfrac{3-2\sqrt{2}}{(3+2\sqrt{2})(3-2\sqrt{2})}$
$$=3-2\sqrt{2}$$
$x-3=-2\sqrt{2}$에서 양변을 제곱하면
$(x-3)^2=(-2\sqrt{2})^2$, $x^2-6x+9=8$
$\therefore x^2-6x=-1$
$\therefore x^2-6x+12=(-1)+12=11$ **답** 11

인수분해

01 **답** ab, $ab(a-3b)$

02 **답** xy, $xy(1-3x+2y^2)$

03 **답** $a+2b$, $(a+2b)(2a-3b)$

04 **답** $x(x-1)$, $x(x-1)(y+2)$

05 $a(b-5)-(5-b)$
$$=a(b-5)+(b-5)$$
$$=(b-5)(a+1)$$
답 $b-5$, $(b-5)(a+1)$

06 $x^2+4x+4=x^2+2\times x\times2+2^2$
$$=(x+2)^2$$ **답** $(x+2)^2$

07 $a^2-12a+36=a^2-2\times a\times6+6^2$
$$=(a-6)^2$$ **답** $(a-6)^2$

08 $x^2+\dfrac{1}{2}x+\dfrac{1}{16}$
$$=x^2+2\times x\times\dfrac{1}{4}+\left(\dfrac{1}{4}\right)^2$$
$$=\left(x+\dfrac{1}{4}\right)^2$$ **답** $\left(x+\dfrac{1}{4}\right)^2$

09 $4a^2+20ab+25b^2$
$$=(2a)^2+2\times2a\times5b+(5b)^2$$
$$=(2a+5b)^2$$ **답** $(2a+5b)^2$

10 $9x^2-24xy+16y^2$
$$=(3x)^2-2\times3x\times4y+(4y)^2$$
$$=(3x-4y)^2$$ **답** $(3x-4y)^2$

11 $12a^2-36ab+27b^2$
$$=3(4a^2-12ab+9b^2)$$
$$=3(2a-3b)^2$$ **답** $3(2a-3b)^2$

12 $a=\left(\dfrac{6}{2}\right)^2=3^2=9$ **답** 9

13 $a=\left(\dfrac{-16}{2}\right)^2=(-8)^2=64$ **답** 64

14 $4x^2-20x+a$
$$=(2x)^2-2\times2x\times5+a$$
$\therefore a=5^2=25$ **답** 25

15 $25x^2-30xy+ay^2$
$$=(5x)^2-2\times5x\times3y+ay^2$$
$\therefore a=3^2=9$ **답** 9

16 $a=\pm2\sqrt{36}=\pm2\times6$
$$=\pm12$$ **답** ±12

17 $a=\pm2\sqrt{25}=\pm2\times5$
$$=\pm10$$ **답** ±10

18 $16x^2+ax+25=(4x)^2+ax+5^2$
$\therefore a=\pm2\times4\times5=\pm40$ 달 ±40

19 $49x^2+axy+9y^2$
$=(7x)^2+axy+(3y)^2$
$\therefore a=\pm2\times7\times3=\pm42$ 달 ±42

20 $a^2-4=a^2-2^2=(a+2)(a-2)$
달 $(a+2)(a-2)$

21 $x^2-\dfrac{9}{4}=x^2-\left(\dfrac{3}{2}\right)^2$
$=\left(x+\dfrac{3}{2}\right)\left(x-\dfrac{3}{2}\right)$
달 $\left(x+\dfrac{3}{2}\right)\left(x-\dfrac{3}{2}\right)$

22 $a^3-25a=a(a^2-25)$
$=a(a^2-5^2)$
$=a(a+5)(a-5)$
달 $a(a+5)(a-5)$

23 $16x^2-9y^2=(4x)^2-(3y)^2$
$=(4x+3y)(4x-3y)$
달 $(4x+3y)(4x-3y)$

24 $25a^2-36b^2=(5a)^2-(6b)^2$
$=(5a+6b)(5a-6b)$
달 $(5a+6b)(5a-6b)$

25 $\dfrac{3}{4}x^2-\dfrac{3}{49}y^2$
$=3\left(\dfrac{1}{4}x^2-\dfrac{1}{49}y^2\right)$
$=3\left\{\left(\dfrac{1}{2}x\right)^2-\left(\dfrac{1}{7}y\right)^2\right\}$
$=3\left(\dfrac{1}{2}x+\dfrac{1}{7}y\right)\left(\dfrac{1}{2}x-\dfrac{1}{7}y\right)$
달 $3\left(\dfrac{1}{2}x+\dfrac{1}{7}y\right)\left(\dfrac{1}{2}x-\dfrac{1}{7}y\right)$

26 곱이 4인 두 정수는 1, 4 또는 2, 2 또는 -2, -2 또는 -1, -4이고 이 중에서 합이 5인 두 정수는 1, 4이다. 달 1, 4

27 곱이 -10인 두 정수는 1, -10 또는 2, -5 또는 -2, 5 또는 -1, 10이고 이 중에서 합이 3인 두 정수는 -2, 5이다. 달 -2, 5

28 곱이 8인 두 정수는 1, 8 또는 2, 4 또는 -2, -4 또는 -1, -8이고 이 중에서 합이 -6인 두 정수는 -2, -4이다. 달 -2, -4

29 곱이 -14인 두 정수는 1, -14 또는 2, -7 또는 -2, 7 또는 -1, 14이고 이

중에서 합이 -5인 두 정수는 2, -7이다. 달 2, -7

30 곱이 2인 두 정수는 1, 2 또는 -1, -2이고 이 중에서 합이 3인 두 정수는 1, 2이므로
$x^2+3x+2=(x+1)(x+2)$
달 $(x+1)(x+2)$

31 곱이 -12인 두 정수는 1, -12 또는 2, -6 또는 3, -4 또는 -3, 4 또는 -2, 6 또는 -1, 12이고 이 중에서 합이 1인 두 정수는 -3, 4이므로
$x^2+x-12=(x-3)(x+4)$
달 $(x-3)(x+4)$

32 곱이 -9인 두 정수는 9, -1 또는 3, -3 또는 1, -9이고 이 중에서 합이 8인 두 정수는 9, -1이므로
$a^2+8a-9=(a+9)(a-1)$
달 $(a+9)(a-1)$

33 곱이 6인 두 정수는 -1, -6 또는 -2, -3 또는 2, 3 또는 1, 6이고 이 중에서 합이 -5인 두 정수는 -2, -3이므로
$x^2-5x+6=(x-2)(x-3)$
달 $(x-2)(x-3)$

34 곱이 -21인 두 정수는 1, -21 또는 3, -7 또는 -3, 7 또는 -1, 21이고 이 중에서 합이 -4인 두 정수는 3, -7이므로
$a^2-4a-21=(a+3)(a-7)$
달 $(a+3)(a-7)$

35 곱이 12인 두 정수는 -1, -12 또는 -2, -6 또는 -3, -4 또는 3, 4 또는 2, 6 또는 1, 12이고 이 중에서 합이 8인 두 정수는 2, 6이므로
$x^2+8xy+12y^2=(x+2y)(x+6y)$
달 $(x+2y)(x+6y)$

36 곱이 -15인 두 정수는 1, -15 또는 3, -5 또는 -3, 5 또는 -1, 15이고 이 중에서 합이 2인 두 정수는 -3, 5이므로
$x^2+2xy-15y^2=(x+5y)(x-3y)$
달 $(x+5y)(x-3y)$

37 곱이 4인 두 정수는 -1, -4 또는 -2, -2 또는 2, 2 또는 1, 4이고 이 중에서 합이 -5인 두 정수는 -1, -4이므로

$a^2-5ab+4b^2=(a-b)(a-4b)$
달 $(a-b)(a-4b)$

38 곱이 -7인 두 정수는 1, -7 또는 -1, 7이고 이 중에서 합이 -6인 두 정수는 1, -7이므로
$x^2-6xy-7y^2=(x+y)(x-7y)$
달 $(x+y)(x-7y)$

39 곱이 -24인 두 정수는 1, -24 또는 2, -12 또는 3, -8 또는 4, -6 또는 -4, 6 또는 -3, 8 또는 -2, 12 또는 -1, 24이고 이 중에서 합이 -2인 두 정수는 4, -6이므로
$a^2-2ab-24b^2=(a+4b)(a-6b)$
달 $(a+4b)(a-6b)$

40
$$\begin{array}{ccc} 1 & \searrow & 2 \longrightarrow 4 \\ 2 & \nearrow & -3 \longrightarrow -3 \\ \hline & & 1 \end{array}$$
$\therefore 2x^2+x-6=(x+2)(2x-3)$
달 $(x+2)(2x-3)$,
2, 4, -3, -3

41
$$\begin{array}{ccc} 3 & \searrow & -4 \longrightarrow -8 \\ 2 & \nearrow & 5 \longrightarrow 15 \\ \hline & & 7 \end{array}$$
$\therefore 6x^2+7xy-20y^2$
$=(2x+5y)(3x-4y)$
달 $(2x+5y)(3x-4y)$,
-4, -8, 2, 5, 15, 7

42
$$\begin{array}{ccc} 2 & \searrow & 1 \longrightarrow 3 \\ 3 & \nearrow & 4 \longrightarrow 8 \\ \hline & & 11 \end{array}$$
$\therefore 6x^2+11x+4=(2x+1)(3x+4)$
달 $(2x+1)(3x+4)$

43
$$\begin{array}{ccc} 3 & \searrow & 1 \longrightarrow 4 \\ 4 & \nearrow & -3 \longrightarrow -9 \\ \hline & & -5 \end{array}$$
$\therefore 12a^2-5a-3=(3a+1)(4a-3)$
달 $(3a+1)(4a-3)$

44
$$\begin{array}{ccc} 1 & \searrow & 3 \longrightarrow 9 \\ 3 & \nearrow & -5 \longrightarrow -5 \\ \hline & & 4 \end{array}$$
$\therefore 3x^2+4x-15=(x+3)(3x-5)$
달 $(x+3)(3x-5)$

45
$$\begin{array}{ccc} 2 & \searrow & -3 \longrightarrow -15 \\ 5 & \nearrow & 1 \longrightarrow 2 \\ \hline & & -13 \end{array}$$

$$\therefore 10a^2-13a-3=(2a-3)(5a+1)$$
$$\text{国 } (2a-3)(5a+1)$$

46
$$\begin{array}{ccc} 1 & & 1 \longrightarrow 4 \\ 4 & \times & 5 \longrightarrow 5 \\ \hline & & 9 \end{array}$$
$$\therefore 4x^2+9xy+5y^2$$
$$=(x+y)(4x+5y)$$
$$\text{国 } (x+y)(4x+5y)$$

47
$$\begin{array}{ccc} 2 & & -3 \longrightarrow -12 \\ 4 & \times & 7 \longrightarrow 14 \\ \hline & & 2 \end{array}$$
$$\therefore 8a^2+2a-21=(4a+7)(2a-3)$$
$$\text{国 } (4a+7)(2a-3)$$

48
$$\begin{array}{ccc} 2 & & 5 \longrightarrow 10 \\ 2 & \times & -3 \longrightarrow -6 \\ \hline & & 4 \end{array}$$
$$4a^2+4ab-15b^2$$
$$=(2a+5b)(2a-3b)$$
$$\text{国 } (2a+5b)(2a-3b)$$

49
$$\begin{array}{ccc} 3 & & 2 \longrightarrow 8 \\ 4 & \times & -3 \longrightarrow -9 \\ \hline & & -1 \end{array}$$
$$\therefore 12x^2-xy-6y^2$$
$$=(3x+2y)(4x-3y)$$
$$\text{国 } (3x+2y)(4x-3y)$$

Episode 09   p. 18~19

복잡한 식의 인수분해

01 国 ○

02 国 $(2x-1)^2$

03 国 $(5x+9y)(5x-9y)$

04 国 ○

05 国 ○

06 国 $(x+4y)(3x-4y)$

07 $x-2=A$로 치환하면
$$(x-2)^2+4(x-2)+4$$
$$=A^2+4A+4=(A+2)^2$$
$$=(x-2+2)^2=x^2 \qquad \text{国 } x^2$$

08 $a+b=A$로 치환하면

$$(a+b)^2-6(a+b)+9$$
$$=A^2-6A+9=(A-3)^2$$
$$=(a+b-3)^2 \qquad \text{国 } (a+b-3)^2$$

09 $x+y=A$로 치환하면
$$(x+y)^2+8(x+y)+15$$
$$=A^2+8A+15=(A+3)(A+5)$$
$$=(x+y+3)(x+y+5)$$
$$\text{国 } (x+y+3)(x+y+5)$$

10 $a+2b=A$로 치환하면
$$(a+2b)^2-10(a+2b)-11$$
$$=A^2-10A-11=(A+1)(A-11)$$
$$=(a+2b+1)(a+2b-11)$$
$$\text{国 } (a+2b+1)(a+2b-11)$$

11 $x+2y=A$로 치환하면
$$(x+2y)(x+2y-2)-8$$
$$=A(A-2)-8=A^2-2A-8$$
$$=(A+2)(A-4)$$
$$=(x+2y+2)(x+2y-4)$$
$$\text{国 } (x+2y+2)(x+2y-4)$$

12 $a+b=A$로 치환하면
$$2(a+b)^2+3(a+b-2)+7$$
$$=2A^2+3(A-2)+7$$
$$=2A^2+3A+1=(2A+1)(A+1)$$
$$=\{2(a+b)+1\}(a+b+1)$$
$$=(2a+2b+1)(a+b+1)$$
$$\text{国 } (2a+2b+1)(a+b+1)$$

13 $x-1=A$, $y+5=B$로 치환하면
$$(x-1)^2+2(x-1)(y+5)+(y+5)^2$$
$$=A^2+2AB+B^2=(A+B)^2$$
$$=\{(x-1)+(y+5)\}^2$$
$$=(x+y+4)^2 \qquad \text{国 } (x+y+4)^2$$

14 $a-6=A$, $b+1=B$로 치환하면
$$(a-6)^2-4(a-6)(b+1)+4(b+1)^2$$
$$=A^2-4AB+4B^2=(A-2B)^2$$
$$=\{(a-6)-2(b+1)\}^2$$
$$=(a-2b-8)^2 \qquad \text{国 } (a-2b-8)^2$$

15 $x+3=A$, $y-2=B$로 치환하면
$$(x+3)^2+5(x+3)(y-2)+4(y-2)^2$$
$$=A^2+5AB+4B^2$$
$$=(A+B)(A+4B)$$
$$=\{(x+3)+(y-2)\}$$
$$\qquad \times\{(x+3)+4(y-2)\}$$
$$=(x+y+1)(x+4y-5)$$
$$\text{国 } (x+y+1)(x+4y-5)$$

---

16 $a+b=A$, $a-2b=B$로 치환하면
$$(a+b)^2-(a+b)(a-2b)-2(a-2b)^2$$
$$=A^2-AB-2B^2$$
$$=(A+B)(A-2B)$$
$$=\{(a+b)+(a-2b)\}$$
$$\qquad \times\{(a+b)-2(a-2b)\}$$
$$=-(2a-b)(a-5b)$$
$$\text{国 } -(2a-b)(a-5b)$$

17 $x+1=A$, $y-1=B$로 치환하면
$$3(x+1)^2-5(x+1)(y-1)$$
$$\qquad\qquad -12(y-1)^2$$
$$=3A^2-5AB-12B^2$$
$$=(3A+4B)(A-3B)$$
$$=\{3(x+1)+4(y-1)\}$$
$$\qquad \times\{(x+1)-3(y-1)\}$$
$$=(3x+4y-1)(x-3y+4)$$
$$\text{国 } (3x+4y-1)(x-3y+4)$$

18 $x+3y=A$, $3x-y=B$로 치환하면
$$6(x+3y)^2+(x+3y)(3x-y)$$
$$\qquad\qquad -(3x-y)^2$$
$$=6A^2+AB-B^2$$
$$=(2A+B)(3A-B)$$
$$=\{2(x+3y)+(3x-y)\}$$
$$\qquad \times\{3(x+3y)-(3x-y)\}$$
$$=(5x+5y)\times 10y$$
$$=50y(x+y) \qquad \text{国 } 50y(x+y)$$

19 $a+b=A$로 치환하면
$$(a+b)^2-9$$
$$=A^2-3^2=(A+3)(A-3)$$
$$=(a+b+3)(a+b-3)$$
$$\text{国 } (a+b+3)(a+b-3)$$

20 $x-y=A$로 치환하면
$$36-(x-y)^2$$
$$=6^2-A^2=(6+A)(6-A)$$
$$=-(x-y+6)(x-y-6)$$
$$\text{国 } -(x-y+6)(x-y-6)$$

21 $2x+3=A$, $y-1=B$로 치환하면
$$(2x+3)^2-(y-1)^2$$
$$=A^2-B^2=(A+B)(A-B)$$
$$=\{(2x+3)+(y-1)\}$$
$$\qquad \times\{(2x+3)-(y-1)\}$$
$$=(2x+y+2)(2x-y+4)$$
$$\text{国 } (2x+y+2)(2x-y+4)$$

22 $4a+3b=A$, $a-b=B$로 치환하면

$(4a+3b)^2-(a-b)^2$
$=A^2-B^2=(A+B)(A-B)$
$=\{(4a+3b)+(a-b)\}$
$\qquad\times\{(4a+3b)-(a-b)\}$
$=(5a+2b)(3a+4b)$
답 $(5a+2b)(3a+4b)$

23 $x-3y=A$, $x-y=B$로 치환하면
$4(x-3y)^2-(x-y)^2$
$=4A^2-B^2=(2A)^2-B^2$
$=(2A+B)(2A-B)$
$=\{2(x-3y)+(x-y)\}$
$\qquad\times\{2(x-3y)-(x-y)\}$
$=(3x-7y)(x-5y)$
답 $(3x-7y)(x-5y)$

24 $3a+1=A$, $4-b=B$로 치환하면
$9(3a+1)^2-16(4-b)^2$
$=9A^2-16B^2=(3A)^2-(4B)^2$
$=(3A+4B)(3A-4B)$
$=\{3(3a+1)+4(4-b)\}$
$\qquad\times\{3(3a+1)-4(4-b)\}$
$=(9a-4b+19)(9a+4b-13)$
답 $(9a-4b+19)(9a+4b-13)$

25 $xy+2x+3y+6$
$=x(y+2)+3(y+2)$
$=(x+3)(y+2)$ 답 $(x+3)(y+2)$

26 $ax+bx-2ay-2by$
$=x(a+b)-2y(a+b)$
$=(a+b)(x-2y)$ 답 $(a+b)(x-2y)$

27 $x+3y-x^2y-3xy^2$
$=x+3y-xy(x+3y)$
$=(x+3y)(1-xy)$
답 $(x+3y)(1-xy)$

28 $a^2b-ab^2+2a-2b$
$=ab(a-b)+2(a-b)$
$=(a-b)(ab+2)$ 답 $(a-b)(ab+2)$

29 $4x^2-y^2+2x-y$
$=(4x^2-y^2)+(2x-y)$
$=(2x+y)(2x-y)+(2x-y)$
$=(2x-y)(2x+y+1)$
답 $(2x-y)(2x+y+1)$

30 $a^2-b^2-ac+bc$
$=(a^2-b^2)-c(a-b)$
$=(a+b)(a-b)-c(a-b)$
$=(a-b)(a+b-c)$
답 $(a-b)(a+b-c)$

31 $x^2+2xy+y^2-9$
$=(x^2+2xy+y^2)-9$
$=(x+y)^2-3^2$
$=(x+y+3)(x+y-3)$
답 $(x+y+3)(x+y-3)$

32 $9a^2-6ab+b^2-25$
$=(9a^2-6ab+b^2)-25$
$=(3a-b)^2-5^2$
$=(3a-b+5)(3a-b-5)$
답 $(3a-b+5)(3a-b-5)$

33 $4x^2-y^2+4x+1$
$=(4x^2+4x+1)-y^2$
$=(2x+1)^2-y^2$
$=(2x+y+1)(2x-y+1)$
답 $(2x+y+1)(2x-y+1)$

34 a^2-b^2+4b-4
$=a^2-(b^2-4b+4)$
$=a^2-(b-2)^2$
$=\{a+(b-2)\}\{a-(b-2)\}$
$=(a+b-2)(a-b+2)$
답 $(a+b-2)(a-b+2)$

35 $9x^2+y^2-4z^2+6xy$
$=(9x^2+6xy+y^2)-4z^2$
$=(3x+y)^2-(2z)^2$
$=(3x+y+2z)(3x+y-2z)$
답 $(3x+y+2z)(3x+y-2z)$

36 $a^2+4b^2-9c^2-4ab$
$=(a^2-4ab+4b^2)-9c^2$
$=(a-2b)^2-(3c)^2$
$=(a-2b+3c)(a-2b-3c)$
답 $(a-2b+3c)(a-2b-3c)$

37 $78\times99-78\times89=78\times(99-89)$
$\qquad\qquad=78\times10$
$\qquad\qquad=780$ 답 780

38 $89^2+22\times89+11^2$
$=89^2+2\times89\times11+11^2$
$=(89+11)^2=100^2$
$=10000$ 답 10000

39 $58^2-48^2=(58+48)(58-48)$
$\qquad\qquad=106\times10=1060$ 답 1060

40 $17\times51^2-17\times49^2$
$=17\times(51^2-49^2)$
$=17\times(51+49)(51-49)$
$=17\times100\times2=3400$ 답 3400

41 $x^2-2x+1=(x-1)^2=(41-1)^2$
$\qquad\qquad=40^2=1600$ 답 1600

42 $x^2+8x+16=(x+4)^2=(26+4)^2$
$\qquad\qquad=30^2=900$ 답 900

43 $x^2-6x+9=(x-3)^2$
$\qquad\qquad=\{(3-\sqrt6)-3\}^2$
$\qquad\qquad=(-\sqrt6)^2=6$ 답 6

44 x^2+x-6
$=(x+3)(x-2)$
$=\{(2+\sqrt3)+3\}\{(2+\sqrt3)-2\}$
$=(5+\sqrt3)\times\sqrt3=5\sqrt3+3$ 답 $5\sqrt3+3$

45 $a^2+2ab+b^2=(a+b)^2=(77+3)^2$
$\qquad\qquad=80^2=6400$ 답 6400

46 $x=2+\sqrt3$, $y=2-\sqrt3$이므로
$x+y=(2+\sqrt3)+(2-\sqrt3)=4$,
$x-y=(2+\sqrt3)-(2-\sqrt3)=2\sqrt3$
$\therefore x^2-y^2=(x+y)(x-y)$
$\qquad\qquad=4\times2\sqrt3=8\sqrt3$ 답 $8\sqrt3$

47 $x=\dfrac{1}{\sqrt2+1}=\sqrt2-1$,
$y=\dfrac{1}{\sqrt2-1}=\sqrt2+1$이므로
$x+y=(\sqrt2-1)+(\sqrt2+1)=2\sqrt2$,
$x-y=(\sqrt2-1)-(\sqrt2+1)=-2$
$\therefore xy^2-x^3$
$=-x(x^2-y^2)$
$=-x(x+y)(x-y)$
$=-(\sqrt2-1)\times2\sqrt2\times(-2)$
$=8-4\sqrt2$ 답 $8-4\sqrt2$

Episode 10 p. 20~21

이차방정식과 그 해

01 답 ×

02 답 ○

03 $x^2+5x-3=7+x^2$에서
$5x-10=0$
따라서 좌변이 x에 대한 일차식이므로
이차방정식이 아니다. 답 ×

04 $x(x+3)-x^2+2x=0$에서
$x^2+3x-x^2+2x=0$ $\therefore 5x=0$

따라서 좌변이 x에 대한 일차식이므로
이차방정식이 아니다.   답 ✕

05 $(x-2)^2=4-2x^2$에서
$x^2-4x+4=4-2x^2$
$\therefore 3x^2-4x=0$
따라서 좌변이 x에 대한 이차식이므로
이차방정식이다.   답 ◯

06 답 $a\neq 0$

07 $a+2\neq 0$이어야 하므로
$a\neq -2$ 답 $a\neq -2$

08 $3-2x^2+2x=3ax^2+1$에서
$(3a+2)x^2-2x-2=0$
$3a+2\neq 0$이어야 하므로
$a\neq -\dfrac{2}{3}$ 답 $a\neq -\dfrac{2}{3}$

09 $ax^2-4x+1=(2a-5)x^2$에서
$(a-5)x^2+4x-1=0$
$a-5\neq 0$이어야 하므로 $a\neq 5$ 답 $a\neq 5$

10 $2x^2+5x-3=x^2-3x$에서
$x^2+8x-3=0$
$\therefore a=1,\ b=8,\ c=-3$ 답 $1,\ 8,\ -3$

11 $4x^2+6x=(x+1)(3x-1)$에서
$4x^2+6x=3x^2+2x-1$
$\therefore x^2+4x+1=0$
$\therefore a=1,\ b=4,\ c=1$ 답 $1,\ 4,\ 1$

12 $3(x-2)^2=-x^2+x-1$에서
$3(x^2-4x+4)=-x^2+x-1$
$3x^2-12x+12=-x^2+x-1$
$\therefore 4x^2-13x+13=0$
$\therefore a=4,\ b=-13,\ c=13$
  답 $4,\ -13,\ 13$

13 $x(x-2)=0$에 $x=2$를 대입하면
$2\times(2-2)=0$
따라서 $x=2$는 해이다.   답 ◯

14 $(x+4)(x-3)=0$에 $x=4$를 대입하면
$(4+4)\times(4-3)=8\neq 0$
따라서 $x=4$는 해가 아니다.   답 ✕

15 $4x^2-3x=0$에 $x=-3$을 대입하면
$4\times(-3)^2-3\times(-3)=45\neq 0$
따라서 $x=-3$은 해가 아니다.   답 ✕

16 $x^2-5x+4=0$에 $x=1$을 대입하면
$1^2-5\times 1+4=0$
따라서 $x=1$은 해이다.   답 ◯

17 $-3x^2+1=2x$에 $x=-1$을 대입하면
$-3\times(-1)^2+1=2\times(-1)$
따라서 $x=-1$은 해이다.   답 ◯

18 $x^2-3x=0$에서
$x=0$일 때, $0^2-3\times 0=0$
$x=1$일 때, $1^2-3\times 1=-2$
$x=2$일 때, $2^2-3\times 2=-2$
$x=3$일 때, $3^2-3\times 3=0$
따라서 주어진 등식을 만족시키는 x의
값은 0, 3이므로 이차방정식의 해는
$x=0$ 또는 $x=3$ 답 $x=0$ 또는 $x=3$

19 $x^2+2x-8=0$에서
$x=0$일 때, $0^2+2\times 0-8=-8$
$x=1$일 때, $1^2+2\times 1-8=-5$
$x=2$일 때, $2^2+2\times 2-8=0$
$x=3$일 때, $3^2+2\times 3-8=7$
따라서 주어진 등식을 만족시키는 x의
값은 2이므로 이차방정식의 해는
$x=2$ 답 $x=2$

20 $2x^2-3x+1=0$에서
$x=0$일 때, $2\times 0^2-3\times 0+1=1$
$x=1$일 때, $2\times 1^2-3\times 1+1=0$
$x=2$일 때, $2\times 2^2-3\times 2+1=3$
$x=3$일 때, $2\times 3^2-3\times 3+1=10$
따라서 주어진 등식을 만족시키는 x의
값은 1이므로 이차방정식의 해는
$x=1$ 답 $x=1$

21 $x^2+x+a=0$에 $x=-2$를 대입하면
$(-2)^2+(-2)+a=0$
$\therefore a=-2$ 답 -2

22 $ax^2-5x-3=0$에 $x=3$을 대입하면
$a\times 3^2-5\times 3-3=0,\ 9a-18=0$
$\therefore a=2$ 답 2

23 $x^2-ax-4=2x+4$에 $x=4$를 대입하면
$4^2-a\times 4-4=2\times 4+4,\ 12-4a=12$
$\therefore a=0$ 답 0

24 $3x^2+10x+a=3x$에 $x=-1$을 대입
하면
$3\times(-1)^2+10\times(-1)+a=3\times(-1)$
$\therefore a=4$ 답 4

25 $(x-1)(x-3)=0$에서
$x-1=0$ 또는 $x-3=0$
$\therefore x=1$ 또는 $x=3$
  답 $x=1$ 또는 $x=3$

26 $(x+5)(x-2)=0$에서
$x+5=0$ 또는 $x-2=0$
$\therefore x=-5$ 또는 $x=2$
  답 $x=-5$ 또는 $x=2$

27 $(3x+2)(x-4)=0$에서
$3x+2=0$ 또는 $x-4=0$
$\therefore x=-\dfrac{2}{3}$ 또는 $x=4$
  답 $x=-\dfrac{2}{3}$ 또는 $x=4$

28 $(2x+9)(5x+1)=0$에서
$2x+9=0$ 또는 $5x+1=0$
$\therefore x=-\dfrac{9}{2}$ 또는 $x=-\dfrac{1}{5}$
  답 $x=-\dfrac{9}{2}$ 또는 $x=-\dfrac{1}{5}$

29 $x^2+6x=0$에서 $x(x+6)=0$
$\therefore x=0$ 또는 $x=-6$
  답 $x=0$ 또는 $x=-6$

30 $8x^2-18x=0$에서 $2x(4x-9)=0$
$\therefore x=0$ 또는 $x=\dfrac{9}{4}$
  답 $x=0$ 또는 $x=\dfrac{9}{4}$

31 $3x^2+7x=0$에서 $x(3x+7)=0$
$\therefore x=0$ 또는 $x=-\dfrac{7}{3}$
  답 $x=0$ 또는 $x=-\dfrac{7}{3}$

32 $x^2=-9x$에서 $x^2+9x=0$
$x(x+9)=0$
$\therefore x=0$ 또는 $x=-9$
  답 $x=0$ 또는 $x=-9$

33 $5x^2=15x$에서 $5x^2-15x=0$
$5x(x-3)=0$
$\therefore x=0$ 또는 $x=3$
  답 $x=0$ 또는 $x=3$

34 $x^2-16=0$에서 $(x+4)(x-4)=0$
$\therefore x=-4$ 또는 $x=4$
  답 $x=-4$ 또는 $x=4$

35 $4x^2-9=0$에서 $(2x+3)(2x-3)=0$
$\therefore x=-\dfrac{3}{2}$ 또는 $x=\dfrac{3}{2}$
  답 $x=-\dfrac{3}{2}$ 또는 $x=\dfrac{3}{2}$

36 $64-x^2=0$에서 $(8+x)(8-x)=0$
$\therefore x=-8$ 또는 $x=8$
  답 $x=-8$ 또는 $x=8$

37 $36x^2-4=0$에서 $4(9x^2-1)=0$
$4(3x+1)(3x-1)=0$
$\therefore x=-\dfrac{1}{3}$ 또는 $x=\dfrac{1}{3}$
　　　　　답 $x=-\dfrac{1}{3}$ 또는 $x=\dfrac{1}{3}$

38 $25x^2=49$에서 $25x^2-49=0$
$(5x+7)(5x-7)=0$
$\therefore x=-\dfrac{7}{5}$ 또는 $x=\dfrac{7}{5}$
　　　　　답 $x=-\dfrac{7}{5}$ 또는 $x=\dfrac{7}{5}$

39 $x^2-7x+10=0$에서
$(x-2)(x-5)=0$
$\therefore x=2$ 또는 $x=5$　답 $x=2$ 또는 $x=5$

40 $x^2+6x+5=0$에서
$(x+5)(x+1)=0$
$\therefore x=-5$ 또는 $x=-1$
　　　　　답 $x=-5$ 또는 $x=-1$

41 $x^2-x-12=0$에서
$(x+3)(x-4)=0$
$\therefore x=-3$ 또는 $x=4$
　　　　　답 $x=-3$ 또는 $x=4$

42 $x^2-2x-15=0$에서
$(x+3)(x-5)=0$
$\therefore x=-3$ 또는 $x=5$
　　　　　답 $x=-3$ 또는 $x=5$

43 $2x-x^2=5x-4$에서
$x^2+3x-4=0,\ (x+4)(x-1)=0$
$\therefore x=-4$ 또는 $x=1$
　　　　　답 $x=-4$ 또는 $x=1$

44 $2x^2+3x-9=0$에서
$(x+3)(2x-3)=0$
$\therefore x=-3$ 또는 $x=\dfrac{3}{2}$
　　　　　답 $x=-3$ 또는 $x=\dfrac{3}{2}$

45 $3x^2-5x-2=0$에서
$(3x+1)(x-2)=0$
$\therefore x=-\dfrac{1}{3}$ 또는 $x=2$
　　　　　답 $x=-\dfrac{1}{3}$ 또는 $x=2$

46 $5x^2-2x-3=0$에서
$(5x+3)(x-1)=0$
$\therefore x=-\dfrac{3}{5}$ 또는 $x=1$
　　　　　답 $x=-\dfrac{3}{5}$ 또는 $x=1$

47 $x^2-10x-5=3x^2+x$에서
$2x^2+11x+5=0,\ (x+5)(2x+1)=0$
$\therefore x=-5$ 또는 $x=-\dfrac{1}{2}$
　　　　　답 $x=-5$ 또는 $x=-\dfrac{1}{2}$

48 $-x^2+10x+6=2x^2+3x$에서
$3x^2-7x-6=0,\ (3x+2)(x-3)=0$
$\therefore x=-\dfrac{2}{3}$ 또는 $x=3$
　　　　　답 $x=-\dfrac{2}{3}$ 또는 $x=3$

49 $x^2+ax-2=0$에 $x=1$을 대입하면
$1^2+a\times1-2=0$
$\therefore a=1$
$x^2+x-2=0$에서
$(x+2)(x-1)=0$
$\therefore x=-2$ 또는 $x=1$
따라서 다른 한 근은 $x=-2$이다.
　　　　　답 $x=-2$

50 $x^2-x+a=0$에 $x=-6$을 대입하면
$(-6)^2-(-6)+a=0$
$\therefore a=-42$
$x^2-x-42=0$에서
$(x+6)(x-7)=0$
$\therefore x=-6$ 또는 $x=7$
따라서 다른 한 근은 $x=7$이다.
　　　　　답 $x=7$

51 $2x^2+x+a=0$에 $x=-2$를 대입하면
$2\times(-2)^2+(-2)+a=0$
$\therefore a=-6$
$2x^2+x-6=0$에서
$(x+2)(2x-3)=0$
$\therefore x=-2$ 또는 $x=\dfrac{3}{2}$
따라서 다른 한 근은 $x=\dfrac{3}{2}$이다.
　　　　　답 $x=\dfrac{3}{2}$

52 $4x^2+ax-3=0$에 $x=3$을 대입하면
$4\times3^2+a\times3-3=0$
$\therefore a=-11$
$4x^2-11x-3=0$에서
$(4x+1)(x-3)=0$
$\therefore x=-\dfrac{1}{4}$ 또는 $x=3$
따라서 다른 한 근은 $x=-\dfrac{1}{4}$이다.
　　　　　답 $x=-\dfrac{1}{4}$

Episode 11　　　p. 22~23

이차방정식의 풀이

01 $x^2+36=12x$에서
$x^2-12x+36=0$　$\therefore (x-6)^2=0$
따라서 (완전제곱식)$=0$이므로 중근을
갖는다.　　　　　답 ○

02 $2(x-3)^2=6$에서 $2x^2-12x+18=6$
$2x^2-12x+12=0$
$\therefore x^2-6x+6=0$
따라서 (완전제곱식)$=0$이 아니므로 중근을 갖지 않는다.　　　　　답 ×

03 $(x+1)^2=4x$에서 $x^2+2x+1=4x$
$x^2-2x+1=0$　$\therefore (x-1)^2=0$
따라서 (완전제곱식)$=0$이므로 중근을
갖는다.　　　　　답 ○

04 $(x+2)(x+4)=1$에서
$x^2+6x+8=1$　$\therefore x^2+6x+7=0$
따라서 (완전제곱식)$=0$이 아니므로 중근을 갖지 않는다.　　　　　답 ×

05 답 $x=-5$

06 $x^2-14x+49=0$에서
$(x-7)^2=0$　$\therefore x=7$　　　답 $x=7$

07 $4x^2+8x+4=0$에서
$x^2+2x+1=0,\ (x+1)^2=0$
$\therefore x=-1$　　　　　답 $x=-1$

08 $18x^2-12x+2=0$에서
$9x^2-6x+1=0,\ (3x-1)^2=0$
$\therefore x=\dfrac{1}{3}$　　　　　답 $x=\dfrac{1}{3}$

09 $(x+3)^2=12x$에서
$x^2+6x+9=12x,\ x^2-6x+9=0$
$(x-3)^2=0$　$\therefore x=3$　　　답 $x=3$

10 $a=\left(\dfrac{6}{2}\right)^2=9$　　　　　답 9

11 $4a=\left(\dfrac{-16}{2}\right)^2=64$
$\therefore a=16$　　　　　답 16

12 $4x^2-20x+a=0$에서
$x^2-5x+\dfrac{a}{4}=0$
$\dfrac{a}{4}=\left(\dfrac{-5}{2}\right)^2=\dfrac{25}{4}$
$\therefore a=25$　　　　　답 25

13 $25x^2-30x+a=0$에서

$x^2-\dfrac{6}{5}x+\dfrac{a}{25}=0$

$\dfrac{a}{25}=\left(-\dfrac{6}{5}\times\dfrac{1}{2}\right)^2=\dfrac{9}{25}$ $\therefore a=9$

답 9

14 $9x^2+12x+a+2=0$에서

$x^2+\dfrac{4}{3}x+\dfrac{a+2}{9}=0$

$\dfrac{a+2}{9}=\left(\dfrac{4}{3}\times\dfrac{1}{2}\right)^2=\dfrac{4}{9}$

$a+2=4$ $\therefore a=2$

답 2

15 $16=\left(\dfrac{a}{2}\right)^2,\ a^2=64$

$\therefore a=\pm8$

답 ±8

16 $100=\left(-\dfrac{a}{2}\right)^2,\ a^2=400$

$\therefore a=\pm20$

답 ±20

17 $2x^2+ax+50=0$에서

$x^2+\dfrac{a}{2}x+25=0$

$25=\left(\dfrac{a}{2}\times\dfrac{1}{2}\right)^2=\dfrac{a^2}{16}$

$a^2=400$ $\therefore a=\pm20$

답 ±20

18 $16x^2+ax+25=0$에서

$x^2+\dfrac{a}{16}x+\dfrac{25}{16}=0$

$\dfrac{25}{16}=\left(\dfrac{a}{16}\times\dfrac{1}{2}\right)^2=\dfrac{a^2}{1024}$

$a^2=1600$ $\therefore a=\pm40$

답 ±40

19 $9x^2-ax+4=0$에서

$x^2-\dfrac{a}{9}x+\dfrac{4}{9}=0$

$\dfrac{4}{9}=\left(-\dfrac{a}{9}\times\dfrac{1}{2}\right)^2=\dfrac{a^2}{324}$

$a^2=144$ $\therefore a=\pm12$

답 ±12

20 답 $x=\pm\sqrt{11}$

21 $x^2-12=0$에서 $x^2=12$

$\therefore x=\pm2\sqrt{3}$

답 $x=\pm2\sqrt{3}$

22 $60-x^2=0$에서 $x^2=60$

$\therefore x=\pm2\sqrt{15}$

답 $x=\pm2\sqrt{15}$

23 $3x^2=9$에서 $x^2=3$

$\therefore x=\pm\sqrt{3}$

답 $x=\pm\sqrt{3}$

24 $4x^2-28=0$에서 $4x^2=28$

$x^2=7$ $\therefore x=\pm\sqrt{7}$

답 $x=\pm\sqrt{7}$

25 $8x^2-32=0$에서 $8x^2=32$

$x^2=4$ $\therefore x=\pm2$

답 $x=\pm2$

26 $12x^2-1=2$에서 $12x^2=3$

$x^2=\dfrac{1}{4}$ $\therefore x=\pm\dfrac{1}{2}$

답 $x=\pm\dfrac{1}{2}$

27 $50x^2+2=20$에서

$50x^2=18,\ x^2=\dfrac{9}{25}$ $\therefore x=\pm\dfrac{3}{5}$

답 $x=\pm\dfrac{3}{5}$

28 $(x-3)^2=11$에서

$x-3=\pm\sqrt{11}$ $\therefore x=3\pm\sqrt{11}$

답 $x=3\pm\sqrt{11}$

29 $(x+1)^2=6$에서

$x+1=\pm\sqrt{6}$ $\therefore x=-1\pm\sqrt{6}$

답 $x=-1\pm\sqrt{6}$

30 $(3x+2)^2-7=0$에서

$(3x+2)^2=7,\ 3x+2=\pm\sqrt{7}$

$3x=-2\pm\sqrt{7}$ $\therefore x=\dfrac{-2\pm\sqrt{7}}{3}$

답 $x=\dfrac{-2\pm\sqrt{7}}{3}$

31 $(5x-4)^2-3=0$에서

$(5x-4)^2=3,\ 5x-4=\pm\sqrt{3}$

$5x=4\pm\sqrt{3}$ $\therefore x=\dfrac{4\pm\sqrt{3}}{5}$

답 $x=\dfrac{4\pm\sqrt{3}}{5}$

32 $(2x-1)^2=8$에서

$2x-1=\pm2\sqrt{2},\ 2x=1\pm2\sqrt{2}$

$\therefore x=\dfrac{1\pm2\sqrt{2}}{2}$

답 $x=\dfrac{1\pm2\sqrt{2}}{2}$

33 $3(x-2)^2=36$에서

$(x-2)^2=12,\ x-2=\pm2\sqrt{3}$

$\therefore x=2\pm2\sqrt{3}$

답 $x=2\pm2\sqrt{3}$

34 $5(x+4)^2=125$에서

$(x+4)^2=25,\ x+4=\pm5$

$\therefore x=-9$ 또는 $x=1$

답 $x=-9$ 또는 $x=1$

35 $12(x-1)^2=75$에서

$(x-1)^2=\dfrac{25}{4},\ x-1=\pm\dfrac{5}{2}$

$\therefore x=-\dfrac{3}{2}$ 또는 $x=\dfrac{7}{2}$

답 $x=-\dfrac{3}{2}$ 또는 $x=\dfrac{7}{2}$

36 $x^2+2x-4=0$에서

$x^2+2x=4,\ x^2+2x+1=5$

$(x+1)^2=5,\ x+1=\pm\sqrt{5}$

$\therefore x=-1\pm\sqrt{5}$

답 $x=-1\pm\sqrt{5}$

37 $x^2-6x+1=0$에서

$x^2-6x=-1,\ x^2-6x+9=8$

$(x-3)^2=8,\ x-3=\pm2\sqrt{2}$

$\therefore x=3\pm2\sqrt{2}$

답 $x=3\pm2\sqrt{2}$

38 $x^2+10x+1=0$에서

$x^2+10x=-1,\ x^2+10x+25=24$

$(x+5)^2=24,\ x+5=\pm2\sqrt{6}$

$\therefore x=-5\pm2\sqrt{6}$

답 $x=-5\pm2\sqrt{6}$

39 $x^2-8x+7=0$에서

$x^2-8x=-7,\ x^2-8x+16=9$

$(x-4)^2=9,\ x-4=\pm3$

$\therefore x=1$ 또는 $x=7$

답 $x=1$ 또는 $x=7$

40 $x^2+4x-12=0$에서

$x^2+4x=12,\ x^2+4x+4=16$

$(x+2)^2=16,\ x+2=\pm4$

$\therefore x=-6$ 또는 $x=2$

답 $x=-6$ 또는 $x=2$

41 $x^2-3x-3=0$에서

$x^2-3x=3,\ x^2-3x+\dfrac{9}{4}=\dfrac{21}{4}$

$\left(x-\dfrac{3}{2}\right)^2=\dfrac{21}{4},\ x-\dfrac{3}{2}=\pm\dfrac{\sqrt{21}}{2}$

$\therefore x=\dfrac{3\pm\sqrt{21}}{2}$

답 $x=\dfrac{3\pm\sqrt{21}}{2}$

42 $x^2+x-4=0$에서

$x^2+x=4,\ x^2+x+\dfrac{1}{4}=\dfrac{17}{4}$

$\left(x+\dfrac{1}{2}\right)^2=\dfrac{17}{4},\ x+\dfrac{1}{2}=\pm\dfrac{\sqrt{17}}{2}$

$\therefore x=\dfrac{-1\pm\sqrt{17}}{2}$

답 $x=\dfrac{-1\pm\sqrt{17}}{2}$

43 $x^2+5x+5=0$에서

$x^2+5x=-5,\ x^2+5x+\dfrac{25}{4}=\dfrac{5}{4}$

$\left(x+\dfrac{5}{2}\right)^2=\dfrac{5}{4},\ x+\dfrac{5}{2}=\pm\dfrac{\sqrt{5}}{2}$

$\therefore x=\dfrac{-5\pm\sqrt{5}}{2}$

답 $x=\dfrac{-5\pm\sqrt{5}}{2}$

44 $x^2+9x-9=0$에서

$x^2+9x=9,\ x^2+9x+\dfrac{81}{4}=\dfrac{117}{4}$

$\left(x+\dfrac{9}{2}\right)^2=\dfrac{117}{4},\ x+\dfrac{9}{2}=\pm\dfrac{3\sqrt{13}}{2}$

$\therefore x=\dfrac{-9\pm3\sqrt{13}}{2}$

답 $x=\dfrac{-9\pm3\sqrt{13}}{2}$

45 $2x^2+12x-8=0$에서

$x^2+6x-4=0,\ x^2+6x=4$

$x^2+6x+9=13,\ (x+3)^2=13$

$x+3=\pm\sqrt{13}\qquad \therefore x=-3\pm\sqrt{13}$

답 $x=-3\pm\sqrt{13}$

46 $3x^2-12x-6=0$에서

$x^2-4x-2=0,\ x^2-4x=2$

$x^2-4x+4=6,\ (x-2)^2=6$

$x-2=\pm\sqrt{6}\qquad \therefore x=2\pm\sqrt{6}$

답 $x=2\pm\sqrt{6}$

47 $6x^2+24x+6=0$에서

$x^2+4x+1=0,\ x^2+4x=-1$

$x^2+4x+4=3,\ (x+2)^2=3$

$x+2=\pm\sqrt{3}\qquad \therefore x=-2\pm\sqrt{3}$

답 $x=-2\pm\sqrt{3}$

48 $2x^2-8x+3=0$에서

$x^2-4x+\dfrac{3}{2}=0,\ x^2-4x=-\dfrac{3}{2}$

$x^2-4x+4=\dfrac{5}{2},\ (x-2)^2=\dfrac{5}{2}$

$x-2=\pm\dfrac{\sqrt{10}}{2}\qquad \therefore x=\dfrac{4\pm\sqrt{10}}{2}$

답 $x=\dfrac{4\pm\sqrt{10}}{2}$

49 $5x^2+5x-15=0$에서

$x^2+x-3=0,\ x^2+x=3$

$x^2+x+\dfrac{1}{4}=\dfrac{13}{4},\ \left(x+\dfrac{1}{2}\right)^2=\dfrac{13}{4}$

$x+\dfrac{1}{2}=\pm\dfrac{\sqrt{13}}{2}\qquad \therefore x=\dfrac{-1\pm\sqrt{13}}{2}$

답 $x=\dfrac{-1\pm\sqrt{13}}{2}$

50 $3x^2-2x-2=0$에서

$x^2-\dfrac{2}{3}x-\dfrac{2}{3}=0,\ x^2-\dfrac{2}{3}x=\dfrac{2}{3}$

$x^2-\dfrac{2}{3}x+\dfrac{1}{9}=\dfrac{7}{9},\ \left(x-\dfrac{1}{3}\right)^2=\dfrac{7}{9}$

$x-\dfrac{1}{3}=\pm\dfrac{\sqrt{7}}{3}\qquad \therefore x=\dfrac{1\pm\sqrt{7}}{3}$

답 $x=\dfrac{1\pm\sqrt{7}}{3}$

51 $2x^2+7x+4=0$에서

$x^2+\dfrac{7}{2}x+2=0,\ x^2+\dfrac{7}{2}x=-2$

$x^2+\dfrac{7}{2}x+\dfrac{49}{16}=\dfrac{17}{16}$

$\left(x+\dfrac{7}{4}\right)^2=\dfrac{17}{16}$

$x+\dfrac{7}{4}=\pm\dfrac{\sqrt{17}}{4}\qquad \therefore x=\dfrac{-7\pm\sqrt{17}}{4}$

답 $x=\dfrac{-7\pm\sqrt{17}}{4}$

---

52 $2x^2+4x-7=0$에서

$x^2+2x-\dfrac{7}{2}=0,\ x^2+2x=\dfrac{7}{2}$

$x^2+2x+1=\dfrac{9}{2},\ (x+1)^2=\dfrac{9}{2}$

$x+1=\pm\dfrac{3\sqrt{2}}{2}\qquad \therefore x=\dfrac{-2\pm3\sqrt{2}}{2}$

답 $x=\dfrac{-2\pm3\sqrt{2}}{2}$

53 $6x^2-3x-15=0$에서

$x^2-\dfrac{1}{2}x-\dfrac{5}{2}=0,\ x^2-\dfrac{1}{2}x=\dfrac{5}{2}$

$x^2-\dfrac{1}{2}x+\dfrac{1}{16}=\dfrac{41}{16},\ \left(x-\dfrac{1}{4}\right)^2=\dfrac{41}{16}$

$x-\dfrac{1}{4}=\pm\dfrac{\sqrt{41}}{4}\qquad \therefore x=\dfrac{1\pm\sqrt{41}}{4}$

답 $x=\dfrac{1\pm\sqrt{41}}{4}$

Episode 12   p. 24~25

복잡한 이차방정식의 풀이

01 $x=\dfrac{-(-1)\pm\sqrt{(-1)^2-4\times1\times(-3)}}{2\times1}$

$=\dfrac{1\pm\sqrt{13}}{2}$ 답 $x=\dfrac{1\pm\sqrt{13}}{2}$

02 $x=\dfrac{-(-5)\pm\sqrt{(-5)^2-4\times2\times1}}{2\times2}$

$=\dfrac{5\pm\sqrt{17}}{4}$ 답 $x=\dfrac{5\pm\sqrt{17}}{4}$

03 $x=\dfrac{-(-3)\pm\sqrt{(-3)^2-4\times3\times(-7)}}{2\times3}$

$=\dfrac{3\pm\sqrt{93}}{6}$ 답 $x=\dfrac{3\pm\sqrt{93}}{6}$

04 $x=\dfrac{-6\pm\sqrt{6^2-4\times3\times1}}{2\times3}$

$=\dfrac{-6\pm\sqrt{24}}{6}=\dfrac{-3\pm\sqrt{6}}{3}$

답 $x=\dfrac{-3\pm\sqrt{6}}{3}$

05 $x=\dfrac{-(-1)\pm\sqrt{(-1)^2-1\times(-7)}}{1}$

$=1\pm\sqrt{8}=1\pm2\sqrt{2}$ 답 $x=1\pm2\sqrt{2}$

06 $x=\dfrac{-4\pm\sqrt{4^2-1\times(-3)}}{1}$

$=-4\pm\sqrt{19}$ 답 $x=-4\pm\sqrt{19}$

07 $x=\dfrac{-7\pm\sqrt{7^2-3\times5}}{3}$

$=\dfrac{-7\pm\sqrt{34}}{3}$ 답 $x=\dfrac{-7\pm\sqrt{34}}{3}$

---

08 $x=\dfrac{-(-6)\pm\sqrt{(-6)^2-4\times(-1)}}{4}$

$=\dfrac{6\pm\sqrt{40}}{4}=\dfrac{3\pm\sqrt{10}}{2}$

답 $x=\dfrac{3\pm\sqrt{10}}{2}$

09 괄호를 풀면 $x^2+8x+7=16$

$x^2+8x-9=0,\ (x+9)(x-1)=0$

$\therefore x=-9$ 또는 $x=1$

답 $x=-9$ 또는 $x=1$

10 괄호를 풀면 $x^2+3x+x-5=0$

$x^2+4x-5=0,\ (x+5)(x-1)=0$

$\therefore x=-5$ 또는 $x=1$

답 $x=-5$ 또는 $x=1$

11 괄호를 풀면 $x^2+x-6=4x+1$

$x^2-3x-7=0$

$\therefore x=\dfrac{-(-3)\pm\sqrt{(-3)^2-4\times1\times(-7)}}{2\times1}$

$=\dfrac{3\pm\sqrt{37}}{2}$ 답 $x=\dfrac{3\pm\sqrt{37}}{2}$

12 괄호를 풀면

$3x^2-5x-2=x^2+4x+4$

$2x^2-9x-6=0$

$\therefore x=\dfrac{-(-9)\pm\sqrt{(-9)^2-4\times2\times(-6)}}{2\times2}$

$=\dfrac{9\pm\sqrt{129}}{4}$ 답 $x=\dfrac{9\pm\sqrt{129}}{4}$

13 양변에 6을 곱하면 $4x^2-6x-5=0$

$\therefore x=\dfrac{-(-3)\pm\sqrt{(-3)^2-4\times(-5)}}{4}$

$=\dfrac{3\pm\sqrt{29}}{4}$ 답 $x=\dfrac{3\pm\sqrt{29}}{4}$

14 양변에 12를 곱하면 $6x^2-8x-3=0$

$\therefore x=\dfrac{-(-4)\pm\sqrt{(-4)^2-6\times(-3)}}{6}$

$=\dfrac{4\pm\sqrt{34}}{6}$ 답 $x=\dfrac{4\pm\sqrt{34}}{6}$

15 양변에 20을 곱하면 $4x^2-5x-2=0$

$\therefore x=\dfrac{-(-5)\pm\sqrt{(-5)^2-4\times4\times(-2)}}{2\times4}$

$=\dfrac{5\pm\sqrt{57}}{8}$ 답 $x=\dfrac{5\pm\sqrt{57}}{8}$

16 양변에 4를 곱하면 $3x(x+2)-2=4x$

괄호를 풀면

$3x^2+6x-2=4x,\ 3x^2+2x-2=0$

$\therefore x=\dfrac{-1\pm\sqrt{1^2-3\times(-2)}}{3}$

$=\dfrac{-1\pm\sqrt{7}}{3}$ 답 $x=\dfrac{-1\pm\sqrt{7}}{3}$

17 양변에 10을 곱하면 $x^2+6x+2=0$

$\therefore x=\dfrac{-3\pm\sqrt{3^2-1\times2}}{1}$

$\quad\quad=-3\pm\sqrt{7}$ 🈺 $x=-3\pm\sqrt{7}$

18 양변에 10을 곱하면

$10x^2-12x-2=0$, $5x^2-6x-1=0$

$\therefore x=\dfrac{-(-3)\pm\sqrt{(-3)^2-5\times(-1)}}{5}$

$\quad\quad=\dfrac{3\pm\sqrt{14}}{5}$ 🈺 $x=\dfrac{3\pm\sqrt{14}}{5}$

19 양변에 10을 곱하면 $2x^2-11x+3=0$

$\therefore x=\dfrac{-(-11)\pm\sqrt{(-11)^2-4\times2\times3}}{2\times2}$

$\quad\quad=\dfrac{11\pm\sqrt{97}}{4}$ 🈺 $x=\dfrac{11\pm\sqrt{97}}{4}$

20 양변에 10을 곱하면 $3x^2=20x-4$

$3x^2-20x+4=0$

$\therefore x=\dfrac{-(-10)\pm\sqrt{(-10)^2-3\times4}}{3}$

$\quad\quad=\dfrac{10\pm\sqrt{88}}{3}=\dfrac{10\pm2\sqrt{22}}{3}$

     🈺 $x=\dfrac{10\pm2\sqrt{22}}{3}$

21 $x+2=A$로 놓으면 $A^2+8A+15=0$

$(A+5)(A+3)=0$

$\therefore A=-5$ 또는 $A=-3$

A에 $x+2$를 대입하면

$x+2=-5$ 또는 $x+2=-3$

$\therefore x=-7$ 또는 $x=-5$

     🈺 $x=-7$ 또는 $x=-5$

22 $x-5=A$로 놓으면

$A^2-5A-14=0$, $(A+2)(A-7)=0$

$\therefore A=-2$ 또는 $A=7$

A에 $x-5$를 대입하면

$x-5=-2$ 또는 $x-5=7$

$\therefore x=3$ 또는 $x=12$

     🈺 $x=3$ 또는 $x=12$

23 $x-4=A$로 놓으면 $2A^2+3A+1=0$

$(A+1)(2A+1)=0$

$\therefore A=-1$ 또는 $A=-\dfrac{1}{2}$

A에 $x-4$를 대입하면

$x-4=-1$ 또는 $x-4=-\dfrac{1}{2}$

$\therefore x=3$ 또는 $x=\dfrac{7}{2}$

     🈺 $x=3$ 또는 $x=\dfrac{7}{2}$

24 $x+1=A$로 놓으면 $3A^2-5A-12=0$

$(3A+4)(A-3)=0$

$\therefore A=-\dfrac{4}{3}$ 또는 $A=3$

A에 $x+1$을 대입하면

$x+1=-\dfrac{4}{3}$ 또는 $x+1=3$

$\therefore x=-\dfrac{7}{3}$ 또는 $x=2$

     🈺 $x=-\dfrac{7}{3}$ 또는 $x=2$

25 $b^2-4ac=(-1)^2-4\times1\times(-3)$

$\quad\quad\quad\quad=13>0$ 🈺 13, 2

26 $b^2-4ac=2^2-4\times1\times(-3)$

$\quad\quad\quad\quad=16>0$ 🈺 16, 2

27 $b^2-4ac=(-5)^2-4\times2\times4$

$\quad\quad\quad\quad=-7<0$ 🈺 -7, 0

28 $b^2-4ac=(-1)^2-4\times3\times7$

$\quad\quad\quad\quad=-83<0$ 🈺 -83, 0

29 $b^2-4ac=(-4)^2-4\times4\times1$

$\quad\quad\quad\quad=0$ 🈺 0, 1

30 $b^2-4ac=5^2-4\times1\times k>0$

$\therefore k<\dfrac{25}{4}$ 🈺 $k<\dfrac{25}{4}$

31 $b^2-4ac=5^2-4\times1\times k=0$

$\therefore k=\dfrac{25}{4}$ 🈺 $k=\dfrac{25}{4}$

32 $b^2-4ac=5^2-4\times1\times k<0$

$\therefore k>\dfrac{25}{4}$ 🈺 $k>\dfrac{25}{4}$

33 $b'^2-ac=2^2-3\times k>0$

$\therefore k<\dfrac{4}{3}$ 🈺 $k<\dfrac{4}{3}$

34 $b'^2-ac=2^2-3\times k=0$

$\therefore k=\dfrac{4}{3}$ 🈺 $k=\dfrac{4}{3}$

35 $b'^2-ac=2^2-3\times k<0$

$\therefore k>\dfrac{4}{3}$ 🈺 $k>\dfrac{4}{3}$

36 $b^2-4ac=(-7)^2-4\times1\times k>0$

$\therefore k<\dfrac{49}{4}$ 🈺 $k<\dfrac{49}{4}$

37 $b'^2-ac=(-1)^2-3\times(-k)>0$

$\therefore k>-\dfrac{1}{3}$ 🈺 $k>-\dfrac{1}{3}$

38 $b'^2-ac=3^2-2\times(k+1)>0$

$9-2k-2>0$, $7-2k>0$

$\therefore k<\dfrac{7}{2}$ 🈺 $k<\dfrac{7}{2}$

---

39 $b'^2-ac=(-4)^2-1\times k=0$

$\therefore k=16$ 🈺 16

40 $b'^2-ac=(-3)^2-3\times k=0$

$\therefore k=3$ 🈺 3

41 $b^2-4ac=3^2-4\times4\times(-k)=0$

$\therefore k=-\dfrac{9}{16}$ 🈺 $-\dfrac{9}{16}$

42 $b'^2-ac=(-1)^2-1\times k\geq0$

$\therefore k\leq1$ 🈺 $k\leq1$

43 $b'^2-ac=(-5)^2-4\times2\times3k\geq0$

$\therefore k\leq\dfrac{25}{24}$ 🈺 $k\leq\dfrac{25}{24}$

44 $b'^2-ac=2^2-3\times(k-3)\geq0$

$4-3k+9\geq0$, $13-3k\geq0$

$\therefore k\leq\dfrac{13}{3}$ 🈺 $k\leq\dfrac{13}{3}$

45 $b'^2-ac=(-2)^2-1\times k<0$

$\therefore k>4$ 🈺 $k>4$

46 $b'^2-ac=(-2)^2-3\times k<0$

$\therefore k>\dfrac{4}{3}$ 🈺 $k>\dfrac{4}{3}$

47 $b^2-4ac=5^2-4\times4\times(k+1)<0$

$25-16k-16<0$, $9-16k<0$

$\therefore k>\dfrac{9}{16}$ 🈺 $k>\dfrac{9}{16}$

Episode 13   p. 26~27

이차방정식 구하기, 활용

01 $(x-3)(x-4)=0$이므로

$x^2-7x+12=0$

     🈺 $x^2-7x+12=0$

02 $2(x+1)(x-4)=0$이므로

$2(x^2-3x-4)=0$

$\therefore 2x^2-6x-8=0$

     🈺 $2x^2-6x-8=0$

03 $4\left(x-\dfrac{3}{2}\right)(x+2)=0$이므로

$4\left(x^2+\dfrac{1}{2}x-3\right)=0$

$\therefore 4x^2+2x-12=0$

     🈺 $4x^2+2x-12=0$

04 $3\left(x+\dfrac{4}{3}\right)(x-3)=0$이므로

$3\left(x^2-\dfrac{5}{3}x-4\right)=0$

$\therefore 3x^2-5x-12=0$

📋 $3x^2-5x-12=0$

05 $6\left(x-\dfrac{1}{3}\right)\left(x+\dfrac{5}{2}\right)=0$이므로

$6\left(x^2+\dfrac{13}{6}x-\dfrac{5}{6}\right)=0$

$\therefore 6x^2+13x-5=0$

📋 $6x^2+13x-5=0$

06 $2(x-4)^2=0$이므로 $2(x^2-8x+16)=0$

$\therefore 2x^2-16x+32=0$

📋 $2x^2-16x+32=0$

07 $(x+1)^2=0$이므로

$x^2+2x+1=0$ 📋 $x^2+2x+1=0$

08 $4\left(x-\dfrac{3}{2}\right)^2=0$이므로

$4\left(x^2-3x+\dfrac{9}{4}\right)=0$

$\therefore 4x^2-12x+9=0$

📋 $4x^2-12x+9=0$

09 $3(x+3)^2=0$이므로

$3(x^2+6x+9)=0$

$\therefore 3x^2+18x+27=0$

📋 $3x^2+18x+27=0$

10 $9\left(x+\dfrac{2}{3}\right)^2=0$이므로

$9\left(x^2+\dfrac{4}{3}x+\dfrac{4}{9}\right)=0$

$\therefore 9x^2+12x+4=0$

📋 $9x^2+12x+4=0$

11 📋 $1-\sqrt{2}$

12 📋 $-2-\sqrt{6}$

13 📋 $4+\sqrt{5}$

14 📋 $-5+\sqrt{11}$

15 📋 $-3+2\sqrt{3}$

16 다른 한 근은 $2-\sqrt{2}$이므로

$\{x-(2+\sqrt{2})\}\{x-(2-\sqrt{2})\}=0$

$\therefore x^2-4x+2=0$ 📋 $x^2-4x+2=0$

17 다른 한 근은 $3+2\sqrt{5}$이므로

$-\{x-(3-2\sqrt{5})\}\{x-(3+2\sqrt{5})\}=0$

$-(x^2-6x-11)=0$

$\therefore -x^2+6x+11=0$

📋 $-x^2+6x+11=0$

18 다른 한 근은 $-1-2\sqrt{2}$이므로

$2\{x-(-1+2\sqrt{2})\}\{x-(-1-2\sqrt{2})\}=0$

$2(x^2+2x-7)=0$

$\therefore 2x^2+4x-14=0$

📋 $2x^2+4x-14=0$

19 다른 한 근은 $4+\sqrt{6}$이므로

$-2\{x-(4-\sqrt{6})\}\{x-(4+\sqrt{6})\}=0$

$-2(x^2-8x+10)=0$

$\therefore -2x^2+16x-20=0$

📋 $-2x^2+16x-20=0$

20 다른 한 근은 $-3+\sqrt{7}$이므로

$3\{x-(-3-\sqrt{7})\}\{x-(-3+\sqrt{7})\}=0$

$3(x^2+6x+2)=0$

$\therefore 3x^2+18x+6=0$

📋 $3x^2+18x+6=0$

21 다른 한 근은 $1+\sqrt{3}$이므로

$-3\{x-(1-\sqrt{3})\}\{x-(1+\sqrt{3})\}=0$

$-3(x^2-2x-2)=0$

$\therefore -3x^2+6x+6=0$

📋 $-3x^2+6x+6=0$

22 어떤 자연수를 x라고 하면

$x^2=3x+18$, $x^2-3x-18=0$

$(x+3)(x-6)=0$

$\therefore x=-3$ 또는 $x=6$

이때 x는 자연수이므로 $x=6$

따라서 어떤 자연수는 6이다. 📋 6

23 어떤 자연수를 x라고 하면

$(x+4)^2=9x+28$

$x^2+8x+16=9x+28$

$x^2-x-12=0$

$(x+3)(x-4)=0$

$\therefore x=-3$ 또는 $x=4$

이때 x는 자연수이므로 $x=4$

따라서 어떤 자연수는 4이다. 📋 4

24 연속하는 두 홀수를 x, $x+2$라고 하면

$x^2+(x+2)^2=130$, $2x^2+4x-126=0$

$x^2+2x-63=0$, $(x+9)(x-7)=0$

$\therefore x=-9$ 또는 $x=7$

이때 x는 자연수이므로 $x=7$

따라서 연속하는 두 홀수는 7, 9이다.

📋 7, 9

25 연속하는 두 짝수를 x, $x+2$라고 하면

$x(x+2)=168$, $x^2+2x-168=0$

$(x+14)(x-12)=0$

$\therefore x=-14$ 또는 $x=12$

이때 x는 자연수이므로 $x=12$

따라서 연속하는 두 짝수는 12, 14이다.

📋 12, 14

26 동생의 나이를 x살이라고 하면 언니의 나이는 $(x+3)$살이므로

$(x+3)^2+x^2=369$

$2x^2+6x+9=369$

$2x^2+6x-360=0$, $x^2+3x-180=0$

$(x+15)(x-12)=0$

$\therefore x=-15$ 또는 $x=12$

이때 x는 자연수이므로 $x=12$

따라서 동생의 나이는 12살이다. 📋 12

27 진수의 나이를 x살이라고 하면 민철이의 나이는 $(x+4)$살이므로

$(x+4)^2=2x^2-4$

$x^2+8x+16=2x^2-4$

$x^2-8x-20=0$, $(x+2)(x-10)=0$

$\therefore x=-2$ 또는 $x=10$

이때 x는 자연수이므로 $x=10$

따라서 진수의 나이는 10살이다. 📋 10

28 회원 한 사람이 받는 사탕의 개수를 x개라고 하면 회원 수는 $(x+5)$명이므로

$x(x+5)=104$, $x^2+5x-104=0$

$(x+13)(x-8)=0$

$\therefore x=-13$ 또는 $x=8$

이때 x는 자연수이므로 $x=8$

따라서 회원 한 사람이 받는 사탕은 8개이다. 📋 8

29 바구니 한 개에 들어가는 귤의 개수를 x개라고 하면 전체 바구니의 개수는 $(x-1)$개이므로

$x(x-1)=110$, $x^2-x-110=0$

$(x+10)(x-11)=0$

$\therefore x=-10$ 또는 $x=11$

이때 x는 자연수이므로 $x=11$

따라서 바구니 한 개에 들어가는 귤은 11개이다. 📋 11

30 펼쳐진 왼쪽 면의 쪽수를 x쪽이라고 하면 오른쪽 면의 쪽수는 $(x+1)$쪽이므로

$x(x+1)=132$, $x^2+x-132=0$

$(x+12)(x-11)=0$

$\therefore x=-12$ 또는 $x=11$

이때 x는 자연수이므로 $x=11$

따라서 펼쳐진 두 면의 쪽수는 11, 12이므로 구하는 합은 $11+12=23$ 📋 23

31 펼쳐진 왼쪽 면의 쪽수를 x쪽이라고 하면 오른쪽 면의 쪽수는 $(x+1)$쪽이므로
$x(x+1)=272$, $x^2+x-272=0$
$(x+17)(x-16)=0$
$\therefore x=-17$ 또는 $x=16$
이때 x는 자연수이므로 $x=16$
따라서 펼쳐진 두 면의 쪽수는 16, 17이
므로 구하는 합은
$16+17=33$ 답 33

32 처음 정사각형의 한 변의 길이를 x cm라고 하면 새로 만든 직사각형의 가로의 길이는 $(x+4)$cm, 세로의 길이는 $(x-2)$cm이므로
$(x+4)(x-2)=72$
$x^2+2x-8=72$, $x^2+2x-80=0$
$(x+10)(x-8)=0$
$\therefore x=-10$ 또는 $x=8$
이때 $x>0$이므로 $x=8$
따라서 처음 정사각형의 한 변의 길이는
8 cm이다. 답 8

33 새로 만든 직사각형의 가로의 길이는 $(5+x)$cm, 세로의 길이는 $(7+x)$cm이므로
$(5+x)(7+x)=5\times7+45$
$x^2+12x+35=80$, $x^2+12x-45=0$
$(x+15)(x-3)=0$
$\therefore x=-15$ 또는 $x=3$
이때 $x>0$이므로 $x=3$ 답 3

34 길의 폭을 x m라고 하면 길을 제외한 땅의 가로의 길이는 $(12-x)$m, 세로의 길이는 $(10-x)$m이므로
$(12-x)(10-x)=63$
$x^2-22x+120=63$, $x^2-22x+57=0$
$(x-3)(x-19)=0$
$\therefore x=3$ 또는 $x=19$
이때 $0<x<10$이므로 $x=3$
따라서 길의 폭은 3 m이다. 답 3

35 $30+60t-5t^2=210$에서
$5t^2-60t+180=0$
$t^2-12t+36=0$
$(t-6)^2=0$ $\therefore t=6$
따라서 물체의 높이가 210 m가 되는 것은 던져 올린지 6초 후이다. 답 6

Episode **14** p. 28~29
이차함수와 그 그래프

01 답 ○

02 $2x-3$이 일차식이므로 이차함수가 아니다. 답 ×

03 x^2이 분모에 있으므로 이차함수가 아니다. 답 ×

04 답 ○

05 x^3-9x-5가 이차식이 아니므로 이차함수가 아니다. 답 ×

06 $y=(x+3)^2-x^2$에서
$y=x^2+6x+9-x^2$
$\therefore y=6x+9$
따라서 이차함수가 아니다. 답 ×

07 답 $y=4x$, 이차함수가 아니다.

08 답 $y=6x^2$, 이차함수이다.

09 답 $y=10\pi x^2$, 이차함수이다.

10 답 $y=10000-6x$, 이차함수가 아니다.

11 답 $y=7x^2$, 이차함수이다.

12 $y=x^2-2x+5$에 $x=-2$를 대입하면
$y=(-2)^2-2\times(-2)+5=13$ 답 13

13 $y=x^2-2x+5$에 $x=-1$을 대입하면
$y=(-1)^2-2\times(-1)+5=8$ 답 8

14 $y=x^2-2x+5$에 $x=0$을 대입하면
$y=0^2-2\times0+5=5$ 답 5

15 $y=x^2-2x+5$에 $x=1$을 대입하면
$y=1^2-2\times1+5=4$ 답 4

16 $y=-\frac{1}{2}x^2$에 $x=-6$을 대입하면
$y=-\frac{1}{2}\times(-6)^2=-18$ 답 -18

17 $y=3x^2-3$에 $x=2$를 대입하면
$y=3\times2^2-3=9$ 답 9

18 $y=-4x^2+6x$에 $x=\frac{1}{2}$을 대입하면
$y=-4\times\left(\frac{1}{2}\right)^2+6\times\frac{1}{2}=2$ 답 2

19 $y=9x^2-3x-4$에 $x=-\frac{1}{3}$을 대입하면
$y=9\times\left(-\frac{1}{3}\right)^2-3\times\left(-\frac{1}{3}\right)-4$
$=-2$ 답 -2

---

20 $f(0)=0^2+2\times0-3=-3$ 답 -3

21 $f(1)=1^2+2\times1-3=0$ 답 0

22 $f(-1)=(-1)^2+2\times(-1)-3$
$=-4$ 답 -4

23 $f(2)=2^2+2\times2-3=5$ 답 5

24 $f\left(\frac{1}{2}\right)=\left(\frac{1}{2}\right)^2+2\times\frac{1}{2}-3$
$=-\frac{7}{4}$ 답 $-\frac{7}{4}$

25 $f\left(-\frac{3}{2}\right)=\left(-\frac{3}{2}\right)^2+2\times\left(-\frac{3}{2}\right)-3$
$=-\frac{15}{4}$ 답 $-\frac{15}{4}$

26 $f(-1)=-2\times(-1)^2+6=4$ 답 4

27 $f\left(\frac{1}{2}\right)=4\times\left(\frac{1}{2}\right)^2-8\times\frac{1}{2}+1$
$=-2$ 답 -2

28 $f(-1)=-(-1)^2+5\times(-1)+5$
$=-1$
$f(1)=-1^2+5\times1+5=9$
$\therefore f(-1)+f(1)=(-1)+9=8$
답 8

29 $f(2)=-\frac{1}{2}\times2^2+2\times2-3=-1$
$f(4)=-\frac{1}{2}\times4^2+2\times4-3=-3$
$\therefore f(2)+f(4)=(-1)+(-3)=-4$
답 -4

30 $f(-1)=(-1)^2+a=1+a$
이므로 $1+a=2$ $\therefore a=1$ 답 1

31 $f(2)=2\times2^2+a\times2-3=2a+5$
이므로 $2a+5=-1$, $2a=-6$
$\therefore a=-3$ 답 -3

32 $f(-2)=a\times(-2)^2-2\times(-2)+3$
$=4a+7$
이므로 $4a+7=3$, $4a=-4$
$\therefore a=-1$ 답 -1

33 답

(1) $\frac{9}{4}$ (2) $\frac{1}{4}$ (3) 0 (4) $\frac{1}{4}$ (5) $\frac{9}{4}$

34 답 ○

35 답 ×

36 답 ×

37 답 ○

38 답 ×

39 답

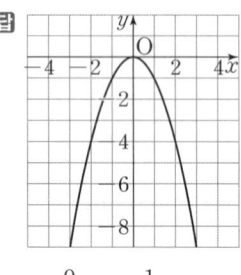

(1) $-\dfrac{9}{4}$ (2) $-\dfrac{1}{4}$ (3) 0 (4) $-\dfrac{1}{4}$ (5) $-\dfrac{9}{4}$

40 답 ×

41 답 ○

42 답 ○

43 답 ×

44 답 ○

Episode 15　　　　　p. 30~31

이차함수 $y=ax^2$, $y=ax^2+q$의 그래프

01 답

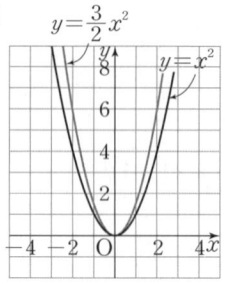

(1) 아래 (2) 0 (3) $x=0$ (4) 증가 (5) 1, 2

02 답

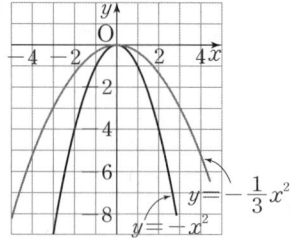

(1) 위 (2) 0 (3) $x=0$ (4) 감소 (5) 3, 4

---

03 위로 볼록한 이차함수의 그래프는 x^2의 계수가 음수인 ㄴ, ㅁ, ㅂ이다.

答 ㄴ, ㅁ, ㅂ

04 폭이 가장 넓은 이차함수의 그래프는 x^2의 계수의 절댓값이 가장 작은 ㅂ이다.

答 ㅂ

05 $y=-2x^2$의 그래프와 x축에 대칭인 그래프를 나타내는 식은 x^2의 계수의 부호는 다르고 절댓값은 같은 것이므로 ㄱ이다.

答 ㄱ

06 x축에 서로 대칭인 이차함수의 그래프는 x^2의 계수의 부호는 다르고 절댓값은 같은 ㄹ과 ㅁ이다.

答 ㄹ과 ㅁ

07 아래로 볼록하고 $y=x^2$의 그래프보다 폭이 좁아야 하므로 ㉠이다.

答 ㉠

08 위로 볼록하고 $y=-x^2$의 그래프보다 폭이 좁아야 하므로 ㉣이다.

答 ㉣

09 아래로 볼록하고 $y=x^2$의 그래프보다 폭이 넓어야 하므로 ㉡이다.

答 ㉡

10 위로 볼록하고 $y=-x^2$의 그래프보다 폭이 넓어야 하므로 ㉢이다.

答 ㉢

11 답 $y=-3x^2-2$

12 답 $y=6x^2+\dfrac{1}{4}$

13 답 $y=-\dfrac{1}{2}x^2-3$

14 답 1

15 답 -5

16 답 $\dfrac{1}{3}$

17 답 $-\dfrac{5}{2}$

[18~19]

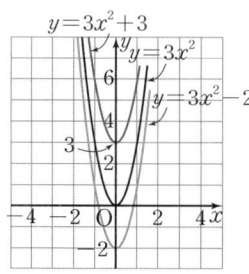

18 답 $(0, 3)$, $x=0$

19 답 $(0, -2)$, $x=0$

[20~21]

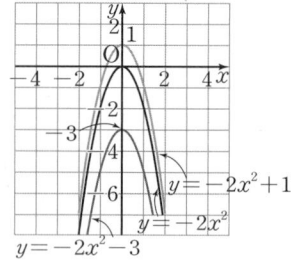

20 답 $(0, 1)$, $x=0$

21 답 $(0, -3)$, $x=0$

22 (3) $y=2x^2-2$에 $x=-3$을 대입하면
$y=2\times(-3)^2-2=16$
따라서 점 $(-3, 16)$을 지난다.

答 (1) $y=2x^2$, -2 (2) 0, -2, $x=0$
(3) 16 (4) 아래

23 (3) $y=-\dfrac{3}{5}x^2+4$에 $x=5$를 대입하면
$y=-\dfrac{3}{5}\times5^2+4=-11$
따라서 점 $(5, -11)$을 지난다.

答 (1) $y=-\dfrac{3}{5}x^2$, 4 (2) 0, 4, $x=0$
(3) -11　　　　　(4) 위

24 $y=kx^2$에 $x=2$, $y=-4$를 대입하면
$-4=k\times2^2$　　∴ $k=-1$　　答 -1

25 $y=4x^2+k$에 $x=-1$, $y=5$를 대입하면
$5=4\times(-1)^2+k$　　∴ $k=1$　　答 1

26 $y=-x^2+k$에 $x=4$, $y=1$을 대입하면
$1=-4^2+k$　　∴ $k=17$　　答 17

27 $y=kx^2-2$에 $x=-3$, $y=7$을 대입하면
$7=k\times(-3)^2-2$, $9k-2=7$
∴ $k=1$　　答 1

28 $y=kx^2+\dfrac{5}{6}$에 $x=-1$, $y=\dfrac{4}{3}$를 대입하면 $\dfrac{4}{3}=k\times(-1)^2+\dfrac{5}{6}$
$k+\dfrac{5}{6}=\dfrac{4}{3}$　　∴ $k=\dfrac{1}{2}$　　答 $\dfrac{1}{2}$

Episode 16　　　　　p. 32~33

이차함수 $y=a(x-p)^2$, $y=a(x-p)^2+q$의 그래프

01 답 $y=-4(x+2)^2$

02 답 $y=7\left(x-\dfrac{1}{6}\right)^2$

03 답 $y=-\dfrac{1}{2}\left(x+\dfrac{1}{3}\right)^2$

04 답 1

05 답 -3

06 답 $\dfrac{1}{2}$

07 답 $-\dfrac{5}{2}$

[08~09]

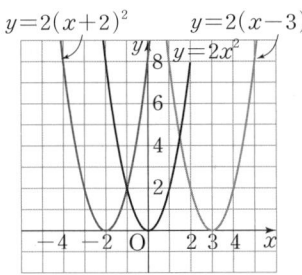
$y=2(x+2)^2 \quad y=2(x-3)^2$
$y=2x^2$

08 답 $(3,0)$, $x=3$

09 답 $(-2,0)$, $x=-2$

[10~11]

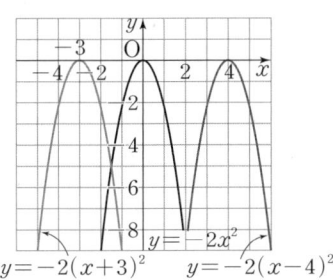
$y=-2x^2$
$y=-2(x+3)^2 \quad y=-2(x-4)^2$

10 답 $(4,0)$, $x=4$

11 답 $(-3,0)$, $x=-3$

12 (3) $y=5(x+1)^2$에 $x=-2$를 대입하면
$y=5\times(-2+1)^2=5$
따라서 점 $(-2,5)$를 지난다.
답 (1) $y=5x^2$, -1 (2) $-1,0$, $x=-1$
(3) 5 (4) 아래

13 (3) $y=-\dfrac{3}{2}(x-4)^2$에 $x=6$을 대입하면
$y=-\dfrac{3}{2}\times(6-4)^2=-6$
따라서 점 $(6,-6)$을 지난다.
답 (1) $y=-\dfrac{3}{2}x^2$, 4 (2) $4,0$, $x=4$
(3) -6 (4) 위

14 답 $y=3(x+1)^2+2$

15 답 $y=-2(x-2)^2-3$

16 답 $y=-\dfrac{1}{2}(x+3)^2+\dfrac{1}{2}$

17 답 $p=1$, $q=3$

18 답 $p=2$, $q=-5$

19 답 $p=-2$, $q=-9$

20 답 $p=-4$, $q=1$

[21~22]

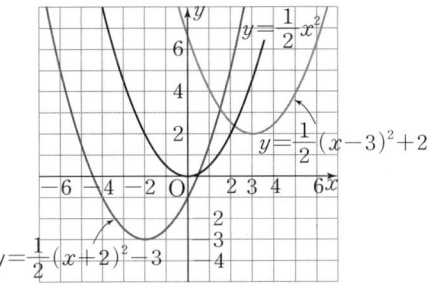
$y=\dfrac{1}{2}x^2$
$y=\dfrac{1}{2}(x-3)^2+2$
$y=\dfrac{1}{2}(x+2)^2-3$

21 답 $(3,2)$, $x=3$

22 답 $(-2,-3)$, $x=-2$

[23~24]

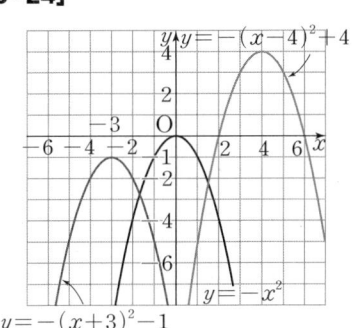
$y=-(x-4)^2+4$
$y=-x^2$
$y=-(x+3)^2-1$

23 답 $(4,4)$, $x=4$

24 답 $(-3,-1)$, $x=-3$

25 (3) $y=5(x+1)^2+3$에 $x=-2$를 대입
하면 $y=5\times(-2+1)^2+3=8$
따라서 점 $(-2,8)$을 지난다.
답 (1) $y=5x^2$, -1, 3
(2) -1, 3, $x=-1$
(3) 8 (4) 아래

26 $y=k(x+2)^2$에 $x=-3$, $y=2$를 대입
하면
$2=k\times(-3+2)^2$ ∴ $k=2$ 답 2

27 $y=k(x-5)^2-2$에 $x=2$, $y=7$을 대
입하면
$7=k\times(2-5)^2-2$
$9k-2=7$ ∴ $k=1$ 답 1

28 $y=-\dfrac{2}{3}(x+1)^2+k$에 $x=2$, $y=1$을
대입하면
$1=-\dfrac{2}{3}\times(2+1)^2+k$
$k-6=1$ ∴ $k=7$ 답 7

29 $y=\dfrac{1}{4}(x+k)^2-5$에 $x=-1$, $y=-4$
를 대입하면
$-4=\dfrac{1}{4}(-1+k)^2-5$, $\dfrac{1}{4}(k-1)^2=1$
$(k-1)^2=4$, $k^2-2k-3=0$
$(k+1)(k-3)=0$
∴ $k=-1$ 또는 $k=3$ 답 -1 또는 3

Episode 17   p. 34~35

이차함수 $y=ax^2+bx+c$의 그래프

01 $y=2x^2-4x+5$
$=2(x^2-2x)+5$
$=2(x^2-2x+1-1)+5$
$=2(x-1)^2+3$ 답 $y=2(x-1)^2+3$

02 $y=5x^2+10x+1$
$=5(x^2+2x)+1$
$=5(x^2+2x+1-1)+1$
$=5(x+1)^2-4$ 답 $y=5(x+1)^2-4$

03 $y=3x^2+3x-1$
$=3(x^2+x)-1$
$=3\left(x^2+x+\dfrac{1}{4}-\dfrac{1}{4}\right)-1$
$=3\left(x+\dfrac{1}{2}\right)^2-\dfrac{7}{4}$
답 $y=3\left(x+\dfrac{1}{2}\right)^2-\dfrac{7}{4}$

04 $y=-x^2+8x+2$
$=-(x^2-8x)+2$
$=-(x^2-8x+16-16)+2$
$=-(x-4)^2+18$
답 $y=-(x-4)^2+18$

05 $y=-3x^2-12x+4$
$=-3(x^2+4x)+4$
$=-3(x^2+4x+4-4)+4$
$=-3(x+2)^2+16$
답 $y=-3(x+2)^2+16$

06 $y=-\dfrac{1}{2}x^2+2x-3$

$\quad =-\dfrac{1}{2}(x^2-4x)-3$

$\quad =-\dfrac{1}{2}(x^2-4x+4-4)-3$

$\quad =-\dfrac{1}{2}(x-2)^2-1$

$\qquad\qquad$ 🖪 $y=-\dfrac{1}{2}(x-2)^2-1$

07 $y=3x^2-12x+2$

$\quad =3(x^2-4x)+2$

$\quad =3(x^2-4x+4-4)+2$

$\quad =3(x-2)^2-10$

$\qquad\qquad$ 🖪 $(2,\ -10),\ x=2,\ (0,\ 2)$

08 $y=-2x^2-6x-1$

$\quad =-2(x^2+3x)-1$

$\quad =-2\left(x^2+3x+\dfrac{9}{4}-\dfrac{9}{4}\right)-1$

$\quad =-2\left(x+\dfrac{3}{2}\right)^2+\dfrac{7}{2}$

$\qquad\qquad$ 🖪 $\left(-\dfrac{3}{2},\ \dfrac{7}{2}\right),\ x=-\dfrac{3}{2},\ (0,\ -1)$

09 $y=\dfrac{1}{3}x^2+2x+6$

$\quad =\dfrac{1}{3}(x^2+6x)+6$

$\quad =\dfrac{1}{3}(x^2+6x+9-9)+6$

$\quad =\dfrac{1}{3}(x+3)^2+3$

$\qquad\qquad$ 🖪 $(-3,\ 3),\ x=-3,\ (0,\ 6)$

10 $y=x^2-4x+5$

$\quad =(x^2-4x)+5$

$\quad =(x^2-4x+4-4)+5$

$\quad =(x-2)^2+1$

$\qquad\qquad$ 🖪 $y=(x-2)^2+1$

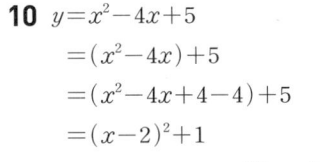

11 $y=-2x^2-8x-6$

$\quad =-2(x^2+4x)-6$

$\quad =-2(x^2+4x+4-4)-6$

$\quad =-2(x+2)^2+2$

$\qquad\qquad$ 🖪 $y=-2(x+2)^2+2$

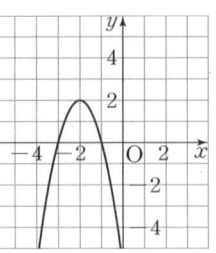

12 $y=\dfrac{1}{2}x^2+3x+\dfrac{5}{2}$

$\quad =\dfrac{1}{2}(x^2+6x)+\dfrac{5}{2}$

$\quad =\dfrac{1}{2}(x^2+6x+9-9)+\dfrac{5}{2}$

$\quad =\dfrac{1}{2}(x+3)^2-2$

$\qquad\qquad$ 🖪 $y=\dfrac{1}{2}(x+3)^2-2$

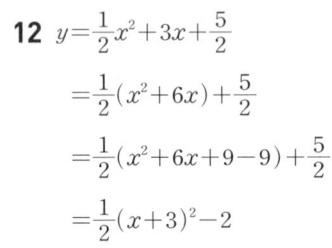

13 $y=-\dfrac{2}{3}x^2+4x-1$

$\quad =-\dfrac{2}{3}(x^2-6x)-1$

$\quad =-\dfrac{2}{3}(x^2-6x+9-9)-1$

$\quad =-\dfrac{2}{3}(x-3)^2+5$

$\qquad\qquad$ 🖪 $y=-\dfrac{2}{3}(x-3)^2+5$

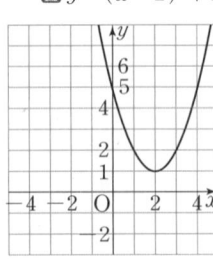

14 $y=4x^2+8x+7$

$\quad =4(x^2+2x)+7$

$\quad =4(x^2+2x+1-1)+7$

$\quad =4(x+1)^2+3$

(5) $y=4(x+1)^2+3$에 $x=-2$를 대입

$\quad$ 하면

$\qquad y=4\times(-2+1)^2+3=7$

$\quad$ 따라서 점 $(-2,\ 7)$을 지난다.

$\qquad$ 🖪 (1) $y=4x^2,\ -1,\ 3$ (2) $-1,\ 3$

$\qquad\qquad$ (3) $x=-1$ (4) 7 (5) 7 (6) 아래

---

15 $y=-3x^2+6x+4$

$\quad =-3(x^2-2x)+4$

$\quad =-3(x^2-2x+1-1)+4$

$\quad =-3(x-1)^2+7$

(5) $y=-3(x-1)^2+7$에 $x=-2$를 대

$\quad$ 입하면

$\qquad y=-3\times(-2-1)^2+7=-20$

$\quad$ 따라서 점 $(-2,\ -20)$을 지난다.

$\qquad$ 🖪 (1) $y=-3x^2,\ 1,\ 7$ (2) $1,\ 7$

$\qquad\qquad$ (3) $x=1$ (4) 4 (5) -20 (6) 위

16 $y=-2x^2-2x-3$

$\quad =-2(x^2+x)-3$

$\quad =-2\left(x^2+x+\dfrac{1}{4}-\dfrac{1}{4}\right)-3$

$\quad =-2\left(x+\dfrac{1}{2}\right)^2-\dfrac{5}{2}$

(5) $y=-2x^2-2x-3$에 $x=-2$를 대입

$\quad$ 하면

$\qquad y=-2\times(-2)^2-2\times(-2)-3$

$\qquad\ =-7$

$\quad$ 따라서 점 $(-2,\ -7)$을 지난다.

$\qquad$ 🖪 (1) $y=-2x^2,\ -\dfrac{1}{2},\ -\dfrac{5}{2}$

$\qquad\qquad$ (2) $-\dfrac{1}{2},\ -\dfrac{5}{2}$ (3) $x=-\dfrac{1}{2}$

$\qquad\qquad$ (4) -3 (5) -7 (6) 위

17 그래프가 아래로 볼록하므로 $a>0$

$\quad$ 축이 y축의 오른쪽에 있으므로

$\quad ab<0$ $\quad\therefore b<0$

$\quad y$축과의 교점이 x축의 아래쪽에 있으므

$\quad$ 로 $c<0$ $\qquad\qquad$ 🖪 $>,\ <,\ <$

18 그래프가 위로 볼록하므로 $a<0$

$\quad$ 축이 y축의 왼쪽에 있으므로

$\quad ab>0$ $\quad\therefore b<0$

$\quad y$축과의 교점이 x축의 위쪽에 있으므로

$\quad c>0$ $\qquad\qquad$ 🖪 $<,\ <,\ >$

19 그래프가 위로 볼록하므로 $a<0$

$\quad$ 축이 y축의 오른쪽에 있으므로

$\quad ab<0$ $\quad\therefore b>0$

$\quad y$축과의 교점이 x축의 아래쪽에 있으므

$\quad$ 로 $c<0$ $\qquad\qquad$ 🖪 $<,\ >,\ <$

20 그래프가 아래로 볼록하므로 $a>0$

$\quad$ 축이 y축의 왼쪽에 있으므로

$\quad ab>0$ $\quad\therefore b>0$

$\quad y$축과의 교점이 원점이므로 $c=0$

$\qquad\qquad$ 🖪 $>,\ >,\ =$

21 그래프가 위로 볼록하므로 $a<0$

축이 y축과 일치하므로 $b=0$

y축과의 교점이 x축의 위쪽에 있으므로

$c>0$ 📝 $<,\ =,\ >$

Episode 18

이차함수의 활용
p. 36

01 이차함수의 식을 $y=a(x-1)^2+4$로 놓

고 $x=2,\ y=1$을 대입하면

$a+4=1$ ∴ $a=-3$

∴ $y=-3(x-1)^2+4$

$\quad=-3x^2+6x+1$

📝 $y=-3x^2+6x+1$

02 이차함수의 식을 $y=a(x+3)^2+2$로 놓

고 $x=-4,\ y=3$을 대입하면

$a+2=3$ ∴ $a=1$

∴ $y=(x+3)^2+2$

$\quad=x^2+6x+11$

📝 $y=x^2+6x+11$

03 이차함수의 식을 $y=a(x+2)^2+q$로 놓

고

$x=-3,\ y=-5$를 대입하면

$-5=a+q$ ⋯⋯ ㉠

$x=1,\ y=11$을 대입하면

$11=9a+q$ ⋯⋯ ㉡

㉠, ㉡을 연립하여 풀면

$a=2,\ q=-7$

∴ $y=2(x+2)^2-7$

$\quad=2x^2+8x+1$

📝 $y=2x^2+8x+1$

04 이차함수의 식을 $y=a(x-5)^2+q$로 놓

고

$x=6,\ y=-3$을 대입하면

$-3=a+q$ ⋯⋯ ㉠

$x=3,\ y=-21$을 대입하면

$-21=4a+q$ ⋯⋯ ㉡

㉠, ㉡을 연립하여 풀면

$a=-6,\ q=3$

∴ $y=-6(x-5)^2+3$

$\quad=-6x^2+60x-147$

📝 $y=-6x^2+60x-147$

05 이차함수의 식을 $y=a(x+1)^2-2$로 놓

고

$x=0,\ y=-1$을 대입하면

$-1=a\times(0+1)^2-2$ ∴ $a=1$

∴ $y=(x+1)^2-2$

$\quad=x^2+2x-1$

📝 $y=x^2+2x-1$

06 이차함수의 식을 $y=a(x-1)^2+q$로 놓

고

$x=3,\ y=-4$를 대입하면

$-4=4a+q$ ⋯⋯ ㉠

$x=0,\ y=2$를 대입하면

$2=a+q$ ⋯⋯ ㉡

㉠, ㉡을 연립하여 풀면

$a=-2,\ q=4$

∴ $y=-2(x-1)^2+4$

$\quad=-2x^2+4x+2$

📝 $y=-2x^2+4x+2$

07 이차함수의 식을 $y=ax^2+bx+c$로 놓고

$x=0,\ y=3$을 대입하면 $c=3$

$x=-1,\ y=4$를 대입하면

$4=a-b+3$ ⋯⋯ ㉠

$x=2,\ y=-5$를 대입하면

$-5=4a+2b+3$ ⋯⋯ ㉡

㉠, ㉡을 연립하여 풀면

$a=-1,\ b=-2$

∴ $y=-x^2-2x+3$

📝 $y=-x^2-2x+3$

08 이차함수의 식을 $y=ax^2+bx+c$로 놓고

$x=0,\ y=-1$을 대입하면 $c=-1$

$x=1,\ y=4$를 대입하면

$4=a+b-1$ ⋯⋯ ㉠

$x=2,\ y=15$를 대입하면

$15=4a+2b-1$ ⋯⋯ ㉡

㉠, ㉡을 연립하여 풀면

$a=3,\ b=2$

∴ $y=3x^2+2x-1$

📝 $y=3x^2+2x-1$

09 이차함수의 식을 $y=a(x+1)(x-3)$

으로 놓고

$x=2,\ y=6$을 대입하면

$-3a=6$ ∴ $a=-2$

∴ $y=-2(x+1)(x-3)$

$\quad=-2x^2+4x+6$

📝 $y=-2x^2+4x+6$

10 이차함수의 식을 $y=a(x+4)(x-2)$

로 놓고

$x=-3,\ y=5$를 대입하면

$5=-5a$ ∴ $a=-1$

∴ $y=-(x+4)(x-2)$

$\quad=-x^2-2x+8$

📝 $y=-x^2-2x+8$

11 이차함수의 식을 $y=ax^2+bx+c$로 놓고

$x=0,\ y=4$를 대입하면 $c=4$

$x=1,\ y=3$을 대입하면

$3=a+b+4$ ⋯⋯ ㉠

$x=2,\ y=6$을 대입하면

$6=4a+2b+4$ ⋯⋯ ㉡

㉠, ㉡을 연립하여 풀면

$a=2,\ b=-3$

∴ $y=2x^2-3x+4$

📝 $y=2x^2-3x+4$

12 이차함수의 식을 $y=a(x+1)(x-6)$

으로 놓고

$x=0,\ y=2$를 대입하면

$2=-6a$ ∴ $a=-\dfrac{1}{3}$

∴ $y=-\dfrac{1}{3}(x+1)(x-6)$

$\quad=-\dfrac{1}{3}x^2+\dfrac{5}{3}x+2$

📝 $y=-\dfrac{1}{3}x^2+\dfrac{5}{3}x+2$

문장제 Plus+

Episode 01   p. 38

제곱근의 뜻과 성질

01 ② $\dfrac{16}{9}$의 제곱근 ➡ $\pm\dfrac{4}{3}$

③ 0.1의 제곱근 ➡ $\pm\sqrt{0.1}$

④ $\sqrt{81}=9$의 제곱근 ➡ ±3

⑤ $\sqrt{100}=10$의 제곱근 ➡ $\pm\sqrt{10}$

따라서 옳은 것은 ①, ④이다.   답 ①, ④

02 ① 제곱근 5는 $\sqrt{5}$이다.

② $(-5)^2=25$의 제곱근은 ±5이다.

③ $\sqrt{16}=4$의 음의 제곱근은 -2이다.

④ -4의 제곱근은 없다.

⑤ 양수의 제곱근은 양수와 음수의 2개이

지만, 0의 제곱근은 0의 1개이다.

따라서 옳은 것은 ③이다.   답 ③

03 제곱근 $\dfrac{25}{16}$는 $A=\sqrt{\dfrac{25}{16}}=\sqrt{\left(\dfrac{5}{4}\right)^2}=\dfrac{5}{4}$

$\sqrt{(-64)^2}=64$의 음의 제곱근은

$B=-8$

$\therefore AB=\dfrac{5}{4}\times(-8)=-10$ 답 -10

04 ① $(\sqrt{6})^2=6$ ② $(-\sqrt{6})^2=6$

③ $\sqrt{(-6)^2}=6$ ④ $\sqrt{6^2}=6$

⑤ $-(-\sqrt{6})^2=-6$

따라서 나머지 넷과 값이 다른 하나는 ⑤

이다.   답 ⑤

05 주어진 각 수의 제곱근을 차례로 구하면

$\pm\sqrt{24}$, $\pm\sqrt{\dfrac{1}{100}}=\pm\dfrac{1}{10}$,

$\pm\sqrt{1.44}=\pm1.2$,

$\pm\sqrt{0.\dot{4}}=\pm\sqrt{\dfrac{4}{9}}=\pm\dfrac{2}{3}$, $\pm\sqrt{4.9}$

이므로 제곱근을 근호를 사용하지 않고

나타낼 수 있는 것은 $\dfrac{1}{100}$, 1.44, $0.\dot{4}$의

3개이다.   답 3개

06 $A=\sqrt{121}-\sqrt{(-7)^2}-(-\sqrt{8})^2$

$=11-7-8=-4$

$B=(\sqrt{1.6})^2\div\sqrt{0.04}\times\dfrac{1}{\sqrt{4^2}}$

$=1.6\div0.2\times\dfrac{1}{4}=2$

$\therefore A+B=-4+2=-2$ 답 -2

Episode 02   p. 39

제곱근의 계산

01 ① $-a>0$이므로 $\sqrt{(-a)^2}=-a$

② $2a<0$이므로 $\sqrt{(2a)^2}=-2a$

$\therefore -\sqrt{(2a)^2}=2a$

③ $-3a>0$이므로 $\sqrt{(-3a)^2}=-3a$

④ $4a<0$이므로

$\sqrt{16a^2}=\sqrt{(4a)^2}=-4a$

$\therefore -\sqrt{16a^2}=-(-4a)=4a$

⑤ $-14a>0$이므로

$\sqrt{(-14a)^2}=-14a$

$\therefore -\sqrt{(-14a)^2}=-(-14a)$

$=14a$

따라서 옳은 것은 ②, ⑤이다.   답 ②, ⑤

02 $1<a<3$에서

$-a<0$, $1-a<0$, $3-a>0$

$\therefore \sqrt{(-a)^2}+\sqrt{(1-a)^2}-\sqrt{(3-a)^2}$

$=-(-a)+\{-(1-a)\}-(3-a)$

$=a-1+a-3+a$

$=3a-4$ 답 $3a-4$

03 $\sqrt{66+m}$이 자연수가 되려면 $66+m$은

66보다 큰 제곱수이어야 한다.

$66+m=81$, 100, 121, $\cdots$

$\therefore m=15$, 34, 55, $\cdots$

따라서 m이 가장 작은 자연수이므로

$m=15$

$\therefore n=\sqrt{66+15}=\sqrt{81}=9$

답 $m=15$, $n=9$

04 $\sqrt{504x}=\sqrt{2^3\times3^2\times7\times x}$

즉, $\sqrt{504x}$가 자연수가 되려면

$x=2\times7\times$(자연수)^2 꼴이어야 하므로

$x=2\times7\times1^2$, $2\times7\times2^2$, $2\times7\times3^2$, $\cdots$

$\therefore x=14$, 56, 126, $\cdots$

따라서 가장 작은 세 자리 자연수 x는

126이다.   답 126

05 $\sqrt{(-0.8)^2}=\sqrt{\dfrac{16}{25}}$이므로

$-\sqrt{2}<-\sqrt{\dfrac{1}{36}}<\sqrt{\dfrac{1}{3}}<\sqrt{\dfrac{16}{25}}<\sqrt{13}$

$\therefore -\sqrt{2}<-\sqrt{\dfrac{1}{36}}<\sqrt{\dfrac{1}{3}}$

$<\sqrt{(-0.8)^2}<\sqrt{13}$

따라서 $m=\sqrt{13}$, $n=-\sqrt{2}$이므로

$m^2+n^2=(\sqrt{13})^2+(-\sqrt{2})^2$

$=13+2=15$ 답 15

06 $6<\sqrt{5x}<11$에서 $36<5x<121$

$\therefore \dfrac{36}{5}<x<\dfrac{121}{5}$

따라서 자연수 x는 8, 9, 10, $\cdots$, 24이므

로 $A=24$, $B=8$

$\therefore A-B=24-8=16$ 답 16

Episode 03   p. 40

무리수와 실수

01 $\sqrt{0.\dot{9}}=\sqrt{\dfrac{9}{9}}=1$, $\sqrt{(-0.7)^2}=0.7$

따라서 순환소수가 아닌 무한소수로 나

타내어지는 것은 $\sqrt{2.5}$, $0.121121112\cdots$,

$\sqrt{2}-1$의 3개이다.   답 3개

02 ① 무리수이다.

② 5의 제곱근은 $\pm\sqrt{5}$이므로 $\sqrt{5}$는 5의

양의 제곱근이다.

③ $\sqrt{5}>\sqrt{4}$이므로 2보다 큰 수이다.

④ 근호를 사용하지 않고 나타낼 수 없다.

따라서 옳은 것은 ②, ⑤이다.   답 ②, ⑤

03 ② $\sqrt{3}$과 $\sqrt{6}$ 사이에 있는 무리수는 무수

히 많다.

③ $\sqrt{2}$와 $\sqrt{3}$은 서로 다른 두 무리수이지

만 이 두 수 사이에는 정수가 없다.

따라서 옳지 않은 것은 ②, ③이다.

답 ②, ③

04 ㄱ. $\overline{BC}=\sqrt{1^2+2^2}=\sqrt{5}$

ㄴ. $\overline{BP}=\overline{BC}=\sqrt{5}$이므로 점 P에 대응

하는 수는 $4-\sqrt{5}$이다.

ㄷ. $\overline{QF}=\overline{DF}=\sqrt{1^2+1^2}=\sqrt{2}$이므로 점

Q에 대응하는 수는 $6-\sqrt{2}$이다.

따라서 옳은 것은 ㄴ뿐이다.   답 ㄴ

05 ① $3-(\sqrt{5}-2)=5-\sqrt{5}>0$이므로

$3\boxed{>}\sqrt{5}-2$

② $(\sqrt{5}+3)-5=\sqrt{5}-2>0$이므로

$\sqrt{5}+3\boxed{>}5$

③ $2<\sqrt{5}$이므로

$\sqrt{2}+2\boxed{<}\sqrt{2}+\sqrt{5}$

④ $\sqrt{2}<\sqrt{3}$에서 $-\sqrt{2}>-\sqrt{3}$

$\therefore \sqrt{5}-\sqrt{2}\boxed{>}\sqrt{5}-\sqrt{3}$

⑤ $3>\sqrt{8}$이므로

$3-\sqrt{7}\boxed{>}\sqrt{8}-\sqrt{7}$

따라서 □ 안에 들어갈 부등호가 나머지 넷과 다른 하나는 ③이다.   📋 ③

06 $\sqrt{1}<\sqrt{2}<\sqrt{4}$ 에서 $1<\sqrt{2}<2$ 이므로
$0<-1+\sqrt{2}<1$
즉, $-1+\sqrt{2}$ 에 대응하는 점이 있는 구간은 구간 C이다.
또, $\sqrt{4}<\sqrt{5}<\sqrt{9}$ 에서 $2<\sqrt{5}<3$ 이므로
$-3<-\sqrt{5}<-2$
즉, $1<4-\sqrt{5}<2$ 이므로 $4-\sqrt{5}$ 에 대응하는 점이 있는 구간은 구간 D이다.
📋 구간 C, 구간 D

Episode 04   p. 41

근호를 포함한 식의 곱셈과 나눗셈

01 $\sqrt{588}=\sqrt{2^2\times 3\times 7^2}$
$\phantom{\sqrt{588}}=(\sqrt{2})^2\times\sqrt{3}\times(\sqrt{7})^2$
$\phantom{\sqrt{588}}=A^2\times B\times 7=7A^2B$ 📋 ③

02 조건 (개)에서
$\sqrt{125}=\sqrt{5^2\times 5}=5\sqrt{5}$ 이므로 $a=5$
조건 (내)에서
$\dfrac{\sqrt{3}}{2\sqrt{5}}=\dfrac{\sqrt{3}}{\sqrt{2^2\times 5}}=\dfrac{\sqrt{3}}{\sqrt{20}}=\sqrt{\dfrac{3}{20}}$
이므로 $b=\dfrac{3}{20}$
$\therefore 100ab=100\times 5\times\dfrac{3}{20}=75$ 📋 75

03 ① $\dfrac{1}{\sqrt{3}}=\dfrac{\sqrt{3}}{3}$

② $\dfrac{2}{\sqrt{2}}=\dfrac{2\sqrt{2}}{2}=\sqrt{2}$

③ $\dfrac{\sqrt{3}}{\sqrt{5}}=\dfrac{\sqrt{15}}{5}$

④ $\dfrac{3}{5\sqrt{6}}=\dfrac{3\sqrt{6}}{30}=\dfrac{\sqrt{6}}{10}$

⑤ $\dfrac{\sqrt{45}}{\sqrt{18}}=\dfrac{3\sqrt{5}}{3\sqrt{2}}=\dfrac{\sqrt{5}}{\sqrt{2}}=\dfrac{\sqrt{10}}{2}$

따라서 분모를 유리화한 것으로 옳은 것은 ④이다.   📋 ④

04 ③ $\sqrt{27}\times\sqrt{48}\div\sqrt{54}$
$=3\sqrt{3}\times 4\sqrt{3}\div 3\sqrt{6}$
$=\dfrac{36}{3\sqrt{6}}=\dfrac{36\sqrt{6}}{18}=2\sqrt{6}$

④ $\sqrt{\dfrac{4}{3}}\div\dfrac{\sqrt{2}}{\sqrt{15}}\times\dfrac{3}{\sqrt{3}}$

$=\sqrt{\dfrac{4}{3}}\div\sqrt{\dfrac{2}{15}}\times\sqrt{3}$

$=\sqrt{\dfrac{4}{3}\times\dfrac{15}{2}\times 3}=\sqrt{30}$

⑤ $\dfrac{4\sqrt{2}}{\sqrt{5}}\div\left(-\dfrac{\sqrt{6}}{\sqrt{5}}\right)\div\dfrac{\sqrt{10}}{\sqrt{75}}$

$=\dfrac{4\sqrt{2}}{\sqrt{5}}\times\left(-\dfrac{\sqrt{5}}{\sqrt{6}}\right)\times\dfrac{5\sqrt{3}}{\sqrt{10}}$

$=-\dfrac{20}{\sqrt{10}}=-2\sqrt{10}$

따라서 옳지 않은 것은 ④이다.   📋 ④

05 (직사각형의 넓이)$=\sqrt{27}\times x=3\sqrt{3}x$
(삼각형의 넓이)$=\dfrac{1}{2}\times\sqrt{54}\times\sqrt{24}$
$=\dfrac{1}{2}\times 3\sqrt{6}\times 2\sqrt{6}=18$
직사각형과 삼각형의 넓이가 서로 같으므로 $3\sqrt{3}x=18$
$\therefore x=\dfrac{18}{3\sqrt{3}}=\dfrac{18\sqrt{3}}{9}=2\sqrt{3}$ 📋 $2\sqrt{3}$

06 ㄱ. $\sqrt{500}=\sqrt{100\times 5}=10\sqrt{5}$
$\phantom{ㄱ. \sqrt{500}}=10\times 2.236=22.36$
ㄴ. $\sqrt{5000}=\sqrt{100\times 50}=10\sqrt{50}$
$\phantom{ㄴ. \sqrt{5000}}=10\times 7.071=70.71$
ㄷ. $\sqrt{0.5}=\sqrt{\dfrac{1}{100}\times 50}=\dfrac{1}{10}\sqrt{50}$
$\phantom{ㄷ. \sqrt{0.5}}=\dfrac{1}{10}\times 7.071=0.7071$
ㄹ. $\sqrt{0.05}=\sqrt{\dfrac{1}{100}\times 5}=\dfrac{1}{10}\sqrt{5}$
$\phantom{ㄹ. \sqrt{0.05}}=\dfrac{1}{10}\times 2.236=0.2236$
따라서 옳은 것은 ㄴ, ㄷ, ㄹ이다.
📋 ㄴ, ㄷ, ㄹ

Episode 05   p. 42

근호를 포함한 식의 덧셈과 뺄셈

01 $\sqrt{75}-\sqrt{50}+\sqrt{72}-\sqrt{27}$
$=5\sqrt{3}-5\sqrt{2}+6\sqrt{2}-3\sqrt{3}$
$=\sqrt{2}+2\sqrt{3}=a+2b$ 📋 ③

02 $\sqrt{48}-\dfrac{6}{\sqrt{2}}+\sqrt{128}-\dfrac{\sqrt{8}}{\sqrt{6}}+\sqrt{50}$
$=4\sqrt{3}-3\sqrt{2}+8\sqrt{2}-\dfrac{2\sqrt{3}}{3}+5\sqrt{2}$
$=10\sqrt{2}+\dfrac{10\sqrt{3}}{3}$
따라서 $a=10$, $b=\dfrac{10}{3}$ 이므로

$\dfrac{a}{b}=10\div\dfrac{10}{3}=3$ 📋 3

03 ① $9\sqrt{7}-4\sqrt{3}+\sqrt{7}+\sqrt{3}$
$=(9+1)\sqrt{7}+(-4+1)\sqrt{3}$
$=10\sqrt{7}-3\sqrt{3}$
② $5\sqrt{3}-\sqrt{108}+\sqrt{3}$
$=5\sqrt{3}-6\sqrt{3}+\sqrt{3}=0$
③ $\sqrt{80}-\sqrt{75}+\sqrt{12}$
$=4\sqrt{5}-5\sqrt{3}+2\sqrt{3}$
$=4\sqrt{5}-3\sqrt{3}$
④ $\dfrac{9}{\sqrt{54}}-2\sqrt{6}+\sqrt{96}$
$=\dfrac{9}{3\sqrt{6}}-2\sqrt{6}+4\sqrt{6}$
$=\dfrac{\sqrt{6}}{2}-2\sqrt{6}+4\sqrt{6}=\dfrac{5\sqrt{6}}{2}$
⑤ $\dfrac{4}{\sqrt{20}}-\sqrt{18}+\dfrac{4}{\sqrt{2}}$
$=\dfrac{4}{2\sqrt{5}}-3\sqrt{2}+2\sqrt{2}$
$=\dfrac{2\sqrt{5}}{5}-3\sqrt{2}+2\sqrt{2}$
$=\dfrac{2\sqrt{5}}{5}-\sqrt{2}$
따라서 옳지 않은 것은 ②, ③이다.
📋 ②, ③

04 (사다리꼴 ABCD의 넓이)
$=\dfrac{1}{2}\times\{2\sqrt{5}+(2\sqrt{5}+2\sqrt{6})\}\times 3\sqrt{2}$
$=\dfrac{1}{2}\times(4\sqrt{5}+2\sqrt{6})\times 3\sqrt{2}$
$=(2\sqrt{5}+\sqrt{6})\times 3\sqrt{2}$
$=6\sqrt{10}+6\sqrt{3}$ 📋 $6\sqrt{10}+6\sqrt{3}$

05 $\sqrt{3}a-2\sqrt{3}b$
$=\sqrt{3}\left(\dfrac{3}{\sqrt{6}}+5\sqrt{2}\right)-2\sqrt{3}\left(\dfrac{6}{\sqrt{8}}-\dfrac{\sqrt{24}}{4}\right)$
$=\sqrt{3}\left(\dfrac{\sqrt{6}}{2}+5\sqrt{2}\right)-2\sqrt{3}\left(\dfrac{3\sqrt{2}}{2}-\dfrac{\sqrt{6}}{2}\right)$
$=\dfrac{3\sqrt{2}}{2}+5\sqrt{6}-3\sqrt{6}+3\sqrt{2}$
$=\dfrac{9\sqrt{2}}{2}+2\sqrt{6}$ 📋 $\dfrac{9\sqrt{2}}{2}+2\sqrt{6}$

06 $\dfrac{a}{\sqrt{3}}(3\sqrt{3}+\sqrt{18})-\sqrt{6}\left(\dfrac{4\sqrt{3}}{\sqrt{2}}+1\right)$
$=3a+a\sqrt{6}-12-\sqrt{6}$
$=(3a-12)+(a-1)\sqrt{6}$
이 유리수가 되려면 $a-1=0$
$\therefore a=1$ 📋 1

Episode 06

p. 43

다항식의 곱셈

01 $(x+2y)(2x+1)-(x-3)(y+4)$
$=(2x^2+x+4xy+2y)$
$\quad\quad -(xy+4x-3y-12)$
$=2x^2+x+4xy+2y-xy-4x+3y+12$
$=2x^2+3xy-3x+5y+12$
답 $2x^2+3xy-3x+5y+12$

02 x^2항이 나오는 부분만 전개하면
$3x\times 6x=18x^2$이므로 x^2의 계수는 18
xy항이 나오는 부분만 전개하면
$3x\times y+(-2y)\times 6x=3xy-12xy$
$\quad\quad\quad\quad\quad\quad =-9xy$
이므로 xy의 계수는 -9
따라서 구하는 합은
$18+(-9)=9$
답 9

03 ① $(x+5)^2=x^2+2\times x\times 5+5^2$
$\quad\quad =x^2+10x+25$
② $(4x+5)^2=(4x)^2+2\times 4x\times 5+5^2$
$\quad\quad =16x^2+40x+25$
③ $(3x-1)^2=(3x)^2-2\times 3x\times 1+1^2$
$\quad\quad =9x^2-6x+1$
④ $(-x+2y)^2$
$\quad =(-x)^2+2\times(-x)\times 2y+(2y)^2$
$\quad =x^2-4xy+4y^2$
⑤ $(-x-4y)^2$
$\quad =(-x)^2-2\times(-x)\times 4y+(4y)^2$
$\quad =x^2+8xy+16y^2$
따라서 옳은 것은 ⑤이다.
답 ⑤

04 $\left(\dfrac{5}{3}a+\dfrac{3}{2}b\right)\left(\dfrac{5}{3}a-\dfrac{3}{2}b\right)$
$=\dfrac{25}{9}a^2-\dfrac{9}{4}b^2$
$=\dfrac{25}{9}\times 18-\dfrac{9}{4}\times 20$
$=50-45=5$
답 ⑤

05 $5(x+7)(x-3)-(2x+3)(2x-3)$
$=5(x^2+4x-21)-(4x^2-9)$
$=5x^2+20x-105-4x^2+9$
$=x^2+20x-96$
답 $x^2+20x-96$

06 $(4x+3)(3x+a)$
$=12x^2+(4a+9)x+3a$
즉, $4a+9=b$, $3a=-15$이므로
$a=-5$, $b=-11$
$\therefore a-b=-5-(-11)=6$
답 6

Episode 07

p. 44

곱셈 공식의 응용

01 ① $99^2=(100-1)^2$
$\rightarrow (a-b)^2=a^2-2ab+b^2$ 이용
② $102^2=(100+2)^2$
$\rightarrow (a+b)^2=a^2+2ab+b^2$ 이용
③ $101\times 102=(100+1)(100+2)$
$\rightarrow (x+a)(x+b)$
$\quad =x^2+(a+b)x+ab$ 이용
④ $99\times 101=(100-1)(100+1)$
$\rightarrow (a+b)(a-b)=a^2-b^2$ 이용
⑤ $98\times 103=(100-2)(100+3)$
$\rightarrow (x+a)(x+b)$
$\quad =x^2+(a+b)x+ab$ 이용
따라서 주어진 곱셈 공식을 이용하면 가장 편리한 것은 ④이다.
답 ④

02 $(3\sqrt{3}-2)^2=(3\sqrt{3})^2-2\times 3\sqrt{3}\times 2+2^2$
$\quad\quad =27-12\sqrt{3}+4$
$\quad\quad =31-12\sqrt{3}$
따라서 $a=31$, $b=-12$이므로
$a-b=31-(-12)=43$
답 43

03 $\dfrac{1}{x}=\dfrac{1}{5-2\sqrt{6}}=\dfrac{5+2\sqrt{6}}{(5-2\sqrt{6})(5+2\sqrt{6})}$
$\quad =5+2\sqrt{6}$
$\therefore x+\dfrac{1}{x}=(5-2\sqrt{6})+(5+2\sqrt{6})$
$\quad\quad =10$
답 10

04 $(2x+3y-1)^2$에서 $2x+3y=A$라고 하면
$(2x+3y-1)^2$
$=(A-1)^2=A^2-2A+1$
$=(2x+3y)^2-2(2x+3y)+1$
$=4x^2+9y^2+12xy-4x-6y+1$
따라서 $a=12$, $b=-6$이므로
$\dfrac{a}{b}=\dfrac{12}{-6}=-2$
답 -2

05 $x=\sqrt{3}+\sqrt{2}$, $y=\sqrt{3}-\sqrt{2}$에서
$x+y=2\sqrt{3}$, $xy=1$이므로
$x^2+y^2=(x+y)^2-2xy$
$\quad\quad =(2\sqrt{3})^2-2\times 1=10$
$\therefore \dfrac{y}{x}+\dfrac{x}{y}=\dfrac{x^2+y^2}{xy}=\dfrac{10}{1}=10$
답 10

06 $x=\dfrac{3}{2\sqrt{7}+5}=\dfrac{3(2\sqrt{7}-5)}{(2\sqrt{7}+5)(2\sqrt{7}-5)}$
$\quad =\dfrac{3(2\sqrt{7}-5)}{3}=2\sqrt{7}-5$

즉, $x+5=2\sqrt{7}$이므로 양변을 제곱하면
$(x+5)^2=(2\sqrt{7})^2$, $x^2+10x+25=28$
$\therefore x^2+10x=3$
$\therefore x^2+10x+10=3+10=13$
답 13

Episode 08

p. 45

인수분해

01 $4x^2y-3xy+xy^2=xy(4x-3+y)$
따라서 $4x^2y-3xy+xy^2$의 인수인 것은 ㄱ, ㄴ, ㄷ, ㅂ이다.
답 ㄱ, ㄴ, ㄷ, ㅂ

02 ① x^2+4x+4
$\quad =x^2+2\times x\times 2+2^2$
$\quad =(x+2)^2$
② $x^2-6xy+9y^2$
$\quad =x^2-2\times x\times 3y+(3y)^2$
$\quad =(x-3y)^2$
③ $9x^2+12xy+4y^2$
$\quad =(3x)^2+2\times 3x\times 2y+(2y)^2$
$\quad =(3x+2y)^2$
④ $4x^2-20xy-25y^2$
$\quad =(2x)^2-2\times 2x\times 5y-(5y)^2$
이므로 완전제곱식으로 인수분해할 수 없다.
⑤ $3x^2+3x+\dfrac{3}{4}$
$\quad =\dfrac{3}{4}(4x^2+4x+1)$
$\quad =\dfrac{3}{4}\{(2x)^2+2\times 2x\times 1+1^2\}$
$\quad =\dfrac{3}{4}(2x+1)^2$
답 ④

03 $25x^2-30x+a$
$=(5x)^2-2\times 5x\times 3+a$
$\therefore a=3^2=9$
$x^2-bxy+\dfrac{1}{9}y^2$에서
$b=2\sqrt{\dfrac{1}{9}}=\dfrac{2}{3}$ $(\because b>0)$
$\therefore ab=9\times \dfrac{2}{3}=6$
답 6

04 $-12x^2+27y^2$
$=-3(4x^2-9y^2)$
$=-3\{(2x)^2-(3y)^2\}$
$=-3(2x+3y)(2x-3y)$

따라서 $a=-3$, $b=3$이므로
$a+b=(-3)+3=0$ 탑 0

05 $2x^2+15x+28=(x+4)(2x+7)$
$3x^2+7x-20=(x+4)(3x-5)$
따라서 두 다항식의 1이 아닌 공통인수는
$x+4$이다.   탑 $x+4$

06 ② 곱이 -3, 합이 -2인 두 정수는 1,
-3이므로
$x^2-2x-3=(x+1)(x-3)$
⑤ $6x^2+13x-5=(2x+5)(3x-1)$

$$
\begin{array}{ccc}
2 & \diagdown & 5 \longrightarrow 15 \\
3 & \diagup & -1 \longrightarrow -2 \\
\hline
& & 13
\end{array}
$$

따라서 옳지 않은 것은 ②, ⑤이다.
     탑 ②, ⑤

Episode 09   p. 46

복잡한 식의 인수분해

01 ① $x^2+x+\dfrac{1}{4}$
$=x^2+2\times x\times\dfrac{1}{2}+\left(\dfrac{1}{2}\right)^2$
$=\left(x+\boxed{\dfrac{1}{2}}\right)^2$
② $9x^2-24xy+16y^2$
$=(3x)^2-2\times 3x\times 4y+(4y)^2$
$=(3x-\boxed{4}y)^2$
③ $5x^2-20=5(x^2-4)$
$=5(x+\boxed{2})(x-2)$
④ $x^2-7x+12=(x-\boxed{3})(x-4)$
⑤ $6x^2+17x+5=(3x+1)(2x+\boxed{5})$
따라서 □ 안에 알맞은 수가 가장 큰 것
은 ⑤이다.   탑 ⑤

02 $x+y=A$로 치환하면
$(x+y-2)(x+y+3)-6$
$=(A-2)(A+3)-6$
$=A^2+A-12$
$=(A+4)(A-3)$
$=(x+y+4)(x+y-3)$
따라서 $a=4$, $b=-3$ 또는 $a=-3$,
$b=4$이므로
$a+b=1$ 탑 1

03 $x+1=A$, $x-3=B$로 치환하면

$6(x+1)^2+7(x+1)(x-3)-3(x-3)^2$
$=6A^2+7AB-3B^2$
$=(2A+3B)(3A-B)$
$=\{3(x+1)\{2(x+1)+3(x-3)\}$
$\qquad\qquad\qquad -(x-3)\}$
$=(2x+6)(5x-7)$
$=2(x+3)(5x-7)$ 탑 ④

04 $x^2-4y^2-3x+6y$
$=(x^2-4y^2)-3(x-2y)$
$=(x+2y)(x-2y)-3(x-2y)$
$=(x-2y)(x+2y-3)$
따라서 인수인 것은 ②, ⑤이다.
     탑 ②, ⑤

05 $\dfrac{103^2-6\times 103+9}{94^2-36}$
$=\dfrac{103^2-2\times 103\times 3+3^2}{94^2-6^2}$
$=\dfrac{(103-3)^2}{(94+6)(94-6)}=\dfrac{100^2}{100\times 88}$
$=\dfrac{100}{88}=\dfrac{25}{22}$ 탑 $\dfrac{25}{22}$

06 $x=\dfrac{1}{2+\sqrt{3}}=\dfrac{2-\sqrt{3}}{(2+\sqrt{3})(2-\sqrt{3})}$
$=2-\sqrt{3}$
$y=\dfrac{1}{2-\sqrt{3}}=\dfrac{2+\sqrt{3}}{(2-\sqrt{3})(2+\sqrt{3})}$
$=2+\sqrt{3}$
이므로 $x+y=4$, $x-y=-2\sqrt{3}$, $xy=1$
$\therefore x^3y-xy^3=xy(x^2-y^2)$
$=xy(x+y)(x-y)$
$=1\times 4\times(-2\sqrt{3})$
$=-8\sqrt{3}$ 탑 $-8\sqrt{3}$

Episode 10   p. 47

이차방정식과 그 해

01 ① $2x^2+x+1$은 다항식이므로 이차방정
식이 아니다.
② $x-1=2x+3$에서 $-x-4=0$이므
로 일차방정식이다.
③ $x^3+x+1=x^2+x^3$에서
$-x^2+x+1=0$이므로 이차방정식
이다.
④ $x^2=(x+2)^2+3$에서
$x^2=x^2+4x+7$

즉, $-4x-7=0$이므로 일차방정식
이다.
⑤ $(x+1)(x+2)=3x^2$에서
$x^2+3x+2=3x^2$
즉, $-2x^2+3x+2=0$이므로 이차방
정식이다.   탑 ③, ⑤

02 ① $x(x+3)=0$에 $x=-3$을 대입하면
$(-3)\times(-3+3)=0$
② $x^2-4x=0$에 $x=4$를 대입하면
$4^2-4\times 4=0$
③ $x^2+4x-5=0$에 $x=5$를 대입하면
$5^2+4\times 5-5=40\neq 0$
④ $(x+2)^2=9$에 $x=-5$를 대입하면
$(-5+2)^2=9$
⑤ $2x^2-3x-5=0$에 $x=-1$을 대입하
면 $2\times(-1)^2-3\times(-1)-5=0$
따라서 [ ] 안의 수가 주어진 이차방정
식의 해가 아닌 것은 ③이다.   탑 ③

03 $2x^2+(2a-1)x+a-1=0$에 $x=3$을
대입하면
$2\times 3^2+(2a-1)\times 3+a-1=0$
$18+6a-3+a-1=0$
$7a=-14$ $\therefore a=-2$ 탑 -2

04 ① $x(x-2)=0$에서 $x=0$ 또는 $x=2$
이므로 두 근의 합은 $0+2=2$
② $(x+1)(x-1)=0$에서 $x=-1$ 또
는 $x=1$이므로 두 근의 합은
$-1+1=0$
③ $(x+2)(x-4)=0$에서 $x=-2$ 또
는 $x=4$이므로 두 근의 합은
$-2+4=2$
④ $(x+3)(x-5)=0$에서 $x=-3$ 또
는 $x=5$이므로 두 근의 합은
$-3+5=2$
⑤ $(x+6)(x-4)=0$에서 $x=-6$ 또
는 $x=4$이므로 두 근의 합은
$-6+4=-2$ 탑 ⑤

05 $x^2+3x-18=0$에서
$(x+6)(x-3)=0$
$\therefore x=-6$ 또는 $x=3$
이때 $a<b$이므로 $a=-6$, $b=3$
$\therefore a^2-b^2=(-6)^2-3^2=36-9=27$
     탑 27

06 $2x(x-6)=x^2+ax+5$에 $x=-1$을
대입하면

$2 \times (-1) \times (-1-6)$
$= (-1)^2 + a \times (-1) + 5$
$14 = 6 - a$ $\quad \therefore a = -8$
이차방정식 $2x(x-6) = x^2 - 8x + 5$에
서 $2x^2 - 12x = x^2 - 8x + 5$
$x^2 - 4x - 5 = 0$
$(x+1)(x-5) = 0$
$\therefore x = -1$ 또는 $x = 5$
따라서 다른 한 근은 $x = 5$이다. 目 $x = 5$

Episode 11   p. 48

이차방정식의 풀이

01 ① $x^2 = 4$에서 $x^2 - 4 = 0$
② $x^2 + 9 = 6x$에서
  $x^2 - 6x + 9 = 0$ $\quad \therefore (x-3)^2 = 0$
③ $3x^2 + 6x + 3 = 0$에서
  $3(x^2 + 2x + 1) = 0$
  $\therefore 3(x+1)^2 = 0$
⑤ $(x+1)(x-1) = 2x - 2$에서
  $x^2 - 1 = 2x - 2$, $x^2 - 2x + 1 = 0$
  $\therefore (x-1)^2 = 0$
따라서 ①, ④는 (완전제곱식) $= 0$ 꼴이
아니므로 중근을 갖지 않는다. 目 ①, ④

02 $3x^2 - 12x + 2a - 4 = 0$에서
$x^2 - 4x + \dfrac{2a-4}{3} = 0$
즉, $\dfrac{2a-4}{3} = \left(\dfrac{-4}{2}\right)^2 = 4$이므로
$2a - 4 = 12$, $2a = 16$
$\therefore a = 8$ 目 8

03 $3(x-3)^2 = 21$에서
$(x-3)^2 = 7$, $x - 3 = \pm\sqrt{7}$
$\therefore x = 3 \pm \sqrt{7}$
따라서 $p = 3$, $q = 7$이므로
$pq = 3 \times 7 = 21$ 目 21

04 $3(x-1)^2 = 2(x-3)^2$에서
$3(x^2 - 2x + 1) = 2(x^2 - 6x + 9)$
$3x^2 - 6x + 3 = 2x^2 - 12x + 18$
$x^2 + 6x = 15$, $x^2 + 6x + 9 = 24$
$\therefore (x+3)^2 = 24$
따라서 $a = 3$, $b = 24$이므로
$a + b = 3 + 24 = 27$ 目 27

---

05 $2x^2 - 6x - 1 = 0$에서 $x^2 - 3x - \dfrac{1}{2} = 0$

$x^2 - 3x = \dfrac{1}{2}$

$x^2 - 3x + \boxed{\dfrac{9}{4}} = \dfrac{1}{2} + \boxed{\dfrac{9}{4}}$

$\left(x - \boxed{\dfrac{3}{2}}\right)^2 = \boxed{\dfrac{11}{4}}$

$x - \dfrac{3}{2} = \pm \dfrac{\sqrt{\boxed{11}}}{2}$

$\therefore x = \dfrac{3 \pm \sqrt{\boxed{11}}}{2}$

$\therefore A = \dfrac{9}{4}$, $B = \dfrac{3}{2}$, $C = \dfrac{11}{4}$, $D = 11$,
$E = 3$
따라서 옳은 것은 ④이다. 目 ④

06 $x^2 + 6x + 9 = k + 9$, $(x+3)^2 = k + 9$
$x + 3 = \pm\sqrt{k+9}$
$\therefore x = -3 \pm \sqrt{k+9}$
따라서 $k + 9 = 11$이므로 $k = 2$ 目 2

Episode 12   p. 49

복잡한 이차방정식의 풀이

01 $x = \dfrac{-3 \pm \sqrt{3^2 - 4 \times 2 \times (-3)}}{2 \times 2}$
$\quad = \dfrac{-3 \pm \sqrt{33}}{4}$
따라서 $A = -3$, $B = 33$이므로
$A + B = -3 + 33 = 30$ 目 30

02 $2x^2 + 6 = x^2 - 4x + 4 + 1$에서
$x^2 + 4x + 1 = 0$
$\therefore x = \dfrac{-2 \pm \sqrt{2^2 - 1 \times 1}}{1} = -2 \pm \sqrt{3}$
따라서 두 근의 차는
$(-2 + \sqrt{3}) - (-2 - \sqrt{3}) = 2\sqrt{3}$
目 $2\sqrt{3}$

03 양변에 6을 곱하면
$3(x-1)^2 = 2(2x^2 - 4)$
$3(x^2 - 2x + 1) = 4x^2 - 8$
$3x^2 - 6x + 3 = 4x^2 - 8$
$\therefore x^2 + 6x - 11 = 0$
$\therefore x = \dfrac{-3 \pm \sqrt{3^2 - 1 \times (-11)}}{1}$
$\quad = -3 \pm 2\sqrt{5}$ 目 ②

04 ㄱ. $b^2 - 4ac = 1^2 - 4 \times 1 \times 3 = -11 < 0$

ㄴ. $b'^2 - ac = (-1)^2 - 1 \times (-3)$
  $= 4 > 0$
ㄷ. $b^2 - 4ac = 1^2 - 4 \times 2 \times 7 = -55 < 0$
ㄹ. $b^2 - 4ac = (-11)^2 - 4 \times 2 \times (-3)$
  $= 145 > 0$
ㅁ. $b^2 - 4ac = 3^2 - 4 \times 3 \times 5 = -51 < 0$
ㅂ. $b'^2 - ac = 1^2 - 4 \times (-9) = 37 > 0$
따라서 근이 없는 것은 ㄱ, ㄷ, ㅁ이다.
目 ㄱ, ㄷ, ㅁ

05 $b^2 - 4ac = k^2 - 4 \times 1 \times (k-1) = 0$,
$k^2 - 4k + 4 = 0$, $(k-2)^2 = 0$ $\quad \therefore k = 2$
$k = 2$를 주어진 이차방정식에 대입하면
$x^2 + 2x + 1 = 0$, $(x+1)^2 = 0$
$\therefore x = -1$ $\quad \therefore a = -1$
$\therefore k - a = 2 - (-1) = 3$ 目 3

06 $b^2 - 4ac = (2k+3)^2 - 4 \times 1 \times k^2 \geq 0$
$4k^2 + 12k + 9 - 4k^2 \geq 0$
$12k + 9 \geq 0$ $\quad \therefore k \geq -\dfrac{3}{4}$
따라서 상수 k의 값이 될 수 없는 것은 ①
이다. 目 ①

Episode 13   p. 50

이차방정식 구하기, 활용

01 두 근이 $-\dfrac{2}{3}$, 2이고 x^2의 계수가 3인 이
차방정식은 $3\left(x + \dfrac{2}{3}\right)(x-2) = 0$
즉, $(3x+2)(x-2) = 0$에서
$3x^2 - 4x - 4 = 0$
따라서 $A = -4$, $B = -4$이므로
$A + B = -4 + (-4) = -8$ 目 -8

02 a, b가 유리수이므로 한 근이 $2 - \sqrt{3}$인
이차방정식의 다른 한 근은 $2 + \sqrt{3}$이다.
즉, $2\{x - (2-\sqrt{3})\}\{x - (2+\sqrt{3})\} = 0$
이므로 $2(x^2 - 4x + 1) = 0$
$\therefore 2x^2 - 8x + 2 = 0$
따라서 $a = -8$, $b = 2$이므로 구하는 이
차방정식은 $(x+8)(x-2) = 0$
$\therefore x^2 + 6x - 16 = 0$
目 $x^2 + 6x - 16 = 0$

03 어떤 자연수를 x라고 하면
$(x+3)^2 = 3x^2 - 99$
$x^2 + 6x + 9 = 3x^2 - 99$
$2x^2 - 6x - 108 = 0$, $x^2 - 3x - 54 = 0$

$(x+6)(x-9)=0$

$\therefore x=-6$ 또는 $x=9$

이때 x는 자연수이므로 $x=9$

따라서 어떤 자연수는 9이다.　답 9

04 진주의 나이를 x살이라고 하면 동생의 나이는 $(x-4)$살이므로

$x^2=3(x-4)^2-8$

$x^2=3(x^2-8x+16)-8$

$x^2=3x^2-24x+40$

$2x^2-24x+40=0$, $x^2-12x+20=0$

$(x-2)(x-10)=0$

$\therefore x=2$ 또는 $x=10$

이때 $x-4>0$, 즉 $x>4$이므로 $x=10$

따라서 진주의 나이는 10살이다. 답 10살

05 학생 수를 x명이라고 하면 원고지의 장수는 $(x+3)$장이므로

$x(x+3)=154$, $x^2+3x-154=0$

$(x+14)(x-11)=0$

$\therefore x=-14$ 또는 $x=11$

이때 x는 자연수이므로 $x=11$

따라서 독서 동아리 학생 수는 11명이다.

답 11명

06 처음 땅의 가로의 길이를 x m라고 하면 세로의 길이는 $(x-8)$m이다.

따라서 길을 제외한 땅의 넓이는

$(x-2)(x-10)=105$

$x^2-12x+20=105$, $x^2-12x-85=0$

$(x+5)(x-17)=0$

$\therefore x=-5$ 또는 $x=17$

이때 $x>0$이므로 $x=17$

따라서 땅의 가로의 길이는 17 m이다.

답 17 m

Episode **14**　p. 51

이차함수와 그 그래프

01 ① $2x+2$가 일차식이므로 이차함수가 아니다.

② $y=3x(x-2)+1=3x^2-6x+1$이므로 이차함수이다.

③ $y=x^2-x(x+5)=-5x$

$-5x$는 일차식이므로 이차함수가 아니다.

④ x^2이 분모에 있으므로 이차함수가 아니다.

⑤ $y=x^2-\dfrac{x}{3}(x+3)=\dfrac{2}{3}x^2-x$이므로 이차함수이다.　답 ②, ⑤

02 ① $y=3x$

② $y=\dfrac{4}{3}\pi x^3$

③ $y=\dfrac{1}{2}\times x\times 2$　$\therefore y=x$

④ $y=\dfrac{1}{2}\times x\times 3$　$\therefore y=\dfrac{3}{2}x$

⑤ $y=\dfrac{x(x-3)}{2}$　$\therefore y=\dfrac{1}{2}x^2-\dfrac{3}{2}x$

답 ⑤

03 $y=(x+1)^2-kx^2+5$

$\quad=(x^2+2x+1)-kx^2+5$

$\quad=(1-k)x^2+2x+6$

이 함수가 이차함수가 되려면 $y=(x$에 대한 이차식) 꼴이어야 하므로

$1-k\neq 0$, 즉 $k\neq 1$이어야 한다.　답 ④

04 $f(2)=3\times 2^2-5\times 2+2=4$

$f\left(-\dfrac{1}{3}\right)=3\times\left(-\dfrac{1}{3}\right)^2-5\times\left(-\dfrac{1}{3}\right)+2$

$\quad\quad\quad=4$

$\therefore f(2)+f\left(-\dfrac{1}{3}\right)=4+4=8$　답 8

05 $f(2)=-2\times 2^2+a\times 2+3=2a-5$이므로

$2a-5=5$, $2a=10$　$\therefore a=5$

따라서 $f(x)=-2x^2+5x+3$이므로

$f(1)=-2\times 1^2+5\times 1+3=6$　답 6

06 ㄱ. 원점을 지나는 포물선이다.

ㅁ. $x>0$일 때, x의 값이 증가하면 y의 값도 증가한다.

따라서 옳은 것은 ㄴ, ㄷ, ㄹ, ㅂ이다.

답 ㄴ, ㄷ, ㄹ, ㅂ

Episode **15**　p. 52

이차함수 $y=ax^2$, $y=ax^2+q$의 그래프

01 ② a의 절댓값이 클수록 폭이 좁아진다.

③ $y=ax^2$에 $x=-1$을 대입하면

$y=a\times(-1)^2=a$

따라서 점 $(-1, a)$를 지난다.

⑤ $x>0$일 때, x의 값이 증가하면 y의 값도 증가하는 경우는 $a>0$일 때뿐이다.

따라서 옳지 않은 것은 ②, ⑤이다.

답 ②, ⑤

02 ① 아래로 볼록한 것은 (내), (대)이다.

③ 제1, 2사분면을 지나는 것은 (내), (대)이다.

④ (가), (내), (대) 모두 y축을 축으로 한다.

⑤ 점 $(1, 3)$을 지나는 것은 (대)뿐이다.

따라서 옳은 것은 ②이다.　답 ②

03 그래프가 위로 볼록한 이차함수는 x^2의 계수가 음수인 ②, ③, ⑤이다.

이 중에서 폭이 가장 좁은 것은 x^2의 계수의 절댓값이 가장 큰 ⑤이다.　답 ⑤

04 이차함수 $y=ax^2$의 그래프가 두 이차함수 $y=-2x^2$, $y=-\dfrac{3}{4}x^2$의 그래프 사이에 그려지므로 $-2<a<-\dfrac{3}{4}$을 만족시켜야 한다.

따라서 실수 a의 값이 될 수 있는 것은 ③, ④이다.　답 ③, ④

05 $y=-2x^2$의 그래프를 y축의 방향으로 a만큼 평행이동한 그래프가 나타내는 이차함수의 식은

$y=-2x^2+a$

이 그래프가 점 $(-2, -10)$을 지나므로

$-10=-2\times(-2)^2+a$

$-10=-8+a$　$\therefore a=-2$

따라서 이차함수 $y=-2x^2-2$의 그래프의 꼭짓점의 좌표는 $(0, -2)$이므로

$b=-2$

$\therefore a+b=-2+(-2)=-4$　답 -4

06 ㄱ, ㄹ. 이차함수 $y=4x^2-3$의 그래프는 이차함수 $y=4x^2$의 그래프를 y축의 방향으로 -3만큼 평행이동한 것이므로 다음 그림과 같이 모든 사분면을 지난다.

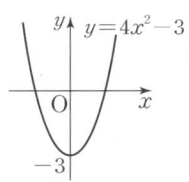

ㄴ. 꼭짓점의 좌표는 $(0, -3)$이다.

ㄷ. $y=4x^2-3$에 $x=-1$을 대입하면

$y=4\times(-1)^2-3=1$이므로

점 $(-1, 1)$을 지난다.

따라서 옳은 것은 ㄱ, ㄹ이다. 답 ㄱ, ㄹ

Episode **16**   p. 53

이차함수 $y=a(x-p)^2$, $y=a(x-p)^2+q$의 그래프

01 이차함수 $y=-\dfrac{2}{3}x^2$의 그래프를 x축의

방향으로 a만큼 평행이동한 그래프가 나타내는 이차함수의 식은

$y=-\dfrac{2}{3}(x-a)^2$

따라서 꼭짓점의 좌표는 $(a, 0)$이므로

$a=-2$ 답 -2

02 ① 축의 방정식은 $x=-3$이다.

② 꼭짓점의 좌표는 $(-3, 0)$이다.

④ $x>-3$일 때, x의 값이 증가하면 y의 값도 증가한다.

⑤ $y=\dfrac{4}{3}x^2$의 그래프를 x축의 방향으로 -3만큼 평행이동한 것이다.

따라서 옳은 것은 ③이다.   답 ③

03 $y=-2(x-6)^2$의 그래프의 꼭짓점의

좌표는 $(6, 0)$이므로 구하는 이차함수의 식을 $y=a(x-6)^2$으로 놓고

$x=3$, $y=-9$를 대입하면

$-9=a\times(3-6)^2$, $9a=-9$

$\therefore a=-1$ $\therefore y=-(x-6)^2$

답 $y=-(x-6)^2$

04 이차함수 $y=-\dfrac{3}{2}x^2$의 그래프를 x축의

방향으로 m만큼, y축의 방향으로 n만큼 평행이동한 그래프가 나타내는 이차함수의 식은 $y=-\dfrac{3}{2}(x-m)^2+n$

따라서 $m=-3$, $n=-4$이므로

$m+n=-7$ 답 -7

05 그래프의 꼭짓점의 좌표가 $(2, 4)$이므로

$p=2$, $q=4$

즉, $y=a(x-2)^2+4$에 $x=0$, $y=2$를 대입하면

$2=a(0-2)^2+4$, $4a+4=2$

$\therefore a=-\dfrac{1}{2}$

$\therefore a+p+q=-\dfrac{1}{2}+2+4=\dfrac{11}{2}$

답 $\dfrac{11}{2}$

---

06 ㄱ. 꼭짓점의 좌표는 $(-5, -4)$이다.

ㄷ. 이차함수 $y=-\dfrac{1}{4}x^2$ 또는 $y=\dfrac{1}{4}x^2$

의 그래프와 폭이 같다.

따라서 옳은 것은 ㄴ, ㄹ이다.   답 ㄴ, ㄹ

Episode **17**   p. 54

이차함수 $y=ax^2+bx+c$의 그래프

01 $y=-\dfrac{1}{3}x^2+2x-1$

$\quad =-\dfrac{1}{3}(x^2-6x)-1$

$\quad =-\dfrac{1}{3}(x^2-6x+9-9)-1$

$\quad =-\dfrac{1}{3}(x-3)^2+2$

따라서 $a=3$, $b=2$이므로

$a+b=3+2=5$ 답 5

02 ① $y=2x^2-4x+3$

$\quad =2(x-1)^2+1$

→ 꼭짓점 $(1, 1)$ → 제1사분면

② $y=-4x^2+8x-12$

$\quad =-4(x-1)^2-8$

→ 꼭짓점 $(1, -8)$ → 제4사분면

③ $y=-3x^2-12x-10$

$\quad =-3(x+2)^2+2$

→ 꼭짓점 $(-2, 2)$ → 제2사분면

④ $y=-x^2-4x-7$

$\quad =-(x+2)^2-3$

→ 꼭짓점 $(-2, -3)$ → 제3사분면

⑤ $y=-\dfrac{1}{2}x^2+2x-5$

$\quad =-\dfrac{1}{2}(x-2)^2-3$

→ 꼭짓점 $(2, -3)$ → 제4사분면

답 ④

03 $y=-\dfrac{1}{4}x^2+kx+1$

$\quad =-\dfrac{1}{4}(x^2-4kx)+1$

$\quad =-\dfrac{1}{4}(x^2-4kx+4k^2-4k^2)+1$

$\quad =-\dfrac{1}{4}(x-2k)^2+k^2+1$

이 이차함수의 그래프의 축의 방정식은

$x=2k$이므로 $2k=-2$

$\therefore k=-1$ 답 -1

04 ㄱ. $y=x^2-4x-1$

$\quad =(x-2)^2-5$

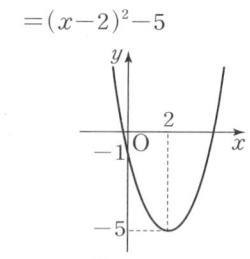

ㄴ. $y=-2x^2-8x-6$

$\quad =-2(x+2)^2+2$

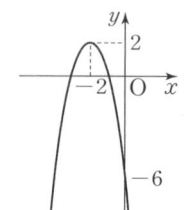

ㄷ. $y=-\dfrac{2}{3}x^2+4x+1$

$\quad =-\dfrac{2}{3}(x-3)^2+7$

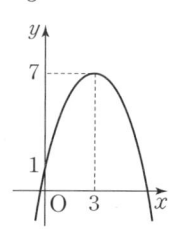

따라서 그래프가 모든 사분면을 지나는 것은 ㄱ, ㄷ이다.   답 ㄱ, ㄷ

05 $y=-x^2+4x-3$

$\quad =-(x^2-4x)-3$

$\quad =-(x^2-4x+4-4)-3$

$\quad =-(x-2)^2+1$

① 꼭짓점의 좌표는 $(2, 1)$이다.

⑤ 평행이동하면 $y=-x^2$의 그래프와 포개어진다.

따라서 옳지 않은 것은 ①, ⑤ 이다.

답 ①, ⑤

06 아래로 볼록하므로 $a>0$

축이 y축의 오른쪽에 있으므로

$ab<0$ $\therefore b<0$

y축과의 교점이 x축의 위쪽에 있으므로

$c>0$ 답 ③

Episode **18**   p. 55

이차함수의 활용

01 이차함수의 식을 $y=a(x-2)^2+3$으로

놓고

$x=1$, $y=1$을 대입하면

$1=a\times(1-2)^2+3$, $a+3=1$

$\therefore a=-2$

따라서 이차함수의 식은

$y=-2(x-2)^2+3$

$\quad =-2x^2+8x-5$

탑 $y=-2x^2+8x-5$

02 이차함수의 식을 $y=a(x+3)^2+6$으로 놓고

$x=-1$, $y=5$를 대입하면

$5=a\times(-1+3)^2+6$, $4a+6=5$

$\therefore a=-\dfrac{1}{4}$

$\therefore y=-\dfrac{1}{4}(x+3)^2+6$

$\quad =-\dfrac{1}{4}x^2-\dfrac{3}{2}x+\dfrac{15}{4}$

따라서 $a=-\dfrac{1}{4}$, $b=-\dfrac{3}{2}$, $c=\dfrac{15}{4}$

이므로

$a-2b-c=-\dfrac{1}{4}-2\times\left(-\dfrac{3}{2}\right)-\dfrac{15}{4}$

$\qquad\qquad =-1$

탑 -1

03 이차함수의 식을 $y=a(x-1)^2+q$로 놓고

$x=2$, $y=2$를 대입하면

$2=a+q$ ...... ㉠

$x=3$, $y=-7$을 대입하면

$-7=4a+q$ ...... ㉡

㉠, ㉡을 연립하여 풀면

$a=-3$, $q=5$

$\therefore y=-3(x-1)^2+5$

$\quad =-3x^2+6x+2$

따라서 그래프가 y축과 만나는 점의 y좌표는 2이다.

탑 2

04 이차함수의 식을 $y=ax^2+bx+c$로 놓고

$x=0$, $y=5$를 대입하면 $c=5$

$x=1$, $y=-3$을 대입하면

$-3=a+b+5$ ...... ㉠

$x=-2$, $y=9$를 대입하면

$9=4a-2b+5$ ...... ㉡

㉠, ㉡을 연립하여 풀면

$a=-2$, $b=-6$

$\therefore y=-2x^2-6x+5$

$\quad =-2(x^2+3x)+5$

$\quad =-2\left(x^2+3x+\dfrac{9}{4}-\dfrac{9}{4}\right)+5$

$\quad =-2\left(x+\dfrac{3}{2}\right)^2+\dfrac{19}{2}$

따라서 꼭짓점의 좌표는 $\left(-\dfrac{3}{2},\ \dfrac{19}{2}\right)$이

므로 $p=-\dfrac{3}{2}$, $q=\dfrac{19}{2}$

$\therefore p+q=-\dfrac{3}{2}+\dfrac{19}{2}=8$

탑 8

05 $y=-3(x+1)(x-4)$

$\quad =-3(x^2-3x-4)$

$\quad =-3x^2+9x+12$

따라서 $a=9$, $b=12$이므로

$b-a=12-9=3$

탑 3

06 이차함수의 식을 $y=a(x+6)(x-2)$로 놓고

$x=0$, $y=-3$을 대입하면

$-12a=-3$ $\quad\therefore a=\dfrac{1}{4}$

$\therefore y=\dfrac{1}{4}(x+6)(x-2)$

따라서 이 그래프가 점 $(-2,\ k)$를 지나므로

$k=\dfrac{1}{4}\times(-2+6)\times(-2-2)=-4$

탑 -4

新 수학의
바이블
연산

新 수학의 바이블 연산은
개념별 연산 유형을 세분화하여 다양한 문제 해결을 통해
계산 원리를 스스로 익히고 기초 개념을 다질 수 있도록 구성하였습니다.